辽宁统计年鉴

2010

辽宁省统计局　编

中国统计出版社
China Statistics Press

(京)新登字 041 号

图书在版编目(CIP)数据

辽宁统计年鉴.2010/辽宁省统计局编.—北京:
中国统计出版社,2010.8
ISBN 978-7-5037-6061-7

Ⅰ.辽…
Ⅱ.辽…
Ⅲ.统计资料—辽宁省—2010—年鉴
Ⅳ.C832.31-54
中国版本图书馆 CIP 数据核字(2010)第 167682 号

辽宁统计年鉴—2010

作　　者/ 辽宁省统计局
责任编辑/ 佘竞雄　王立群
责任校对/ 徐　凡
封面设计/ 庄庆芳
出版发行/ 中国统计出版社
通信地址/ 北京市丰台区西三环南路甲 6 号　中国统计出版社
邮　　编/ 100073
电　　话/ (010)63376907
E-mail/ yearbook@gj.stats.cn
印　　刷/ 辽宁省统计局印刷厂
经　　销/ 新华书店
开　　本/ 880×1230 毫米 1/16
字　　数/ 1500 万字
印　　张/ 38.75
印　　数/ 1—1000 册
版　　别/ 2010 年 9 月第 1 版
版　　次/ 2010 年 9 月第 1 次印刷
书　　号/ ISBN 978-7-5037-6061-7/C·2414
定　　价/ 390 元

《辽宁统计年鉴》编委会和编辑出版人员

编　辑　委　员　会

主　　编　张　晶

副 主 编　马艳竞　张兆臣　周尊安　魏红江　胡亚军
郑　坚　孙武军

编辑委员　（以姓氏笔划为序）
马建伟　王志坚　王洪奇　毛伟忠　付成忠
乔智媛　李长坤　张建华　张振刚　杨万波
郎益芳　郜树威　徐　平

编　辑　工　作　人　员

总 编 辑　张兆臣

副总编辑　乔智媛　徐　凡

编辑人员　郑　毅　琚慧敏　刘俭峰　徐蓉蓉

电 子 版 工 作 人 员

监　　制　张　晶

策　　划　张兆臣　孙武军

总体设计　毛伟忠　乔智媛

制　　作　李忠诚　徐　凡　王畅泳

责任编辑　王立群

编 者 说 明

一、《辽宁统计年鉴—2010》是一部信息高度密集的大型资料性年刊。本书收录了全省和各市、县、区2009年经济、社会、科技等方面的统计数据，以及重要年份和改革开放以来的主要统计数据。

二、全书分为二十三个部分，即：1. 行政区划和自然资源；2. 综合；3. 国民经济核算；4. 人口；5. 就业人员和职工工资；6. 固定资产投资；7. 能源；8. 财政；9. 物价；10. 人民生活；11. 城市概况；12. 环境保护；13. 农业；14. 工业；15. 建筑业；16. 运输和邮电；17. 国内贸易；18. 对外经济贸易；19. 旅游；20. 金融业；21. 教育和科技；22. 文化、体育、卫生；23. 其他社会活动。另附辽宁省与有关省市经济指标对比及各市、县、区主要经济指标。

三、《年鉴》中所使用的计量单位均采用国际统一标准计量单位。

四、《年鉴》中的资料大部分来自年度统计报表，部分数据使用年度快报数。全国分省资料来自国家统计局出版的有关统计资料。

五、《年鉴》中部分数据的合计数或相对数由于单位取舍不同产生的计算误差均未作机械调整。

六、《年鉴》中凡带续表的资料，如有注解均加在最后一张续表下面，请使用时注意。

七、《年鉴》表中的符号使用说明："…"表示数据不足本表最小单位数；"空格"表示该项统计指标数据不详或无该项数据；"#"表示其中的主要项。

目　录

一、行政区划和自然资源

1－1　行政区划（2009 年末）…… 1
1－2　县区一览表 …… 2
1－3　自然状况及资源 …… 3
1－4　主要城市平均气温 …… 4
1－5　主要城市平均相对湿度 …… 5
1－6　主要城市降水量 …… 6
1－7　主要城市日照时数 …… 7
主要统计指标解释 …… 8

二、综　　合

2－1　全省法人、产业活动单位数（2009 年末）…… 10
2－2　平均每天主要社会经济活动 …… 11
2－3　国民经济和社会发展总量与速度指标 …… 12
2－4　国民经济主要比例关系 …… 20
2－5　按总人口平均的国民经济主要指标 …… 21
主要统计指标解释 …… 22

三、国民经济核算

3－1　生产总值 …… 24
3－2　生产总值指数（上年＝100）…… 25
3－3　生产总值指数（1952 年＝100）…… 26
3－4　生产总值构成 …… 27
3－5　分行业增加值 …… 28
3－6　三次产业贡献率 …… 29
3－7　三次产业对生产总值增长的拉动 …… 30
3－8　各地区生产总值和指数 …… 31
3－9　各地区生产总值（2009 年）…… 32
3－10　生产总值（支出法）…… 34
3－11　生产总值结构（支出法）…… 35
3－12　三大需求对生产总值增长的贡献率和拉动 …… 36
3－13　居民消费水平 …… 37
3－14　居民消费水平指数 …… 38
主要统计指标解释 …… 39

四、人　　口

4－1　人口数 …… 41
4－2　人口构成 …… 42
4－3　人口出生率、死亡率、自然增长率 …… 43
4－4　各地区年末总户数及总人口 …… 44
4－5　各地区人口自然变动情况 …… 46
4－6　各地区分年龄人口数 …… 47
4－7　全省历年人口变动抽样调查推算数 …… 48
4－8　全省历年人口变动抽样调查年龄构成指数 …… 49
主要统计指标解释 …… 50

五、就业人员和职工工资

5－1　就业基本情况 …… 52
5－2　按三次产业分的就业人员（年末数）…… 53
5－3　各地区按三次产业分的就业人员（2009 年末数）…… 54
5－4　各地区城镇单位就业人员（年末数）…… 55
5－5　各地区分行业城镇单位就业人数（2009 年末数）…… 56
5－6　各地区个体从业人员 …… 58
5－7　各地区私营企业从业人员 …… 59
5－8　分行业职工人数 …… 60
5－9　分行业职工人数（2009 年末）…… 61
5－10　各地区职工人数（2009 年末）…… 62
5－11　各地区分行业在岗职工人数（2009 年末）…… 64
5－12　各地区分行业离岗职工人数（2009 年末）…… 66
5－13　分细行业在岗职工人数（2009 年末）…… 68
5－14　国有单位分行业职工人数 …… 71
5－15　各地区国有单位分行业在岗职工人数（2009 年末）…… 72
5－16　各地区国有单位分行业离岗职工人数（2009 年末）…… 74
5－17　各地区集体单位分行业在岗职工人数（2009 年末）…… 76
5－18　各地区集体单位分行业离岗职工人数（2009 年末）…… 78
5－19　城镇集体单位分行业职工人数（2009 年）…… 80
5－20　其他经济单位分行业职工人数 …… 81
5－21　城镇登记失业人数及失业率（年末数）…… 82
5－22　各地区城镇登记失业人数及失业率 …… 83
5－23　职工工资总额及指数 …… 84
5－24　在岗职工平均工资及指数 …… 85
5－25　按登记注册类型分在岗职工平均工资 …… 86
5－26　分行业职工工资总额（2009 年）…… 87
5－27　分行业职工平均工资（2009 年）…… 88
5－28　分细行业在岗职工平均工资（2009 年）…… 89
5－29　各地区职工平均工资（2009 年）…… 92
5－30　分行业在岗职工工资总额及离岗生活费（2009 年）…… 93
5－31　各地区在岗职工工资总额及离岗生活费（2009 年）…… 94
5－32　分行业在岗职工平均工资及离岗职工

平均生活费（2009年） …………………… 95
5-33 各地区分行业在岗职工平均工资（2009年） …………………………… 96
5-34 各地区在岗职工平均工资及离岗职工平均生活费（2009年） …………………… 98
5-35 国有单位分行业职工工资总额 ……………… 99
5-36 城镇集体单位分行业职工工资总额 ……… 100
5-37 其他单位分行业职工工资总额 …………… 101
5-38 分行业离岗职工生活费 ………………… 102
主要统计指标解释 ……………………… 103

六、固定资产投资

6-1 全社会固定资产投资 ……………………… 105
6-2 按经济类型分全社会固定资产投资 ……… 106
6-3 按资金来源和构成分全社会固定资产投资 ………………………………… 107
6-4 全社会固定资产投资及构成（2009年） ……………………………… 108
6-5 各地区全社会固定资产投资（2009年） ……………………………… 109
6-6 各地区按经济类型分全社会固定资产投资（2009年） ……………………………… 110
6-7 各地区按隶属关系和构成分全社会固定资产投资（2009年） …………… 112
6-8 各地区全社会住宅投资 ………………… 113
6-9 各地区按主要行业分全社会固定资产投资 ………………………… 114
6-10 各地区全社会施工、竣工房屋面积 ……… 116
6-11 按构成和建设性质分的城镇固定资产投资 ………………………… 117
6-12 按资金来源和隶属关系分城镇固定资产投资 ………………………… 118
6-13 按行业分的城镇固定资产投资额（2009年） ……………………………… 119
6-14 按行业、隶属关系和注册类型分城镇固定资产投资（2009年） …………… 122
6-15 各地区城镇固定资产投资施工、竣工房屋面积 ………………………… 125
6-16 各地区按主要行业分城镇固定资产投资（2009年） ………………… 126
6-17 城镇固定资产投资各行业资金来源和新增固定资产（2009年） …………… 128
6-18 各地区按行业分城镇固定资产投资新增固定资产（2009年） …………… 134
6-19 按构成和建设性质分的建设项目投资 …… 136
6-20 按资金来源和隶属关系分的建设项目投资 ………………………………… 137
6-21 按行业分的建设项目投资额（2009年） … 138
6-22 按行业、隶属关系和注册类型分建设项目投资（2009年） ………………… 141
6-23 各地区按主要行业分建设项目投资（2009年） ……………………………… 144
6-24 建设项目投资各行业资金来源和新增固定资产（2009年） …………… 146
6-25 各地区按行业分建设项目新增固定资产（2009年） ………………… 152
6-26 各地区建设项目施工、竣工房屋面积 …… 154
6-27 各地区城镇50万元以上施工、投产项目个数 ………………………………… 155
6-28 按行业分城镇50万元以上施工、投产项目个数（2009年） …………… 156
6-29 农村集体固定资产投资主要指标 ……… 160
6-30 农村个人固定资产投资和建房 ………… 161
6-31 房地产开发主要指标 …………………… 162
6-32 房地产开发企业（单位）的土地开发及购置 ……………………………… 163
6-33 按用途分的房地产开发建设投资 ……… 164
6-34 按构成分房地产开发建设投资 ………… 165
6-35 房地产开发企业（单位）的资金来源 …… 166
6-36 房地产开发建设房屋建筑面积和竣工率 … 167
6-37 各地区房地产开发企业基本情况 ……… 168
6-38 各地区房地产开发经营情况 …………… 169
6-39 按用途分的商品房屋实际销售面积 …… 170
6-40 按用途分的商品房屋实际销售额 ……… 171
6-41 房地产开发企业（单位）施工、销售情况 ……………………………… 172
6-42 房地产开发企业（单位）投资、资金和土地情况 ……………………… 173
主要统计指标解释 ……………………… 174

七、能　　源

7-1 能源生产总量及构成 …………………… 177
7-2 能源消费总量及构成 …………………… 178
7-3 能源生产弹性系数 ……………………… 179
7-4 能源消费弹性系数 ……………………… 179
7-5 分行业主要能源品种消费量（2008年） … 180
7-6 能源加工转换效率 ……………………… 184
7-7 平均每天能源消费量 …………………… 184
7-8 综合能源平衡表 ………………………… 185
主要统计指标解释 ……………………… 186

八、财　　政

8-1 地区财政收入 …………………………… 188
8-2 历年地方财政一般预算收入 …………… 189
8-3 地方财政一般预算收入 ………………… 190
8-4 地区各项税收及附加收入 ……………… 191
8-5 各地区地方财政一般预算收入（2009年） ………………………………… 192
8-6 各地区地方财政一般预算支出（2009年） ………………………………… 194
8-7 地方财政一般预算支出 ………………… 196
主要统计指标解释 ……………………… 197

九、物　　价

9-1 各种价格指数（上年=100） …………… 199
9-2 各种价格定基指数 ……………………… 200

9－3　居民消费价格分类指数
（2009 年，上年＝100）…………………… 201
9－4　居民消费价格分类指数（2009 年，
2000 年平均价格＝100）………………… 202
9－5　各市居民消费价格分类指数
（2009 年，上年＝100）…………………… 203
9－6　各市居民消费价格分类指数（2009 年，
2000 年平均价格＝100）………………… 204
9－7　农业生产资料价格指数
（上年＝100）…………………………… 205
9－8　各地区农村消费价格分类指数
（2009 年，上年＝100）…………………… 205
9－9　工业品出厂价格分类指数
（上年＝100）…………………………… 206
9－10　原材料、燃料、动力购进价格分类指数
（上年＝100）…………………………… 207
主要统计指标解释 ………………………… 208

十、人　民　生　活

10－1　人民物质文化生活提高情况 ………………… 209
10－2　城乡居民家庭人均收入及恩格尔系数 …… 210
10－3　城镇居民家庭基本情况 ………………… 211
10－4　城镇居民家庭平均每人总收入（2009 年，
按相对收入不等距九组分）………… 212
10－5　各地区城市居民平均每人全年
可支配收入（2009 年）……………… 213
10－6　各地区城市居民平均每人全年家庭
总收入（2009 年）…………………… 214
10－7　城镇居民家庭平均每人总支出（2009 年，
按相对收入不等距九组分）………… 216
10－8　各地区城市居民平均每人全年家庭
总支出（2009 年）…………………… 218
10－9　各地区城市居民平均每人全年消费
支出 …………………………………… 220
10－10　城镇居民家庭平均每人消费支出
（2009 年，按相对收入不等距
九组分）……………………………… 221
10－11　城镇居民家庭平均每人消费支出构成
（2009 年，按相对收入不等距
九组分）……………………………… 222
10－12　城镇居民家庭平均每人购买的主要
商品数量（2009 年）………………… 223
10－13　城镇居民家庭平均每百户年末耐用
品拥有量（2009 年）………………… 224
10－14　城市居民家庭住房情况 ………………… 225
10－15　各地区城市居民家庭平均每百户耐
用品拥有量（2009 年末）…………… 226
10－16　农民家庭基本情况 ……………………… 228
10－17　农民家庭人均总收入与人均纯收入 ……… 229
10－18　各地区农民家庭人均纯收入 …………… 230
10－19　各地区农民家庭纯收入来源
（2009 年）…………………………… 231
10－20　农民家庭人均总支出 …………………… 232
10－21　各地区农民家庭人均生活
消费支出（2009 年）………………… 233
10－22　农村居民人均食品消费情况 …………… 234
10－23　农民家庭平均每百户年末耐用
消费品拥有量 ………………………… 235
10－24　各地区农村居民人均主要食品
消费量（2009 年）…………………… 236
10－25　各地区农村居民平均每百户主要耐
用消费品拥有量（2009 年末）……… 238
10－26　农民家庭住房情况 ……………………… 239
主要统计指标解释 ………………………… 240

十一、城　市　概　况

11－1　城市公用事业基本情况 …………………… 242
11－2　各地区城市设施水平 …………………… 243
11－3　各地区城市建设情况 …………………… 244
11－4　各地区城市市政设施情况 ……………… 245
11－5　各地区城市供水情况 …………………… 246
11－6　各地区城市燃气情况 …………………… 247
11－7　各地区城市集中供热情况 ……………… 248
11－8　各地区城市公共交通情况 ……………… 249
11－9　各地区城市园林绿化情况 ……………… 250
11－10　各地区城市环境卫生情况 ……………… 251
主要统计指标解释 ………………………… 252

十二、环　境　保　护

12－1　环境保护基本情况 ……………………… 254
12－2　各地区废水排放及处理情况
（2009 年）…………………………… 255
12－3　各地区工业废气排放及处理情况
（2009 年）…………………………… 256
12－4　各地区工业固体废物产生及处理
利用情况（2009 年）………………… 258
12－5　环境污染治理投资 ……………………… 258
12－6　工业污染治理投资完成情况 …………… 259
主要统计指标解释 ………………………… 260

十三、农　　　　业

13－1　农村基层组织和农业基本情况 ………… 262
13－2　主要农牧渔业生产情况 ………………… 264
13－3　农村基层组织情况 ……………………… 265
13－4　乡村从业人员（年末数）……………… 266
13－5　农林牧渔业总产值 ……………………… 267
13－6　农林牧渔业总产值指数
（1952 年＝100）……………………… 268
13－7　农林牧渔业总产值指数
（上年＝100）………………………… 269
13－8　各地区农林牧渔业总产值及指数
（2009 年）…………………………… 270
13－9　农林牧渔业增加值（2009 年）………… 271
13－10　农业机械和农产品加工机械拥有量 ……… 272
13－11　机耕、灌溉面积、化肥施用量、农村
小水电站和农村用电量 ……………… 273

13－12 各地区化肥施用量（2009 年） …………… 274
13－13 灌溉、水库和除涝、治水、治碱情况 …… 275
13－14 各地区农田水利情况（2009 年） ………… 276
13－15 各地区水利设施和除涝治碱面积（2009 年） ………………………………… 276
13－16 农作物播种面积 ………………………… 277
13－17 各地区农作物播种面积（2009 年） ……… 279
13－18 主要农产品产量 ………………………… 281
13－19 各地区主要农产品产量（2009 年） ……… 283
13－20 主要农产品单位面积产量（按播种面积计算） ……………………… 284
13－21 各地区主要农产品单位面积产量（按播种面积计算，2009 年） ………… 286
13－22 水果、蚕茧、园参、芦苇生产情况 ……… 287
13－23 水果、蚕茧、园参产量 ………………… 288
13－24 林业生产情况 …………………………… 289
13－25 各地区造林面积 ………………………… 289
13－26 大牲畜头数 ……………………………… 290
13－27 肉类产量和猪羊头数 …………………… 291
13－28 畜牧业生产情况 ………………………… 292
13－29 各地区牲畜饲养情况（2009 年） ……… 293
13－30 各地区畜产品产量（2009 年） ………… 294
13－31 水产品生产情况 ………………………… 295
13－32 水产品产量 ……………………………… 296
13－33 按人口平均的主要农产品产量 ………… 297
13－34 农业事业机构和人员数 ………………… 297
13－35 农作物受灾及成灾面积 ………………… 298
13－36 国营农场基本情况 ……………………… 299
主要统计指标解释 ……………………… 300

十四、工　　业

14－1 规模以上企业单位数和总产值 …………… 301
14－2 规模以上工业企业职工人数 …………… 302
14－3 工业总产值（按经济类型分） ………… 303
14－4 各地区全部国有及规模以上非国有工业企业主要指标 …………………… 304
14－5 全部国有及规模以上非国有工业企业主要指标（2009 年） …………………… 306
14－6 按行业分的全部国有及规模以上非国有工业企业主要指标（2009 年） ……… 308
14－7 按行业分的全部国有及规模以上非国有工业企业主要经济效益指标（2009 年） ………………………………… 310
14－8 国有及国有控股工业企业主要指标（2009 年） ………………………………… 312
14－9 各地区国有及国有控股工业企业主要指标（2009 年） ………………………………… 314
14－10 各地区全部国有及规模以上非国有工业企业主要经济效益指标 …………… 316
14－11 各地区国有及国有控股工业企业主要经济效益指标 ………………………… 317
14－12 按行业分的“三资”工业企业主要指标（2009 年） ………………………………… 318
14－13 按行业分的大中型工业企业主要经济效益指标（2009 年） …………………… 319
14－14 按行业分的大中型工业企业主要指标（2009 年） ………………………………… 320
14－15 各地区大中型工业企业主要指标 ……… 322
14－16 历年主要工业产品产量 ………………… 324
14－17 工业产品产量 …………………………… 330
14－18 规模以上农产品加工业主要经济指标 …… 332
14－19 规模以上原材料工业主要经济指标 …… 334
14－20 规模以上装备制造业主要经济指标 …… 334
主要统计指标解释 ……………………… 336

十五、建　筑　业

15－1 建筑业企业概况 ………………………… 340
15－2 建筑施工企业个数（2009 年） ………… 342
15－3 建筑施工企业主要经济指标（2009 年） ………………………………… 344
15－4 建筑业总产值（2009 年） ……………… 346
15－5 建筑业企业资产（2009 年） …………… 346
15－6 各地区建筑业企业负债（2009 年） …… 348
15－7 各地区建筑业企业实收资本（2009 年） … 348
15－8 各地区建筑业企业工程结算税金及附加与管理费用中的税金（2009 年） ……… 350
15－9 各地区建筑业企业利润总额（2009 年） … 350
15－10 各地区建筑业增加值（2009 年） ……… 352
15－11 各地区建筑业企业利税总额（2009 年） … 352
15－12 各地区总承包与专业承包建筑企业个数、设备及人数（2009 年） ……………… 354
15－13 各地区国有总承包与专业承包建筑企业个数、设备及人数（2009 年） ……… 354
15－14 各地区集体总承包与专业承包建筑企业个数、设备及人数（2009 年） ……… 355
15－15 各地区总承包与专业承包建筑企业施工及竣工产值（2009 年） …………… 355
15－16 各地区国有总承包与专业承包建筑企业施工及竣工产值（2009 年） …… 356
15－17 各地区集体总承包与专业承包建筑企业施工及竣工产值（2009 年） …… 356
15－18 各地区总承包与专业承包建筑企业施工及竣工房屋面积（2009 年） ……… 357
15－19 各地区国有总承包与专业承包建筑企业施工及竣工房屋面积（2009 年） …… 358
15－20 各地区集体总承包与专业承包建筑企业施工及竣工房屋面积（2009 年） …… 359
15－21 各地区总承包与专业承包建筑企业年末资产负债（2009 年） ………………… 360
15－22 各地区国有总承包与专业承包建筑企业年末资产负债（2009 年） …………… 361
15－23 各地区集体总承包与专业承包建筑企业年末资产负债（2009 年） …………… 362
15－24 各地区总承包与专业承包建设企业损益及分配（2009 年） …………………… 363
15－25 各地区国有总承包与专业承包建筑企业

损益及分配（2009 年） …………………… 364
15－26 各地区集体总承包与专业承包建筑企业损益及分配（2009 年） …………………… 365
主要统计指标解释 ………………………………… 366

十六、运 输 和 邮 电

16－1 交通运输业基本情况 ………………………… 367
16－2 运输线路长度 ………………………………… 368
16－3 旅客运输量 …………………………………… 369
16－4 旅客周转量 …………………………………… 370
16－5 货物运输量 …………………………………… 371
16－6 货物周转量 …………………………………… 372
16－7 铁路机车车辆年末实有数 …………………… 373
16－8 辽宁省辖区铁路主要站旅客发送量 ………… 374
16－9 辽宁省辖区铁路主要站货物发送量 ………… 375
16－10 民用车辆拥有量（2009 年末） …………… 376
16－11 公路线路年底到达数（2009 年） ………… 377
16－12 公路运输主要经济技术指标（地方交通部门） ………………………… 378
16－13 船舶拥有量 ………………………………… 379
16－14 全社会水运客货运输量 …………………… 380
16－15 沿海港口码头长度和泊位数 ……………… 381
16－16 沿海港口吞吐量 …………………………… 382
16－17 民用航空运输量 …………………………… 383
16－18 邮电业务基本情况 ………………………… 384
16－19 各地区邮电业务量（2009 年） …………… 385
16－20 邮电业务量 ………………………………… 386
16－21 邮电通信水平 ……………………………… 388
主要统计指标解释 ………………………………… 389

十七、国 内 贸 易

17－1 限额以上批发零售贸易业基本情况 ………… 391
17－2 星级住宿业和限额以上餐饮业基本情况 ………………………………… 394
17－3 社会消费品零售总额（一）（按城乡分） ……………………………… 396
17－4 社会消费品零售总额（二）（按行业分） ……………………………… 397
17－5 各地区社会消费品零售总额（2009 年） ………………………………… 398
17－6 限额以上批发零售贸易业商品销售总额（2009 年） ………………… 400
17－7 各地区限额以上批发零售贸易业商品销售总额（2009 年） ………………… 402
17－8 限额以上批发、零售贸易业商品销售类值（2009 年） ………………………… 408
17－9 限额以上批发零售贸易业主要财务指标（2009 年） …………………… 410
17－10 星级住宿业和限额以上餐饮业经营情况（2009 年） …………………… 416
17－11 星级住宿业和限额以上餐饮业主要财务指标（2009 年） ……………… 418
17－12 各地区限额以上批发零售贸易业企业资产、负债及所有者权益（2009 年） ……… 422
17－13 各地区限额以上批发零售贸易业企业主要财务指标（2009 年） ……… 422
17－14 各地区限额以上批发零售贸易业企业增加值（2009 年） ………………… 423
17－15 各地区星级住宿业和限额以上餐饮业增加值（2009 年） ………………………… 423
主要统计指标解释 ………………………………… 424

十八、对外经济贸易

18－1 对外经济贸易基本情况 ……………………… 425
18－2 外贸进出口总额 ……………………………… 426
18－3 按贸易性质分的进出口总额 ………………… 427
18－4 各地区进出口总额 …………………………… 428
18－5 海关同主要国家（地区）进出口总额 …… 429
18－6 海关主要商品出口数量 ……………………… 430
18－7 海关主要商品进口数量 ……………………… 431
18－8 利用外资概况 ………………………………… 432
18－9 各地区实际外商直接投资额 ………………… 433
18－10 按国别分、地区分实际外商直接投资额 ………………………………… 434
18－11 外商直接投资（按国别、地区分） ……… 435
18－12 按行业分对外签订外商直接投资合同情况 ………………………………… 436
18－13 按行业分实际外商直接投资额 …………… 437
18－14 年末登记外商投资企业行业分布情况 …… 438
18－15 外商投资企业分国别、地区注册登记情况（2009 年） …………………… 439
18－16 对外承包工程和劳务合作 ………………… 440
主要统计指标解释 ………………………………… 442

十九、旅 游

19－1 旅游事业发展情况 …………………………… 443
19－2 按国别分外国入境旅游人数 ………………… 443
19－3 按地区分的接待入境旅游人数 ……………… 444
19－4 按地区分的旅游外汇收入 …………………… 444
19－5 按地区分的国内旅游人数及收入（2009 年） ………………………………… 445
主要统计指标解释 ………………………………… 446

二十、金 融 业

20－1 金融机构存款、贷款余额 …………………… 447
20－2 各地区金融机构存款余额（2009 年） …… 448
20－3 各地区金融机构贷款余额（2009 年） …… 449
20－4 金融机构现金收入 …………………………… 450
20－5 金融机构现金支出 …………………………… 451
20－6 金融机构现金投放回笼差额 ………………… 452
20－7 全省城乡储蓄存款年末余额 ………………… 453
主要统计指标解释 ………………………………… 454

二十一、教 育 和 科 技

21－1 教育事业基本情况 …………………………… 455
21－2 各级各类学校情况 …………………………… 456

21－3　研究生数 …… 460
21－4　分学科研究生情况（2009 年） …… 461
21－5　各类高等学校基本情况（2009 年） …… 462
21－6　普通高等学校（机构）学生数（2009 年） …… 462
21－7　普通本、专科分学科学生数（2009 年） …… 463
21－8　成人本、专科分学科学生数（2009 年） …… 464
21－9　网络本、专科分学科学生数 …… 465
21－10　各类中等职业学校（机构）基本情况（2009 年） …… 466
21－11　中等职业学校（机构）学生分科类情况（2009 年） …… 466
21－12　普通高中学校和学生情况（2009 年） …… 467
21－13　普通初中学校和学生情况（2009 年） …… 467
21－14　普通小学学校和学生情况（2009 年） …… 468
21－15　各级普通学校毕业生升学率和学龄儿童入学率 …… 468
21－16　教育发展水平 …… 469
21－17　各地区普通高等学校基本情况（2009 年） …… 469
21－18　各地区中等职业学校基本情况（2009 年） …… 470
21－19　各地区普通高中基本情况（2009 年） …… 470
21－20　各地区普通初中基本情况（2009 年） …… 471
21－21　各地区普通小学基本情况（2009 年） …… 471
21－22　各地区特殊教育基本情况（2009 年） …… 472
21－23　各地区每十万人口各级学校平均在校生数（2009 年） …… 472
21－24　科技活动基本情况 …… 473
21－25　科学研究和开发机构基本情况 …… 474
21－26　大中型工业企业科技活动基本情况 …… 474
21－27　高等学校科技活动情况 …… 475
主要统计指标解释 …… 477

二十二、文化、体育和卫生

22－1　文化事业基本情况 …… 480
22－2　广播电视事业 …… 481
22－3　图书、杂志和报纸出版情况 …… 482
22－4　图书出版分类构成情况（2009 年） …… 483
22－5　录像、录音制品出版情况 …… 484
22－6　体委系统职工人数（2009 年） …… 484
22－7　运动员历年创世界纪录情况 …… 485
22－8　运动员分项获得世界冠军情况（2009 年） …… 486
22－9　运动员近年获得世界冠军情况 …… 486
22－10　运动员分项创获亚洲冠军情况（2009 年） …… 487
22－11　与外国体育活动交往情况 …… 487
22－12　卫生机构、床数、人员数（2009 年） …… 488
22－13　各地区卫生机构、床位数（2009 年） …… 494
22－14　各地区卫生机构人员数（2009 年） …… 494
22－15　城市前十位疾病死亡原因及构成（2009 年） …… 495
主要统计指标解释 …… 496

二十三、其他社会活动

23－1　历届省人民代表大会的代表人数 …… 498
23－2　历届省政治协商会议的委员人数 …… 498
23－3　工会组织情况 …… 499
23－4　妇联组织情况 …… 499
23－5　律师、公证、调解工作基本情况 …… 500
23－6　国内公证文书分类（2009 年） …… 501
23－7　涉外公证文书分类（2009 年） …… 502
23－8　调解民间纠纷分类 …… 502
23－9　交通事故发生情况（2009 年） …… 503
23－10　火灾事故发生情况（2009 年） …… 503
23－11　各地区交通事故发生情况（2009 年） …… 504
23－12　各地区火灾事故发生情况（2009 年） …… 504
23－13　结婚登记和离婚情况 …… 505
23－14　各地区结婚登记和离婚情况（2009 年） …… 505
23－15　社会福利事业、企业单位数和人员数 …… 506
23－16　收养性社会福利事业单位基本情况（2009 年） …… 506
23－17　各地区城镇社区服务设施和城市居民最低生活保障制度情况（2009 年） …… 507
23－18　各地区优抚事业基本情况（2009 年） …… 507
23－19　社会福利企业基本情况 …… 508
23－20　各地区基本养老保险情况 …… 508
23－21　各地区失业保险情况 …… 509
23－22　各地区基本医疗保险情况 …… 509
主要统计指标解释 …… 510

附　录

附录 1　2009 年各省（市、区）主要经济指标 …… 514
附录 2　2009 年省辖市基本情况（地区数） …… 530
附录 3　2009 年各市市辖区基本情况 …… 554
附录 4　沈阳经济区主要经济指标 …… 565
附录 5　沿海经济带主要经济指标 …… 566
附录 6　辽西北主要经济指标 …… 567
附录 7　2009 年各市农业县区基本情况 …… 568
附录 8　2009 年东北三省国民经济主要指标 …… 604

CONTENTS

Chapter 1 Administrative Division and Natural Resources

1 – 1 Divisions of Administrative Areas in Liaoning (End of 2009) ······ 1
1 – 2 Table of County and District ······ 2
1 – 3 Natural Conditions and Resources ······ 3
1 – 4 Monthly Average Temperature of Major Cities ······ 4
1 – 5 Average Relative Humidity of Major Cities ······ 5
1 – 6 Monthly Precipitation of Major Cities ······ 6
1 – 7 Monthly Sunshine Hours of Major Cities ······ 7
Explanatory Notes on Main Statistical Indicators ······ 8

Chapter 2 General Survey

2 – 1 Number of Legal Person and Industrial Activity Units of Liaoning Province (2009) ······ 10
2 – 2 Selected Indicators of Average Daily Social and Economic Activities ······ 11
2 – 3 Principal Aggregate Indicators on National Economic and Social Development and Growth Rates ······ 12
2 – 4 Major Proportion Indicators of National Economy ······ 20
2 – 5 Per Capita of Major National Economic Indicators ······ 21
Explanatory Notes on Main Statistical Indicators ······ 22

Chapter 3 National Economy Accounting

3 – 1 Gross Domestic Product ······ 24
3 – 2 Indices of Gross Domestic Product (Preceding Year = 100) ······ 25
3 – 3 Indices of Gross Domestic Product (1952 = 100) ······ 26
3 – 4 Composition of Gross Domestic Product ······ 27
3 – 5 Value – Added by Sector ······ 28
3 – 6 Share of Contributions of Three Strata of Industry To GDP Growth ······ 29
3 – 7 Contribution of the Three Strata of Industry To GDP Growth ······ 30
3 – 8 Gross Domestic Product and Indices by Region ······ 31
3 – 9 Gross Domestic Product by Region(2009) ······ 32
3 – 10 Gross Domestic Product by Expenditure Approach ······ 34
3 – 11 Components of Gross Domestic Product by Expenditure Approach ······ 35
3 – 12 Contribution Share and Contribution of Three Components of GDP To GDP Growth ······ 36
3 – 13 Household Consumption Expenditure ······ 37
3 – 14 Indices of Household Consumption Expenditure ······ 38
Explanatory Notes on Main Statistical Indicators ······ 39

Chapter 4 Population

4 – 1 Total Population ······ 41
4 – 2 Composition of Population ······ 42
4 – 3 Birth Rate, Death Rate and Natural Growth Rate of Population ······ 43
4 – 4 Household and Population at the End of Year by Region ······ 44
4 – 5 Natural Change of Population by Region ······ 46
4 – 6 Regional Population by Age ······ 47
4 – 7 Total Population Estimation on Basis of Annual Sample Surveys on Population Changes ······ 48
4 – 8 Composition Indices of Total Population Estimative on the Basis of Annual Sample Surveys on Population Changes by Age ······ 49
Explanatory Notes on Main Statistical Indicators ······ 50

Chapter 5 Employment and Wage

5 – 1 Employment ······ 52
5 – 2 Number of Employed Persons at Year – end by Three Strata of Industry ······ 53
5 – 3 Number of Employed Persons at Year – end by Three Strata of Industry and Region ······ 54
5 – 4 Number of Employed Persons in Urban Units at Year – end by Region ······ 55
5 – 5 Number of Employed Persons in Urban Units at Year – end by Sector and Region ······ 56
5 – 6 Number of Self – Employed Individuals at

Year – end by Region ···························· 58
5 – 7 Number of Engaged Persons in Private Enterprises at Year – end by Region ············ 59
5 – 8 Number of Staff and Workers by Region and Sector ·· 60
5 – 9 Number of Staff and Workers at Year – end by Sector ·· 61
5 – 10 Number of Staff and Workers at Year – end by Region ·· 62
5 – 11 Number of Working Staff and Workers at Year – end by Region and Sector ··············· 64
5 – 12 Number of Laid – off Employees at Year – end by Sector ·· 66
5 – 13 Number of Working Staff and Workers at Year – end by Sector in Detail ··················· 68
5 – 14 Number of Working Staff and Workers in State – owned Units by Sector ··················· 71
5 – 15 Number of Working Staff and Workers in State – owned Units at Year – end by Region and Sector ·· 72
5 – 16 Number of Laid – off of Staff and Workers in State – owned Units at Year – end by Region and Sector ·· 74
5 – 17 Number of Working Staff and Workers in Collective – Owned Units at Year – end by Sector ·· 76
5 – 18 Number of Laid – off Staff and Workers in Collective – Owned Units at Year – end by Sector ·· 78
5 – 19 Number of Staff and Workers in Urban Collective – Owned Units at Year – end by Sector ·· 80
5 – 20 Number of Staff and Workers in Units of Other Types of Ownership by Sector ············ 81
5 – 21 Registered Unemployed Persons and Unemployment at Year – end in Urban Areas ·· 82
5 – 22 Registered Unemployed Persons and Unemployment in Urban Areas by Region ·· 83
5 – 23 Total Wages of Staff and Workers and Related Indices ·· 84
5 – 24 Average Wages of Working Staff and Workers and Related Indices ··················· 85
5 – 25 Average Wages of Staff and Workers by Status of Registration ···························· 86
5 – 26 Total Wage Bill of Staff and Workers by Sector(2009) ············ 87
5 – 27 Average Wage of Staff and Workers by Sector(2009) ·· 88
5 – 28 Average Wages of Staff and Workers by Sector in Detail ·· 89
5 – 29 Average Wages of Staff and Workers by Region(2009) ·· 92
5 – 30 Total Wages of Working Staff and Workers and Maintenances of Laid – off Staff and Workers by Section (2009) ····················· 93
5 – 31 Total Wages of Working Staff and Workers and Maintenances of Laid – off Staff and Workers by Region (2009) ····················· 94
5 – 32 Average Wages of Working Staff and Workers and Average Maintenances of Laid – off Staff and Workers by Region(2009) ············ 95
5 – 33 Average Wages of Working Staff and Workers by Sector and Region(2009) ········ 96
5 – 34 Average Wages of Working Staff and Workers and Average Maintenances of Laid – off Staff and Workers by Region(2009) ·· 98
5 – 35 Total Wages of Staff and Workers in State – owned Units by Sector ··················· 99
5 – 36 Total Wages of Staff and Workers in Urban Collective – Owned Units by Sector ··········· 100
5 – 37 Total Wages of Staff and Workers in Units of Other Types of Ownership by Sector ·· 101
5 – 38 Maintenances of Laid – off Staff and Workers by Sector ·· 102
Explanatory Notes on Main Statistical Indicators ·· 103

Chapter 6 Investment in Fixed Assets

6 – 1 Total Investment in Fixed Assets ··············· 105
6 – 2 Total Investment in Fixed Assets by Ownership ·· 106
6 – 3 Source of Funds for and Structure of Total Investment in Fixed Assets ··············· 107
6 – 4 Total Investment in Fixed Assets and Its Structure(2009) ···························· 108
6 – 5 Total Investment in Fixed Assets by Region (2009) ···························· 109
6 – 6 Total Investment in Fixed Assets by Region and Ownership(2009) ················· 110
6 – 7 Investment in Fixed Assets by Jurisdiction of Management and Structure by Region ·· 112
6 – 8 Total Investment in Residential Buildings by Region ·· 113

6 – 9 Total Investment in Fixed Assets by Region and Sector ······ 114
6 – 10 Floor Space of Buildings Under Construction and Buildings Completed by Region ······ 116
6 – 11 Investment in Fixed Assets in Urban Area by Composition of Funds and Type of Construction ······ 117
6 – 12 Sources of Funds and Investment in Fixed Assets by Jurisdiction of Management in Urban Area ······ 118
6 – 13 Investment in Fixed Assets in Urban Area by Sector (2009) ······ 119
6 – 14 Investment in Fixed Assets in Urban Area by Sector, Jurisdiction of Management and Registration Status (2009) ······ 122
6 – 15 Floor Space of Buildings Under Construction and Buildings Completed in Urban Area by Region ······ 125
6 – 16 Total Investment in Fixed Assets in Urban Area by Region and Main Sector (2009) ······ 126
6 – 17 Sources of Funds of Investment and Newly Increased Fixed Assets in Urban Area by Sector (2009) ······ 128
6 – 18 Newly Increased Fixed Assets in Urban Area by Region and Sector (2009) ······ 134
6 – 19 Investment in Construction Projects in Urban Area by Composition of Funds and Type of Construction ······ 136
6 – 20 Investment in Construction Projects by Source of Funds and Jurisdiction of Management ······ 137
6 – 21 Investment in Construction Projects by Sector ······ 138
6 – 22 Investment in Construction Projects by Sector ,Jurisdiction of Management and Registration Status (2009) ······ 141
6 – 23 Investment in Construction Projects by Region and Sector (2009) ······ 144
6 – 24 Sources of Funds and Newly Increased Fixed Assets of Construction Projects by Sector (2009) ······ 146
6 – 25 Newly Increased Fixed Assets of Construction Projects by Region and Sector ······ 152
6 – 26 Floor Space of Buildings Under Construction and Buildings Completed in Construction Projects by Region ······ 154
6 – 27 Number of Construction Projects Over 500 Thousand Yuan of Under Construction and Projects Completed in Urban Area by Region ······ 155
6 – 28 Number of Construction Projects Over 500 Thousand Yuan of Under Construction and Projects Completed in Urban Area by Sector ······ 156
6 – 29 Main Indicators of Investment in Fixed Assets of Rural Collective – Owned ······ 160
6 – 30 Individual Investment in Fixed Assets and Buildings Construction in Rural Areas ······ 161
6 – 31 Main Indicators of Enterprises for Real Estate Development ······ 162
6 – 32 Land Development and Purchase of Enterprises for Real Estate Development ······ 163
6 – 33 Investment for Real Estate Development and Construction by Use ······ 164
6 – 34 Investment for Real Estate Development and Construction by Structure ······ 165
6 – 35 Source of Funds of Enterprises for Real Estate Development ······ 166
6 – 36 Floor Space and Completed Rate for Real Estate Development ······ 167
6 – 37 Basic Conditions for Real Estate Development by Region ······ 168
6 – 38 Operating Statistics on Enterprises for Real Estate Development by Region ······ 169
6 – 39 Floor Space of Commercialized Building Sold by Use ······ 170
6 – 40 Total Sales Revenue of Commercialized Building Sold by Use ······ 171
6 – 41 Under Construction and Sale by Enterprises for Real Estate Development ······ 172
6 – 42 Conditions of Investment, Fund and Land by Enterprises for Real Estate Development ······ 173
Explanatory Notes on Main Statistical Indicators ······ 174

Chapter 7 Energy

7 – 1 Total Production of Energy and Its Composition ······ 177
7 – 2 Total Consumption of Energy and Its Composition ······ 178
7 – 3 Elasticity Ratio of Energy Production ······ 179
7 – 4 Elasticity Ratio of Energy Consumption ······ 179
7 – 5 Consumption of Energy by Sector (2008) ······ 180
7 – 6 Efficiency of Energy Conversion ······ 184
7 – 7 Average Daily Energy Consumption ······ 184

7 – 8 Overall Energy Balance Sheet ·················· 185
Explanatory Notes on Main Statistical Indicators ······································ 186

Chapter 8 Government Finance

8 – 1 Local Government Financial Revenue of Region ·· 188
8 – 2 General Budgetary Revenue of Local Government by Years ·························· 189
8 – 3 General Budgetary Revenue of Local Government ······································ 190
8 – 4 Taxes and Additional Revenue by Region ·· 191
8 – 5 General Budgetary Revenue of Local Government by Region(2009) ·················· 192
8 – 6 General Budgetary Expenditure of Local Government by Region(2009) ·················· 194
8 – 7 General Budgetary Expenditure of Local Government ······································ 196
Explanatory Notes on Main Statistical Indicators ·· 197

Chapter 9 Price Indices

9 – 1 Price Indices (Preceding Year = 100) ········· 199
9 – 2 Fixed – based Price Indices ····················· 200
9 – 3 Consumer Price Indices by Category (2009, Preceding Year = 100) ················· 201
9 – 4 Consumer Price Indices by Category (2009, Verage Price in 2000 = 100) ········· 202
9 – 5 Consumer Price Indices by Category and Region (2009, Preceding Year = 100) ········· 203
9 – 6 Consumer Price Indices by Category and Region (2009, Average Price in 2009 = 100) ······································ 204
9 – 7 Price Indices for Means of Agricultural Production (Preceding Year = 100) ············ 205
9 – 8 Rural Consumer Price Indices by Category and Region (2009, Preceding Year = 100) ······································ 205
9 – 9 Producer Price Indices for Manufactured Goods by Region (Preceding Year = 100) ············ 206
9 – 10 Purchasing Price Indices for Raw Materials, Fuel and Power (Preceding Year = 100) ····································· 207
Explanatory Notes on Main Statistical I ndicators ······································ 208

Chapter 10 People's Living Conditions

10 – 1 Basic Statistics on People´s Living Conditions ··· 209
10 – 2 Per Capita Annual Income and Engle's Coefficient of Urban and Rural Households ······································· 210
10 – 3 Basic Conditions of Urban Households ········· 211
10 – 4 Per Capital Gross Income of Urban Households by in – equidistant Relative Income (2009) ···································· 212
10 – 5 Per Capital Annual Disposal Income of Urban Households by Region (2009) ········· 213
10 – 6 Per Capital Annual Gross Income of Urban Households by Region(2009) ················· 214
10 – 7 Per Capital Gross Expenditure of Urban Households by in – equidistant Relative Income (2009) ···································· 216
10 – 8 Per Capital Annual Gross Expenditure of Urban Households by Region (2009) ·· 218
10 – 9 Per Capital Annual Gross Consumption Expenditure of Urban Households by Region ·· 220
10 – 10 Per Capital Annual Consumption Expenditure of Urban Households by In – equidistant Relative Income (2009) ······················· 221
10 – 11 Composition of Per Capital Annual Consumption Expenditure of Urban Households by In – equidistant Relative Income (2009) ·· 222
10 – 12 Per Capita Annual Purchases of Major Commodities of Urban Households ············ 223
10 – 13 Ownership of Major Durable Consumer Goods Per 100 Urban Households at Year – end ······································ 224
10 – 14 Housing Conditions of Urban Residents ··· 225
10 – 15 Ownership of Major Durable Consumer Goods Per 100 Urban Households at Year – end by Region (2|009) ···························· 226
10 – 16 Basic Conditions of Rural Households ······································ 228
10 – 17 Per Capita Annual Gross Income and Net Income of Rural Households ······························· 229
10 – 18 Per Capita Annual Net Income of Rural Households by Region ··· 230
10 – 19 Sources of Per Capita Annual Net Income of Rural Households by Region ························· 231
10 – 20 Per Capita Total Expenditure of Rural Household ··· 232
10 – 21 Per Capita Consumption Expenditure of

Rural Household by Region (2009) ············ 233
10 – 22 Per Capita Consumption of Major Food in Rural Households ································· 234
10 – 23 Ownership of Durable Consumer Goods Per 100 Rural Households ························· 235
10 – 24 Per Capita Consumption of Major food in Rural Households by Region(2009) ················· 236
10 – 25 Ownership of Durable Consumer Goods Per 100 Rural Households by Region (2009) ··· 238
10 – 26 Housing Conditions of Rural Households ······································ 239
Explanatory Notes on Main Statistical Indicators ·· 240

Chapter 11 General Survey of Cities

11 – 1 Basic Statistics on City Public Utilities ······ 242
11 – 2 Statistics on Municipal Infrastructure Level by Region ································ 243
11 – 3 Statistics on City Construction by Region ·· 244
11 – 4 Statistics on Municipal Infrastructure by Region ·· 245
11 – 5 Basic Statistics on Tap Water Supply in Cities by Region ································ 246
11 – 6 Basic Statistics on Supply of Gas in Cities by Region ································ 247
11 – 7 Basic Statistics on Heating in Cities by Region ·· 248
11 – 8 Basic Statistics on Public Transportation in Cities by Region ································ 249
11 – 9 Basic Statistics on Parks and Gardens Areas in Cities by Region ···························· 250
11 – 10 Basic Statistics on Urban Sanitation in Cities by Region ································ 251
Explanatory Notes on Main Statistical Indicators ·· 252

Chapter 12 Environment Protection

12 – 1 Basic Conditions on Environment Protection ·· 254
12 – 2 Discharge and Treatment of Waste Water by Region (2009) ································ 255
12 – 3 Emission and Treatment of Industrial Waste Gas by Region (2009) ·························· 256
12 – 4 Production, Treatment and Utilization of Industrial Solid Wastes by Region (2009) ··· 258
12 – 5 Investment on Treatment of Environment Pollution ··· 258
12 – 6 Investment Conditions on Treatment of Industrial Pollution ····························· 259
Explanatory Notes on Main Statistical Indicators ·· 260

Chapter 13 Agriculture

13 – 1 Basic Conditions of Rural Grassroots Organizations and Agriculture ················· 262
13 – 2 Output of Farming, Animal Husbandry and Fishery ····································· 264
13 – 3 Basic Conditions of Rural Grassroots Organizations ······································ 265
13 – 4 Number of Employed Persons in Rural Areas at Year – end ····························· 266
13 – 5 Gross Output Value of Farming, Animal Husbandry and Fishery ························ 267
13 – 6 Indices of Gross Output Value of Farming, forestry, Animal Husbandry and Fishery (1952 = 100) ··································· 268
13 – 7 Indices of Gross Output Value of Farming, forestry, Animal Husbandry and Fishery (Preceding Year = 100) ························ 269
13 – 8 Gross Output Value of Farming, forestry, Animal Husbandry and Fishery and Related indexes by Region (2009) ····················· 270
13 – 9 Added Value of Farming, forestry, Animal Husbandry and Fishery (2009) ··············· 271
13 – 10 Agricultural Machinery and Machinery for Processing Farm Products Possessed ········ 272
13 – 11 Tractor – Ploughed Area and Irrigated Area, Consumption Fertilizers and Rural Small Hydropower Stations and Electricity Consumption in Rural Areas ····················· 273
13 – 12 Consumption of Chemical Fertilizers by Region (2009) ··································· 274
13 – 13 Irrigation, Reservoirs, Flood Prevention, Water and Soil Conservation and Improvement of Saline – Alkaline Soil ························ 275
13 – 14 Water Conservancy Facilities by Region (2009) ·· 276
13 – 15 Water Conservancy Facilities, Flood Prevention and Improved Area of Saline – Alkaline Land by Region(2009) ································ 276
13 – 16 Sown Area of Farm Crops ························ 277
13 – 17 Sown Area of Farm Crops by Region (2009) ·· 279
13 – 18 Output of Major Farm Products ··············· 281
13 – 19 Output of Major Farm Products by Region

(2009) …… 283
13 – 20 Output of Major Farm Products Per Hectare by Sown Area(2009) …… 284
13 – 21 Output of Major Farm Products Per Hectare by Sown Area and Region (2009) …… 286
13 – 22 Conditions of Production of Fruit, Silkworm, Cocoon, Ginseng …… 287
13 – 23 Outputs of Fruit, Silkworm, Cocoon, Ginseng …… 288
13 – 24 Conditions of forestry Production …… 289
13 – 25 Area of Afforestation by Region …… 289
13 – 26 Number of Large Livestock …… 290
13 – 27 Output of Meat and Number of Hogs, Sheep and Goats …… 291
13 – 28 Conditions on Production of Livestock …… 292
13 – 29 Conditions of Livestock by Region (2009) …… 293
13 – 30 Livestock Products by Region (2009) …… 294
13 – 31 Conditions of Aquatic Products …… 295
13 – 32 Output of Aquatic Products …… 296
13 – 33 Per Capita Output of Major Farm Products …… 297
13 – 34 Institutions of Agricultural and It's Persons …… 297
13 – 35 Areas Covered and Affected by Natural Disaster …… 298
13 – 36 Basic Statistics on State Farms …… 299
Explanatory Notes on Main Statistical Indicators …… 300

Chapter 14 Industry

14 – 1 Number of Industrial Enterprises and Gross Industrial Output Value above Designated Size …… 301
14 – 2 Number of Industrial Enterprises Employed Persons above Designated Size …… 302
14 – 3 Gross Industrial Output Value by Ownership …… 303
14 – 4 Main Indicators of All State – owned Industrial Enterprises and Non – State – owned Industrial Enterprises above Designated Size by Region …… 304
14 – 5 Main Indicators of All State – owned Industrial Enterprises and Non – State – owned Industrial Enterprises above Designated Size (2009) …… 306
14 – 6 Main Indicators of All State – owned Industrial Enterprises and Non – State – owned Industrial Enterprises above Designated Size by Industrial Sector (2009) …… 308
14 – 7 Main indicator on Economic Benefit of State – owned and Non – State – owned Industrial Enterprises by Industrial Sector (2009) …… 310
14 – 8 Main Indicators of State – owned and State – holding Industrial Enterprises (2009) …… 312
14 – 9 Main Indicators of State – owned and State – holding Industrial Enterprises by region (2009) …… 314
14 – 10 Main Indicators on Economic Benefit of State – owned and Non – State – owned Industrial Enterprises by Region …… 316
14 – 11 Main Indicators on Economic Benefit of State – owned and State – holding Industrial Enterprises by Region …… 317
14 – 12 Main Indicators of Industrial Joint Ventures, Cooperatives Enterprises and Enterprises Exclusively Funded From Abroad (2009) …… 318
14 – 13 Main Indicators of Economic Benefit of Large and Medium – sized Industrial Enterprises by Industrial Sector(2009) …… 319
14 – 14 Main Indicators of Large and Medium – sized Industrial Enterprises by Industrial Sector (2009) …… 320
14 – 15 Main Indicators of Large and Medium Industrial Enterprises by Region …… 322
14 – 16 Output of Major Industrial Products by Years …… 324
14 – 17 Output of Industrial Products …… 330
14 – 18 Main Indicators of Agricultural Product Processing Industry above Designated Size …… 332
14 – 19 Main Indicators of Raw Material Industry above Designated Size …… 334
14 – 20 Main Indicators of Equipment Manufacturing Industry above Designated Size …… 334
Explanatory Notes on Main Statistical Indicators …… 336

Chapter 15 Construction

15 – 1 Main Indicators on Construction Enterprises …… 340
15 – 2 Number of Construction Enterprises (2009) …… 342
15 – 3 Main Economic Indicators of Construction

Enterprises (2009) ······························ 344
15 - 4 Gross Output Value of Construction Enterprises (2009) ······························ 346
15 - 5 Assets of Construction Enterprises (2009) ······························ 346
15 - 6 Liabilities of Construction Enterprises by Region (2009) ······························ 348
15 - 7 Paid - up Capitals of Construction Enterprises by Region (2009) ······························ 348
15 - 8 Taxes and Add of Project Settlement and Taxes in Management Cost of Construction Enterprises by Region (2009) ······························ 350
15 - 9 Total Profits of Construction Enterprises by Region (2009) ······························ 350
15 - 10 Value Added of Construction Enterprises by Region (2009) ······························ 352
15 - 11 Total Pre - tax Profits of Construction Enterprises by Region (2009) ······························ 352
15 - 12 Number, Equipment and Employees of General Contractors and Professional Contractors Owned by Construction Enterprises by Region (2009) ······························ 354
15 - 13 Number, Equipment and Employees of General Contractors and Professional Contractors Owned by State - owned Construction Enterprises by Region (2009) ······························ 354
15 - 14 Number, Equipment and Employees of General Contractors and Professional Contractors Owned by Collective - Owned Construction Enterprises by Region (2009) ······························ 355
15 - 15 Total Output Value of Completed and Constructed of General Contractors and Professional Contractors Owned by Construction Enterprises by Region (2009) ······························ 355
15 - 16 Total Output Value of Completed and Constructed of General Contractors and Professional Contractors Owned by State - owned Construction Enterprises by Region (2009) ······························ 356
15 - 17 Total Output Value of Completed and Constructed of General Contractors and Professional Contractors Owned by Collective - Owned Construction Enterprises by Region (2009) ······························ 356
15 - 18 Area of Completed and Constructed of General Contractors and Professional Contractors Owned by Construction Enterprises by Region (2009) ······························ 357
15 - 19 Area of Completed and Constructed of General Contractors and Professional Contractors Owned by State - owned Construction Enterprises by Region (2009) ······························ 358
15 - 20 Area of Completed and Constructed of General Contractors and Professional Contractors Owned by Collective - Owned Construction Enterprises by Region (2009) ······························ 359
15 - 21 Assets and Liabilities of General Contractors and Professional Contractors at Year - end Owned by Construction Enterprises by Region (2009) ······························ 360
15 - 22 Assets and Liabilities of General Contractors and Professional Contractors Year - end Owned by State - owned Construction Enterprises by Region (2009) ······························ 361
15 - 23 Assets and Liabilities of General Contractors and Professional Contractors at Year - end Owned by Collective - Owned Construction Enterprises by Region (2009) ······························ 362
15 - 24 Gains and Losses and Assignment of General Contractors and Professional Contractors at Year - end Owned by Construction Enterprises by Region (2009) ······························ 363
15 - 25 Gains and Losses and Assignment of General Contractors and Professional Contractors at Year - end Owned by State - owned Construction Enterprises by Region (2009) ······························ 364
15 - 26 Gains and Losses and Assignment of General Contractors and Professional Contractors at Year - end Owned by Collective - Owned Construction Enterprises by Region (2009) ······························ 365
Explanatory Notes on Main Statistical Indicators ······························ 366

Chapter 16 Transport, Post and Telecommunication Services

16 - 1 Basic Conditions of Transportation ············ 367
16 - 2 Length of Transport Routes ······················ 368
16 - 3 Passenger Traffic ······························ 369
16 - 4 Passenger - Kilometers ······················ 370
16 - 5 Freight Traffic ······························ 371
16 - 6 Freight Ton - Kilometers ······················ 372
16 - 7 Number of Railway Locomotives at Year - end ······························ 373
16 - 8 Number of Passengers Dispatched From Railway Stations in Liaoning Province ······ 374
16 - 9 Volume of Freight Dispatched From Railway Stations in Liaoning Province ················ 375

16 – 10 Possession of Civil Vehicle at Year – end …… 376
16 – 11 Highway Routes Reach at Year – end …… 377
16 – 12 Main Economic and Technical Indicators of Business Transportation …… 378
16 – 13 Possession of Transport Vessels …… 379
16 – 14 Number of Passengers Dispatched From Waterway Transportation …… 380
16 – 15 Length and Number of Berths of Coastal Ports …… 381
16 – 16 Volume of Freight Handled in Coastal Ports …… 382
16 – 17 Civil Aviation Traffic …… 383
16 – 18 Basic Conditions of Postal and Telecommunications Services …… 384
16 – 19 Volume of Post and Telecommunication Services by Region (2009) …… 385
16 – 20 Business Volume of Post and Telecommunication Services …… 386
16 – 21 Level of Postal and Telecommunication Services …… 388
Explanatory Notes on Main Statistical Indicators …… 389

Chapter 17 Domestic Trade

17 – 1 Basic Conditions of Enterprises above Designated Size in Wholesale and Retail Trades …… 391
17 – 2 Basic Conditions of Star Accommodation and Catering of Enterprises above Designated …… 394
17 – 3 Total Retail Sales of Consumer Goods by Urban and Rural Areas …… 396
17 – 4 Total Retail Sales of Consumer Goods by Ownership by Sector …… 397
17 – 5 Total Retail Sales of Consumer Goods by Sector (2009) …… 398
17 – 6 Total Sales of above Designated in Wholesale and Retail Trades (2009) …… 400
17 – 7 Total Sales of above Designated in Wholesale and Retail Trades by Region (2009) …… 402
17 – 8 Sales of above Designated in Wholesale and Retail Trades(2009) …… 408
17 – 9 Main Financial Indicators of above Designated in Wholesale and Retail Trades (2009) …… 410
17 – 10 Basic Management Conditions of Star Accommodation and Catering of Enterprises above Designated (2009) …… 416
17 – 11 Main Financial Indicators Star Accommodation and Catering of Enterprises above Designated (2009) …… 418
17 – 12 Assets, Liabilities and Creditors′Equity of above Designated Enterprises in Wholesale and Retail Trades by Region(2009) …… 422
17 – 13 Main Financial Indicators of above Designated Enterprises in Wholesale and Retail Trades by Region (2009) …… 422
17 – 14 Value Added of above Designated Enterprises in Wholesale and Retail Trades by Region (2009) …… 423
17 – 15 Value Added of Star Accommodation and above Designated in Catering Trades by Region (2009) …… 423
Explanatory Notes on Main Statistical Indicators …… 424

Chapter 18 Foreign Trade and Economy Cooperation

18 – 1 Basic Conditions of Foreign Trade and Economy Cooperation …… 425
18 – 2 Total Value of Imports and Exports …… 426
18 – 3 Total Value of Imports and Exports by Trade Property …… 427
18 – 4 Total Value of Imports and Exports by Region …… 428
18 – 5 Value of Imports and Exports by Main Country (Region) …… 429
18 – 6 Main Export Commodities in Volume …… 430
18 – 7 Main Imports Commodities in Volume …… 431
18 – 8 Utilization of Foreign Capital …… 432
18 – 9 Amount of Foreign Direct Investment by Region …… 433
18 – 10 Actually Used Amount of Foreign Direct Investment by Country or Region …… 434
18 – 11 Foreign Direct Investment by Country or Region …… 435
18 – 12 Foreign Direct Investment by Country or Region …… 436
18 – 13 Foreign Direct Investment by Sector …… 437
18 – 14 Registered Status of Foreign Founded Enterprises at Year – end …… 438
18 – 15 Basic Conditions of Registered Enterprises with Foreign Capital by Country or Region (2009) …… 439
18 – 16 Contracted Projects and Labor Service Cooperation for Overseas …… 440
Explanatory Notes on Main Statistical Indicators …… 442

Chapter 19 Tourism

19 – 1 Development of Tourism 443
19 – 2 Number of Oversea Visitor Arrivals by Country/Region 443
19 – 3 Number of Oversea Visitor Arrivals by Region 444
19 – 4 Foreign Exchange Earnings from International Tourism by Region 444
19 – 5 Number and Income of Domestic Tourism (2009) 445
Explanatory Notes on Main Statistical Indicators 446

Chapter 20 Financial intermediation

20 – 1 Deposits and Loans of Financial Institutions 447
20 – 2 Total Deposits of Financial Institutions by Region (2009) 448
20 – 3 Total Loans of Financial Institutions by Region (2009) 449
20 – 4 Cash Income of Finance Institutions 450
20 – 5 Cash Expenditures of Finance Institutions 451
20 – 6 Currency Issue and Cash withdrawn of Financial Institutions 452
20 – 7 Saving Deposits of Urban and Rural Area at Year – end 453
Explanatory Notes on Main Statistical Indicators 454

Chapter 21 Education, Science and Technology

21 – 1 Basic Statistics of Education 455
21 – 2 Number of Schools by Level and Type of School 456
21 – 3 Number of Postgraduates Students 460
21 – 4 Number of Postgraduates Students by Fields of Study (2009) 461
21 – 5 Basic Statistics on Higher Education by Type (2009) 462
21 – 6 Number of Students in Regular Institutions of Higher Education (2009) 462
21 – 7 Number of Students in Undergraduates and Junior Colleges by Field of Study (2009) 463
21 – 8 Number of Students in Adult Institutions of Higher Education by Field of Study (2009) 464
21 – 9 Number of Students Enrolled in internet – Based Course by Field of Study 465
21 – 10 Basic Statistics on Secondary Vocational Schools by Type (2009) 466
21 – 11 Students in Secondary Vocational Schools by Field of Study (2009) 466
21 – 12 Statistics on Regular Senior Secondary Schools and Students (2009) 467
21 – 13 Statistics on Regular Junior Secondary Schools and Students (2009) 467
21 – 14 Statistics on Regular Primary Schools and Students (2009) 468
21 – 15 Net Enrollment Ratio of Primary Schools and Promotion Rate of Various Schools 468
21 – 16 Development Level of Education 469
21 – 17 Basic Statistics on Regular Institutions of Higher Education by Region (2009) 469
21 – 18 Basic Statistics on Vocational Secondary Schools by Region (2009) 470
21 – 19 Basic Statistics on Regular Senior Secondary School by Region (2009) 470
21 – 20 Basic Statistics on Regular Junior Secondary School by Region (2009) 471
21 – 21 Basic Statistics on Regular Primary School by Region (2009) 471
21 – 22 Basic Statistics on Special Education by Region (2009) 472
21 – 23 Number of Students Per 100000 Inhabitants by Region (2009) 472
21 – 24 Basic Statistics on Science and Technological Activities 473
21 – 25 Basic Statistics on Scientific Research and Development institution 474
21 – 26 Basic Statistics on Science and Technological Activities of Large – Scale and Medium – Sized Industrial Enterprises 475
21 – 27 Basic Statistics on Higher Education for Scientific and Technological Activities 476
Explanatory Notes on Main Statistical Indicators 477

Chapter 22 Culture, Sports and Public Health

22 – 1 Basic Statistics on Cultural Industry 480
22 – 2 Basic Statistics on Radio and Television Industry 481
22 – 3 Basic Statistics on Books, Magazines and Newspapers 482
22 – 4 Statistics on Books Published in Liaoning by Categories(2009) 483
22 – 5 Publication of Video and Audio

Products ········· 484
22 – 6 Statistics on Staff and Workers in Physical System (2009) ········· 484
22 – 7 World Championships Chalked Up by Liaoning Athletes ········· 485
22 – 8 World Championships Won by Liaoning Athletes by Events (2009) ········· 486
22 – 9 World Championships Won by Liaoning Athletes Recent Years ········· 486
22 – 10 Asian Championships Won by Liaoning Athletes by Events (2009) ········· 487
22 – 11 International Communications of Physical Education ········· 487
22 – 12 Number of Health Institutions, Beds and Employed Personnel(2009) ········· 488
22 – 13 Number of Health Institutions, Beds by Region (2009) ········· 494
22 – 14 Number of Employed Personnel in Health Institutions by Region(2009) ········· 494
22 – 15 Death Rate of 10 Major Diseases in Urban Areas (2009) ········· 495
Explanatory Notes on Main Statistical Indicators ········· 496

Chapter 23 Others Social Activities

23 – 1 Number of Deputies To All the Previous Liaoning National People's Congress ········· 498
23 – 2 Number of Deputies To All the Previous Liaoning People's Political Consultative Conferences ········· 498
23 – 3 Basic Statistics on Trade Unions ········· 499
23 – 4 Basic Statistics on Women's Federation ········· 499
23 – 5 Basic Statistics on Lawyers, Notarization and Mediation ········· 500
23 – 6 Domestic Notarial Documents by Type (2009) ········· 501
23 – 7 Foreign Notarial Documents by Type (2009) ········· 502
23 – 8 Number of Civil Disputes Mediated by Type ········· 502
23 – 9 Basic Statistics on Traffic Accidents (2009) ········· 503
23 – 10 Basic Statistics on Fires Accidents (2009) ········· 503
23 – 11 Basic Statistics on Traffic Accidents by Region (2009) ········· 504
23 – 12 Basic Statistics on Fires Accidents by Region (2009) ········· 504
23 – 13 Number of Marriages and Divorces ········· 505
23 – 14 Number of Marriages and Divorces by Region (2009) ········· 505
23 – 15 Number of Social Welfare Institutions and Enterprises and Persons Engaged ········· 506
23 – 16 Basic Statistics on Social Welfare Institutions (2009) ········· 506
23 – 17 Basic Statistics on Urban Welfare Facilities and Social Security Benefit (2009) ········· 507
23 – 18 Basic Statistics on Treatment and Compensation Institutions by Region (2009) ········· 507
23 – 19 Basic Statistics on Social Welfare Enterprises ········· 508
23 – 20 Basic Statistics on Basic Pension Insurance by Region ········· 508
23 – 21 Basic Statistics on Unemployment Insurance by Region ········· 509
23 – 22 Basic Statistics on Medical Insurance by Region ········· 509
Explanatory Notes on Main Statistical Indicators ········· 510

Appendix

Appendix 1 Main Economic Indicators of Other Provinces (Cities, Districts) (2009) ········· 514
Appendix 2 Basic Conditions of City Under – provincial Government (Number of Region) (2009) ········· 530
Appendix 3 Basic Conditions of Urban District Under City Government(2009) ········· 554
Appendix 4 Basic Conditions of Shenyang Economic Region(2009) ········· 565
Appendix 5 Basic Conditions of Liaoning Coastal Economic Belt(2009) ········· 566
Appendix 6 Basic Conditions of Liaoning Northwest (2009) ········· 567
Appendix 7 Basic Conditions of Agriculture County Under City Government(2009) ········· 568
Appendix 8 Main National Economic Indicators of Province of Liaoning, Jilin and Heilongjiang(2009) ········· 604

第一篇

行政区划和自然资源

1

XINGZHENG
QUHUA
HE
ZIRAN
ZIYUAN

1—1 行 政 区 划

（2009年末）　　　　单位:个

地区	县级市	县	自治县	区	镇	乡	街道
全省	**17**	**19**	**8**	**56**	**577**	**357**	**570**
沈阳	1	3		9	54	46	112
大连	3	1		6	46	20	95
鞍山	1	1	1	4	58	7	39
抚顺		1	2	4	24	23	36
本溪			2	4	22	7	29
丹东	2		1	3	59	5	26
锦州	2	2		3	49	32	34
营口	2			4	35	3	34
阜新		1	1	5	34	31	30
辽阳	1	1		5	30	7	24
盘锦		2		2	24	5	27
铁岭	2	3		2	51	38	14
朝阳	2	2	1	2	57	74	36
葫芦岛	1	2		3	34	59	34

1—2 县区一览表

地区	县(市)	区
沈阳	新民市、辽中县、康平县、法库县	和平、沈河、大东、皇姑、铁西、东陵、苏家屯、沈北新区、于洪
大连	瓦房店市、普兰店市、庄河市、长海县	中山、西岗、沙河口、甘井子、旅顺口、金州
鞍山	海城市、台安县、岫岩县(满)	铁东、铁西、立山、千山
抚顺	抚顺县、新宾县(满)、清原县(满)	新抚、东洲、望花、顺城
本溪	本溪县(满)、桓仁县(满)	平山、溪湖、明山、南芬
丹东	东港市、凤城市、宽甸县(满)	元宝、振兴、振安
锦州	凌海市、北镇市、义县、黑山县	古塔、凌河、太和
营口	大石桥市、盖州市	站前、西市、老边、鲅鱼圈
阜新	阜新县(蒙)、彰武县	海州、新邱、太平、细河、清河门
辽阳	辽阳县、灯塔市	白塔、文圣、宏伟、弓长岭、太子河
盘锦	盘山县、大洼县	双台子、兴隆台
铁岭	调兵山市、开原市、铁岭县、西丰县、昌图县	银州、清河
朝阳	北票市、凌源市、朝阳县、建平县、喀左县(蒙)	双塔、龙城
葫芦岛	兴城市、绥中县、建昌县	连山、南票、龙港

1—3 自然状况及资源

指　　标	2009年	指　　标	2009年
一、自然状况		大陆岸线长度	2 110公里
1..经纬度		岛屿岸线长度	627.6公里
东经	118°53′~125°46′	大小岛屿个数	266个
北纬	38°43′~43°26′	有人居住岛屿	30个
2.气候		岛屿面积	191.5平方公里
平均降水量	566毫米	海水养殖面积	630.7千公顷
平均气温	8.5摄氏度	滩涂面积	141.255千公顷
平均日照时数	2 616小时	海上面积	412.215千公顷
二、土地资源		陆基面积	77.23千公顷
土地总面积	14.8万平方公里	内陆水域养殖面积	202.172千公顷
山地	8.6万平方公里	水库面积	111.703千公顷
平地	4.9万平方公里	池塘面积	59.58千公顷
其他	1.3万平方公里	其他面积	30.889千公顷
农业用地面积	1 123.0万公顷	四、水资源	
1.耕地面积	408.5万公顷	省内流域面积	14.55万平方公里
2.园地面积	59.7万公顷	#辽河	6.35万平方公里
3.林地面积	569.9万公顷	鸭绿江	1.66万平方公里
4.牧草地面积	34.9万公顷	沿海诸河	5.75万平方公里
5.其他农业用地	50.0万公顷	地表水:	
建设用地面积	139.1万公顷	河川径流量	137.98亿立方米
1.居民点和工矿用地面积	115.2万公顷	#辽河	57.56亿立方米
2.交通用地面积	9.1万公顷	鸭绿江	39.79亿立方米
3.水利设施用地	14.8万公顷	沿海诸河	39.06亿立方米
未利用地面积	218.5万公顷	地下水:	
三、海洋、水产资源		资源量	87.57亿立方米
海岸线总长度	2 737.6公里	水资源总量	170.98亿立方米

注:本表土地资源数据,由于第二次国土资源调查数据国土资源部没有确定,故仍为2008年数据。

1—4 主要城市平均气温

（2009 年）

单位:摄氏度

城市	1月	2月	3月	4月	5月	6月	7月	8月	9月	10月	11月	12月	年平均
沈阳	-11.0	-7.3	0.4	11.1	19.1	20.8	23.1	23.3	17.0	9.9	-3.4	-11.1	7.7
大连	-2.5	0.0	3.9	11.6	18.4	21.8	23.3	24.9	20.5	15.5	2.6	-2.2	11.5
鞍山	-6.6	-3.4	2.9	12.9	20.5	22.6	25.0	25.9	19.9	13.1	-0.4	-6.7	10.5
抚顺	-12.7	-8.2	-0.4	9.9	18.1	19.9	22.6	22.8	16.4	8.9	-3.6	-11.8	6.8
本溪	-9.5	-5.2	1.0	11.1	18.9	20.8	23.4	23.7	17.6	10.4	-2.1	-9.5	8.4
丹东	-5.8	-1.7	2.2	9.2	16.5	19.3	22.7	24.2	18.8	12.4	1.4	-6.4	9.4
锦州	-5.5	-3.0	3.2	13.1	20.1	22.5	25.3	25.6	19.8	12.8	-0.9	-6.7	10.5
营口	-6.7	-4.0	2.5	11.1	18.1	22.2	24.5	25.2	19.3	12.4	-0.8	-7.1	9.7
阜新	-10.3	-6.6	0.5	11.2	19.2	21.1	23.8	23.7	18.0	9.7	-4.0	-10.4	8.0
辽阳	-8.5	-5.1	2.1	12.4	20.0	21.8	24.3	24.7	18.5	11.4	-1.6	-8.5	9.3
盘锦	-8.0	-5.1	1.5	11.2	18.6	22.0	24.2	24.5	18.8	11.7	-1.7	-8.1	9.1
铁岭	-10.8	-6.7	0.8	11.8	19.5	20.8	23.1	23.9	17.7	10.5	-2.9	-11.0	8.1
朝阳	-8.6	-4.5	2.9	13.0	20.9	22.0	25.3	25.1	19.3	11.0	-1.6	-8.2	9.7
葫芦岛	-6.2	-2.9	2.8	12.8	19.8	21.7	24.4	24.8	19.3	12.8	-0.7	-6.7	10.2

1—5　主要城市平均相对湿度

（2009 年）　　　　单位:%

城　　市	1 月	2 月	3 月	4 月	5 月	6 月	7 月	8 月	9 月	10 月	11 月	12 月	年平均
沈　阳	64	62	55	55	54	71	81	77	74	69	68	68	66
大　连	55	60	52	55	59	72	85	78	77	65	66	65	66
鞍　山	46	46	41	46	45	58	73	69	64	58	62	61	56
抚　顺	68	67	58	57	55	73	81	75	73	72	66	71	68
本　溪	65	60	52	53	54	70	75	69	69	65	63	67	64
丹　东	58	60	61	72	73	84	84	76	75	71	65	63	70
锦　州	42	46	44	46	47	60	70	65	63	51	53	52	53
营　口	55	60	56	64	65	70	79	76	76	67	67	68	67
阜　新	43	49	45	50	45	64	76	69	57	53	61	58	56
辽　阳	51	52	44	47	45	60	70	67	64	65	65	66	58
盘　锦	54	63	58	61	61	68	80	79	76	66	64	64	66
铁　岭	54	48	42	45	42	60	73	70	68	63	64	66	58
朝　阳	41	46	38	45	43	63	70	64	57	47	48	49	51
葫 芦 岛	51	56	55	53	56	72	82	74	72	55	55	57	62

1—6 主要城市降水量

（2009 年）　　　　单位:毫米

城市	1月	2月	3月	4月	5月	6月	7月	8月	9月	10月	11月	12月	全年
沈阳	12.2	36.7	13.1	104.8	44.4	109.2	122.1	63.1	26.4	92.8	15.8	17.1	657.7
大连	0.0	10.7	9.5	125.5	105.7	39.7	232.6	99.9	53.5	18.9	15.7	7.0	718.7
鞍山	6.8	35.9	12.0	108.6	60.0	103.7	64.8	129.2	44.0	48.2	22.2	29.0	664.4
抚顺	13.8	31.5	13.6	94.1	37.3	118.6	119.3	65.3	51.8	114.5	24.3	18.8	702.9
本溪	13.3	42.7	9.9	107.8	41.5	115.5	87.2	90.8	62.3	65.9	13.9	18.4	669.2
丹东	6.0	37.9	14.0	120.3	56.3	155.7	214.0	62.8	23.9	67.5	22.8	37.3	818.5
锦州	0.5	17.9	5.0	49.3	37.0	90.7	72.9	103.9	27.9	30.1	5.7	3.3	444.2
营口	1.6	29.5	8.4	71.3	46.3	92.0	81.4	72.3	29.7	39.6	7.4	12.0	491.5
阜新	0.2	10.3	9.0	60.7	25.1	51.9	132.2	10.6	1.7	16.9	7.5	1.9	328.0
辽阳	9.7	38.9	8.4	96.3	51.4	102.3	92.0	94.5	37.4	55.0	20.2	18.4	624.5
盘锦	2.7	21.3	8.8	57.4	46.6	61.4	76.9	110.7	20.6	54.1	7.0	11.9	479.4
铁岭	10.4	22.6	11.0	90.8	50.3	213.4	74.6	70.8	51.5	80.1	14.1	21.3	710.9
朝阳	0.3	16.8	0.2	51.6	23.9	98.1	33.9	45.0	10.3	4.9	6.4	3.4	294.8
葫芦岛	2.6	17.2	6.5	47.1	48.1	98.7	44.1	52.5	36.5	12.7	5.6	4.0	375.6

1—7 主要城市日照时数

(2009年)　　单位:小时

城　市	1月	2月	3月	4月	5月	6月	7月	8月	9月	10月	11月	12月	全　年
沈　阳	195.4	214.6	266.1	236.9	280.3	239.9	217.4	267.3	222.0	200.2	160.5	159.5	2 660.1
大　连	217.4	174.2	268.0	244.1	283.5	285.6	226.4	279.1	194.8	225.9	154.1	144.7	2 697.8
鞍　山	223.7	200.7	256.1	251.6	292.6	256.3	255.3	298.1	236.3	215.7	167.7	175.7	2 829.8
抚　顺	173.6	168.0	227.0	212.5	261.1	222.8	175.0	225.2	224.4	187.5	161.0	160.6	2 398.7
本　溪	216.6	217.5	269.7	258.0	295.6	261.2	253.2	287.1	242.4	211.0	181.8	182.9	2 877.0
丹　东	179.9	177.9	206.9	218.4	202.6	106.1	165.7	266.0	213.5	204.0	153.6	170.3	2 264.9
锦　州	209.9	195.7	233.0	235.1	277.3	230.1	212.4	269.6	207.4	232.4	205.6	201.2	2 709.7
营　口	205.2	181.6	250.0	228.7	269.9	249.9	214.1	273.2	197.1	203.7	168.3	175.8	2 617.5
阜　新	222.0	213.7	245.0	226.9	279.3	229.7	244.4	269.6	224.2	235.3	189.8	177.9	2 757.8
辽　阳	179.8	177.5	223.5	212.0	241.8	203.1	195.3	257.4	190.1	181.4	146.2	142.6	2 350.7
盘　锦	222.2	208.4	255.1	241.5	288.1	220.4	175.8	222.0	193.8	214.7	189.3	190.6	2 621.9
铁　岭	188.2	196.3	250.5	211.8	262.6	223.0	213.8	269.8	236.4	218.1	174.5	168.2	2 613.2
朝　阳	190.6	190.3	218.0	222.6	253.3	202.8	219.2	276.8	191.6	238.8	201.9	186.1	2 592.0
葫芦岛	227.5	196.9	241.1	246.1	293.9	239.9	210.6	262.9	188.0	219.2	187.5	181.4	2 695.0

主要统计指标解释

森林面积 指生长着乔木和竹林,郁闭度在0.3以上(不包括0.3)的林地面积,即有林地面积。它是反映森林资源总面积的重要指标。森林面积包括天然林面积和人工林面积。但不包括灌木林地和疏林面积。

森林覆盖率 通常是指森林面积占土地总面积之比,一般用百分数表示。但国家规定在计算森林覆盖率时,森林面积还包括灌木林面积、农田林网树占地面积以及四旁树木的覆盖面积。森林覆盖率,是反映一个国家或地区森林资源和绿化水平的重要指标。计算公式:

$$\text{森林覆盖率}(\%)=\frac{\text{森林面积}}{\text{土地总面积}}\times 100\%$$

活立木总蓄积量 指全部土地上树木蓄积的总量。包括森林蓄积、疏林蓄积、散生木蓄积和四旁树蓄积。

森林蓄积量 指森林面积上生长着的林木树干材积总量。它是反映一个国家或地区森林资源总规模和水平的重要指标。

草地面积 指牧区和农区用于放牧牲畜或割草,植被盖度在5%以上的草原、草坡、草山等面积。包括天然的和人工种植或改良的草地面积。

矿产保有储量 指探明的矿产储量(包括工业储量和远景储量)扣除已开采部分和地下损失量后的年底实有储量。它反映全省矿产资源的现状。

第二篇

综合

2

ZONGHE

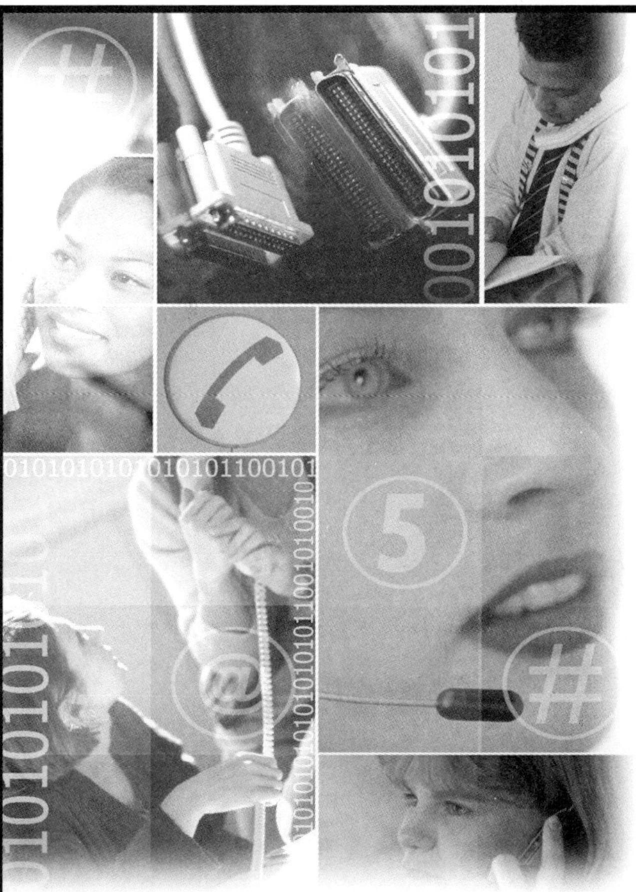

2—1 全省法人、产业活动单位数

（2009年末） 单位：个

行业、类型	法人单位数			产业活动单位数	
	合计	单产业法人单位	多产业法人单位	合计	多产业法人单位所属的产业活动单位数
总计	**345 754**	**335 621**	**10 133**	**404 688**	**69 067**
按行业分					
农、林、牧、渔业	8 822	8 769	53	9 554	785
采矿业	5 692	5 634	58	5 896	262
制造业	85 938	85 078	860	87 390	2 312
电力、燃气及水的生产和供应业	1 636	1 519	117	2 674	1 155
建筑业	16 523	16 055	468	18 389	2 334
交通运输、仓储和邮政业	9 603	9 318	285	12 317	2 999
信息传输、计算机服务和软件业	7 781	7 652	129	10 598	2 946
批发和零售业	80 436	78 882	1 554	92 694	13 812
住宿和餐饮业	5 990	5 830	160	6 947	1 117
金融业	1 736	1 252	484	10 709	9 457
房地产业	12 426	12 126	300	13 272	1 146
租赁和商务服务业	22 532	22 251	281	25 164	2 913
科学研究、技术服务和地质勘查业	11 822	11 666	156	13 040	1 374
水利、环境和公共设施管理业	2 788	2 723	65	3 227	504
居民服务和其他服务业	6 223	6 147	76	7 548	1 401
教育	11 668	10 611	1 057	17 902	7 291
卫生、社会保障和社会福利业	10 201	9 867	334	14 256	4 389
文化、体育和娱乐业	3 660	3 593	67	4 176	583
公共管理和社会组织	40 277	36 648	3 629	48 935	12 287
按登记注册类型分					
内资企业	335 928	326 133	9 795	391 255	65 122
国有企业	48 682	44 508	4 174	74 530	30 022
集体企业	20 801	19 952	849	27 755	7 803
股份合作企业	4 030	3 923	107	5 643	1 720
联营企业	483	480	3	583	103
国有联营企业	81	80	1	110	30
集体联营企业	210	210	0	247	37
国有与集体联营企业	63	62	1	78	16
其他联营企业	129	128	1	148	20
有限责任公司	38 564	37 692	872	43 003	5 311
国有独资公司	462	406	56	918	512
其他有限责任公司	38 102	37 286	816	42 085	4 799
股份有限公司	4 353	3 952	401	10 532	6 580
私营企业	183 968	182 258	1 710	190 323	8 065
私营独资企业	72 207	71 876	331	73 493	1 617
私营合伙企业	5 632	5 593	39	5 757	164
私营有限责任公司	99 532	98 256	1 276	104 073	5 817
私营股份有限公司	6 597	6 533	64	7 000	467
其他企业	35 047	33 368	1 679	38 886	5 518
港、澳、台商投资企业	2 093	1 993	100	3 416	1 423
合资经营企业(港或澳、台资)	1 010	979	31	1 243	264
合作经营企业(港或澳、台资)	110	107	3	135	28
港、澳、台商独资经营企业	857	798	59	1 558	760
港、澳、台商投资股份有限公司	116	109	7	480	371
外商投资企业	7 733	7 495	238	10 005	2 510
中外合资经营企业	3 265	3 174	91	3 696	522
中外合作经营企业	368	358	10	428	70
外资企业	3 885	3 762	123	5 453	1 691
外商投资股份有限公司	215	201	14	428	227

注：该数据最终认定结果可能有所变化。

2—2 平均每天主要社会经济活动

指　　标	单 位	2000 年	2005 年	2006 年	2007 年	2008 年	2009 年
一、全省每天创造财富							
地区生产总值(现价)	亿元	12.79	22.05	25.49	30.59	37.45	41.68
农业总产值	亿元	2.65	4.58	5.04	5.83?	6.79	7.41
地区财政收入	亿元	2.28	5.17	6.39	8.64	10.18	12.64
地方财政一般预算收入	亿元	0.81	1.85	2.24	2.97	3.72	4.36
布	万米	137	156	148	211	129	137
纸及纸板	万吨	0.15	0.23	0.18	0.24	0.16	0.22
卷　烟	亿支	630	1 257	1 310	1 399	0.71	0.71
啤　酒	万升	4 101	5 058	5 490	6 329	643.8	676.7
原　煤	万吨	12.21	17.52	20.18	17.39	17.57	18.15
发电量	亿千瓦小时	1.77	2.48	2.78	3.05	3.12	3.18
原　油	万吨	3.84	3.45	3.36	3.31	3.29	2.74
钢	万吨	4.26	8.38	10.14	11.34	11.15	13.10
水　泥	万吨	5.36	17.79	19.14	22.01	26.82	30.15
二、全省每天消费量							
城乡居民消费总额	万元	51 161	74 518	80 570	93 126	113 860	128 301
每人平均消费额	元	12.3	17.8	19.1	22.0	26.8	30.1
三、其他经济活动量							
货物运输总量	万吨	229.05	267.8	299.01	330.43	347.78	382.3
旅客运输总量	万人	141.25	166.02	176.83	195.38	248.57	263.48
港口货物吞吐量	万吨	37.44	82.76	97.72	114.01	133.61	152.09
房屋建筑竣工面积	万平方米	14.25	22.4	28.06	30.90	35.37	34.88
#住　宅	万平方米	10.74	13.05	16.33	16.96	18.85	19.60
邮寄函件	万件	46.58	34.15	27.23	22.66	22.82	20.51
四、人口变动和婚姻							
出　生	人	1 204	899	893	951	917	883
死　亡	人	761	667	630	672	756	797
结　婚	对	747	704	847	792	880	1047
离　婚	对	97	218	211	236	253	277

注:2007 年及以前卷烟产量的计量单位为万箱、啤酒产量的计量单位为万吨。

2—3 国民经济和社会

指标	单位	总量指标				
		2000年	2005年	2007年	2008年	2009年
人口与就业						
人口						
年底总人口	万人	4 135.3	4 189.2	4 231.7	4 246.1	4 256.0
农业人口	万人	2 233.1	2 159.5	2 155.8	2 126.3	2 111.9
非农业人口	万人	1 902.2	2 029.7	2 075.9	2 119.8	2 144.1
男性人口	万人	2 103.3	2 123.4	2 141.5	2 146.9	2 149.9
女性人口	万人	2 032.0	2 065.8	2 090.2	2 099.2	2 106.1
就业						
从业人员数	万人	2 052.0	2 120.3	2 180.7	2 198.2	2 277.1
#职工人数	万人	826.5	609.6	582.4	585.6	572.1
城镇登记失业人数	万人	40.8	60.4	44.5	39.0	41.6
宏观经济						
地区生产总值(现价)	**亿元**	4 669.1	8 009.0	11 023.5	13 461.6	15 212.5
第一产业	亿元	503.4	882.4	1 133.4	1 302.0	1 414.9
第二产业	亿元	2 344.4	3 953.3	5 853.1	7 512.1	7 906.3
第三产业	亿元	1 821.2	3 173.3	4 037.0	4 647.5	5 891.3
人均地区生产总值	**元**	11 177.0	18 983.0	25 729.0	31 258.0	35 239.0
固定资产投资						
全社会固定资产投资总额	亿元	1 267.7	4 234.1	7 435.2	10 019.1	12 292.6
#国有经济	亿元	649.4	1 245.5	2 051.4	2 496.8	2 845.6
集体经济	亿元	154.1	526.3	278.7	442.1	480.7
私营个体	亿元	149.1	819.8	2 091.6	3 140.7	4 108.3
财政						
地方财政一般预算收入	亿元	295.6	675.3	1 082.7	1 356.1	1 591.2
地方财政一般预算支出	亿元	518.1	1 204.4	1 764.3	2 153.4	2 682.4
物价总指数(上年=100)						
商品零售价格总指数	%	98.4	100.1	104.4	105.3	99.8
居民消费价格总指数	%	99.9	101.4	105.1	104.6	100.0
利用外资						
签订利用外资协议额	亿美元	55.6	110.2	207.8	203.0	281.8
实际外商直接投资额	亿美元	25.5	35.9	91.0	120.2	154.4
产业						
农业						
耕地面积	千公顷	4 164.2	3 655.2	4 085.2	4 085.3	
乡村从业人员	万人	966.0	1 113.5	1 153.6	1 164.7	1 180.4
农林牧渔业总产值(现价)	亿元	967.4	1 671.6	2 128.0	2 476.9	2 704.6
主要农产品产量						
粮食	万吨	1 140.0	1 745.8	1 835.0	1 860.3	1 591.0
棉花	万吨	0.6	0.3	0.2	0.2	0.1
油料	万吨	29.6	36.8	26.4	83.5	55.3
甜菜	万吨	28.7	6.2	5.0	7.5	6.2
水果	万吨	250.0	329.3	396.1	422.5	477.2
肉类	万吨	236.1	346.1	348.0	373.3	389.2
水产品	万吨	338.5	425.3	361.3	494.9	534.7

注:1.本表总量指标中的价值量指标除邮电业务总量指标外均按当年价格计算。

发展总量与速度指标

速度指标（%）					
指数(2009为以下各年)				平均增长速度	
2000年	2005年	2007年	2008年	2001-2005年	2006-2009年
102.9	101.6	100.6	100.2	0.3	0.4
94.6	97.8	98.0	99.3	-0.7	-0.6
112.7	105.6	103.3	101.1	1.3	1.4
102.2	101.2	100.4	100.1	0.2	0.3
103.6	102.0	100.8	100.3	0.3	0.5
111.0	107.4	104.4	103.6	0.7	1.8
69.2	93.8	98.2	97.7	-5.9	-1.6
102.0	68.9	93.5	106.7	8.2	-8.9
286.7	168.4	128.3	113.1	11.2	13.9
174.8	121.2	109.6	103.1	7.6	4.9
325.5	185.1	134.2	115.6	11.9	16.6
278.0	161.7	125.1	112.1	11.4	12.8
278.0	164.8	127.4	112.9	11.0	13.3
969.7	290.3	165.3	122.7	27.3	30.5
438.2	228.5	138.7	114.0	13.9	22.9
311.9	91.3	172.5	108.7	27.8	-2.2
2 755.4	501.1	196.4	130.8	40.6	49.6
538.3	235.6	147.0	117.3	18.0	23.9
517.7	222.7	152.0	124.6	18.4	22.2
108.6	111.2	105.1	99.8	-0.5	2.7
117.4	111.3	104.6	100.0	1.1	2.7
506.8	255.7	135.6	138.8	14.7	26.5
605.5	430.1	169.7	128.5	7.1	44.0
				-2.6	-100.0
122.2	106.0	102.3	101.3	2.9	1.5
175.6	122.4	110.0	103.3	7.5	5.2
139.6	91.1	86.7	85.5	8.9	-2.3
16.7	33.3	50.0	50.0	-12.9	-24.0
186.8	150.3	209.5	66.2	4.5	10.7
21.6	100.0	124.0	82.7	-26.4	0.0
190.9	144.9	120.5	112.9	5.7	9.7
164.8	112.5	111.8	104.3	7.9	3.0
158.0	125.7	148.0	108.0	4.7	5.9

2. 本表速度指标中，地区生产总值及三次产业、物价指数、农林牧渔业总产值、邮电业务总量指标均按可比价格计算。

2—3 续表1

指标	单位	总量指标				
		2000年	2005年	2007年	2008年	2009年
工业						
主要工业产品产量						
布	亿米	5.0	5.7	7.7	4.7	5.0
机制纸及纸板	万吨	55.2	83.4	87.5	56.9	81.0
糖	万吨	2.1	1.1	1.4	2.0	5.6
家用电冰箱	万台	23.1	120.4	134.3	139.3	96.2
彩色电视机	万台	374.4	550.2	423.2	500.2	441.4
原煤	万吨	4 454.9	6 395.0	6 349.1	6 415.5	6 624.2
原油	万吨	1 401.1	1 261.0	1 207.2	1 199.3	1 000.0
发电量	亿千瓦小时	645.6	904.2	1 115.0	1 139.0	1 162.5
钢	万吨	1 553.8	3 059.1	4 140.3	4 068.6	4 783.2
成品钢材	万吨	1 443.2	3 235.9	4 364.3	4 285.3	4 943.4
水泥	万吨	1 954.9	2 680.7	3 893.2	4 074.4	4 704.8
国有及限额以上非国有工业企业财务指标						
固定资产原价	亿元	5 372.8	8 202.5	10 923.0	12 731.7	15 419.8
利润总额	亿元	176.2	356.0	852.7	658.2	1 382.0
建筑业						
建筑业企业人数	万人	96.0	91.7	99.4	109.3	132.6
建筑业总产值	亿元	598.0	1 482.0	2 100.0	2 505.2	3 384.6
施工房屋面积	万平方米	6 334.9	10 224.9	13 704.3	14 616.8	18 760.5
竣工房屋面积	万平方米	3 547.9	5 111.1	6 051.4	6 707.5	9 228.4
交通运输						
货运量合计	万吨	83 604.0	97 748.0	120 615.0	126 938.7	139 541.3
铁路	万吨	12 523.0	14 271.0	16 552.0	17 400.0	18 262.0
公路	万吨	64 515.0	74 799.0	90 387.0	92 938.0	105 088.0
水运	万吨	3 091.0	5 730.0	8 778.0	9 267.0	9 651.0
管道	万吨	3 466.0	2 939.0	4 887.0	7 323.3	6 531.0
空运	万吨	8.9	9.4	11.2	10.4	9.5

速度指标（%）					
指数(2009为以下各年)				平均增长速度	
2000年	2005年	2007年	2008年	2001－2005年	2006－2009年
100.0	87.7	64.9	106.4	2.7	-3.2
146.7	97.1	92.6	142.4	8.6	-0.7
266.7	509.1	400.0	280.0	-12.1	50.2
416.5	79.9	71.6	69.1	39.1	-5.5
117.9	80.2	104.3	88.2	8.0	-5.4
148.7	103.6	104.3	103.3	7.5	0.9
71.4	79.3	82.8	83.4	-2.1	-5.6
180.1	128.6	104.3	102.1	7.0	6.5
307.8	156.4	115.5	117.6	14.5	11.8
342.5	152.8	113.3	115.4	17.5	11.2
240.7	175.5	120.8	115.5	6.5	15.1
287.0	188.0	141.2	121.1	8.8	17.1
784.3	388.2	162.1	210.0	15.1	40.4
138.1	144.6	133.4	121.3	-0.9	9.7
566.0	228.4	161.2	135.1	19.9	22.9
296.1	183.5	136.9	128.3	10.0	16.4
260.1	180.6	152.5	137.6	7.6	15.9
166.9	142.8	115.7	109.9	3.2	9.3
145.8	128.0	110.3	105.0	2.6	6.4
162.9	140.5	116.3	113.1	3.0	8.9
312.2	168.4	109.9	104.1	13.1	13.9
188.4	222.2	133.6	89.2	-3.2	22.1
106.7	101.1	84.8	91.3	1.1	0.3

2—3 续表 2

指　　标	单　位	总量指标				
		2000年	2005年	2007年	2008年	2009年
客运量合计	万人	51 555.0	60 599.0	71 322.0	90 729.0	96 172.0
铁　路	万人	10 174.0	9 503.0	10 417.0	11 958.0	13 336.0
公　路	万人	40 385.0	49 917.0	59 562.0	77 510.0	81 585.0
水　运	万人	616.0	650.0	651.0	597.0	543.0
空　运	万人	380.0	529.0	692.0	664.0	708.0
沿海主要港口货物吞吐量	万吨	13 665.0	30 208.0	41 613.0	48 768.0	55 513.0
邮电通信业						
邮电业务总量	亿元	242.6	450.7	706.1	819.7	948.5
函　件	亿件	1.7	1.3	0.8	0.8	0.8
报刊期发数	万份	415.0	339.0	330.0	375.1	356.1
国内商业						
社会消费品零售总额	亿元	1 847.6	2 999.0	4 030.1	4 917.5	5 812.6
对外贸易						
进出口总额	亿美元	190.2	410.1	594.7	724.4	629.2
进口额	亿美元	81.7	175.7	241.5	303.8	294.8
出口额	亿美元	108.5	234.4	353.3	420.5	334.4
国际旅游						
接待旅游人数	万人	61.2	130.2	200.1	241.9	293.2
旅游外汇收入	亿美元	3.8	7.4	12.3	15.3	18.6
金　融						
金融机构各项存款	亿元	5 880.0	11 967.0	15 117.8	18 223.2	22 758.6
金融机构各项贷款	亿元	5 195.6	7 958.1	10 403.9	11 794.6	15 549.6
金融机构现金收入	亿元	14 891.5	29 915.5	42 001.7	39 885.5	41 432.1
金融机构现金支出	亿元	14 891.6	29 943.6	42 064.0	40 025.4	41 542.8
教育、科技、文化						
教　育						
专任教师数						
普通高等学校	万人	2.8	4.4	5.0	5.3	5.6
中等学校	万人	16.9	17.5	17.5	17.5	17.7
小　学	万人	18.6	16.4	15.4	15.1	15.0
在校学生数						
普通高等学校	万人	29.8	65.9	77.8	82.0	85.2
中等学校	万人	253.0	283.6	277.7	273.4	263.1
小　学	万人	344.4	266.6	245.3	236.7	225.6
科　技						
科技活动人数	万人	16.5	18.6	19.1	20.4	23.5
研究与发展经费支出	亿元	41.7	125.3	166.0	194.2	241.1
技术市场成交额	亿元	34.8	86.5	94.0?		119.8

速 度 指 标 (%)					
指 数(2009 为以下各年)				平 均 增 长 速 度	
2000年	2005年	2007年	2008年	2001-2005年	2006-2009年
186.5	158.7	134.8	106.0	3.3	12.2
131.1	140.3	128.0	111.5	-1.4	8.8
202.0	163.4	137.0	105.3	4.3	13.1
88.1	83.5	83.4	91.0	1.1	-4.4
186.3	133.8	102.3	106.6	6.8	7.6
406.2	183.8	133.4	113.8	17.2	16.4
391.0	210.5	134.3	115.7	13.2	20.4
47.1	61.5	100.0	100.0	-5.2	-11.4
85.8	105.0	107.9	94.9	-4.0	1.2
314.6	193.8	144.2	118.2	10.2	18.0
330.8	153.4	105.8	86.9	16.6	11.3
360.8	167.8	122.1	97.0	16.5	13.8
308.2	142.7	94.7	79.5	16.7	9.3
479.1	225.2	146.5	121.2	16.3	22.5
489.5	251.4	151.2	121.6	14.3	25.9
387.1	190.2	150.5	124.9	15.3	17.4
299.3	195.4	149.5	131.8	8.9	18.2
278.2	138.5	98.6	103.9	15.0	8.5
279.0	138.7	98.8	103.8	15.0	8.5
199.4	126.9	111.7	105.3	9.5	6.1
104.5	100.9	100.9	100.9	0.7	0.2
80.5	91.3	97.2	99.1	-2.5	-2.3
286.0	129.3	109.6	103.9	17.2	6.6
104.0	92.8	94.7	96.2	2.3	-1.9
65.5	84.6	92.0	95.3	-5.0	-4.1
142.4	126.3	123.0	115.2	2.4	6.0
578.2	192.4	145.2	124.2	24.6	17.8
344.3	138.5	127.4		20.0	8.5

2—3 续表 3

指　　标	单　位	总　量　指　标				
		2000年	2005年	2007年	2008年	2009年
家庭、生活、环境						
家　　庭						
家庭总户数	万户	1 315.3	1 400.2	1 439.3	1 452.7	1 473.3
城镇居民平均每户家庭人口	人	3.1	2.8	2.8	2.7	2.7
农村居民平均每户家庭人口	人	3.6	3.4	3.3	3.3	3.2
婚　　姻						
结 婚 数	万对	27.3	25.7	28.9	32.1	38.2
离 婚 数	万对	3.5	8.0	8.6	9.2	10.1
居　　住						
城市居民人均住宅建筑面积	平方米	17.5	22.0	23.7	25.7	26.6
农村居民人均住房面积	平方米	22.0	25.1	25.7	26.4	27.0
生　　活						
城镇居民人均可支配收入	元	5 357.8	9 107.6	12 300.4	14 392.7	15 761.4
农村居民人均纯收入	元	2 355.6	3 690.2	4 773.4	5 576.0	5 958.0
城乡储蓄存款余额	亿元	3 779.6	6 950.2	8 063.0	10 127.3	12 030.9
工资和福利						
工资总额	亿元	553.1	862.9	1 143.0	1 396.4	1 552.5
在岗职工平均工资	元	8 811.0	17 331.0	23 202.0	27 729.0	31 104.0
卫　　生						
医疗机构数	个	6 451.0	3 457.0	3 694.0	3 701.0	3 711.0
医　　生	万人	10.0	7.9	9.1	9.1	9.2
医疗床位数	万张	19.1	17.8	18.0	18.3	19.2
市 政 建 设						
自来水供应量	亿吨	30.9	28.3	28.3	29.5	28.9
下水道长度	公里	8 354.0	10 519.0	11 655.0	12 192.0	13 350.0
城市煤气和天然气供气量	亿立方米	10.7	10.0	11.0	12.0	11.4
公共汽(电)车总数	辆	13 136.0	17 548.0	18 748.0	19 490.0	19 457.0
铺装道路长度	公里	9 249.0	10 556.0	11 530.0	12 111.0	12 866.0
绿 地 面 积	公顷	61 432.0	74 583.0	76 888.0	78 841.0	84 145.0
环 境、灾 害						
污染治理项目本年完成投资额	万元	120 195.0	369 499.0	237 002.0	201 645.0	195 027.0
火灾发生数	起	14 836.0	25 478.0	9 404.0	5 134.0	3 785.0
火灾损失	万元	5 487.0	4 766.0	7 181.0	3 930.0	2 773.0
交通事故发生数	起	19 278.0	10 334.0	8 000.0	7 210.0	6 973.0
交通事故损失	万元	10 194.0	5 906.0	3 567.2	3 758.0	3 145.6

速度指标（%）					
指数（2009 为以下各年）				平均增长速度	
2000年	2005年	2007年	2008年	2001－2005年	2006－2009年
112.0	105.2	102.4	101.4	1.3	1.3
87.1	96.4	96.4	100.0	-2.0	-0.9
88.9	94.1	97.0	97.0	-1.1	-1.5
139.8	148.5	132.1	118.9	-1.2	10.4
289.9	126.8	118.0	110.3	18.0	6.1
152.0	120.9	112.2	103.5	4.7	4.9
122.7	107.6	105.1	102.3	2.7	1.8
294.2	173.1	128.1	109.5	11.2	14.7
252.9	161.5	124.8	106.9	9.4	12.7
318.3	173.1	149.2	118.8	13.0	14.7
280.7	179.9	135.8	111.2	9.3	15.8
353.0	179.5	134.1	112.2	14.5	15.7
57.5	107.3	100.5	100.3	-11.7	1.8
92.0	116.5	101.1	101.1	-4.6	3.9
100.5	107.9	106.7	104.9	-1.4	1.9
93.5	102.1	102.1	98.0	-1.7	0.5
159.8	126.9	114.5	109.5	4.7	6.1
106.5	114.0	103.6	95.0	-1.3	3.3
148.1	110.9	103.8	99.8	6.0	2.6
139.1	121.9	111.6	106.2	2.7	5.1
137.0	112.8	109.4	106.7	4.0	3.1
162.3	52.8	82.3	96.7	25.2	-14.8
25.5	14.9	40.2	73.7	11.4	-37.9
50.5	58.2	38.6	70.6	-2.8	-12.7
36.2	67.5	87.2	96.7	-11.7	-9.4
30.9	53.3	88.2	83.7	-10.3	-14.6

2—4 国民经济主要比例关系

单位:%

指标	2000年	2005年	2006年	2007年	2008年	2009年
地区生产总值产业比例						
第一产业	10.8	11.0	10.1	10.2	9.5	9.3
第二产业	50.2	48.1	49.1	49.7	52.4	52.0
第三产业	39.0	41.0	40.8	40.2	38.1	38.7
就业人数产业比例						
第一产业	33.4	34.1	33.7	32.4	31.9	30.6
第二产业	31.7	28.1	27.7	27.6	27.5	27.2
第三产业	34.9	37.8	38.6	40.0	40.6	42.2
固定资产投资总额资金来源比例						
国家预算	5.7	4.1	4.5	7.0	4.5	4.2
国内贷款	19.9	12.2	11.3	15.0	11.5	13.9
利用外资	5.8	2.9	2.3	2.4	3.7	2.9
自筹	54.2	69.3	70.9	72.0	72.2	71.6
其他	14.4	11.5	11.0	3.6	8.1	7.4
农业总产值中五业比例						
农业	47.9	38.3	38.8	39.4	36.2	33.8
林业	2.0	2.7	2.8	2.8	2.8	2.6
牧业	31.4	38.1	35.6	39.0	42.5	43.3
渔业	18.7	18.3	19.9	15.3	15.1	16.3
农林牧渔服务业		2.6	2.9	3.5	3.4	4.0
工业总产值中轻重工业比例						
国有企业	31.2	12.7	11.6	11.5	14.8	9.6
集体企业	7.4	3.4	3.0	2.8	2.4	2.6
其他经济类型企业	61.4	83.9	85.5	85.8	82.8	87.8
货运周转总量比例						
铁路	53.2	35.1	29.5	22.1	19.0	16.7
公路	11.6	12.2	11.6	9.7	19.1	19.9
水运	31.6	51.1	57.7	67.3	61.2	62.8
民航	0.1	0.1	0.1	0.1	0.1	0.1
管道	3.5	1.5	1.1	0.8	0.6	0.5
客运周转总量比例						
铁路	58.8	56.7	55.2	54.2	52.2	51.4
公路	29.9	31.2	31.7	32.7	36.2	37.2
水运	2.0	1.2	1.2	1.0	0.9	0.7
民航	9.3	10.9	11.9	12.1	10.7	10.6

2—5 按总人口平均的国民经济主要指标

指标	单位	2000年	2005年	2006年	2007年	2008年	2009年
地区生产总值(现价)	元/人	11 177	18 983	21 788	25 729	32 246	35 785
农业总产值(现价)	元/人	2 348	3 998	4 384	5 041	5 843	6 362
固定资产投资总额	元/人	3 077	10 127	13 547	17 615	23 636	28 916
地方财政收入	元/人	718	1 615	1 947	2 565	3 199	3 743
地方财政支出	元/人	1 258	2 881	3 388	4 180	5 080	6 310
耕地面积	亩/	1.5	1.3	1.5	1.5	1.5	
粮食产量	公斤/人	276.7	417.6	410.7	434.7	438.9	374.3
油料产量	公斤/人	7.2	8.8	9.1	6.2	19.7	13.0
棉花产量	公斤/人	0.1	0.1	0.1	0.1	0.1	0.02
猪牛羊肉产量	公斤/人	38	57	55	56	60	63
水产品产量	公斤/人	82.2	101.7	83.7	85.6	116.8	125.8
水果产量	公斤/人	60.7	78.8	81.8	93.8	99.7	112.3
布产量	米/人	12.1	13.6	11.9	18.2	11	11.8
纸及纸板产量	公斤/人	13.4	19.9	16.1	22	13.4	19.1
卷烟产量	支/人	5.6	11	11.4	12.1	614	612
钢产量	公斤/人	377	732	908	981	960	1 125
煤产量	公斤/人	1 082	1 530	1 645	1 504	1 514	1 558
发电量	千瓦小时/人	1 567	2 162	2 413	2 642	2 687	2 735
原油产量	公斤/人	340	302	292	293	283	235
水泥产量	公斤/人	475	641	775	922	961	1 107
社会消费品零售总额	元/人	4 485	7 173	8 178	9 548	11 601	13 673
出口总额	美元/人	263	561	674	837	992	787
高等学校在校学生	人/万人	72.3	157.7	171.6	184.3	193.5	201
普通中学在校学生	人/万人	526.1	553.6	540	525	510	489
医院床位数	张/万人	41.8	42.5	42.9	42.6	43.2	45.1
卫生技术人员数	人/万人	55.3	49.9	45.2	51.1	51.4	52.2
#医生	人/万人	24.4	21.8	22.4	21.5	21.4	21.6
城乡储蓄余额	元/人	9 140	16 591	18 291	18 760	23 891	28 301

注:2005年及以后各年医生数为执业医师和执业助理医师。

2007年及以前卷烟产量的计量单位为箱/千人。

主要统计指标解释

可比价格 指在不同时期的价值指标对比时，扣除了价格变动的因素，以确切反映物量的变化。按可比价格计算有两种方法：一种是直接用产品产量乘某一年的不变价格计算；另一种是用价格指数换算。

不变价格 指用同类产品的年平均价格作为固定价格，来计算各年产品价值。按不变价格计算的产品价值消除了价格变动因素，不同时期对比可以反映生产的发展速度。新中国成立后，随着工农业产品价格水平的变化，国家统计局先后五次制定了全国统一的工业产品不变价格和农业产品不变价格，从1949年到1957年使用1952年工（农）业产品不变价格，从1957年到1971年使用1957年不变价格，从1971年到1981年使用1970年不变价格，从1981年到1990年使用1980年不变价格，从1990年开始使用1990年不变价格。

平均每年增长速度 在我国计算平均增长速度有两种方法，一种是习惯上经常使用的"水平法"，又称几何平均法，是以间隔期最后一年的水平同基期水平对比来计算平均每年增长（或下降）速度。另一种是"累计法"，又称代数平均法或方程法，是以间隔期内各年水平的总和同基期水平对比来计算平均每年增长（或下降）速度。

在一般正常情况下，两种方法计算的平均每年增长速度比较接近，但在经济发展不平衡，出现大起大落时，两种方法计算的结果差别较大。

本《年鉴》内所列的平均每年增长速度均用"水平法"计算。从某年到某年平均增长速度的年份，均不包括基期年在内。如建国四十三年的平均增长速度是以 1949 年为基期计算的，则写为 1950—1992 年平均增长速度，余类推。

各个计划时期 表内所用各个"时期"代表的年份如下：恢复时期为1950年到1952年；第一个五年计划时期（简称一五时期）为1953年到1957年；第二个五年计划时期（简称二五时期）为1958年到1962年；第三个五年计划时期（简称三五时期）为1966年到1970年；第四个五年计划时期（简称四五时期）为1971年到1975年；第五个五年计划时期（简称五五时期）为1976年到1980年；第六个五年计划时期（简称六五时期）为1981年到1985年；第七个五年计划时期（简称七五时期）为1986年到1990年；第八个五年计划时期（简称八五时期）为1991到1995年；第九个五年计划时期（简称九五时期）为 1996 年到 2000 年。

企业（单位）登记注册类型 是以在工商行政管理机关登记注册的各类企业为划分对象，以工商行政管理部门对企业登记注册的类型为依据，将企业登记注册类型分为内资企业、港澳台商投资企业和外商投资企业三大类。内资企业包括国有企业、集体企业、股份合作企业、联营企业、有限责任公司、股份有限公司、私营公司和其他企业；港澳台商投资企业和外商投资企业分别包括合资经营企业、合作经营企业、独资经营企业和股份有限公司。对不在工商行政管理部门进行登记注册的行政机关、事业单位和社会团体，主要按其经费来源和管理方式进行划分。

国有企业 指企业全部资产归国家所有，并按《中华人民共和国企业法人登记管理条例》规定登记注册的非公司制的经济组织。不包括有限责任公司中的国有独资公司。

集体企业 指企业资产归集体所有，并按《中华人民共和国企业法人登记管理条例》规定登记注册的经济组织。

股份合作企业 指以合作制为基础，由企业职工共同出资入股，吸收一定比例的社会资产投资组建，实行自主经营，自负盈亏，共同劳动，民主管理，按劳分配与按股分红相结合的一种集体经济组织。

联营企业 指两个及两个以上相同或不同所有制性质的企业法人或事业单位法人，按自愿、平等、互利的原则，共同投资组成的经济组织。联营企业包括国有联营企业、集体联营企业、国有与集体联营企业和其他联营企业。

有限责任公司 指根据《中华人民共和国公司登记管理条例》规定登记注册，由两个以上、五十个以下的股东共同出资，每个股东以其所认缴的出资额对公司承担有限责任，公司以其全部资产对其债务承担责任的经济组织。有限责任公司包括国有独资公司以及其他有限责任公司。

（1）国有独资公司：指国家授权的投资机构或者国家授权的部门单独投资设立的有限责任公司。

（2）其他有限责任公司：指国有独资公司以外的有限责任公司。

股份有限公司 指根据《中华人民共和国公司登记管理条例》规定登记注册，其全部注册资本由等额股份构成并通过发行股票筹集资本，股东以其认购的股份对公司承担有限责任，公司以其全部资产对其债务承担责任的经济组织。

私营企业 指由自然人投资设立或由自然人控股，以雇佣劳动为基础的营利性经济组织。包括按照《公司法》、《合伙企业法》、《私营企业暂行条例》规定登记注册的私营有限责任公司、私营股份有限公司、私营合伙企业和私营独资企业。

（1）私营独资企业：指按《私营企业暂行条例》的规定，由一名自然人投资经营，以雇佣劳动为基础，投资者对企业债务承担无限责任的企业。

（2）私营合伙企业：指按《合伙企业法》或《私营企业暂行条例》的规定，由两个以上自然人按照协议共同投资、共同经营、共负盈亏，以雇佣劳动为基础，对债务承担无限责任的企业。

（3）私营有限责任公司：指按《公司法》、《私营企业暂行条例》的规定，由两个以上自然人投资或由单个自然人控股的有限责任公司。

（4）私营股份有限公司：指按《公司法》的规定，由五个以上自然人投资，或由单个自然人控股的股份有限公司。

其他内资企业 指上述企业之外的其他内资经济组织。

第三篇

国民经济核算

3

GUOMIN
JINGJI
HESUAN

3—1 生 产 总 值

单位:亿元

年 份	生产总值	第一产业	第二产业	工 业	建筑业	第三产业	人均生产总值(元)
1978	229.2	32.4	162.9	155.2	7.7	33.9	680
1979	245.0	40.7	166.4	158.0	8.4	37.9	717
1980	281.0	46.1	192.3	182.7	9.6	42.6	811
1981	288.6	49.1	187.5	174.0	13.5	51.9	823
1982	315.1	54.7	199.7	185.6	14.1	60.7	884
1983	364.0	72.2	219.7	202.2	17.5	72.1	1 012
1984	438.2	80.4	268.2	243.3	24.9	89.6	1 203
1985	518.6	74.9	328.1	299.2	28.9	115.6	1 413
1986	605.3	92.9	357.8	326.0	31.8	154.6	1 633
1987	719.1	109.5	417.0	375.6	41.4	192.6	1 917
1988	881.0	141.9	492.5	444.4	48.1	246.6	2 285
1989	1 003.8	141.9	545.1	492.6	52.5	316.9	2 574
1990	1 062.7	168.6	540.8	482.9	57.9	353.3	2 698
1991	1 200.1	180.8	590.1	526.8	63.3	429.2	3 027
1992	1 473.0	194.6	741.9	661.2	80.7	536.5	3 693
1993	2 010.8	260.8	1 039.3	920.6	118.8	710.8	5 015
1994	2 461.8	319.0	1 259.1	1 109.8	149.2	883.8	6 103
1995	2 793.4	392.2	1 390.0	1 233.4	156.6	1 011.2	6 880
1996	3 157.7	474.1	1 537.7	1 379.1	158.6	1 145.9	7 730
1997	3 582.5	474.4	1 743.9	1 567.6	176.3	1 364.2	8 725
1998	3 881.7	531.5	1 855.2	1 664.1	191.2	1 495.1	9 415
1999	4 171.7	520.8	2 001.5	1 795.7	205.8	1 649.4	10 086
2000	4 669.1	503.4	2 344.4	2 114.9	229.5	1 821.2	11 177
2001	5 033.1	544.4	2 440.6	2 190.1	250.4	2 048.1	12 015
2002	5 458.2	590.2	2 609.9	2 332.0	277.9	2 258.2	13 000
2003	6 002.5	615.8	2 898.9	2 556.8	342.1	2 487.9	14 270
2004	6 672.0	798.4	3 061.6	2 680.4	381.2	2 812.0	15 835
2005	8 047.3	882.4	3 869.4	3 401.8	467.6	3 295.5	19 074
2006	9 304.5	939.4	4 566.8	4 017.0	549.8	3 798.3	21 914
2007	11 164.3	1 133.4	5 544.2	4 892.5	651.7	4 486.7	26 054
2008	13 668.6	1 302.0	7 158.8	6 359.4	799.4	5 207.7	31 736
2009	15 212.5	1 414.9	7 906.3	6 925.6	980.7	5 891.3	35 239

注:1.2000 年以后的人均生产总值按常住人口计算。
2.2004 年以前数据未与经济普查数据衔接,下同。
3.2005 年 -2008 年数据已根据 2008 年第二次经济普查数据进行了修订,下同。

3—2 生产总值指数

（上年＝100）

单位:%

年份	生产总值	第一产业	第二产业	工业	建筑业	第三产业	人均生产总值
1978	110.7	96.9	115.4	116.6	92.6	103.4	109.3
1979	104.9	106.9	103.3	103.2	106.5	111.2	103.6
1980	109.2	103.8	110.0	110.0	109.4	109.9	107.6
1981	98.4	98.1	94.0	92.8	123.5	119.4	97.2
1982	105.3	106.6	102.5	101.8	113.5	113.8	103.7
1983	113.3	128.3	108.8	109.1	104.4	115.2	112.3
1984	116.8	105.0	119.5	120.1	109.3	119.5	115.4
1985	113.3	84.0	118.7	118.2	127.8	120.5	112.4
1986	108.3	111.7	103.5	103.1	109.6	120.5	107.2
1987	114.1	106.0	111.4	111.5	110.4	124.8	112.7
1988	111.7	106.9	111.7	111.5	114.9	113.7	108.7
1989	103.1	95.7	101.6	102.0	95.4	109.3	101.9
1990	100.9	114.5	97.0	96.6	104.0	104.8	100.1
1991	106.1	104.2	104.0	103.2	110.9	110.2	105.4
1992	112.1	104.2	113.6	114.7	104.4	113.6	111.4
1993	114.9	110.7	116.6	116.1	120.4	114.3	114.3
1994	111.2	102.1	113.8	128.1	109.3	111.1	111.2
1995	107.1	104.9	107.1	107.8	100.1	107.8	106.4
1996	108.6	112.6	107.8	108.6	99.1	108.4	107.9
1997	108.9	101.3	110.5	110.9	106.1	109.2	108.7
1998	108.3	113.0	107.6	107.6	108.2	107.9	107.9
1999	108.2	105.1	108.5	108.6	106.7	108.9	107.9
2000	108.9	98.4	110.7	110.8	109.3	109.6	108.6
2001	109.0	106.7	107.5	107.4	108.7	111.5	108.7
2002	110.2	108.4	109.8	109.8	110.3	111.3	110.0
2003	111.5	107.2	112.3	111.6	117.5	111.7	111.3
2004	112.8	107.9	116.0	115.2	121.3	110.7	112.6
2005	112.7	107.9	114.4	114.9	111.0	112.1	112.6
2006	114.2	106.3	117.1	117.5	114.4	112.9	113.5
2007	115.0	104.0	117.8	118.6	111.7	114.5	114.0
2008	113.4	106.3	116.1	117.2	108.3	111.6	112.8
2009	113.1	103.1	115.6	114.4	125.6	112.1	112.9

注:本表按可比价计算。

3—3 生产总值指数

(1952年=100) 单位:%

年份	生产总值	第一产业	第二产业	工业	建筑业	第三产业	人均生产总值
1952	100.0	100.0	100.0	100.0	100.0	100.0	100.0
1957	212.8	113.8	297.2	293.7	327.8	174.9	171.9
1965	251.2	134.7	353.4	365.0	183.0	203.4	172.3
1970	382.9	168.5	588.5	616.3	201.4	260.9	237.3
1975	578.8	192.8	955.5	986.6	486.7	359.7	335.3
1978	665.8	173.9	1 178.8	1 248.7	378.1	380.1	373.7
1979	698.4	185.9	1 217.7	1 288.7	402.7	422.7	387.2
1980	762.7	193.0	1 339.5	1 417.5	440.5	464.5	416.6
1981	750.5	189.3	1 259.1	1 315.5	544.1	554.6	405.0
1982	790.3	201.8	1 290.6	1 339.2	617.5	631.2	419.9
1983	895.4	258.9	1 404.1	1 461.0	644.7	727.1	471.6
1984	1 045.8	271.8	1 677.9	1 754.7	704.6	868.9	544.2
1985	1 184.9	228.4	1 991.7	2 074.0	900.5	1 047.0	611.7
1986	1 283.2	255.1	2 061.4	2 138.3	987.0	1 261.6	655.7
1987	1 464.1	270.4	2 296.4	2 384.2	1 089.6	1 574.5	739.0
1988	1 635.4	289.0	2 565.1	2 658.4	1 252.0	1 790.2	803.3
1989	1 686.1	276.6	2 606.1	2 711.6	1 194.4	1 956.7	818.6
1990	1 701.3	316.7	2 528.0	2 619.4	1 242.2	2 050.6	819.4
1991	1 805.1	330.0	2 629.1	2 703.2	1 377.6	2 259.8	863.6
1992	2 023.5	343.9	2 986.6	3 100.6	1 438.2	2 567.1	962.1
1993	2 325.0	380.7	3 482.4	3 599.8	1 731.6	2 934.2	1 099.7
1994	2 585.4	388.7	3 963.0	4 611.3	1 892.6	3 259.9	1 222.9
1995	2 768.9	407.7	4 244.3	4 971.0	1 894.5	3 514.2	1 301.1
1996	3 007.2	459.1	4 575.4	5 398.5	1 877.4	3 809.4	1 403.9
1997	3 274.8	465.1	5 055.8	5 986.9	1 992.0	4 159.9	1 526.0
1998	3 546.7	525.6	5 440.1	6 442.0	2 155.3	4 488.5	1 646.6
1999	3 837.5	552.4	5 902.5	6 996.0	2 299.7	4 888.0	1 776.7
2000	4 179.0	543.6	6 534.1	7 751.5	2 513.6	5 357.2	1 929.5
2001	4 555.1	580.0	7 024.2	8 325.1	2 732.3	5 973.3	2 097.4
2002	5 019.7	628.7	7 712.6	9 141.0	3 013.7	6 648.3	2 307.1
2003	5 596.0	673.8	8 657.8	10 203.6	3 541.3	7 423.3	2 567.8
2004	6 312.0	726.9	10 041.4	11 757.9	4 294.1	8 214.6	2 891.3
2005	7 113.6	784.3	11 487.4	13 509.8	4 766.5	9 208.6	3 255.6
2006	8 123.8	833.7	13 451.7	15 874.0	5 452.8	10 396.5	3 695.1
2007	9 342.3	867.1	15 846.1	18 826.6	6 090.8	11 904.0	4 212.4
2008	10 594.2	921.7	18 397.3	22 064.8	6 596.3	13 284.8	4 751.6
2009	11 982.0	950.3	21 267.3	25 242.1	8 285.0	14 892.3	5 364.6

注:本表按可比价计算。

3—4 生产总值构成

单位:%

年份	生产总值	第一产业	第二产业	工业	建筑业	第三产业
1952	100	29.0	48.3			22.7
1953	100	23.3	49.5			27.2
1957	100	20.3	59.3			20.4
1965	100	19.6	60.7			19.7
1970	100	20.8	62.4			16.8
1975	100	18.1	66.9			15.0
1978	100	14.1	71.1	95.3	4.7	14.8
1979	100	16.6	67.9	94.9	5.1	15.5
1980	100	16.4	68.4	95.0	5.0	15.2
1981	100	17.0	65.0	92.8	7.2	18.0
1982	100	17.4	63.4	92.9	7.1	19.2
1983	100	19.9	60.3	92.1	7.9	19.8
1984	100	18.3	61.2	90.7	9.3	20.5
1985	100	14.4	63.3	91.2	8.8	22.3
1986	100	15.3	59.1	91.1	8.9	25.6
1987	100	15.2	58.0	90.1	9.9	26.8
1988	100	16.1	55.9	90.2	9.8	28.0
1989	100	14.1	54.3	90.4	9.6	31.6
1990	100	15.9	50.9	89.3	10.7	33.2
1991	100	15.1	49.2	89.3	10.7	35.7
1992	100	13.2	50.4	89.1	10.9	36.4
1993	100	13.0	51.7	88.6	11.4	35.3
1994	100	13.0	51.1	88.2	11.8	35.9
1995	100	14.0	49.8	88.7	11.3	36.2
1996	100	15.0	48.7	89.7	10.3	36.3
1997	100	13.2	48.7	89.9	10.1	38.1
1998	100	13.7	47.8	89.7	10.3	38.5
1999	100	12.5	48.0	89.7	10.3	39.5
2000	100	10.8	50.2	90.2	9.8	39.0
2001	100	10.8	48.5	89.7	10.3	40.7
2002	100	10.8	47.8	89.4	10.6	41.4
2003	100	10.3	48.3	88.2	11.8	41.4
2004	100	12.0	45.9	87.5	12.5	42.1
2005	100	11.0	48.1	87.9	12.1	41.0
2006	100	10.1	49.1	88.0	12.0	40.8
2007	100	10.2	49.7	88.2	11.8	40.2
2008	100	9.5	52.4	88.8	11.2	38.1
2009	100	9.3	52.0	87.6	12.4	38.7

注:1999 年初进行了第三产业快速调查,本表中 1997、1998 年生产总值使用的是快速调查数,以前年度未进行调整。

3—5 分行业增加值

单位:亿元

行　　业	2005 年	2006 年	2007 年	2008 年	2009 年
总　　计	**8 047.26**	**9 304.51**	**11 164.28**	**13 668.58**	**15 212.49**
第一产业	**882.41**	**939.43**	**1 133.40**	**1 302.02**	**1 414.90**
农林牧渔业	882.41	939.43	1 133.40	1 302.02	1 414.90
第二产业	**3 869.40**	**4 566.83**	**5 544.14**	**7 158.84**	**7 906.34**
工　　业	3 401.80	4 017.02	4 892.45	6 359.43	6 925.63
建筑业	467.60	549.81	651.69	799.41	980.71
第三产业	**3 295.45**	**3 798.25**	**4 486.74**	**5 207.72**	**5 891.25**
交通运输、仓储和邮政业	493.75	572.26	665.63	734.13	790.56
批发和零售业	820.35	919.43	1 078.67	1 257.50	1 410.33
住宿和餐饮业	180.81	202.49	231.54	275.86	318.80
金融业	232.85	303.41	386.34	455.07	560.20
房地产业	256.77	318.54	410.43	500.81	605.27
其他服务业	1 310.92	1 482.12	1 714.13	1 984.35	2 206.09

3—6 三次产业贡献率

单位:%

年份	生产总值	第一产业	第二产业	#工业	第三产业
1991	100	13.8	41.2		45.0
1992	100	6.4	64.2		29.4
1993	100	12.1	63.3	55.6	24.6
1994	100	2.7	63.3	59.0	34.0
1995	100	8.6	55.7	55.6	35.7
1996	100	18.0	50.2	50.7	31.8
1997	100	1.9	64.7	61.9	33.4
1998	100	17.7	50.2	46.3	32.1
1999	100	7.4	56.0	52.8	36.6
2000	100	-2.0	65.4	61.3	36.6
2001	100	8.0	42.2	37.4	49.8
2002	100	8.6	47.5	42.6	43.9
2003	100	6.5	51.0	43.2	42.5
2004	100	6.4	57.0	47.5	36.6
2005	100	6.5	53.0	48.2	40.5
2006	100	2.1	53.6	46.6	44.3
2007	100	2.7	57.4	52.8	39.9
2008	100	4.3	60.1	56.5	35.6
2009	100	2.0	60.7	50.0	37.3

注:产业贡献率指各产业增加值增量与 GDP 增量之比。

3—7 三次产业对生产总值增长的拉动

单位:百分点

年份	生产总值	第一产业	第二产业	#工业	第三产业
1991	6.1	0.8	2.5		2.7
1992	12.1	0.8	7.8		3.6
1993	14.9	1.8	9.4	8.3	3.7
1994	11.2	0.3	7.1	6.6	3.8
1995	7.1	0.6	4.0	3.9	2.5
1996	8.6	1.6	4.3	4.4	2.7
1997	8.9	0.2	5.8	5.5	3.0
1998	8.3	1.5	4.2	3.8	2.7
1999	8.2	0.6	4.6	4.3	3.0
2000	8.9	-0.2	5.8	5.5	3.3
2001	9.0	0.7	3.8	3.4	4.5
2002	10.2	0.9	4.8	4.3	4.5
2003	11.5	0.7	5.9	5.0	4.9
2004	12.8	0.8	7.3	6.1	4.7
2005	12.7	0.8	6.7	6.1	5.2
2006	14.2	0.3	7.6	6.6	6.3
2007	15.0	0.4	8.6	7.9	6.0
2008	13.4	0.5	8.1	7.6	4.8
2009	13.1	0.3	7.9	6.5	4.9

注:产业拉动指 GDP 增长速度与各产业贡献率之乘积。

3—8 各地区生产总值和指数

地　区	2005年	2006年	2007年	2008年	2009年
生产总值(亿元)					
沈　阳	2 084.13	2 519.63	3 159.69	3 780.87	4 268.51
大　连	2 119.82	2 541.71	3 078.76	3 803.35	4 349.51
鞍　山	1 005.21	1 122.08	1 299.59	1 536.96	1 730.47
抚　顺	386.83	452.03	526.56	637.41	698.64
本　溪	343.29	399.91	484.92	625.70	688.39
丹　东	302.22	356.81	430.36	522.42	607.52
锦　州	348.58	432.42	516.60	629.20	727.30
营　口	375.64	447.77	552.49	674.73	806.96
阜　新	143.99	162.09	198.79	243.93	287.97
辽　阳	304.27	363.18	433.29	523.12	608.26
盘　锦	444.36	517.92	575.59	682.13	676.87
铁　岭	264.23	323.93	403.97	516.60	605.71
朝　阳	211.77	253.07	333.84	446.01	518.09
葫芦岛	299.52	335.35	379.41	414.56	445.58
指数(上年=100)					
沈　阳	116.0	116.7	120.5	116.3	114.1
大　连	114.2	116.5	117.4	116.5	115.0
鞍　山	116.2	115.6	115.7	116.8	117.2
抚　顺	113.8	115.1	116.1	116.0	114.1
本　溪	115.1	116.1	114.5	115.0	118.3
丹　东	116.4	116.1	116.2	116.1	116.6
锦　州	115.1	115.9	115.6	114.7	116.0
营　口	120.4	118.8	121.3	120.3	120.3
阜　新	114.3	112.3	116.6	114.8	116.2
辽　阳	117.0	116.0	116.7	116.0	116.2
盘　锦	106.4	106.1	108.9	111.0	110.0
铁　岭	118.1	120.1	120.0	120.0	118.0
朝　阳	116.6	117.9	121.9	120.5	117.6
葫芦岛	113.8	110.1	108.0	110.0	110.0

3—9 各 地 区

（2009

地区	生产总值（亿元）	第一产业	第二产业	工业	建筑业	第三产业
沈阳	4 268.51	207.07	2 127.43	1 924.55	202.88	1 934.01
大连	4 349.51	313.44	2 127.25	1 873.38	253.86	1 908.81
鞍山	1 730.47	82.57	913.50	825.64	87.87	734.40
抚顺	698.64	46.56	392.13	342.49	49.64	259.94
本溪	688.39	38.50	409.57	371.57	38.00	240.32
丹东	607.52	86.98	292.81	246.92	45.89	227.73
锦州	727.30	133.01	335.48	290.03	45.45	258.81
营口	806.96	67.54	454.34	414.16	40.18	285.08
阜新	287.97	63.75	118.61	100.50	18.11	105.61
辽阳	608.26	40.12	383.25	349.86	33.39	184.89
盘锦	676.87	73.77	412.86	374.09	38.77	190.23
铁岭	605.71	125.35	311.06	283.29	27.77	169.29
朝阳	518.09	102.04	259.77	226.77	33.01	156.28
葫芦岛	445.58	61.94	194.64	165.35	29.28	189.00

生　产　总　值

年）

人均生产总值（元）	构成（%）			指数（上年=100）			
	第一产业	第二产业	第三产业	生产总值	第一产业	第二产业	第三产业
54 654	4.9	49.8	45.3	114.1	107.3	116.4	112.3
70 781	7.2	48.9	43.9	115.0	107.8	115.9	115.2
49 301	4.8	52.8	42.4	117.2	107.6	116.0	120.2
31 343	6.7	56.1	37.2	114.1	107.4	115.4	113.2
44 251	5.6	59.5	34.9	118.3	107.3	122.2	113.6
25 034	14.3	48.2	37.5	116.6	110.2	119.9	114.8
23 447	18.3	46.1	35.6	116.0	106.9	125.2	111.3
34 427	8.4	56.3	35.3	120.3	107.9	122.2	119.9
14 967	22.1	41.2	36.7	116.2	107.4	120.7	115.9
33 151	6.6	63.0	30.4	116.2	109.0	116.0	118.1
50 930	10.9	61.0	28.1	110.0	107.6	106.3	120.6
19 795	20.7	51.4	27.9	118.0	107.4	124.1	114.7
15 724	19.7	50.1	30.2	117.6	100.0	127.3	115.2
15 856	13.9	43.7	42.4	110.0	95.0	111.6	109.1

3—10 生产总值(支出法)

单位:亿元

年份	生产总值	最终消费支出	资本形成总额	货物和服务净流出	消费率 %	投资率 %
1978	229.20	109.37	62.33	57.50	47.72	27.19
1980	281.00	157.43	56.82	66.75	56.02	20.22
1981	288.61	177.41	53.80	57.40	61.47	18.64
1982	315.07	185.21	67.87	61.99	58.78	21.54
1983	364.02	208.15	86.81	69.06	57.18	23.85
1984	438.17	236.89	127.59	73.69	54.06	29.12
1985	518.59	276.19	174.24	68.16	53.26	33.60
1986	605.33	314.75	215.95	74.63	52.00	35.67
1987	719.12	371.81	256.83	90.48	51.70	35.71
1988	881.24	459.39	335.39	86.24	52.14	38.07
1989	1 003.81	543.60	356.47	103.74	54.15	35.51
1990	1 062.74	574.24	392.74	95.76	54.03	36.96
1991	1 200.10	640.51	452.62	106.97	53.37	37.72
1992	1 472.95	769.94	561.81	141.20	52.27	38.14
1993	2 010.82	962.51	901.26	147.05	47.87	44.82
1994	2 461.78	1 239.61	1 024.66	197.51	50.35	41.62
1995	2 793.37	1 501.84	1 046.60	244.93	53.76	37.47
1996	3 148.23	1 728.74	1 076.26	343.23	54.91	34.19
1997	3 582.46	1 943.35	1 146.95	491.66	54.42	32.02
1998	3 881.73	2 128.05	1 225.99	527.69	54.82	31.58
1999	4 171.69	2 330.53	1 284.31	556.85	55.87	30.79
2000	4 669.06	2 587.52	1 471.61	609.93	55.42	31.52
2001	5 033.08	2 828.09	1 625.50	579.49	56.19	32.30
2002	5 458.22	3 031.47	1 835.54	591.21	55.54	33.63
2003	6 002.54	3 102.51	2 333.67	566.36	51.69	38.88
2004	6 672.00	3 248.3	3 161.08	262.62	48.69	47.38
2005	8 047.3	3 688.9	4 580.4	-222.1	45.8	56.9
2006	9 304.5	4 054.9	5 519.7	-270.1	43.6	59.3
2007	11 164.3	4 717.1	6 646.1	-198.9	42.3	59.5
2008	13 668.6	5 579.1	8 547.8	-458.3	40.8	62.5
2009	15 212.49	6 273.7	9 412	-473.2	41.2	61.9

3—11 生产总值结构(支出法)

年份	资本形成总额		最终消费支出			
	固定资本形成总额	存货增加	居民消费支出	农村居民	城镇居民	政府消费支出
一、绝对数(亿元)						
1980	42.94	13.88	124.79	53.01	71.78	32.64
1981	43.10	10.70	142.53	59.27	83.26	34.88
1982	63.03	4.84	148.54	60.89	87.65	36.67
1983	71.55	15.26	162.51	67.86	94.65	45.64
1984	92.63	34.96	188.42	80.66	107.76	48.47
1985	130.91	43.33	225.51	90.99	134.52	50.68
1986	158.58	57.37	257.88	100.04	157.84	56.87
1987	210.23	46.60	296.93	113.00	183.93	74.88
1988	260.30	75.09	379.61	131.15	248.46	79.78
1989	241.89	114.58	434.09	148.43	285.66	109.51
1990	262.39	130.35	450.76	140.60	310.16	123.48
1991	323.66	128.96	502.22	156.02	346.20	138.29
1992	405.18	156.63	614.28	200.54	413.74	155.66
1993	731.60	169.66	770.19	240.22	529.97	192.32
1994	887.99	136.67	965.96	302.29	663.67	273.65
1995	884.95	161.65	1 177.59	350.38	827.21	324.25
1996	920.66	155.60	1 327.68	408.76	918.92	401.06
1997	976.45	170.50	1 485.79	425.90	1 059.89	458.06
1998	1 069.57	156.42	1 578.49	462.27	1 116.22	549.56
1999	1 115.82	168.49	1 707.30	491.98	1 215.32	623.23
2000	1 293.92	177.69	1 867.36	535.84	1 331.52	720.16
2001	1 444.15	181.35	2 001.97	566.95	1 435.02	826.12
2002	1 627.56	207.98	2 141.47	590.27	1 551.20	890.00
2003	2 102.10	231.57	2 172.06	487.16	1 684.90	930.45
2004	2 925.14	235.94	2 316.03	486.35	1 829.68	932.27
2005	4 279.8	300.7	2 719.9	553.2	2 166.7	969.0
2006	5 272.1	247.5	2 940.8	613.0	2 327.8	1 114.1
2007	6 297.2	348.9	3 399.1	653.1	2 746.0	1 318.0
2008	8 098.6	449.2	4 155.9	749.7	3 406.2	1 423.1
2009	8 906.4	505.6	4 683.0	843.5	3 839.5	1 590.7
二、比重(%)						
1980	70.16	29.84	83.19	43.14	56.86	16.82
1981	75.57	24.43	79.27	42.48	57.52	20.73
1982	80.11	19.89	80.34	41.58	58.42	19.66
1983	92.87	7.13	80.20	40.99	59.01	19.80
1984	82.42	17.58	78.07	41.76	58.24	21.93
1985	72.60	27.40	79.54	42.81	57.19	20.46
1986	75.13	24.87	81.65	40.35	59.65	18.35
1987	73.43	26.57	81.93	38.79	61.21	18.07
1988	81.86	18.14	79.86	38.06	61.94	20.14
1989	77.61	22.39	82.63	34.55	65.45	17.37
1990	67.86	32.14	79.85	34.19	65.81	20.15
1991	66.81	33.19	78.50	31.19	68.81	21.50
1992	71.51	28.49	78.41	31.07	68.93	21.59
1993	72.12	27.88	79.78	32.65	67.35	20.22
1994	74.41	25.59	80.02	31.19	68.81	19.98
1995	86.66	13.34	77.92	31.29	68.71	22.08
1996	84.55	15.45	78.41	29.75	70.25	21.59
1997	85.54	14.46	76.80	30.79	78.03	23.20
1998	85.13	14.87	76.44	29.99	70.01	23.56
1999	87.24	12.76	74.18	29.29	70.71	25.82
2000	86.88	13.12	73.26	28.82	71.18	26.74
2001	88.84	11.16	70.79	28.32	71.68	29.21
2002	88.67	11.33	70.64	27.56	72.44	29.36
2003	90.08	9.92	70.01	22.43	77.57	29.99
2004	92.54	7.46	71.30	21.00	79.00	28.70
2005	93.44	6.56	73.73	20.34	79.66	26.30
2006	95.51	4.48	72.52	20.84	79.16	27.50
2007	94.75	5.25	72.06	19.21	80.79	27.90
2008	94.74	5.26	74.49	18.04	81.96	25.50
2009	94.63	5.37	74.64	18.01	81.99	25.40

3—12 三大需求对生产总值增长的贡献率和拉动

年份	最终消费支出		资本形成总额		货物和服务净出口	
	贡献率（%）	拉动（百分点）	贡献率（%）	拉动（百分点）	贡献率（%）	拉动（百分点）
1991	62.3	3.8	37.0	2.3	0.7	0.0
1992	62.1	7.5	36.3	4.4	1.7	0.2
1993	40.2	6.0	60.1	8.9	-0.3	0.0
1994	56.3	6.3	52.7	5.9	-9.0	-1.0
1995	80.4	5.7	-14.1	-1.0	33.7	2.4
1996	51.4	4.4	9.3	0.8	39.3	3.4
1997	50.2	4.5	19.4	1.7	30.4	2.7
1998	54.5	4.5	30.0	2.5	15.5	1.3
1999	65.5	5.4	16.2	1.3	18.3	1.5
2000	56.8	5.1	35.1	3.1	8.2	0.7
2001	61.6	5.5	35.2	3.2	3.2	0.3
2002	53.0	5.4	37.1	3.8	9.9	0.5
2003	31.6	3.6	67.5	7.8	0.9	0.1
2004	33.8	4.1	58.6	7.0	7.6	0.9
2005	33.9	4.3	73	9.3	-6.9	-0.9
2006	34.4	4.9	73.1	10.4	-7.5	-1.1
2007	36.1	5.4	74.1	11.1	-10.3	-1.5
2008	40.5	5.4	75.7	10.1	-16.2	-2.2
2009	40.4	5.3	76.6	10.0	-16.9	-2.2

注:1. 贡献率指三大需求增量与支出法国内生产总值增量之比。

2. 拉动指国内生产总值增长速度与三大需求贡献率的乘积。

3—13 居民消费水平

年份	居民消费水平(元/人)			城镇与农村消费水平对比
	全体居民	农村居民	城镇居民	
1978	267	173	476	2.75∶1
1980	355	235	573	2.44∶1
1981	400	264	632	2.39∶1
1982	410	270	641	2.37∶1
1983	443	301	669	2.22∶1
1984	510	362	735	2.03∶1
1985	605	414	880	2.12∶1
1986	686	454	1 012	2.23∶1
1987	780	508	1 160	2.28∶1
1988	985	589	1 530	2.60∶1
1989	1 113	662	1 722	2.60∶1
1990	1 144	622	1 849	2.97∶1
1991	1 267	687	2 045	2.98∶1
1992	1 540	884	2 407	2.72∶1
1993	1 921	1 065	3 021	2.84∶1
1994	2 397	1 348	3 704	2.75∶1
1995	2 900	1 566	4 540	2.90∶1
1996	3 250	1 826	4 975	2.73∶1
1997	3 619	1 906	5 665	2.97∶1
1998	3 828	2 073	5 897	2.84∶1
1999	4 128	2 209	6 366	2.84∶1
2000	4 490	2 403	6 903	2.88∶1
2001	4 789	2 540	7 366	2.90∶1
2002	5 095	2 643	7 874	2.98∶1
2003	5 159	2 630	7 147	2.72∶1
2004	5 492	2 621	7 748	2.71∶1
2005	6 447	3 175	8 749	2.76∶1
2006	6 926	3 508	9 317	2.66∶1
2007	7 909	3 725	10 792	2.90∶1
2008	9 650	4 312	13 265	3.08∶1
2009	10 848	4 909	14 774	3.01∶1

3—14 居民消费水平指数

单位:%

年份	上年 = 100			1952年 = 100		
	全体居民	农村居民	城镇居民	全体居民	农村居民	城镇居民
1978	108.5	97.6	116.3	170.1	143.4	160.2
1980	107.2	119.1	95.2	210.2	187.3	173.4
1981	108.1	109.1	105.5	227.4	204.2	182.9
1982	101.1	100.8	100.2	229.8	205.9	183.2
1983	106.1	108.6	103.1	243.9	223.6	188.9
1984	111.8	115.9	107.1	272.6	259.1	202.3
1985	106.3	104.7	105.8	289.7	271.3	214.1
1986	107.6	105.7	108.5	311.7	286.6	232.2
1987	106.3	105.1	106.7	331.2	301.1	247.8
1988	107.6	104.6	108.9	356.3	314.8	269.7
1989	122.3	157.4	99.9	435.8	495.7	269.4
1990	83.7	56.8	109.9	364.9	281.7	296.1
1991	105.3	104.5	105.5	384.3	294.4	312.5
1992	112.4	112.9	111.5	431.8	332.5	348.3
1993	108.7	108.9	107.6	469.4	361.9	374.8
1994	108.8	108.9	107.7	476.4	330.8	454.7
1995	106.2	102.3	107.3	505.9	338.4	423.8
1996	106.3	106.1	105.9	537.8	359.0	448.8
1997	110.7	110.2	110.4	595.3	395.6	495.5
1998	107.7	109.9	106.3	641.2	434.8	526.7
1999	108.4	107.0	108.6	749.6	465.2	572.0
2000	108.4	107.9	108.2	695.0	502.0	618.9
2001	107.6	106.1	107.8	747.9	532.6	667.2
2002	108.4	107.2	108.4	810.7	571.0	723.2
2003	105.3	109.1	103.6	853.7	622.9	749.2
2004	106.5	99.7	108.4	909.1	621.0	812.2
2005	111.6	114.2	107.5	989	713.7	844.4
2006	106.6	108.6	106.0	1 094.8	806.4	928
2007	109.7	100	111.8	1 228.4	808.1	1 070
2008	116.4	109.6	117.2	1 429.9	885.7	1 254.0
2009	112.1	113.6	111.0	1 602.9	1 006.1	1 392.0

主要统计指标解释

国内生产总值 是按市场价格计算的国内生产总值的简称。它是一个国家(地区)所有常住单位在一定时期内生产活动的最终成果。国内生产总值有三种表现形态,既价值形态、收入形态和产品形态。从价值形态看,它是所有常住单位在一定时期内所生产的全部货物和服务价值超过同期投入的全部非固定资产货物和服务价值的差额,即所有常住单位的增加值之和;从收入形态看,它是所有常住单位在一定时期内所创造并分配给常住单位和非常住单位的初次分配收入之和;从产品形态看,它是最终使用的货物和服务减去进口货物和服务。在实际核算中,国内生产总值的三种表现形态表现为三种计算方法,即生产法、收入法和支出法。三种方法分别从不同的方面反映国内生产总值及构成。

国民生产总值 是按市场价格计算的国民生产总值的简称。它是一个国家(或地区)所有常住单位在一定时期内收入初次分配的最终成果。一国常住单位从事生产活动所创造的增加值在初次分配过程中主要分配给该国的常住单位,但也有一部分以生产税及进口税(扣除生产和进口补贴)、劳动者报酬和财产收入等形式分配给该国的非常住单位,同时,国外生产所创造的增加值也有一部分以生产税及进口税(扣除生产和进口补贴)、劳动者报酬和财产收入等形式分配给该国的常住单位。从而产生了国民生产总值概念,它等于国内生产总值加上来自国外的初次分配收入净额。与国内生产总值不同,国内生产总值是一个生产概念,而国民生产总值则是个收入概念。

三次产业 根据社会生产活动历史发展的顺序对产业结构的划分,产品直接取自自然界的部门称为第一产业,对初级产品进行再加工的部门称为第二产业。为生产和消费提供各种服务的部门称为第三产业。它是世界上通用的产业结构分类,但各国的划分不尽一致。我国的三次产业划分是:

第一产业:农林牧渔业(包括农业、林业、畜牧业和渔业)。

第二产业:工业(包括采掘业、制造业、电力煤气及水的生产和供应业)、建筑业。

第三产业:除第一、第二产业以外的其他各业。包括农林牧渔服务业、地质勘查业及水利管理业、交通运输仓储及邮电通信业、批发和零售贸易及餐饮业、金融保险业、房地产业、社会服务业、卫生体育和社会福利业、教育文化艺术及广播电影电视业、科学研究和综合技术服务业、国家机关政党机关和社会团体、其他行业。

最终消费 最终消费是指常住单位在一定时期内对于货物和服务的全部最终消费支出,也就是常住单位为满足物质、文化和精神生产的需要,从本国经济领土和国外购买的货物和服务的支出。它不包括非常住单位在本国经济领土内的消费支出。最终消费分为居民消费和政府消费。

居民消费 居民消费指常住住户在一定时期内对于货物和服务的全部最终消费支出。居民消费除了包括直接以货币形式购买的货物和服务的消费支出外,还包括以其他方式获得的货物和服务的消费支出。

政府消费 政府消费指政府部门为全社会提供的公共服务的消费支出和免费或以较低的价格向居民住户提供的货物和服务的净支出,前者等于政府服务的产出价值减去政府单位所获得的经营收入的价值,政府服务的产出价值等于它的经营性业务支出加上固定资产折旧;后者等于政府部门免费或以较低价格向居民住户提供的货物和服务的市场价值减去向住户收取的价值。

资本形成总额 资本形成总额指常住单位在一定时期内对固定资产和存货的投资支出合计,包括固定资产形成总额和存货增加。

(1)固定资产形成总额:指从常住单位在一定时期内购置、转入和资产自用的固定资产,扣除固定资产的销售和转出后的价值。可分为有形固定资本形成总额和无形固定资产形成总额。

(2)存货增加:存货增加指常住单位在一定时期内存货实物量变动的市场价值,即期末价值减期初价值的差额。存货增加可以是正值,也可以是负值,正值表示存货上升,负值表示存货下降。它包括生产单位购进的原材料、燃料和储备物资等存货,以及生产单位生产的产成品、在制品和半成品等存货等。

货物和服务净出口 指货物和服务出口减货物和服务进口的差额。出口包括常住单位向非常住单位出售或无偿转让的各种货物和服务的价值;进口包括常住单位从非常住单位购买或无偿得到的各种货物和服务的价值。由于服务活动的提供与使用同时发生,因此服务的进出口业务并不发生出入境现象,一般把常住单位从国外得到的服务作为进口,非常住单位从本国得到的服务作为出口。货物的出口和进口都按离岸价格计算。

劳动者报酬 劳动者报酬是指劳动者因从事生产活动所获得的全部报酬。它包括劳动者获得的各种形式工资、奖金和津贴,即包括货币形式的,也包括实物形式的,它还包括劳动者所享受的公费医疗和医药卫生费、上下班交通补贴和单位支付的社会保险费等。单位支付的社会保险费,就是单位直接支付给负责社会保险的政府单位(一般指劳动部门)的社会保险金或为本单位职工离退休、发生死亡、伤残、医疗保险等而支付的保险费。对于个体经济来说,其所有者所获得的劳动报酬和经营利润不易区分,这两部分统一作为劳动者报酬处理。

生产税净额 生产税净额是指生产税减生产补贴后的差额。生产税指政府对生产单位生产、销售和从事经营活动以及因从事生产活动使用某些生产要素,如固定资产、土地、劳动力所征收的各种税、附加费和规费。具体包括销售锐金及附加、增值税、管理费中开支的各种税、应交纳的养路费、排污费和水电费附加、烟酒专卖上缴政府的专项收入等。生产补贴与生产税相反，是政府对生产单位的单方面收入转移，因此视为负生产税处理，包括政策亏损补贴、粮食系统价格补贴、外贸企业出口退税收入等。

固定资产折旧 固定资产折旧是指一定时期内为弥补固定资产损耗按照核定的固定资产折旧率提取的固定资产折旧，或按国民经济核算统一规定的折旧率虚拟计算的固定资产折旧。它反映了固定资产在当期生产中的转移价值。各种类型企业和企业化管理的事业单位的固定资产折旧指实际计提并计入成本费用中的折旧费；不计提折旧的单位，如政府机关、非企业化管理的事业单位和居民住房的固定资产折旧则是按照统一规定的折旧率和固定资产原值计算的虚拟折旧。原则上，固定资产折旧应按固定资产的重置价值来计算，但是我国目前尚不具备对全社会固定资产进行重估价的基础，所以暂时只能采用上述方法来计算。

营业盈余 营业盈余是指常住单位创造的增加值扣除劳动者报酬、生产税净额和固定资产折旧后的余额。它相当于企业的营业利润加上生产补贴，但要扣除从利润中开支的工资和福利等。

第四篇

人口

4

RENKOU

4—1 人 口 数

单位:万人

年份	年末总人口	按性别分		按农业与非农业分	
		男	女	农业人口	非农业人口
1978	3 394.0	1 735.3	1 658.7	2 316.7	1 077.3
1980	3 486.9	1 779.2	1 707.7	2 250.2	1 236.7
1981	3 534.8	1 803.2	1 731.6	2 245.5	1 289.3
1982	3 592.1	1 832.0	1 760.1	2 252.5	1 339.6
1983	3 629.1	1 852.9	1 776.2	2 249.6	1 379.5
1984	3 654.8	1 866.6	1 788.2	2 207.5	1 447.3
1985	3 686.2	1 883.2	1 803.0	2 183.7	1 502.5
1986	3 726.0	1 904.1	1 821.9	2 217.1	1 508.9
1987	3 777.4	1 930.4	1 847.0	2 225.2	1 552.2
1988	3 825.5	1 955.5	1 870.0	2 232.1	1 593.4
1989	3 876.0	1 979.5	1 896.5	2 251.3	1 624.7
1990	3 917.3	1 999.1	1 918.2	2 272.4	1 644.9
1991	3 938.5	2 009.8	1 928.7	2 273.1	1 665.4
1992	3 957.9	2 018.9	1 939.0	2 264.4	1 693.5
1993	3 982.9	2 031.6	1 951.3	2 247.2	1 735.7
1994	4 007.2	2 043.6	1 963.6	2 237.7	1 769.5
1995	4 034.0	2 056.9	1 977.1	2 238.5	1 795.5
1996	4 056.8	2 067.5	1 989.3	2 236.6	1 820.2
1997	4 077.1	2 076.9	2 000.2	2 232.7	1 844.4
1998	4 090.4	2 083.1	2 007.3	2 227.2	1 863.2
1999	4 103.2	2 088.4	2 014.8	2 226.3	1 876.9
2000	4 135.3	2 103.3	2 032.0	2 233.1	1 902.2
2001	4 147.0	2 109.1	2 037.9	2 229.0	1 918.0
2002	4 155.4	2 111.6	2 043.8	2 211.7	1 943.7
2003	4 161.6	2 113.2	2 048.4	2 197.2	1 964.4
2004	4 172.8	2 117.3	2 055.5	2 176.3	1 996.5
2005	4 189.2	2 123.4	2 065.8	2 159.5	2 029.7
2006	4 210.4	2 132.5	2 077.9	2 153.6	2 056.8
2007	4 231.7	2 141.5	2 090.2	2 155.8	2 075.9
2008	4 246.1	2 146.9	2 099.2	2 126.3	2 119.8
2009	4 256.0	2 149.9	2 106.1	2 111.9	2 144.1

注:本表至4—6表为公安户籍统计数。

4—2 人 口 构 成

单位:%

年 份	总 人 口	按 性 别 分		按农业与非农业分	
		男	女	农业人口	非农业人口
1978	100.0	51.2	48.8	68.3	31.7
1980	100.0	51.0	49.0	64.5	35.5
1981	100.0	51.0	49.0	63.5	36.5
1982	100.0	51.0	49.0	62.7	37.3
1983	100.0	51.1	48.9	62.0	38.0
1984	100.0	51.1	48.9	60.4	39.6
1985	100.0	51.1	48.9	59.2	40.8
1986	100.0	51.1	48.9	59.5	40.5
1987	100.0	51.1	48.9	58.9	41.1
1988	100.0	51.1	48.9	58.4	41.6
1989	100.0	51.1	48.9	58.1	41.9
1990	100.0	51.0	49.0	58.0	42.0
1991	100.0	51.0	49.0	57.7	42.3
1992	100.0	51.0	49.0	57.2	42.8
1993	100.0	51.0	49.0	56.4	43.6
1994	100.0	51.0	49.0	55.8	44.2
1995	100.0	51.0	49.0	55.5	44.5
1996	100.0	51.0	49.0	55.1	44.9
1997	100.0	50.9	49.1	54.8	45.2
1998	100.0	50.9	49.1	54.4	45.6
1999	100.0	50.9	49.1	54.3	45.7
2000	100.0	50.9	49.1	54.0	46.0
2001	100.0	50.9	49.1	53.7	46.3
2002	100.0	50.8	49.2	53.2	46.8
2003	100.0	50.1	49.9	52.8	47.2
2004	100.0	50.7	49.3	52.2	47.8
2005	100.0	50.7	49.3	51.5	48.5
2006	100.0	50.6	49.4	51.1	48.9
2007	100.0	50.6	49.4	50.9	49.1
2008	100.0	50.6	49.4	50.1	49.9
2009	100.0	50.5	49.5	49.6	50.4

4—3 人口出生率、死亡率、自然增长率

单位:‰

年份	出生率	死亡率	自然增长率
1978	18.0	5.3	12.7
1980	14.1	5.4	8.7
1981	16.6	5.3	11.3
1982	18.9	5.4	13.4
1983	13.4	5.0	8.4
1984	10.8	5.0	5.8
1985	11.9	5.3	6.6
1986	14.8	5.2	9.6
1987	17.3	5.3	12.0
1988	15.4	5.2	10.2
1989	14.6	5.2	9.4
1990	14.5	5.7	8.8
1991	9.9	5.2	4.7
1992	10.2	5.4	4.8
1993	10.0	5.6	4.4
1994	10.7	5.8	4.9
1995	9.9	5.5	4.4
1996	9.5	5.8	3.7
1997	8.9	5.7	3.2
1998	7.9	5.8	2.1
1999	8.0	6.0	2.0
2000	10.7	6.7	4.0
2001	7.1	5.3	1.8
2002	7.5	5.4	2.1
2003	6.2	5.6	0.6
2004	7.7	6.5	1.2
2005	7.8	5.8	2.0
2006	7.8	5.5	2.3
2007	8.2	5.8	2.4
2008	7.9	6.5	1.4
2009	7.6	6.8	0.8

4—4 各地区年末

地区	总户数		总人口		男性人口	
	2008年	2009年	2008年	2009年	2008年	2009年
全省	**1 452.7**	**1 473.3**	**4 246.1**	**4 256.0**	**2 146.9**	**2 149.9**
沈阳	244.1	247.6	713.5	716.5	356.4	357.4
大连	203.4	205.6	583.4	584.8	293.5	293.8
鞍山	115.6	116.9	351.4	352.0	178.1	178.3
抚顺	81.8	82.2	223.2	222.6	112.4	111.9
本溪	55.9	56.4	155.7	155.5	78.4	78.1
丹东	80.9	82.2	242.7	242.6	122.4	122.3
锦州	102.4	103.3	310.1	310.2	156.5	156.4
营口	84.1	88.2	233.8	235.0	119.1	119.8
阜新	64.9	64.5	192.5	192.3	96.5	96.4
辽阳	66.9	67.7	183.4	183.5	93.3	93.3
盘锦	45.6	46.7	129.2	130.0	65.3	65.6
铁岭	103.3	104.3	305.9	306.1	155.9	155.8
朝阳	109.1	111.6	340.9	342.6	175.3	176.1
葫芦岛	94.7	96.1	280.4	282.3	143.8	144.7

总户数及总人口

单位:万户、万人

女性人口		农业人口		非农业人口	
2008年	2009年	2008年	2009年	2008年	2009年
2 099.2	**2 106.1**	**2 126.3**	**2 111.9**	**2 119.8**	**2 144.1**
357.1	359.1	253.0	252.3	460.5	464.2
289.9	291.0	235.6	226.9	347.8	357.9
173.3	173.7	174.2	174.5	177.2	177.5
110.8	110.7	75.9	76.2	147.3	146.4
77.3	77.4	51.4	51.5	104.3	104.0
120.3	120.3	141.0	140.7	101.7	101.9
153.6	153.8	186.7	186.1	123.4	124.1
114.7	115.2	125.5	124.8	108.3	110.2
96.0	95.9	106.3	106.5	86.2	85.8
90.1	90.2	103.3	103.5	80.1	80.0
63.9	64.4	24.5	23.2	104.7	106.8
150.0	150.3	208.0	208.0	97.9	98.1
165.6	166.5	247.2	243.5	93.7	99.1
136.6	137.6	193.7	194.2	86.7	88.1

4—5 各地区人口自然变动情况

地区	平均人口(万人)		人口出生率(‰)		人口死亡率(‰)		人口自然增长率(‰)	
	2008 年	2009 年	2008 年	2009 年	2008 年	2009 年	2008 年	2009 年
全省	**4 238.9**	**4 251.1**	**7.90**	**7.58**	**6.51**	**6.84**	**1.39**	**0.74**
沈阳	711.6	715.1	7.70	7.30	8.53	7.13	-0.83	0.17
大连	580.8	584.1	6.85	6.89	5.63	10.21	1.22	-3.32
鞍山	350.8	351.7	8.97	7.62	6.34	6.57	2.63	1.05
抚顺	223.5	222.9	5.70	5.89	6.63	6.79	-0.93	-0.90
本溪	155.8	155.6	5.91	5.92	6.40	6.28	-0.49	-0.36
丹东	242.8	242.7	6.18	6.15	6.66	6.51	-0.48	-0.36
锦州	309.8	310.2	7.86	6.81	6.59	6.23	1.27	0.58
营口	233.1	234.4	10.07	10.06	7.00	6.99	3.07	3.07
阜新	192.8	192.4	6.14	7.47	8.11	6.52	-1.97	0.95
辽阳	183.4	183.4	7.37	6.65	6.33	5.49	1.04	1.16
盘锦	128.7	129.6	7.70	7.74	4.77	4.89	2.93	2.85
铁岭	305.7	306.0	7.94	7.40	4.80	5.70	3.14	1.70
朝阳	340.5	341.7	10.34	10.11	5.53	5.61	4.81	4.50
葫芦岛	279.6	281.3	10.42	9.61	5.69	5.42	4.73	4.19

4—6 各地区分年龄人口数

单位:万人

地 区	总 人 口	18 岁以下	18—35 岁	35—60 岁	60 岁以上
全 省	**4 256.0**	**615.5**	**1 054.8**	**1 899.1**	**686.6**
沈 阳	716.5	92.7	182.7	324.0	117.1
大 连	584.8	71.9	153.6	258.1	101.2
鞍 山	352.0	52.9	84.9	156.6	57.6
抚 顺	222.6	27.5	52.3	107.0	35.8
本 溪	155.5	17.0	39.5	73.3	25.7
丹 东	242.6	34.6	56.1	111.9	40.0
锦 州	310.2	45.7	71.8	138.9	53.8
营 口	235.0	32.1	65.5	100.4	37.0
阜 新	192.3	32.0	45.8	85.3	29.2
辽 阳	183.5	26.6	43.7	82.7	30.5
盘 锦	130.0	20.6	32.3	59.2	17.9
铁 岭	306.1	48.7	72.4	138.9	46.1
朝 阳	342.6	61.2	82.7	147.6	51.1
葫 芦 岛	282.3	52.0	71.5	115.2	43.6

4—7 全省历年人口变动抽样调查推算数

年份	总人口（万人）	出生率（‰）	死亡率（‰）	自然增长率（‰）	文盲率（%）	家庭户规模（人/户）
1990	3 946	15.60	6.01	9.59	11.51	3.59
1991	3 990	12.10	6.64	5.46		3.60
1992	4 016	12.57	6.11	6.46		3.57
1993	4 042	12.43	6.11	6.32		3.53
1994	4 067	12.26	6.03	6.23	10.46	3.48
1995	4 092	12.17	6.15	6.02	9.31	3.49
1996	4 116	12.15	6.20	5.95	8.86	3.44
1997	4 138	11.78	6.38	5.40	8.21	3.31
1998	4 157	11.39	6.81	4.58	8.17	3.27
1999	4 171	10.38	7.05	3.30	7.18	3.24
2000	4 184	8.46	6.06	2.40	5.79	3.15
2001	4 194	7.74	6.10	1.64	5.16	3.12
2002	4 203	7.38	6.04	1.34	5.16	3.14
2003	4 210	6.90	5.83	1.07	4.74	3.10
2004	4 217	6.51	5.60	0.91	4.03	3.13
2005	4 221	7.32	6.06	1.26	4.75	2.92
2006	4 271	6.40	5.30	1.10	4.17	2.95
2007	4 298	6.89	5.36	1.53	3.76	2.91
2008	4 315	6.32	5.22	1.10	3.45	2.85
2009	4 319	6.06	5.09	0.97	3.29	2.87

注：文盲率指成人文盲率（文盲、半文盲占15岁及以上人口的比重）。

4—8 全省历年人口变动抽样调查年龄构成指数

单位:%

年 份	0-14岁占总人口比重	15-64岁占总人口比重	65岁及以上占总人口比重	总负担系数	负担少儿系数	负担老年系数
1990	23.22	71.10	5.68	40.65	32.66	7.99
1991	23.33	70.48	6.19	41.88	33.10	8.78
1992	22.78	70.62	6.60	41.60	32.25	9.35
1993	22.00	71.21	6.79	40.44	30.90	9.54
1994	22.26	71.20	6.54	40.45	31.27	9.18
1995	21.37	71.61	7.02	40.15	29.96	10.19
1996	20.61	72.47	6.92	37.98	28.44	9.54
1997	19.12	73.63	7.25	36.62	25.95	10.67
1998	18.51	73.94	7.55	35.24	25.03	10.21
1999	18.48	73.71	7.81	35.67	25.08	10.60
2000	17.68	74.44	7.88	34.34	23.75	10.59
2001	17.68	74.44	7.88	34.34	23.75	10.59
2002	15.70	76.21	8.10	31.22	20.60	10.63
2003	15.90	75.60	8.90	32.27	21.03	11.24
2004	14.50	76.60	8.90	30.55	18.93	11.62
2005	14.18	76.08	9.74	31.44	18.64	12.80
2006	12.61	76.85	10.54	30.13	16.41	13.72
2007	12.68	76.69	10.63	30.40	16.54	13.86
2008	12.03	76.56	11.41	30.62	15.72	14.90
2009	11.14	77.43	11.43	29.15	14.38	14.77

主要统计指标解释

人口数 指一定时点、一定地区范围内的有生命的个人的总和。

年度统计的年末人口数是指每年 12 月 31 日 24 时的人口数。

出生率(又称粗出生率) 指在一定时期内(通常为一年)平均每千人所出生的人数的比率,一般用千分率表示。计算公式:

$$出生率=\frac{年出生人数}{年平均人数}\times 1000‰$$

出生人数是指活产婴儿,即胎儿脱离母体时(不管怀孕月数),有过呼吸或其他生命现象。

年平均人数是指年初、年末人口数的平均数,也可用年中人口数代替。

死亡率(又称粗死亡率) 指在一定时期内(通常为一年)某地区的死亡人数与同期平均人数(或期中人数)之比,一般用千分率表示。计算公式:

$$死亡率=\frac{年死亡人数}{年平均人数}\times 1000‰$$

人口自然增长率 指在一定时期内(通常为一年)人口自然增加数(出生人数减死亡人数)与该时期内平均人数(或期中人数)之比,一般用千分率表示。计算公式:

$$人口自然增长率=\frac{本年出生人数-本年死亡人数}{年平均人数}\times 1000‰$$

$$人口自然增长率=人口出生率-人口死亡率$$

第五篇

就业人员和职工工资

5

JIUYE
RENYUAN
HE
ZHIGONG
GONGZI

5—1 就业基本情况

指　　标	单位	2005年	2006年	2007年	2008年	2009年
年末就业人员	**万人**	**2 120.3**	**2 128.1**	**2 180.7**	**2 198.2**	**2 277.1**
第一产业	万人	722.1	716.2	705.7	700.7	697.5
第二产业	万人	596.0	590.2	601.4	605.0	619.2
第三产业	万人	802.2	821.7	873.6	892.5	960.4
按城乡分就业人员						
城镇就业人员	万人	1 006.8	995.2	1 027.0	1 033.5	1 096.6
国有单位	万人	352.0	345.6	336.8	338.1	313.7
城镇集体单位	万	106.9	99.0	90.6	83.9	74.6
其他内资	万人	116.6	117.1	118.0	128.2	149.3
外商投资单位	万人	39.7	42.8	44.1	44.7	41.0
港澳台投资单位	万人	10.3	10.1	11.5	10.8	11.5
其他	万人	4.5	4.1	3.9	5.0	6.5
私营企业	万人	189.5	184.6	202.9	206.1	240.7
个体	万人	187.2	191.9	219.2	216.6	259.2
乡村就业人员	万人	1 113.5	1 132.9	1 153.6	1 164.7	1 180.5
职工人数	万人	609.6	596.7	582.4	585.6	572.1
国有单位	万人	342.1	335.8	327.7	327.2	303.2
城镇集体单位	万人	105.7	97.9	89.6	82.3	72.9
其他单位	万人	161.8	163	165.1	176.1	196.1
城镇当年就业(再就业)人数	万人	119.8	120.4	122.4	112.6	114.0
城镇登记失业人数	万人	60.4	53.9	44.5	39.0	41.6
#失业女性	万人	35.3	28.1	23.4	18.6	19.4
城镇登记失业率	%	5.7	5.1	4.4	3.8	3.9

5—2 按三次产业分的就业人员

（年末数）

年份	就业人员合计（万人）	第一产业	第二产业	第三产业	构成（%，以合计为100） 第一产业	第二产业	第三产业
1978	1 254.1	595.3	433.4	225.4	47.4	34.6	18.0
1980	1 441.7	597.1	564.7	279.9	41.4	39.2	19.4
1985	1 769.1	634.3	726.4	408.4	35.9	41.0	23.1
1986	1 799.2	640.4	735.3	423.5	35.6	40.9	23.5
1987	1 835.4	630.7	770.7	434.0	34.4	42.0	23.6
1988	1 858.6	625.1	784.2	449.3	33.6	42.2	24.2
1989	1 874.8	638.2	777.1	459.5	34.0	41.5	24.5
1990	1 897.3	646.0	778.2	473.1	34.0	41.0	25.0
1991	1 938.3	666.3	788.5	483.5	34.4	40.7	24.9
1992	1 957.8	652.6	797.4	507.8	33.3	40.7	26.0
1993	2 006.1	640.3	827.4	538.4	31.9	41.3	26.8
1994	2 009.3	627.7	773.3	608.3	31.2	38.5	30.3
1995	2 027.8	632.7	787.5	607.6	31.2	38.8	30.0
1996	2 031.8	644.7	751.8	635.3	31.7	37.0	31.3
1997	1 967.1	639.7	716.7	610.7	32.5	36.4	31.1
1998	1 958.8	657.9	684.7	616.2	33.6	35.0	31.4
1999	1 994.4	651.5	658.3	684.6	32.7	33.0	34.3
2000	2 052.0	685.4	649.6	717.0	33.4	31.7	34.9
2001	2 069.3	686.7	625.9	756.7	33.2	30.2	36.6
2002	2 025.3	697.6	580.6	747.1	34.4	28.7	36.9
2003	2 018.9	700.8	568.8	749.3	34.7	28.2	37.1
2004	2 097.3	721.2	586.8	789.3	34.4	28.0	37.6
2005	2 120.3	722.1	596.0	802.2	34.1	28.1	37.8
2006	2 128.1	716.2	590.2	821.7	33.7	27.7	38.6
2007	2 180.7	705.7	601.4	873.6	32.4	27.6	40.1
2008	2 198.2	700.7	605.0	892.5	31.9	27.5	40.6
2009	2 277.1	697.5	619.2	960.4	30.6	27.2	42.2

5—3 各地区按三次产业分的就业人员

（2009 年末）

年份	就业人员合计（万人）	第一产业	第二产业	第三产业	构成（%，以合计为 100）第一产业	第二产业	第三产业
全省	**2 277.1**	**697.5**	**619.2**	**960.4**	**30.6**	**27.2**	**42.2**
沈阳	325.5	79.0	89.8	156.7	24.3	27.6	48.1
大连	383.3	68.1	121.3	193.9	17.8	31.6	50.6
鞍山	181.4	49.2	57.0	75.2	27.1	31.4	41.5
抚顺	117.4	32.2	40.1	45.2	27.4	34.2	38.5
本溪	74.2	14.5	30.1	29.6	19.6	40.5	39.9
丹东	118.2	46.0	25.4	46.8	38.9	21.5	39.6
锦州	167.4	69.6	32.1	65.7	41.6	19.2	39.3
营口	136.4	35.1	32.2	69.1	25.8	23.6	50.6
阜新	110.0	38.3	28.7	43.0	34.8	26.1	39.1
辽阳	87.4	30.7	26.0	30.7	35.1	29.7	35.1
盘锦	107.6	42.0	31.7	33.9	39.0	29.5	31.5
铁岭	134.5	57.3	30.3	46.9	42.6	22.5	34.9
朝阳	179.8	77.2	42.0	60.6	42.9	23.4	33.7
葫芦岛	136.9	58.0	31.2	47.7	42.3	22.8	34.8

5—4 各地区城镇单位就业人员

（年末数） 单位:万人

行业	2008年			2009年		
	单位全部就业人员	全部职工	其他就业人员	单位全部就业人员	全部职工	其他就业人员
全省	**610.8**	**585.6**	**25.1**	**596.7**	**572.1**	**24.6**
沈阳	109.1	103.5	5.6	106.3	100.8	5.5
大连	98.1	88.3	9.8	96.7	87.8	8.9
鞍山	52.4	51.3	1.1	51.8	50.2	1.6
抚顺	43.2	42.4	0.8	41.7	41.0	0.7
本溪	35.5	35.0	0.5	33.1	32.5	0.6
丹东	23.3	22.9	0.4	24.9	24.5	0.5
锦州	32.9	32.1	0.8	31.9	31.3	0.5
营口	19.3	19.1	0.2	19.5	19.2	0.3
阜新	25.0	24.8	0.2	25.7	25.2	0.4
辽阳	21.3	21.0	0.3	19.4	19.0	0.4
盘锦	52.5	49.6	2.9	50.3	47.9	2.4
铁岭	28.6	28.4	0.2	27.4	27.1	0.3
朝阳	23.3	22.7	0.6	24.2	23.4	0.8
葫芦岛	27.1	25.6	1.5	26.7	25.0	1.6

5—5 各地区分行业

（2009

行业	沈阳	大连	鞍山	抚顺	本溪	丹东
总计	**954 583**	**939 724**	**397 535**	**264 895**	**235 261**	**209 515**
农、林、牧、渔业	4 809	8 980	7 013	5 726	2 095	2 716
采矿业	19 991	2 300	3 664	34 786	16 765	4 464
制造业	309 688	414 044	157 983	84 968	90 008	38 213
电力、燃气及水的生产和供应业	30 109	16 860	11 150	13 597	8 701	4 918
建筑业	46 946	48 236	38 331	18 518	21 691	6 484
交通运输、仓储及邮政业	40 662	49 806	12 492	8 619	10 025	6 712
信息转输、计算机服务和软件业	12 647	21 676	3 070	1 786	2 278	1 170
批发和零售业	44 614	37 608	12 154	6 575	5 190	23 476
住宿和餐饮业	17 549	24 402	3 313	1 192	669	6 689
金融业	41 895	47 896	13 565	9 516	9 255	5 116
房地产业	17 860	27 109	4 360	1 916	3 982	4 452
租赁和商务服务业	24 486	17 979	7 667	2 319	1 835	4 275
科学研究、技术服务和地质勘查业	39 805	14 480	8 032	4 891	1 963	7 259
水利、环境和公共设施管理业	27 670	15 463	11 029	7 041	5 151	6 542
居民服务和其他服务业	6 147	3 515	3 093	1 204	1 398	2 065
教育	110 082	80 215	39 796	23 446	19 861	25 052
卫生、社会保障和社会福利业	58 046	40 207	22 592	10 420	12 327	11 766
文化、体育和娱乐业	15 391	8 216	2 831	2 109	1 893	7 579
公共管理和社会组织	86 186	60 732	35 400	26 266	20 174	40 567
国际组织						

城 镇 单 位 就 业 人 数

年末数）　　单位：人

锦　州	营　口	阜　新	辽　阳	盘　锦	铁　岭	朝　阳	葫芦岛
239 383	**180 910**	**171 681**	**167 314**	**495 760**	**219 544**	**229 511**	**232 567**
14 054	1 099	4 278	4 475	185 672	20 420	6 291	5 447
576	981	46 543	1 169	144 374	43 846	16 460	18 708
54 675	53 959	18 194	52 827	36 123	19 222	50 063	79 052
15 767	7 631	8 608	6 903	5 959	9 647	8 779	13 888
11 880	6 980	6 176	22 606	21 851	12 766	13 474	6 329
13 191	12 114	4 207	3 762	4 734	6 111	5 798	8 285
3 418	1 984	1 381	1 641	2 150	2 386	2 856	2 015
8 128	5 175	5 765	3 465	7 948	2 758	4 245	3 629
1 516	1 849	844	1 511	3 164	458	695	1 866
12 516	8 445	7 727	5 696	8 491	8 911	11 223	11 693
2 205	2 143	987	1 403	2 733	1 918	2 224	1 294
3 617	4 713	1 377	2 354	18 241	5 613	2 819	2 283
7 656	2 899	2 597	2 541	4 534	4 974	3 011	3 100
5 429	6 165	3 970	6 954	5 031	5 645	4 463	4 109
1 018	255	384	249	360	576	3 170	310
34 136	23 442	24 418	17 821	12 697	28 894	40 753	27 498
16 428	10 928	10 492	8 281	7 112	11 971	13 823	10 443
2 508	2 875	2 041	1 739	1 555	1 762	1 683	1 583
30 665	27 273	21 692	21 917	23 031	31 666	37 681	31 035

5—6 各地区个体从业人员

单位:户、万人

地区	2005年		2008年		2009年	
	户数	从业人数	户数	从业人数	户数	从业人数
全省	**1 274 219**	**288.3**	**1 300 941**	**314.9**	**1 459 614**	**366.1**
沈阳	191 639	56.9	215 963	54.7	218 006	54.9
大连	250 925	42.1	218 267	32.8	238 625	34.8
鞍山	91 430	24.6	75 340	15.5	70 677	33.9
抚顺	73 769	23.9	88 390	20.3	103 141	27.1
本溪	38 906	12.2	53 424	11.0	55 921	11.1
丹东	79 254	20.3	75 912	17.1	85 529	17.3
锦州	89 065	18.5	94 992	28.7	112 946	39.6
营口	72 557	11.6	89 606	39.8	104 552	49.0
阜新	59 160	16.2	51 577	19.6	61 423	12.7
辽阳	47 225	16.3	59 575	16.3	60 492	16.0
盘锦	42 745	8.6	55 303	13.9	65 971	14.9
铁岭	87 135	14.0	86 402	17.7	103 439	18.3
朝阳	80 647	13.4	66 971	15.0	94 468	20.4
葫芦岛	69 762	9.6	69 219	12.5	84 424	16.1

5—7 各地区私营企业从业人员

单位:户、万人

地区	2005年		2008年		2009年	
	户数	从业人数	户数	从业人数	户数	从业人数
全省	**165 217**	**252.1**	**240 342**	**289.0**	**266 809**	**337.6**
沈阳	47 703	54.2	62 809	49.2	68 872	57.8
大连	56 056	90.2	75 966	120.7	80 271	133.1
鞍山	11 482	11.0	14 823	11.7	19 129	12.2
抚顺	5 294	14.6	9 886	9.7	10 422	10.0
本溪	3 821	7.4	5 879	6.3	6 080	6.4
丹东	6 556	9.9	10 725	8.8	11 408	9.8
锦州	6 243	6.9	9 564	9.6	11 043	11.1
营口	6 218	8.6	14 625	13.4	16 703	25.3
阜新	2 834	9.6	4 809	10.0	5 917	10.7
辽阳	4 744	11.2	6 005	9.4	8 062	11.3
盘锦	3 108	6.2	5 665	8.6	6 124	11.8
铁岭	3 891	7.1	6 927	9.1	8 170	11.7
朝阳	3 644	10.0	6 260	13.8	7 514	15.0
葫芦岛	3 623	5.2	6 399	8.7	7 094	11.3

5—8 分行业职工人数

单位:万人

行业	2008年			2009年		
	全部职工	在岗职工	离岗职工	全部职工	在岗职工	离岗职工
总计	**585.6**	**485.7**	**99.9**	**572.1**	**485.0**	**87.2**
农、林、牧、渔业	33.4	30.9	2.5	30.7	27.2	3.5
采矿业	41.7	33.3	8.3	42.7	35.3	7.4
制造业	188.2	140.4	47.7	179.4	139.2	40.2
电力、燃气及水的生产和供应业	18.8	16.7	2.1	17.8	16.0	1.8
建筑业	39.3	27.2	12.1	38.0	28.2	9.8
交通运输、仓储及邮政业	38.3	32.7	5.6	35.8	31.0	4.8
信息转输、计算机服务和软件业	6.4	5.9	0.5	6.1	5.9	0.3
批发和零售业	23.7	14.9	8.8	23.9	16.6	7.3
住宿和餐饮业	6.8	6.2	0.6	7.0	6.4	0.6
金融业	16.1	14.7	1.4	16.3	15.0	1.2
房地产业	7.7	6.0	1.7	8.5	7.0	1.5
租赁和商务服务业	12.7	9.9	2.8	11.7	8.3	3.4
科学研究、技术服务和地质勘查业	10.5	9.7	0.8	11.1	10.4	0.7
水利、环境和公共设施管理业	11.1	10.3	0.7	10.8	10.2	0.6
居民服务和其他服务业	2.4	1.9	0.5	2.5	2.2	0.3
教育	49.9	49.1	0.7	50.1	49.4	0.7
卫生、社会保障和社会福利业	24.6	23.1	1.5	25.0	23.3	1.7
文化、体育和娱乐业	5.0	4.8	0.2	5.6	5.3	0.3
公共管理和社会组织	49.2	47.7	1.4	49.1	48.1	1.0
国际组织						

注:离岗职工是离开本单位仍保留劳动关系的职工(下同)。

5—9 分行业职工人数

（2009年末） 单位:万人

行业	职工合计	在岗职工	#国有单位	#集体单位	离岗职工	#国有单位	#集体单位
总计	**572.1**	**485.0**	**271.2**	**30.3**	**87.2**	**32.0**	**42.6**
农、林、牧、渔业	30.7	27.2	26.4	0.2	3.5	3.4	0.1
采矿业	42.7	35.3	8.2	1.2	7.4	1.3	5.1
制造业	179.4	139.2	30.7	12.7	40.2	11.6	22.7
电力、燃气及水的生产和供应业	17.8	16.0	9.5	0.3	1.8	1.1	0.1
建筑业	38.0	28.2	9.2	5.9	9.8	2.2	5.9
交通运输、仓储及邮政业	35.8	31.0	23.6	0.9	4.8	2.7	1.2
信息转输、计算机服务和软件业	6.1	5.9	2.0		0.3	0.1	
批发和零售业	23.9	16.6	4.6	1.5	7.3	2.0	4.5
住宿和餐饮业	7.0	6.4	1.4	0.3	0.6	0.2	0.2
金融业	16.3	15.0	6.6	2.3	1.2	0.5	0.2
房地产业	8.5	7.0	2.3	0.2	1.5	0.5	0.4
租赁和商务服务业	11.7	8.3	4.7	1.9	3.4	1.7	1.6
科学研究、技术服务和地质勘查业	11.1	10.4	8.7	0.4	0.7	0.6	0.1
水利、环境和公共设施管理业	10.8	10.2	9.6	0.2	0.6	0.5	
居民服务和其他服务业	2.5	2.2	1.4	0.3	0.3		0.2
教育	50.1	49.4	48.5	0.2	0.7	0.7	
卫生、社会保障和社会福利业	25.0	23.3	21.0	1.5	1.7	1.3	0.3
文化、体育和娱乐业	5.6	5.3	4.9		0.3	0.3	
公共管理和社会组织	49.1	48.1	47.9	0.1	1.0	1.0	
国际组织							

5—10 各 地 区

(2009

地区	全部职工			
	合计	国有单位	城镇集体单位	其他单位
全省	**572.1**	**303.2**	**72.9**	**196.1**
沈阳	100.8	51.7	10.2	39.0
大连	87.8	28.2	2.3	57.2
鞍山	50.2	31.7	10.4	8.0
抚顺	41.0	16.1	10.2	14.7
本溪	32.5	21.3	6.6	4.6
丹东	24.5	14.8	2.7	6.9
锦州	31.3	20.4	4.6	6.4
营口	19.2	10.8	1.3	7.1
阜新	25.2	13.9	9.1	2.2
辽阳	19.0	9.3	3.1	6.6
盘锦	47.9	25.8	0.4	21.6
铁岭	27.1	14.1	5.8	7.2
朝阳	23.4	13.5	1.9	8.1
葫芦岛	25.0	14.4	4.1	6.5

职　　工　　人　　数

年末数)

单位:万人

在岗职工				离岗职工			
合计	国有单位	城镇集体单位	其他单位	合计	国有单位	城镇集体单位	其他单位
485.0	**271.2**	**30.3**	**183.5**	**87.2**	**32.0**	**42.6**	**12.6**
89.9	47.5	5.8	36.7	10.8	4.2	4.4	2.3
85.0	27.2	2.2	55.7	2.7	1.1	0.2	1.5
38.2	26.8	4.1	7.2	12.0	4.9	6.3	0.8
25.8	11.4	1.6	12.8	15.2	4.7	8.6	1.9
22.9	18.0	2.1	2.8	9.6	3.3	4.5	1.8
20.5	13.1	1.4	6.1	4.0	1.8	1.4	0.9
23.4	15.6	2.0	5.8	7.9	4.8	2.5	0.6
17.8	10.2	1.0	6.6	1.4	0.6	0.3	0.5
16.7	12.9	1.7	2.1	8.5	1.0	7.4	0.1
16.3	8.7	1.7	5.9	2.6	0.6	1.4	0.7
47.2	25.5	0.4	21.3	0.7	0.4	…	0.3
21.6	12.8	2.2	6.6	5.5	1.3	3.6	0.6
22.2	13.2	1.1	7.9	1.3	0.3	0.8	0.2
21.6	12.7	2.9	6.1	3.4	1.8	1.3	0.4

5—11 各地区分行业

(2009

行业	沈阳	大连	鞍山	抚顺	本溪	丹东
总计	**899 379**	**850 483**	**381 661**	**258 271**	**229 476**	**204 988**
农、林、牧、渔业	4 194	8 103	6 821	5 726	2 090	2 711
采矿业	19 986	2 300	3 528	34 781	16 763	4 440
制造业	303 222	368 671	152 860	84 386	89 749	38 068
电力、燃气及水的生产和供应业	29 509	16 025	11 149	13 564	8 280	4 717
建筑业	41 947	45 494	36 134	18 317	21 494	6 369
交通运输、仓储及邮政业	37 898	49 086	11 318	8 618	9 985	6 469
信息转输、计算机服务和软件业	12 206	21 198	3 002	1 588	2 069	1 170
批发和零售业	43 572	35 574	11 533	6 473	5 044	22 834
住宿和餐饮业	17 069	22 259	3 178	1 192	635	6 677
金融业	29 236	29 020	11 981	6 834	6 518	4 884
房地产业	17 042	24 626	3 891	1 805	3 979	4 416
租赁和商务服务业	23 874	16 936	7 582	2 291	1 650	4 112
科学研究、技术服务和地质勘查业	38 357	13 336	7 458	4 364	1 894	7 198
水利、环境和公共设施管理业	22 972	14 069	10 671	6 502	4 508	5 695
居民服务和其他服务业	6 043	3 192	2 186	1 175	1 398	1 732
教育	103 247	76 841	39 291	23 263	19 801	24 417
卫生、社会保障和社会福利业	54 210	37 056	21 814	10 135	12 118	11 495
文化、体育和娱乐业	14 849	7 624	2 801	2 093	1 887	7 534
公共管理和社会组织	79 946	59 073	34 463	25 164	19 614	40 050
国际组织						

在　岗　职　工　人　数

年末数）　　单位:人

锦州	营口	阜新	辽阳	盘锦	铁岭	朝阳	葫芦岛
234 018	**177 781**	**167 235**	**163 380**	**471 819**	**216 469**	**221 721**	**216 080**
14 044	1 099	4 254	4 466	183 341	20 342	6 227	5 406
575	981	46 543	1 169	144 359	43 846	16 456	17 010
54 081	53 217	17 797	52 146	35 731	19 079	49 834	71 801
15 705	7 631	8 584	6 857	5 886	9 647	8 730	13 460
11 831	6 976	6 124	22 265	21 055	12 750	12 258	6 320
12 976	12 078	4 165	3 334	4 721	6 091	5 496	6 920
3 166	1 975	1 354	1 557	2 071	2 299	2 767	2 000
7 981	5 160	5 450	3 331	7 860	2 744	4 225	3 563
1 475	1 834	841	1 446	3 164	458	695	1 846
10 066	6 879	7 278	5 199	6 306	7 816	9 188	9 220
2 167	2 137	985	1 249	2 698	1 902	2 211	1 094
3 593	4 695	1 256	2 159	3 354	5 610	2 770	2 260
7 599	2 856	2 538	2 327	4 487	4 928	2 910	3 073
5 106	6 148	3 369	6 849	3 907	4 654	3 716	3 787
1 013	255	382	223	353	576	3 166	306
33 912	23 369	23 832	17 666	12 575	28 785	40 103	26 518
15 954	10 631	9 848	8 085	6 741	11 614	13 077	10 133
2 507	2 865	1 950	1 707	1 546	1 759	1 622	1 569
30 267	26 995	20 685	21 345	21 664	31 569	36 270	29 794

5—12 各地区分行业

(2009

行　　业	沈　阳	大　连	鞍　山	抚　顺	本　溪	丹　东
总　　计	**108 442**	**27 469**	**120 270**	**151 910**	**95 717**	**39 875**
农、林、牧、渔业	910	31	1 512	3 920	1 100	811
采矿业	1 961	150	3 912	23 989	4 438	1 371
制造业	61 736	10 892	71 073	69 967	57 497	12 930
电力、燃气及水的生产和供应业	4 692	786	1 317	2 360	1 829	326
建筑业	8 604	2 186	16 274	28 150	12 506	2 555
交通运输、仓储及邮政业	5 551	4 936	4 299	6 874	4 088	625
信息转输、计算机服务和软件业	749	263	371	184	105	46
批发和零售业	8 786	2 210	2 854	8 039	4 591	5 619
住宿和餐饮业	1 080	362	279	462	958	597
金融业	1 610	1 949	1 111	1 051	408	641
房地产业	1 239	106	61	1 999	5 990	2 451
租赁和商务服务业	2 877	229	12 087	1 210	162	396
科学研究、技术服务和地质勘查业	1 384	387	665	515	133	678
水利、环境和公共设施管理业	1 299	389	338	757	213	457
居民服务和其他服务业	375	188	233	1 036	80	219
教育	1 431	359	807	353	510	2 629
卫生、社会保障和社会福利业	2 100	721	1 278	789	803	3 809
文化、体育和娱乐业	325	268	74	68	142	1 865
公共管理和社会组织	1 733	1 057	1 725	187	164	1 850
国际组织						

离 岗 职 工 人 数

年末数）

单位：人

锦州	营口	阜新	辽阳	盘锦	铁岭	朝阳	葫芦岛
79 451	**14 460**	**85 099**	**26 402**	**7 216**	**54 942**	**12 732**	**34 172**
20 563	108	486	459	924	587	70	3 368
121		29 353	157	642	2 739	354	5 015
27 813	7 955	23 999	13 248	2 371	23 632	5 070	13 866
2 447	610	506	1 198	587	989	409	337
6 871	620	6 567	3 598	241	4 471	89	5 083
4 093	1 057	767	878	215	3 253	299	1 152
191	76	14	164	1	182	282	53
10 517	708	11 200	1 991	532	11 860	3 596	861
779	83	375	152	25	252	13	344
967	954	694	555	366	909	671	586
964	367	374	103		510	24	526
307	346	9 238	3 255	100	267	139	69
531	197	275	166	42	941	277	671
705	349	109	177	47	436	173	365
108	4	504	3	14	16	232	
106	68	50	73	337	509	41	103
2 192	560	302	207	285	2 210	554	836
153	162	58	7	11	171	6	126
23	236	228	11	476	1 008	433	811

5—13 分细行业在岗职工人数

(2009 年末)　　单位:人

项　　目	在岗职工人数合计	国有经济单位	城镇集体经济单位	其他经济单位
全　省　总　计	**4 849 679**	**2 712 036**	**302 510**	**1 835 133**
按隶属关系分组				
中　　央		539 976		
省　　属		278 467		
市　　属		716 358		
县及县以下		1 145 928		
其　　他		31 307		
按企、事业和机关分组				
企　　业	3 356 796	1 245 303	282 069	1 829 424
#地　　方		757 826		
事　　业	1 082 365	1 056 609	20 047	5 709
#地　　方		1 028 549		
机　　关	410 518	410 124	394	
#地　　方		385 685		
按国民经济行业分组				
农、林、牧、渔业	271 840	263 911	1 914	6 015
农　　业	226 824	225 572	43	1 209
林　　业	14 581	14 392	128	61
畜 牧 业	3 817	3 493	24	300
渔　　业	6 027	955	782	4 290
农、林、牧、渔服务业	20 591	19 499	937	155
采 矿 业	352 737	81 508	11 983	259 246
煤炭开采和洗选业	165 813	58 605	5 908	101 300
石油和天然气开采业	144 359			144 359
黑色金属矿采选业	21 474	13 204	3 589	4 681
有色金属矿采选业	11 499	5 971	1 047	4 481
非金属矿采选业	9 583	3 728	1 439	4 416
其他采矿业	9			9
制 造 业	1 391 727	306 867	127 316	957 544
农副食品加工业	45 571	4 914	1 915	38 742
食品制造业	17 134	2 485	306	14 343
饮料制造业	17 407	1 525	549	15 333
烟草制品业	2 102	2	165	1 935
纺 织 业	32 359	2 861	1 569	27 929
纺织服装、鞋、帽制造业	60 204	1 304	2 214	56 686
皮革、毛皮、羽毛(绒)及其制品业	9 115	91	569	8 455
木材加工及木、竹、藤、棕、草制品业	11 344	342	771	10 231
家具制造业	13 486	56	169	13 261
造纸及纸制品业	13 662	3 961	990	8 711
印刷业和记录媒介的复制	10 758	2 579	3 464	4 715
文教体育用品制造业	4 564	1 065	260	3 239
石油加工、炼焦及核燃料加工业	69 785	11 756	9 146	48 883

5—13 续表 1　　(2009 年末)　　单位:人

项　　目	在岗职工人数合计	国有经济单位	城镇集体经济单位	其他经济单位
化学原料及化学制品制造业	97 078	18 402	9 091	69 585
医药制造业	36 898	18 413	882	17 603
化学纤维制造业	5 335	67	2 326	2 942
橡胶制品业	16 787	227	2 257	14 303
塑料制品业	19 771	806	3 418	15 547
非金属矿物制品业	57 284	6 585	10 173	40 526
黑色金属冶炼及压延加工业	216 701	155 946	7 870	52 885
有色金属冶炼及压延加工业	28 512	3 885	4 384	20 243
金属制品业	56 559	6 166	9 828	40 565
通用设备制造业	148 924	16 713	19 430	112 781
专用设备制造业	98 897	21 647	8 875	68 375
交通运输设备制造业	146 620	14 332	17 613	114 675
电气机械及器材制造业	65 179	3 511	5 778	55 890
通信设备、计算机及其他电子设备制造业	61 743	3 281	609	57 853
仪器仪表及文化、办公用机械制造业	18 837	2 514	1 450	14 873
工艺品及其他制造业	8 438	1 278	1 037	6 123
废弃资源和废旧材料回收加工业	673	153	208	312
电力、燃气及水的生产和供应业	159 744	95 308	2 874	61 562
电力、热力的生产和供应业	114 392	60 802	1 607	51 983
燃气生产和供应业	13 022	8 046	103	4 873
水的生产和供应业	32 330	26 460	1 164	4 706
建筑业	281 731	92 222	59 094	130 415
房屋和土木工程建筑业	227 529	78 860	41 782	106 887
建筑安装业	44 416	12 756	14 956	16 704
建筑装饰业	6 149	179	407	5 563
其他建筑业	3 637	427	1 949	1 261
交通运输、仓储和邮政业	310 060	236 326	9 254	64 480
铁路运输业	135 188	131 425	1 388	2 375
道路运输业	68 254	49 691	4 977	13 586
城市公共交通业	35 811	15 667	353	19 791
水上运输业	24 773	8 191	36	16 546
航空运输业	10 754	7 854		2 900
管道运输业	2 836	1 162		1 674
装卸搬运和其他运输服务业	7 807	1 537	1 427	4 843
仓储业	11 431	8 065	1 073	2 293
邮政业	13 206	12 734		472
信息传输、计算机服务和软件业	58 739	19 666	237	38 836
电信和其他信息传输服务业	38 284	18 477	118	19 689
计算机服务业	2 956	886	87	1 983
软件业	17 499	303	32	17 164
批发和零售业	166 064	45 511	14 699	105 854
批发业	83 897	32 592	8 217	43 088

5—13 续表 2　　（2009 年末）　　单位:人

项　　目	在岗职工人数合计	国有经济单位	城镇集体经济单位	其他经济单位
零售业	82 167	12 919	6 482	62 766
住宿和餐饮业	64 143	13 774	3 367	47 002
住宿业	35 395	10 430	2 628	22 337
餐饮业	28 748	3 344	739	24 665
金融业	150 425	65 702	23 291	61 432
银行业	126 764	60 477	22 698	43 589
证券业	2 434	617		1 817
保险业	18 616	3 225		15 391
其他金融活动	2 611	1 383	593	635
房地产业	70 202	22 548	1 911	45 743
租赁和商务服务业	83 376	47 270	18 646	17 460
租赁业	326	137	25	164
商务服务业	83 050	47 133	18 621	17 296
科学研究、技术服务和地质勘查业	103 781	86 720	3 543	13 518
研究与试验发展	26 282	23 354	192	2 736
专业技术服务业	53 903	42 535	2 605	8 763
科技交流和推广服务业	14 513	12 025	591	1 897
地质勘查业	9 083	8 806	155	122
水利、环境和公共设施管理业	101 953	95 933	2 221	3 799
水利管理业	18 147	17 925	174	48
环境管理业	47 214	44 698	932	1 584
公共设施管理业	36 592	33 310	1 115	2 167
居民服务和其他服务业	22 000	14 455	3 387	4 158
居民服务业	15 516	11 444	1 657	2 415
其他服务业	6 484	3 011	1 730	1 743
教育	494 093	485 386	2 328	6 379
卫生、社会保障和社会福利业	233 193	210 373	15 031	7 789
卫生	217 628	195 624	14 443	7 561
社会保障业	6 973	6 922	18	33
社会福利业	8 592	7 827	570	195
文化、体育和娱乐业	52 595	49 127	342	3 126
新闻出版业	13 776	13 436	45	295
广播、电视、电影和音像业	14 523	13 887	19	617
文化艺术业	18 112	17 872	231	9
体育	3 496	3 344	17	135
娱乐业	2 688	588	30	2 070
公共管理和社会组织	481 276	479 429	1 072	775
中国共产党机关	21 075	21 075		
国家机构	446 110	446 051	21	38
人民政协和民主党派	3 450	3 450		
群众社团、社会团体、宗教组织	8 827	8 270	330	227

5—14 国有单位分行业职工人数

单位:万人

行　　业	2008 年			2009 年		
	全部职工	在岗职工	离岗职工	全部职工	在岗职工	离岗职工
总　　计	**327.2**	**292.8**	**34.3**	**303.2**	**271.2**	**32.0**
农、林、牧、渔业	32.4	30.1	2.4	29.8	26.4	3.4
采　矿　业	22.2	20.8	1.3	9.5	8.2	1.3
制　造　业	47.8	34.2	13.5	42.3	30.7	11.6
电力、燃气及水的生产和供应业	11.7	10.4	1.2	10.6	9.5	1.1
建　筑　业	12.0	9.2	2.8	11.5	9.2	2.2
交通运输、仓储及邮政业	28.6	25.5	3.1	26.3	23.6	2.7
信息转输、计算机服务和软件业	2.5	2.1	0.3	2.1	2.0	0.1
批发和零售业	6.0	3.8	2.3	6.6	4.6	2.0
住宿和餐饮业	1.7	1.4	0.3	1.6	1.4	0.2
金　融　业	7.2	6.6	0.6	7.1	6.6	0.5
房地产业	3.1	2.5	0.5	2.7	2.3	0.5
租赁和商务服务业	7.1	6.0	1.1	6.4	4.7	1.7
科学研究、技术服务和地质勘查业	8.9	8.2	0.7	9.3	8.7	0.6
水利、环境和公共设施管理业	10.5	9.8	0.7	10.1	9.6	0.5
居民服务和其他服务业	1.2	1.2[ ][ ]1.5	1.4			
教　　育	49.2	48.5	0.7	49.2	48.5	0.7
卫生、社会保障和社会福利业	21.6	20.5	1.1	22.4	21.0	1.3
文化、体育和娱乐业	4.7	4.5	0.2	5.3	4.9	0.3
公共管理和社会组织	49.0	47.6	1.4	48.9	47.9	1.0
国际组织						

5—15 各地区国有单位

（2009

行 业	沈 阳	大 连	鞍 山	抚 顺	本 溪	丹 东
总 计	**474 799**	**271 648**	**267 902**	**114 109**	**180 364**	**130 554**
农、林、牧、渔业	4 173	2 278	6 132	5 677	1 852	2 706
采 矿 业	234	2 231	1 899	4 038	12 509	1 053
制 造 业	53 202	21 594	98 985	12 703	69 410	2 714
电力、燃气及水的生产和供应业	17 693	7 156	8 252	6 820	5 830	3 913
建 筑 业	9 511	7 797	17 761	628	13 107	1 307
交通运输、仓储及邮政业	24 513	12 554	9 270	7 298	4 969	3 701
信息转输、计算机服务和软件业	8 248	347	46	212	1 417	742
批发和零售业	10 076	1 904	3 659	1 825	2 508	12 946
住宿和餐饮业	3 500	3 115	580	674	339	672
金 融 业	18 118	10 938	2 266	1 416	4 931	2 391
房 地 产 业	6 725	1 422	2 190	1 035	2 084	911
租赁和商务服务业	14 252	4 768	5 608	2 204	1 477	2 930
科学研究、技术服务和地质勘查业	32 921	8 574	5 171	2 908	1 795	6 648
水利、环境和公共设施管理业	22 581	12 064	10 233	6 074	4 205	5 207
居民服务和其他服务业	3 889	1 107	490	421	1 357	1 363
教 育	100 430	74 907	38 637	23 263	19 360	24 210
卫生、社会保障和社会福利业	50 823	33 394	19 592	9 658	11 716	10 233
文化、体育和娱乐业	13 964	6 425	2 678	2 091	1 884	7 399
公共管理和社会组织	79 946	59 073	34 453	25 164	19 614	39 508
国 际 组 织						

分行业在岗职工人数

年末数）　　　　　　　　　　　　　　　　　　　　　　　单位：人

锦州	营口	阜新	辽阳	盘锦	铁岭	朝阳	葫芦岛
156 134	**101 586**	**129 009**	**87 115**	**254 709**	**128 323**	**132 147**	**126 719**
14 023	1 068	4 245	4 403	182 897	20 200	5 927	5 314
11		41 019	387		1 041	1 752	15 334
11 119	5 343	2 678	10 496	2 240	1 987	2 608	10 703
11 475	5 792	8 002	4 173	2 087	2 975	6 429	4 711
3 465	1 354	2 519	4 437	11 023	4 601	1 292	1 023
9 327	9 668	2 993	1 718	2 307	5 626	4 915	6 562
2 578	1 498	571	42	202	750	1 047	1 649
1 828	1 997	1 694	1 165	1 006	1 176	1 493	1 514
454	275	628	262	705	337	523	336
4 709	2 975	3 579	1 434	1 504	3 278	3 912	4 251
1 465	1 015	484	980	355	1 811	1 101	970
2 126	2 786	789	718	2 906	2 903	2 057	512
6 498	2 794	2 425	2 222	3 838	4 804	2 599	3 067
4 495	6 104	3 164	6 554	3 285	4 570	3 700	3 697
889	230	347	207	151	573	3 146	285
33 848	22 221	23 553	17 661	12 169	28 474	39 662	26 518
15 050	8 440	7 851	7 256	4 864	10 047	12 177	8 990
2 507	2 070	1 815	1 655	1 518	1 758	1 572	1 509
30 267	25 956	20 653	21 345	21 652	31 412	36 235	29 774

5—16 各地区国有单位

(2009

行业	沈阳	大连	鞍山	抚顺	本溪	丹东
总计	**41 908**	**10 703**	**49 135**	**46 844**	**32 906**	**17 790**
农、林、牧、渔业	910	21	1 493	3 920	998	715
采矿业		150	511	819	1 292	916
制造业	16 828	3 738	25 441	24 591	20 735	618
电力、燃气及水的生产和供应业	2 653	627	1 088	815	1 335	267
建筑业	3 465	670	1 974	6 974	2 714	245
交通运输、仓储及邮政业	2 981	994	2 817	2 580	1 427	109
信息转输、计算机服务和软件业	538				105	5
批发和零售业	2 657	175	1 348	2 966	1 440	2 452
住宿和餐饮业	499	187	73	299	105	53
金融业	1 065	783	45	116	290	327
房地产业	1 052	16	43	395	556	389
租赁和商务服务业	1 422	183	9 976	1 137	79	219
科学研究、技术服务和地质勘查业	1 277	369	404	410	106	668
水利、环境和公共设施管理业	1 265	380	338	739	149	457
居民服务和其他服务业	65	31	3	1	6	205
教育	1 303	356	638	353	492	2 629
卫生、社会保障和社会福利业	1 870	705	1 144	474	771	3 801
文化、体育和娱乐业	325	261	74	68	142	1 865
公共管理和社会组织	1 733	1 057	1 725	187	164	1 850
国际组织						

分行业离岗职工人数

年末数)

单位:人

锦州	营口	阜新	辽阳	盘锦	铁岭	朝阳	葫芦岛
47 877	**6 111**	**10 319**	**5 679**	**3 732**	**12 600**	**3 055**	**17 503**
20 563	108	63	459	924	387	70	3 368
83		5 964	2		670	51	2 603
12 384	1 497	818	1 979	636	2 627	170	4 097
1 748	610	506	90	294	229	377	214
1 314	277	654	502	104	1 059	33	1 947
1 911	838	450	450	79	1 401	131	868
177	76	6	127		69	282	53
4 994	193	350	1 328	463	935	100	593
402	78	122	141		174		322
392	343	545	4		513	429	172
956	367	10	103		226	21	526
260	268	14	28	97	113	139	
531	197	259	166	37	740	277	671
662	349	89	43	47	436	173	365
	4	7	3	14			
91	68	50	73	289	423	41	103
1 233	441	135	163	261	1 421	322	709
153	162	49	7	11	171	6	126
23	235	228	11	476	1 006	433	766

5—17 各地区集体单位

(2009

行业	沈阳	大连	鞍山	抚顺	本溪	丹东
总计	**57 553**	**21 924**	**41 457**	**16 361**	**21 119**	**13 804**
农、林、牧、渔业	11	892	651	49	51	
采矿业	31	26	1 354	1 646	2 453	774
制造业	23 715	7 625	21 406	5 385	9 329	5 196
电力、燃气及水的生产和供应业	354	26	202	884	50	140
建筑业	12 506	3 487	8 835	4 826	5 523	1 574
交通运输、仓储及邮政业	1 159	910	1 348	257	802	1 282
信息转输、计算机服务和软件业	34		38		12	52
批发和零售业	4 762	419	1 223	798	342	1 660
住宿和餐饮业	872	635	403	123	29	492
金融业	4 358		1 745	1 032	994	646
房地产业	246	684	53	126	224	276
租赁和商务服务业	3 722	4 151	979	82	173	160
科学研究、技术服务和地质勘查业	1 182	666	127	10	3	122
水利、环境和公共设施管理业	136	158		102	258	188
居民服务和其他服务业	1 295	330	889	562	30	82
教育	827	300	132		441	85
卫生、社会保障和社会福利业	2 281	1 604	2 040	477	402	1 035
文化、体育和娱乐业	62	11	28	2	3	31
公共管理和社会组织			4			9
国际组织						

分行业在岗职工人数

年末数)　　　　　　　　　　　　　　　　单位:人

锦州	营口	阜新	辽阳	盘锦	铁岭	朝阳	葫芦岛
20 382	**10 004**	**17 280**	**17 140**	**4 163**	**21 936**	**10 847**	**28 540**
	31	9			78	142	
40	161	5 007	388		4		99
8 799	3 344	3 720	6 415	1 724	9 155	3 779	17 724
526	133		73	486			
2 333	1 374	1 979	5 556	371	4 078	2 268	4 384
1 007	157	994	405	314	238	30	351
47					22		32
1 543	425	1 038	608	323	538	509	511
335	41	77	140	102	83	30	5
2 117	232	1 303	1 199	534	3 615	3 146	2 370
36	4	176	36	27	17	6	
1 258	1 870	400	1 416	41	2 554	92	1 748
1 024	38	74	105	102	76	8	6
588	44	205	295	86	84		77
83	25	35	16	21	3	6	10
2	5	229	5		302		
644	1 071	1 899	483	32	1 089	831	1 143
	10	135					60
	1 039						20

5—18 各地区集体单位

(2009

行业	沈阳	大连	鞍山	抚顺	本溪	丹东
总计	**44 006**	**1 521**	**62 972**	**85 602**	**44 764**	**13 501**
农、林、牧、渔业			19		1	96
采矿业	330		1 657	19 636	3 146	15
制造业	31 707	1 157	43 757	35 658	32 301	8 109
电力、燃气及水的生产和供应业	9			701	4	13
建筑业	4 285	54	12 118	19 761	4 579	738
交通运输、仓储及邮政业	1 563	125	1 482	2 497	1 063	172
信息转输、计算机服务和软件业			32			3
批发和零售业	4 363	47	714	3 797	2 579	2 081
住宿和餐饮业	238	4	66	131	410	76
金融业			247	291	114	162
房地产业	94	19		1 595	269	2 003
租赁和商务服务业	856	1	2 111	73	83	9
科学研究、技术服务和地质勘查业	82	6	237	94	27	2
水利、环境和公共设施管理业	22			18	64	
居民服务和其他服务业	200	89	230	1 035	74	14
教育	111	3	168		18	
卫生、社会保障和社会福利业	146	15	134	315	32	8
文化、体育和娱乐业		1				
公共管理和社会组织						
国际组织						

分行业离岗职工人数

年末数)

单位:人

锦州	营口	阜新	辽阳	盘锦	铁岭	朝阳	葫芦岛
25 301	**3 362**	**74 061**	**14 043**	**289**	**36 218**	**7 667**	**12 840**
		423			182		
38		23 389	155		220		2 412
12 855	2 304	22 734	7 293	133	19 115	3 321	6 336
				82			
3 252	308	5 864	2 144	16	2 419	56	3 026
2 085	138	290	428		1 730	168	284
14		8					
5 306	398	10 714	567	35	10 901	3 479	268
282		253	11		78	13	22
289	16	89	84	18	328	166	251
8		364					
47	78	9 224	3 227		153		69
		16		5	201		
43		20	134				
108		497			16	232	
15					86		
959	119	167			789	232	127
		9					
	1						45

5—19 城镇集体单位分行业职工人数

单位:万人

行业	2008年			2009年		
	全部职工	在岗职工	离岗职工	全部职工	在岗职工	离岗职工
总计	**82.3**	**32.0**	**50.4**	**72.9**	**30.3**	**42.6**
农、林、牧、渔业	0.3	0.2	0.1	0.3	0.2	0.1
采矿业	7.4	1.4	6.0	6.3	1.2	5.1
制造业	40.1	13.6	26.5	35.4	12.7	22.7
电力、燃气及水的生产和供应业	0.5	0.4	0.1	0.4	0.3	0.1
建筑业	13.1	6.3	6.8	11.8	5.9	5.9
交通运输、仓储及邮政业	2.4	0.9	1.5	2.1	0.9	1.2
信息转输、计算机服务和软件业						
批发和零售业	7.2	1.5	5.7	6.0	1.5	4.5
住宿和餐饮业	0.5	0.3	0.2	0.5	0.3	0.2
金融业	2.8	2.5	0.3	2.5	2.3	0.2
房地产业	0.8	0.2	0.6	0.6	0.2	0.4
租赁和商务服务业	3.7	2.1	1.7	3.5	1.9	1.6
科学研究、技术服务和地质勘查业	0.4	0.3	0.1	0.4	0.4	0.1
水利、环境和公共设施管理业	0.3	0.3		0.3	0.2	
居民服务和其他服务业	0.8	0.3	0.4	0.6	0.3	0.2
教育	0.2	0.2		0.3	0.2	
卫生、社会保障和社会福利业	1.7	1.3	0.4	1.8	1.5	0.3
文化、体育和娱乐业						
公共管理和社会组织	0.1	0.1		0.1	0.1	
国际组织						

5—20 其他经济单位分行业职工人数

单位:万人

行业	2008年			2009年		
	全部职工	在岗职工	离岗职工	全部职工	在岗职工	离岗职工
总计	**176.1**	**160.9**	**15.3**	**196.1**	**183.5**	**12.6**
农、林、牧、渔业	0.7	0.6		0.6	0.6	
采矿业	12.1	11.1	1.0	26.9	25.9	1.0
制造业	100.3	92.6	7.7	101.7	95.8	5.9
电力、燃气及水的生产和供应业	6.7	5.9	0.8	6.8	6.2	0.7
建筑业	14.2	11.7	2.5	14.8	13.0	1.7
交通运输、仓储及邮政业	7.3	6.3	1.0	7.4	6.4	0.9
信息转输、计算机服务和软件业	3.9	3.8	0.1	4.0	3.9	0.1
批发和零售业	10.4	9.6	0.8	11.4	10.6	0.8
住宿和餐饮业	4.6	4.5	0.1	4.9	4.7	0.2
金融业	6.1	5.5	0.5	6.7	6.1	0.5
房地产业	3.9	3.3	0.6	5.1	4.6	0.6
租赁和商务服务业	1.9	1.8	0.1	1.8	1.7	0.1
科学研究、技术服务和地质勘查业	1.2	1.2		1.4	1.4	
水利、环境和公共设施管理业	0.3	0.3		0.4	0.4	
居民服务和其他服务业	0.5	0.4		0.4	0.4	
教育	0.5	0.5		0.6	0.6	
卫生、社会保障和社会福利业	1.3	1.3		0.8	0.8	
文化、体育和娱乐业	0.3	0.3		0.3	0.3	
公共管理和社会组织				0.1	0.1	
国际组织						

5—21 城镇登记失业人数及失业率

（年末数）

年份	城镇登记失业人数（万人）	#女性	女性占城镇登记失业人数（%）	失业率（%）
1980	44.7			
1985	19.7			1.9
1986	20.2			2.0
1987	25.4			2.4
1988	25.8			2.4
1989	28.3			3.3
1990	23.7			2.7
1991	24.9			2.2
1992	26.7			2.4
1993	28.5			2.6
1994	30.0			2.5
1995	30.4			2.6
1996	40.8	22.5	55.1	3.6
1997	43.5	23.4	53.8	3.7
1998	40.0	21.0	52.5	3.4
1999	39.8	21.5	54.0	3.5
2000	40.8	21.6	52.9	3.7
2001	55.5	29.2	52.6	4.8
2002	75.5	39.1	51.8	6.8
2003	72.0	46.0	63.9	6.7
2004	68.2	44.2	64.8	6.3
2005	60.4	35.3	58.4	5.7
2006	53.9	28.1	52.1	5.1
2007	44.5	23.4	52.6	4.4
2008	39.0	18.6	47.7	3.8
2009	41.6	19.4	46.6	3.9

5—22 各地区城镇登记失业人数及失业率

地区	年末城镇登记失业人数(万人)					城镇登记失业率(%)				
	2005年	2006年	2007年	2008年	2009年	2005年	2006年	2007年	2008年	2009年
全省	**60.4**	**53.9**	**44.5**	**39.0**	**41.6**	**5.7**	**5.1**	**4.4**	**3.8**	**3.9**
沈阳	13.5	11.8	8.1	7.6	7.7	6.5	5.1	3.3	3.3	3.1
大连	7.0	6.0	5.0	5.3	6.7	3.4	2.8	2.2	2.4	2.8
鞍山	6.1	5.2	4.4	3.2	3.2	7.3	5.0	4.3	3.3	3.1
抚顺	5.4	5.1	4.1	3.8	4.1	6.3	5.5	4.5	4.4	4.5
本溪	3.8	3.7	3.4	3.1	3.0	7.6	5.4	5.2	5.0	4.5
丹东	3.0	2.8	2.4	2.4	2.4	6.8	5.5	4.8	4.9	4.5
锦州	4.2	3.7	3.5	1.7	1.7	7.6	5.0	4.7	4.1	3.7
营口	2.7	2.5	1.8	1.7	2.2	7.0	4.8	3.3	3.2	3.5
阜新	2.7	2.2	2.1	2.1	1.8	5.6	5.5	5.0	5.1	4.3
辽阳	2.2	2.1	2.0	1.7	1.5	5.5	4.8	4.5	4.0	3.3
盘锦	1.4	1.4	1.3	1.3	1.8	2.5	3.1	2.8	2.9	3.6
铁岭	3.0	2.0	1.9	1.6	1.8	6.4	3.9	3.6	3.4	3.9
朝阳	2.8	2.7	1.9	1.4	1.4	6.6	5.8	4.2	3.2	2.8
葫芦岛	2.5	2.7	2.6	2.3	2.2	6.4	4.9	4.7	4.4	3.9

5—23 职工工资总额及指数

年份、地区	绝对数(亿元)				指数(上年=100))			
	合计	国有经济单位	城镇集体经济单位	其他经济单位	合计	国有经济单位	城镇集体经济单位	其他经济单位
1978	39.9	32.1	7.8		116.0	117.6	109.9	
1980	56.7	43.7	13.0		122.5	118.8	136.8	
1985	99.7	68.6	29.9	1.2	123.5	123.4	124.1	120.0
1986	121.5	84.9	35.1	1.5	121.9	123.8	117.4	125.0
1987	139.2	97.6	39.6	2.0	114.6	115.0	112.8	133.3
1988	172.2	122.4	47.0	2.8	123.7	125.4	118.7	140.0
1989	193.9	139.2	51.1	3.6	112.6	113.7	108.7	128.6
1990	217.8	158.1	55.3	4.4	112.3	113.6	108.2	122.2
1991	242.1	174.8	61.6	5.7	111.2	110.6	111.4	129.5
1992	282.0	204.1	70.1	7.8	116.5	116.8	113.8	136.8
1993	342.5	248.5	79.1	14.9	121.5	121.8	112.8	191.0
1994	439.7	319.4	90.4	29.9	128.4	128.5	114.3	200.7
1995	496.9	368.1	97.2	31.6	113.0	115.2	107.5	105.7
1996	525.3	394.2	94.6	36.5	105.7	107.1	97.3	115.4
1997	544.5	408.1	92.4	44.0	103.6	103.5	97.6	120.6
1998	521.3	384.9	71.7	64.7	95.7	94.3	197.6	147.0
1999	529.6	388.9	62.1	78.6	101.6	101.0	86.6	121.5
2000	553.1	404.2	57.1	91.8	104.4	103.9	91.9	116.8
2001	595.9	425.3	51.9	118.7	107.7	105.2	90.9	129.3
2002	635.9	437.8	43.7	154.4	106.7	102.9	84.1	130.1
2003	680.6	455.6	41.3	183.7	107.0	104.1	94.5	118.9
2004	759.8	501.0	40.8	218.1	111.6	110.0	98.8	118.7
2005	862.9	566.4	39.7	256.8	113.6	113.1	97.3	117.7
2006	973.0	631.9	44.0	297.1	112.8	111.6	110.8	115.7
2007	1 143.0	745.1	46.4	351.5	117.5	117.9	105.5	118.3
2008	1 396.4	892.0	53.7	450.7	122.2	119.7	115.8	128.2
2009	1 552.5	912.5	56.4	583.6	111.2	102.3	105.0	129.5
沈阳	345.9	218.1	12.7	115.1	113.3	111.4	115.1	116.7
大连	333.1	137.3	6.0	189.8	112.3	112.7	81.2	113.3
鞍山	123.6	98.4	6.3	18.8	105.8	103.7	86.3	129.0
抚顺	84.4	39.8	3.0	41.6	108.5	107.4	101.7	110.0
本溪	69.5	60.9	3.2	5.4	108.6	108.8	108.5	106.8
丹东	48.8	36.2	2.4	10.2	121.0	120.3	134.8	120.6
锦州	62.2	43.0	3.0	16.2	117.0	118.1	103.3	117.2
营口	49.9	31.1	1.8	17.0	121.0	124.5	109.0	116.4
阜新	39.7	34.2	2.2	3.3	112.4	110.6	132.7	121.6
辽阳	48.3	22.2	4.0	22.1	104.3	114.7	98.9	96.4
盘锦	115.1	31.0	0.8	83.2	104.9	31.1	97.5	909.8
铁岭	53.9	27.4	2.7	23.8	110.1	110.4	120.5	108.6
朝阳	60.2	38.0	2.9	19.3	117.8	119.0	104.6	117.8
葫芦岛	54.8	31.6	5.4	17.7	111.2	113.2	128.3	103.6

5—24 在岗职工平均工资及指数

年份、地区	在岗职工平均工资(元)				指数(上年=100)			
	合计	国有经济单位	城镇集体经济单位	其他经济单位	合计	国有经济单位	城镇集体经济单位	其他经济单位
1978	650	687	533					
1980	779	833	640		111.6	111.7	114.7	
1985	1 101	1 164	980	1 090	120.7	119.5	123.6	121.4
1986	1 305	1 398	1 125	1 277	118.5	120.1	114.8	117.2
1987	1 452	1 560	1 240	1 495	111.3	111.6	110.2	117.1
1988	1 766	1 914	1 463	1 909	121.6	122.7	118.0	127.7
1989	1 964	2 138	1 602	2 117	111.2	111.7	109.5	110.9
1990	2 180	2 388	1 740	2 300	111.0	111.7	108.6	108.6
1991	2 371	2 582	1 904	2 741	108.8	108.1	109.4	119.2
1992	2 715	2 975	2 134	3 265	114.5	115.2	112.1	119.1
1993	3 305	3 593	2 568	4 071	121.7	120.8	120.3	124.7
1994	4 269	4 766	2 940	5 717	129.2	132.6	114.5	140.4
1995	4 877	5 434	3 333	6 349	114.2	114.0	113.4	111.1
1996	5 269	5 894	3 462	6 648	108.0	108.5	103.9	104.7
1997	5 591	6 226	3 583	7 266	106.1	105.6	103.5	109.3
1998	7 161	7 604	4 972	8 285	128.1	122.1	138.8	114.0
1999	7 895	8 370	5 161	9 122	110.2	110.1	103.8	110.1
2000	8 811	9 221	5 721	10 196	111.6	110.2	110.9	111.8
2001	10 145	10 609	6 354	11 258	115.1	115.1	111.1	110.4
2002	11 659	12 239	7 094	12 214	114.9	115.4	111.6	108.5
2003	13 008	13 603	7 629	13 665	111.6	111.1	107.5	111.9
2004	14 922	15 716	8 466	15 301	114.7	115.5	111.0	112.0
2005	17 331	18 360	9 161	17 550	116.1	116.8	108.2	114.7
2006	19 624	20 681	10 888	19 797	113.2	112.6	118.9	112.8
2007	23 202	24 748	12 242	22 834	118.2	119.7	112.4	115.3
2008	27 729	29 456	15 365	27 163	119.5	119.0	125.5	119.0
2009	31 104	32 572	17 369	31 266	112.2	110.6	113.0	115.1
沈阳	37 937	45 544	20 846	30 890	114.0	115.2	125.2	111.8
大连	38 766	49 688	26 326	33 902	113.0	114.3	93.7	112.9
鞍山	30 434	34 261	14 397	25 484	104.5	105.6	103.3	95.2
抚顺	30 828	31 545	16 681	32 078	109.7	111.1	112.2	107.5
本溪	28 382	31 664	13 813	18 505	113.2	111.8	115.7	118.2
丹东	23 370	27 294	16 908	16 500	108.6	107.5	124.6	109.1
锦州	25 898	26 293	13 972	29 325	126.7	131.5	107.0	118.5
营口	26 388	30 096	17 339	22 472	117.5	120.6	121.2	111.0
阜新	23 003	25 663	12 253	15 484	106.7	106.2	113.7	117.2
辽阳	27 737	24 944	19 951	34 354	110.1	115.8	96.7	109.8
盘锦	24 361	12 107	19 721	39 201	106.4	52.4	148.2	175.6
铁岭	24 066	20 521	11 987	35 062	113.6	114.3	123.5	111.7
朝阳	26 562	28 448	25 110	23 668	115.0	117.3	118.2	110.6
葫芦岛	23 943	23 853	15 700	28 366	112.8	111.8	136.7	108.8

注:1978—1997 年为全部职工平均工资。

5—25 按登记注册类型分在岗职工平均工资

单位:元

年份、地区	合计	国有经济单位	城镇集体经济单位	股份合作单位	联营单位	有限责任公司	股份有限公司	其他经济单位	港澳台商投资单位	外商投资单位
1995	4 877	5 434	3 333							
1996	5 269	5 894	3 462							
1997	5 591	6 226	3 583							
1998	7 161	7 604	4 972	5 381	5 547	7 875	7 946	5 684	9 133	9 951
1999	7 895	8 370	5 161	5 817	6 578	8 534	8 517	6 380	10 060	11 487
2000	8 811	9 221	5 721	6 422	6 460	9 816	10 003	4 828	10 539	12 109
2001	10 145	10 609	6 354	6 584	8 877	10 826	11 441	5 643	12 505	12 766
2002	11 659	12 239	7 094	8 122	9 173	11 206	13 960	9 186	12 805	14 277
2003	13 008	13 603	7 629	8 685	8 810	12 839	16 165	8 422	13 846	15 060
2004	14 922	15 716	8 466	10 132	10 439	14 489	19 009	9 828	15 902	15 821
2005	17 331	18 360	9 161	11 364	10 646	17 148	21 874	10 163	17 164	17 448
2006	19 624	20 681	10 888	13 261	11 843	19 056	25 312	10 053	18 959	19 556
2007	23 202	24 748	12 242	14 640	15 471	22 074	29 851	12 089	21 520	21 826
2008	27 729	29 456	15 365	18 305	19 166	26 826	34 466	17 202	25 307	26 388
2009	31 104	32 572	17 369	19 927	20 288	29 670	39 677	19 546	29 123	29 626
沈阳	37 937	45 544	20 846	17 919	20 159	31 502	34 296	33 783	27 115	29 649
大连	38 766	49 688	26 326	26 746	38 015	34 672	47 320	24 445	29 520	32 207
鞍山	30 434	34 261	14 397	20 221	12 156	24 764	31 810	14 652	33 216	22 349
抚顺	30 828	31 545	16 681	23 570	9 671	31 128	40 670	21 621	29 949	19 326
本溪	28 382	31 664	13 813	15 629		15 890	21 339	6 545	14 317	29 169
丹东	23 370	27 294	16 908	16 244	12 046	18 164	18 551	13 496	13 365	14 969
锦州	25 898	26 293	13 972	15 042	9 675	16 860	45 942	12 703	35 633	23 922
营口	26 388	30 096	17 339	21 733	31 734	21 024	33 621	24 139	27 658	19 418
阜新	23 003	25 663	12 253	8 506	9 306	18 924	16 908	3 992	9 096	18 869
辽阳	27 737	24 944	19 951	18 237		22 186	46 465	10 424	36 355	24 453
盘锦	24 361	12 107	19 721	18 890	9 286	24 557	42 861	14 925	29 937	27 700
铁岭	24 066	20 521	11 987	22 714	17 850	37 834	19 680	16 139	41 608	13 290
朝阳	26 562	28 448	25 110	23 843	24 141	22 464	27 075	25 360	24 441	29 547
葫芦岛	23 943	23 853	15 700	21 703	19 881	27 892	35 672	7 174	17 529	20 579

注:1995—1997 年为全部职工平均工资。

5—26 分行业职工工资总额

（2009年） 单位:亿元

行业	职工合计	在岗职工	#国有单位	#集体单位	离岗职工	#国有单位	#集体单位
总计	**1 552.5**	**1 510.8**	**884.3**	**54.2**	**41.7**	**28.2**	**2.3**
农、林、牧、渔业	24.8	24.0	22.1	0.3	0.9	0.8	…
采矿业	127.7	125.5	20.0	1.9	2.2	0.9	0.1
制造业	411.1	394.1	110.8	19.8	16.9	10.8	1.0
电力、燃气及水的生产和供应业	60.2	57.4	35.0	0.6	2.8	1.6	…
建筑业	80.0	78.1	29.4	11.8	1.9	1.0	0.4
交通运输、仓储及邮政业	105.6	101.6	77.8	1.2	4.0	3.1	0.1
信息转输、计算机服务和软件业	32.7	31.9	9.0	…	0.7	0.4	…
批发和零售业	45.1	43.6	14.1	2.0	1.4	0.8	0.1
住宿和餐饮业	11.8	11.6	2.9	0.5	0.2	0.1	…
金融业	80.1	76.5	37.8	6.7	3.5	1.8	0.4
房地产业	18.5	18.2	5.4	0.4	0.3	0.2	…
租赁和商务服务业	21.2	19.8	12.0	3.2	1.4	1.2	0.1
科学研究、技术服务和地质勘查业	45.1	44.6	35.2	1.1	0.6	0.5	…
水利、环境和公共设施管理业	26.1	25.4	24.1	0.4	0.7	0.7	…
居民服务和其他服务业	4.9	4.8	3.4	0.6	0.1	0.1	…
教育	192.1	191.1	188.8	0.4	1.0	1.0	…
卫生、社会保障和社会福利业	77.6	76.5	71.5	2.8	1.2	1.1	…
文化、体育和娱乐业	19.0	18.7	17.9	…	0.3	0.3	…
公共管理和社会组织	169.0	167.4	167.1	0.2	1.7	1.7	…
国际组织							

5—27 分行业职工平均工资

（2009 年）

单位：元

行业	职工合计	在岗职工	#国有单位	#集体单位	离岗职工	#国有单位	#集体单位
总计	**26 988**	**31 104**	**32 572**	**17 369**	**4 657**	**8 498**	**527**
农、林、牧、渔业	8 091	8 841	8 385	16 825	2 389	2 423	801
采矿业	29 836	35 568	24 513	15 064	2 879	6 663	282
制造业	22 883	28 504	34 969	15 408	4 094	8 939	421
电力、燃气及水的生产和供应业	34 234	36 658	37 456	21 204	14 390	14 413	567
建筑业	19 406	24 934	30 941	17 733	1 931	4 415	725
交通运输、仓储及邮政业	29 515	32 986	33 200	13 305	8 030	10 996	641
信息转输、计算机服务和软件业	53 136	55 171	45 761	15 641	20 644	19 161	404
批发和零售业	18 679	26 200	31 111	13 824	1 930	4 026	259
住宿和餐饮业	16 967	18 302	21 304	16 260	2 904	3 353	534
金融业	49 702	51 603	58 126	29 270	27 683	33 299	17 859
房地产业	21 954	26 255	24 191	19 228	1 921	5 256	278
租赁和商务服务业	17 681	23 658	25 023	17 388	3 799	6 551	324
科学研究、技术服务和地质勘查业	41 180	43 496	41 137	31 248	7 940	8 600	972
水利、环境和公共设施管理业	24 106	24 869	25 146	16 554	11 539	12 114	2 531
居民服务和其他服务业	19 579	21 871	23 451	16 166	3 148	16 884	1 294
教育	38 358	38 749	38 950	19 750	13 121	13 701	1 878
卫生、社会保障和社会福利业	31 353	33 159	34 418	18 722	6 813	8 063	1 059
文化、体育和娱乐业	33 872	35 388	36 299	13 915	9 887	9 902	500
公共管理和社会组织	34 415	34 822	34 900	18 694	15 759	15 829	196
国际组织							

5—28 分细行业在岗职工平均工资

（2009年） 单位:元

项目	在岗职工合计	国有经济单位	城镇集体经济单位	其他经济单位
全省总计	**31 104**	**32 572**	**17 369**	**31 266**
按隶属关系分组				
中央		45 077		
省属		38 868		
市属		32 321		
县及县以下		25 149		
其他		36 718		
按企、事业和机关分组				
企业	29 769	30 470	17 218	31 291
#地方		21 471		
事业	33 676	34 004	19 391	23 355
#地方		33 288		
机关	35 309	35 318	26 344	
#地方		34 880		
按国民经济行业分组				
农、林、牧、渔业	8 841	8 385	16 825	26 419
农业	6 926	6 908	10 932	10 143
林业	16 473	16 472	18 910	11 556
畜牧业	7 745	6 345	13 880	26 629
渔业	27 627	17 498	19 160	31 535
农、林、牧、渔服务业	19 712	19 952	14 844	18 830
采矿业	35 568	24 513	15 064	40 081
煤炭开采和洗选业	30 149	21 478	12 734	36 336
石油和天然气开采业	44 466			44 466
黑色金属矿采选业	30 693	37 373	12 491	27 853
有色金属矿采选业	23 428	27 146	19 355	19 515
非金属矿采选业	20 685	22 194	29 528	16 605
其他采矿业	16 000			16 000
制造业	28 504	34 969	15 408	28 118
农副食品加工业	21 232	43 190	11 464	18 860
食品制造业	18 969	17 650	9 415	19 402
饮料制造业	22 314	13 879	9 399	23 639
烟草制品业	68 156	12 000	56 751	69 214
纺织业	15 178	13 902	8 055	15 772
纺织服装、鞋、帽制造业	18 376	21 581	10 489	18 610
皮革、毛皮、羽毛(绒)及其制品业	15 371	17 055	9 704	15 706
木材加工及木、竹、藤、棕、草制品业	18 599	9 254	22 319	18 646
家具制造业	18 011	7 649	9 728	18 159
造纸及纸制品业	15 520	13 303	11 975	17 004
印刷业和记录媒介的复制	20 657	22 974	14 638	23 831
文教体育用品制造业	17 228	12 735	9 642	19 357
石油加工、炼焦及核燃料加工业	48 207	50 644	17 198	54 326

5—28 续表 1　　(2009 年)　　单位:元

项　　目	在岗职工合计	国有经济单位	城镇集体经济单位	其他经济单位
化学原料及化学制品制造业	28 040	23 630	15 120	30 915
医药制造业	25 293	29 645	12 782	21 518
化学纤维制造业	26 351	11 766	40 142	15 496
橡胶制品业	21 303	17 092	10 112	23 163
塑料制品业	20 362	20 271	17 012	21 116
非金属矿物制品业	18 901	24 093	13 420	19 430
黑色金属冶炼及压延加工业	36 200	39 104	15 958	30 687
有色金属冶炼及压延加工业	19 761	21 076	17 790	19 960
金属制品业	26 297	40 171	14 026	27 171
通用设备制造业	26 827	30 028	13 120	28 765
专用设备制造业	29 712	33 459	14 409	30 552
交通运输设备制造业	37 776	30 559	18 074	41 763
电气机械及器材制造业	24 500	24 470	15 522	25 439
通信设备、计算机及其他电子设备制造业	25 801	20 513	11 412	26 284
仪器仪表及文化、办公用机械制造业	23 774	28 858	18 700	23 419
工艺品及其他制造业	16 715	13 007	11 291	18 374
废弃资源和废旧材料回收加工业	17 949	12 698	12 639	24 719
电力、燃气及水的生产和供应业	36 658	37 456	21 204	36 193
电力、热力的生产和供应业	41 816	46 542	24 388	36 940
燃气生产和供应业	26 806	22 971	5 476	34 054
水的生产和供应业	22 667	21 582	18 075	30 059
建筑业	24 934	30 941	17 733	24 324
房屋和土木工程建筑业	24 812	30 630	16 048	24 466
建筑安装业	27 096	33 337	24 096	25 009
建筑装饰业	19 830	20 436	20 002	19 800
其他建筑业	15 743	22 473	10 860	21 022
交通运输、仓储和邮政业	32 986	33 200	13 305	35 030
铁路运输业	38 854	39 387	11 123	25 679
道路运输业	17 764	17 589	14 248	19 695
城市公共交通业	19 258	15 902	20 936	21 926
水上运输业	47 378	36 785	10 361	52 486
航空运输业	73 233	67 809		87 981
管道运输业	55 940	51 390		59 097
装卸搬运和其他运输服务业	34 976	47 936	13 326	37 186
仓储业	23 748	23 616	9 297	31 082
邮政业	31 148	31 211		29 420
信息传输、计算机服务和软件业	55 171	45 761	15 641	60 295
电信和其他信息传输服务业	53 739	45 723	20 034	61 772
计算机服务业	45 264	45 461	11 000	46 693
软件业	59 922	48 777	12 063	60 222
批发和零售业	26 200	31 111	13 824	25 828
批发业	32 234	35 881	14 131	32 933

5—28 续表 2 （2009 年） 单位：元

项目	在岗职工合计	国有经济单位	城镇集体经济单位	其他经济单位
零售业	20 101	18 909	13 441	21 031
住宿和餐饮业	18 302	21 304	16 260	17 575
住宿业	20 811	22 137	16 752	20 663
餐饮业	15 195	18 487	14 531	14 800
金融业	51 603	58 126	29 270	53 009
银行业	52 184	58 364	29 440	55 318
证券业	126 881	162 763		112 477
保险业	38 790	36 260		39 324
其他金融活动	45 741	46 518	22 849	65 465
房地产业	26 255	24 191	19 228	27 586
租赁和商务服务业	23 658	25 023	17 388	26 604
租赁业	23 240	17 161	32 581	26 512
商务服务业	23 660	25 046	17 362	26 605
科学研究、技术服务和地质勘查业	43 496	41 137	31 248	61 538
研究与试验发展	55 423	46 577	14 086	130 508
专业技术服务业	41 830	41 663	32 205	45 276
科技交流和推广服务业	32 061	31 545	27 216	37 313
地质勘查业	37 906	37 784	53 894	26 967
水利、环境和公共设施管理业	24 869	25 146	16 554	22 966
水利管理业	25 345	25 430	19 931	13 375
环境管理业	21 970	22 131	16 323	21 094
公共设施管理业	28 300	28 944	16 236	24 567
居民服务和其他服务业	21 871	23 451	16 166	21 143
居民服务业	22 939	24 145	16 690	21 670
其他服务业	19 329	20 829	15 641	20 455
教育	38 749	38 950	19 750	30 031
卫生、社会保障和社会福利业	33 159	34 418	18 722	27 440
卫生	33 331	34 614	19 010	27 897
社会保障业	32 927	32 968	26 667	27 939
社会福利业	29 022	30 825	11 139	12 036
文化、体育和娱乐业	35 388	36 299	13 915	23 601
新闻出版业	36 628	36 208	17 444	59 075
广播、电视、电影和音像业	42 180	42 537	14 632	35 126
文化艺术业	31 210	31 473	11 100	24 889
体育	36 755	37 426	29 176	21 586
娱乐业	18 892	31 389	21 200	15 401
公共管理和社会组织	34 822	34 900	18 694	8 868
中国共产党机关	36 587	36 587		
国家机构	34 788	34 789	19 619	34 474
人民政协和民主党派	41 753	41 753		
群众社团、社会团体、宗教组织	33 867	35 150	20 136	6 850

5—29 各地区职工平均工资

（2009 年） 单位:元

地区	职工合计	在岗职工	#国有单位	#集体单位	离岗职工	#国有单位	#集体单位
全省	**26 988**	**31 104**	**32 572**	**17 369**	**4 657**	**8 498**	**527**
沈阳	34 416	37 937	45 544	20 846	6 253	9 464	1 149
大连	38 047	38 766	49 688	26 326	16 713	20 853	11 370
鞍山	24 455	30 434	34 261	14 397	5 955	12 791	445
抚顺	20 266	30 828	31 545	16 681	2 422	3 988	167
本溪	21 204	28 382	31 664	13 813	4 414	11 149	430
丹东	19 841	23 370	27 294	16 908	2 238	4 111	339
锦州	19 780	25 898	26 293	13 972	2 324	2 920	465
营口	24 946	26 388	30 096	17 339	7 377	7 190	1 784
阜新	15 617	23 003	25 663	12 253	1 099	8 604	27
辽阳	24 659	27 737	24 944	19 951	5 147	2 518	323
盘锦	24 094	24 361	12 107	19 721	7 405	5 920	3 551
铁岭	19 687	24 066	20 521	11 987	2 675	6 344	159
朝阳	25 498	26 562	28 448	25 110	7 162	17 571	723
葫芦岛	21 430	23 943	23 853	15 700	6 040	5 735	4 158

5—30 分行业在岗职工工资总额及离岗生活费

(2009 年)

单位:万元

行业	在岗职工工资总额				离岗职工生活费			
	合计	国有单位	集体单位	其他单位	合计	国有单位	集体单位	其他单位
总计	**15 108 153**	**8 843 034**	**541 542**	**5 723 577**	**416 946**	**281 996**	**22 836**	**112 114**
农、林、牧、渔业	239 601	220 611	3 291	15 698	8 525	8 438	58	29
采矿业	1 255 274	200 029	19 405	1 035 841	21 603	8 646	1 448	11 508
制造业	3 941 354	1 108 058	198 464	2 634 833	169 343	108 091	9 707	51 545
电力、燃气及水的生产和供应业	574 296	349 666	6 372	218 258	27 540	16 236	51	11 253
建筑业	781 108	294 035	117 811	369 263	19 139	9 883	4 332	4 925
交通运输、仓储及邮政业	1 016 181	778 371	12 280	225 531	39 962	30 955	793	8 214
信息转输、计算机服务和软件业	319 267	90 035	371	228 861	7 481	3 961	2	3 519
批发和零售业	436 110	141 034	20 460	274 616	14 430	8 193	1 186	5 050
住宿和餐饮业	116 180	28 884	5 463	81 833	1 750	833	85	832
金融业	765 251	377 565	66 691	320 995	35 439	17 908	3 654	13 877
房地产业	181 805	54 477	3 625	123 704	2 856	2 495	122	239
租赁和商务服务业	197 858	120 042	32 171	45 644	13 684	12 422	525	736
科学研究、技术服务和地质勘查业	445 765	352 160	10 584	83 021	5 670	5 490	65	115
水利、环境和公共设施管理业	253 626	240 937	3 824	8 865	7 143	7 016	95	31
居民服务和其他服务业	47 599	33 707	5 629	8 263	956	569	325	62
教育	1 911 405	1 888 065	4 426	18 914	10 019	9 913	63	43
卫生、社会保障和社会福利业	764 896	715 469	28 197	21 230	11 571	11 127	321	124
文化、体育和娱乐业	186 967	178 970	476	7 522	3 302	3 291	1	11
公共管理和社会组织	1 673 612	1 670 920	2 004	687	16 533	16 530	1	2
国际组织								

5—31 各地区在岗职工工资总额及离岗生活费

(2009 年)

单位:万元

地区	在岗职工工资总额				离岗职工生活费			
	合计	国有单位	集体单位	其他单位	合计	国有单位	集体单位	其他单位
全省	**15 108 153**	**8 843 034**	**541 542**	**5 723 577**	**416 946**	**281 996**	**22 836**	**112 114**
沈阳	3 389 510	2 139 492	122 045	1 127 974	69 842	41 315	5 127	23 401
大连	3 283 039	1 349 218	58 078	1 875 743	47 706	23 499	1 778	22 428
鞍山	1 162 223	919 041	60 301	182 882	73 490	65 379	2 848	5 263
抚顺	806 123	379 079	28 480	398 563	37 487	18 801	1 456	17 230
本溪	652 020	570 411	29 873	51 736	43 346	38 854	1 948	2 544
丹东	478 679	354 384	23 663	100 632	9 190	7 373	493	1 324
锦州	602 846	415 189	29 014	158 644	18 960	14 395	1 205	3 360
营口	487 590	305 995	17 401	164 194	11 187	4 581	603	6 004
阜新	387 213	333 277	21 303	32 633	9 409	8 939	204	266
辽阳	469 578	220 363	40 011	209 203	13 747	1 459	461	11 827
盘锦	1 145 001	308 089	8 141	828 772	5 573	2 337	108	3 127
铁岭	523 968	266 256	26 355	231 357	14 987	8 213	580	6 194
朝阳	592 784	374 714	28 186	189 884	9 276	5 510	555	3 211
葫芦岛	525 950	305 897	48 693	171 361	21 661	10 255	5 472	5 934

5—32　分行业在岗职工平均工资及离岗职工平均生活费

（2009 年）　　单位：元

行　　业	在岗职工人均工资				离岗职工人均生活费			
	全　部	国　有	集　体	其　他	全　部	国　有	集　体	其　他
总　　计	**31 104**	**32 572**	**17 369**	**31 266**	**4 657**	**8 498**	**527**	**8 589**
农、林、牧、渔业	8 841	8 385	16 825	26 419	2 389	2 423	801	2 220
采　矿　业	35 568	24 513	15 064	40 081	2 879	6 663	282	10 747
制　造　业	28 504	34 969	15 408	28 118	4 094	8 939	421	8 301
电力、燃气及水的生产和供应业	36 658	37 456	21 204	36 193	14 390	14 413	567	16 152
建　筑　业	24 934	30 941	17 733	24 324	1 931	4 415	725	2 908
交通运输、仓储及邮政业	32 986	33 200	13 305	35 030	8 030	10 996	641	8 896
信息转输、计算机服务和软件业	55 171	45 761	15 641	60 295	20 644	19 161	404	23 457
批发和零售业	26 200	31 111	13 824	25 828	1 930	4 026	259	5 916
住宿和餐饮业	18 302	21 304	16 260	17 575	2 904	3 353	534	4 263
金　融　业	51 603	58 126	29 270	53 009	27 683	33 299	17 859	25 803
房地产业	26 255	24 191	19 228	27 586	1 921	5 256	278	418
租赁和商务服务业	23 658	25 023	17 388	26 604	3 799	6 551	324	8 543
科学研究、技术服务和地质勘查业	43 496	41 137	31 248	61 538	7 940	8 600	972	13 057
水利、环境和公共设施管理业	24 869	25 146	16 554	22 966	11 539	12 114	2 531	14 857
居民服务和其他服务业	21 871	23 451	16 166	21 143	3 148	16 884	1 294	3 289
教　　育	38 749	38 950	19 750	30 031	13 121	13 701	1 878	6 561
卫生、社会保障和社会福利业	33 159	34 418	18 722	27 440	6 813	8 063	1 059	8 125
文化、体育和娱乐业	35 388	36 299	13 915	23 601	9 887	9 902	500	17 500
公共管理和社会组织	34 822	34 900	18 694	8 868	15 759	15 829	196	8 000
国际组织								

5—33 各地区分行业

（2009

行业	沈阳	大连	鞍山	抚顺	本溪	丹东
总计	**37 937**	**38 766**	**30 434**	**30 828**	**28 382**	**23 370**
农、林、牧、渔业	19 402	29 743	11 258	16 352	20 773	13 263
采矿业	30 429	22 971	14 317	37 656	31 201	15 994
制造业	30 370	30 565	32 791	31 076	26 730	14 680
电力、燃气及水的生产和供应业	45 891	45 311	30 234	35 673	26 680	26 758
建筑业	25 627	35 885	24 230	19 381	23 159	16 823
交通运输、仓储及邮政业	29 594	44 408	16 937	16 594	18 319	18 285
信息转输、计算机服务和软件业	67 027	63 422	51 133	52 971	39 987	15 845
批发和零售业	26 140	35 934	18 540	23 966	22 136	26 927
住宿和餐饮业	16 638	22 643	14 697	14 667	12 474	17 415
金融业	77 538	71 862	43 922	43 541	42 177	34 693
房地产业	29 553	30 621	21 552	19 955	24 856	17 591
租赁和商务服务业	28 043	28 108	22 824	19 567	20 911	26 696
科学研究、技术服务和地质勘查业	53 339	51 347	63 599	47 904	35 825	21 302
水利、环境和公共设施管理业	33 302	34 074	22 137	17 074	23 376	25 935
居民服务和其他服务业	19 738	34 163	19 341	19 691	14 835	41 413
教育	49 775	51 538	34 578	37 220	38 792	34 087
卫生、社会保障和社会福利业	47 521	46 722	26 328	23 905	29 675	24 436
文化、体育和娱乐业	49 798	51 118	30 573	30 007	26 219	23 880
公共管理和社会组织	45 857	52 243	32 197	33 042	34 022	25 040
国际组织						

在岗职工平均工资

年)

单位:元

锦州	营口	阜新	辽阳	盘锦	铁岭	朝阳	葫芦岛
25 898	**26 388**	**23 003**	**27 737**	**24 361**	**24 066**	**26 562**	**23 943**
8 161	18 469	8 951	6 523	7 029	6 265	20 277	4 942
18 556	18 284	24 249	23 191	44 466	39 595	24 541	11 265
24 893	20 553	11 863	32 076	30 350	10 369	22 723	25 543
33 023	43 584	31 800	31 813	32 207	37 544	31 590	33 423
21 243	21 416	15 059	22 779	17 422	25 914	23 696	16 741
22 394	26 318	14 504	17 719	17 403	17 455	21 711	17 013
42 656	46 968	31 484	51 054	35 453	44 217	34 965	41 935
15 418	20 424	19 924	28 057	20 806	12 962	23 159	22 531
13 609	17 470	8 897	16 762	17 452	10 402	14 019	15 805
46 618	38 001	27 675	35 101	34 740	25 601	33 332	35 571
17 346	24 522	18 345	20 963	24 561	14 031	18 640	22 303
15 719	19 188	16 879	24 979	14 397	12 536	17 566	13 452
30 815	31 023	26 160	25 262	32 738	20 797	29 618	24 321
19 931	19 218	16 665	18 589	22 885	15 885	17 726	15 674
23 655	27 223	18 477	23 130	19 323	18 476	8 631	21 964
30 118	32 487	31 833	30 075	27 873	25 396	32 424	28 310
23 786	26 351	19 495	24 673	21 529	17 091	28 046	20 194
21 817	22 753	20 144	19 411	24 217	19 759	26 727	20 163
29 341	31 410	25 526	29 269	30 398	24 820	29 120	25 796

5—34 各地区在岗职工平均工资及离岗职工平均生活费

（2009 年）

单位:元

地区	在岗职工平均工资				离岗职工平均生活费			
	合计	国有单位	集体单位	其他单位	合计	国有单位	集体单位	其他单位
全省	**31 104**	**32 572**	**17 369**	**31 266**	**4 657**	**8 498**	**527**	**8 589**
沈阳	37 937	45 544	20 846	30 890	6 253	9 464	1 149	9 991
大连	38 766	49 688	26 326	33 902	16 713	20 853	11 370	14 276
鞍山	30 434	34 261	14 397	25 484	5 955	12 791	445	6 368
抚顺	30 828	31 545	16 681	32 078	2 422	3 988	167	8 384
本溪	28 382	31 664	13 813	18 505	4 414	11 149	430	1 407
丹东	23 370	27 294	16 908	16 500	2 238	4 111	339	1 538
锦州	25 898	26 293	13 972	29 325	2 324	2 920	465	5 277
营口	26 388	30 096	17 339	22 472	7 377	7 190	1 784	11 083
阜新	23 003	25 663	12 253	15 484	1 099	8 604	27	3 995
辽阳	27 737	24 944	19 951	34 354	5 147	2 518	323	17 771
盘锦	24 361	12 107	19 721	39 201	7 405	5 920	3 551	9 555
铁岭	24 066	20 521	11 987	35 062	2 675	6 344	159	9 461
朝阳	26 562	28 448	25 110	23 668	7 162	17 571	723	14 942
葫芦岛	23 943	23 853	15 700	28 366	6 040	5 735	4 158	12 315

5—35 国有单位分行业职工工资总额

单位:万元

行业	2005年	2006年	2007年	2008年	2009年
总计	**5 663 648**	**6 318 724**	**7 451 021**	**8 614 665**	**9 125 030**
农、林、牧、渔业	165 328	177 394	205 179	209 295	229 049
采矿业	377 738	447 602	516 551	819 843	208 675
制造业	844 955	953 740	1 058 849	1 143 282	1 216 148
电力、燃气及水的生产和供应业	277 648	307 249	356 931	367 542	365 902
建筑业	180 592	204 294	214 970	242 402	303 917
交通运输、仓储及邮政业	578 076	667 600	762 695	741 406	809 326
信息转输、计算机服务和软件业	74 410	79 161	77 464	81 674	93 996
批发和零售业	100 200	106 541	103 330	102 246	149 227
住宿和餐饮业	23 192	27 106	26 148	25 707	29 716
金融业	245 496	244 036	265 188	365 367	395 474
房地产业	51 261	50 613	52 707	54 283	56 972
租赁和商务服务业	75 498	87 439	94 424	117 169	132 464
科学研究、技术服务和地质勘查业	173 947	203 572	246 864	283 124	357 649
水利、环境和公共设施管理业	133 126	148 241	170 072	196 485	247 954
居民服务和其他服务业	16 037	23 791	20 962	25 211	34 276
教育	943 131	1 029 385	1 323 509	1 579 923	1 897 978
卫生、社会保障和社会福利业	377 100	439 672	507 023	593 094	726 596
文化、体育和娱乐业	97 680	103 938	119 276	138 153	182 261
公共管理和社会组织	928 233	1 017 348	1 328 879	1 528 459	1 687 451
国际组织					

5—36 城镇集体单位分行业职工工资总额

单位:万元

行业	2005年	2006年	2007年	2008年	2009年
总计	**397 224**	**439 975**	**464 149**	**513 765**	**564 377**
农、林、牧、渔业	2 908	2 844	3 646	2 861	3 349
采矿业	15 767	20 473	24 057	21 292	20 853
制造业	153 506	168 188	180 203	201 521	208 171
电力、燃气及水的生产和供应业	5 239	4 166	5 611	7 470	6 423
建筑业	92 867	100 747	99 303	110 885	122 143
交通运输、仓储及邮政业	11 235	17 839	18 582	11 415	13 073
信息转输、计算机服务和软件业	2 958	3 142	2 715	269	373
批发和零售业	19 890	21 838	22 459	17 662	21 646
住宿和餐饮业	4 115	3 904	3 939	4 016	5 548
金融业	47 110	48 801	50 868	56 847	70 345
房地产业	2 748	2 163	2 625	4 082	3 747
租赁和商务服务业	14 976	18 886	20 345	34 439	32 696
科学研究、技术服务和地质勘查业	3 378	5 364	5 386	8 015	10 649
水利、环境和公共设施管理业	1 981	2 386	2 999	3 054	3 919
居民服务和其他服务业	4 675	3 771	4 109	4 836	5 954
教育	1 841	2 013	2 084	3 007	4 489
卫生、社会保障和社会福利业	10 835	12 175	13 456	20 045	28 518
文化、体育和娱乐业	299	244	174	344	476
公共管理和社会组织	898	1 031	1 588	1 706	2 005
国际组织					

5—37 其他单位分行业职工工资总额

单位:万元

行业	2005年	2006年	2007年	2008年	2009年
总计	**2 567 766**	**2 971 070**	**3 515 195**	**4 393 707**	**5 835 691**
农、林、牧、渔业	9 893	13 501	15 924	19 108	15 728
采矿业	226 289	264 767	299 490	354 712	1 047 349
制造业	1 473 858	1 647 495	1 929 735	2 340 636	2 686 378
电力、燃气及水的生产和供应业	137 013	140 629	173 102	192 945	229 511
建筑业	132 729	199 601	217 824	286 419	374 188
交通运输、仓储及邮政业	70 581	85 284	100 362	198 480	233 744
信息转输、计算机服务和软件业	107 501	121 501	148 811	207 003	232 379
批发和零售业	125 977	142 394	161 097	215 881	279 667
住宿和餐饮业	47 257	46 820	53 718	67 996	82 665
金融业	126 333	178 225	260 294	260 667	334 872
房地产业	40 647	51 863	55 500	81 550	123 943
租赁和商务服务业	17 477	15 586	20 312	43 583	46 380
科学研究、技术服务和地质勘查业	35 036	42 056	52 034	78 131	83 136
水利、环境和公共设施管理业	2 686	3 653	6 891	7 233	8 896
居民服务和其他服务业	6 175	5 539	6 207	6 964	8 324
教育	942	1 375	1 976	13 591	18 957
卫生、社会保障和社会福利业	3 073	4 399	6 543	12 391	21 354
文化、体育和娱乐业	4 179	6 292	5 266	6 049	7 532
公共管理和社会组织	120	91	110	370	689
国际组织					

5—38 分行业离岗职工生活费

单位:万元

行业	2005年	2006年	2007年	2008年	2009年
总计	**354 044**	**370 936**	**402 398**	**442 102**	**416 946**
农、林、牧、渔业	3 116	4 019	5 097	5 745	8 525
采矿业	19 896	18 130	21 541	21 096	21 603
制造业	140 108	153 914	164 673	196 478	169 343
电力、燃气及水的生产和供应业	21 521	21 350	25 312	22 322	27 540
建筑业	19 941	20 435	19 208	24 113	19 139
交通运输、仓储及邮政业	35 504	36 063	40 281	38 635	39 962
信息转输、计算机服务和软件业	8 607	9 415	9 265	9 011	7 481
批发和零售业	14 887	13 986	15 005	12 221	14 430
住宿和餐饮业	2 143	1 993	2 023	1 738	1 750
金融业	24 475	28 875	32 124	35 517	35 439
房地产业	4 216	3 371	4 251	3 970	2 856
租赁和商务服务业	5 780	7 250	4 657	8 847	13 684
科学研究、技术服务和地质勘查业	5 381	5 519	5 656	6 310	5 670
水利、环境和公共设施管理业	5 967	5 999	6 467	6 934	7 143
居民服务和其他服务业	564	316	338	285	956
教育	13 658	11 559	13 285	14 553	10 019
卫生、社会保障和社会福利业	8 939	9 519	9 867	11 038	11 571
文化、体育和娱乐业	1 420	1 860	1 797	1 636	3 302
公共管理和社会组织	17 920	17 363	21 553	21 654	16 533
国际组织					

主要统计指标解释

劳动力资源总数 指在劳动年龄内,具有劳动能力,在正常情况下,可能或实际参加社会劳动的人口数。

从业人员 指从事一定社会劳动并取得劳动报酬或经营收入的全部劳动力。包括:

(1)全部职工

(2)城镇私营企业从业人员

(3)城镇个体劳动者

(4)农村社会劳动者

(5)其他社会劳动者

这一指标反映了一定时期内全部劳动力资源的实际利用情况,是研究国情国力的重要指标。

各单位的从业人员是指在各级国家机关、政党机关、社会团体及企业、事业单位中工作,并取得劳动报酬的全部人员。包括职工、再就业的离退休人员、民办教师以及在各单位中工作的外方人员和港、澳、台方人员。

各单位的从业人员反映了各单位实际参加生产或工作的全部劳动力。

在岗职工 是指在本单位工作并由单位支付劳动报酬的在岗职工。在岗职工可分为在岗长期职工和在岗临时职工。包括由单位派出学习、劳务及病伤产假并由单位支付劳动报酬的人员。

使用的农村劳动力 指国有经济、城镇集体经济、联营经济、股份制经济、外商和港、澳、台投资经济、其他经济单位的职工中,现仍保留农村户籍关系的人员。

在岗长期职工 指用工期限在一年以上(含一年)的职工。包括原固定职工、合同制职工、长期临时工以及国有单位使用的城镇集体所有制单位的人员和其他使用期限在一年以上的原计划外用工。

在岗临时职工 指用工期限不超过一年的职工。包括各单位根据国家有关规定招用的,签订一年以内的劳动合同或使用期不超过一年的临时性、季节性用工。

其他从业人员 指劳动统计制度规定不作职工统计,但实际参加社会劳动并取得劳动报酬的人员。

各单位的其他从业人员是指单位中除职工以外的全部参加本单位生产或工作并取得劳动报酬的人员。包括再就业的离退休人员、民办教师以及在各单位中工作的外方人员和港、澳、台方人员。

离岗职工(离开本单位仍保留劳动关系的职工) 指由于各种原因已离开本人的生产或工作岗位,并已不在本单位从事其他工作,但仍与用人单位保留劳动关系的职工。

城镇集体经济单位职工 指在城镇集体经济单位及其管理部门工作,并由其支付工资的各类人员。

其他经济单位职工 指在联营经济、股份制经济、外商投资经济、港、澳、台投资经济单位工作,并由其支付工资的各类人员。

城镇个体劳动者 指经工商行政管理部门核准登记,领取营业执照,参加生产经营活动,户口在城镇的全部人员。

农村社会劳动者 指农村人口中经常参加合作经济组织〔包括乡(镇)办企业事业单位〕和家庭副业生产劳动的劳动力。凡是由合作经济组织分配劳动任务或承包各种生产任务,并从中直接取得实物、现金收入和从承包的生产任务中获得实物、现金收入的劳动力,不管从事何种劳动,都要统计为农村社会劳动者。国家从乡(村)调用的建勤民工;由集体经费支付工资或补贴的乡(村)脱产管理干部;乡(村)劳动力到国有经济单位或城镇集体经济单位工作,其收入交给合作经济组织,并从中取得实物或现金收入的合同工、临时工、亦工亦农人员;自行外出,但户口没有转出的劳动力,都应包括在内。

城镇登记失业人员 指有非农业户口,在一定的劳动年龄内(16岁以上及男50岁以下、女45岁以下),有劳动能力,无业而要求就业,并在当地就业服务机构进行求职登记的人员。

城镇登记失业率 是城镇登记失业人数与城镇从业人数与城镇失业人数之和的比。计算公式为:

$$城镇登记失业率=\frac{城镇登记失业人数}{城镇从业人数+城镇登记失业人数}\times 100\%$$

从业人员劳动报酬 指各单位在一定时期内直接支付给本单位全部从业人员的劳动报酬总额。包括职工工资总额和本单位其他从业人员劳动报酬两部分。

在岗职工工资总额 指各单位在一定时期内直接支付给本单位全部在岗职工的劳动报酬总额。

在岗工资总额的计算原则应以直接支付给在岗职工的全部劳动报酬为根据。各单位支付给在岗职工的劳动报酬以及其他根据有关规定支付的工资,不论是计入成本的还是不计入成本的,不论是按国家规定列入计征奖金税项目的,还是未列入计征奖金税项目的,不论是以货币形式支付的还是以实物形式支付的,均包括在在岗职工工资总额内。

计时工资 指按计时工资标准(包括地区生活费补贴)和工作时间支付给个人的劳动报酬,以及根据国家法律、法规和政策规定,因病、工伤、产假、计划生育假、婚丧假、事假、探亲假、定期休假、停工学习、执行国家或社会义务等原因按计时工资标准或计时工资标准的一定比例支付的工资。

计件标准工资 是指实行计件工资制的单位按照批准的计件单价和规定的劳动定额或工作量应支付给计件工人的劳动报酬。

计件超额工资 是计件工资的一部分,指计件工人超额完成定额任务后所得的工资。即计件工人实得的全部计件工资减去应得的计件标准工资后的数额。某些企业的工人由于从事生产的工作物等级高于本人工资等级,因而其计件标准工资高于本人标准工资,其计件超额工资也应是全部工资减去应得的计件标准工资后的数额。

奖金 指支付给职工的超额劳动报酬和增收节支的劳动报酬。

津贴和补贴 指为了补偿职工特殊或额外的劳动消耗和因其他特殊原因支付给职工的津贴,以及为了保证职工工资水平不受物价影响支付给职工的物价补贴。

离岗生活费(离开本单位仍保留劳动关系的职工生活费) 指离开本单位仍保留劳动关系的职工,在离开本单位仍保留劳动关系期间从单位领取的生活费。

其他从业人员劳动报酬 指各单位在一定时期内直接支付给本单位其他从业人员的全部劳动报酬。

在岗职工平均工资 指企业、事业、机关单位的在岗职工在一定时期内平均每人所得的货币工资额。它表明一定时期在岗职工工资收入的高低程度,是反映在岗职工工资水平的主要指标。计算公式为:

$$\text{在岗职工平均工资}=\frac{\text{报告期实际支付的全部在岗职工工资总额}}{\text{报告期全部在岗职工平均人数}}$$

在岗职工平均实际工资 指扣除物价变动因素后的在岗职工平均工资。计算公式为:

$$\text{在岗职工平均实际工资}=\frac{\text{报告期在岗职工平均工资}}{\text{报告期在岗职工生活费价格指数}}$$

第六篇

固定资产投资

6

GUDING
ZICHAN
TOUZI

6—1 全社会固定资产投资

指　　标	2005年	2006年	2007年	2008年	2009年
投资总额(亿元)	**4 234.06**	**5 689.64**	**7 435.22**	**10 019.07**	**12 292.6**
1.按经济类型分					
国有经济	1 245.53	1 700.33	2 051.43	2 496.84	2 845.55
集体经济	526.28	185.30	278.71	442.12	480.72
#农　村	428.29				
私营个体经济	819.75	1 486.56	2 091.58	3 140.67	4 108.29
#农　村	132.89				
其他经济	1 642.50	2 317.45	3 013.50	3 939.44	4 858.02
2.按投资渠道分					
建设项目投资	2 792.27	3 835.65	5 078.47	6 821.15	8 964.61
房地产开发投资	874.25	1 142.19	1 497.58	2 060.80	2 640.56
3.按资金来源分					
国家预算内资金	173.74	258.78	363.10	448.05	518.33
国内贷款	516.84	640.95	967.00	1 153.72	1 705.09
利用外资	124.49	132.44	203.91	372.41	350.45
自筹投资	2 935.79	4 034.07	5 169.70	7 238.22	8 803.58
其他投资	483.20	623.40	731.51	806.66	915.14
4.按构成分					
建筑安装工程	2 490.04	3 437.55	4 703.50	6 208.05	7 891.13
设备、工具、器具购置	1 050.16	1 367.37	1 703.47	2 574.15	3 007.55
其他费用	693.86	884.72	1 028.26	1 236.88	1 393.92
5.按建设性质分					
#新　建	1 655.57	2 320.20	3 488.42	4 691.68	5 666.63
改　建	635.88	1 014.94	891.30	1 277.23	1 344.59
扩　建	715.40	741.14	978.08	1 238.83	1 764.50
6.按产业分					
第一产业	143.83	155.55	197.99	325.14	322.59
第二产业	2 012.76	2 644.40	3 573.04	4 833.11	5 833.72
第三产业	2 077.48	2 889.69	3 664.20	4 860.82	6 124.85
7.按城乡分					
城　镇	3 672.87	4 977.84	6 576.05	8 881.95	11 605.17
农　村	561.19	711.80	859.18	1 137.12	687.42
8.按主要行业分					
#农　业	143.83	155.55	197.99	325.14	322.59
工　业	1 959.61	2 560.44	3 517.43	4 764.44	5 704.47
#能源工业	250.89	435.93	609.04	541.24	726.77
运输邮电业	308.81	561.26	592.75	804.23	757.62
本年新增固定资产(亿元)	**2 864.74**	**3 394.45**	**4 400.88**	**6 087.57**	**7 508.61**
房屋建筑面积(万平方米)					
施工面积	15 881.9	19 863.9	25 805.9	29 420.1	33 861.3
#住　宅	8 595.4	10 863.3	13 503.7	15 741.3	18 429.9
竣工面积	8 177.5	10 241.7	11 279.3	12 909.2	12 731.0
#住　宅	4 762.5	5 960.0	6 189.6	6 879.9	7 152.5

6—2 按经济类型分全社会固定资产投资

年 份	总 计	国有经济	集体经济	私营个体	其他经济
投 资 额(亿元)					
1980	53.58	46.12	7.46		
1985	142.18	110.41	15.73	16.04	
1986	178.16	138.66	16.98	22.51	
1987	220.11	172.87	23.25	23.99	
1988	269.77	212.25	25.13	32.39	
1989	253.49	201.31	17.95	34.23	
1990	262.88	217.94	22.13	22.81	
1991	317.96	261.15	21.61	35.19	
1992	436.85	362.88	43.19	30.78	
1993	718.25	476.47	98.54	36.66	106.58
1994	887.98	592.97	98.62	41.11	155.28
1995	884.95	584.39	95.46	49.53	155.57
1996	876.07	548.54	102.83	59.83	164.88
1997	953.69	603.76	97.36	54.22	198.35
1998	1 052.57	651.21	119.26	95.20	186.90
1999	1 102.32	662.95	111.44	132.84	195.10
2000	1 267.69	649.42	154.14	149.10	315.02
2001	1 420.96	690.71	158.49	179.08	392.68
2002	1 605.55	648.90	173.54	240.19	542.92
2003	2 082.70	712.23	229.49	336.18	804.81
2004	3 000.11	928.20	341.26	589.66	1 140.99
2005	4 234.06	1 245.53	526.28	819.75	1 642.50
2006	5 689.64	1 700.33	185.30	1 486.56	2 317.45
2007	7 435.23	2 051.43	278.71	2 091.58	3 013.50
2008	10 019.07	2 496.84	442.12	3 140.67	3 939.44
2009	12 292.59	2 845.55	480.72	4 108.29	4 858.03
比上年增长速度(%)					
1985	47.1	50.7	48.3	25.2	
1986	25.3	25.6	8.0	40.3	
1987	23.6	24.7	36.9	6.6	
1988	22.6	22.8	8.1	35.0	
1989	-6.0	-5.2	-28.6	5.7	
1990	3.7	8.3	23.3	-33.4	
1991	21.0	19.8	-2.4	54.3	
1992	37.4	39.0	99.9	-12.5	
1993	64.4	31.3	128.2	19.1	
1994	23.6	24.5	0.1	12.2	45.7
1995	-0.3	-1.4	-3.2	20.5	0.6
1996	-1.0	-6.1	7.7	20.8	6.0
1997	8.9	10.1	-5.3	-9.4	20.3
1998	10.4	7.9	21.3	75.6	-5.8
1999	4.7	1.8	-8.4	39.5	4.4
2000	15.0	-2.0	38.3	12.2	61.5
2001	12.1	6.4	2.8	20.1	24.7
2002	13.0	-6.1	9.5	34.1	38.3
2003	29.7	9.8	32.2	40.0	48.2
2004	44.0	30.3	48.7	75.4	41.8
2005	41.1	34.2	54.2	39.0	44.0
2006	34.8	32.9	29.6	40.1	33.4
2007	30.7	20.6	50.4	40.7	30.0
2008	34.8	21.7	58.6	50.2	30.7
2009	22.7	14.0	8.7	30.8	23.3

6—3 按资金来源和构成分全社会固定资产投资

年份	按资金来源分				按构成分		
	国家投资	国内贷款	利用外资	自筹和其他资金	建筑安装工程	设备工具器具购置	其他费用
投资额(亿元)							
1985	21.14	29.97	1.07	90.00	91.21	38.47	12.50
1986	26.76	41.33	4.15	105.92	111.61	52.27	14.28
1987	30.61	49.31	12.09	128.11	133.02	63.91	23.18
1988	25.11	60.90	15.93	167.83	167.49	74.09	28.19
1989	19.04	45.95	22.61	165.89	153.01	69.11	31.37
1990	17.32	54.30	21.61	169.65	162.77	73.21	26.90
1991	16.98	81.18	31.04	188.76	192.75	92.58	32.63
1992	17.20	113.21	25.05	281.39	275.78	108.42	52.65
1993	22.50	149.72	66.74	479.30	462.57	178.46	77.22
1994	16.41	186.28	119.81	565.49	546.98	234.77	106.24
1995	21.78	178.34	112.43	572.40	536.18	223.31	125.46
1996	19.67	151.26	92.58	612.56	531.29	212.99	131.79
1997	29.35	163.36	133.47	627.50	583.67	231.47	138.55
1998	36.63	190.03	94.61	731.30	642.00	273.72	136.85
1999	71.10	216.50	70.62	744.10	718.77	248.24	135.31
2000	72.25	252.22	73.23	869.98	801.57	301.08	165.04
2001	112.21	264.50	53.44	990.80	885.71	325.90	209.34
2002	108.29	279.92	72.16	1 145.18	969.71	348.08	287.76
2003	89.35	372.14	58.55	1 562.66	1 222.23	472.60	387.87
2004	114.00	390.01	90.00	2 406.1	1 791.86	728.97	479.29
2005	173.74	516.84	124.49	3 418.99	2 490.04	1 050.16	693.86
2006	258.78	640.95	132.44	4 657.47	3 437.55	1 367.37	884.72
2007	363.11	967.00	203.91	5 901.21	4 703.50	1 703.47	1 028.26
2008	448.05	1 153.72	372.41	8 044.89	6 208.05	2 574.14	1 236.88
2009	518.33	1 705.09	350.45	9 718.72	7 891.13	3 007.54	1 393.92
构成(%)							
1985	14.9	21.1	0.7	63.3	64.1	27.1	8.8
1986	15.0	23.2	2.3	59.5	62.6	29.3	8.1
1987	13.9	22.4	5.5	58.2	60.4	29.0	10.6
1988	9.3	22.6	5.9	62.2	62.1	27.5	10.4
1989	7.5	18.1	8.9	65.5	60.4	27.3	12.3
1990	6.6	20.7	8.2	64.5	61.9	27.8	10.3
1991	5.3	25.5	9.8	59.4	60.6	29.1	10.3
1992	3.9	25.9	5.7	64.5	63.1	24.8	12.1
1993	3.1	20.8	9.3	66.8	64.4	24.8	10.8
1994	1.8	21.0	13.5	63.7	61.6	26.4	12.0
1995	2.5	20.2	12.7	64.6	60.6	25.2	14.2
1996	2.2	17.3	10.6	69.9	60.6	24.3	15.1
1997	3.1	17.1	14.0	65.8	61.2	24.3	14.5
1998	3.5	18.1	9.0	69.4	61.0	26.0	13.0
1999	6.5	19.6	6.4	67.5	65.2	22.5	12.3
2000	5.7	19.9	5.8	68.6	63.2	23.8	13.0
2001	7.9	18.6	3.8	69.7	62.3	22.9	14.8
2002	6.7	17.4	4.5	71.4	60.4	21.7	17.9
2003	4.3	17.9	2.8	75.0	58.7	22.7	18.6
2004	3.8	13.0	3.0	80.2	59.7	24.3	16.0
2005	4.1	12.2	2.9	80.8	58.8	24.8	16.4
2006	4.5	11.3	2.3	81.9	60.4	24.0	15.5
2007	4.9	13.0	2.7	79.4	63.3	22.9	13.8
2008	4.5	11.5	3.7	80.3	62.0	25.7	12.3
2009	4.2	13.9	2.9	79.0	64.2	24.5	11.3

6—4 全社会固定资产投资及构成

（2009 年）

指标	总计	建设项目投资	房地产开发投资	农村集体单位投资	农村私人投资
一、绝对数					
1. 投资总额（亿元）	12 292.59	8 964.61	2 640.56	459.30	228.13
#住宅	2 128.39	50.21	1 933.92	1.91	142.35
(1)按资金来源分					
国家预算内投资	518.33	510.98		7.35	
国内贷款	1 705.09	1 255.04	422.49	27.56	
债券	26.89	26.89		0.00	
利用外资	350.45	268.94	79.22	2.30	
自筹投资	8 803.58	6 813.10	1 346.69	415.66	228.13
其他投资	888.25	89.65	792.17	6.43	
(2)按构成分					
建筑安装工程	7 891.13	5 388.60	2 084.88	257.25	160.39
设备工器具购置	3 007.55	2 777.61	35.85	163.81	30.28
其他费用	1 393.92	798.39	519.83	38.24	37.46
2. 本年新增固定资产（亿元）	7 508.61	5 802.19	1 054.78	423.51	228.13
3. 房屋建筑面积（万平方米）					
施工面积	33 861.3	10 642.2	18 579.1	706.0	3 934.0
竣工面积	12 731.0	4 366.0	4 031.7	429.3	3 904.0
#住宅	7 152.5	243.6	3 394.8	5.6	3 508.5
二、构成（%）					
(1)按资金来源分					
国家预算内投资	4.2	5.7		1.6	
国内贷款	13.9	14.0	16.0	6.0	
债券	0.2	0.3			
利用外资	2.9	3.0	3.0	0.5	
自筹投资	71.6	76.0	51.0	90.5	100.0
其他投资	7.2	1.0	30.0	1.4	
(2)按构成分					
建筑安装工程	64.2	60.1	79.0	56.0	70.3
设备工具器具购置	24.5	31.0	1.4	35.7	13.3
其他费用	11.3	8.9	19.7	8.3	16.4

6—5 各地区全社会固定资产投资

（2009 年）　　单位:万元

地　　区	总　计	建设项目投　资	房地产开发投资	农村集体单位投资	农村私人投　资
全　　省	**122 925 930**	**89 646 067**	**26 405 639**	**4 592 962**	**2 281 262**
沈　　阳	35 199 470	22 455 447	11 887 007	680 316	176 700
大　　连	31 136 950	23 909 905	5 789 421	1 178 427	259 197
鞍　　山	8 750 298	5 796 331	1 796 060	567 235	590 672
抚　　顺	4 960 093	4 124 079	642 703	193 311	
本　　溪	3 400 658	2 858 770	465 111	20 182	56 595
丹　　东	4 920 225	3 556 421	884 127	298 097	181 580
锦　　州	3 240 989	2 324 103	494 903	212 565	209 418
营　　口	7 625 589	5 556 802	1 134 714	311 219	622 854
阜　　新	2 014 566	1 488 712	203 944	233 404	88 506
辽　　阳	3 466 204	2 692 279	431 852	72 425	269 648
盘　　锦	5 040 306	4 168 259	580 648	124 240	167 159
铁　　岭	6 960 720	5 445 646	1 096 187	238 969	179 918
朝　　阳	4 554 166	3 482 666	591 524	260 376	219 600
葫 芦 岛	2 540 573	1 786 647	407 438	202 196	144 292

注:分市数据由各市提供。

6—6 各地区按经济类型分

(2009

地　　区	总　　计	国有经济	集体经济	私营个体
全　　省	**122 925 930**	**28 455 518**	**4 807 225**	**41 082 942**
沈　　阳	35 199 470	6 033 629	886 638	9 580 221
大　　连	31 136 950	7 685 089	2 407 197	9 646 890
鞍　　山	8 750 298	2 458 440	569 324	3 832 973
抚　　顺	4 960 093	892 727	93 130	1 939 031
本　　溪	3 400 658	1 776 665	90 624	877 716
丹　　东	4 920 225	1 156 806	265 679	2 214 669
锦　　州	3 240 989	597 725	82 265	1 405 656
营　　口	7 625 589	3 168 378	107 188	2 095 234
阜　　新	2 014 566	404 101	17 647	595 135
辽　　阳	3 466 204	621 937	28 941	1 784 720
盘　　锦	5 040 306	855 523	7 043	1 397 896
铁　　岭	6 960 720	1 033 603	197 969	3 310 379
朝　　阳	4 554 166	825 223	103 861	2 423 238
葫　芦　岛	2 540 573	954 698	50 099	675 784

全社会固定资产投资

年)

单位:万元

#农　户	联营经济	股份制经济	外商投资经济	港澳台商投资经济	其他经济
2 281 262	**7 173**	**32 794 350**	**8 428 115**	**5 609 432**	**1 741 175**
176 700		10 565 747	3 693 714	3 397 905	1 041 616
259 197	6 953	6 514 701	3 463 726	1 273 519	138 875
590 672		1 360 972	128 964	213 725	185 900
	220	1 682 313	160 073	78 536	114 063
56 595		611 483	1 900	39 070	3 200
181 580		918 193	212 690	84 846	67 342
209 418		995 714	85 382	40 935	33 312
622 854		1 641 770	477 059	134 557	1 403
88 506		945 360	19 003	32 270	1 050
269 648		806 829	76 367	140 458	6 952
167 159		2 405 464	28 133	14 488	331 759
179 918		2 259 645	25 709	49 603	83 812
219 600		1 068 960	31 446	8 700	92 738
144 292	80	543 374	17 938	32 320	266 280

6—7 各地区按隶属关系和构成分全社会固定资产投资

（2009 年） 单位：万元

地区	总计	按隶属关系分		按构成分		
		中央项目	地方项目	建安工程投资	设备工器具购置	其他费用
全省	**122 925 930**	**8 164 660**	**114 761 270**	**78 911 285**	**30 075 454**	**13 939 191**
沈阳	35 199 470	1 593 336	33 606 134	23 619 931	7 314 915	4 264 624
大连	31 136 950	2 353 822	28 783 128	19 723 000	7 383 453	4 030 497
鞍山	8 750 298	889 826	7 860 472	6 240 656	1 476 687	1 032 955
抚顺	4 960 093	763 694	4 196 399	2 503 536	1 919 707	536 850
本溪	3 400 658	87 090	3 313 568	1 815 219	1 104 149	481 290
丹东	4 920 225	115 067	4 805 158	3 833 926	767 267	319 032
锦州	3 240 989	65 178	3 175 811	1 760 599	1 135 586	344 804
营口	7 625 589	605 232	7 020 357	5 390 673	1 770 096	464 820
阜新	2 014 566	130 482	1 884 084	947 182	860 123	207 261
辽阳	3 466 204	353 891	3 112 313	1 612 354	1 396 322	457 528
盘锦	5 040 306	770 005	4 270 301	3 789 736	787 270	463 300
铁岭	6 960 720	141 802	6 818 918	3 894 742	2 514 063	551 915
朝阳	4 554 166	191 561	4 362 605	2 348 795	1 548 226	657 145
葫芦岛	2 540 573	21 444	2 519 129	1 184 052	768 934	587 587

6—8 各地区全社会住宅投资

单位:亿元

年份、地区	合计	城镇	#房地产	农村	#农户
2000	317.00	252.03	181.29	64.98	53.19
2001	323.49	275.79	227.57	47.71	43.55
2002	376.31	323.76	275.89	52.55	45.06
2003	439.70	388.10	343.47	51.60	43.37
2004	608.55	535.75	494.28	72.80	53.49
2005	751.79	685.11	614.54	66.68	57.44
2006	1 041.86	929.38	838.90	112.48	92.59
2007	1 380.53	1 256.50	1 165.89	124.03	101.26
2008	1 768.62	1 639.17	1 579.21	129.45	121.15
2009	2 128.39	1 984.13	1 933.92	144.26	142.35
沈阳	829.09	819.29	802.12	9.81	8.84
大连	510.83	497.89	477.24	12.94	12.85
鞍山	113.73	113.51	113.24	0.21	
抚顺	48.29	48.29	44.20		
本溪	38.34	36.28	34.85	2.07	2.07
丹东	77.03	76.83	76.07	0.20	5.15
锦州	61.70	41.45	40.93	20.25	20.25
营口	107.87	96.86	96.18	11.01	11.00
阜新	20.98	20.23	16.23	0.75	0.75
辽阳	41.13	30.52	26.06	10.61	10.61
盘锦	47.48	47.48	47.48		
铁岭	90.11	79.98	78.11	10.13	9.76
朝阳	54.80	47.75	45.83	7.04	7.00
葫芦岛	50.37	41.70	40.74	8.67	8.66

6—9 各地区按主要行业

年份、地区	合计	农林牧渔业	采矿业	制造业	电力、燃气及水的生产和供应业	建筑业	交通运输仓储和邮政业	信息传输、计算机服务和软件业	批发和零售业
2003	**2 082.70**	**93.65**	**101.75**	**576.18**	**98.38**	**61.98**	**208.95**		**91.02**
2004	3 000.11	94.28	147.42	942.49	110.20	63.66	237.76	50.60	100.99
2005	4 234.06	143.83	226.44	1 588.86	144.32	53.14	308.81	41.28	132.04
2006	5 689.64	155.55	256.09	2 088.88	215.46	83.96	561.26	97.21	141.67
2007	7 435.23	197.99	334.92	2 839.84	342.66	55.61	592.75	67.05	200.15
2008	10 019.07	325.14	400.48	3 917.72	446.24	68.67	804.23	116.42	243.21
2009	12 292.59	322.59	388.20	4 637.55	678.73	129.24	757.62	132.56	393.60
沈阳	3 519.95	71.66	7.85	1 143.33	110.28	36.10	129.89	69.57	208.06
大连	3 113.70	129.94	4.27	1 091.89	179.72	26.59	219.37	38.10	51.35
鞍山	875.03	25.20	26.47	379.85	32.75	8.62	40.23	5.71	43.71
抚顺	496.01	9.70	25.69	235.60	9.77	7.41	37.67	3.46	14.39
本溪	340.07	10.85	27.51	122.75	19.65	1.42	45.44	2.06	10.92
丹东	492.02	18.16	49.68	146.94	22.32	1.83	60.96	0.41	14.04
锦州	324.10	7.41	12.86	126.69	52.54	2.42	14.50	2.39	5.27
营口	762.56	0.96	1.43	336.72	45.13	0.06	63.77	0.68	9.63
阜新	201.46	11.86	9.51	68.64	52.69	0.19	10.28	0.18	4.76
辽阳	346.62	13.23	34.47	140.29	25.60	14.29	15.86	5.98	12.56
盘锦	504.03	13.91	77.00	220.69	3.11	16.43	36.45	3.40	5.11
铁岭	696.07	15.76	16.66	384.93	58.72	1.22	45.14	0.04	12.73
朝阳	455.42	19.70	89.23	156.68	31.07	23.27	16.82	0.46	9.54
葫芦岛	254.06	19.28	9.28	73.12	38.72	3.94	22.30	0.76	1.59

分全社会固定资产投资

单位:亿元

住宿和餐饮业	金融业	房地产业	租赁和商务服务业	科学研究、技术服务和地质勘查业	水利、环境和公共设施管理业	居民服务和其他服务业	教育	卫生、社会保障和社会福利业	文化、体育和娱乐业	公共管理和社会组织
	4.57	**516.43**	**5.38**	**14.92**	**16.85**	**101.63**		**11.90**	**68.44**	**110.68**
47.96	4.13	797.30	25.86	25.27	168.33	13.27	68.24	19.46	32.90	49.84
44.19	17.49	981.30	38.87	27.16	274.38	13.58	89.60	23.31	36.05	49.41
60.86	10.36	1 318.95	58.39	36.75	318.23	27.19	92.43	30.07	60.16	76.17
91.85	20.81	1 701.06	87.66	49.30	541.95	41.37	101.18	44.66	57.92	66.50
119.82	47.20	2 306.87	128.74	63.31	684.55	39.87	110.70	54.25	64.34	77.31
177.41	41.06	2 861.99	158.40	95.04	899.34	59.94	129.12	84.35	132.16	213.68
53.80	7.21	1 226.40	57.59	57.19	157.69	15.66	49.49	40.35	39.10	38.73
55.05	27.40	610.72	80.61	13.98	404.45	16.82	30.93	14.93	36.76	80.80
18.83	1.59	196.32	2.23	8.30	15.73	11.74	10.71	4.95	5.71	36.38
7.00	0.19	71.64	3.48	3.55	26.20	4.74	3.67	1.40	28.76	1.69
6.98	0.45	49.09	2.40	1.61	13.93	2.15	4.91	2.29	4.63	11.01
7.91	0.24	99.52	2.90	0.61	45.83	3.43	4.58	6.05	2.94	3.66
1.76		63.21	0.96	0.01	21.82	2.07	2.79	3.68	1.00	2.73
12.34	0.30	178.95	1.70	1.03	92.31	0.50	5.29	1.49	4.81	5.45
0.71		24.36	0.26	0.10	12.35	0.04	1.42	1.25	2.17	0.68
5.41	0.81	46.91	3.75	0.25	11.08	3.70	1.28	3.68	2.66	4.82
2.76		60.87	0.69	0.38	58.52	0.50	1.71	0.82	0.58	1.09
3.95	2.82	121.73	0.91	2.81	12.03	1.01	6.51	2.47	0.72	5.92
3.45		65.21	1.16	0.30	20.14	1.08	4.95	1.44	0.86	10.05
3.84	0.07	43.25	0.41	4.93	17.40	0.93	1.73	0.57	0.52	11.43

6—10 各地区全社会施工、竣工房屋面积

单位:万平方米

年份	施工房屋建筑面积	#住宅	竣工房屋建筑面积	#住宅
1990	4 353.9		3 049.0	2 112.1
1991	5 267.0		3 640.4	2 678.8
1992	6 123.7		3 772.8	2 531.6
1993	7 379.4		3 972.3	2 633.3
1994	7 756.6		4 058.2	2 614.5
1995	6 844.0	4 002.8	3 648.6	2 477.7
1996	6 172.0	3 652.3	3 536.0	2 407.3
1997	5 705.7	3 447.4	3 254.1	2 314.4
1998	5 816.4	3 321.1	3 469.5	2 144.5
1999	6 347.2	3 850.9	4 002.4	2 686.2
2000	7 986.4	5 449.2	5 202.0	3 920.1
2001	8 877.8	5 871.3	5 519.0	4 033.8
2002	10 359.3	6 552.0	6 309.8	4 221.1
2003	11 820.7	7 017.8	6 949.9	4 352.1
2004	13 594.0	7 865.5	7 799.1	4 846.6
2005	15 881.9	8 595.4	8 177.5	4 762.5
2006	19 863.9	10 863.3	10 241.7	5 960.0
2007	25 805.9	13 503.7	11 279.3	6 189.6
2008	29 420.1	15 741.3	12 909.2	6 879.9
2009	33 861.3	18 429.9	12 731	7 152.5
沈阳	10 450.7	5 231.2	3 225.1	1 210.3
大连	5 626.0	2 882.8	1 368.5	537.7
鞍山	2 813.6	1 614.5	702.2	377.0
抚顺	1 033.7	415.7	339.5	139.4
本溪	1 013.2	605.8	387.7	248.2
丹东	1 249.9	605.5	469.1	243.0
锦州	1 107.9	696.4	529.2	325.0
营口	2 290.0	1 157.3	869.2	533.6
阜新	729.5	343.0	304.0	156.9
辽阳	737.8	429.0	260.9	134.4
盘锦	409.2	268.3	224.5	134.7
铁岭	1 845.7	786.5	475.7	201.6
朝阳	1 113.9	628.5	381.0	247.6
葫芦岛	618.8	432.6	281.1	200.8

6—11 按构成和建设性质分的城镇固定资产投资

单位:亿元

年份、地区	投资额	按构成分			按建设性质分	
		建筑安装工程	设备、工器具购置	其他费用	#新建	#改、扩建
2000	1 067.10	676.69	246.37	144.04	249.66	489.24
2001	1 203.74	772.27	257.44	174.03	278.91	545.87
2002	1 364.04	839.45	276.04	248.55	307.31	600.27
2003	1 777.57	1 065.42	375.51	336.64	511.82	687.51
2004	2 600.80	1 579.60	593.60	427.60	807.55	941.98
2005	3 672.87	2 167.63	882.14	623.09	1 388.41	1 224.34
2006	3 015.85	1 164.71	797.28	1 976.40	888.65	689.09
2007	6 576.05	4 176.03	1 459.18	940.84	3 073.58	1 657.19
2008	8 881.95	5 526.65	2 229.01	1 126.29	4 144.82	2 203.95
2009	11 605.17	7 473.49	2 813.46	1 318.22	5 399.68	2 946.08
沈阳	3 434.25	2 307.34	708.23	418.67	1 199.03	833.54
大连	2 969.93	1 879.02	706.43	384.48	1 580.28	575.87
鞍山	759.24	534.96	124.11	100.17	312.39	244.89
抚顺	476.68	243.70	180.31	52.67	262.99	124.05
本溪	332.39	184.13	110.23	38.03	98.09	162.87
丹东	444.05	344.77	68.56	30.73	217.43	135.67
锦州	281.90	152.27	100.45	29.17	126.54	78.66
营口	669.15	477.62	148.89	42.65	400.54	136.67
阜新	169.27	84.79	67.42	17.06	128.62	19.51
辽阳	312.41	147.43	131.03	33.96	164.12	87.82
盘锦	474.89	353.19	76.78	44.91	200.45	213.68
铁岭	654.18	400.88	203.18	50.13	394.36	141.29
朝阳	407.42	215.41	147.64	44.36	199.98	131.44
葫芦岛	219.41	147.97	40.21	31.23	114.86	60.12

6—12 按资金来源和隶属关系分的城镇固定资产投资

单位:亿元

年份、地区	按资金来源分					按隶属关系分	
	国家预算内资金	国内贷款	利用外资	自筹资金	其他投资	中央项目	地方项目
2000	65.63	245.25	69.30	511.43	175.48	283.93	783.07
2001	107.69	256.03	51.33	592.83	195.86	302.20	901.54
2002	100.68	265.02	65.80	726.20	206.34	269.85	1 094.19
2003	82.89	345.98	49.35	1 051.91	247.44	250.90	1 526.67
2004	105.02	359.85	79.61	1 676.65	379.67	363.65	2 237.14
2005	164.74	489.57	117.64	2 447.25	453.67	476.68	3 196.19
2006	252.39	618.77	127.01	3 376.11	603.56	606.17	4 371.67
2007	355.49	917.52	199.76	4 394.80	708.48	861.29	5 714.76
2008	422.62	1 117.03	367.31	6 198.79	776.20	1 073.03	7 808.91
2009	510.98	1 677.54	348.16	8 159.79	908.70	815.50	10 789.67
沈阳	133.19	475.69	143.59	2 597.15	378.67	168.10	3 266.15
大连	282.34	539.99	210.75	1 723.33	508.42	235.38	2 734.55
鞍山	38.03	80.48	14.66	607.94	100.62	79.55	679.69
抚顺	8.82	60.90	16.40	397.67	40.43	76.37	400.31
本溪	29.34	20.89	2.63	257.00	26.30	8.71	323.68
丹东	39.76	66.87	10.26	341.77	29.55	11.51	432.55
锦州	9.18	73.02	2.56	262.98	28.53	6.52	275.38
营口	4.33	85.26	10.68	527.98	35.74	60.13	609.02
阜新	6.55	42.22	0.89	112.49	4.43	13.05	156.22
辽阳	2.94	52.58	0.80	240.48	33.39	35.89	276.52
盘锦	6.69	138.58	4.46	300.42	29.75	84.82	390.07
铁岭	13.12	66.81	4.66	637.48	31.58	14.18	640.00
朝阳	28.42	37.34	2.26	321.39	43.15	19.16	388.26
葫芦岛	8.63	39.92	0.43	125.13	29.42	2.14	217.26

注:本表资金来源分市数据为本年到位资金。

6—13　按行业分的城镇固定资产投资额

（2009 年）　　单位：万元

行　　业	投　资　额	建筑安装工程投资	设备工器具购置	其他费用
全省合计	116 051 706	74 734 857	28 134 632	13 182 217
农、林、牧、渔业	1 485 099	959 425	304 690	220 984
农业	352 063	243 642	61 749	46 672
林业	76 781	37 051	12 469	27 261
畜牧业	526 982	355 403	104 317	67 262
渔业	315 825	190 996	83 206	41 623
农、林、牧、渔服务业	213 448	132 333	42 949	38 166
采矿业	3 417 380	1 625 362	1 449 547	342 471
煤炭开采和洗选业	319 230	124 164	184 459	10 607
石油和天然气开采业	890 336	644 396	164 094	81 846
黑色金属矿采选业	1 430 298	480 735	764 608	184 955
有色金属矿采选业	242 056	152 548	69 527	19 981
非金属矿采选业	523 640	218 387	260 539	44 714
其他采矿业	11 820	5 132	6 320	368
制造业	44 368 986	22 455 190	18 612 351	3 301 445
农副食品加工业	2 203 599	1 187 368	857 615	158 616
食品制造业	712 476	355 722	278 583	78 171
饮料制造业	516 469	208 659	250 828	56 982
烟草制品业	8 476	5 156	2 868	452
纺织业	495 589	253 995	217 174	24 420
纺织服装、鞋、帽制造业	624 948	285 826	305 734	33 388
皮革、毛皮、羽毛(绒)及其制品业	223 152	174 098	42 846	6 208
木材加工及木、竹、藤、棕、草制品业	631 217	303 148	291 107	36 962
家具制造业	419 676	210 494	180 331	28 851
造纸及纸制品业	629 990	286 839	296 143	47 008
印刷业和记录媒介的复制	215 225	83 113	117 834	14 278
文教体育用品制造业	46 659	22 595	23 369	695
石油加工、炼焦及核燃料加工业	1 906 317	1 025 016	757 825	123 476
化学原料及化学制品制造业	3 165 382	1 559 128	1 395 946	210 308
医药制造业	749 539	378 539	291 787	79 213
化学纤维制造业	43 723	22 939	17 391	3 393
橡胶制品业	528 957	273 315	223 247	32 395
塑料制品业	1 036 250	512 248	431 546	92 456
非金属矿物制品业	3 849 034	1 828 788	1 777 327	242 919
黑色金属冶炼及压延加工业	3 529 753	1 621 795	1 560 522	347 436
有色金属冶炼及压延加工业	1 039 342	479 866	497 036	62 440
金属制品业	2 693 149	1 452 861	1 060 084	180 204

6—13 续表 1　　(2009 年)　　单位:万元

行业	投资额	建筑安装工程投资	设备工器具购置	其他费用
通用设备制造业	5 661 061	2 772 747	2 532 730	355 584
专用设备制造业	3 171 798	1 826 014	1 066 914	278 870
交通运输设备制造业	4 538 310	2 528 687	1 706 585	303 038
电气机械及器材制造业	2 517 128	1 258 435	1 014 486	244 207
通信设备、计算机及其他电子设备制造业	2 220 103	978 918	1 125 247	115 938
仪器仪表及文化、办公用机械制造业	461 046	296 154	134 571	30 321
工艺品及其他制造业	416 960	207 810	111 322	97 828
废弃资源和废旧材料回收加工业	113 658	54 917	43 353	15 388
电力、燃气及水的生产和供应业	6 524 871	3 169 366	2 667 989	687 516
电力、热力的生产和供应业	5 500 816	2 443 420	2 425 793	631 603
燃气生产和供应业	218 332	144 629	66 086	7 617
水的生产和供应业	805 723	581 317	176 110	48 296
建筑业	1 126 099	747 374	297 697	81 028
房屋和土木工程建筑业	711 166	511 528	159 413	40 225
建筑安装业	183 090	115 354	51 399	16 337
建筑装饰业	105 866	51 854	45 507	8 505
其他建筑业	125 977	68 638	41 378	15 961
交通运输、仓储和邮政业	7 214 713	5 546 581	957 857	710 275
铁路运输	453 956	353 128	69 819	31 009
道路运输业	2 554 537	2 076 912	231 125	246 500
城市公共交通业	1 030 023	772 686	153 726	103 611
水上运输业	1 327 916	1 022 918	263 425	41 573
航空运输业	223 253	92 215	30 348	100 690
管道运输业	115 544	91 184	16 927	7 433
装卸搬运和其他运输服务业	227 442	109 147	37 292	81 003
仓储业	1 249 227	1 013 240	143 316	92 671
邮政业	32 815	15 151	11 879	5 785
信息传输、计算机服务和软件业	1 321 260	724 519	527 758	68 983
电信和其他信息传输服务业	753 963	287 806	443 664	22 493
计算机服务业	187 612	122 202	29 369	36 041
软件业	379 685	314 511	54 725	10 449
批发和零售业	3 887 762	2 960 188	596 099	331 475
批发业	2 085 549	1 631 603	328 664	125 282
零售业	1 802 213	1 328 585	267 435	206 193
住宿和餐饮业	1 726 569	1 284 676	245 040	196 853
住宿业	871 957	621 199	106 553	144 205
餐饮业	854 612	663 477	138 487	52 648

6—13 续表2　　(2009 年)　　单位:万元

行　　业	投 资 额	建筑安装工程投资	设备工器具购置	其他费用
金融业	410 232	240 403	97 744	72 085
银行业	235 776	89 871	78 175	67 730
证券业	107 349	99 399	7 950	
保险业	23 037	17 467	5 360	210
其他金融活动	44 070	33 666	6 259	4 145
房地产业	27 246 609	21 560 204	410 205	5 276 200
租赁和商务服务业	1 574 604	1 312 582	143 005	119 017
租赁业	68 677	20 309	47 394	974
商务服务业	1 505 927	1 292 273	95 611	118 043
科学研究、技术服务和地质勘查业	945 500	604 524	265 451	75 525
研究与试验发展	241 319	116 914	93 213	31 192
专业技术服务业	413 862	295 419	79 818	38 625
科技交流和推广服务业	187 714	103 314	79 792	4 608
地质勘查业	102 605	88 877	12 628	1 100
水利、环境和公共设施管理业	8 834 138	7 208 159	519 898	1 106 081
水利管理业	613 834	548 358	23 809	41 667
环境管理业	750 052	487 440	125 232	137 380
公共设施管理业	7 470 252	6 172 361	370 857	927 034
居民服务和其他服务业	547 760	356 730	124 596	66 434
居民服务业	354 682	261 262	61 223	32 197
其他服务业	193 078	95 468	63 373	34 237
教育	1 258 501	927 682	183 370	147 449
卫生、社会保障和社会福利业	833 296	625 366	174 005	33 925
卫生	739 655	544 501	165 123	30 031
社会保障业	13 090	11 225	1 290	575
社会福利业	80 551	69 640	7 592	3 319
文化、体育和娱乐业	1 288 585	712 406	378 123	198 056
新闻出版业	65 623	44 086	15 417	6 120
广播、电视、电影和音像业	72 496	42 334	26 069	4 093
文化艺术业	179 095	147 097	19 362	12 636
体育	376 022	223 208	22 581	130 233
娱乐业	595 349	255 681	294 694	44 974
公共管理和社会组织	2 039 742	1 714 120	179 207	146 415
中国共产党机关	6 551	2 037	4 514	
国家机构	1 586 778	1 336 550	144 771	105 457
人民政协和民主党派	2 800	1 800	1 000	
群众社团、社会团体、宗教组织	154 531	112 593	18 472	23 466
基层群众自治组织	289 082	261 140	10 450	17 492

6—14 按行业、隶属关系和注册类型分城镇固定资产投资

（2009 年）

单位：万元

行业	投资额	中央	地方	内资	港澳台商投资	外商投资	个体经营
全省合计	**116 051 706**	**8 154 960**	**107 896 746**	**101 265 854**	**5 600 072**	**8 370 316**	**815 464**
农、林、牧、渔业	1 485 099		1 485 099	1 428 871	19 720	4 620	31 888
农业	352 063		352 063	340 318	8 550	1 400	1 795
林业	76 781		76 781	76 781			
畜牧业	526 982		526 982	493 369	8 320	3 220	22 073
渔业	315 825		315 825	309 805			6 020
农、林、牧、渔服务业	213 448		213 448	208 598	2 850		2 000
采矿业	3 417 380	878 161	2 539 219	3 345 122	12 640	1 930	57 688
煤炭开采和洗选业	319 230		319 230	306 710			12 520
石油和天然气开采业	890 336	787 954	102 382	890 336			
黑色金属矿采选业	1 430 298	90 207	1 340 091	1 417 210	9 000		4 088
有色金属矿采选业	242 056		242 056	237 556	3 000	1 500	
非金属矿采选业	523 640		523 640	481 490	640	430	41 080
其他采矿业	11 820		11 820	11 820			
制造业	44 368 986	2 688 724	41 680 262	39 248 500	1 136 075	3 720 987	263 424
农副食品加工业	2 203 599	26 227	2 177 372	2 049 709	32 497	93 284	28 109
食品制造业	712 476		712 476	620 561	18 435	62 984	10 496
饮料制造业	516 469		516 469	438 214	32 080	45 825	350
烟草制品业	8 476	8 476		8 476			
纺织业	495 589		495 589	457 010	4 367	24 479	9 733
纺织服装、鞋、帽制造业	624 948		624 948	567 597	7 038	33 193	17 120
皮革、毛皮、羽毛（绒）及其制品业	223 152		223 152	219 898		2 758	496
木材加工及木、竹、藤、棕、草制品业	631 217		631 217	588 771	7 020	26 946	8 480
家具制造业	419 676		419 676	364 401	16 780	32 315	6 180
造纸及纸制品业	629 990		629 990	603 985	15 224	6 931	3 850
印刷业和记录媒介的复制	215 225		215 225	211 258		2 267	1 700
文教体育用品制造业	46 659		46 659	39 999		6 660	
石油加工、炼焦及核燃料加工业	1 906 317	859 057	1 047 260	1 883 329	4 990	17 998	
化学原料及化学制品制造业	3 165 382	119 421	3 045 961	3 047 698	29 668	80 274	7 742
医药制造业	749 539	110	749 429	734 021	8 227	7 291	
化学纤维制造业	43 723		43 723	37 415	6 308		
橡胶制品业	528 957		528 957	418 124	68 009	34 624	8 200
塑料制品业	1 036 250	5	1 036 245	1 000 337	6 900	14 499	14 514
非金属矿物制品业	3 849 034	61 258	3 787 776	3 624 846	98 503	84 353	41 332
黑色金属冶炼及压延加工业	3 529 753	945 059	2 584 694	3 503 932	5 090	17 081	3 650
有色金属冶炼及压延加工业	1 039 342	23 568	1 015 774	812 174	147 294	70 120	9 754
金属制品业	2 693 149	5 402	2 687 747	2 530 852	24 988	114 199	23 110

6—14 续表1　　（2009 年）　　单位:万元

行　　业	投资额	中　央	地　方	内　资	港澳台商投　资	外商投资	个体经营
通用设备制造业	5 661 061	5 096	5 655 965	5 299 457	34 477	307 916	19 211
专用设备制造业	3 171 798	70 884	3 100 914	2 939 721	55 128	160 992	15 957
交通运输设备制造业	4 538 310	551 738	3 986 572	3 261 963	133 200	1 132 490	10 657
电气机械及器材制造业	2 517 128	482	2 516 646	2 109 476	230 713	166 164	10 775
通信设备、计算机及其他电子设备制造业	2 220 103	4 200	2 215 903	942 965	141 526	1 133 012	2 600
仪器仪表及文化、办公用机械制造业	461 046		461 046	433 124	3 780	22 006	2 136
工艺品及其他制造业	416 960	7 741	409 219	389 295	3 833	16 560	7 272
废弃资源和废旧材料回收加工业	113 658		113 658	109 892		3 766	
电力、燃气及水的生产和供应业	6 524 871	2 482 258	4 042 613	6 066 651	26 651	431 569	
电力、热力的生产和供应业	5 500 816	2 482 258	3 018 558	5 106 942	21 607	372 267	
燃气生产和供应业	218 332		218 332	192 636	5 044	20 652	
水的生产和供应业	805 723		805 723	767 073		38 650	
建筑业	1 126 099	55 329	1 070 770	1 086 691	23 878	981	14 549
房屋和土木工程建筑业	711 166	50 607	660 559	703 496			7 670
建筑安装业	183 090	392	182 698	182 110		490	490
建筑装饰业	105 866		105 866	79 889	23 438		2 539
其他建筑业	125 977	4 330	121 647	121 196	440	491	3 850
交通运输、仓储和邮政业	7 214 713	745 231	6 469 482	6 803 685	81 169	318 707	11 152
铁路运输业	453 956	181 878	272 078	452 889	601		466
道路运输业	2 554 537		2 554 537	2 537 832		7 807	8 898
城市公共交通业	1 030 023		1 030 023	1 027 031	930	2 062	
水上运输业	1 327 916	63 385	1 264 531	1 138 902	13 770	175 244	
航空运输业	223 253	3 350	219 903	222 768	485		
管道运输业	115 544	100 100	15 444	65 444	50 100		
装卸搬运和其他运输服务业	227 442		227 442	223 871	1 783		1 788
仓储业	1 249 227	396 518	852 709	1 102 133	13 500	133 594	
邮政业	32 815		32 815	32 815			
信息传输、计算机服务和软件业	1 321 260	307 354	1 013 906	1 059 846	60 416	196 223	4 775
电信和其他信息传输服务业	753 963	307 354	446 609	574 180	31 120	146 173	2 490
计算机服务业	187 612		187 612	170 106	12 366	3 312	1 828
软件业	379 685		379 685	315 560	16 930	46 738	457
批发和零售业	3 887 762	33 210	3 854 552	3 353 930	40 203	364 339	129 290
批发业	2 085 549	23 083	2 062 466	1 857 075	2 849	202 098	23 527
零售业	1 802 213	10 127	1 792 086	1 496 855	37 354	162 241	105 763
住宿和餐饮业	1 726 569	84 406	1 642 163	1 376 278	145 815	52 101	152 375
住宿业	871 957	56 406	815 551	755 370	76 511	22 668	17 408
餐饮业	854 612	28 000	826 612	620 908	69 304	29 433	134 967

6—14 续表 2　　（2009 年）　　单位:万元

行　　业	投资额	中　央	地　方	内　资	港澳台商投　资	外商投资	个体经营
金融业	410 232	82 042	328 190	401 854	3 200	4 618	560
银行业	235 776	77 412	158 364	227 958	3 200	4 618	
证券业	107 349	4 200	103 149	107 349			
保险业	23 037		23 037	23 037			
其他金融活动	44 070	430	43 640	43 510			560
房地产业	27 246 609	299 885	26 946 724	20 589 760	3 793 413	2 861 436	2 000
租赁和商务服务业	1 574 604	37 456	1 537 148	1 236 517	90 676	237 968	9 443
租赁业	68 677		68 677	65 097			3 580
商务服务业	1 505 927	37 456	1 468 471	1 171 420	90 676	237 968	5 863
科学研究、技术服务和地质勘查业	945 500	83 245	862 255	929 377	11 500	4 068	555
研究与试验发展	241 319	69 039	172 280	237 719		3 600	
专业技术服务业	413 862	14 206	399 656	413 582			280
科技交流和推广服务业	187 714		187 714	175 471	11 500	468	275
地质勘查业	102 605		102 605	102 605			
水利、环境和公共设施管理业	8 834 138	119 134	8 715 004	8 603 351	143 996	77 070	9 721
水利管理业	613 834	324	613 510	612 534		1 300	
环境管理业	750 052		750 052	695 396	1 055	53 601	
公共设施管理业	7 470 252	118 810	7 351 442	7 295 421	142 941	22 169	9 721
居民服务和其他服务业	547 760		547 760	466 350		11 295	70 115
居民服务业	354 682		354 682	288 531		6 627	59 524
其他服务业	193 078		193 078	177 819		4 668	10 591
教育	1 258 501	79 370	1 179 131	1 241 266		13 667	3 568
卫生、社会保障和社会福利业	833 296	85 000	748 296	783 601		36 593	13 102
卫生	739 655	85 000	654 655	690 457		36 593	12 605
社会保障业	13 090		13 090	13 090			
社会福利业	80 551		80 551	80 054			497
文化、体育和娱乐业	1 288 585		1 288 585	1 204 662	10 720	32 144	41 059
新闻出版业	65 623		65 623	65 623			
广播、电视、电影和音像业	72 496		72 496	72 496			
文化艺术业	179 095		179 095	171 476		2 183	5 436
体育	376 022		376 022	375 588			434
娱乐业	595 349		595 349	519 479	10 720	29 961	35 189
公共管理和社会组织	2 039 742	94 155	1 945 587	2 039 542			200
中国共产党机关	6 551		6 551	6 551			
国家机构	1 586 778	94 155	1 492 623	1 586 778			
人民政协和民主党派	2 800		2 800	2 800			
群众社团、社会团体、宗教组织	154 531		154 531	154 531			
基层群众自治组织	289 082		289 082	288 882			200

6—15 各地区城镇固定资产投资施工、竣工房屋面积

单位:万平方米

年份、地区	施工房屋建筑面积	#住宅	竣工房屋建筑面积	#住宅
2000	5 693.4	3 553.2	3 017.0	2 092.1
2001	6 120.1	3 869.7	2 991.0	2 116.3
2002	7 237.3	4 429.0	3 209.8	2 116.1
2003	8 254.7	4 809.1	3 667.4	2 214.0
2004	10 437.4	5 653.5	4 711.0	2 646.9
2005	12 381.8	6 329.8	5 032.3	2 539.0
2006	15 104.0	7 805.5	6 164.4	2 950.1
2007	20 932.3	10 350.5	6 847.7	3 130.4
2008	23 875.53	12 389.59	7 988.79	3 568.30
2009	29 221.21	14 886.90	8 397.77	3 638.41
沈阳	10 472.04	5 128.71	3 153.52	1 099.93
大连	5 487.64	2 882.55	1 295.10	537.40
鞍山	2 455.56	1 405.06	526.37	304.53
抚顺	1 047.28	415.71	334.52	139.38
本溪	995.47	592.67	373.55	237.72
丹东	1 131.73	532.03	365.35	169.46
锦州	887.63	493.07	309.53	121.65
营口	2 058.82	995.82	707.70	372.07
阜新	662.81	299.74	247.20	142.16
辽阳	623.05	344.82	146.91	50.45
盘锦	398.34	268.54	214.05	134.92
铁岭	1 519.74	641.15	271.47	61.06
朝阳	959.87	532.83	265.27	145.28
葫芦岛	521.21	354.21	187.22	122.41

6—16 各地区按主要行业

(2009

年份、地区	合计	农林牧渔业	采矿业	制造业	电力、燃气及水的生产和供应业	建筑业	交通运输仓储和邮政业	信息传输、计算机服务和软件业	批发和零售业
2003	17 775 685	234 325	915 589	4 699 166	943 523	111 335	1 929 401		796 023
2004	26 007 969	253 367	1 288 067	7 734 975	1 087 657	250 849	2 194 541	503 526	970 188
2005	36 728 695	341 531	1 829 455	13 593 118	1 386 721	246 171	2 805 633	411 454	1 190 215
2006	49 778 419	383 657	2 120 810	17 907 431	2 077 061	578 028	5 264 691	963 092	1 276 364
2007	65 760 474	548 289	2 815 200	24 505 157	3 363 528	386 305	5 478 029	657 518	1 876 047
2008	88 819 463	867 756	3 106 769	34 622 302	4 321 872	464 902	7 483 593	1 149 446	2 245 410
2009	116 051 706	1 485 099	3 417 380	44 368 986	6 524 871	1 126 099	7 214 713	1 321 260	3 887 762
沈阳	34 342 454	453 204	67 521	11 039 462	1 083 440	357 180	1 289 119	695 659	2 080 575
大连	29 699 326	450 901	15 176	10 573 783	1 824 965	220 924	2 248 018	381 011	509 627
鞍山	7 592 391	74 811	185 563	3 391 136	293 102	59 406	328 218	56 623	379 973
抚顺	4 766 782	86 647	170 260	2 314 135	66 346	69 306	373 299	34 582	142 858
本溪	3 323 881	25 018	274 139	1 271 594	196 538	13 479	450 680	20 636	109 204
丹东	4 440 548	56 080	436 898	1 360 767	209 749	17 410	574 416	3 300	133 610
锦州	2 819 006	31 723	97 706	1 136 418	518 941	22 896	83 755	23 369	49 699
营口	6 691 516	5 565	2 940	3 129 071	445 705	500	624 785	6 827	88 405
阜新	1 692 656	35 569	84 524	607 871	426 326	570	71 038	1 753	45 883
辽阳	3 124 131	10 626	321 724	1 355 346	257 073	77 383	112 381	54 109	111 254
盘锦	4 748 907	60 642	770 005	2 127 285	30 558	64 151	358 901	34 041	49 435
铁岭	6 541 833	52 544	118 803	3 906 045	524 341	8 686	368 020	75	89 401
朝阳	4 074 190	97 063	818 351	1 498 056	290 178	175 050	122 689	1 815	82 908
葫芦岛	2 194 085	44 706	53 770	658 017	357 609	39 158	209 394	7 460	14 930

分城镇固定资产投资

年）

单位：万元

住宿和餐饮业	金融业	房地产业	租赁和商务服务业	科学研究、技术服务和地质勘查业	水利、环境和公共设施管理业	居民服务和其他服务业	教育	卫生、社会保障和社会福利业	文化、体育和娱乐业	公共管理和社会组织
	43 986	5 014 438	53 077	143 409	105 645	960 830		108 821	637 396	1 078 721
416 317	41 271	7 424 980	241 364	252 248	1 654 275	101 378	610 905	188 193	324 261	468 059
379 739	173 555	9 232 250	370 072	268 299	2 591 290	110 551	851 655	214 137	330 560	402 289
561 116	101 482	12 236 920	571 007	345 972	3 016 699	187 220	888 807	284 697	532 540	480 825
850 319	208 014	15 938 297	861 383	458 820	4 992 339	354 511	964 571	390 367	536 500	575 280
1 108 692	471 310	21 885 701	1 239 833	608 542	6 180 492	327 680	1 048 700	510 951	580 516	594 996
1 726 569	410 232	27 246 609	1 574 604	945 500	8 834 138	547 760	1 258 501	833 296	1 288 585	2 039 742
538 042	72 083	12 158 602	571 941	571 878	1 540 446	156 601	494 898	403 459	391 015	377 329
547 724	273 959	5 967 796	805 037	139 120	3 946 145	168 240	306 425	148 642	365 886	805 947
160 658	15 869	1 818 590	16 355	81 960	144 754	48 492	100 845	49 061	56 861	330 114
66 781	1 910	716 368	34 770	35 518	253 531	47 374	35 586	13 497	287 125	16 889
69 712	4 500	469 811	24 030	16 090	138 518	21 450	49 146	22 884	36 884	109 568
76 130	2 000	900 417	28 200	6 140	441 316	32 540	43 416	56 774	29 087	32 298
15 210		521 118	9 630		207 952	5 879	27 468	36 182	9 055	22 005
119 565	3 000	1 166 603	16 888	7 915	908 647	5 002	52 517	14 229	47 879	45 473
7 120		243 640	2 593	1 031	112 611	380	14 174	12 539	18 212	6 822
51 010	8 043	464 019	37 274	2 530	108 263	32 564	11 850	36 133	25 040	47 509
17 647		608 662	6 871	2 977	583 202	5 000	9 200	7 980	4 500	7 850
17 551	28 218	1 146 711	7 840	28 041	111 614	6 000	53 175	19 189	5 452	50 127
21 418		631 786	9 275	3 000	178 381	9 045	43 271	7 666	6 481	77 757
18 001	650	432 486	3 900	49 300	158 758	9 193	16 530	5 061	5 108	110 054

6—17 城镇固定资产投资各行业

(2009

行业	本年资金来源合计	国家预算内资金	国内贷款
全省合计	**125 901 275**	**6 113 434**	**17 805 611**
农、林、牧、渔业	1 624 115	51 253	208 985
农业	354 115	14 428	6 600
林业	75 635	19 418	1 950
畜牧业	662 147	894	140 075
渔业	321 079		49 560
农、林、牧、渔服务业	211 139	16 513	10 800
采矿业	3 555 652	9 675	114 170
煤炭开采和洗选业	319 044	1 455	2 440
石油和天然气开采业	1 052 609		
黑色金属矿采选业	1 436 421	3 120	72 500
有色金属矿采选业	209 637	5 100	7 200
非金属矿采选业	527 121		32 030
其他采矿业	10 820		
制造业	45 957 148	161 481	5 405 209
农副食品加工业	2 286 686	7 457	135 965
食品制造业	786 816		75 730
饮料制造业	537 028		19 506
烟草制品业	8 395		
纺织业	497 270		25 260
纺织服装、鞋、帽制造业	621 566		12 750
皮革、毛皮、羽毛(绒)及其制品业	225 882		10 000
木材加工及木、竹、藤、棕、草制品业	676 021		27 950
家具制造业	427 117		27 200
造纸及纸制品业	673 243		102 100
印刷业和记录媒介的复制	216 678		6 050
文教体育用品制造业	44 807		
石油加工、炼焦及核燃料加工业	1 844 782	13 608	539 479
化学原料及化学制品制造业	3 272 997	46 765	912 600
医药制造业	807 463	769	146 966
化学纤维制造业	48 524		
橡胶制品业	539 545		61 582
塑料制品业	1 032 056	300	77 785
非金属矿物制品业	4 124 331	34 600	334 421
黑色金属冶炼及压延加工业	3 325 371	23 902	168 937
有色金属冶炼及压延加工业	1 049 166	828	51 739
金属制品业	2 787 406		417 675

资金来源和新增固定资产

年)

单位:万元

利用外资	自筹资金	其他资金	投资额	新增固定资产	固定资产交付使用率(%)
4 250 278	**84 531 985**	**13 199 967**	**116 051 706**	**68 569 660**	**59.1**
3 050	1 325 057	35 770	1 485 099	1 151 381	77.5
3 050	321 218	8 819	352 063	291 660	82.8
	48 671	5 596	76 781	55 830	72.7
	504 853	16 325	526 982	384 448	73.0
	269 659	1 860	315 825	261 969	82.9
	180 656	3 170	213 448	157 474	73.8
20 980	3 268 592	142 235	3 417 380	2 295 717	67.2
	313 019	2 130	319 230	257 958	80.8
10 350	986 871	55 388	890 336	371 627	41.7
6 500	1 296 654	57 647	1 430 298	990 243	69.2
1 700	185 637	10 000	242 056	210 972	87.2
2 430	477 091	15 570	523 640	453 597	86.6
	9 320	1 500	11 820	11 320	95.8
2 458 801	37 159 769	771 888	44 368 986	29 092 046	65.6
45 199	2 069 931	28 134	2 203 599	1 665 378	75.6
25 152	673 104	12 830	712 476	489 528	68.7
19 900	494 208	3 414	516 469	340 730	66.0
	8 395		8 476	55 397	653.6
4 030	466 910	1 070	495 589	439 584	88.7
6 485	596 131	6 200	624 948	551 923	88.3
2 758	198 084	15 040	223 152	162 380	72.8
13 720	628 561	5 790	631 217	576 781	91.4
15 731	379 586	4 600	419 676	398 275	94.9
13 337	553 816	3 990	629 990	456 039	72.4
	208 628	2 000	215 225	200 091	93.0
2 470	42 337		46 659	40 827	87.5
1 000	1 185 768	104 927	1 906 317	556 785	29.2
89 090	2 150 899	73 643	3 165 382	2 154 699	68.1
1 319	655 242	3 167	749 539	409 113	54.6
	48 524		43 723	8 396	19.2
41 594	420 025	16 344	528 957	580 757	109.8
7 935	935 802	10 234	1 036 250	775 826	74.9
36 774	3 618 216	100 320	3 849 034	3 061 705	79.5
12 594	2 980 506	139 432	3 529 753	1 785 090	50.6
42 780	943 849	9 970	1 039 342	694 502	66.8
65 179	2 233 413	71 139	2 693 149	2 064 312	76.7

6—17 续表 1 （2009

行业	本年资金来源合计	国家预算内资金	国内贷款
通用设备制造业	5 826 454	9 734	470 863
专用设备制造业	3 290 601	8 560	518 844
交通运输设备制造业	4 942 324	1 758	668 899
电气机械及器材制造业	2 663 835	4 900	247 050
通信设备、计算机及其他电子设备制造业	2 340 501	5 000	286 657
仪器仪表及文化、办公用机械制造业	531 857	300	41 206
工艺品及其他制造业	421 010	3 000	10 850
废弃资源和废旧材料回收加工业	107 416		7 145
电力、燃气及水的生产和供应业	7 034 760	746 895	2 733 871
电力、热力的生产和供应业	6 019 010	536 485	2 613 735
燃气生产和供应业	211 255	13 225	2 400
水的生产和供应业	804 495	197 185	117 736
建筑业	1 139 620	129 018	51 970
房屋和土木工程建筑业	712 366	128 880	23 870
建筑安装业	186 595	138	13 350
建筑装饰业	111 872		12 650
其他建筑业	128 787		2 100
交通运输、仓储和邮政业	7 745 410	1 980 743	1 732 700
铁路运输业	458 845	212 298	153 896
道路运输业	2 563 483	932 807	382 348
城市公共交通业	1 151 975	40 830	378 584
水上运输业	1 383 294	15 523	463 429
航空运输业	315 963		180 500
管道运输业	60 425	1 500	16 000
装卸搬运和其他运输服务业	235 162	2 110	10 881
仓储业	1 542 883	775 675	137 062
邮政业	33 380		10 000
信息传输、计算机服务和软件业	1 282 925	107 316	30 734
电信和其他信息传输服务业	724 730	106 316	16 534
计算机服务业	189 035		1 700
软件业	369 160	1 000	12 500
批发和零售业	3 897 561	5 927	160 470
批发业	2 168 096	2 560	83 313
零售业	1 729 465	3 367	77 157
住宿和餐饮业	1 850 847	7 839	130 555
住宿业	968 588	2 439	120 477
餐饮业	882 259	5 400	10 078

年）

单位:万元

利用外资	自筹资金	其他资金	投资额	新增固定资产	固定资产交付使用率（%）
249 952	5 044 794	51 111	5 661 061	4 253 929	75.1
57 966	2 675 091	30 140	3 171 798	1 821 796	57.4
645 069	3 619 738	6 860	4 538 310	1 876 167	41.3
133 086	2 258 538	20 261	2 517 128	2 025 805	80.5
894 197	1 107 138	47 509	2 220 103	993 267	44.7
14 891	473 897	1 563	461 046	382 807	83.0
16 593	389 867	700	416 960	164 584	39.5
	98 771	1 500	113 658	105 573	92.9
59 218	3 225 117	269 659	6 524 871	3 411 559	52.3
34 449	2 659 655	174 686	5 500 816	2 809 680	51.1
12 929	161 649	21 052	218 332	181 883	83.3
11 840	403 813	73 921	805 723	419 996	52.1
490	917 871	40 271	1 126 099	938 757	83.4
	536 092	23 524	711 166	601 080	84.5
490	160 618	11 999	183 090	132 148	72.2
	95 822	3 400	105 866	84 779	80.1
	125 339	1 348	125 977	120 750	95.9
38 741	3 869 302	123 924	7 214 713	4 058 862	56.3
1 600	91 051		453 956	99 492	21.9
4 700	1 205 916	37 712	2 554 537	1 205 472	47.2
	704 207	28 354	1 030 023	73 040	7.1
	884 509	19 833	1 327 916	1 004 585	75.7
	135 163	300	223 253	66 253	29.7
	16 250	26 675	115 544	11 305	9.8
467	211 704	10 000	227 442	196 483	86.4
31 974	598 172		1 249 227	1 395 658	111.7
	22 330	1 050	32 815	6 574	20.0
31 207	1 113 243	425	1 321 260	864 654	65.4
4 651	596 804	425	753 963	575 831	76.4
12 818	174 517		187 612	92 167	49.1
13 738	341 922		379 685	196 656	51.8
128 600	3 533 778	68 786	3 887 762	3 229 421	83.1
90 072	1 962 383	29 768	2 085 549	1 763 023	84.5
38 528	1 571 395	39 018	1 802 213	1 466 398	81.4
126 565	1 558 833	27 055	1 726 569	1 261 212	73.0
29 482	810 990	5 200	871 957	571 322	65.5
97 083	747 843	21 855	854 612	689 890	80.7

6—17 续表 2 (2009

行　　业	本年资金来源合计	国家预算内资金	国 内 贷 款
金融业	420 336	19 481	23 233
银行业	237 498	19 481	23 233
证券业	114 693		
保险业	23 060		
其他金融活动	45 085		
房地产业	33 549 362	60 195	4 841 770
租赁和商务服务业	1 655 378	34 534	89 795
租赁业	67 187		2 700
商务服务业	1 588 191	34 534	87 095
科学研究、技术服务和地质勘查业	991 080	32 495	88 151
研究与试验发展	264 949	17 329	40 800
专业技术服务业	431 789	11 303	23 600
科技交流和推广服务业	190 817	205	5 200
地质勘查业	103 525	3 658	18 551
水利、环境和公共设施管理业	9 020 965	1 803 546	1 602 697
水利管理业	742 021	218 654	71 909
环境管理业	739 579	174 157	142 642
公共设施管理业	7 539 365	1 410 735	1 388 146
居民服务和其他服务业	616 056	24 978	58 917
居民服务业	364 947	2 358	3 820
其他服务业	251 109	22 620	55 097
教育	1 283 537	166 310	159 266
卫生、社会保障和社会福利业	954 797	113 813	60 426
卫生	859 329	99 609	53 426
社会保障业	12 360	300	
社会福利业	83 108	13 904	7 000
文化、体育和娱乐	1 366 400	204 759	136 089
新闻出版业	61 449		
广播、电视、电影和音像业	72 833	1 200	2 200
文化艺术业	249 993	84 152	43 348
体育	381 231	93 407	81 341
娱乐业	600 894	26 000	9 200
公共管理和社会组织	1 955 326	453 176	176 603
中国共产党机关	6 551		
国家机构	1 483 107	417 243	173 403
人民政协和民主党派	2 800		2 800
群众团体、社会团体和宗教组织	154 362	34 383	
基层群众自治组织	308 506	1 550	400

年）

单位:万元

利用外资	自筹资金	其他资金	投资额	新增固定资产	固定资产交付使用率（%）
3 382	372 970	1 270	410 232	215 985	52.6
3 382	190 532	870	235 776	146 415	62.1
	114 693		107 349	4 693	4.4
	23 060		23 037	23 037	100.0
	44 685	400	44 070	41 840	94.9
1 199 845	16 381 012	11 066 540	27 246 609	11 230 393	41.2
31 075	1 494 074	5 900	1 574 604	848 711	53.9
	64 487		68 677	63 167	92.0
31 075	1 429 587	5 900	1 505 927	785 544	52.2
9 549	840 885	20 000	945 500	581 705	61.5
	206 820		241 319	67 064	27.8
	382 886	14 000	413 862	332 462	80.3
9 549	174 863	1 000	187 714	160 654	85.6
	76 316	5 000	102 605	21 525	21.0
70 001	5 084 882	459 839	8 834 138	5 841 711	66.1
1 500	415 373	34 585	613 834	513 028	83.6
54 071	350 284	18 425	750 052	612 570	81.7
14 430	4 319 225	406 829	7 470 252	4 716 113	63.1
7 463	513 106	11 592	547 760	485 911	88.7
2 795	346 582	9 392	354 682	320 181	90.3
4 668	166 524	2 200	193 078	165 730	85.8
13 517	851 582	92 862	1 258 501	726 414	57.7
36 593	732 301	11 664	833 296	594 542	71.3
36 593	659 657	10 044	739 655	533 374	72.1
	10 960	1 100	13 090	10 850	82.9
	61 684	520	80 551	50 318	62.5
11 201	998 151	16 200	1 288 585	511 926	39.7
	55 749	5 700	65 623	13 989	21.3
	69 433		72 496	70 808	97.7
	113 993	8 500	179 095	92 599	51.7
	206 483		376 022	87 376	23.2
11 201	552 493	2 000	595 349	247 154	41.5
	1 291 460	34 087	2 039 742	1 228 753	60.2
	6 551		6 551	6 551	100.0
	866 734	25 727	1 586 778	825 582	52.0
		0	2 800	2 800	100.0
	111 619	8 360	154 531	119 528	77.3
	306 556		289 082	274 292	94.9

6—18 各地区按行业分城镇

年份、地区	合计	农林牧渔业	采矿业	制造业	电力、燃气及水的生产和供应业	建筑业	交通运输仓储和邮政业	信息传输、计算机服务和软件业	批发和零售业
2005	23 785 868	278 332	1 466 943	9 828 630	956 830	188 933	1 416 108	359 388	923 303
2006	27 641 611	354 483	1 944 056	11 027 672	948 659	324 995	1 756 914	394 289	1 059 344
2007	36 316 002	477 202	2 100 599	14 261 494	2 353 587	285 779	2 493 073	319 701	1 445 176
2008	50 566 948	770 661	2 355 216	21 893 841	2 192 069	406 054	2 328 227	618 041	1 799 541
2009	68 569 660	1 151 381	2 295 717	29 092 046	3 411 559	938 757	4 058 862	864 654	3 229 421
沈阳	21 201 406	345 361	53 827	8 409 070	831 545	326 905	438 087	554 590	1 721 798
大连	16 806 632	386 811	15 176	7 289 718	585 007	179 635	1 463 400	104 170	472 227
鞍山	4 496 137	79 138	103 598	2 046 878	225 037	43 474	72 528	55 077	329 566
抚顺	1 859 589	2 082	71 242	814 900	18 960	30 544	88 862	33 592	71 874
本溪	2 007 444	13 378	186 950	541 927	189 049	10 857	125 966	19 690	75 674
丹东	3 263 490	39 680	313 608	1 223 373	171 040	15 510	343 383	3 300	104 750
锦州	2 064 028	23 563	90 028	838 187	325 762	22 596	54 745	23 369	50 499
营口	4 873 547	5 555	2 000	2 618 024	93 223		888 082	1 500	58 138
阜新	1 297 792	17 492	81 288	371 632	450 979	230	36 137	6 370	19 380
辽阳	1 864 646	10 436	213 395	884 714	99 602	74 723	41 931	28 306	121 734
盘锦	1 995 491	60 642	311 126	659 304	30 558	58 028	207 376	16 615	47 405
铁岭	3 015 323	55 826	50 681	2 025 929	209 053	11 236	126 731	10 000	62 878
朝阳	2 827 344	84 147	713 795	1 050 195	124 679	141 861	114 230	1 815	67 798
葫芦岛	996 791	27 270	89 003	318 195	57 065	23 158	57 404	6 260	25 700

固定资产投资新增固定资产

单位:万元

住宿和餐饮业	金融业	房地产业	租赁和商务服务业	科学研究、技术服务和地质勘查业	水利、环境和公共设施管理业	居民服务和其他服务业	教育	卫生、社会保障和社会福利业	文化、体育和娱乐业	公共管理和社会组织
401 408	98 925	4 623 591	297 858	206 698	1 313 070	106 320	608 380	180 826	213 179	317 146
421 746	53 810	5 801 680	348 341	166 703	1 450 509	134 351	588 452	177 265	336 290	352 052
584 539	93 356	6 552 689	392 885	330 772	2 710 649	250 160	708 908	282 776	290 804	381 853
973 428	219 398	9 863 600	747 145	477 847	3 731 698	317 367	669 226	334 031	390 321	479 237
1 261 212	215 985	11 230 393	848 711	581 705	5 841 711	485 911	726 414	594 542	511 926	1 228 753
464 246	71 283	3 954 125	432 512	470 849	1 936 874	127 787	355 434	263 772	225 048	218 293
315 756	84 491	2 349 134	296 649	38 434	2 203 401	160 420	135 993	77 610	90 795	557 805
120 331	14 520	1 039 521	7 355	480	63 442	38 902	42 710	41 378	49 804	122 398
61 671	1 910	392 777	4 915	27 080	122 983	43 814	25 199	11 454	29 861	5 869
59 548	3 500	485 330	5 717	2 300	114 531	17 250	26 285	16 240	27 319	85 933
73 280	2 000	507 323	40 060	440	263 173	33 090	23 164	67 769	25 787	12 760
6 930		408 658	8 855		138 233	4 579	17 293	36 471	3 955	10 305
63 376	3 000	487 807	3 200	10 855	564 641	4 262	23 327	12 029	1 320	33 208
1 560		239 107	488		37 133	380	5 306	2 966	21 062	6 282
35 415	7 613	131 202	24 924	2 530	75 517	27 014	9 950	27 090	19 040	29 510
13 488		464 405	6 871	2 977	86 066	5 000	5 300	7 980	4 500	7 850
12 460	27 018	235 307	7 840	22 760	63 594	5 175	23 742	12 081	7 054	45 958
21 018		233 321	8 625	3 000	155 575	9 045	23 181	5 386	4 291	65 382
12 133	650	302 376	700		16 548	9 193	9 530	12 316	2 090	27 200

6—19 按构成和建设性质分的建设项目投资

单位:亿元

年份、地区	投资额	按构成分			按建设性质分	
		建筑安装工程	设备、工器具购置	其他费用	#新建	#改、扩建
2000	784.42	462.30	239.86	82.25	249.66	489.24
2001	873.10	529.57	252.15	91.38	278.91	545.87
2002	969.01	560.24	268.07	140.70	307.31	600.27
2003	1 279.14	733.57	368.64	176.92	511.82	687.51
2004	1 875.04	1 082.72	584.61	207.70	807.55	941.98
2005	2 792.27	1 570.08	868.22	353.97	1 388.41	1 224.34
2006	3 835.65	2 250.14	1 153.40	432.10	1 976.40	1 577.74
2007	5 078.47	3 009.83	1 442.12	626.52	3 073.58	1 657.19
2008	6 821.15	3 956.06	2 193.86	671.23	4 144.82	2 203.95
2009	8 964.61	5 388.60	2 777.61	798.39	5 399.68	2 946.08
沈阳	2 245.54	1 342.08	684.78	218.68	1 199.03	833.54
大连	2 390.99	1 444.44	700.36	246.19	1 580.28	575.87
鞍山	579.63	420.55	121.85	37.23	312.39	244.89
抚顺	412.41	199.87	179.81	32.73	262.99	124.05
本溪	285.88	144.32	109.64	31.91	98.09	162.87
丹东	355.64	262.59	67.70	25.36	217.43	135.67
锦州	232.41	113.74	100.21	18.46	126.54	78.66
营口	555.68	383.24	148.46	23.98	400.54	136.67
阜新	148.87	69.40	67.40	12.07	128.62	19.51
辽阳	269.23	115.86	130.89	22.48	164.12	87.82
盘锦	416.83	304.02	76.17	36.64	200.45	213.68
铁岭	544.56	307.29	202.96	34.31	394.36	141.29
朝阳	348.27	165.26	147.60	35.40	199.98	131.44
葫芦岛	178.66	115.94	39.77	22.95	114.86	60.12

6—20 按资金来源和隶属关系分的建设项目投资

单位:亿元

年份、地区	按资金来源分					按隶属关系分	
	国家预算内资金	国内贷款	利用外资	自筹资金	其他投资	中央项目	地方项目
2000	65.13	184.98	64.15	420.69	67.25	277.40	524.80
2001	107.51	192.97	46.36	479.35	54.48	300.40	580.27
2002	99.49	190.62	59.92	572.13	53.56	266.19	709.54
2003	82.59	229.86	44.51	853.85	80.37	245.37	1 045.80
2004	104.88	251.74	71.32	1 372.45	74.65	358.04	1 516.99
2005	164.74	374.16	108.90	2 016.02	128.44	474.18	2 318.09
2006	252.39	480.22	102.80	2 852.19	148.06	603.41	3 232.23
2007	355.49	761.77	121.88	3 656.50	182.82	856.53	4 221.94
2008	422.62	858.00	260.66	5 125.31	154.56	1 059.69	5 761.46
2009	510.98	1 255.05	268.94	6 813.10	116.54	787.41	8 177.20
沈阳	133.19	292.46	59.95	1 852.81	20.61	159.33	2 086.21
大连	282.34	371.29	200.41	1 464.48	73.44	227.94	2 163.05
鞍山	38.03	43.02	2.32	487.75	36.31	79.55	500.08
抚顺	8.82	45.34	14.25	362.03	2.16	64.99	347.42
本溪	29.34	17.08	2.55	234.40	1.45	8.71	277.17
丹东	39.76	61.83	5.44	277.86	13.41	11.51	344.14
锦州	9.18	64.98	1.26	219.53	4.61	6.52	225.89
营口	4.33	76.52	10.43	451.93	0.93	60.13	495.55
阜新	6.55	40.59	0.89	94.81	1.65	13.05	135.82
辽阳	2.94	38.91	0.80	210.84	20.41	35.39	233.84
盘锦	6.69	133.89	4.46	270.46	12.69	84.82	332.01
铁岭	13.12	52.56	4.66	558.10	6.54	14.18	530.38
朝阳	28.42	31.94	2.26	283.47	19.03	19.16	329.11
葫芦岛	8.63	36.42	0.43	104.68	7.02	2.14	176.52

注:本表资金来源分市数据为本年到位资金。

6—21 按行业分的建设项目投资额

（2009 年） 单位:万元

行业	投资额	#新建	#扩建	#改建	建筑安装工程投资	设备工器具购置	其他费用
全省合计	**89 646 067**	**53 996 828**	**16 502 252**	**12 958 530**	**53 886 010**	**27 776 143**	**7 983 914**
农、林、牧、渔业	1 485 099	995 554	307 580	106 285	959 425	304 690	220 984
农业	352 063	237 859	90 045	12 650	243 642	61 749	46 672
林业	76 781	41 201	30 970	4 448	37 051	12 469	27 261
畜牧业	526 982	427 693	80 219	13 668	355 403	104 317	67 262
渔业	315 825	161 264	52 181	58 580	190 996	83 206	41 623
农、林、牧、渔服务业	213 448	127 537	54 165	16 939	132 333	42 949	38 166
采矿业	3 417 380	906 643	1 610 065	654 650	1 625 362	1 449 547	342 471
煤炭开采和洗选业	319 230	52 975	69 461	166 866	124 164	184 459	10 607
石油和天然气开采业	890 336	74 398	756 045	55 388	644 396	164 094	81 846
黑色金属矿采选业	1 430 298	439 591	483 864	362 439	480 735	764 608	184 955
有色金属矿采选业	242 056	95 269	86 089	52 865	152 548	69 527	19 981
非金属矿采选业	523 640	237 040	210 156	17 092	218 387	260 539	44 714
其他采矿业	11 820	7 370	4 450		5 132	6 320	368
制造业	44 368 986	25 926 185	9 408 339	5 510 015	22 455 190	18 612 351	3 301 445
农副食品加工业	2 203 599	1 234 237	649 895	184 146	1 187 368	857 615	158 616
食品制造业	712 476	422 221	167 762	64 128	355 722	278 583	78 171
饮料制造业	516 469	300 160	109 259	48 429	208 659	250 828	56 982
烟草制品业	8 476	3 360		5 116	5 156	2 868	452
纺织业	495 589	204 366	182 954	67 726	253 995	217 174	24 420
纺织服装、鞋、帽制造业	624 948	263 779	189 334	111 857	285 826	305 734	33 388
皮革、毛皮、羽毛(绒)及其制品业	223 152	145 617	49 317	22 035	174 098	42 846	6 208
木材加工及木、竹、藤、棕、草制品业	631 217	358 625	173 756	43 795	303 148	291 107	36 962
家具制造业	419 676	184 473	164 396	35 095	210 494	180 331	28 851
造纸及纸制品业	629 990	329 459	164 301	77 065	286 839	296 143	47 008
印刷业和记录媒介的复制	215 225	85 670	34 174	47 666	83 113	117 834	14 278
文教体育用品制造业	46 659	36 248	1 180	4 498	22 595	23 369	695
石油加工、炼焦及核燃料加工业	1 906 317	1 025 228	441 887	345 857	1 025 016	757 825	123 476
化学原料及化学制品制造业	3 165 382	1 681 959	1 064 875	214 451	1 559 128	1 395 946	210 308
医药制造业	749 539	538 684	94 900	76 906	378 539	291 787	79 213
化学纤维制造业	43 723	32 033	9 730	1 512	22 939	17 391	3 393
橡胶制品业	528 957	324 484	142 990	42 890	273 315	223 247	32 395
塑料制品业	1 036 250	647 539	210 741	95 216	512 248	431 546	92 456
非金属矿物制品业	3 849 034	1 864 274	1 267 506	512 676	1 828 788	1 777 327	242 919
黑色金属冶炼及压延加工业	3 529 753	1 598 773	357 263	1 458 585	1 621 795	1 560 522	347 436
有色金属冶炼及压延加工业	1 039 342	643 013	232 395	117 283	479 866	497 036	62 440
金属制品业	2 693 149	1 819 467	448 957	200 564	1 452 861	1 060 084	180 204

6—21 续表 1　　　　(2009 年)　　　　单位:万元

行　　业	投资额	#新　建	#扩　建	#改　建	建筑安装工程投资	设备工器具购置	其他费用
通用设备制造业	5 661 061	3 046 100	1 490 945	505 142	2 772 747	2 532 730	355 584
专用设备制造业	3 171 798	1 787 826	438 608	586 196	1 826 014	1 066 914	278 870
交通运输设备制造业	4 538 310	3 179 807	701 283	333 572	2 528 687	1 706 585	303 038
电气机械及器材制造业	2 517 128	1 757 919	351 089	152 694	1 258 435	1 014 486	244 207
通信设备、计算机及其他电子设备制造业	2 220 103	1 800 429	131 655	44 917	978 918	1 125 247	115 938
仪器仪表及文化、办公用机械制造业	461 046	236 231	59 839	73 673	296 154	134 571	30 321
工艺品及其他制造业	416 960	303 263	39 176	32 787	207 810	111 322	97 828
废弃资源和废旧材料回收加工业	113 658	70 941	38 172	3 538	54 917	43 353	15 388
电力、燃气及水的生产和供应业	6 524 871	5 076 060	850 688	482 098	3 169 366	2 667 989	687 516
电力、热力的生产和供应业	5 500 816	4 392 185	652 725	376 921	2 443 420	2 425 793	631 603
燃气生产和供应业	218 332	163 605	31 642	22 585	144 629	66 086	7 617
水的生产和供应业	805 723	520 270	166 321	82 592	581 317	176 110	48 296
建筑业	1 126 099	644 536	110 919	214 063	747 374	297 697	81 028
房屋和土木工程建筑业	711 166	485 481	64 099	99 077	511 528	159 413	40 225
建筑安装业	183 090	76 037	27 857	52 771	115 354	51 399	16 337
建筑装饰业	105 866	19 920	8 068	32 958	51 854	45 507	8 505
其他建筑业	125 977	63 098	10 895	29 257	68 638	41 378	15 961
交通运输、仓储和邮政业	7 214 713	4 642 737	1 189 684	821 396	5 546 581	957 857	710 275
铁路运输业	453 956	375 404	1 062	55 457	353 128	69 819	31 009
道路运输业	2 554 537	1 694 701	327 812	365 659	2 076 912	231 125	246 500
城市公共交通业	1 030 023	621 279	19 442	336 139	772 686	153 726	103 611
水上运输业	1 327 916	619 889	526 365	3 420	1 022 918	263 425	41 573
航空运输业	223 253	13 680	197 638	6 180	92 215	30 348	100 690
管道运输业	115 544	113 068	500	1 976	91 184	16 927	7 433
装卸搬运和其他运输服务业	227 442	169 716	14 853	22 305	109 147	37 292	81 003
仓储业	1 249 227	1 005 725	100 187	29 105	1 013 240	143 316	92 671
邮政业	32 815	29 275	1 825	1 155	15 151	11 879	5 785
信息传输、计算机服务和软件业	1 321 260	749 956	159 371	328 931	724 519	527 758	68 983
电信和其他信息传输服务业	753 963	372 162	142 879	219 640	287 806	443 664	22 493
计算机服务业	187 612	94 340	10 557	66 664	122 202	29 369	36 041
软件业	379 685	283 454	5 935	42 627	314 511	54 725	10 449
批发和零售业	3 887 762	1 716 391	636 422	1 365 268	2 960 188	596 099	331 475
批发业	2 085 549	732 588	371 092	867 021	1 631 603	328 664	125 282
零售业	1 802 213	983 803	265 330	498 247	1 328 585	267 435	206 193
住宿和餐饮业	1 726 569	954 987	224 109	477 528	1 284 676	245 040	196 853
住宿业	871 957	609 521	82 500	168 139	621 199	106 553	144 205
餐饮业	854 612	345 466	141 609	309 389	663 477	138 487	52 648

6—21 续表2　　(2009年)　　单位:万元

行业	投资额	#新建	#扩建	#改建	建筑安装工程投资	设备工器具购置	其他费用
金融业	410 232	162 783	22 457	184 837	240 403	97 744	72 085
银行业	235 776	52 437	10 707	138 835	89 871	78 175	67 730
证券业	107 349	102 656		4 693	99 399	7 950	
保险业	23 037			20 287	17 467	5 360	210
其他金融活动	44 070	7 690	11 750	21 022	33 666	6 259	4 145
房地产业	840 970	566 187	80 943	148 304	711 357	51 716	77 897
租赁和商务服务业	1 574 604	1 006 045	114 286	362 183	1 312 582	143 005	119 017
租赁业	68 677	24 625	2 000	8 442	20 309	47 394	974
商务服务业	1 505 927	981 420	112 286	353 741	1 292 273	95 611	118 043
科学研究、技术服务和地质勘查业	945 500	452 959	45 485	201 734	604 524	265 451	75 525
研究与试验发展	241 319	122 018	6 158	51 968	116 914	93 213	31 192
专业技术服务业	413 862	272 204	24 373	81 591	295 419	79 818	38 625
科技交流和推广服务业	187 714	55 242	14 954	62 773	103 314	79 792	4 608
地质勘查业	102 605	3 495		5 402	88 877	12 628	1 100
水利、环境和公共设施管理业	8 834 138	6 547 957	966 113	1 096 379	7 208 159	519 898	1 106 081
水利管理业	613 834	460 144	84 703	67 827	548 358	23 809	41 667
环境管理业	750 052	547 402	24 435	133 510	487 440	125 232	137 380
公共设施管理业	7 470 252	5 540 411	856 975	895 042	6 172 361	370 857	927 034
居民服务和其他服务业	547 760	282 905	94 898	128 292	356 730	124 596	66 434
居民服务业	354 682	210 990	43 591	85 884	261 262	61 223	32 197
其他服务业	193 078	71 915	51 307	42 408	95 468	63 373	34 237
教育	1 258 501	684 122	260 398	125 998	927 682	183 370	147 449
卫生、社会保障和社会福利业	833 296	365 460	193 960	171 576	625 366	174 005	33 925
卫生	739 655	296 189	171 690	169 576	544 501	165 123	30 031
社会保障业	13 090	8 250	3 740	1 100	11 225	1 290	575
社会福利业	80 551	61 021	18 530	900	69 640	7 592	3 319
文化、体育和娱乐业	1 288 585	1 024 994	91 876	138 451	712 406	378 123	198 056
新闻出版业	65 623	49 338		11 268	44 086	15 417	6 120
广播、电视、电影和音像业	72 496	40 300	5 847	13 636	42 334	26 069	4 093
文化艺术业	179 095	118 865	19 752	37 258	147 097	19 362	12 636
体育	376 022	339 266	22 430	11 871	223 208	22 581	130 233
娱乐业	595 349	477 225	43 847	64 418	255 681	294 694	44 974
公共管理和社会组织	2 039 742	1 290 367	134 659	440 542	1 714 120	179 207	146 415
中国共产党机关	6 551		829	5 722	2 037	4 514	
国家机构	1 586 778	899 198	105 809	414 647	1 336 550	144 771	105 457
人民政协和民主党派	2 800			2 800	1 800	1 000	
群众社团、社会团体、宗教组织	154 531	128 468	10 436	12 197	112 593	18 472	23 466
基层群众自治组织	289 082	262 701	17 585	5 176	261 140	10 450	17 492

6—22 按行业、隶属关系和注册类型分建设项目投资

（2009 年）　　　　单位:万元

行　　业	投资额	中　央	地　方	内　资	港澳台商投　资	外商投资	个体经营
全　省　合　计	**89 646 067**	**7 874 079**	**81 771 988**	**81 454 122**	**1 851 485**	**5 524 996**	**815 464**
农、林、牧、渔业	1 485 099		1 485 099	1 428 871	19 720	4 620	31 888
农业	352 063		352 063	340 318	8 550	1 400	1 795
林业	76 781		76 781	76 781			
畜牧业	526 982		526 982	493 369	8 320	3 220	22 073
渔业	315 825		315 825	309 805			6 020
农、林、牧、渔服务业	213 448		213 448	208 598	2 850		2 000
采矿业	3 417 380	878 161	2 539 219	3 345 122	12 640	1 930	57 688
煤炭开采和洗选业	319 230		319 230	306 710			12 520
石油和天然气开采业	890 336	787 954	102 382	890 336			
黑色金属矿采选业	1 430 298	90 207	1 340 091	1 417 210	9 000		4 088
有色金属矿采选业	242 056		242 056	237 556	3 000	1 500	
非金属矿采选业	523 640		523 640	481 490	640	430	41 080
其他采矿业	11 820		11 820	11 820			
制造业	44 368 986	2 688 724	41 680 262	39 248 500	1 136 075	3 720 987	263 424
农副食品加工业	2 203 599	26 227	2 177 372	2 049 709	32 497	93 284	28 109
食品制造业	712 476		712 476	620 561	18 435	62 984	10 496
饮料制造业	516 469		516 469	438 214	32 080	45 825	350
烟草制品业	8 476	8 476		8 476			
纺织业	495 589		495 589	457 010	4 367	24 479	9 733
纺织服装、鞋、帽制造业	624 948		624 948	567 597	7 038	33 193	17 120
皮革、毛皮、羽毛(绒)及其制品业	223 152		223 152	219 898		2 758	496
木材加工及木、竹、藤、棕、草制品业	631 217		631 217	588 771	7 020	26 946	8 480
家具制造业	419 676		419 676	364 401	16 780	32 315	6 180
造纸及纸制品业	629 990		629 990	603 985	15 224	6 931	3 850
印刷业和记录媒介的复制	215 225		215 225	211 258		2 267	1 700
文教体育用品制造业	46 659		46 659	39 999		6 660	
石油加工、炼焦及核燃料加工业	1 906 317	859 057	1 047 260	1 883 329	4 990	17 998	
化学原料及化学制品制造业	3 165 382	119 421	3 045 961	3 047 698	29 668	80 274	7 742
医药制造业	749 539	110	749 429	734 021	8 227	7 291	
化学纤维制造业	43 723		43 723	37 415	6 308		
橡胶制品业	528 957		528 957	418 124	68 009	34 624	8 200
塑料制品业	1 036 250	5	1 036 245	1 000 337	6 900	14 499	14 514
非金属矿物制品业	3 849 034	61 258	3 787 776	3 624 846	98 503	84 353	41 332
黑色金属冶炼及压延加工业	3 529 753	945 059	2 584 694	3 503 932	5 090	17 081	3 650
有色金属冶炼及压延加工业	1 039 342	23 568	1 015 774	812 174	147 294	70 120	9 754
金属制品业	2 693 149	5 402	2 687 747	2 530 852	24 988	114 199	23 110

6—22 续表 1　　(2009 年)　　单位:万元

行业	投资额	中央	地方	内资	港澳台商投资	外商投资	个体经营
通用设备制造业	5 661 061	5 096	5 655 965	5 299 457	34 477	307 916	19 211
专用设备制造业	3 171 798	70 884	3 100 914	2 939 721	55 128	160 992	15 957
交通运输设备制造业	4 538 310	551 738	3 986 572	3 261 963	133 200	1 132 490	10 657
电气机械及器材制造业	2 517 128	482	2 516 646	2 109 476	230 713	166 164	10 775
通信设备、计算机及其他电子设备制造业	2 220 103	4 200	2 215 903	942 965	141 526	1 133 012	2 600
仪器仪表及文化、办公用机械制造业	461 046		461 046	433 124	3 780	22 006	2 136
工艺品及其他制造业	416 960	7 741	409 219	389 295	3 833	16 560	7 272
废弃资源和废旧材料回收加工业	113 658		113 658	109 892		3 766	
电力、燃气及水的生产和供应业	6 524 871	2 482 258	4 042 613	6 066 651	26 651	431 569	
电力、热力的生产和供应业	5 500 816	2 482 258	3 018 558	5 106 942	21 607	372 267	
燃气生产和供应业	218 332		218 332	192 636	5 044	20 652	
水的生产和供应业	805 723		805 723	767 073		38 650	
建筑业	1 126 099	55 329	1 070 770	1 086 691	23 878	981	14 549
房屋和土木工程建筑业	711 166	50 607	660 559	703 496			7 670
建筑安装业	183 090	392	182 698	182 110		490	490
建筑装饰业	105 866		105 866	79 889	23 438		2 539
其他建筑业	125 977	4 330	121 647	121 196	440	491	3 850
交通运输、仓储和邮政业	7 214 713	745 231	6 469 482	6 803 685	81 169	318 707	11 152
铁路运输业	453 956	181 878	272 078	452 889	601		466
道路运输业	2 554 537		2 554 537	2 537 832		7 807	8 898
城市公共交通业	1 030 023		1 030 023	1 027 031	930	2 062	
水上运输业	1 327 916	63 385	1 264 531	1 138 902	13 770	175 244	
航空运输业	223 253	3 350	219 903	222 768	485		
管道运输业	115 544	100 100	15 444	65 444	50 100		
装卸搬运和其他运输服务业	227 442		227 442	223 871	1 783		1 788
仓储业	1 249 227	396 518	852 709	1 102 133	13 500	133 594	
邮政业	32 815		32 815	32 815			
信息传输、计算机服务和软件业	1 321 260	307 354	1 013 906	1 059 846	60 416	196 223	4 775
电信和其他信息传输服务业	753 963	307 354	446 609	574 180	31 120	146 173	2 490
计算机服务业	187 612		187 612	170 106	12 366	3 312	1 828
软件业	379 685		379 685	315 560	16 930	46 738	457
批发和零售业	3 887 762	33 210	3 854 552	3 353 930	40 203	364 339	129 290
批发业	2 085 549	23 083	2 062 466	1 857 075	2 849	202 098	23 527
零售业	1 802 213	10 127	1 792 086	1 496 855	37 354	162 241	105 763
住宿和餐饮业	1 726 569	84 406	1 642 163	1 376 278	145 815	52 101	152 375
住宿业	871 957	56 406	815 551	755 370	76 511	22 668	17 408
餐饮业	854 612	28 000	826 612	620 908	69 304	29 433	134 967

6—22 续表 2　　(2009 年)　　单位:万元

行业	投资额	中央	地方	内资	港澳台商投资	外商投资	个体经营
金融业	410 232	82 042	328 190	401 854	3 200	4 618	560
银行业	235 776	77 412	158 364	227 958	3 200	4 618	
证券业	107 349	4 200	103 149	107 349			
保险业	23 037		23 037	23 037			
其他金融活动	44 070	430	43 640	43 510			560
房地产业	840 970	19 004	821 966	778 028	44 826	16 116	2 000
租赁和商务服务业	1 574 604	37 456	1 537 148	1 236 517	90 676	237 968	9 443
租赁业	68 677		68 677	65 097			3 580
商务服务业	1 505 927	37 456	1 468 471	1 171 420	90 676	237 968	5 863
科学研究、技术服务和地质勘查业	945 500	83 245	862 255	929 377	11 500	4 068	555
研究与试验发展	241 319	69 039	172 280	237 719		3 600	
专业技术服务业	413 862	14 206	399 656	413 582			280
科技交流和推广服务业	187 714		187 714	175 471	11 500	468	275
地质勘查业	102 605		102 605	102 605			
水利、环境和公共设施管理业	8 834 138	119 134	8 715 004	8 603 351	143 996	77 070	9 721
水利管理业	613 834	324	613 510	612 534		1 300	
环境管理业	750 052		750 052	695 396	1 055	53 601	
公共设施管理业	7 470 252	118 810	7 351 442	7 295 421	142 941	22 169	9 721
居民服务和其他服务业	547 760		547 760	466 350		11 295	70 115
居民服务业	354 682		354 682	288 531		6 627	59 524
其他服务业	193 078		193 078	177 819		4 668	10 591
教育	1 258 501	79 370	1 179 131	1 241 266		13 667	3 568
卫生、社会保障和社会福利业	833 296	85 000	748 296	783 601		36 593	13 102
卫生	739 655	85 000	654 655	690 457		36 593	12 605
社会保障业	13 090		13 090	13 090			
社会福利业	80 551		80 551	80 054			497
文化、体育和娱乐业	1 288 585		1 288 585	1 204 662	10 720	32 144	41 059
新闻出版业	65 623		65 623	65 623			
广播、电视、电影和音像业	72 496		72 496	72 496			
文化艺术业	179 095		179 095	171 476		2 183	5 436
体育	376 022		376 022	375 588			434
娱乐业	595 349		595 349	519 479	10 720	29 961	35 189
公共管理和社会组织	2 039 742	94 155	1 945 587	2 039 542			200
中国共产党机关	6 551		6 551	6 551			
国家机构	1 586 778	94 155	1 492 623	1 586 778			
人民政协和民主党派	2 800		2 800	2 800			
群众社团、社会团体、宗教组织	154 531		154 531	154 531			
基层群众自治组织	289 082		289 082	288 882			200

6—23 各地区按主要

（2009

年份、地区	合计	农林牧渔业	采矿业	制造业	电力、燃气及水的生产和供应业	建筑业	交通运输仓储和邮政业	信息传输、计算机服务和软件业	批发和零售业
2003	1 291.17	23.43	91.56	469.92	94.35	11.13	192.94	0.00	79.60
2004	1 880.05	25.34	128.81	773.50	108.77	25.08	219.45	50.35	97.02
2005	2 798.62	34.15	182.95	1 359.31	138.67	24.62	280.56	41.15	119.02
2006	3 835.65	38.37	212.08	1 790.74	207.71	57.80	526.47	96.31	127.64
2007	5 078.47	54.83	281.52	2 450.52	336.35	38.63	547.80	65.75	187.60
2008	6 821.15	86.78	310.68	3 462.23	432.19	46.49	748.36	114.94	224.54
2009	8 964.61	148.51	341.74	4 436.90	652.49	112.61	721.47	132.13	388.78
沈阳	2 245.54	45.32	6.75	1 103.95	108.34	35.72	128.91	69.57	208.06
大连	2 390.99	45.09	1.52	1 057.38	182.50	22.09	224.80	38.10	50.96
鞍山	579.63	7.48	18.56	339.11	29.31	5.94	32.82	5.66	38.00
抚顺	412.41	8.66	17.03	231.41	6.63	6.93	37.33	3.46	14.29
本溪	285.88	2.50	27.41	127.16	19.65	1.35	45.07	2.06	10.92
丹东	355.64	5.61	43.69	136.08	20.97	1.74	57.44	0.33	13.36
锦州	232.41	3.17	9.77	113.64	51.89	2.29	8.38	2.34	4.97
营口	555.68	0.56	0.29	312.91	44.57	0.05	62.48	0.68	8.84
阜新	148.87	3.56	8.45	60.79	42.63	0.06	7.10	0.18	4.59
辽阳	269.23	1.06	32.17	135.53	25.71	7.74	11.24	5.41	11.13
盘锦	416.83	6.06	77.00	212.73	3.06	6.42	35.89	3.40	4.94
铁岭	544.56	5.25	11.88	390.60	52.43	0.87	36.80	0.01	8.94
朝阳	348.27	9.71	81.84	149.81	29.02	17.51	12.27	0.18	8.29
葫芦岛	178.66	4.47	5.38	65.80	35.76	3.92	20.94	0.75	1.49

行业分建设项目投资

年）

单位：亿元

住宿和餐饮业	金融业	房地产业	租赁和商务服务业	科学研究、技术服务和地质勘查业	水利、环境和公共设施管理业	居民服务和其他服务业	教育	卫生、社会保障和社会福利业	文化、体育和娱乐业	公共管理和社会组织
0.00	4.40	15.05	5.31	14.34	10.56	96.08		10.88	63.74	107.87
41.63	4.13	21.75	24.14	25.22	165.43	10.14	61.09	18.82	32.43	46.81
37.97	17.36	48.97	37.01	26.83	259.13	11.06	85.17	21.41	33.06	40.23
56.11	10.15	81.50	57.10	34.60	301.67	18.72	88.88	28.47	53.25	48.08
85.03	20.80	96.25	86.14	45.88	499.23	35.45	96.46	39.04	53.65	57.53
110.87	47.13	127.77	123.98	60.85	618.05	32.77	104.87	51.10	58.05	59.50
172.66	41.02	84.10	157.46	94.55	883.41	54.78	125.85	83.33	128.86	203.97
53.80	7.21	27.16	57.19	57.19	154.04	15.66	49.49	40.35	39.10	37.73
54.77	27.40	17.84	80.50	13.91	394.61	16.82	30.64	14.86	36.59	80.59
16.07	1.59	2.25	1.64	8.20	14.48	4.85	10.08	4.91	5.69	33.01
6.68	0.19	7.37	3.48	3.55	25.35	4.74	3.56	1.35	28.71	1.69
6.97	0.45	0.47	2.40	1.61	13.85	2.15	4.91	2.29	3.69	10.96
7.61	0.20	1.63	2.82	0.61	44.13	3.25	4.34	5.68	2.91	3.23
1.52		2.62	0.96		20.80	0.59	2.75	3.62	0.91	2.20
11.96	0.30	3.19	1.69	0.79	90.86	0.50	5.25	1.42	4.79	4.55
0.71		3.97	0.26	0.10	11.26	0.04	1.42	1.25	1.82	0.68
5.10	0.80	3.22	3.73	0.25	10.83	3.26	1.19	3.61	2.50	4.75
1.76		2.80	0.69	0.30	58.32	0.50	0.92	0.80	0.45	0.79
1.76	2.82	5.05	0.78	2.80	11.16	0.60	5.32	1.92	0.55	5.01
2.14		4.03	0.93	0.30	17.84	0.90	4.33	0.77	0.65	7.78
1.80	0.07	2.50	0.39	4.93	15.88	0.92	1.65	0.51	0.51	11.01

6—24 建设项目投资各行业

(2009

行 业	本年资金来源合计	国家预算内资金	国内贷款
全省合计	**93 216 826**	**6 113 434**	**13 068 351**
农、林、牧、渔业	1 624 115	51 253	208 985
农业	354 115	14 428	6 600
林业	75 635	19 418	1 950
畜牧业	662 147	894	140 075
渔业	321 079		49 560
农、林、牧、渔服务业	211 139	16 513	10 800
采矿业	3 555 652	9 675	114 170
煤炭开采和洗选业	319 044	1 455	2 440
石油和天然气开采业	1 052 609		0
黑色金属矿采选业	1 436 421	3 120	72 500
有色金属矿采选业	209 637	5 100	7 200
非金属矿采选业	527 121		32 030
其他采矿业	10 820		0
制造业	45 957 148	161 481	5 405 209
农副食品加工业	2 286 686	7 457	135 965
食品制造业	786 816		75 730
饮料制造业	537 028		19 506
烟草制品业	8 395		0
纺织业	497 270		25 260
纺织服装、鞋、帽制造业	621 566		12 750
皮革、毛皮、羽毛(绒)及其制品业	225 882		10 000
木材加工及木、竹、藤、棕、草制品业	676 021		27 950
家具制造业	427 117		27 200
造纸及纸制品业	673 243		102 100
印刷业和记录媒介的复制	216 678		6 050
文教体育用品制造业	44 807		0
石油加工、炼焦及核燃料加工业	1 844 782	13 608	539 479
化学原料及化学制品制造业	3 272 997	46 765	912 600
医药制造业	807 463	769	146 966
化学纤维制造业	48 524		0
橡胶制品业	539 545		61 582
塑料制品业	1 032 056	300	77 785
非金属矿物制品业	4 124 331	34 600	334 421
黑色金属冶炼及压延加工业	3 325 371	23 902	168 937
有色金属冶炼及压延加工业	1 049 166	828	51 739
金属制品业	2 787 406		417 675

资金来源和新增固定资产

年)

单位:万元

利用外资	自筹资金	其他资金	投资额	新增固定资产	固定资产交付使用率(%)
3 101 033	**68 731 337**	**2 202 671**	**89 646 067**	**58 021 883**	**64.7**
3 050	1 325 057	35 770	1 485 099	1 151 381	77.5
3 050	321 218	8 819	352 063	291 660	82.8
	48 671	5 596	76 781	55 830	72.7
	504 853	16 325	526 982	384 448	73.0
	269 659	1 860	315 825	261 969	82.9
	180 656	3 170	213 448	157 474	73.8
20 980	3 268 592	142 235	3 417 380	2 295 717	67.2
	313 019	2 130	319 230	257 958	80.8
10 350	986 871	55 388	890 336	371 627	41.7
6 500	1 296 654	57 647	1 430 298	990 243	69.2
1 700	185 637	10 000	242 056	210 972	87.2
2 430	477 091	15 570	523 640	453 597	86.6
	9 320	1 500	11 820	11 320	95.8
2 458 801	37 159 769	771 888	44 368 986	29 092 046	65.6
45 199	2 069 931	28 134	2 203 599	1 665 378	75.6
25 152	673 104	12 830	712 476	489 528	68.7
19 900	494 208	3 414	516 469	340 730	66.0
	8 395		8 476	55 397	653.6
4 030	466 910	1 070	495 589	439 584	88.7
6 485	596 131	6 200	624 948	551 923	88.3
2 758	198 084	15 040	223 152	162 380	72.8
13 720	628 561	5 790	631 217	576 781	91.4
15 731	379 586	4 600	419 676	398 275	94.9
13 337	553 816	3 990	629 990	456 039	72.4
	208 628	2 000	215 225	200 091	93.0
2 470	42 337		46 659	40 827	87.5
1 000	1 185 768	104 927	1 906 317	556 785	29.2
89 090	2 150 899	73 643	3 165 382	2 154 699	68.1
1 319	655 242	3 167	749 539	409 113	54.6
	48 524		43 723	8 396	19.2
41 594	420 025	16 344	528 957	580 757	109.8
7 935	935 802	10 234	1 036 250	775 826	74.9
36 774	3 618 216	100 320	3 849 034	3 061 705	79.5
12 594	2 980 506	139 432	3 529 753	1 785 090	50.6
42 780	943 849	9 970	1 039 342	694 502	66.8
65 179	2 233 413	71 139	2 693 149	2 064 312	76.7

6—24 续表 1 (2009

行业	本年资金来源合计	国家预算内资金	国内贷款
通用设备制造业	5 826 454	9 734	470 863
专用设备制造业	3 290 601	8 560	518 844
交通运输设备制造业	4 942 324	1 758	668 899
电气机械及器材制造业	2 663 835	4 900	247 050
通信设备、计算机及其他电子设备制造业	2 340 501	5 000	286 657
仪器仪表及文化、办公用机械制造业	531 857	300	41 206
工艺品及其他制造业	421 010	3 000	10 850
废弃资源和废旧材料回收加工业	107 416		7 145
电力、燃气及水的生产和供应业	7 034 760	746 895	2 733 871
电力、热力的生产和供应业	6 019 010	536 485	2 613 735
燃气生产和供应业	211 255	13 225	2 400
水的生产和供应业	804 495	197 185	117 736
建筑业	1 139 620	129 018	51 970
房屋和土木工程建筑业	712 366	128 880	23 870
建筑安装业	186 595	138	13 350
建筑装饰业	111 872		12 650
其他建筑业	128 787		2 100
交通运输、仓储和邮政业	7 745 410	1 980 743	1 732 700
铁路运输业	458 845	212 298	153 896
道路运输业	2 563 483	932 807	382 348
城市公共交通业	1 151 975	40 830	378 584
水上运输业	1 383 294	15 523	463 429
航空运输业	315 963		180 500
管道运输业	60 425	1 500	16 000
装卸搬运和其他运输服务业	235 162	2 110	10 881
仓储业	1 542 883	775 675	137 062
邮政业	33 380		10 000
信息传输、计算机服务和软件业	1 282 925	107 316	30 734
电信和其他信息传输服务业	724 730	106 316	16 534
计算机服务业	189 035		1 700
软件业	369 160	1 000	12 500
批发和零售业	3 897 561	5 927	160 470
批发业	2 168 096	2 560	83 313
零售业	1 729 465	3 367	77 157
住宿和餐饮业	1 850 847	7 839	130 555
住宿业	968 588	2 439	120 477
餐饮业	882 259	5 400	10 078

年）

单位:万元

利用外资	自筹资金	其他资金	投资额	新增固定资产	固定资产交付使用率(%)
249 952	5 044 794	51 111	5 661 061	4 253 929	75.1
57 966	2 675 091	30 140	3 171 798	1 821 796	57.4
645 069	3 619 738	6 860	4 538 310	1 876 167	41.3
133 086	2 258 538	20 261	2 517 128	2 025 805	80.5
894 197	1 107 138	47 509	2 220 103	993 267	44.7
14 891	473 897	1 563	461 046	382 807	83.0
16 593	389 867	700	416 960	164 584	39.5
	98 771	1 500	113 658	105 573	92.9
59 218	3 225 117	269 659	6 524 871	3 411 559	52.3
34 449	2 659 655	174 686	5 500 816	2 809 680	51.1
12 929	161 649	21 052	218 332	181 883	83.3
11 840	403 813	73 921	805 723	419 996	52.1
490	917 871	40 271	1 126 099	938 757	83.4
	536 092	23 524	711 166	601 080	84.5
490	160 618	11 999	183 090	132 148	72.2
	95 822	3 400	105 866	84 779	80.1
	125 339	1 348	125 977	120 750	95.9
38 741	3 869 302	123 924	7 214 713	4 058 862	56.3
1 600	91 051		453 956	99 492	21.9
4 700	1 205 916	37 712	2 554 537	1 205 472	47.2
	704 207	28 354	1 030 023	73 040	7.1
	884 509	19 833	1 327 916	1 004 585	75.7
	135 163	300	223 253	66 253	29.7
	16 250	26 675	115 544	11 305	9.8
467	211 704	10 000	227 442	196 483	86.4
31 974	598 172		1 249 227	1 395 658	111.7
	22 330	1 050	32 815	6 574	20.0
31 207	1 113 243	425	1 321 260	864 654	65.4
4 651	596 804	425	753 963	575 831	76.4
12 818	174 517		187 612	92 167	49.1
13 738	341 922		379 685	196 656	51.8
128 600	3 533 778	68 786	3 887 762	3 229 421	83.1
90 072	1 962 383	29 768	2 085 549	1 763 023	84.5
38 528	1 571 395	39 018	1 802 213	1 466 398	81.4
126 565	1 558 833	27 055	1 726 569	1 261 212	73.0
29 482	810 990	5 200	871 957	571 322	65.5
97 083	747 843	21 855	854 612	689 890	80.7

6—24 续表 2 （2009

行　　业	本年资金来源合计	国家预算内资金	国 内 贷 款
金融业	420 336	19 481	23 233
银行业	237 498	19 481	23 233
证券业	114 693		
保险业	23 060		
其他金融活动	45 085		
房地产业	864 913	60 195	104 510
租赁和商务服务业	1 655 378	34 534	89 795
租赁业	67 187		2 700
商务服务业	1 588 191	34 534	87 095
科学研究、技术服务和地质勘查业	991 080	32 495	88 151
研究与试验发展	264 949	17 329	40 800
专业技术服务业	431 789	11 303	23 600
科技交流和推广服务业	190 817	205	5 200
地质勘查业	103 525	3 658	18 551
水利、环境和公共设施管理业	9 020 965	1 803 546	1 602 697
水利管理业	742 021	218 654	71 909
环境管理业	739 579	174 157	142 642
公共设施管理业	7 539 365	1 410 735	1 388 146
居民服务和其他服务业	616 056	24 978	58 917
居民服务业	364 947	2 358	3 820
其他服务业	251 109	22 620	55 097
教育	1 283 537	166 310	159 266
卫生、社会保障和社会福利业	954 797	113 813	60 426
卫生	859 329	99 609	53 426
社会保障业	12 360	300	
社会福利业	83 108	13 904	7 000
文化、体育和娱乐业	1 366 400	204 759	136 089
新闻出版业	61 449		
广播、电视、电影和音像业	72 833	1 200	2 200
文化艺术业	249 993	84 152	43 348
体育	381 231	93 407	81 341
娱乐业	600 894	26 000	9 200
公共管理和社会组织	1 955 326	453 176	176 603
中国共产党机关	6 551		
国家机构	1 483 107	417 243	173 403
人民政协和民主党派	2 800		2 800
群众社团、社会团体、宗教组织	154 362	34 383	
基层群众自治组织	308 506	1 550	400

年）

单位:万元

利用外资	自筹资金	其他资金	投资额	新增固定资产	固定资产交付使用率(%)
3 382	372 970	1 270	410 232	215 985	52.6
3 382	190 532	870	235 776	146 415	62.1
	114 693		107 349	4 693	4.4
	23 060		23 037	23 037	100.0
	44 685	400	44 070	41 840	94.9
50 600	580 364	69 244	840 970	682 616	81.2
31 075	1 494 074	5 900	1 574 604	848 711	53.9
	64 487		68 677	63 167	92.0
31 075	1 429 587	5 900	1 505 927	785 544	52.2
9 549	840 885	20 000	945 500	581 705	61.5
	206 820		241 319	67 064	27.8
	382 886	14 000	413 862	332 462	80.3
9 549	174 863	1 000	187 714	160 654	85.6
	76 316	5 000	102 605	21 525	21.0
70 001	5 084 882	459 839	8 834 138	5 841 711	66.1
1 500	415 373	34 585	613 834	513 028	83.6
54 071	350 284	18 425	750 052	612 570	81.7
14 430	4 319 225	406 829	7 470 252	4 716 113	63.1
7 463	513 106	11 592	547 760	485 911	88.7
2 795	346 582	9 392	354 682	320 181	90.3
4 668	166 524	2 200	193 078	165 730	85.8
13 517	851 582	92 862	1 258 501	726 414	57.7
36 593	732 301	11 664	833 296	594 542	71.3
36 593	659 657	10 044	739 655	533 374	72.1
	10 960	1 100	13 090	10 850	82.9
	61 684	520	80 551	50 318	62.5
11 201	998 151	16 200	1 288 585	511 926	39.7
	55 749	5 700	65 623	13 989	21.3
	69 433		72 496	70 808	97.7
	113 993	8 500	179 095	92 599	51.7
	206 483		376 022	87 376	23.2
11 201	552 493	2 000	595 349	247 154	41.5
	1 291 460	34 087	2 039 742	1 228 753	60.2
	6 551		6 551	6 551	100.0
	866 734	25 727	1 586 778	825 582	52.0
			2 800	2 800	100.0
	111 619	8 360	154 531	119 528	77.3
	306 556		289 082	274 292	94.9

6—25 各地区按行业分

(2009

年份、地区	合计	农林牧渔业	采矿业	制造业	电力、燃气及水的生产和供应业	建筑业	交通运输仓储和邮政业	信息传输、计算机服务和软件业	批发和零售业
2005	19 464 179	278 332	1 466 943	9 828 630	956 830	188 933	1 416 108	359 388	923 303
2006	22 422 137	354 483	1 944 056	11 027 672	948 659	324 995	1 756 914	394 289	1 059 344
2007	30 472 909	477 202	2 100 599	14 261 494	2 353 587	285 779	2 493 073	319 701	1 445 176
2008	41 978 223	770 661	2 355 216	21 893 841	2 192 069	406 054	2 328 227	618 041	1 799 541
2009	58 021 883	1 151 381	2 295 717	29 092 046	3 411 559	938 757	4 058 862	864 654	3 229 421
沈阳	17 443 872	345 361	53 827	8 409 070	831 545	326 905	438 087	554 590	1 721 798
大连	14 557 200	386 811	15 176	7 289 718	585 007	179 635	1 463 400	104 170	472 227
鞍山	3 474 704	79 138	103 598	2 046 878	225 037	43 474	72 528	55 077	329 566
抚顺	1 499 677	2 082	71 242	814 900	18 960	30 544	88 862	33 592	71 874
本溪	1 525 214	13 378	186 950	541 927	189 049	10 857	125 966	19 690	75 674
丹东	2 772 457	39 680	313 608	1 223 373	171 040	15 510	343 383	3 300	104 750
锦州	1 679 039	23 563	90 028	838 187	325 762	22 596	54 745	23 369	50 499
营口	4 385 740	5 555	2 000	2 618 024	93 223		888 082	1 500	58 138
阜新	1 176 883	17 492	81 288	371 632	450 979	230	36 137	6 370	19 380
辽阳	1 762 811	10 436	213 395	884 714	99 602	74 723	41 931	28 306	121 734
盘锦	1 563 996	60 642	311 126	659 304	30 558	58 028	207 376	16 615	47 405
铁岭	2 800 490	55 826	50 681	2 025 929	209 053	11 236	126 731	10 000	62 878
朝阳	2 626 285	84 147	713 795	1 050 195	124 679	141 861	114 230	1 815	67 798
葫芦岛	753 515	27 270	89 003	318 195	57 065	23 158	57 404	6 260	25 700

建设项目新增固定资产

年)

单位:万元

住宿和餐饮业	金融业	房地产业	租赁和商务服务业	科学研究、技术服务和地质勘查业	水利、环境和公共设施管理业	居民服务和其他服务业	教育	卫生、社会保障和社会福利业	文化、体育和娱乐业	公共管理和社会组织
401 408	98 925	301 902	297 858	206 698	1 313 070	106 320	608 380	180 826	213 179	317 146
421 746	53 810	582 206	348 341	166 703	1 450 509	134 351	588 452	177 265	336 290	352 052
584 539	93 356	709 596	392 885	330 772	2 710 649	250 160	708 908	282 776	290 804	381 853
973 428	219 398	1 274 875	747 145	477 847	3 731 698	317 367	669 226	334 031	390 321	479 237
1 261 212	215 985	682 616	848 711	581 705	5 841 711	485 911	726 414	594 542	511 926	1 228 753
464 246	71 283	196 591	432 512	470 849	1 936 874	127 787	355 434	263 772	225 048	218 293
315 756	84 491	99 702	296 649	38 434	2 203 401	160 420	135 993	77 610	90 795	557 805
120 331	14 520	18 088	7 355	480	63 442	38 902	42 710	41 378	49 804	122 398
61 671	1 910	32 865	4 915	27 080	122 983	43 814	25 199	11 454	29 861	5 869
59 548	3 500	3 100	5 717	2 300	114 531	17 250	26 285	16 240	27 319	85 933
73 280	2 000	16 290	40 060	440	263 173	33 090	23 164	67 769	25 787	12 760
6 930		23 669	8 855		138 233	4 579	17 293	36 471	3 955	10 305
63 376	3 000		3 200	10 855	564 641	4 262	23 327	12 029	1 320	33 208
1 560		118 198	488		37 133	380	5 306	2 966	21 062	6 282
35 415	7 613	29 367	24 924	2 530	75 517	27 014	9 950	27 090	19 040	29 510
13 488		32 910	6 871	2 977	86 066	5 000	5 300	7 980	4 500	7 850
12 460	27 018	20 474	7 840	22 760	63 594	5 175	23 742	12 081	7 054	45 958
21 018		32 262	8 625	3 000	155 575	9 045	23 181	5 386	4 291	65 382
12 133	650	59 100	700		16 548	9 193	9 530	12 316	2 090	27 200

6—26 各地区建设项目施工、竣工房屋面积

单位:万平方米

年份、地区	施工房屋建筑面积	#住宅	竣工房屋建筑面积	#住宅
2000	2 125.8	822.5	1 132.2	568.5
2001	2 019.3	717.1	1 018.7	493.5
2002	2 368.0	625.4	1 110.4	363.9
2003	2 830.7	564.5	1 417.8	378.2
2004	3 633.9	424.8	1 898.5	256.6
2005	5 250.7	725.6	2 516.2	343.4
2006	6 525.2	1 110.6	3 275.6	503.7
2007	9 317.2	995.4	3 717.7	445.3
2008	8 970.97	653.96	4 162.71	303.62
2009	10 642.16	360.00	4 366.03	243.64
沈阳	3 624.16	60.22	1 859.97	24.18
大连	1 998.58	69.57	745.45	65.26
鞍山	453.93	1.70	138.89	0.95
抚顺	543.24	26.23	182.48	14.63
本溪	290.38	8.71	108.54	8.71
丹东	515.02	1.55	179.37	1.43
锦州	340.91	14.20	168.28	1.40
营口	927.71	7.79	287.96	7.79
阜新	397.23	93.50	175.80	89.69
辽阳	240.72	29.27	88.80	
盘锦	99.70		64.53	
铁岭	752.62	14.69	191.37	2.45
朝阳	333.61	25.68	129.37	24.45
葫芦岛	124.35	6.90	45.22	2.70

6—27 各地区城镇50万元以上施工、投产项目个数

年份、地区	施工项目（个）	新开工项目（个）	全部建成投产项目（个）	项目建成投产率（%）
2003	8 200	6 809	5 420	66.1
2004	10 485	8 632	6 244	59.6
2005	14 339	10 535	10 068	70.2
2006	13 477	10 904	9 670	71.8
2007	13 193	10 413	9 157	69.4
2008	14 749	12 544	11 710	79.4
2009	19 388	16 998	14 519	74.9
沈阳	6 116	5 842	5 457	89.2
大连	2 835	2 459	1 618	57.1
鞍山	1 381	1 183	1 011	73.2
抚顺	1 487	1 080	790	53.1
本溪	534	447	364	68.2
丹东	1 100	1 000	882	80.2
锦州	891	801	736	82.6
营口	714	597	486	68.1
阜新	687	478	421	61.3
辽阳	706	657	573	81.2
盘锦	501	392	381	76.0
铁岭	946	727	633	66.9
朝阳	1 183	1 134	999	84.4
葫芦岛	307	201	168	54.7

6—28 按行业分城镇50万元以上施工、投产项目个数

(2009年)

行业	施工项目(个)	#新开工	全部建成投产项目(个)	项目建成投产率(%)
全省合计	**19 388**	**16 998**	**14 519**	**74.9**
农、林、牧、渔业	586	553	441	75.3
农业	151	144	113	74.8
林业	43	38	33	76.7
畜牧业	219	207	182	83.1
渔业	84	81	60	71.4
农、林、牧、渔服务业	89	83	53	59.6
采矿业	803	670	662	82.4
煤炭开采和洗选业	182	103	155	85.2
石油和天然气开采业	27	11	10	37.0
黑色金属矿采选业	310	299	256	82.6
有色金属矿采选业	87	79	68	78.2
非金属矿采选业	190	171	167	87.9
其他采矿业	7	7	6	85.7
制造业	9 205	7 947	6 593	71.6
农副食品加工业	677	616	498	73.6
食品制造业	212	190	160	75.5
饮料制造业	134	121	94	70.1
烟草制品业	4	2	2	50.0
纺织业	184	166	149	81.0
纺织服装、鞋、帽制造业	249	233	210	84.3
皮革、毛皮、羽毛(绒)及其制品业	94	92	67	71.3
木材加工及木、竹、藤、棕、草制品业	237	214	177	74.7
家具制造业	130	123	113	86.9
造纸及纸制品业	167	158	140	83.8
印刷业和记录媒介的复制	98	96	88	89.8
文教体育用品制造业	23	21	17	73.9

6—28 续表 1　　　　　　　　　　　　　　　(2009 年)

行　　业	施工项目（个）	#新开工	全部建成投产项目（个）	项目建成投产率（%）
石油加工、炼焦及核燃料加工业	328	112	98	29.9
化学原料及化学制品制造业	483	430	362	74.9
医药制造业	159	126	88	55.3
化学纤维制造业	12	8	4	33.3
橡胶制品业	118	100	89	75.4
塑料制品业	333	295	230	69.1
非金属矿物制品业	943	853	735	77.9
黑色金属冶炼及压延加工业	268	211	189	70.5
有色金属冶炼及压延加工业	183	145	133	72.7
金属制品业	636	560	490	77.0
通用设备制造业	1 496	1 327	1 054	70.5
专用设备制造业	611	530	427	69.9
交通运输设备制造业	464	383	290	62.5
电气机械及器材制造业	540	485	386	71.5
通信设备、计算机及其他电子设备制造业	168	130	105	62.5
仪器仪表及文化、办公用机械制造业	145	124	113	77.9
工艺品及其他制造业	81	71	65	80.2
废弃资源和废旧材料回收加工业	28	25	20	71.4
电力、燃气及水的生产和供应业	695	554	400	57.6
电力、热力的生产和供应业	440	338	243	55.2
燃气生产和供应业	67	62	49	73.1
水的生产和供应业	188	154	108	57.4
建筑业	442	427	376	85.1
房屋和土木工程建筑业	252	242	204	81.0
建筑安装业	78	75	68	87.2
建筑装饰业	72	71	68	94.4
其他建筑业	40	39	36	90.0

6—28 续表 2　　　　　　　　　　(2009 年)

行　　　业	施 工 项 目 (个)	#新　开　工	全部建成投产项目 (个)	项目建成投产率 (%)
交通运输、仓储和邮政业	808	691	534	66.1
铁路运输业	19	9	10	52.6
道路运输业	481	440	337	70.1
城市公共交通业	48	37	19	39.6
水上运输业	64	35	25	39.1
航空运输业	7	4	6	85.7
管道运输业	7	5	3	42.9
装卸搬运和其他运输服务业	47	43	39	83.0
仓储业	129	112	90	69.8
邮政业	6	6	5	83.3
信息传输、计算机服务和软件业	340	188	309	90.9
电信和其他信息传输服务业	226	88	213	94.2
计算机服务业	60	58	56	93.3
软件业	54	42	40	74.1
批发和零售	1 904	1 855	1 719	90.3
批发业	1 073	1 058	982	91.5
零售业	831	797	737	88.7
住宿和餐饮业	648	610	574	88.6
住宿业	183	157	140	76.5
餐饮业	465	453	434	93.3
金融业	72	61	53	73.6
银行业	36	26	21	58.3
证券业	3	2	2	66.7
保险业	8	8	8	100.0
其他金融活动	25	25	22	88.0
房地产业	185	153	136	73.5
租赁和商务服务业	390	362	311	79.7
租赁业	17	16	16	94.1

6—28 续表 3　　　　　　　　　　　　(2009 年)

行　　业	施 工 项 目 (个)	#新 开 工	全部建成投产项目 (个)	项目建成投产率 (%)
商务服务业	373	346	295	79.1
科学研究、技术服务和地质勘查业	226	211	184	81.4
研究与试验发展	46	42	26	56.5
专业技术服务业	91	84	80	87.9
科技交流和推广服务业	62	59	52	83.9
地质勘查业	27	26	26	96.3
水利、环境和公共设施管理业	1 380	1 185	879	63.7
水利管理业	189	169	143	75.7
环境管理业	134	114	93	69.4
公共设施管理业	1 057	902	643	60.8
居民服务和其他服务业	315	307	289	91.7
居民服务业	205	200	188	91.7
其他服务业	110	107	101	91.8
教育	360	303	265	73.6
卫生、社会保障和社会福利业	322	284	257	79.8
卫生	268	239	216	80.6
社会保障业	7	6	6	85.7
社会福利业	47	39	35	74.5
文化、体育和娱乐业	263	232	200	76.0
新闻出版业	9	7	6	66.7
广播、电视、电影和音像业	23	22	19	82.6
文化艺术业	70	58	47	67.1
体育	32	22	17	53.1
娱乐业	129	123	111	86.0
公共管理和社会组织	444	405	337	75.9
中国共产党机关	3	3	3	100.0
国家机构	298	271	219	73.5
人民政协和民主党派	1	1	1	100.0
群众社团、社会团体、宗教组织	35	26	28	80.0
基层群众自治组织	107	104	86	80.4

6—29 农村集体固定资产投资主要指标

指　　标	2005年	2006年	2007年	2008年	2009年
一、投资总额（万元）	**4 282 949**	**5 644 176**	**6 921 060**	**9 354 679**	**4 592 962**
1.按资金来源分					
国家资金	89 942	63 915	76 132	254 329	73 487
国内贷款	201 299	181 178	456 790	328 961	275 578
引进外资	68 527	54 327	41 523	50 977	22 965
自筹资金	3 657 638	5 146 360	6 116 220	8 415 699	4 156 631
其他资金	265 543	198 396	230 395	304 713	64 301
2.按构成分					
建筑安装工程	2 386 314	3 204 560	4 136 428	5 471 020	2 572 513
设备、工具、器具购置	1 454 585	1 838 183	2 231 993	3 175 411	1 638 066
其他费用	442 050	601 433	552 639	708 248	382 383
3.按建设性质分					
#新建	2 671 519	3 437 972	4 148 397	5 468 596	2 669 488
扩建	793 710	1 262 945	1 572 141	2 118 639	1 142 780
改建	475 781	520 480	549 736	1 002 467	487 367
二、新增固定资产（万元）	**3 620 628**	**4 871 711**	**6 077 704**	**8 292 248**	**4 235 129**
三、房屋建设面积（万平方米）					
施工面积	1 202.6	1 703.1	1 597.6	1 948.7	706.0
#住宅	104.4	177.3	172.2	69.1	14.5
竣工面积	868.3	1 035.3	1 155.6	1 324.6	429.3
#住宅	70.3	131.2	78.2	29.0	5.6

6—30 农村个人固定资产投资和建房

年份、地区	投资总额（万元）	#住宅	竣工房屋建筑面积（万平方米）	#住宅
2000	820 527	531 850	1 750.0	1 711.0
2001	829 920	435 463	2 061.5	1 841.1
2002	927 219	450 638	2 273.0	2 013.0
2003	1 044 548	433 702	2 273.0	2 013.0
2004	1 188 251	534 916	2 207.8	2 083.4
2005	1 328 935	574 375	2 276.9	2 153.2
2006	1 473 789	925 869	3 042.0	2 878.7
2007	1 670 728	1 012 628	3 276.0	2 981.0
2008	2 016 553	1 211 542	3 595.8	3 282.6
2009	2 281 262	1 423 481	3 904.0	3 508.5
沈阳	176 700	88 350	110.0	110.0
大连	259 197	128 516		
鞍山	590 672			
抚顺				
本溪	56 595	20 672	11.7	10.5
丹东	181 580	51 461	72.7	72.7
锦州	209 418	202 491	219.7	203.3
营口	622 854	110 000	160.0	160.0
阜新	88 506	7 482	43.3	14.7
辽阳	269 648	106 135	108.1	83.9
盘锦	167 159		0.0	0.0
铁岭	179 918	97 647	167.0	138.0
朝阳	219 600	70 000	102.0	102.0
葫芦岛	144 292	86 575	90.0	78.2

注：本表为抽样调查推算数，分市数据由各市统计局提供。

6—31 房地产开发主要指标

指　　标	单　位	2005年	2006年	2007年	2008年	2009年
土地开发及购置						
本年土地开发面积	万平方米	1 697.6	1 569.6	1 813.9	1 796.5	1 692.5
本年土地购置面积	万平方米	2 432.8	2 316.9	3 323.6	2 953.8	2 086.8
本年完成投资额	**万元**	**8 742 525**	**11 421 948**	**14 975 793**	**20 607 952**	**26 405 639**
#商品房建设投资额	万元	6 426 636	7 823 034			
土地开发投资额	万元	901 134	1 393 514	1 231 708	1 254 806	1 316 844
配套工程投资	万元	204 961	619 007	859 573	1 019 087	709 545
#住　　宅	万元	6 145 405	8 388 987	11 658 892	15 792 147	19 339 201
#经济适用房屋	万元	154 200	574 098	509 414	495 296	637 407
本年资金来源小计	**万元**	**9 372 018**	**13 002 851**	**18 703 917**	**22 029 829**	**32 684 449**
#国内贷款	万元	1 267 527	1 728 346	2 598 871	2 769 112	4 737 260
利用外资	万元	89 308	242 602	924 053	1 140 114	1 149 245
自筹资金	万元	4 586 225	5 924 162	8 429 379	11 475 416	15 800 648
房屋建筑面积						
施工面积	万平方米	7 058.9	8 615.5	11 615.1	14 904.6	18 579.1
竣工面积	万平方米	2 443.9	2 907.8	3 129.9	3 826.1	4 031.7
本年新开工面积	万平方米	3 638.4	4 531.4	6 536.4	6 761.9	8 305.4
#住　　宅	万平方米	3 040.0	3 797.7	5 540.2	5 563.3	6 639.9
#经济适用房屋	万平方米	79.9	390.0	320.5	214.0	281.6
商品房屋销售额	**万元**	**7 174 340**	**9 278 590**	**13 368 797**	**15 376 463**	**21 685 950**
#住　　宅	万元	6 205 959	7 909 896	11 893 975	13 338 922	18 834 702
#经济适用房屋	万元	150 932	340 400	278 991	288 019	300 723
商品房屋销售面积	**万平方米**	**2 564.5**	**3 026.5**	**3 830.4**	**4 091.2**	**5 375.5**
#住　　宅	万平方米	2 340.4	2 749.9	3 545.6	3 731.2	4 864.2
#经济适用房屋	万平方米	71.5	151.7	114.4	137.5	138.3

6—32 房地产开发企业(单位)的土地开发及购置

单位:万平方米

年 份、地 区	本年完成开发土地面积	本年购置土地面积	本年土地成交价款（万元）
2000	770.0	1 019.3	
2001	923.9	1 107.1	
2002	1 043.2	1 384.7	
2003	1 062.9	1 668.7	1 395 759
2004	1 018.8	2 256.9	1 779 227
2005	1 697.6	2 432.8	2 034 432
2006	1 569.6	2 316.9	2 065 722
2007	1 813.9	3 323.6	2 899 565
2008	1 796.5	2 953.8	3 080 834
2009	1 692.5	2 086.9	2 936 827
沈阳	216.9	475.7	1 337 181
大连	393.1	427.0	845 043
鞍山	55.8	75.5	60 408
抚顺	24.3	26.0	48 265
本溪	197.9	71.7	35 146
丹东	40.4	47.5	34 279
锦州	73.5	107.9	57 170
营口	260.6	253.4	190 458
阜新	77.9	73.3	57 536
辽阳	28.7	84.4	110 871
盘锦	47.7	62.1	12 708
铁岭	169.6	222.3	61 242
朝阳	35.6	49.2	25 084
葫芦岛	70.7	110.8	61 436

6—33 按用途分的房地产开发建设投资

单位:万元

年份、地区	本年完成投资额	住宅	#经济适用房屋	办公楼	商业营业用房	其他
2000	2 649 062	1 812 920	250 726	155 384	445 326	235 432
2001	3 230 692	2 275 667	289 402	155 329	511 287	288 409
2002	3 883 147	2 758 906	317 602	182 161	632 742	309 338
2003	4 863 947	3 434 716	234 820	131 670	866 730	430 831
2004	7 207 433	4 942 767	170 802	221 662	1 253 815	789 189
2005	8 742 525	6 145 405	154 200	258 764	1 502 775	835 581
2006	11 421 948	8 388 987	574 098	376 442	1 539 711	1 116 808
2007	14 975 793	11 658 892	509 414	391 338	1 946 253	979 310
2008	20 607 952	15 792 147	495 296	668 581	3 006 798	1 140 426
2009	26 405 639	19 339 201	637 407	867 569	4 321 470	1 877 399
沈阳	11 887 007	8 021 159	264 240	612 897	2 629 408	623 543
大连	5 789 421	4 772 414	201 753	139 648	456 772	420 587
鞍山	1 796 060	1 132 383	3 311	42 999	251 628	369 050
抚顺	642 703	441 952	11 318	4 775	96 338	99 638
本溪	465 111	348 494	64 293	7 894	59 424	49 299
丹东	884 127	760 671	10 060	17 647	86 430	19 379
锦州	494 903	409 254		11 654	54 554	19 441
营口	1 134 714	961 815	43 978	4 553	108 128	60 218
阜新	203 944	162 306		1 070	30 904	9 664
辽阳	431 852	260 586	29 078	1 796	93 595	75 875
盘锦	580 648	482 768	6 156	2 724	73 544	21 612
铁岭	1 096 187	781 089	987	4 014	243 616	67 468
朝阳	591 524	458 303	920	14 649	96 905	21 667
葫芦岛	407 438	346 007	1 313	1 249	40 224	19 958

6—34 按构成分房地产开发建设投资

单位:万元

年份、地区	建筑安装工程	设备、工具器具购置	其他费用	#土地购置费
2000	1 966 063	65 137	617 862	347 314
2001	2 351 326	52 831	826 535	516 854
2002	2 724 912	79 696	1 078 539	581 343
2003	3 198 149	68 635	1 597 163	1 024 229
2004	4 918 594	89 875	2 198 964	1 267 595
2005	5 912 043	139 201	2 691 281	1 682 273
2006	7 657 084	113 123	3 651 741	2 021 204
2007	11 662 016	170 600	3 143 177	1 971 841
2008	15 705 901	351 522	4 550 529	3 002 435
2009	20 848 847	358 489	5 198 303	3 606 763
沈阳	9 652 667	234 482	1 999 858	1 549 220
大连	4 345 803	60 665	1 382 953	857 189
鞍山	1 144 071	22 600	629 389	384 011
抚顺	438 328	5 005	199 370	161 335
本溪	398 087	5 870	61 154	27 019
丹东	821 842	8 563	53 722	38 834
锦州	385 325	2 475	107 103	88 125
营口	943 814	4 207	186 693	153 785
阜新	153 883	152	49 909	49 559
辽阳	315 638	1 377	114 837	94 082
盘锦	491 745	6 146	82 757	25 090
铁岭	935 835	2 165	158 187	78 432
朝阳	501 537	395	89 592	46 167
葫芦岛	320 272	4 387	82 779	53 915

6—35 房地产开发企业(单位)的资金来源

单位:万元

年份、地区	本年资金来源小计	国家预算内资金	国内贷款	利用外资	自筹资金	其他资金	#定金及预收款
2000	2 837 089	5 380	645 522	55 167	971 842	1 159 178	910 460
2001	3 532 286	1 925	689 515	54 351	124 710	1 545 785	1 179 279
2002	4 180 547	12 800	800 959	63 316	1 658 685	1 644 787	1 234 539
2003	5 582 992	3 388	1 332 891	55 561	2 273 464	1 917 688	1 578 904
2004	8 490 919	1 500	1 366 702	82 619	3 496 051	3 544 047	2 740 905
2005	9 372 018		1 267 527	89 308	4 586 225	3 428 958	2 531 636
2006	13 002 851		1 728 346	242 602	5 924 162	5 107 741	3 266 026
2007	18 703 917		2 598 871	924 053	8 429 379	6 751 614	4 520 319
2008	22 029 829		2 769 112	1 140 114	11 475 416	6 645 187	4 543 873
2009	32 684 449		4 737 260	1 149 245	15 800 648	10 997 296	7 506 860
沈阳	13 692 850		1 832 383	836 404	7 443 418	3 580 645	2 380 804
大连	8 728 703		1 686 998	103 390	2 588 555	4 349 760	2 958 018
鞍山	2 343 007		374 619	123 422	1 201 887	643 079	416 561
抚顺	916 218		155 621	21 456	356 352	382 789	282 463
本溪	513 474		38 087	808	226 061	248 518	143 975
丹东	899 083		50 391	48 294	639 031	161 367	102 831
锦州	767 169		80 472	13 000	434 502	239 195	216 809
营口	1 198 574		87 393	2 471	760 542	348 168	261 893
阜新	220 813		16 267		176 785	27 761	24 114
辽阳	562 826		136 620		296 375	129 831	97 210
盘锦	517 079		46 883		299 596	170 600	98 482
铁岭	1 186 773		142 493		793 877	250 403	178 042
朝阳	674 416		54 001		379 220	241 195	165 648
葫芦岛	463 464		35 032		204 447	223 985	180 010

6—36 房地产开发建设房屋建筑面积和竣工率

年份、地区	施工房屋面积（万平方米）	竣工房屋面积（万平方米）	房屋建筑面积竣工率（%）	竣工房屋价值（万元）
2000	3 301.8	1 618.9	49.0	1 507 495
2001	3 971.2	1 842.7	46.4	1 818 229
2002	4 754.1	1 984.3	41.7	2 061 219
2003	5 314.1	2 139.7	40.3	2 301 203
2004	6 294.6	2 303.6	36.6	2 805 817
2005	7 058.9	2 443.9	34.6	2 931 979
2006	8 615.5	2 907.8	33.8	3 885 888
2007	11 615.1	3 129.9	26.9	4 453 006
2008	14 904.6	3 826.1	25.7	6 399 392
2009	18 579.1	4 031.7	21.7	7 524 878
沈阳	6 847.9	1 293.5	18.9	2 382 192
大连	3 489.1	549.7	15.8	1 567 625
鞍山	2 001.6	387.5	19.4	664 823
抚顺	504.0	152.0	30.2	307 261
本溪	705.1	265.0	37.6	422 495
丹东	616.7	186.0	30.2	422 925
锦州	546.7	141.3	25.8	186 496
营口	1 131.1	419.7	37.1	391 304
阜新	265.6	71.4	26.9	98 490
辽阳	382.3	58.1	15.2	100 218
盘锦	298.6	149.5	50.1	374 118
铁岭	767.1	80.1	10.4	175 510
朝阳	626.3	135.9	21.7	199 425
葫芦岛	396.9	142.0	35.8	231 996

6—37 各地区房地产开发企业基本情况

年 份、地 区	开发公司个数（个）	#国有经济	#集体经济	#外商投资经济	#港澳台投资经济	年末从业人员人数（人）
2000	1 417	293	161	73	109	42 098
2001	1 545	209	106	79	103	44 612
2002	1 635	158	81	70	94	47 284
2003	1 800	127	61	78	93	49 497
2004	2 303	121	65	105	126	53 579
2005	2 744	134	77	136	157	51 692
2006	2 771	113	56	150	165	56 411
2007	2 981	104	50	163	184	57 032
2008	4 841	142	96	261	254	70 435
2009	3 920	130	59	203	226	73 829
沈阳	1 326	37	12	127	140	22 151
大连	952	27	11	34	47	19 879
鞍山	342	22	6	14	19	5 854
抚顺	97	10	2	1	1	2 097
本溪	147	7	3	2		3 910
丹东	203	2	12	13	5	3 008
锦州	73		1	1	3	1 862
营口	159	8	1	2	3	2 526
阜新	120			5	2	1 712
辽阳	89	5		2	1	2 162
盘锦	61	1	3			1 528
铁岭	98	6	1		1	1 893
朝阳	142	2	2	2	3	2 770
葫芦岛	111	3	5		1	2 477

6—38 各地区房地产开发经营情况

单位:万元

年份、地区	主营业务收入	土地转让收入	商品房屋销售收入	房屋出租收入	其他收入	主营业务税金及附加	利润总额
2000	**2 339 911**	**33 981**	**2 156 412**	**10 251**	**139 267**	**129 169**	**3 473**
2001	2 573 462	15 737	2 408 399	13 501	135 825	141 554	-10 552
2002	2 882 505	27 624	2 763 036	13 909	77 936	173 135	-22 649
2003	3 675 534	43 475	3 518 507	15 173	98 379	217 110	-32 804
2004	5 347 879	91 369	5 075 229	76 381	104 900	339 651	88 536
2005	6 144 218	20 145	6 025 782	31 680	66 611	376 911	198 983
2006	7 223 740	41 758	7 036 720	42 193	103 069	486 136	282 916
2007	8 761 740	68 877	8 575 020	20 793	97 050	636 021	488 180
2008	11 731 198	102 669	11 439 215	52 501	136 813	792 186	1 087 841
2009	15 404 024	25 404	15 193 794	44 263	140 563	1 064 018	1 269 888
沈阳	5 000 854		4 926 752	6 832	67 270	351 662	355 778
大连	4 601 886	9 544	4 513 996	33 429	44 917	360 774	644 966
鞍山	803 586	560	796 783		6 243	44 685	31 775
抚顺	298 234		293 922		4 313	22 204	2 782
本溪	477 034		467 343		9 691	25 127	29 780
丹东	511 961		511 840		122	30 517	15 324
锦州	459 782	2 609	454 432	2 190	551	39 602	11 506
营口	815 777		815 777			50 330	104 354
阜新	197 149		195 279	94	1 776	13 132	8 897
辽阳	279 723	5 805	272 654	528	737	13 748	12 677
盘锦	526 216		526 216			34 945	54 562
铁岭	670 396	1 801	667 485	1 065	46	30 296	-5 303
朝阳	380 575	4 518	372 432		3 626	21 066	-1 575
葫芦岛	380 850	568	378 885	125	1 273	25 928	4 365

6—39 按用途分的商品房屋实际销售面积

单位:万平方米

年份、地区	商品房销售面积	住宅	#经济适用房	办公楼	商业营业用房	其他
2000	948.7	804.4	146.8	20.3	114.3	9.7
2001	1 165.7	994.7	179.2	27.1	128.4	15.5
2002	1 277.5	1 120.4	133.3	20.7	127.7	8.7
2003	1 499.1	1 320.3	110.4	25.9	133.6	19.3
2004	2 013.5	1 798.4	72.3	17.2	164.0	33.9
2005	2 564.5	2 340.4	71.4	16.1	182.6	25.3
2006	3 026.4	2 749.9	151.7	24.1	201.6	50.8
2007	3 830.4	3 545.6	114.4	19.1	220.4	45.3
2008	4 091.2	3 731.2	137.5	35.9	268.0	56.1
2009	5 375.5	4 864.2	138.3	30.1	394.0	87.2
沈阳	1 532.9	1 369.3	25.7	15.4	121.3	27.0
大连	1 152.7	1 093.4	42.2	7.9	42.0	9.4
鞍山	363.9	342.5	0.6	1.5	15.4	4.5
抚顺	157.4	142.4	1.4		13.6	1.3
本溪	173.1	149.1	38.0		22.6	1.4
丹东	248.4	232.2		1.4	12.5	2.4
锦州	232.4	210.4			17.7	4.3
营口	357.7	325.2			30.9	1.6
阜新	89.3	70.8			9.8	8.7
辽阳	130.8	116.9	13.9	1.4	10.1	2.4
盘锦	154.0	145.8			6.7	1.5
铁岭	285.6	238.2	1.9	0.3	36.0	11.0
朝阳	210.1	190.0	13.9	0.4	17.1	2.6
葫芦岛	287.2	238.0	0.8	1.7	38.4	9.1

6—40 按用途分的商品房屋实际销售额

单位：万元

年份、地区	商品房销售额	住宅	#经济适用房	办公楼	商业营业用房	其他
2000	1 969 468	1 514 151	213 338	81 327	350 835	23 155
2001	2 478 449	1 988 320	261 222	78 822	387 466	23 841
2002	2 732 993	2 231 000	199 616	83 089	398 162	20 742
2003	3 434 521	2 813 999	185 315	87 307	488 483	44 732
2004	4 866 124	4 165 674	138 291	50 524	564 718	85 208
2005	7 174 340	6 205 959	150 932	61 993	829 475	76 913
2006	9 278 590	7 909 896	340 400	131 269	1 073 899	163 526
2007	13 368 797	11 893 975	278 991	90 342	1 208 087	176 393
2008	15 376 463	13 338 922	288 019	171 558	1 647 920	218 063
2009	21 685 950	18 834 702	300 723	187 058	2 356 123	308 067
沈阳	6 843 606	5 745 882	65 888	117 675	862 519	117 530
大连	7 203 162	6 751 324	104 711	41 373	357 986	52 479
鞍山	1 225 131	1 114 410	1 976	6 661	86 322	17 738
抚顺	496 500	426 622	1 934		65 483	4 395
本溪	540 874	315 558	75 924	101	217 179	8 036
丹东	786 975	703 307		6 946	68 619	8 103
锦州	623 410	537 720			76 351	9 339
营口	1 015 808	865 594			144 272	5 942
阜新	205 961	156 992			42 896	6 073
辽阳	388 155	311 687	24 415	7 665	59 588	9 215
盘锦	505 204	470 498			29 872	4 834
铁岭	663 914	491 449	3 330	1 184	140 555	30 726
朝阳	392 667	328 383	21 632	1 285	59 291	3 708
葫芦岛	794 583	615 276	913	4 168	145 190	29 949

6—41 房地产开发企业(单位)施工、销售情况

(2009 年)

指　　标	单　位	合　计					办公楼	商业营业用　　房	其　他
			住　宅	#90平方米以下住房	经　济适用房	别墅、高档公寓			
房屋施工面积	万平方米	18 579	14 527	7 502	621	539	429	2 654	970
#新开工面积		8 305	6 640	3 803	282	142	149	1 128	389
房屋竣工面积	万平方米	4 032	3 395	1 955	159	135	37	440	160
#不可销售面积	万平方米	315	254	219	23		6	21	34
商品住宅竣工套数	套		384 159	264 967	20 243	7 880			
竣工房屋价值	亿元	752	598	322	23	36	14	112	28
出租房屋面积	万平方米	70					3	66	
商品房销售面积	万平方米	5 376	4 864	2 641	138	127	30	394	87
#现房销售面积	万平方米	2 066	1 786	1 025	70	40	14	226	39
期房销售面积	万平方米	3 310	3 078	1 616	68	87	16	168	48
商品房销售额	亿元	2 169	1 883	917	30	114	19	236	31
#现房销售额	亿元	756	610	318	15	25	9	122	14
期房销售额	亿元	1 412	1 274	599	15	89	9	113	16

6—42 房地产开发企业(单位)投资、资金和土地情况

单位:万元

指　　标	2005年	2006年	2007年	2008年	2009年
计划总投资	26 772 808	36 503 869	53 412 776	75 407 081	91 859 648
自开始建设累计完成投资	13 817 096	22 272 502	28 396 940	42 097 592	55 564 174
本年计划投资	10 668 277				
本年完成投资	8 742 525	11 421 948	14 975 793	20 607 952	26 405 639
#商品房建设投资额	6 426 636	7 823 034			
土地开发投资额	901 134	1 393 514	1 231 708	1 254 806	1 316 844
配套工程投资额	204 961	619 007	859 573	1 019 087	709 545
按构成分:					
建筑工程	5 570 254	7 130 483	10 947 971	14 396 878	18 662 694
安装工程	341 789	526 601	714 045	1 309 023	2 186 153
设备工器具购置	139 201	113 123	170 600	351 522	358 489
其他费用	2 691 281	3 651 741	3 143 177	4 550 529	5 198 303
#旧建筑物购置费	18 890	217 520	119 063	202 965	173 395
土地购置费	1 682 273	2 021 204	1 971 841	3 002 435	3 606 763
按工程用途分:					
住　宅	6 145 405	8 388 987	11 658 892	15 792 147	19 339 201
#普通住房	625 305	3 824 576			
经济适用房	154 200	574 098	509 414	495 296	637 407
别墅、高档公寓	306 288	488 660	892 683	1 232 710	1 528 912
办 公 楼	258 764	376 442	391 338	668 581	867 569
商业营业用房	1 502 775	1 539 711	1 946 253	3 006 798	4 321 470
其　他	835 581	1 116 808	979 310	1 140 426	1 877 399
本年新增固定资产	4 321 689	5 219 474	5 843 093	8 588 725	10 547 777
本年完成土地开发面积(万平米)	1 697.6	1 569.6	18 139 311	17 965 046	16 925 293
本年购置土地面积(万平米)	2 432.8	2 316.9	33 235 810	29 538 218	20 868 635
本年土地成交价款	2 034 432	2 065 722	2 899 565	3 080 834	2 936 827

主要统计指标解释

全社会固定资产投资　固定资产投资是社会固定资产再生产的主要手段。通过建造和购置固定资产的活动,国民经济不断采用先进技术装备,建立新兴部门,进一步调整经济结构和生产力的地区分布,增强经济实力,为改善人民物质文化生活创造物质条件。这对我国的社会主义现代化建设具有重要意义。

固定资产投资额是以货币表现的建造和购置固定资产活动的工作量,它是反映固定资产投资规模、速度、比例关系和使用方向的综合性指标。全社会固定资产投资包括国有经济单位投资、城乡集体经济单位投资、各种经济类型的单位投资和城乡居民个人投资。按照我国现行计划管理体制,国有经济单位固定资产投资总额分为基本建设、更新改造、商品房屋建设投资和其他固定资产投资四个部分;城乡集体经济单位投资包括城镇集体所有制单位投资和农村集体所有制单位投资;各种经济类型的单位投资包括联营经济、股份制经济、中外合资经营、中外合作经营、外资、与大陆合资经营、与大陆合作经营、港澳台独资及其他经济类型的单位投资。城镇居民个人投资包括城市、县城、镇、工矿区所辖范围内的个人建房和农村个人建房及购买生产性固定资产的投资。

基本建设投资　基本建设是国有企业、事业单位以扩大生产能力或工程效益为主要目的的新建、扩建工程及有关工作。包括工厂、矿山、铁路、桥梁、港口、农田水利、商店、住宅、学校、医院等工程的建造和机器设备、车辆、船舶、飞机等的购置。

基本建设投资额是以货币表现的基本建设完成的工作量,是反映一定时期内基本建设规模和建设进度的综合性指标。它是根据工程的实际进度按预算价格(预算价格是编制施工图预算时所用的价格)计算的工作量,没有形成工程实体的建筑材料和没有开始安装的设备,都不计算投资完成额。

更新改造投资　更新改造是指国有企业、事业单位对原有设施进行固定资产更新和技术改造,以及相应配套的工程和有关工作(不包括大修理和维护工程)。更新改造投资是以货币表现的更新改造完成的工作量。根据我国现行统计制度,基本建设和更新改造的划分是:(1)列入基本建设计划的项目作为基本建设投资,列入更新改造计划的项目作为更新改造投资;(2)更新改造计划与基本建设计划结合安排的项目及未列入计划的项目,根据工程性质分别作为基本建设投资或更新改造投资。属于对企业、事业单位原有设施进行技术改造或更新的项目和增建主要生产车间、分厂等,其新增生产能力或效益尚未达到大中型标准的项目,以及由于城市环境保护和安全生产的需要而进行的迁建工程,作为更新改造投资。

其他固定资产投资　是指按照国家规定不纳入基本建设和更新改造计划管理,其总投资在五万元以上的固定资产投资。具体包括:国有经济单位用油田维护费和石油开发基金进行的油田维护和开发工程;煤炭、铁矿、森林工业等采掘采伐业用维检费进行的开拓延伸工程;交通部门用公路养路费对原有公路、桥梁进行改建的工程;商业部门用简易建筑费建造的仓库工程。

固定资产投资的资金来源　根据固定资产投资的资金来源不同,分为上年末结余资金、本年资金来源小计和各项应付款。其中本年资金来源小计又分为国家预算内资金、国内贷款、股票、债券、利用外资、自筹资金和其他资金来源七种:

(1)国家预算内资金　指国家预算、地方财政、主管部门和国家专业投资公司拨给或委托银行贷给建设单位的基本建设拨款和中央基本建设基金,拨给企业单位的更新改造拨款,以及中央财政安排的专项拨款中用于基本建设的资金。

(2)国内贷款　指报告期企、事业单位向银行及非银行金融机构借入的用于固定资产投资的各种国内借款。国内贷款包括:银行利用自有资金及吸收的存款发放的贷款、上级主管部门拨入的国内贷款、国家专项贷款(包括煤代油贷款、劳改煤矿专项贷款等),地方财政专项资金安排的贷款、国内储备贷款、周转贷款等。

(3)股票　是股份制企业通过发行股票筹集到的,用于固定资产投资的资金。

(4)债券　是企业(公司)或金融机构通过发行各种债券筹集到的用于固定资产投资的资金,包括由银行代理国家专业投资公司发行的重点企业债券和重点建设债券。

(5)利用外资　指报告期收到的用于固定资产投资的国外资金,包括统借统还、自借自还的国外贷款,中外合资项目中的外资,以及无偿捐赠等。其中,国家统借统还的外资,是指由我国政府出面同外国政府、团体或金融组织签订贷款协议、并负责偿还本息的国外贷款。

(6)自筹资金　指建设单位报告期收到的,用于进行固定资产投资的上级主管部门、地方和本单位自筹资金。

(7)其他资金来源　指报告期收到的除以上各种拨款、借款、自筹资金之外,其他用于固定资产投资的资金。

固定资产投资按国民经济行业分　建设项目归哪个行业,按其建成投产后的主要产品或主要用途及社会经济活动性质来确定。基本建设按建设项目划分国民经济行业,更新改造、国有经济单位其他固定资产投资及城镇集体投资根据整个企业、事业单位所属的行业来划分。一般情况下,一个建设项目或一个企业、事业单位只能属于一种国民经济行业。为了更准确地反映国民经济各行业之间的比例关系,联合企业(总厂)所属分厂属于不同行业的,原则上按分厂划分行业。

固定资产投资按建设性质分　建设项目的性质一般分为新建、扩建、改建、迁建、恢复。基本建设按建设项目划分建设性质,更新改造、国有经济单位其他固定资产投资及城镇集体投资按整个企业、事业单位的建设情况确定建设性质。目前基本建设和更新改造是根据我国现行的计划管理体制区分的,所以基本建设和更新改造都可以分别按新建、扩建等划分。

(1)新建　一般是指从无到有、"平地起家"新开始建设单位。有的单位原有的基础很小,经过建设后其新增加的固定资产价值超过原有固定资产价值(原值)三倍以上的也算新建。

(2)扩建　一般是指为扩大原有产品的生产能力,在厂内或其他地点增建主要生产车间(或主要工程)、独立的生产线或总厂之下的分厂的企业;事业单位和行政单位在原单位增建业务用房(如学校增建教学用房、医院增建门诊部或病床用房、行政机关增建办公楼等)也作为扩建。

(3)改建　一般是指现有企业、事业单位为了技术进步,提高产品质量,增加花色品种,促进产品升级换代、降低消耗和成本,加强资源综合利用和三废治理、劳保安全等,采用新技术、新工艺、新设备、新材料等对现有设施、工艺条件进行技术改造或更新(包括相应配套的辅助性生产、生活福利设施)。有的企业为充分发挥现有生产能力,进行填平补齐而增建不增加本单位主要产品生产能力的车间等,也属于改建。

固定资产投资按用途分　固定资产投资按工程的经济用途分为用于第一产业、第二产业、第三产业和住宅四部分的建设,是研究不同用途的固定资产投资之间比例关系的重要指标。基本建设投资、国有经济单位其他固定资产投资及城镇集体投资的用途按单项工程确定,现有企业、事业单位更新改造投资的用途按更新改造项目确定。

固定资产投资按构成分　固定资产投资活动按其工作内容和实现方式分为建筑安装工程,设备、工具、器具购置,其他费用三个部分。

(1)建筑安装工程(建筑工作量)　指各种房屋、建筑物的建造工程和各种设备、装置的安装工程。包括各种房屋建造工程,各种用途设备基础和各种工业窑炉的砌筑工程;为施工而进行的各种准备工作和临时工程以及完工后的清理工作等;铁路、道路的铺设,矿井的开凿及石油管道的架设等;水利工程;防空地下建筑等特殊工程;以及各种机械设备的安装工程;为测定安装工程质量,对设备进行的试行工作。在安装工程中,不包括被安装设备本身的价值。

(2)设备、工具、器具购置　指购置或自制达到固定资产标准的设备、工具、器具的价值,固定资产的标准按财务部门规定。新建单位、扩建单位的新建车间按照设计和计划要求购置或自制的全部设备、工具、器具,不论是否达到固定资产标准均计入"设备、工具、器具购置中"。

(3)其他费用　指除建筑安装工程和设备、工具、器具购置以外的投资完成额。它包括两种性质的费用,一种是属于增加固定资产的费用,主要有:建设单位管理费,土地、青苗等补偿费和安置补助费、勘察设计费,研究实验费、农林单位牲畜购置费、各种经济林木的营造费、办公和生活家具、器具购置费、引进技术和进口设备项目的其他费用、联合试运转费等;一种是属于不增加固定资产的费用,主要有:施工机械转移费、生产职工培训费、农业开荒费用及报废工程损失费等。

基本建设项目按大中小型划分　基本建设划分大中小型项目原则上应按照上级批准的设计任务书或初步设计所确定的总规模或总投资划分,没有正式批准设计任务书或初步设计的,按国家或省、自治区、直辖市年度基本建设投资计划中所列的总规模或总投资划分。上述两条均不具备的,按本年计划施工工程的建设总规模或总投资划分。生产单一产品的工业项目,按产品的设计能力划分的;生产多种产品的工业项目,按其主要产品的设计能力划分。品种繁多,难以按生产能力划分的,按全部计划投资额划分。划分标准以国家颁发的《大中小型建设项目划分标准》依据。国家曾在1958年、1962年、1977年和1979年先后五次修订《大中小型建设项目划分标准》,因此各历史时期的大中型项目数不完全可比。

施工项目　指报告期内曾进行建筑或安装工程施工活动的建设项目。包括报告期内新开工项目、报告期以前开工跨入报告期继续施工的项目以及报告期施过工并在报告期内全部建设投产或停缓建的项目。

全部建成投产项目　工业项目是指设计文件规定形成生产能力的主体工程及其相应配套的辅助设施全部建成,经负荷试运转,证明具备生产设计规定合格产品的条件,并经过验收鉴定合格或达到竣工验收标准,与生产性工程配套的生产福利设施可以满足近期正常生产的需要,正式移交生产的建设项目。非工业项目是指设计文件规定的主体工程和相应的配套工程全部建成,能够发挥设计规定的全部效益,经验收鉴定合格或达到竣工验收标准,正式移交使用的建设项目。

新增生产能力　指通过固定资产投资活动而增加的设计能力或工程效益,它是用实物形态表示的固定资产投资的成果。新增生产能力的计算,是以能独立发挥生产能力或效益的单项工程(或项目)为对象,当单项工程(或项目)建成,经有关部门鉴定合格,正式移交投入生产,即可计算新增生产能力。

新增生产能力或工程效益有以下几种表现形式:

(1)以建设项目或单项工程建成后的年产能力表示。如煤炭开采、石油开采等。

(2)以建设项目或单项工程建成后处理原料的能力表示。如选矿工程的年处理矿石能力,洗煤厂年洗原煤能力等。

(3)以新增的主要设备数量或容量表示。如棉纺绽枚数、发电机组容量等。

(4)以建筑物容积、容量、面积或长度表示。如水库容量、铁路公路里程等。

新增生产能力的数量一般按设计能力计算。设计能力是指设计文件中规定的在正常情况下能够达到的生产能力,而不论投产后的实际产量如何。以设备数量、建筑物容积、面积、长度等表示的新增生产能力(或效益),则按建成的实际数量计算。

施工和竣工房屋建筑面积　房屋建筑面积是从房屋外墙线算起的各层平面面积的总和,包括房屋结构(如柱、墙)占用的面积和地下室面积。多层建筑按各自然层面积总和计算,包括房屋内的楼隔层,突出墙面的眺望间、门斗、有柱雨罩的面积。不包括突出墙面结构的构件、艺术装饰等所占的面积,如台阶等。凹阳台、挑阳台按其水平投影面积一半计算建筑面积。

竣工面积　指在报告期内房屋建筑按照设计要求已全部完工,达到住人和使用条件,经验收鉴定合格,正式移交使用单位的建筑面积。

房屋建筑面积竣工率　指一定时间内房屋竣工面积占同期房屋施工面积的比率。它是从房屋建筑施工速度的角度反映投资效果和建筑业经济效益的指标。

新增固定资产 指通过投资活动所形成的新的固定资产价值。包括已经建成投入生产或交付使用的工程价值和达到固定资产标准的设备、工具、器具的价值及有关应摊入的费用。它是以价值形式表示的固定资产投资成果的综合性指标,可以综合反映不同时期、不同部门、不同地区的固定资产投资成果。

建设项目投资率 指一定时期内全部建成投入生产项目个数占同期正式施工项目个数的比率。它是从项目建设速度的角度反映投资效果的指标。

固定资产交付使用率 指一定时期新增固定资产与同期完成投资额的比率。它是反映各个时期固定资产动用速度,衡量建设过程中投资效果的一个综合性指标。

未完工程占用率 指年末未完工程累计完成投资额占全年实际完成投资额的比率。它反映未完工程的相对规模,并可从资金占用的角度反映固定资产投资效果。由于未完工程是指已经开工,但尚未建成交付使用的工程,有个跨年度问题,因此未完工程占用率会出现大于1的情况。

第七篇

能源

7

NENGYUAN

7—1 能源生产总量及构成

年 份	能源生产总量（万吨标准煤）	占能源生产总量的%			
		原 煤	原 油	天 然 气	水 电
1978	3 890.7	78.9	14.0	5.6	1.5
1980	3 765.8	70.8	20.2	6.3	2.7
1985	4 953.2	66.2	26.6	4.1	3.1
1986	5 011.4	63.4	29.1	4.0	3.5
1987	5 094.9	60.5	32.1	4.1	3.3
1988	5 410.9	60.6	33.5	4.0	2.0
1989	5 766.6	61.7	33.3	4.0	2.0
1990	5 958.9	61.1	32.8	3.9	2.2
1991	6 082.4	61.4	32.3	3.9	2.4
1992	6 233.4	61.8	31.8	4.5	1.9
1993	6 327.2	62.8	32.1	4.6	0.5
1994	6 384.8	61.6	33.6	4.4	0.4
1995	6 239.3	59.5	35.6	4.1	0.8
1996	6 610.8	63.0	32.5	3.6	0.9
1997	6 638.7	63.3	32.4	3.8	0.5
1998	6 422.5	64.3	32.3	2.9	0.5
1999	5 649.5	60.4	36.2	3.0	0.4
2000	5 380.5	59.1	37.2	3.3	0.3
2001	5 376.8	59.4	36.8	3.3	0.5
2002	5 809.8	63.6	33.2	2.8	0.4
2003	6 288.3	66.7	30.3	2.6	0.4
2004	6 749.9	70.3	27.1	1.9	0.7
2005	6 219.8	67.4	29.0	2.5	1.1
2006	6 513.4	69.8	26.9	2.4	0.9
2007	6 311.2	69.2	28.0	1.9	0.9
2008	6 257.5	69.7	27.4	1.8	1.1

7—2 能源消费总量及构成

年份	能源消费总量（万吨标准煤）	占能源消费总量的%			
		煤炭	石油	天然气	水电
1978	5 261.5	64.6	30.2	4.2	1.0
1980	5 272.1	67.8	25.8	4.5	1.9
1985	6 325.1	78.7	15.2	3.7	2.4
1986	6 360.3	79.4	14.6	3.2	2.8
1987	6 475.8	81.5	12.7	3.2	2.6
1988	6 824.6	83.0	12.3	3.1	1.6
1989	7 000.1	83.1	12.8	3.3	0.8
1990	7 170.8	82.2	12.8	3.3	1.7
1991	7 218.0	83.0	11.7	3.3	2.0
1992	7 191.6	83.7	10.7	3.9	1.7
1993	8 695.5	74.6	21.8	3.3	0.3
1994	9 204.6	76.0	20.9	2.9	0.2
1995	9 381.7	77.1	19.6	2.7	0.6
1996	9 417.6	79.6	17.3	2.5	0.6
1997	9 191.6	82.0	14.9	2.7	0.4
1998	8 873.7	82.5	14.6	2.6	0.3
1999	8 869.9	80.5	16.7	2.6	0.2
2000	9 877.2	77.5	19.8	2.5	0.2
2001	10 356.9	73.8	23.7	2.2	0.3
2002	10 333.5	77.8	19.8	2.2	0.2
2003	11 430.7	78.6	18.8	2.3	0.3
2004	12 454.0	79.2	19.0	1.5	0.3
2005	12 883.3	71.3	24.1	1.5	0.6
2006	14 228.0	71.4	24.3	1.2	0.4
2007	15 757.9	73.2	22.6	1.2	0.4
2008	16 925.7	73.1	22.7	1.3	0.4

7—3 能源生产弹性系数

年 份	能源生产 比上年增长%	电力生产 比上年增长%	生产总值 比上年增长%	能源生产 弹性系数	电力生产 弹性系数
1985	10.3	8.8	13.3	0.84	0.72
1990	3.3	3.6	1.1	3.30	3.60
1991	2.1	3.0	6.1	0.50	0.70
1992	0.5	9.5	12.1	0.40	0.80
1993	11.0	5.2	14.9	0.75	0.35
1994	0.9	-2.2	11.2	0.08	
1995	-2.1	1.3	7.1		0.18
1996	6.0	8.4	8.6	0.70	0.98
1997	0.4	8.9	8.9	0.45	1.00
1998	-3.3	-8.5	8.3		
1999	-12.0	-3.5	8.2		0.00
2000	-4.8	5.3	8.9		0.59
2001	-0.1	2.5	9.0		0.27
2002	8.1	14.5	10.2	0.79	1.42
2003	8.2	10.7	11.5	0.71	0.93
2004	7.3	4.2	12.8	0.57	0.33
2005	0.3	4.0	12.3	0.02	0.33
2006	1.9	10.8	13.8	0.14	0.78
2007	-5.6	10.2	14.5		0.70
2008	-0.9	2.4	13.1		0.18

7—4 能源消费弹性系数

年 份	能源消费 比上年增长%	电力消费 比上年增长%	生产总值 比上年增长%	能源消费 弹性系数	电力消费 弹性系数
1985	6.8	7.6	13.3	0.55	0.62
1990	1.4	2.6	1.1	1.40	2.60
1991	0.6	6.0	6.1	0.10	1.30
1992	1.0	10.0	12.1	0.10	0.90
1993	11.0	10.6	14.9	0.75	0.72
1994	8.2	-1.8	11.2	0.73	
1995	2.5	4.8	7.1	0.35	0.68
1996	0.4	8.4	8.6	0.04	0.98
1997	-2.5	7.6	8.9		0.85
1998	-3.5	-5.2	8.3		
1999	0.1	12.1	8.2	0.14	1.47
2000	14.1	4.8	8.9	1.58	0.54
2001	1.3	2.0	9.0	0.14	0.22
2002	-0.2	6.0	10.2		0.59
2003	7.2	5.5	11.5	0.63	0.48
2004	12.4	16.5	12.8	0.96	1.28
2005	12.0	5.0	12.3	0.97	0.40
2006	10.8	10.6	13.8	0.78	0.77
2007	9.9	10.7	14.5	0.68	0.74
2008	7.6	3.9	13.1	0.58	0.30

7—5 分行业主要

（2008

行业	煤炭消费量（万吨）	焦炭消费量（万吨）	原油消费量（万吨）
消费总量	**15 346.66**	**2 440.82**	**5 945.19**
农、林、牧、渔业	109.18		
采矿业	1 707.95	27.91	115.26
煤炭开采和洗选业	1 493.14	0.06	
石油和天然气开采业	106.82		115.26
黑色金属矿采选业	30.32	22.52	
有色金属矿采选业	52.56	4.62	
非金属矿采选业	25.00	0.71	
其他采矿业	0.11		
制造业	6 053.02	2 410.74	5 801.75
农副食品加工业	102.95	11.53	
食品制造业	26.78	24.30	
饮料制造业	50.12	0.01	
烟草制品业	0.07		
纺织业	49.10	3.73	
纺织服装、鞋、帽制造业	33.39	2.91	
皮革、毛皮、羽毛(绒)及其制品业	4.91		
木材加工及木、竹、藤、棕、草制品业	22.20	1.01	
家具制造业	16.73	0.82	
造纸及纸制品业	63.25	26.15	
印刷业和记录媒介的复制	2.62	0.01	
文教体育用品制造业	2.41	0.03	
石油加工、炼焦及核燃料加工业	462.72	1.34	5 260.69
化学原料及化学制品制造业	510.77	20.64	535.05
医药制造业	69.83	1.04	
化学纤维制造业	149.05		
橡胶制品业	55.67	2.15	
塑料制品业	49.23	7.48	
非金属矿物制品业	839.44	129.13	0.59
黑色金属冶炼及压延加工业	3 058.42	2 003.98	
有色金属冶炼及压延加工业	144.60	40.54	

注:能源消费总量中电、热按当量值计算。

能 源 品 种 消 费 量

年）

汽油消费量（万吨）	煤油消费量（万吨）	柴油消费量（万吨）	燃料油消费量（万吨）	天然气消费量（亿立方米）	电力消费量（亿千瓦小时）
410.49	**24.99**	**778.42**	**379.66**	**16.21**	**1 411.99**
40.21		60.14			22.94
5.55	0.73	67.68	79.05	4.40	124.57
0.82	0.68	5.12			27.06
1.97		20.32	78.93	4.40	21.93
1.83	0.01	26.35	0.12		47.00
0.32	0.02	1.11			23.63
0.61	0.02	14.55			4.93
0.00		0.23			0.02
68.84	9.24	106.95	166.61	10.21	818.86
4.33	0.12	6.06	3.54		20.04
0.62	0.02	1.15	0.66		5.43
1.06		1.44	0.22		5.10
0.00		0.55			0.22
1.15	0.01	0.55	0.14		11.97
2.24	0.01	2.40	0.20		7.43
0.58		0.20	0.18		0.95
2.21		0.87	1.37	0.09	4.64
1.10		1.08			3.79
1.55		1.10	0.03	0.01	6.28
0.70	0.17	0.23	0.09		1.57
0.17		0.07			0.48
0.78		0.63	72.98	0.03	44.95
3.64	0.41	4.36	27.57	7.20	69.94
0.73	0.02	0.62	0.78	0.01	17.75
0.10		0.31	1.32	0.05	5.89
2.24		0.69	0.10		5.88
1.94	0.97	2.34	1.51		14.22
4.09	0.32	17.42	35.77	1.53	111.43
2.86	0.12	17.33	2.92	0.30	307.29
3.72	0.05	5.46	2.59		41.88

7—5 续表 （2008

行业	煤炭消费量（万吨）	焦炭消费量（万吨）	原油消费量（万吨）
金属制品业	37.84	9.77	5.37
通用设备制造业	116.29	104.28	0.03
专用设备制造业	34.30	6.33	
交通运输设备制造业	86.99	9.15	
电气机械及器材制造业	43.16	3.83	
通信设备、计算机及其他电子设备制造业	4.01	0.53	
仪器仪表及文化、办公用机械制造业	3.46		
工艺品及其他制造业	12.15	0.05	0.02
废弃资源和废旧材料回收加工业	0.56		
电力、燃气及水的生产和供应业	6 647.63	2.15	
电力、热力的生产和供应业	6 641.17	0.14	
燃气生产和供应业	1.75	2.01	
水的生产和供应业	4.71		
建筑业	20.17		
房屋和土木工程建筑业	12.27		
建筑安装业	6.31		
建筑装饰业	0.65		
其他建筑业	0.94		
交通运输、仓储和邮政业	85.65	0.02	28.18
铁路运输业	54.77	0.02	
道路运输业	2.13		
城市公共交通业	0.55		
水上运输业	12.34		
航空运输业	0.24		
管道运输业			28.18
装卸搬运和其他运输服务业	1.02		
仓储业	10.74		
邮政业	3.86		
批发、零售业和住宿、餐饮业	71.92		
其他行业	230.66		
城乡居民生活	420.48		

年）

汽油消费量（万吨）	煤油消费量（万吨）	柴油消费量（万吨）	燃料油消费量（万吨）	天然气消费量（亿立方米）	电力消费量（亿千瓦小时）
8.82	1.11	7.89	1.36	0.05	19.78
10.62	2.64	13.17	4.40	0.14	45.79
3.45	0.06	2.84	1.82	0.05	14.40
4.39	3.05	12.73	5.32	0.23	27.84
3.88	0.15	4.06	1.22	0.52	13.88
0.63		0.78	0.47		6.77
0.45		0.10			1.59
0.58	0.01	0.37	0.03		1.40
0.21		0.15	0.02		0.28
1.29	0.05	2.07	2.32	0.78	131.22
0.82	0.04	1.82	2.32		119.31
0.17		0.08		0.78	0.76
0.30	0.01	0.17			11.15
9.64	0.42	42.33	0.55		14.88
7.32	0.39	40.11	0.53		14.88
1.42	0.03	0.81	0.02		
0.54		0.16			
0.36		1.25			
240.80	14.16	481.25	130.23	0.02	26.42
0.83		33.48			17.74
71.95	0.20	296.04	0.07		
164.94		118.87	0.40	0.02	0.74
0.19		26.40	105.60		
1.31	13.93	1.37	22.02		
0.00					2.85
0.91	0.03	4.01	2.13		1.34
0.26		0.75	0.01		3.06
0.41		0.33			0.69
8.59	0.04	4.88	0.27	0.70	41.25
35.57	0.35	13.12	0.63	0.10	67.45
0.00					164.40

7—6 能源加工转换效率

单位:%

年份	总效率	发电及电站供热	炼焦	炼油
1985	79.1	37.2	94.5	98.6
1990	82.7	48.1	97.1	98.0
1991	82.2	49.1	98.5	98.9
1992	81.0	48.3	97.5	86.3
1993	80.6	48.1	83.0	99.0
1994	75.2	46.0	72.6	97.0
1995	80.2	50.3	98.6	97.4
1996	77.6	46.0	90.6	98.0
1997	75.9	43.8	91.7	97.8
1998	76.9	44.9	96.0	99.6
1999	76.0	44.8	97.1	95.6
2000	75.3	41.9	93.2	96.7
2001	73.5	43.8	92.8	89.9
2002	76.8	42.8	98.1	98.0
2003	73.3	39.9	98.1	96.2
2004	72.4	38.2	92.3	96.6
2005	74.7	42.1	98.9	92.4
2006	74.1	43.0	96.7	93.6
2007	75.4	43.3	97.3	95.5
2008	75.9	43.5	97.8	95.0

7—7 平均每天能源消费量

能源品种	单位	2000年	2005年	2006年	2007年	2008年
煤炭	万吨	28.99	35.80	38.93	41.71	42.05
焦炭	万吨	2.41	4.66	5.36	6.30	6.69
原油	万吨	10.71	14.82	15.22	16.15	16.29
燃料油	万吨	0.82	0.52	0.63	0.61	1.04
汽油	万吨	0.41	0.97	1.07	1.21	1.12
煤油	万吨	0.05	0.07	0.09	0.10	0.07
柴油	万吨	0.53	1.46	1.61	1.90	2.13
天然气	亿立方米	0.06	0.04	0.03	0.04	0.04
电力	亿千瓦小时	2.05	3.04	3.36	3.72	3.87

注:能源消费量包括加工转换量。

7—8 综合能源平衡表

单位:万吨标准煤

指标	2000年	2005年	2006年	2007年	2008年
一、可供本地区消费的能源量	10 140.42	12 883.32	14 228.02	15 757.85	16 925.68
1.年初库存量	1 326.97	1 066.82	1 298.89	1 193.52	1 456.92
2.一次能源生产量	5 380.56	6 219.88	6 513.36	6 311.19	6 257.47
3.回收能	60.02	80.92	89.40	599.32	1 014.33
4.外省(区、市)调入量	7 953.11	11 124.33	11 401.45	13 474.61	13 665.53
5.进口量	1 153.56	1 188.15	1 450.23	1 803.19	2 187.54
6.我轮、机在外国加油量	10.15	24.78	30.92	42.91	51.80
7.本省(区、市)调出量(—)	-3 466.58	-5 018.42	-4 895.41	-5 559.67	-5 749.84
8.出口量(-)	-952.35	-353.65	-415.45	-465.88	-381.40
9.外轮、机在我国加油量(-)	-14.12	-108.77	-32.35	-79.76	-95.19
10.年末库存量(-)	-1 310.89	-1 340.71	-1 213.01	-1 561.55	-1 481.48
二、加工转换投入(-)产出(+)量	-2 774.25	-4 060.09	-4 432.55	-4 408.52	-4 537.95
1.火力发电	-1 688.71	-2 389.89	-2 689.79	-2 843.37	-2 886.08
2.供热	-326.65	-372.14	-438.60	-511.59	-516.80
3.洗选煤	-482.18	-673.11	-731.23	-629.00	-672.78
4.炼焦	-69.03	-18.28	-63.31	-56.11	-47.39
5.炼油	-182.2	-577.62	-488.98	-360.16	-407.06
6.制气	-25.48	-28.99	-20.32	-7.75	513.73
三、损失量	105.5	118.82	126.46	84.76	87.25
#运输和输配损失	100.95	118.82	126.46	84.76	87.25
四、终端消费量	7 260.68	8 704.41	9 669.01	11 264.58	12 300.47
(一)第一产业	144.19	215.59	235.33	240.95	244.14
(二)第二产业	5 685.53	6 176.60	6 845.28	8 105.39	8 885.83
工业	5 616.97	6 093.39	6 751.67	8 002.47	8 775.85
建筑业	68.58	83.21	93.61	102.92	109.98
(三)第三产业	744.23	1 323.69	1 517.86	1 784.96	1 960.00
交通运输、仓储及邮电通讯业	437.37	1 031.92	1 147.07	1 290.01	1 374.72
批发和零售贸易业、餐饮业	62.31	85.04	90.55	119.74	135.16
其他	244.55	206.73	280.23	375.21	450.12
(四)生活消费	686.72	988.53	1 070.54	1 133.28	1 210.50
城镇	531.39	772.71	867.12	929.51	993.67
乡村	155.33	215.81	203.42	203.77	216.84
五、平衡差额	0	0	0	0	0

注:电、热按当量值计算。

主要统计指标解释

能源生产总量 指一定时期内全省一次能源生产量的总和，是观察全省能源生产水平、规模、构成和发展速度的总量指标。一次能源生产量包括原煤、原油、天然气、水电及其他动力能（如风能、地热能等）发电量。不包括低热值燃料生产量、生物质能、太阳能等的利用和由一次能源加工转换而成的二次能源产量。

能源消费总量 指一定时期内全省物质生产部门、非物质生产部门和生活消费的各种能源的总和，是观察能源消费水平、构成和增长速度的总量指标，能源消费总量包括原煤和原油及其制品、天然气、电力。不包括低热值燃料、生物质能和太阳能等的利用。能源消费总量分为三部分，即终端能源消费量、能源加工转换损失量和损失量。

（1）终端能源消费量 指一定时期内全省物质生产部门、非物质生产部门和生活消费的各种能源在扣除了用于加工转换二次能源消费量和损失量以后的数量。

（2）能源加工转换损失量 指一定时期内全省投入加工转换的各种能源数量之和与产出各种能源产品之和的差额。它是观察能源在加工转换过程中损失量变化的指标。

（3）能源损失量 指一定时期内能源在输送、分配、储存过程中发生的损失和由客观原因造成的各种损失量。不包括各种气体能源放空、放散量。

能源生产弹性系数 是研究能源生产量的增长与国民经济增长之间关系的指标。计算公式：

$$\text{能源生产弹性系数}=\frac{\text{能源生产总量年平均增长速度}}{\text{国民经济年平均增长速度}}$$

国民经济年平均增长速度，可根据不同的目的或需要，用国内生产总值等指标来计算，本资料是采用国内生产总值指标计算的。

电力生产弹性系数 是研究电力生产量的增长与国民经济增长之间关系的指标。一般来说，电力的发展应当快于国民经济的发展，也就是说电力应超前发展。计算公式：

$$\text{电力生产弹性系数}=\frac{\text{电力生产量年平均增长速度}}{\text{国民经济年平均增长速度}}$$

能源消费弹性系数 是反映能源消费增长速度与国民经济增长速度之间的比例关系的指标。计算公式：

$$\text{能源消费弹性系数}=\frac{\text{能源消费量年平均增长速度}}{\text{国民经济年平均增长速度}}$$

电力消费弹性系数 是反映电力消费增长速度与国民经济增长速度之间比例关系的指标。计算公式：

$$\text{电力消费弹性系数}=\frac{\text{电力消费量年平均增长速度}}{\text{国民经济年平均增长速度}}$$

能源加工转换效率 指一定时期内能源经过加工转换后，产出的各种能源产品的数量与同期内投入加工转换的各种能源数量的比率。它是观察能源加工转换装置和生产工艺先进与落后、管理水平高低等的重要指标。计算公式：

$$\text{能源加工转换效率}=\frac{\text{加工转换产出量}}{\text{加工转换投入量}}\times 100\%$$

第八篇

财政

8

CAIZHENG

8—1 地区财政收入

单位:亿元

年份	地区财政收入合计	预算内收入	中央	地方	预算外收入	中央	地方
1981	146.8	97.5	18.0	79.5	49.3	9.6	39.7
1982	155.1	96.9	17.0	79.9	58.2	15.7	42.5
1983	185.3	114.6	46.7	67.9	70.7	20.7	50.0
1984	215.3	127.7	50.6	77.1	87.6	27.0	60.6
1985	288.4	162.2	77.0	85.2	126.2	37.3	88.9
1986	309.2	172.9	74.0	98.9	136.3	34.6	101.7
1987	338.4	185.6	77.6	108.0	152.8	45.8	107.0
1988	366.0	192.8	76.9	115.9	173.2	53.3	119.9
1989	400.5	212.2	78.3	133.9	188.3	62.2	126.1
1990	399.2	196.8	67.5	129.3	202.4	65.1	137.3
1991	491.5	256.8	95.3	161.5	234.7	90.2	144.5
1992	519.5	229.3	77.7	151.6	290.2	136.8	153.4
1993	387.3	292.8	79.1	213.7	94.5	6.8	87.7
1994	443.8	336.8	183.1	153.7	107.0	8.3	98.7
1995	500.6	369.1	184.7	184.4	131.5	11.5	120.0
1996	558.7	410.6	198.9	211.7	148.1	7.6	140.5
1997	584.1	458.9	230.7	228.2	125.2	8.6	116.6
1998	682.9	551.3	251.4	299.9	131.6	13.1	118.5
1999	727.3	579.2	265.0	314.2	148.1	18.5	129.6
2000	830.4	659.1	323.5	335.6	171.3	15.6	155.7
2001	1 010.1	816.4	386.9	429.5	193.7	22.6	171.1
2002	1 119.1	914.4	423.3	491.1	204.7	20.5	184.2
2003	1 283.0	1 063.2	491.2	572.0	219.8	25.1	194.7
2004	1 572.9	1 335.4	631.6	703.8	237.5	26.2	211.3
2005	1 888.8	1 639.5	723.9	915.6	249.3	10.5	238.8
2006	2 332.8	2 068.4	898.3	1 170.1	264.4	11.9	252.5
2007	3 153.8	2 824.8	1 137.2	1 687.6	329.0	12.2	316.8
2008	3 716.3	3 452.6	1 262.6	2 190.0	263.7	19.8	243.9
2009	4 615.2	4 363.9	1 460.5	2 903.3	251.4	37.9	213.5

注:1. 本表中地区财政收入、预算内收入及中央预算内收入均不含债务类收入。
2. 2003 年以前中央预算内收入为国地税上缴中央收入合计,2003 年后为人民银行国库收入。

8—2 历年地方财政一般预算收入

单位:亿元

年份	地方财政收入合计	各项税收	国有资本经营收入	国有企业计划亏补	其他各项收入
1980	86.9	41.6	43.3		2.0
1985	85.2	102.3	1.4	-20.2	1.7
1986	98.9	107.1	1.4	-13.3	3.7
1987	108.0	115.5	1.4	-14.8	5.9
1988	115.9	128.4	1.7	-24.9	10.7
1989	133.9	145.6	1.6	-29.7	16.4
1990	129.3	140.3	2.0	-31.0	18.0
1991	161.5	155.7	1.6	-30.2	34.4
1992	151.6	158.6	1.5	-24.5	16.0
1993	213.7	220.0	1.9	-24.8	16.6
1994	153.7	147.5	0.8	-17.3	22.7
1995	184.4	174.0	0.6	-18.0	27.8
1996	211.7	195.8	0.7	-17.1	32.3
1997	228.2	215.1	1.0	-16.6	28.7
1998	264.6	233.5	2.6	-13.1	41.6
1999	279.6	247.5	2.5	-11.2	40.8
2000	295.6	266.4	3.7	-9.7	35.2
2001	370.4	320.0	3.5	-4.7	51.6
2002	399.7	333.0	6.7	-3.5	63.5
2003	447.0	361.4	9.1	-3.3	79.8
2004	529.6	411.5	13.0	-2.9	108.0
2005	675.3	528.4	24.5	-3.0	125.4
2006	817.7	626.2	40.9	-3.0	153.6
2007	1 082.7	815.7	57.8		209.2
2008	1 356.1	1 017.1	92.9		246.1
2009	1 591.2	1 184.0	145.7		261.5

注:1. 本表财政收入为当年财政决算数据。

2. 各项税收1983年利改税以后含企业所得税,1994年以后为新税制收入。

3. 国有资产经营收益1998年以前指国企上缴利润,1983年前含企业上缴的基本折旧。

4. 其他各项收入指行政性收费、罚没收入、海域场地矿区使用费收入、专项收入和其他各项收入。

5. 国有资本经营收入2007年以前为“国有资产经营收益”。

8—3 地方财政一般预算收入

单位:亿元

项　　目	2006年	2007年	2008年	2009年
合　　计	**817.67**	**1 082.69**	**1 356.08**	**1 591.22**
一、各项税收小计	**626.21**	**815.67**	**1 017.10**	**1 183.98**
增值税	124.40	149.11	172.76	163.56
营业税	205.37	252.01	304.00	363.94
企业所得税	74.00	108.06	142.44	125.09
个人所得税	35.63	45.78	51.73	48.94
资源税	18.74	24.26	28.25	32.65
城市维护建设税	43.87	51.58	58.71	57.69
房产税	29.80	29.86	35.38	41.09
印花税	9.62	12.66	16.38	16.67
城镇土地使用税	16.83	49.42	66.03	85.18
土地增值税	11.54	18.24	24.78	47.99
车船税	2.23	3.02	11.11	9.80
耕地占用税	5.29	5.97	24.33	69.56
契税	48.32	64.74	78.15	116.89
烟叶税	0.23	0.46	0.53	0.83
其他税收收入	0.44	0.51	2.07	4.10
二、非税收入小计	**191.46**	**267.03**	**338.98**	**407.24**
专项收入	34.50	50.85	50.67	45.67
行政事业性收费收入	81.14	96.54	117.17	93.76
罚没收入	29.82	32.91	35.91	41.89
国有资本经营收入	35.95	57.79	92.93	145.66
国有资源有偿使用收入	6.81	25.63	39.03	69.46
其他收入	3.25	3.32	3.27	10.80

8—4 地区各项税收及附加收入

单位:亿元

税种分类	2005年	2006年	2007年	2008年	2009年
收入合计	**1 270.34**	**1 456.21**	**1 799.87**	**2 295.04**	**2 651.89**
一、税收合计	**1 244.35**	**1 428.10**	**1 766.66**	**2 256.94**	**2 605.57**
1. 增值税	517.03	572.17	682.33	861.83	816.22
#国内增值税	455.11	499.23	598.96	694.15	677.09
2. 消费税	67.39	92.17	102.13	112.76	392.64
#国内消费税	62.80	84.46	93.80	99.56	366.23
3. 营业税	164.69	205.37	252.01	303.99	363.94
4. 个人所得税	82.02	89.09	114.45	129.32	122.36
5. 外商外国企业所得税	31.46	38.43			82.30
6. 企业所得税	160.64	162.29	277.68	373.50	222.42
7. 资源税	12.05	18.65	24.14	28.33	32.73
8. 投资方向调节税	0.20	0.35	0.51	0.45	0.05
9. 城市维护建设税	39.92	43.86	51.58	58.71	74.35
10. 房产税	24.83	29.80	29.85	35.38	41.08
11. 印花税	7.51	9.62	12.66	16.38	16.67
12. 城镇土地使用税	9.76	16.84	49.42	66.03	85.18
13. 土地增值税	5.95	11.54	18.24	24.78	47.99
14. 车船使用税	1.68	2.23	3.03	11.11	9.80
15. 屠宰税					
16. 筵席税					
17. 农业税	0.53				
18. 农业特产税	0.63	0.33			
19. 耕地占用税	3.69	5.29	4.95	24.33	69.56
20. 契税	38.93	48.36	36.36	78.12	116.89
21. 车辆购置税	22.64	26.68	33.13	39.19	44.72
22. 烟叶税			0.46	0.53	0.83
23. 关税	52.80	55.03	73.73	90.02	61.89
24. 其他税收				2.18	3.95
二、其他收入	**25.99**	**28.11**	**33.21**	**38.10**	**46.32**
1. 教育费附加	17.35	19.49	23.46	27.13	33.52
2. 文化事业建设费	0.91	1.05	1.10	1.27	1.27
3. 地方教育费收入	5.41	5.90	7.52	8.72	10.74
4. 矿区使用费	0.33	0.31			
5. 罚没收入	1.43	0.72	0.25	0.30	0.20
6. 其他收入	0.56	0.64	0.88	0.68	0.58

注:1. 本表按1994年新税制改革以来的地区实际税收收入整理。

2. 增值税和消费税含海关代征,不含出口退税绝对值;国内增值税和国内消费税不含海关代征,含出口退税绝对值。

8—5 各地区地方

（2009

项目	沈阳市	大连市	鞍山市	抚顺市	本溪市	丹东市
合计	**3 202 070**	**4 002 340**	**1 231 230**	**537 671**	**503 177**	**501 352**
一、各项税收小计	**2 228 861**	**3 183 545**	**785 134**	**392 710**	**350 084**	**353 181**
增值税	206 245	386 173	117 911	47 559	45 574	27 729
营业税	725 216	1 092 289	176 341	92 418	59 110	82 134
企业所得税	188 434	407 750	34 622	24 303	12 492	15 319
个人所得税	86 929	158 294	17 546	12 039	9 858	7 805
资源税	7 262	22 911	45 632	15 882	34 459	13 522
城市维护建设税	116 435	125 896	57 450	38 677	20 504	16 566
耕地占用税	111 963	151 648	40 182	45 484	70 080	76 183
契税	324 832	367 292	107 879	39 529	35 105	28 669
烟叶税			114			3 205
其他税收收入	461 545	471 292	187 457	76 819	62 902	82 049
二、非税收入小计	**973 209**	**818 795**	**446 096**	**144 961**	**153 093**	**148 171**
专项收入	74 110	73 071	38 427	25 300	17 289	14 983
行政事业性收费收入	181 296	155 441	71 448	61 167	47 727	44 591
罚没收入	75 100	68 801	17 776	13 009	20 048	21 390
国有资本经营收入	573 643	324 312	283 488	40 297	47 107	55 066
国有资源有偿使用收入	68 343	186 807	31 664	3 872	19 642	11 693
其他收入	717	10 363	3 293	1 316	1 280	448

财政一般预算收入

年)

单位:万元

锦州市	营口市	阜新市	辽阳市	盘锦市	铁岭市	朝阳市	葫芦岛市
480 088	**571 465**	**185 978**	**479 746**	**434 322**	**479 851**	**421 494**	**373 106**
381 286	**452 382**	**144 940**	**324 443**	**333 187**	**327 076**	**312 278**	**249 194**
39 249	45 280	22 993	45 644	64 333	31 299	30 881	24 987
107 632	122 439	42 512	68 448	86 076	72 992	79 962	67 681
17 827	24 149	6 692	14 960	9 872	10 026	14 455	11 637
10 662	8 751	4 642	8 181	16 465	6 367	10 300	7 396
18 571	3 869	10 588	68 583	10 231	17 890	52 496	4 647
31 577	30 614	12 929	23 338	37 774	20 796	17 402	26 896
23 789	23 227	15 045	32 417	6 807	43 326	32 260	23 164
31 796	84 598	11 513	18 127	31 298	30 347	27 187	30 767
		651			1 796	2 505	
100 183	109 455	17 375	45 015	70 331	92 237	44 830	52 019
98 802	**119 083**	**41 038**	**155 303**	**101 135**	**152 775**	**109 216**	**123 912**
20 121	19 915	10 490	22 083	23 152	13 642	17 639	17 410
17 598	20 781	13 232	44 975	33 966	37 789	32 189	32 396
19 423	18 280	10 342	13 931	7 178	32 285	28 645	26 843
12 651	45 490	1 599	1 962	386	17 756	13 654	36 514
19 232	10 080	3 915	66 111	35 819	51 141	14 977	10 749
9 777	4 537	1 460	6 241	634	162	2 112	

8—6 各 地 区 地 方

（2009

行　　业	沈阳市	大连市	鞍山市	抚顺市	本溪市	丹东市
合　　计	**4 758 822**	**4 711 648**	**1 778 665**	**1 181 225**	**966 118**	**1 114 247**
一般公共服务	596 837	609 873	211 171	115 009	125 163	124 106
国　　防	8 995	20 423	10 391	2 911	634	1 441
公共安全	298 998	209 596	97 174	67 381	69 464	64 688
教　　育	663 651	585 612	218 652	110 429	153 675	153 037
科学技术	136 292	185 188	15 862	7 599	9 399	7 147
文化体育与传媒	170 362	76 564	54 454	37 720	24 591	22 294
社会保障和就业	849 287	767 597	436 442	340 580	197 576	234 122
医疗卫生	339 487	224 577	104 052	81 373	86 889	61 378
环境保护	80 228	75 010	36 000	35 626	20 369	21 509
城乡社区事务	745 776	758 563	203 809	147 030	117 366	119 723
农林水事务	269 239	285 834	89 697	82 595	75 023	177 018
交通运输	35 379	112 806	20 777	18 740	13 338	30 551
工业商业金融等事务	313 864	545 180	203 619	65 565	62 510	64 988
其他支出	250 427	254 825	76 565	68 667	10 121	32 245

财 政 一 般 预 算 支 出

年)

单位:万元

锦州市	营口市	阜新市	辽阳市	盘锦市	铁岭市	朝阳市	葫芦岛市
1 114 530	**1 063 752**	**797 723**	**806 803**	**829 837**	**1 097 129**	**1 214 473**	**926 136**
122 909	119 151	80 214	111 888	128 632	193 163	138 185	124 785
815	1 671	1 092	1 936	1 456	990	2 549	2 925
69 403	66 790	44 068	52 321	40 601	70 928	58 270	71 117
142 364	128 020	82 841	96 419	111 519	176 800	156 438	120 685
10 545	15 069	2 047	12 470	7 813	12 050	8 427	5 191
35 321	37 816	14 451	10 184	22 624	16 234	27 214	40 600
266 166	244 930	210 346	199 952	135 073	127 705	253 461	223 087
78 438	74 086	98 202	56 051	42 091	72 232	119 871	76 731
25 614	32 038	28 145	11 581	15 013	25 191	31 235	15 396
95 073	170 300	63 087	77 105	80 933	133 922	120 791	56 725
149 345	69 695	77 365	55 796	98 645	124 648	171 890	86 075
31 922	13 120	10 116	10 486	15 347	19 092	32 415	21 873
35 629	63 135	52 323	45 884	44 286	111 464	71 663	55 965
50 986	27 931	33 426	64 730	85 804	12 710	22 064	24 981

8—7 地方财政一般预算支出

单位:亿元

行业	2006年	2007年	2008年	2009年
合计	**1 422.75**	**1 764.28**	**2 153.43**	**2 682.39**
一般公共服务	233.81	271.16	307.65	329.16
国防	3.42	5.89	5.38	7.49
公共安全	99.26	126.77	147.58	154.16
教育	193.14	252.13	306.36	346.73
科学技术	27.72	38.69	49.02	57.49
文化体育与传媒	23.58	24.80	29.94	76.25
社会保障和就业	322.99	402.98	469.97	518.07
医疗卫生	46.30	66.60	83.90	163.32
环境保护	21.16	28.07	48.18	55.71
城乡社区事务	143.47	171.78	217.22	289.66
农林水事务	101.81	121.80	149.29	240.71
交通运输	17.76	26.92	37.25	106.60
工业商业金融等事务	112.78	150.22	221.28	211.64
其他支出	75.57	76.48	80.40	125.40

主要统计指标解释

财政总收入 指国家财政参与社会产品分配所取得的收入，是实现国家职能的财力保证。财政收入所包括的内容几经变化，目前主要包括：

税收收入 包括增值税、营业税、企业所得税、个人所得税、资源税、固定资产投资方向调节税、城市维护建设税、房产税、印花税、城镇土地使用税、土地增值税、车船税、耕地占用税、契税、烟叶税、其他税收收入。

非税收入 包括专项收入、行政事业性收费收入、罚没收入、国有资本经营收入、国有资源有偿使用收入、其他收入。

财政总支出 国家财政将筹集起来的资金进行分配使用，以满足经济建设和各项事业的需要，主要包括以下各项支出：

一般公共服务 反映政府提供一般公共服务的支出。

公共安全 反映政府维护社会公共安全方面的支出，有关事务包括武装警察、公安、国家安全、检察、法院、司法行政、监狱、劳教、国家保密、缉私警察等。

教育支出 反映政府教育事务支出。有关具体教育事务包括教育行政管理、学前教育、小学教育、初中教育、普通高中教育、普通高等教育、初等职业教育、中专教育、技校教育、职业高中教育、高等职业教育、广播电视教育、留学生教育、特殊教育、干部继续教育、教育机关服务等。

科学技术 反映政府用于科学技术方面的支出。

文化体育与传媒 反映政府在文化、文物、体育、广播电视、新闻出版等方面的支出。

社会保障和就业 反映政府在社会保障与就业方面的支出。有关事项包括社会保障与就业管理事务、民政管理事务、财政对社会保险基金的补助、补充全国社会保障基金、行政事业单位离退休、企业改革补助、就业补助、抚恤、退役安置、社会福利、残疾人事业、城市居民最低生活保障、其他城镇社会救济、农村社会救济、自然灾害生活补助、红十字事务等。

医疗卫生 反映政府医疗卫生方面的支出。具体包括医疗卫生管理事务支出、医疗服务支出、医疗保障支出、疾病预防控制支出、卫生监督支出、妇幼保健支出、农村卫生支出等。

环境保护 反映政府环境保护支出。具体包括：环境保护管理事务支出、环境监测与监察支出、污染治理支出、自然生态保护支出、天然林保护工程支出、退耕还林支出、风沙荒漠治理支出、退牧还草支出、已垦草原退耕还草支出。

城乡社区事务 反映政府城乡社区事务支出。具体包括：城乡社区管理事务支出、城乡社区规划与管理支出、城乡社区公共设施支出、城乡社区住宅支出、城乡社区环境卫生支出、建设市场管理与监督支出等。

农林水事务 反映政府农林水事务方面的支出。具体包括农业、林业、水利、扶贫支出、农业综合开发支出等。

交通运输 反映政府交通运输方面的支出。包括公路运输支出、水路运输支出、铁路运输支出、民用航空运输支出等。

工业商业金融等事务 反映政府工业、商业、金融等事务支出。具体包括：采掘业支出、制造业支出、电力支出、信息产业支出、旅游业支出、涉外发展支出、粮油事务支出、商业流通事务支出、物资储备支出、金融保险支出、烟草事务支出、安全生产支出、国有资产监督支出、中小企业发展支出、清洁生产支出等。

其他支出 反映不能划分到上述功能科目的其他政府支出。包括预备费、年初预留、住房改革支出以及其他支出。

中央财政和地方财政 财政是国家为了实现其职能，凭借政治权力，对一部分社会产品进行分配和再分配的经济活动。中央财政和地方财政，是指财政体制上划分中央政府和地方政府以及地方各级政府之间财政管理权限的一项根本制度，它是经济管理体制的重要组成部分，它在财政管理体制中居于主导地位。它具体规定了各级政府筹集资金、支配使用资金的权力、范围和责任，使各级政府在财政管理上有责有权。这对于正确处理中央和地方之间，以及地方各级之间的分配关系，充分发挥各级政府的积极性，更好地完成国家财政收支任务，促进社会主义建设的发展有着极其重要的意义。中央财政收入和地方财政收入，是指中央和地方各级负责组织征收的收入，不是按财政体制计算的收入分成数。其收入中还包括了国外借款。

预算外资金 是指不纳入国家财政预算，由各地方、各部门、各企业、事业、行政单位，按国家规定范围自行筹集和使用的资金。它是国家财政预算内资金的补充财力。

第九篇

物价

9

WUJIA

9—1 各种价格指数

（上年=100）　　单位:%

年份	居民消费价格指数	城市居民消费价格指数	农村居民消费价格指数	商品零售价格指数	工业品出厂价格指数	原材料、燃料、动力购进价格指数	固定资产投资指数
1980		104.4		105.9			
1985	110.7	111.4	106.7	110.0			
1986	106.7	107.0	105.0	106.0			
1987	108.6	109.8	105.6	109.0			
1988	119.3	119.6	115.9	119.3	122.4	133.9	
1989	118.2	117.2	120.1	118.4	121.2	133.3	
1990	103.3	103.1	104.1	102.7	103.8	117.6	105.9
1991	105.6	106.0	104.2	104.1	119.2	108.1	108.2
1992	106.7	108.1	102.3	106.0	112.1	116.6	120.9
1993	115.2	116.7	110.9	113.5	138.4	149.9	136.4
1994	124.3	126.1	120.9	120.6	119.9	118.2	117.4
1995	116.1	116.1	116.0	114.0	109.9	114.2	104.9
1996	107.9	108.2	106.8	105.4	102.8	103.7	102.2
1997	103.1	103.8	102.1	101.0	100.1	103.1	102.3
1998	99.3	99.8	98.7	97.6	95.8	99.3	99.8
1999	98.6	98.7	98.3	96.1	102.0	99.0	100.0
2000	99.9	100.0	99.7	98.4	108.8	103.9	101.1
2001	100.0	99.9	100.2	99.4	98.6	100.0	100.4
2002	98.9	98.9	98.7	97.4	97.8	98.3	100.7
2003	101.7	101.2	103.7	98.9	103.6	105.1	102.5
2004	103.5	102.8	106.3	101.9	107.1	112.1	104.8
2005	101.4	100.8	104.0	100.1	105.1	108.1	102.8
2006	101.2	101.1	101.6	101.3	104.1	104.2	102.1
2007	105.1	104.6	107.0	104.4	104.4	104.8	104.3
2008	104.6	104.4	105.5	105.3	110.9	111.5	109.1
2009	100.0	100.0	100.3	99.8	94.0	93.3	97.0

9—2 各种价格定基指数

单位:%

年份	居民消费价格指数(1984=100)	城市居民消费价格指数(1978=100)	农村居民消费价格指数(1984=100)	商品零售价格总指数(1978=100)	工业品出厂价格指数(1988=100)	原材料、燃料、动力购进价格指数(1988=100)	固定资产投资指数(1990=100)
1979		101.7		101.4			
1980		106.2		105.4			
1981		112.3		108.8			
1982		113.9		110.1			
1983		115.8		111.8			
1984		120.0		116.2			
1985	110.7	133.7	106.7	127.8			
1986	118.1	143.1	112.0	135.5			
1987	128.3	157.1	118.3	147.7			
1988	153.0	187.9	137.1	176.2			
1989	180.9	220.2	164.7	208.6	121.2	133.3	
1990	186.8	227.0	171.4	214.3	125.8	156.8	
1991	197.3	240.6	178.6	223.0	150.0	169.5	108.2
1992	210.5	260.1	182.7	236.4	168.1	197.6	130.9
1993	242.5	303.6	202.7	268.3	232.7	296.2	178.6
1994	301.4	382.8	245.0	323.6	279.0	350.1	209.6
1995	350.0	444.4	284.2	368.9	306.6	399.8	219.9
1996	377.6	480.8	303.5	388.8	315.2	414.6	224.7
1997	389.3	499.1	309.9	392.7	315.5	427.4	229.9
1998	386.6	498.1	305.9	383.3	302.2	424.5	229.4
1999	381.2	491.6	305.0	368.4	308.3	420.2	229.4
2000	380.8	491.6	304.1	362.5	335.4	436.6	231.9
2001	380.8	491.1	304.7	360.3	330.7	436.6	232.9
2002	376.6	485.7	300.7	350.9	323.4	429.2	234.5
2003	383.0	494.0	311.9	347.0	335.1	451.1	240.6
2004	396.4	507.8	331.5	353.6	358.9	505.7	252.1
2005	401.9	511.9	344.8	354.0	377.2	546.7	259.2
2006	406.7	517.5	350.3	358.6	392.7	569.7	264.6
2007	427.4	541.3	374.8	374.4	409.9	596.9	275.9
2008	447.2	565.0	395.5	394.4	454.6	665.5	301.0
2009	447.2	565.0	396.7	393.6	427.3	621.0	291.9

9—3 居民消费价格分类指数

(2009年,上年=100)　　单位:%

项目	全省	城市	农村	项目	全省	城市	农村
总指数	100.0	100.0	100.3	2.衣着材料	99.0	100.4	97.2
一、食品	102.8	103.1	101.9	3.鞋袜帽	94.2	93.7	96.2
1.粮食	109.5	109.7	108.9	4.衣着加工服务费	104.2	104.1	104.8
2.淀粉及薯类	102.6	102.6	101.7	四、家庭设备及用品及维修费	100.7	100.7	100.6
3.干豆类及豆制品	95.3	94.8	96.8	1.耐用消费品	98.9	98.9	98.9
4.油脂类	78.3	77.8	79.7	2.室内装饰品	100.6	100.5	101.4
5.肉禽及其制品	93.0	93.3	92.6	3.床上用品	97.0	96.7	98.3
6.蛋类	103.9	104.2	103.0	4.家庭日用杂品	103.1	103.3	102.6
7.水产品类	103.7	104.2	100.0	5.家庭服务及维修费	104.3	104.0	106.5
8.菜类	120.3	120.1	121.6	五、医疗保健和个人用品	101.8	101.9	101.3
#鲜菜	123.1	122.6	125.9	1.医疗保健	101.6	101.6	101.7
9.调味品	103.0	102.2	104.7	2.个人用品及服务费	102.1	102.5	100.4
10.糖类	102.5	102.7	101.7	六、交通和通讯	97.5	97.3	98.4
11.茶及饮料	102.2	102.4	101.3	1.交通	99.3	99.5	98.7
12.干鲜瓜果类	111.1	112.2	105.3	2.通信	95.8	95.3	97.9
13.糕点饼干类	102.2	101.6	105.1	七、娱乐教育文化用品及服务	98.4	98.0	99.8
14.奶及奶制品	100.1	100.0	101.6	1.文娱用耐用消费品及服务	88.2	86.7	94.0
15.在外用膳食品	100.7	100.6	101.6	2.教育	100.7	100.8	100.6
16.其他食品及加工服务费	102.2	101.6	105.1	3.文化娱乐用品	103.3	103.4	102.8
二、烟酒及用品	101.1	101.0	101.3	4.旅游	91.9	90.8	100.5
1.烟草	99.8	99.8	100.0	八、居住	99.0	98.5	100.7
2.酒	103.3	103.2	103.3	1.建房及装修材料	100.8	100.5	101.3
3.吸烟、饮酒用品	99.0	99.1	99.0	2.租房	103.7	104.0	100.4
三、衣着类	93.8	93.4	95.6	3.自有住房	87.8	86.6	94.0
1.服装	93.3	92.9	95.0	4.水、电、燃料	100.6	100.3	101.4

9—4 居民消费价格分类指数

（2009年,2000年平均价格=100） 单位:%

项目	全省	城市	农村	项目	全省	城市	农村
总指数	**108.9**	**106.6**	**119.0**	2.衣着材料	98.8	96.2	108.3
一、食品	126.7	125.5	133.0	3.鞋袜帽	86.3	84.7	93.1
1.粮食	143.2	142.4	145.4	4.衣着加工服务费	105.3	107.9	97.4
2.淀粉及薯类	114.8	115.1	102.1	四、家庭设备用品及维修服务	86.9	85.3	95.6
3.干豆类及豆制品	125.5	123.2	135.2	1.耐用消费品	78.5	77.8	86.7
4.油脂类	107.1	101.1	124.3	2.室内装饰品	88.6	82.7	106.1
5.肉禽及其制品	119.7	117.0	132.3	3.床上用品	92.2	90.5	102.1
6.蛋类	130.3	131.2	127.4	4.家庭日用杂品	93.5	92.0	99.5
7.水产品类	109.6	107.1	130.3	5.家庭服务及维修费	107.3	107.9	99.7
8.菜类	195.9	197.7	177.0	五、医疗保健和个人用品	96.9	90.2	119.3
#鲜菜	209.9	209.0	198.9	1.医疗保健	94.2	85.9	124.9
9.调味品	109.5	109.0	111.3	2.个人用品及服务费	101.8	101.5	102.6
10.糖类	111.3	113.5	99.3	六、交通和通讯	92.1	89.6	101.6
11.茶及饮料	97.3	97.7	95.0	1.交通	107.6	107.9	107.0
12.干鲜瓜果类	115.8	113.1	137.0	2.通信	82.9	80.6	96.9
13.糕点饼干类	100.5	100.3	99.6	七、娱乐教育文化用品及服务	109.4	105.6	123.8
14.奶及奶制品	98.6	98.4	102.6	1.文娱用耐用消费品及服务	51.0	48.6	61.4
15.在外用膳食品	104.3	104.6	104.6	2.教育	136.8	134.2	143.1
16.其他食品及加工服务费	97.1	97.6	97.8	3.文化娱乐用品	105.9	107.2	98.9
二、烟酒及用品	99.0	98.9	98.4	4.旅游	79.0	78.2	96.2
1.烟草	93.6	92.5	97.2	八、居住	117.7	115.8	122.5
2.酒	107.0	109.3	100.0	1.建房及装修材料	101.5	95.8	109.0
3.吸烟、饮酒用品	93.8	95.3	92.9	2.租房	130.8	128.8	177.3
三、衣着类	86.4	84.6	95.8	3.自有住房	97.5	96.7	102.2
1.服装	85.5	83.8	96.4	4.水、电、燃料	135.1	130.5	155.3

9—5 各市居民消费价格分类指数

（2009 年，上年＝100） 单位：%

市名称	居民消费价格指数	食品	# 粮食	# 油脂	# 肉禽及其制品	# 蛋类	# 水产品	# 菜类	# 茶和饮料
全省	**100.0**	**102.8**	**109.5**	**78.3**	**93.0**	**103.9**	**103.7**	**120.3**	**102.2**
沈阳	99.9	103.4	110.8	78.0	94.5	103.8	104.7	118.3	102.7
大连	100.2	103.5	110.4	78.0	92.3	106.6	103.4	122.8	101.3
鞍山	99.8	103.5	109.0	77.1	97.0	104.1	110.7	120.3	110.6
抚顺	99.3	101.4	104.9	76.5	92.2	105.8	110.5	116.3	101.3
本溪	100.1	102.5	106.7	79.1	92.9	103.7	102.1	122.1	102.0
丹东	99.8	101.7	106.5	71.1	91.2	95.3	100.8	120.4	101.8
锦州	100.3	104.1	118.5	81.1	95.5	98.3	100.9	122.9	101.3
营口	99.8	105.9	109.3	69.0	95.2	103.1	106.7	120.4	99.8
阜新	98.5	103.9	109.0	77.8	96.8	105.3	101.8	112.0	100.7
辽阳	99.2	103.2	107.8	78.6	91.3	105.3	107.7	119.8	100.2
盘锦	98.8	102.0	108.4	75.3	91.4	102.4	97.7	123.3	101.0
铁岭	100.3	102.2	106.1	89.5	93.1	107.6	91.0	114.2	104.1
朝阳	102.2	107.2	112.3	82.3	93.1	113.4	108.1	135.5	100.6
葫芦岛	99.0	98.3	108.6	74.7	88.4	102.9	94.9	108.3	101.7

9—5 续表

（2009 年，上年＝100） 单位：%

市名称	# 干鲜瓜果	# 奶及奶制品	烟酒及用品	衣着	家庭设备及服务	医疗保健个人用品	交通和通讯	娱乐教育文化用品	居住
全省	**111.1**	**100.1**	**101.1**	**93.8**	**100.7**	**101.8**	**97.5**	**98.4**	**99.0**
沈阳	117.9	99.5	101.1	91.5	102.1	102.4	95.0	98.5	99.0
大连	111.6	97.2	100.5	100.8	100.6	102.1	96.9	97.5	94.1
鞍山	102.0	104.9	100.9	87.5	102.5	101.3	97.6	98.9	98.5
抚顺	102.2	99.9	101.5	96.2	96.8	102.3	97.8	97.2	96.4
本溪	105.3	106.3	101.6	97.6	101.5	101.0	98.6	97.4	97.4
丹东	104.2	101.8	99.1	97.8	95.6	99.3	98.9	99.6	100.0
锦州	112.6	95.7	102.1	86.5	100.4	103.5	99.5	99.0	99.8
营口	126.7	104.2	101.9	79.0	96.0	100.8	98.6	100.9	97.8
阜新	122.8	101.6	101.5	81.4	97.4	99.6	97.6	96.8	98.8
辽阳	112.8	98.8	101.6	94.1	97.2	101.8	95.5	94.4	100.4
盘锦	106.8	98.5	99.4	91.4	97.1	99.9	98.6	98.5	97.5
铁岭	113.6	100.6	99.1	99.1	100.7	101.6	97.3	97.9	99.8
朝阳	115.3	102.4	105.6	97.2	101.4	101.2	98.5	99.7	96.8
葫芦岛	94.1	100.9	101.0	99.5	102.1	99.5	99.0	99.3	98.6

9—6 各市居民消费价格分类指数

(2009年,2000年平均价格=100)　　单位:%

市名称	居民消费价格指数	食品	#粮食	#油脂	#肉禽及其制品	#蛋类	#水产品	#菜类	#茶和饮料
全省	**108.9**	**126.7**	**143.2**	**107.1**	**119.7**	**130.3**	**109.6**	**195.9**	**97.3**
沈阳	116.5	154.8	162.0	132.6	202.0	163.4	115.4	199.8	107.5
大连	111.6	145.2	151.3	126.7	181.2	167.8	126.0	188.2	99.8
鞍山	116.2	153.2	165.7	149.3	183.3	170.9	140.9	206.0	151.8
抚顺	112.8	153.6	139.0	169.2	184.6	193.0	128.5	197.7	100.9
本溪	117.6	160.3	172.1	139.8	193.7	148.8	127.8	234.1	106.3
丹东	119.3	160.2	189.7	132.9	182.7	140.8	120.3	191.4	100.2
锦州	104.7	153.2	205.1	125.4	198.6	150.7	110.7	151.2	108.2
营口	119.0	164.8	181.4	148.3	204.9	161.8	116.8	202.3	104.0
阜新	114.3	175.1	169.2	120.6	224.8	174.1	123.1	217.0	98.2
辽阳	118.5	164.1	152.3	150.6	169.0	167.1	106.9	265.2	95.2
盘锦	118.4	172.7	174.2	136.2	212.2	152.0	105.1	260.0	107.3
铁岭	109.5	132.5	143.7	125.1	162.2	154.6	87.7	150.5	100.0
朝阳	119.1	162.8	180.2	142.3	197.7	182.1	111.4	195.5	102.5
葫芦岛	110.6	151.0	174.5	133.7	175.1	168.5	102.2	169.2	84.6

9—6 续表　　(2009年,2000年平均价格=100)　　单位:%

市名称	#干鲜瓜果	#奶及奶制品	烟酒及用品	衣着	家庭设备及服务	医疗保健个人用品	交通和通讯	娱乐教育文化用品	居住
全省	**115.8**	**98.6**	**99.0**	**86.4**	**86.9**	**96.9**	**92.1**	**109.4**	**117.7**
沈阳	119.4	125.1	104.4	84.1	93.1	91.6	77.9	114.2	124.6
大连	112.3	121.1	105.2	80.1	98.4	104.3	85.3	91.1	112.3
鞍山	104.1	117.2	104.2	72.1	95.1	100.9	86.1	105.0	125.4
抚顺	118.6	124.0	110.7	86.2	76.2	94.6	82.3	85.2	126.1
本溪	160.4	131.6	95.9	70.0	91.1	106.9	88.1	99.8	129.6
丹东	121.3	121.0	105.1	73.8	85.7	87.4	99.0	107.1	131.8
锦州	113.7	122.7	109.7	33.1	79.5	97.0	85.0	94.6	124.4
营口	123.9	132.0	119.8	46.5	84.4	116.1	95.9	98.1	137.5
阜新	232.0	130.0	103.3	50.8	79.0	83.5	84.6	97.4	133.1
辽阳	194.0	127.3	95.4	73.6	91.1	99.1	82.9	108.7	127.3
盘锦	143.6	120.9	109.3	57.7	94.1	103.1	86.7	108.7	142.0
铁岭	104.8	104.7	102.9	77.1	80.7	91.8	90.9	106.1	129.2
朝阳	125.4	121.8	112.2	82.7	86.6	94.6	78.3	98.9	131.6
葫芦岛	142.1	110.7	92.8	57.5	93.9	84.8	82.7	105.9	140.8

9—7 农业生产资料价格指数

单位:%

项目	2005年	2006年	2007年	2008年	2009年
农业生产资料价格指数	**110.0**	**100.5**	**114.2**	**128.1**	**96.7**
1.农用手工工具		104.6	105.6	112.0	102.5
2.饲料	106.4	101.8	109.6	120.9	104.7
3.产品畜		76.6	196.6	157.9	71.3
4.半机械化农具	101.6	100.2	102.1	107.2	100.4
5.机械化农具	98.6	100.0	102.0	106.5	101.4
6.化学肥料	117.0	100.6	100.9	134.3	94.1
7.农药及农药械	102.5	101.6	102.0	108.7	103.1
8.农机用油	115.6	114.3	105.5	114.8	87.3
9.其他农业生产资料	108.6	103.4	105.4	115.1	101.9
10.农业生产服务		109.1	118.1	121.1	112.6

9—8 各地区农村消费价格分类指数

(2009年,上年=100)

单位:%

项目	昌图	绥中	瓦房店	辽中	海城	新宾	凤城	建平	北票
总指数	**101.3**	**101.5**	**100.5**	**101.2**	**100.0**	**99.4**	**100.5**	**99.6**	**100.0**
一、食品	104.0	103.0	103.6	103.0	101.3	101.6	103.0	100.8	100.0
二、烟酒及用品	100.7	100.8	100.4	101.4	101.6	100.0	101.0	101.9	105.0
三、衣着类	99.2	99.1	97.5	93.5	91.9	93.7	93.6	98.4	99.8
四、家庭设备及服务	101.1	100.9	99.7	101.2	102.1	99.5	100.0	100.4	100.4
五、医疗保健及个人用品	101.8	100.6	100.5	100.1	101.6	100.5	101.3	100.0	102.9
六、交通和通讯	98.6	101.0	98.5	101.3	97.3	98.8	100.3	98.0	99.7
七、娱乐教育文化	97.4	100.4	99.7	102.7	100.9	99.6	100.1	98.8	99.6
八、居住	102.2	102.0	98.3	102.3	101.6	98.7	99.1	98.8	97.5

9—9 工业品出厂价格分类指数

（上年＝100） 单位:%

类　　别	2005年	2006年	2007年	2008年	2009年
全部工业产品出厂价格总指数	**105.1**	**104.1**	**104.4**	**110.9**	**94.0**
一、按轻重工业分					
1.轻 工 业	101.7	100.4	102.9	106.3	98.8
以农产品为原料	100.0	100.3	104.9	108.9	98.5
以非农产品为原料	102.7	100.6	100.8	103.6	99.2
2.重 工 业	107.3	105.1	104.9	112.1	92.2
采掘工业	119.0	108.3	100.4	114.7	85.8
原料工业	107.5	107.7	106.2	114.0	91.9
加工工业	103.6	100.8	103.8	108.9	93.8
二、按两大部类分					
1.生产资料	106.5	104.7	104.5	111.3	93.2
采掘工业	119.1	108.0	100.8	115.8	87.6
原料工业	107.2	107.8	106.2	113.7	91.6
加工工业	103.7	100.9	103.3	108.1	95.0
2.生活资料	99.7	99.6	104.0	107.3	98.9
食　　品	99.8	100.3	107.1	110.9	97.6
衣　　着	99.6	101.7	100.8	102.6	101.8
一般日用品	100.0	100.5	100.2	103.2	97.9
耐用消费品	99.6	93.8	97.5	100.1	101.0
三、按工业部门分					
1.冶金工业	105.3	100.0	108.3	117.4	84.9
2.电力工业	103.3	102.9	103.6	101.8	102.4
3.煤炭及炼焦工业	122.8	106.7	102.4	120.1	109.0
4.石油工业	117.4	117.6	104.3	117.1	87.0
5.化学工业	109.6	100.5	103.4	108.9	94.3
6.机械工业	101.5	100.9	100.6	102.6	99.9
7.建筑材料工业	102.6	101.8	101.4	105.0	100.3
8.森林工业	101.3	101.0	102.0	102.9	99.6
9.食品工业	99.5	99.7	107.6	112.6	97.3
10.纺织工业	101.7	101.3	101.0	101.1	97.7
11.缝纫工业	100.8	101.0	100.2	101.4	101.2
12.皮革工业	95.6	102.8	102.5	107.3	104.7
13.造纸工业	102.2	99.4	100.9	107.3	98.0
14.文教艺术用品工业	99.5	98.8	99.7	100.3	98.5
15.其他工业	102.2	102.0	100.7	105.2	98.6

9—10 原材料、燃料、动力购进价格分类指数

（上年=100） 单位:%

类 别	2005年	2006年	2007年	2008年	2009年
全部原材料、燃料、动力购进总指数	**108.1**	**104.2**	**104.8**	**111.5**	**93.3**
1.燃料、动力类	112.5	110.2	103.9	111.7	97.1
2.黑色金属材料类	108.2	97.3	105.5	120.6	85.5
3.有色金属材料和电线类	112.8	122.1	111.3	99.1	84.3
4.化工原料类	110.4	102.4	103.7	107.1	90.6
5.木材及纸浆类	101.1	100.4	104.0	106.9	99.0
6.建筑材料类	105.5	101.1	103.7	117.1	98.5
7.非金属矿类	103.2	101.3	105.3	108.1	97.5
8.农副产品类	103.9	103.2	105.9	115.0	95.6
9.纺织原料类	102.9	102.7	101.8	103.5	99.9

主要统计指标解释

商品零售价格指数：商品零售价格，是指工业、商业、餐饮业和其他零售企业向城乡居民、机关团体出售生活消费品和办公用品的价格。商品零售价格指数，是反映一定时期内商品零售价格变动趋势和变动程度的相对数，利用商品零售价格指数，可以全面掌握市场商品零售价格的变动状况，为国家制定经济政策提供参考依据，同时还可在此基础上编制出其他各种派生价格指数，为研究市场流通、进行国民经济核算提供科学依据。

商品零售价格指数的汇总计算公式为加权算术平均公式，权数资料来源于社会消费品销售额统计和重点调查资料。所选商品为十四个大类，必报商品为304种。

居民消费价格指数：居民消费价格，是指城乡居民支付生活消费品和服务项目消费的价格，是社会产品和服务项目的最终价格。居民消费价格指数，是反映一定时期内居民消费价格变动趋势和变动程度的相对数，利用居民消费价格指数，可以全面观察居民消费价格变动对居民生活的影响，为党政领导和决策部门掌握消费价格状况，研究和制定居民消费政策、价格政策、工资政策、货币政策以及进行国民经济核算提供科学依据。居民消费价格指数还是反映通货膨胀程度的重要指标。

农产品收购价格指数：农产品收购价格，是指各种经济类型的工商企业和其他单位以及个人直接从农民个人和国有农业生产单位收购农产品的价格。农产品收购价格指数，是反映一定时期内农产品收购价格变动趋势和变动程度的相对数，利用这一指数，可以反映农产品收购价格的变动情况及其对农产品生产者、收购者货币收支的影响，为国家制定、检查农产品收购政策，研究收购价格水平，差价政策和比价政策提供科学依据。

农产品收购价格指数的计算公式为加权倒数平均公式，权数资料来源于农村住户主要农村产品出售量、农村住户出售畜禽及渔业产品情况、国家和社会其他农产品收购部门的收购金额或收购量资料、历年农产品收购金额资料等。所选商品为十一个大类，250种商品。

农业生产资料价格指数：农业生产资料价格，是指工商企业、供销合作社和其他单位及个人向农民出售农业生产资料的价格，也是农业生产资料在流通领域中最后一个环节的价格。农业生产资料价格指数，是反映一定时期内农业生产资料价格变动趋势和变动程度的相对数。利用这一指数可以掌握农业生产资料价格的变动情况，为国家制定有关政策，保障农民利益，促进农业发展提供决策参考依据；同时，也为研究市场流通和新国民经济核算体系提供科学依据。1994年以前，农业生产资料价格指数仅仅是商品零售价格指数的一个类别，此后，从商品零售价格指数中单列出来，独立编制。

农业生产资料价格指数的计算公式为加权算术平均公式。权数资料来源于供销合作社等部门的销售统计资料和农村住户调查资料中的农业生产资料购买数量和金额资料。所选商品为十个大类，49种主要商品。

工业品出厂价格指数：是反映工业产品出厂价格水平变动趋势及变动程度的相对数，一般用百分数(%)表示。

原材料、燃料和动力购进价格指数：是反映工业企业作为生产投入，而从物资交易市场和能源、原材料生产企业购买原材料、燃料和动力产品时，所支付的价格水平变动趋势和程度的统计指标，是扣除工业企业物质消耗成本中的价格变动影响的重要依据。

第十篇

人民生活

10

RENMIN
SHENGHUO

10—1 人民物质文化生活提高情况

项　　目	单 位	2005年	2006年	2007年	2008年	2009年
就　　业						
每一农村劳动力负担人数	人	1.34	1.34	1.32	1.31	1.30
每一城镇就业者负担人数	人	2.03	2.01	1.94	1.97	1.95
收　　入						
农民家庭人均纯收入	元	3 690.2	4 090.4	4 773.4	5 576.5	5 958
城镇居民家庭人均可支配收入	元	9 107.6	10 369.6	12 300.4	14 392.7	15 761.4
在岗职工平均工资	元	17 331	19 624	23 202	27 729	31 104
消 费 水 平						
全省居民消费水平	元	6 447	6 926	7 909	9 650	10 848
农 村 居 民	元	3 175	3 508	3 725	4 312	4 909
城 镇 居 民	元	8 749	9 317	10 792	13 265	14 774
储　　蓄						
城乡居民年底储蓄存款余额	亿元	6 950.2	7 701.2	8 063.0	10 127.3	12 030.9
平均每人储蓄存款余额	元	16 591	18 291	18 760	23 891	28 301
住　　房						
农村平均每人住房面积	平方米	25.1	25.2	25.7	26.4	27.0
城市平均每人建筑面积	平方米	22.0	23.0	23.7	25.7	26.6
交 通、邮 电						
城市每万人拥有公共汽车	辆	8.9	9.7	10.0	10.6	
每人每年函件交寄	件	3.0	2.3	1.5	1.95	1.88
城市公用事业						
自来水普及率	%	93.8	96.7	96.9	96.9	97.2
燃 气 普 及 率	%	88.1	92.3	92.0	92.4	93.7
文　　化						
每百户拥有彩色电视机						
城　　镇	台	122.1	123.5	121.7	119.3	121.8
农　　村	台	102.3	106.7	106.0	109.8	110.9
教　　育						
学龄儿童入学率	%	99.7	99.8	99.9	99.9	99.9
每万人口有大学生	人	157.7	171.6	184.3	193.5	200.8
卫　　生						
每万人拥有医院病床	张	42.5	42.9	42.6	43.1	45.1
每万人拥有医生	人	21.8	22.4	21.5	21.4	21.6

10—2 城乡居民家庭人均收入及恩格尔系数

年份	城镇居民家庭人均可支配收入（元）	指数(1978=100)	农村居民家庭人均纯收入（元）	指数(1978=100)	城镇居民家庭恩格尔系数（%）	农村居民家庭恩格尔系数（%）
1978	363.3	100.00	185.2	100.00		63.8
1979			235.0	126.89		60.5
1980	493.9	135.95	273.0	147.41		56.3
1981	508.1	139.86	306.6	165.55		53.8
1982	529.4	145.72	334.3	180.51		54.7
1983	548.7	151.03	452.5	244.33		53.0
1984	636.1	175.09	477.4	257.78		54.9
1985	704.3	193.86	485.7	262.26	54.7	51.6
1986	881.9	242.75	533.2	287.90	53.6	51.0
1987	992.4	273.16	599.3	323.60	53.6	50.7
1988	1 204.0	331.41	699.6	377.75	50.7	48.5
1989	1 417.3	390.12	740.2	399.68	54.3	49.5
1990	1 551.0	426.92	836.2	419.22	55.3	54.1
1991	1 705.6	469.47	896.7	484.18	55.9	52.6
1992	1 936.0	532.89	995.1	537.31	54.4	51.7
1993	2 299.5	632.95	1 161.0	626.89	50.5	55.1
1994	3 047.0	838.70	1 423.5	768.57	51.5	58.0
1995	3 691.4	1 016.07	1 756.5	948.43	51.9	60.3
1996	4 207.2	1 158.05	2 150.0	1 160.91	50.1	56.5
1997	4 518.1	1 243.62	2 301.5	1 242.71	48.1	55.4
1998	4 617.2	1 270.91	2 579.8	1 392.98	44.6	52.8
1999	4 898.6	1 348.36	2 501.0	1 350.43	43.4	50.6
2000	5 357.8	1 474.76	2 355.6	1 271.92	40.7	46.5
2001	5 797.0	1 595.65	2 557.9	1 381.15	39.7	45.6
2002	6 524.6	1 795.93	2 751.3	1 485.58	38.8	45.0
2003	7 240.6	1 993.01	2 934.2	1 584.34	39.4	43.2
2004	8 007.6	2 204.12	3 307.1	1 785.69	40.4	46.4
2005	9 107.6	2 506.90	3 690.2	1 992.55	38.8	41.6
2006	10 369.6	2 854.27	4 090.4	2 208.64	38.8	41.2
2007	12 300.4	3 385.74	4 773.4	2 577.43	37.8	39.6
2008	14 392.7	3 961.66	5 576.5	3 011.03	39.0	40.6
2009	15 761.4	4 338.4	5 958.0	3 217.06	38.0	36.7

注：1. 1978 年可支配收入为推算数。2. 1978—1984 年为全省城市数。

10—3 城镇居民家庭基本情况

指 标	单 位	2005年	2006年	2007年	2008年	2009年
一、调查户数	户	**3 650**	**3 650**	**3 650**	**4 300**	**4 300**
二、平均每户家庭人口	人	**2.85**	**2.8**	**2.78**	**2.74**	**2.73**
三、平均每户就业人口	人	**1.40**	**1.39**	**1.43**	**1.39**	**1.40**
四、平均每户就业面	%	**49.12**	**49.6**	**51.44**	**50.73**	**51.28**
五、负担系数	人	**2.03**	**2.01**	**1.94**	**1.97**	**1.95**
六、平均每人全部年收入	元	**9 837.20**	**11 230.03**	**13 438.43**	**15 836.25**	**17 757.70**
#可支配收入	元	9 107.55	10 369.61	12 300.39	14 392.69	15 761.38
(一)工资性收入	元	6 103.41	6 611.44	8 213.06	9 494.59	10 420.60
1.工资及补贴收入	元	6 003.75	6 446.40	7 937.66	9 283.71	10 233.65
2.其它劳动收入	元	99.66	165.04	275.39	210.88	186.95
(二)经营净收入	元	486.03	688.16	765.33	1 483.3	1 553.18
(三)财产性收入	元	95.60	146.49	263.73	248.04	239.81
1.利息收入	元	13.12	15.41	31.79	42.94	42.01
2.股息与红利收入	元	9.45	13.82	79.36	58.23	41.41
3.保险收益	元	3.57	5.50	6.06	9.1	7.50
4.其它投资收入	元	13.14	40.82	39.92	64.46	62.40
5.出租房屋收入	元	55.29	65.78	84.32	69.11	75.05
6.知识产权收入	元	0.09	2.64	13.7	0.02	1.78
7.其它财产性收入	元	0.93	2.52	8.58	4.17	9.66
(四)转移性收入	元	3 152.17	3 783.94	4 196.3	4 610.32	5 544.11
1.养老金或离退休金	元	2 573.62	3 089.75	3 508.51	3 865.03	4 638.72
2.社会救济收入	元	35.68	32.80	34.91	53.02	50.57
3.辞退金	元	44.24	32.22	8.68	7.69	6.31
4.赔偿收入	元	5.32	22.48	8.93	15.92	12.11
5.保险收入	元	46.31	31.12	27.63	20.46	17.04
#失业保险金	元	42.51	26.08	16.25	9.92	9.18
6.赡养收入	元	82.20	118.99	134.69	196.29	224.46
7.捐赠收入	元	250.35	302.51	332.23	306.19	385.53
8.亲友搭伙费	元	13.07	13.72			
9.提取住房公积金	元	43.82	67.12	57.07	33.35	77.89
10.记帐补贴	元	42.51	51.69	49.81	79.3	102.67
11.其它转移性收入	元	15.05	21.53	33.86	33.06	28.81
七、平均每人出售财物收入	元	**164.41**	**244.47**	**92.62**	**267.81**	**222.36**
1.出售住房收入	元	161.11	231.88	71.54	257.75	217.88
2.出售其它物品收入	元	3.29	12.59	21.07	10.06	4.47
八、平均每人消费性支出	元	**7 369.27**	**7 987.49**	**9 429.73**	**11 231.48**	**12 324.58**
1.食品支出	元	2 860.98	3 102.13	3 560.21	4 378.14	4 680.85
2.衣着支出	元	740.83	846.91	1 017.65	1 187.41	1 338.84
3.家庭设备用品及服务	元	304.80	362.10	439.28	507.4	607.51
4.医疗保健支出	元	751.16	767.13	879.08	913.13	1 018.44
5.交通和通信支出	元	744.02	797.64	1 033.36	1 295.7	1 493.17
6.教育和文化娱乐服务支出	元	849.53	853.92	1 052.94	1 145.46	1 283.68
7.居住支出	元	792.75	909.42	1 047.04	1 270.95	1 293.00
8.其它商品和服务支出	元	325.18	348.23	400.16	533.29	609.09

10—4 城镇居民家庭平均每人总收入

（2009 年，按相对收入不等距九组分）　　　　单位：元

指　　标	合　计	最低10%	#更低5%	低10%	较低20%	中间20%	较高20%	高10%	最高10%	#更高5%
家庭总收入	**17 757.70**	**6 028.44**	**5 123.31**	**8 525.07**	**11 278.78**	**15 216.25**	**20 215.68**	**27 178.28**	**43 231.45**	**53 084.10**
#可支配收入	15 761.38	5 027.27	4 167.20	7 351.53	9 864.08	13 384.00	17 808.95	23 803.90	40 109.49	50 009.84
（一）工资性收入	10 420.60	4 221.92	3 366.34	5 767.42	7 169.16	9 722.20	12 708.29	16 868.59	18 212.49	18 721.14
1. 工资及补贴收入	10 233.65	4 057.08	3 228.73	5 629.25	7 019.37	9 583.19	12 513.81	16 682.81	17 785.87	18 226.79
2. 其它劳动收入	186.95	164.83	137.61	138.17	149.79	139.01	194.48	185.78	426.62	494.35
（二）经营净收入	1 553.18	356.02	378.77	443.69	562.39	695.29	1 232.73	1 971.59	8 135.85	13 167.55
（三）财产性收入	239.81	13.22	14.12	34.77	46.98	113.30	190.84	324.14	1 382.20	2 265.08
1. 利息收入	42.01	4.62	4.99	20.47	11.71	36.76	39.42	66.02	158.20	210.04
2. 股息与红利收入	41.41			2.09	4.13	8.00	18.57	23.08	343.58	635.53
3. 保险收益	7.50	0.33	0.65	3.56	1.85	8.42	5.47	16.00	24.49	16.29
4. 其它投资收入	62.40	0.01	0.02	2.36	1.84	1.17	7.68	42.65	588.50	1 172.69
5. 出租房屋收入	75.05	8.00	7.96	4.33	25.66	57.60	98.87	171.46	206.72	172.57
6. 知识产权收入	1.78					0.29	3.20		11.09	22.34
7. 其它财产性收入	9.66	0.26	0.51	1.96	1.79	1.05	17.62	4.93	49.61	35.61
（四）转移性收入	5 544.11	1 437.28	1 364.08	2 279.18	3 500.26	4 685.45	6 083.83	8 013.95	15 500.91	18 930.33
1. 养老金或离退休金	4 638.72	850.61	733.02	1 801.22	3 018.10	4 097.31	5 347.03	7 002.31	11 990.56	12 987.02
2. 社会救济收入	50.57	211.56	289.64	118.28	49.99	19.17	10.97	5.59	21.88	19.36
3. 辞退金	6.31	12.94	25.42	1.79			0.46	0.39	50.15	101.00
4. 赔偿收入	12.11			3.16	1.84	8.28	16.42	10.74	55.28	111.34
5. 保险收入	17.04	11.04	9.08	18.30	11.92	28.41	10.28	12.25	27.38	46.61
#失业保险金	9.18	7.92	6.01	16.48	9.88	14.11	4.92	5.76	3.62	
3. 赡养收入	224.46	64.72	48.54	61.90	61.34	116.17	182.53	138.13	1 310.62	2 525.12
7. 捐赠收入	385.53	184.26	159.21	167.16	233.21	300.40	347.91	550.94	1 233.13	1 942.24
8. 提取住房公积金	77.89			4.31	1.22	0.12	39.04	163.64	561.93	861.75
9. 记帐补贴	102.67	92.36	90.19	93.63	98.61	99.94	104.30	112.94	122.82	124.31
10. 其它转移性收入	28.81	9.80	8.98	9.43	24.04	15.65	24.90	17.04	127.14	211.59
出售财物收入	**222.36**	**3.59**	**3.52**	**0.70**	**42.97**	**132.52**	**132.20**	**187.42**	**1 476.28**	**785.99**
1. 出售住房收入	217.88				42.36	129.00	129.38	174.59	1 461.69	782.30
2. 出售其它物品收入	4.47	3.59	3.52	0.70	0.61	3.52	2.82	12.84	14.58	3.69

10—5 各地区城镇居民平均每人全年可支配收入

单位:元

地区	2005年	2006年	2007年	2008年	2009年
全省	**9 107.55**	**10 369.61**	**12 300.39**	**14 392.69**	**15 761.38**
沈阳	10 098.08	11 651.43	14 606.54	17 013.06	18 474.61
大连	11 994.38	13 350.10	15 108.63	17 500.48	19 014.37
鞍山	9 462.93	10 760.94	12 856.64	15 074.42	16 530.15
抚顺	8 005.17	9 304.98	10 809.4	12 434.22	13 557.01
本溪	8 105.36	9 477.74	11 100.52	13 310.59	14 705.47
丹东	6 880.58	7 859.65	9 814.91	11 640.78	12 827.31
锦州	8 862.22	9 980.96	12 010.05	13 962.5	15 386.09
营口	9 008.65	10 135.11	12 143.1	14 352.26	15 858.03
阜新	6 656.32	7 598.21	8 702.29	10 113.77	11 116.52
辽阳	8 407.53	9 649.12	11 240.68	13 262.4	14 567.58
盘锦	11 025.32	12 205.45	14 907.25	17 046	18 563.20
铁岭	6 526.33	7 437.05	8 978.94	10 907.22	12 054.67
朝阳	6 599.46	7 440.18	9 009.59	10 517.08	11 553.65
葫芦岛	8 579.37	9 794.71	12 009.12	13 941.53	15 305.32

10—6 各地区城市居民平均

(2009

指标	全省	沈阳	大连	鞍山	抚顺	本溪
家庭总收入	**17 757.70**	**21 277.11**	**22 328.45**	**17 986.57**	**14 812.17**	**16 457.44**
#可支配收入	15 761.38	18 474.61	19 014.37	16 530.15	13 557.01	14 705.47
(一)工资性收入	10 420.60	12 176.18	14 611.80	9 374.34	8 489.84	9 791.79
1.工资及补贴收入	10 233.65	12 031.54	14 405.20	9 259.30	8 411.18	9 646.71
2.其它劳动收入	186.95	144.64	206.59	115.05	78.67	145.08
(二)经营净收入	1 553.18	2 294.43	1 487.15	1 270.29	580.76	1 069.56
(三)财产性收入	239.81	170.54	542.02	288.68	264.36	185.02
1.利息收入	42.01	16.25	51.75	54.31	19.58	35.32
2.股息与红利收入	41.41	14.56	150.50	102.95	16.27	4.03
3.保险收益	7.50	2.28	19.73	6.39	1.25	11.43
4.其它投资收入	62.40	6.41	162.14	84.39	219.00	25.04
5.出租房屋收入	75.05	119.11	141.10	36.30	8.26	108.77
6.知识产权收入	1.78	0.93	7.00	0.54		
7.其它财产性收入	9.66	11.01	9.80	3.79		0.43
(四)转移性收入	5 544.11	6 635.96	5 687.48	7 053.27	5 477.20	5 411.08
1.养老金或离退休金	4 638.72	5 911.07	4 598.73	5 377.06	4 252.90	4 186.81
2.社会救济收入	50.57	7.84	23.87	92.89	62.66	66.75
3.辞退金	6.31				0.56	
4.赔偿收入	12.11	2.92	18.32			5.58
5.保险收入	17.04	17.89	39.11	0.40	19.87	13.30
#失业保险金	9.18	4.76	25.62	0.40	19.87	
6.赡养收入	224.46	147.13	496.83	839.57	205.51	103.85
7.捐赠收入	385.53	361.01	225.98	441.33	768.37	819.23
8.提取住房公积金	77.89	89.75	140.13	117.82	23.07	62.56
9.记帐补贴	102.67	84.64	99.99	136.46	135.15	127.87
10.其它转移性收入	28.81	13.70	44.53	47.75	9.10	25.12
出售财物收入	222.36	414.28	64.42	147.10	19.02	345.55
1.出售住房收入	217.88	413.03	62.97	145.84	18.77	344.82
2.出售其它物品收入	4.47	1.25	1.45	1.26	0.25	0.74

每人全年家庭总收入

年）

单位:元

丹东	锦州	营口	阜新	辽阳	盘锦	铁岭	朝阳	葫芦岛
14 356.68	**16 814.82**	**17 275.82**	**12 093.75**	**16 622.89**	**21 636.51**	**12 898.26**	**12 581.83**	**16 739.36**
12 827.31	15 386.09	15 858.03	11 116.52	14 567.58	18 563.20	12 054.67	11 553.65	15 305.32
7 453.11	9 053.77	9 202.63	7 383.39	9 669.75	16 084.11	6 875.87	7 183.46	8 569.17
7 379.03	8 982.59	9 007.75	6 594.10	9 518.25	15 849.51	6 713.73	6 818.01	8 462.19
74.08	71.18	194.88	789.28	151.50	234.60	162.14	365.44	106.98
838.78	2 851.46	2 151.85	706.70	1 699.01	688.09	852.45	710.42	2 505.15
102.94	277.83	218.92	99.92	194.38	529.04	77.73	155.50	230.45
39.71	47.56	85.07	71.54	67.59	71.75	39.30	35.96	70.15
5.53	2.81	10.42	4.37	75.46	71.43	25.12		26.59
0.96	18.26	8.69		12.06	35.61		0.36	6.87
5.67	112.20	34.34		7.60	181.62	11.60	1.86	29.11
50.71	96.61	69.58	22.01	26.44	159.66	1.70	75.06	9.63
0.36		5.47			0.73		2.51	4.66
	0.39	5.35	2.00	5.22	8.22		39.76	83.45
5 961.85	4 631.76	5 702.42	3 903.74	5 059.74	4 335.27	5 092.22	4 532.46	5 434.59
4 764.16	3 999.68	5 203.21	3 145.69	4 600.95	3 180.26	4 468.44	3 567.03	4 148.39
41.54	51.14	28.76	276.98	110.59	157.68	74.42	156.33	16.60
	30.95				3.49			114.64
		9.73	44.10	0.38	150.71	2.49		3.59
5.50	11.70	10.90	0.56	0.75	12.43	8.70	37.98	11.27
5.50	8.16	4.21		0.75		7.73	8.54	11.27
85.79	194.40	88.70	20.69	79.69	50.45	188.60	65.12	147.50
774.33	114.60	245.00	241.05	171.41	430.85	253.97	502.59	601.84
115.57		12.90	71.06		212.19		23.12	202.64
97.05	127.74	87.50	86.91	88.77	132.11	92.69	127.00	138.38
77.90	101.53	15.72	16.68	7.22	5.10	2.91	53.29	49.73
229.22	425.60	339.45	4.31	341.13	330.23	242.97	2.85	7.09
228.16	396.58	330.53		316.63	330.22	241.58		
1.06	29.02	8.92	4.31	24.50	0.01	1.39	2.85	7.09

10—7 城镇居民家庭

（2009 年，按相对

指　　标	合　　计	最低10%	#更低5%	低10%
家庭总支出	**17 799.94**	**6 663.26**	**5 946.89**	**8 872.85**
(一)消费性支出	12 324.58	5 213.45	4 603.21	6 933.65
#服务性消费支出	3 187.29	1 178.27	1 001.63	1 749.25
1. 食　　品	4 680.85	2 385.52	2 148.97	3 070.74
2. 衣　　着	1 338.84	486.32	428.26	654.45
3. 居　　住	1 293.00	670.64	634.31	830.38
4. 家庭设备用品及服务	607.51	185.91	162.99	223.53
5. 医疗保健	1 018.44	366.33	301.62	522.06
6. 交通和通信	1 493.17	398.47	327.78	539.75
7. 教育文化娱乐服务	1 283.68	525.20	420.43	790.86
8. 其它商品和服务	609.09	195.07	178.87	301.89
(二)财产性支出	80.11	7.52	1.36	13.58
1. 非生产性贷款利息支出	70.90	6.81		6.13
2. 其它财产性支出	9.21	0.71	1.36	7.44
(三)转移性支出	2 168.06	523.71	455.63	757.82
1. 交纳所得税	126.42	0.80		15.88
2. 捐赠支出	1 183.59	303.89	277.44	446.56
3. 购买彩票	24.67	5.62	1.23	9.79
4. 赡养支出	669.02	180.50	150.93	224.81
#在外就学子女费用	418.81	139.89	109.80	173.32
5. 各种非储蓄性保险支出	105.19	17.14	19.01	41.22
#车辆保险支出	23.54			0.02
6. 其它转移性支出	59.16	15.76	7.02	19.56
(四)社会保障支出	1 767.23	908.01	865.91	1 064.02
1. 个人交纳的养老基金	844.48	658.30	655.70	643.10
2. 个人交纳的住房公积金	592.72	81.47	46.18	201.06
3. 个人交纳的医疗基金	282.19	158.37	158.63	199.04
4. 个人交纳的失业基金	41.84	8.97	5.25	18.45
5. 其它社会保障支出	6.01	0.91	0.15	2.37
(五)购房与建房支出	1 459.97	10.57	20.77	103.78
1. 购　　房	1 456.81	10.43	20.49	103.78
2. 建　　房	3.16	0.14	0.28	

平 均 每 人 总 支 出

收入不等距九组分）　　　　单位:元

较低20%	中间20%	较高20%	高10%	最高10%	#更高5%
11 112.51	**15 490.65**	**19 491.67**	**28 517.55**	**42 670.92**	**51 578.61**
8 341.17	11 145.50	13 946.65	17 311.01	27 322.52	33 118.93
2 073.32	2 851.80	3 672.58	4 590.77	7 265.07	8 670.32
3 694.02	4 384.59	5 290.44	6 238.30	8 440.62	9 475.57
824.22	1 168.37	1 622.74	2 124.89	2 929.95	3 372.54
915.41	1 294.19	1 435.24	1 522.81	2 636.03	3 164.93
341.08	503.77	706.05	877.31	1 720.80	2 100.99
711.91	892.91	1 220.75	1 384.07	2 285.32	2 564.73
696.80	1 204.69	1 531.37	2 373.60	4 898.84	7 053.65
819.88	1 228.27	1 456.83	1 838.40	2 703.61	3 244.32
337.86	468.72	683.23	951.64	1 707.35	2 142.20
18.69	56.90	104.69	156.35	269.71	166.35
17.27	46.16	90.59	152.94	242.07	131.75
1.42	10.73	14.09	3.41	27.64	34.61
1 165.51	1 495.32	2 438.81	4 052.30	6 342.84	7 795.74
18.92	58.93	165.16	320.06	458.35	537.41
666.85	804.13	1 290.06	2 358.61	3 317.03	4 151.35
14.90	27.15	28.04	38.68	52.49	71.19
397.39	483.62	734.12	1 060.36	2 052.24	2 464.68
269.58	319.87	447.79	552.32	1 281.66	1 632.62
37.31	54.45	127.98	197.22	369.76	458.51
2.78	11.34	13.82	53.23	133.04	136.55
30.13	67.04	93.43	77.37	92.97	112.60
1 297.17	1 673.38	2 137.27	2 941.38	2 540.78	2 412.54
770.47	869.23	924.94	1 085.07	917.91	892.24
254.50	476.01	797.14	1 377.52	1 229.76	1 137.20
244.24	283.72	349.09	392.38	309.34	296.23
26.08	40.68	54.16	77.08	71.67	72.18
1.89	3.74	11.93	9.33	12.10	14.69
289.97	1 119.56	864.26	4 056.50	6 195.07	8 085.05
287.88	1 119.48	864.26	4 056.50	6 166.48	8 027.48
2.09	0.08			28.58	57.57

10—8 各地区城市居民平均

（2009

指　　标	全　省	沈　阳	大　连	鞍　山	抚　顺	本　溪
家庭总支出	**17 799.94**	**22 489.78**	**22 381.54**	**17 243.62**	**12 917.85**	**17 811.01**
(一)消费性支出	12 324.58	16 110.85	15 329.83	12 065.20	9 265.29	11 218.02
#服务性消费支出	3 187.29	4 721.75	3 830.06	3 035.31	2 509.76	3 044.95
1. 食　品	4 680.85	5 744.80	5 820.77	4 432.02	3 853.97	4 722.81
2. 衣　着	1 338.84	1 804.04	1 496.63	1 068.44	897.68	1 306.80
3. 居　住	1 293.00	1 523.83	1 433.63	1 496.33	895.07	979.95
4. 家庭设备用品及服务	607.51	840.22	710.16	583.42	393.35	601.81
5. 医疗保健	1 018.44	1 358.43	1 182.73	963.11	929.49	738.65
6. 交通和通信	1 493.17	2 066.68	2 477.23	1 667.95	763.01	1 134.64
7. 教育文化娱乐服务	1 283.68	1 950.25	1 476.95	1 271.16	1 079.86	1 155.08
8. 其它商品和服务	609.09	822.60	731.72	582.77	452.85	578.28
(二)财产性支出	80.11	154.22	115.84	92.83	16.32	122.39
1. 非生产性贷款利息支出	70.90	136.02	114.29	84.16	16.32	92.20
2. 其它财产性支出	9.21	18.20	1.55	8.67		30.19
(三)转移性支出	2 168.06	2 152.85	1 724.50	1 598.77	1 829.94	3 554.35
1. 交纳所得税	126.42	223.22	202.21	90.94	33.89	59.38
2. 捐赠支出	1 183.59	1 031.02	610.18	708.37	1 256.53	2 016.63
3. 购买彩票	24.67	28.93	26.93	53.56	12.26	19.27
4. 赡养支出	669.02	694.01	642.82	474.28	456.57	1 286.52
#在外就学子女费用	418.81	409.49	327.68	261.92	340.63	605.20
5. 各种非储蓄性保险支出	105.19	126.39	149.00	90.07	54.70	112.87
#车辆保险支出	23.54	34.67	34.24	24.42		19.18
6. 其它转移性支出	59.16	49.28	93.37	181.56	15.99	59.68
(四)社会保障支出	1 767.23	2 494.63	3 011.88	1 229.03	1 086.11	1 564.73
1. 个人交纳的养老基金	844.48	1 132.45	1 510.54	567.06	494.32	699.86
2. 个人交纳的住房公积金	592.72	813.48	964.98	474.78	459.13	587.01
3. 个人交纳的医疗基金	282.19	487.14	464.10	146.78	100.84	222.98
4. 个人交纳的失业基金	41.84	53.73	65.51	40.41	31.52	51.24
5. 其它社会保障支出	6.01	7.83	6.75		0.30	3.63
(五)购房与建房支出	1 459.97	1 577.22	2 199.49	2 257.80	720.20	1 351.52
1. 购　房	1 456.81	1 577.22	2 199.37	2 257.80	720.20	1 351.52
2. 建　房	3.16		0.11			

每人全年家庭总支出

年)　　　　单位:元

丹　东	锦　州	营　口	阜　新	辽　阳	盘　锦	铁　岭	朝　阳	葫芦岛
15 380.14	**15 181.01**	**15 499.28**	**12 317.28**	**15 245.92**	**23 897.45**	**13 863.81**	**11 621.15**	**17 474.66**
10 380.10	10 795.09	11 301.20	8 384.05	10 459.60	13 486.39	9 366.00	8 634.90	10 051.28
2 817.22	2 514.51	2 395.41	1 974.62	2 457.33	3 449.52	2 074.06	1 986.85	2 300.10
4 315.21	4 444.17	4 508.64	3 315.78	4 186.68	4 240.88	3 694.10	3 648.30	3 997.35
961.27	1 111.90	1 348.39	1 018.20	1 134.63	1 644.86	1 113.60	933.41	1 064.92
1 371.83	1 272.57	1 407.29	942.59	1 226.45	1 095.48	1 134.68	1 081.60	1 161.17
434.69	478.97	603.95	441.68	483.70	677.29	482.92	382.36	536.54
1 044.12	897.19	921.13	684.75	874.51	1 107.94	718.53	791.07	696.48
835.39	1 065.90	936.36	706.26	1 143.24	2 400.50	919.48	666.21	1 266.23
881.07	1 116.11	976.49	868.60	913.43	1 538.28	850.58	725.04	873.80
536.53	408.29	598.96	406.19	496.96	781.15	452.10	406.90	454.79
49.86	16.39	44.62	64.62	18.78	49.32	27.91	70.53	4.89
38.78	13.68	32.75	56.96	12.45	30.20	24.05	66.84	4.69
11.08	2.71	11.86	7.65	6.33	19.12	3.86	3.69	0.20
1 856.89	1 790.99	2 513.29	2 388.81	2 402.16	5 495.70	1 854.43	1 571.48	2 310.26
13.63	65.04	107.68	17.62	166.57	403.24	22.22	22.62	82.78
782.85	968.37	1 486.93	1 742.67	1 456.34	3 970.77	1 080.86	740.16	1 401.81
15.63	16.09	28.18	9.07	37.00	15.35	15.92	20.37	35.76
938.34	604.36	636.31	531.78	603.08	791.48	654.18	657.88	695.29
762.34	374.33	462.35	426.25	368.75	402.51	509.37	471.76	546.60
68.80	120.42	141.38	51.09	109.88	260.79	60.16	34.94	49.75
9.84	18.63	12.06	8.33	35.24	79.91	11.09	1.97	22.00
37.64	16.72	112.82	36.58	29.30	54.07	21.09	95.51	44.88
1 418.70	1 235.96	1 222.61	872.69	1 799.97	2 537.96	728.68	878.56	1 212.88
883.13	532.36	619.46	501.77	728.89	1 110.78	454.01	529.18	556.28
292.66	512.39	388.08	202.95	768.91	986.59	131.74	212.77	444.15
221.88	157.92	181.06	146.67	246.87	290.88	135.34	111.03	168.12
15.80	33.17	26.20	17.82	51.56	98.09	6.34	22.12	42.88
5.24	0.13	7.81	3.49	3.74	51.62	1.25	3.46	1.45
1 674.58	1 342.58	417.55	607.11	565.42	2 328.08	1 886.79	465.67	3 895.35
1 674.58	1 274.87	417.55	606.74	565.42	2 328.08	1 886.79	465.67	3 895.35
	67.71		0.36					

10—9 各地区城市居民平均每人全年消费支出

单位:元

地区	2005年	2006年	2007年	2008年	2009年
全省	**7 369.27**	**7 987.49**	**9 429.73**	**11 231.48**	**12 324.58**
沈阳	7 862.83	8 670.32	11 255.78	14 667.9	16 110.85
大连	9 996.41	10 533.92	12 134.97	14 101.38	15 329.83
鞍山	7 631.91	8 286.84	9 580.93	11 136.03	12 065.20
抚顺	6 747.38	6 852.56	8 031.18	8 747.72	9 265.29
本溪	6 730.90	7 693.69	8 439.25	10 166.97	11 218.02
丹东	5 909.87	6 087.77	8 169.85	9 210.15	10 380.10
锦州	7 203.15	8 059.65	8 872.32	9 904.18	10 795.09
营口	7 254.28	7 910.71	9 002.39	10 448.16	11 301.20
阜新	5 413.73	5 999.48	7 081.25	7 509.61	8 384.05
辽阳	6 527.26	7 253.89	8 206.97	9 234.49	10 459.60
盘锦	8 858.99	9 155.55	11 707.81	12 631.38	13 486.39
铁岭	5 503.11	6 211.93	6 849.05	8 404.29	9 366.00
朝阳	5 329.45	5 899.66	6 820.62	8 111.4	8 634.90
葫芦岛	6 694.50	7 549.15	8 329.33	9 012.12	10 051.28

10—10 城镇居民家庭平均每人消费支出

（2009 年，按相对收入不等距九组分）　　单位：元

指　　标	合　计	最低10%	#更低5%	低10%	较低20%	中间20%	较高20%	高10%	最高10%	#更高5%
消费支出	**12 324.58**	**5 213.45**	**4 603.21**	**6 933.65**	**8 341.17**	**11 145.5**	**13 946.65**	**17 311.01**	**27 322.52**	**33 118.93**
#服务性消费支出	3 187.29	1 178.27	1 001.63	1 749.25	2 073.32	2 851.8	3 672.58	4 590.77	7 265.07	8 670.32
一、食　品	**4 680.85**	**2 385.52**	**2 148.97**	**3 070.74**	**3 694.02**	**4 384.59**	**5 290.44**	**6 238.3**	**8 440.62**	**9 475.57**
（一）粮油类	535.9	459.58	439.94	481.6	521.3	520.4	551.31	579.64	654.72	672.17
#粮　食	329.09	300.77	292.15	311.32	328.76	318.47	330.41	346.18	379.64	392.42
油脂类	132.61	107.35	99.94	110.83	125.82	127.38	139.87	150.77	171.66	178.87
（二）肉禽蛋水产品类	1 236.92	651.51	605.65	866.06	1 061.68	1 221.39	1 384.73	1 533.31	1 982.03	2 172.87
1.肉　类	638.69	357.74	335.36	480.14	571.12	649.38	718.63	776.7	886.47	940.77
2.禽　类	126.33	71.52	64.64	92.22	111.81	129.94	138.95	148.12	189.13	203.43
3.蛋　类	121.67	90.34	87.2	97.66	114.01	117.42	130.59	133.42	171.57	177.86
4.水产品类	350.23	131.92	118.44	196.03	264.75	324.65	396.55	475.06	734.86	850.8
（三）蔬菜类	478.97	334.05	311.87	380.81	434.13	462	524.02	594.78	640.25	669.05
#鲜　菜	430.7	313.36	294.02	351.05	398.15	416.4	466.06	528.96	552.7	573.83
（四）调味品	75.16	45.24	42.48	55.59	66.45	73.63	83.96	87.07	115.44	125.93
（五）糖烟酒饮料类	598.78	267.16	220.86	345.39	448.59	565.18	659.09	801.75	1 242.38	1 515.54
#烟草类	272.19	126.59	100.77	171.79	221.67	262.62	283.63	351.02	543.56	699.18
酒　类	164.92	75.69	66.01	96.05	123.51	153.01	177.68	228.4	345.9	407.52
饮　料	130.62	49.93	41.28	58.77	82.13	120.29	163.07	182.37	285.84	333.27
（六）干鲜瓜果类	446.26	209.87	183.82	289.77	336.35	433.12	516.48	600.08	793.46	843.46
（七）糕点、奶及奶制品	324.39	145.42	125.83	227.26	251.82	312.47	400.46	407.1	531.17	510.35
#奶及奶制品	218.57	90.59	83.14	152.42	166.1	205.77	278.58	273.5	365.53	334.59
#鲜乳品	103.42	46.27	39.04	64.68	80.95	103.14	125.29	137.41	165.8	166.05
奶　粉	38.72	8.82	11.69	36.38	30.02	25.34	67.14	40.66	54.29	10.27
酸　奶	55.45	21.79	20.34	34.89	40.09	55.42	63.97	74.62	104.47	119.11
（八）其它食品	64.44	27.19	20.21	38.42	44.86	59.78	74.74	90.23	131.04	158.45
（九）饮食服务	920.04	245.5	198.32	385.86	528.85	736.63	1 095.65	1 544.34	2 350.12	2 807.74
#在外饮食	917.4	243.61	196.56	383.42	526.72	734.12	1 092.71	1 541.22	2 346.42	2 804.24
二、衣　着	**1 338.84**	**486.32**	**428.26**	**654.45**	**824.22**	**1 168.37**	**1 622.74**	**2 124.89**	**2 929.95**	**3 372.54**
#服　装	879.52	292.96	247.61	409.57	521.04	757.98	1 060.47	1 440.1	2 003.63	2 273.03
三、家庭设备用品及服务	**607.51**	**185.91**	**162.99**	**223.53**	**341.08**	**503.77**	**706.05**	**877.31**	**1 720.8**	**2 100.99**
#耐用消费品	224.23	44.22	27.88	52.29	106.23	190.15	238.5	310.29	784.9	975.76
室内装饰品	30.9	4.84	5.89	8.6	13.43	21.84	38	47.98	103.57	122.25
四、医疗保健	**1 018.44**	**366.33**	**301.62**	**522.06**	**711.91**	**892.91**	**1 220.75**	**1 384.07**	**2 285.32**	**2 564.73**
#药品费	442.75	234.81	188.72	284.03	365.54	437.61	517.5	548.03	716.41	791.75
医疗费	353.93	105.02	95.06	202.78	263.45	307.05	451.84	481.53	707.12	746.55
五、交通和通信	**1 493.17**	**398.47**	**327.78**	**539.75**	**696.8**	**1 204.69**	**1 531.37**	**2 373.6**	**4 898.84**	**7 053.65**
交　通	911.78	139.45	116.63	202.29	269	681.31	883.87	1 569.34	3 665.02	5 692.35
通　信	581.39	259.02	211.14	337.46	427.8	523.38	647.5	804.26	1 233.82	1 361.29
六、教育文化娱乐服务	**1 283.68**	**525.2**	**420.43**	**790.86**	**819.88**	**1 228.27**	**1 456.83**	**1 838.4**	**2 703.61**	**3 244.32**
#文化娱乐用品	313.61	68.34	43.49	159.28	147.25	255.51	395.54	511.13	814.69	908.76
教　育	**734.09**	**428.75**	**354.49**	**581**	**594.9**	**830.19**	**824.25**	**861.78**	**951.58**	**1 089.22**
七、居　住	**1 293**	**670.64**	**634.31**	**830.38**	**915.41**	**1 294.19**	**1 435.24**	**1 522.81**	**2 636.03**	**3 164.93**
#住　房	276.24	57.87	40.71	110.6	103.87	330.9	296.45	241.15	897.87	1 237.28
水电燃料及其它	**927.28**	**597.16**	**577.71**	**688.3**	**782.45**	**904.84**	**1 027.43**	**1 158.49**	**1 402.53**	**1 472.33**
八、其它商品和服务	**609.09**	**195.07**	**178.87**	**301.89**	**337.86**	**468.72**	**683.23**	**951.64**	**1 707.35**	**2 142.2**
#服　务	309.17	126.86	119.22	177.9	197.98	236.79	332.26	450.95	824.86	1 031.42

10—11 城镇居民家庭平均每人消费支出构成

（2009年，按相对收入不等距九组分）

指标	合计	最低10%	#更低5%	低10%	较低20%	中间20%	较高20%	高10%	最高10%	#更高5%
消费支出	**100.00**	**100.00**	**100.00**	**100.00**	**100.00**	**100.00**	**100.00**	**100.00**	**100.00**	**100.00**
一、食品	37.98	45.76	46.68	44.29	44.29	39.34	37.93	36.04	30.89	28.61
（一）粮油类	4.35	8.82	9.56	6.95	6.25	4.67	3.95	3.35	2.40	2.03
（二）肉禽蛋水产品类	10.04	12.50	13.16	12.49	12.73	10.96	9.93	8.86	7.25	6.56
（三）蔬菜类	3.89	6.41	6.78	5.49	5.20	4.15	3.76	3.44	2.34	2.02
（四）调味品	0.61	0.87	0.92	0.80	0.80	0.66	0.60	0.50	0.42	0.38
（五）糖烟酒饮料类	4.86	5.12	4.80	4.98	5.38	5.07	4.73	4.63	4.55	4.58
（六）干鲜瓜果类	3.62	4.03	3.99	4.18	4.03	3.89	3.70	3.47	2.90	2.55
（七）糕点、奶及奶制品	2.63	2.79	2.73	3.28	3.02	2.80	2.87	2.35	1.94	1.54
（八）其它食品	0.52	0.52	0.44	0.55	0.54	0.54	0.54	0.52	0.48	0.48
（九）饮食服务	7.47	4.71	4.31	5.57	6.34	6.61	7.86	8.92	8.60	8.48
二、衣着	10.86	9.33	9.30	9.44	9.88	10.48	11.64	12.27	10.72	10.18
#服装	7.14	5.62	5.38	5.91	6.25	6.80	7.60	8.32	7.33	6.86
三、家庭设备用品及服务	4.93	3.57	3.54	3.22	4.09	4.52	5.06	5.07	6.30	6.34
#耐用消费品	1.82	0.85	0.61	0.75	1.27	1.71	1.71	1.79	2.87	2.95
室内装饰品	0.25	0.09	0.13	0.12	0.16	0.20	0.27	0.28	0.38	0.37
四、医疗保健	8.26	7.03	6.55	7.53	8.53	8.01	8.75	8.00	8.36	7.74
#药品费	3.59	4.50	4.10	4.10	4.38	3.93	3.71	3.17	2.62	2.39
医疗费	2.87	2.01	2.07	2.92	3.16	2.75	3.24	2.78	2.59	2.25
五、交通和通信	12.12	7.64	7.12	7.78	8.35	10.81	10.98	13.71	17.93	21.30
交通	7.40	2.67	2.53	2.92	3.22	6.11	6.34	9.07	13.41	17.19
通信	4.72	4.97	4.59	4.87	5.13	4.70	4.64	4.65	4.52	4.11
六、教育文化娱乐服务	10.42	10.07	9.13	11.41	9.83	11.02	10.45	10.62	9.90	9.80
#文化娱乐用品	2.54	1.31	0.94	2.30	1.77	2.29	2.84	2.95	2.98	2.74
教育	5.96	8.22	7.70	8.38	7.13	7.45	5.91	4.98	3.48	3.29
七、居住	10.49	12.86	13.78	11.98	10.97	11.61	10.29	8.80	9.65	9.56
#住房	2.24	1.11	0.88	1.60	1.25	2.97	2.13	1.39	3.29	3.74
水电燃料及其它	7.52	11.45	12.55	9.93	9.38	8.12	7.37	6.69	5.13	4.45
八、其它商品和服务	4.94	3.74	3.89	4.35	4.05	4.21	4.90	5.50	6.25	6.47
#服务	2.51	2.43	2.59	2.57	2.37	2.12	2.38	2.60	3.02	3.11

10—12　城镇居民家庭平均每人购买的主要商品数量

（2009年）

品　　名	单　位	合　计	最低10%	#更低5%	低10%	较低20%	中间20%	较高20%	高10%	最高10%	#更高5%
大　　米	千克	46.54	52.95	52.77	50.35	49.84	44.59	44.36	43.94	40.98	41.83
面　　粉	千克	23.98	23.87	23.45	23.86	26.14	23.07	23.68	24.00	22.28	23.00
猪　　肉	千克	17.24	12.22	11.72	14.47	17.03	17.15	18.62	19.30	20.66	21.19
牛　　肉	千克	4.58	2.07	1.86	3.25	3.86	4.77	5.49	5.87	6.27	6.87
羊　　肉	千克	2.42	1.20	1.31	1.68	2.00	2.59	2.82	3.08	3.41	3.53
鸡	千克	5.20	3.67	3.47	4.04	4.79	5.52	5.69	6.07	6.14	6.32
鲜　　蛋	千克	16.11	13.07	12.83	13.84	15.96	15.92	17.09	17.01	19.18	19.30
鱼	千克	12.16	7.77	7.44	9.34	11.60	12.31	13.23	13.96	16.12	16.57
虾	千克	2.86	0.98	0.83	1.75	2.21	2.76	3.49	3.91	5.03	5.51
鲜　　菜	千克	124.34	103.08	100.48	112.41	121.16	120.89	130.76	143.74	138.43	142.88
白　　酒	千克	3.70	3.58	3.87	3.82	4.16	3.94	3.22	3.61	3.29	3.33
果　　酒	千克	0.57	0.28	0.26	0.48	0.46	0.61	0.56	0.65	1.00	0.88
啤　　酒	千克	16.95	9.64	7.94	13.28	16.19	18.22	18.61	21.78	18.38	20.44
碳酸饮料	千克	6.46	3.68	2.97	4.28	5.42	6.73	7.04	8.76	9.50	10.93
瓶装饮用水	千克	17.68	7.94	10.60	5.86	9.04	18.66	23.16	26.84	34.19	35.98
茶　　叶	千克	0.30	0.18	0.18	0.21	0.24	0.30	0.35	0.38	0.48	0.54
鲜　　果	千克	55.66	36.31	33.76	45.47	49.24	55.77	61.07	66.79	75.58	76.33
鲜　　瓜	千克	15.11	8.27	7.43	11.57	12.51	15.19	17.10	18.71	22.93	23.06
糕　　点	千克	7.76	4.77	3.87	6.14	6.90	8.04	8.72	8.98	10.31	10.37
鲜乳品	千克	18.07	9.43	8.64	11.91	15.24	18.52	20.95	23.42	26.26	26.41
奶　　粉	千克	0.38	0.15	0.19	0.46	0.33	0.28	0.57	0.39	0.39	0.17
酸　　奶	千克	7.48	3.43	3.32	5.12	5.88	7.76	8.52	9.30	12.59	14.06
服　　装	件	5.73	3.42	3.19	4.22	4.85	5.76	6.53	7.26	8.04	8.38
鞋　　类	双	2.49	1.91	1.89	2.13	2.27	2.55	2.62	2.88	3.07	3.23

10—13 城镇居民家庭平均每百户年末耐用品拥有量

（2009 年）

品名	单位	合计	最低10%	#更低5%	低10%	较低20%	中间20%	较高20%	高10%	最高10%	#更高5%
摩托车	辆	6.39	7.43	4.77	7.46	7.36	6.49	5.97	4.70	5.23	6.01
助力车	辆	8.46	5.16	5.45	9.79	7.71	7.97	9.45	9.25	9.54	9.43
家用汽车	辆	7.23	0.13	0.27	0.53	1.53	5.24	8.20	11.02	26.16	33.87
洗衣机	台	93.76	87.48	85.04	85.72	91.25	94.53	95.53	97.09	101.29	107.41
电冰箱(柜)	台	97.54	82.52	81.70	87.01	93.49	96.83	100.94	107.29	110.08	116.63
彩色电视机	台	121.76	105.42	103.68	108.72	116.74	117.68	124.24	133.58	145.11	152.79
家用电脑	台	60.97	28.31	23.93	32.77	45.57	61.43	73.30	78.35	93.96	102.84
组合音响	套	28.17	14.03	13.41	22.33	18.85	27.85	33.83	34.46	43.58	46.98
摄像机	架	12.97	0.94	0.48	2.29	4.45	11.04	17.49	21.90	31.83	37.40
照相机	架	46.68	11.99	9.70	18.13	28.25	44.06	58.93	71.96	85.17	93.90
钢琴	架	3.56	0.77		1.63	0.62	2.81	4.83	5.89	9.08	12.08
其它中高档乐器	件	4.86	1.22	1.58	1.96	2.57	3.94	6.71	8.55	8.57	8.31
微波炉	台	59.86	25.24	23.86	37.28	48.83	58.88	73.65	76.12	83.27	88.28
空调器	台	29.73	2.65	0.94	7.48	14.13	22.03	34.77	48.99	81.73	102.97
淋浴热水器	台	70.88	36.09	33.67	48.05	56.85	73.64	83.58	84.92	97.18	98.79
消毒碗柜	台	8.65	1.70	0.75	1.31	4.02	5.51	11.81	14.29	22.18	25.55
洗碗机	台	0.99	0.09		0.91	1.05	0.33	0.39	1.31	3.81	6.27
健身器材	套	4.41	0.23	0.46	1.62	1.83	1.83	5.00	6.20	16.30	15.71
固定电话	部	84.10	71.98	68.64	76.36	81.07	85.16	85.56	92.27	92.44	94.62
移动电话	部	169.28	117.96	104.49	149.29	148.95	173.91	185.55	193.64	196.93	201.85

10—14 城市居民家庭住房情况

指标	单位	2008年	2009年	指标	单位	2008年	2009年
1.房屋产权(合计)	%	100.00	100.00	井、河水	%	0.13	0.10
租赁公房	%	11.49	9.27	其 它	%		
租赁私房	%	2.06	2.13	11.用水情况(合计)	%	100.00	100.00
原有私房	%	1.31	1.26	独用自来水	%	99.67	99.74
房改私房	%	47.91	42.41	公用自来水	%	0.21	0.16
商品房	%	34.08	43.88	井、河水	%	0.13	0.10
其 它	%	3.15	1.06	其 它	%		
2.住宅建筑式样(合计)	%	100.00	100.00	12.卫生设备(合计)	%	100.00	100.00
单栋住宅	%	0.19	0.12	无卫生设备	%	1.01	0.90
四居室	%	2.02	1.48	有厕所浴室	%	66.22	70.75
三居室	%	17.08	18.81	有厕所无浴室	%	31.78	27.48
二居室	%	62.16	62.78	公 用	%	0.99	0.87
一居室	%	14.3	13.26	13.取暖设备(合计)	%	100.00	100.00
普通楼房	%	2.06	1.53	无取暖设备	%	0.39	0.29
平房及其它	%	2.19	2.02	空调设备	%	0.45	0.13
3.建筑年份	年	15.04	15.39	暖 气	%	96.9	97.63
4.装修状况(合计)	%	100.00	100.00	其 它	%	2.26	1.96
有装修	%	64.99	67.00	14.炊用燃料使用情况(合计)	%	100.00	100.00
未装修	%	35.01	33.00	管道煤气	%	70.71	68.49
5.现有住房按市场价估计值	元	217 635.1	230 868.14	液化石油气	%	25.21	27.64
6.租赁房房租	元	18.15	201.14	煤	%	1.53	1.11
7.现住房房租折算	元	657.01	8 279.75	其 它	%	2.55	2.76
8.购房时间	年	7.55	8.09	15.除了现住房,还有几处其它住房	套	0.07	0.10
9.购房总金额	元	83 505.11	98 277.70	(1)出租房	套	0.04	0.05
购房实际支出金额	元	78 330.57	94 421.54	#建筑面积	平方米	2.24	3.59
10.饮水情况(合计)	%	100.00	100.00	(2)偶尔居住房	套	0.02	0.03
自来水	%	89.1	89.08	#建筑面积	平方米	1.41	2.16
矿泉水	%	7.15	6.89	(3)其它用途房	套	0.02	0.02
纯净水	%	3.62	3.93	#建筑面积	平方米	1.37	1.61

10—15 各地区城市居民家庭

（2009

品　　名	单 位	全　省	沈　阳	大　连	鞍　山	抚　顺	本　溪
摩托车	辆	6.39	2.17	2.51	8.47	2.29	2.78
助力车	辆	8.46	11.83	0.58	8.76	2.61	2.38
家用汽车	辆	7.23	14.99	8.51	5.93	0.98	3.97
洗衣机	台	93.76	99.01	93.62	85.59	83.01	88.10
电冰箱（柜）	台	97.54	103.16	103.68	98.59	83.33	97.22
彩色电视机	台	121.76	130.97	120.89	116.95	107.52	125.00
家用电脑	台	60.97	81.85	80.46	54.24	48.69	59.92
组合音响	套	28.17	37.48	35.98	27.12	19.61	27.38
摄像机	架	12.97	31.16	12.19	7.34	6.21	9.52
照相机	架	46.68	79.68	64.02	35.88	25.82	39.68
钢琴	架	3.56	7.69	3.09	3.11	3.27	1.19
其它中高档乐器	件	4.86	3.75	8.12	3.95	2.61	5.95
微波炉	台	59.86	84.62	76.98	46.33	43.14	66.67
空调器	台	29.73	54.64	30.95	29.94	10.13	11.51
淋浴热水器	台	70.88	94.87	88.20	59.60	56.21	52.78
消毒碗柜	台	8.65	18.15	10.64	5.93	1.96	3.17
洗碗机	台	0.99	2.37	0.97	0.56	0.33	
健身器材	套	4.41	6.51	6.96	3.67	2.94	2.38
固定电话	部	84.10	87.38	86.46	85.88	83.01	59.52
移动电话	部	169.28	199.01	196.91	141.53	147.06	196.03

平均每百户耐用品拥有量

年末）

丹　东	锦　州	营　口	阜　新	辽　阳	盘　锦	铁　岭	朝　阳	葫芦岛
4.67	12.87	6.44	15.00	7.44	7.25	8.37	7.84	7.73
7.67	27.23	21.78	20.00	6.98	11.11	8.87	12.25	5.80
3.00	3.47	2.97	5.00	7.44	12.08	1.48	2.45	6.76
95.67	95.05	92.57	96.00	93.02	97.58	89.66	101.47	91.30
97.67	97.03	98.02	85.00	97.67	99.52	86.70	96.08	96.14
121.33	133.17	121.29	115.00	123.26	116.43	113.30	110.78	115.94
51.67	58.91	51.49	42.50	49.30	62.80	39.90	34.80	52.66
26.00	23.27	21.29	14.00	32.09	25.12	12.32	13.24	20.29
8.00	10.40	5.94	5.00	9.30	10.14	3.94	1.47	5.31
28.67	39.60	31.68	27.00	41.86	46.86	15.76	15.20	25.60
1.67	0.50	5.45	2.50	1.86	2.42	0.99	0.49	2.42
4.33	3.96	6.44	5.50	7.44	3.38	2.46	5.88	3.86
60.00	57.43	53.96	36.00	48.37	41.55	31.53	30.88	43.48
11.33	40.10	28.71	16.00	31.16	33.82	11.82	12.75	19.81
78.67	67.82	73.27	53.00	58.60	84.54	43.35	41.67	45.41
3.00	8.91	7.43	2.00	10.70	12.08	3.45	1.96	3.38
		1.49		2.33	0.48		0.49	0.48
2.00	4.95	2.97	2.50	1.86	4.83	3.94	0.98	3.38
83.33	86.14	76.73	74.50	79.53	84.06	79.80	99.02	80.68
167.33	164.36	156.93	167.50	150.70	163.77	116.26	155.39	143.00

10—16 农民家庭基本情况

指　　标	单　位	2005 年	2006 年	2007 年	2008 年	2009 年
调查户数	**户**	**1 890**	**1 890**	**1 890**	**1 890**	**1 890**
调查户人口						
1.常住人口	人	6 368	6 315	6 226	6 168	6 057
2.平均每户常住人口	人	3.37	3.34	3.29	3.26	3.20
3.平均每户整、半劳动力	人	2.52	2.5	2.49	2.49	2.46
4.平均每个劳动力负担人口(含本人)	人	1.34	1.34	1.32	1.31	1.30
平均每人全年收入						
1.总收入	元	6 028.3	6 521.4	7 680.4	9 346.41	9 912.58
2.纯收入	元	3 690.2	4 090.4	4 773.4	5 576.48	5 958.00
3.现金收入	元	5 491.4	5 783.5	6 854.0	8 449.53	9 219.59
按人均纯收入分组的户数占调查户数比重						
200 元以下	%	1.69	1.32	2.65	1.69	1.75
200 — 500	%	1.06	0.85	0.69	0.63	0.69
500 — 800	%	1.43	1.75	1.59	0.79	0.90
800 — 1000	%	1.38	1.22	0.48	1.06	0.74
1000 — 1200	%	2.38	2.17	1.22	1.38	0.79
1200 — 1500	%	4.87	3.44	2.96	2.06	2.22
1500 — 1700	%	4.18	3.81	2.49	1.75	1.69
1700 — 2000	%	6.35	4.92	3.70	2.75	3.02
2000 — 2500	%	10.21	10.42	6.98	5.50	4.92
2500 — 3000	%	11.22	10.47	8.68	7.25	5.66
3000 — 3500	%	8.84	9.37	8.20	6.77	6.19
3500 — 4000	%	9.26	7.46	6.83	6.19	6.14
4000 — 4500	%	8.31	7.04	7.30	5.50	6.19
4500 — 5000	%	5.03	6.3	5.82	7.09	7.09
5000 元以上	%8	23.81	29.46	40.42	49.58	52.01
平均每人全年支出	**元**	**5 566.3**	**5 959.4**	**6 922.2**	**8 289.7**	**9 147.74**
家庭经营费用支出	元	2 061.2	2 126.6	2 609.2	3 386.63	3 551.88
购置生产性固定资产支出	元	238.5	146.9	212.3	240.5	316.35
税费支出	元	6.3	5.1	6.2	4.6	9.72
生活消费支出	元	2 699.7	3 066.9	3 368.2	3 814.03	4 255.61
财产性支出	元	37.1	47.8	38.2	31.36	61.36
转移性支出	元	521.8	565.1	673.5	808.18	949.15

10—17 农民家庭人均总收入与人均纯收入

单位:元

指标	2006年	2007年	2008年	2009年	构成(%)			
					2006年	2007年	2008年	2009年
一、人均总收入	**6 521.4**	**7 680.4**	**9 346.41**	**9 912.58**	**100**	**100**	**100.0**	**100.0**
(一)工资性收入	1 499.5	1 719.7	2 035.53	2 239.75	23	22.4?	21.8	22.6
在非企业组织中得到收入	376.2	398.5	452.60	518.94	5.8	5.2?	4.8	5.2
在本乡地域内劳动得到收入	720.8	831.3	977.33	1 037.98	11	10.8?	10.5	10.5
外出从业得到收入	402.5	489.9	605.60	682.84	6.2	6.4?	6.5	6.9
(二)家庭经营收入	4 515.5	5 394.8	6 529.30	6 830.14	69.2	70.2?	69.9	68.9
(三)财产性收入	141.8	179.4	201.29	205.51	2.2	2.3?	2.2	2.1
(四)转移性收入	364.7	386.5	580.29	637.18	5.6	5.0?	6.2	6.4
二、人均纯收入	**4 090.4**	**4 773.4**	**5 576.48**	**5 958.00**	**100**	**100.0**	**100.0**	**100.0**
(一)工资性收入	1 499.5	1 719.7	2 035.53	2 239.75	36.7	36.0?	36.5	37.6
在非企业组织中得到收入	376.2	398.5	452.60	518.94	9.2	8.3?	8.1	8.7
在本乡地域内劳动得到收入	720.8	831.3	977.33	1 037.98	17.6	17.4?	17.5	17.4
外出从业得到收入	402.5	489.9	605.60	682.84	9.9	10.3?	10.9	11.5
(二)家庭经营净收入	2 210.8	2 592.2	2 931.26	3 017.31	54	54.3?	52.6	50.6
1.农业	1 432.9	1 603.4	1 802.48	1 822.98	35	33.6?	32.3	30.6
2.林业	18	22.1	11.05	16.87	0.4	0.5?	0.2	0.3
3.牧业	431.6	587.9	652.32	629.75	10.6	12.3?	11.7	10.6
4.渔业	3.1	33.1	44.74	46.65	0.1	0.7?	0.8	0.8
5.工业	44	55.6	61.73	68.90	1.1	1.2?	1.1	1.2
6.建筑业	13.3	23.7	46.86	55.82	0.3	0.5?	0.8	0.9
7.交通运输、邮电业	82	62.6	69.10	77.36	2	1.3?	1.2	1.3
8.批零贸易、餐饮业	116.1	130.2	148.10	189.67	2.8	2.7?	2.7	3.2
9.社会服务业	29.8	32.5	37.19	46.39	0.7	0.7?	0.7	0.8
10.文教卫生业	23.2	17.0	22.30	20.94	0.6	0.4?	0.4	0.4
11.其他家庭经营	16.9	24.3	35.40	41.98	0.4	0.5?	0.6	0.7
(三)财产性净收入	141.8	179.4	201.29	205.51	3.5	3.8?	3.6	3.4
(四)转移性净收入	238.3	282.1	408.40	495.43	5.8	5.9?	7.3	8.3

10—18 各地区农民家庭人均纯收入

单位:元

地区	2005年	2006年	2007年	2008年	2009年
全省	**3 690**	**4 090**	**4 773**	**5 576**	**5 958**
沈阳	5 050	5 712	6 806	8 029	8 753
大连	5 903	6 984	8 369	9 818	10 725
鞍山	4 750	5 282	6 125	7 291	8 094
抚顺	3 743	4 160	4 850	5 560	6 146
本溪	4 022	4 455	5 198	6 164	6 750
丹东	4 178	4 650	5 543	6 630	7 295
锦州	3 730	4 165	5 048	6 089	6 627
营口	4 503	5 001	5 791	6 944	7 687
阜新	3 090	2 852	4 128	5 030	5 382
辽阳	4 133	4 600	5 425	6 453	7 076
盘锦	5 067	5 711	6 391	7 701	8 479
铁岭	3 756	4 222	5 048	6 050	6 585
朝阳	3 002	3 365	4 130	4 900	5 170
葫芦岛	3 428	3 650	4 313	5 152	5 595

10—19　各地区农民家庭纯收入来源

（2009 年）

单位:元

地　区	人均纯收入	工资性收入	家庭经营纯收入	财产性收入	转移性收入
全　省	**5 958.00**	**2 239.75**	**3 017.31**	**205.51**	**495.43**
沈　阳	8 752.9	2 897.3	4 892.1	478.3	485.2
大　连	10 725.5	4 413.0	5 272.4	370.4	669.7
鞍　山	8 094.3	3 607.8	3 828.3	211.4	446.8
抚　顺	6 146.0	2 097.9	3 416.6	304.7	326.7
本　溪	6 750.4	3 463.6	2 796.7	173.4	316.7
丹　东	7 294.7	3 512.1	3 040.2	152.0	590.3
锦　州	6 627.5	1 825.2	4 286.0	151.3	365.0
营　口	7 686.6	3 202.0	3 737.7	275.5	471.4
阜　新	5 382.5	1 519.1	3 073.3	394.0	396.1
辽　阳	7 076.2	3 353.1	3 446.0	131.6	145.6
盘　锦	8 479.1	1 985.9	5 659.8	182.7	650.7
铁　岭	6 585.3	2 458.5	3 558.5	141.8	426.5
朝　阳	5 169.9	2 379.9	2 252.0	122.3	415.7
葫芦岛	5 595.0	2 229.3	3 136.1	83.9	145.7

10—20 农民家庭人均总支出

单位:元

指标	2006年	2007年	2008年	2009年	构成(%)			
					2006年	2007年	2008年	2009年
总支出	**5 959.4**	**6 922.2**	**8 289.68**	**9 147.74**	**100**	**100**	**100**	**100**
(一)家庭经营费用支出	2 126.6	2 609.2	3 386.63	3 551.88	35.7	37.7	40.9	38.8
(二)购置生产性固定资产支出	146.9	212.3	240.54	316.35	2.5	3.1	2.9	3.5
(三)税费支出	5.1	6.2	4.58	9.72	0.1	0.1	0.1	0.1
(四)生活消费支出	3 066.9	3 368.2	3 814.03	4 255.61	51.5	48.7	46.0	46.5
1.食品	1 162.5	1 334.2	1 549.00	1 563.33	19.5	19.3	18.7	17.1
2.衣着	243	281.2	298.82	335.93	4.1	4.1	3.6	3.7
3.居住	509.7	513.1	601.71	795.48	8.6	7.4	7.3	8.7
4.家庭设备、用品及服	112.2	142.1	158.91	185.50	1.9	2.1	1.9	2.0
5.医疗保健	267.9	265.0	283.37	416.41	4.5	3.8	3.4	4.6
6.交通和通讯	337.1	361.8	426.47	437.79	5.7	5.2	5.1	4.8
7.文教娱乐用品及服务	354.6	362.8	387.97	409.64	6	5.2	4.7	4.5
8.其他商品和服务	79.9	108.1	107.78	111.53	1.3	1.6	1.3	1.2
(五)财产性支出	47.8	38.2	31.36	61.36	0.8	0.6	0.4	0.7
(六)转移性支出	565.1	673.5	808.18	949.15	9.5	9.7	9.7	10.4

10—21 各地区农民家庭人均生活消费支出

（2009 年） 单位:元

地区	生活消费支出合计	1. 食品	2. 衣着	3. 居住	4. 家庭设备用品	5. 交通和通讯	6. 文教娱乐用品及服务	7. 医疗保健	8. 其他商品和服务
全省	**4 255.61**	**1 563.33**	**335.93**	**795.48**	**185.50**	**416.41**	**437.79**	**409.64**	**111.53**
沈阳	4 807.73	1 790.74	426.70	736.14	213.03	526.64	506.24	478.41	129.82
大连	6 403.33	2 585.73	479.61	1 265.26	241.28	491.21	625.36	540.28	174.59
鞍山	5 144.13	1 816.18	418.02	1 130.94	222.31	497.03	452.09	445.46	162.09
抚顺	4 343.50	1 490.98	316.25	1 105.71	166.84	373.60	398.10	380.18	111.84
本溪	4 722.33	1 670.62	396.57	1 173.51	199.32	390.93	364.82	441.74	84.83
丹东	4 638.10	2 085.19	393.40	889.43	176.32	375.48	293.64	321.21	103.42
锦州	3 651.01	1 324.73	331.58	730.71	176.21	413.23	362.71	197.69	114.14
营口	4 667.57	1 816.93	499.05	666.26	174.14	378.16	642.40	366.02	124.61
阜新	4 130.87	1 499.73	395.15	634.91	205.91	492.94	513.63	322.91	65.69
辽阳	3 617.53	1 537.95	334.28	421.82	177.21	447.89	401.10	203.40	93.88
盘锦	4 604.35	2 014.83	394.47	651.38	225.78	436.39	467.83	293.06	120.62
铁岭	4 431.43	1 790.80	375.91	700.49	178.55	480.50	527.34	267.31	110.53
朝阳	4 521.92	1 662.55	239.95	984.46	257.75	369.24	554.43	367.71	85.83
葫芦岛	3 873.49	1 349.58	335.17	740.62	211.31	368.94	435.12	309.78	122.96

10—22 农村居民人均食品消费情况

单位:公斤

指　标	2006 年	2007 年	2008 年	2009 年	指　标	2006 年	2007 年	2008 年	2009 年
一、谷物和薯类	189.12	186.71	192.83	176.14	肉禽制品	1.57	1.55	1.88	1.74
#小　麦	36.35	35.89	34.24	35.92	六、蛋类及蛋制品	9.35	8.87	10.96	10.23
稻　谷	93.69	97.05	98.46	92.44	七、奶及奶制品	3.08	3.11	3.05	3.19
玉　米	39.69	36.51	42.45	31.30	八、水 产 品	6.18	5.80	5.50	5.20
薯　类	2.06	2.26	3.06	2.19	鱼　类	3.8	4.24	4.08	3.82
二、豆类及豆制品	8.32	8.24	9.04	7.66	虾、贝、蟹类	1.9	1.02	0.94	0.94
大　豆	3.91	3.60	4.04	3.22	藻　类	0.18	0.17	0.15	0.16
三、蔬菜及菜制品	171.78	168.25	162.79	167.92	其　他	0.3	0.36	0.32	0.27
四、油 脂 类	6.86	7.49	7.87	7.57	九、食　糖	0.79	0.70	0.81	0.77
植 物 油	5.88	6.87	7.11	6.89	十、酒	13.6	14.21	13.29	13.96
动 物 油	0.98	0.62	0.76	0.68	#白　酒	4.18	4.32	3.93	3.83
五、肉禽及其制品	22.54	20.14	21.22	22.61	啤　酒	9.3	9.79	9.28	10.07
#猪　肉	18.46	15.22	15.86	17.80	果　酒	0.08	0.06	0.06	0.05
牛　肉	0.4	0.49	0.49	0.38	十一、糖　果				
羊　肉	0.35	0.31	0.30	0.34	十二、水果及水果制品	19.2	23.10	23.27	24.46
家　禽	1.77	2.58	2.68	2.36	十三、坚果及果仁制品	0.59	0.64	0.56	0.58

10—23 农民家庭平均每百户年末耐用消费品拥有量

品　　名	单　位	2005年	2006年	2007年	2008年	2009年
大型家具	台	141.69	149.31			
洗衣机	台	63.71	68.04	67.72	72.28	74.23
电风扇	台	58.73	60.95			
电冰箱	台	28.04	32.22	38.84	44.44	53.97
空调机	台	0.79	0.53	0.58	0.79	1.01
抽油烟机	台	7.35	7.62	7.83	8.36	9.79
吸尘器	台	1.48	1.64	1.11	1.27	1.38
微波炉	台	2.70	4.34	5.45	5.98	6.77
热水器	台	5.19	6.08	5.61	7.35	8.73
自行车	辆	104.29	105.66	103.12	102.54	103.12
摩托车	辆	45.40	50.05	54.60	56.46	57.83
汽车（生活用）	台	0.26	0.37	0.48	1.11	1.11
电话机	部	87.25	90.98	92.41	91.11	92.35
移动电话	部	53.49	66.61	77.94	91.06	107.35
寻呼机	台	0.53	0.26			
彩色电视机	台	102.28	106.67	106.03	109.79	110.90
黑白电视机	台	9.05	5.29	4.50	2.65	2.28
录放像机	台	4.44	5.19			
摄像机	台	0.58	0.74	0.74	1.11	1.27
影碟机	台	43.54	45.71	41.53	41.96	42.28
组合音响	台	13.49	15.03			
收录机	台	8.94	10.21			
照相机	架	6.14	6.3	6.72	7.09	7.30
家用计算机	台	2.59	3.17	2.43	4.02	5.93
中高档乐器	件	0.69	0.53	0.69	0.48	0.74

10—24 各地区农村居民

(2009

地　区	粮　食	油脂类	烟　叶	豆制品	蔬菜及菜制品	瓜　类
全　省	**180.04**	**7.57**	**0.22**	**3.75**	**167.92**	**3.15**
沈　阳	206.34	10.64	0.47	3.36	184.87	3.10
大　连	138.33	5.75	0.10	2.86	130.26	3.52
鞍　山	187.79	9.84	0.30	2.93	192.20	3.51
抚　顺	201.19	6.62	0.48	1.38	122.48	1.99
本　溪	160.13	8.87	0.14	2.75	111.49	2.79
丹　东	162.70	5.78	0.16	3.72	187.10	3.45
锦　州	145.78	8.31	0.17	5.24	136.35	2.65
营　口	216.81	5.85	0.14	3.53	148.91	2.19
阜　新	158.23	7.60	0.38	2.81	102.64	4.06
辽　阳	170.44	9.65	0.11	2.79	207.68	1.91
盘　锦	232.99	8.38	0.05	3.41	168.47	3.93
铁　岭	209.71	10.88	0.74	3.65	150.65	2.68
朝　阳	196.98	5.28	1.59	3.63	133.32	4.54
葫芦岛	129.58	8.86	0.14	4.69	95.03	1.37

人均主要食品消费量

年）

单位:公斤

水果类	茶叶	坚果	肉禽及制品	蛋类及其制品	奶及奶制品	水产品	食糖	酒
24.46	**0.18**	**0.58**	**22.61**	**10.23**	**3.19**	**5.20**	**0.77**	**13.96**
16.24	0.40	1.13	16.92	8.61	4.32	4.12	0.88	13.93
36.28	0.15	1.20	37.86	14.13	6.52	13.54	1.15	12.42
19.33	0.04	0.45	21.57	10.24	3.31	5.07	0.70	13.40
17.56	0.08	0.58	18.60	6.21	2.09	3.83	0.79	13.36
24.63	0.02	1.54	24.88	11.06	4.92	4.71	1.10	13.62
27.81	0.16	2.12	34.24	12.44	3.14	10.07	1.09	11.02
18.34	0.06	0.16	10.81	7.98	2.60	3.06	0.49	12.56
24.52	0.02	0.61	16.28	6.95	2.86	8.13	0.59	7.65
16.92	0.72	0.21	22.17	6.17	1.83	2.51	0.58	21.55
20.39	0.17	0.88	13.32	6.27	2.51	4.87	0.58	13.11
25.16	0.06	0.41	24.51	9.17	3.51	8.37	0.59	10.46
40.84	0.22	1.39	15.84	8.62	6.10	2.81	0.81	15.38
25.15	0.26	0.47	28.62	8.39	3.21	5.17	0.75	16.46
12.64	0.13	0.87	13.77	4.76	2.27	4.12	1.21	14.42

10—25 各地区农村居民平均每百户主要耐用消费品拥有量

（2009 年末）

地　　区	洗衣机（台）	电冰箱（台）	空调机（台）	抽油烟机（台）	吸尘器（台）	微波炉（台）	热水器（台）	自行车（辆）	摩托车（辆）
全　　省	**74.23**	**53.97**	**1.01**	**9.79**	**1.38**	**6.77**	**8.73**	**103.12**	**57.83**
沈　　阳	80.10	47.00	3.40	25.80	7.80	17.20	18.60	110.30	43.30
大　　连	73.10	90.40	4.10	16.80	5.40	15.30	24.70	83.90	57.80
鞍　　山	82.00	62.50	1.00	14.50	4.00	6.25	9.00	127.50	55.50
抚　　顺	63.85	42.31	1.54	9.62	2.31	9.23	3.85	94.23	36.15
本　　溪	64.29	57.62	1.90	10.48	0.95	7.14	6.67	82.38	43.33
丹　　东	82.31	60.77	0.77	16.67	1.03	9.49	13.08	126.15	50.77
锦　　州	81.89	49.19	2.43	12.97	0.27	4.05	6.49	104.86	48.38
营　　口	80.86	51.14	6.00	8.57	2.00	7.71	4.57	109.43	48.86
阜　　新	81.00	50.00	1.75	1.75	0.75	2.00	5.75	68.50	76.00
辽　　阳	85.43	64.57	6.00	35.43	2.57	12.29	8.86	108.00	36.00
盘　　锦	89.00	65.25	4.00	17.50	3.25	8.25	14.25	136.50	52.50
铁　　岭	82.17	34.67	1.00	8.33	0.83	8.17	7.50	107.00	49.00
朝　　阳	76.07	50.66	0.82	5.74	0.33	6.23	5.25	94.59	64.59
葫　芦　岛	89.05	58.33	4.29	21.67	1.19	5.00	10.24	85.24	55.95

10—25 续表

（2009 年末）

地　　区	汽车（生活用）（辆）	电话机（部）	移动电话（部）	彩色电视机（台）	黑白电视机（台）	影碟机（台）	照相机（架）	家用计算机（台）
全　　省	**1.11**	**92.35**	**107.35**	**110.90**	**2.28**	**42.28**	**7.30**	**5.93**
沈　　阳	2.70	95.20	105.10	108.00	1.90	52.10	14.20	14.00
大　　连	3.00	94.60	138.50	111.30	0.50	55.60	20.60	14.40
鞍　　山	1.50	92.25	115.50	119.75	0.50	35.75	7.75	11.25
抚　　顺	1.54	94.62	102.69	117.69	1.54	32.31	6.54	7.31
本　　溪	0.95	95.71	130.95	108.10	0.48	43.81	10.00	10.95
丹　　东	1.28	91.28	142.56	122.56	3.33	47.44	8.72	5.38
锦　　州	0.54	97.30	92.97	107.84	1.35	48.92	7.03	6.22
营　　口	1.14	95.14	120.57	117.43	0.29	32.00	4.57	4.86
阜　　新	2.75	88.00	106.25	112.00	1.00	31.50	2.75	4.75
辽　　阳	0.29	88.00	96.86	104.00	0.00	25.14	5.71	2.00
盘　　锦	2.00	97.25	121.25	116.50	2.50	58.50	12.25	16.25
铁　　岭	1.33	82.67	112.83	107.83	2.00	37.50	5.00	6.33
朝　　阳	0.16	89.51	109.18	108.85	6.07	24.26	1.97	5.57
葫　芦　岛	2.62	89.17	89.52	104.52	1.43	43.10	4.29	7.86

10—26 农民家庭住房情况

指标	单位	2005年	2006年	2007年	2008年	2009年
期末住房情况						
(一)住房面积	平方米/人	25.1	25.2	25.7	26.4	27.0
#租用住房面积	平方米/人	0.1	0.1			
(二)住房价值	元/平方米	343.5	356.1	403.3	431.0	455.2
(三)住房类型						
1.楼房	平方米/人	1.3	0.9	1.0	1.1	1.4
2.砖瓦平房	平方米/人	23.0	23.2	24.0	24.3	24.4
3.其他	平方米/人	0.8	1.0	0.7	1.0	1.2
(四)住房结构						
1.钢筋混凝土结构	平方米/人	4.3	4.4	3.6	4.6	4.9
2.砖木结构	平方米/人	20.5	20.4	21.7	21.2	21.8
3.其他	平方米/人	0.3	0.4	0.4	0.6	0.3
期内新建(购)住房情况						
(一)新建(购)住房面积	平方米/人	0.4	0.3	0.4	0.4	0.5
(二)新建(购)住房价值	元/平方米	522.1	620.7	586.3	684.8	875.5
(三)新建(购)住房类型						
1.楼房	平方米/人		0.1			0.1
2.砖瓦平房	平方米/人	0.4	0.3	0.4	0.4	0.3
3.其他	平方米/人					0.1
(四)新建住(购)房结构						
1.钢筋混凝土结构	平方米/人	0.1	0.1	0.2	0.2	0.2
2.砖木结构	平方米/人	0.3	0.2	0.2	0.3	0.3
3.其他	平方米/人					0.0
期内新建(购)住房资金来源						
自筹	元/人	158.1	178.3	226.6	277.8	299.2
银行、信用社贷款	元/人	8.6	3.9	3.7	7.8	9.2
其他	元/人	21.2	10.2	20.7	15.1	16.6
居住条件	**(百户均)**					
住房有卫生设备的户数	户	99.1	99.8	100.0	100.0	100.0
使用安全饮用水的户数	户	100.0	99.5	99.5	99.5	99.5
有取暖设备的户数	户	100.0	100.0	100.0	100.0	100.0
#空调	户	0.1	0.1	0.0	0.1	0.1
暖气	户	19.8	23.1	23.3	22.4	25.6
火炕	户	80.1	76.8	76.3	77.2	74.0
燃料使用情况	**(百户均)**					
#液化气	户	10.8	7.4			
煤炭	户	4.3	5.3	2.9	4.1	4.2
柴草	户	83.9	86.1	75.9	75.3	75.1

主要统计指标解释

城镇居民家庭就业人口 指城镇居民从事社会劳动并取得劳动报酬或经营收入的人口。就业人口包括通过国家统筹规划和指导由劳动部门介绍就业,自愿组织起来就业和自谋职业等方式,在国有制、集体所有制、中外合资、中外合作、外资在华独资的企事业单位和私营企业单位工作或从事个体劳动的有固定性职业或临时性职业的人口。被聘用和留用的离退休人员也计入就业人口。本指标可以反映城镇居民的就业情况,是计算就业面、负担系数的重要资料。

城镇居民家庭总收入 指调查户中生活在一起的所有家庭成员在调查期得到的工薪收入、经营净收入、财产性收入、转移性收入的总和,不包括出售财物和借贷收入。

城镇居民可支配收入 指调查户可用于最终消费支出和其它非义务性支出以及储蓄的总和,即居民家庭可以用来自由支配的收入。它是家庭总收入扣除交纳的所得税、个人交纳的社会保障费以及调查户的记账补贴后的收入。

城镇居民工薪收入 指就业人员通过各种途径得到的全部劳动报酬,包括所从事的主要职业的工资以及从事第二职业、其他兼职和零星劳动得到的其它劳动收入。

城镇居家家庭总支出 指家庭除借贷支出外的全部实际支出。包括消费性支出、购房建房支出、转移性支出、财产性支出、社会保障支出。

城镇居民消费支出 指调查户用于本家庭日常生活的全部支出,包括食品、衣着、家庭设备用品及服务、医疗保健、交通和通讯、娱乐教育文化服务、居住、杂项商品和服务八大类等。不包括用于赠送的商品或服务。消费支出按商品(服务)的用途分类。

城镇居民服务性消费支出 指调查户用于本家庭支付社会提供的各种文化和生活方面的非商品性服务费用。不包括为别人付款的服务。服务消费与商品消费不同,其特点在于其劳动过程和消费过程在时间与空间上的统一。

农村居民家庭纯收入 指农村常住居民家庭总收入中,扣除从事经营费用支出、税费支出、赠送农村内部亲友和生产性固定资产折旧以后剩余的,可直接用于进行生产性、非生产性建设投资、生活消费和积蓄的那一部分收入。它是反映农民家庭实际收入水平的综合性的主要指标。农民家庭纯收入,既包括从事生产性和非生产性的经营收入,又包括取自在外人口寄回带回和国家财政救济、各种补贴等非经营性收入,既包括货币收入,又包括自产自用的实物收入。但不包括向银行、信用社和向亲友借款等属于借贷性的收入。

农村居民家庭整半劳动力 指农村常住居民家庭成员中有劳动能力并经常参加实际劳动的人员。是生产的基本要素指标之一,是发展生产增加农民家庭收入的重要源泉。按规定,农村男18周岁至50周岁、女18周岁至45周岁为整劳动力;男16周岁至17周岁、51周岁至60周岁、女16周岁至17周岁、46周岁至55周岁为半劳动力。农民家庭整半劳动力,既包括在上述规定劳动年龄内和在劳动年龄以外有劳动能力并经常参加实际劳动的男女整半劳动力;也包括农民家庭常住人员中属于职工的劳动力。但不包括在劳动年龄内已丧失劳动能力的人员。

农村居民家庭生活消费支出 指农村常住居民家庭年内用于日常生产的全部开支。它是用来反映和研究农民家庭实际生活消费水平高低的重要指标。农民家庭生活消费支出,包括用于吃、穿、住、烧、用等生活消费品开支和文化、生活服务费用开支两大部分。

农村居民家庭商品性生活消费支出 指农村常住居民家庭用其货币收入,在市场上购买食品、衣着、家庭用家具器皿、日用杂品、燃料、耐用消费品,以及文教卫生用品等生活消费总量。包括向国有商店、集体商店和集市贸易市场以及其他流通渠道购买的全部生活消费品。农民家庭商品性生活消费支出,是农民家庭生活消费支出的一个重要组成部分,是用来反映和分析农民家庭生活消费水平的商品化程度,及其由自给性经济向商品经济发展趋势的重要指标,也是研究和预测农民家庭对市场消费品需求,制定商品供应计划的重要依据。

城乡储蓄存款余额 城乡储蓄存款,包括城镇居民储蓄存款和农民个人储蓄存款两部分。不包括居民的手存现金和工矿企业、部队、机关团体等集团存款。储蓄存款余额,是指城乡居民存入银行及农村信用社储蓄的时点数(存入数扣除取出数的余额),如月末、季末或年末数额。

第十一篇

城市建设

11

CHENGSHI
JIANSHE

11—1 城市公用事业基本情况

指　　标	单　位	2005年	2006年	2007年	2008年	2009年
自来水全年供水总量	亿　吨	28.3	28.1	28.3	18.4	28.9
#生活用水量	亿　吨	10.4	9.3	9.2	7.1	9.2
人均日生活用水量	升	147.3	134.1	127.9	125.8	124.2
用水普及率	%	93.8	96.7	96.9	96.9	97.2
公共车辆(汽、电车)数	辆	17 548	17 907	18 748	19 490	19 457
道路长度	公　里	10 556	11 096	11 530	12 111	12 866
道路面积	万平米	16 337	17 623	19 452	20 546	21 857
排水管道长度	公　里	10 519	10 860	11 655	12 192	13 350
公用煤气、液化气						
人工煤气全年供气总量	亿立米	6.4	5.4	5.6	6.2	5.4
#家庭用量	亿立米	4.3	3.6	3.6	3.7	3.7
煤气管道长度	公　里	4 897	4 702	4 828	5 033	5 081
天然气全年供气总量	亿立米	3.7	5.3	5.4	5.6	6.0
液化气家庭用量	亿立米	25.1	28.1	31.4	24.3	24.1
燃气普及率	%	88.1	92.3	92.0	92.4	93.7
城市绿化						
园林绿地面积	公　顷	74 583	63 535	76 888	78 841	84 145
公园个数	个	259	260	270	283	294
公园面积	公　顷	8 300	9 814	10 287	9 959	10 263
清洁卫生						
生活垃圾清运量	万　吨	769	756	771.4	796.7	813.3
粪便清运量	万　吨	148	132	152.4	176.3	129.2

注:人均指标按全部城镇人口计算,2000年以前是按城镇人口中的非农人口计算。

11—2 各地区城市设施水平

年份、城市	城市用水普及率（%）	城市燃气普及率（%）	人均拥有道路面积（平方米）	人均公园绿地面积（平方米）
2000	98.20	89.30	6.47	5.72
2001	86.92	76.79	6.91	5.01
2002	87.08	81.96	7.08	5.68
2003	87.88	85.55	7.35	6.25
2004	92.99	87.16	7.67	7.12
2005	93.83	88.11	7.95	7.49
2006	96.74	92.34	8.93	8.32
2007	96.94	91.99	9.61	9.03
2008	96.9	92.4	10.0	9.4
2009	97.23	93.74	10.41	9.76
沈阳	100.00	100.00	11.11	12.77
大连	100.00	99.98	14.09	10.86
鞍山	96.39	95.10	7.81	9.16
抚顺	98.57	98.73	8.34	8.36
本溪	99.76	89.54	7.08	9.19
丹东	93.94	96.42	11.10	6.12
锦州	100.00	98.15	9.38	9.03
营口	95.56	97.75	8.04	10.60
阜新	99.68	67.18	5.81	8.63
辽阳	100.00	87.44	10.88	8.46
盘锦	100.00	100.00	12.28	6.63
铁岭	97.57	97.39	17.83	9.53
朝阳	87.97	86.47	6.84	8.65
葫芦岛	100.00	86.00	9.71	12.21

11—3 各地区城市建设情况

年份、城市	建成区面积（平方公里）	征用土地面积（平方公里）	城市人口密度（人/平方公里）
2000	1 558.6	22.6	1 174
2001	1 612.4	11.2	1 236
2002	1 660.4	21.2	1 246
2003	1 694.6	36.6	1 244
2004	1 737.3	38.7	1 256
2005	1 779.9	71.9	1 243
2006	1 859.6	77.2	2 163
2007	1 917.6	72.0	1 945
2008	1 955.5	226.7	1 916
2009	2 030.71	83.78	1 922
沈阳	395.00	26.33	3 144
大连	258.00	12.11	2 478
鞍山	154.00	8.40	2 478
抚顺	126.31	2.42	2 418
本溪	106.50	2.93	1 139
丹东	53.40	5.00	2 963
锦州	70.61	1.79	2 220
营口	97.65	0.55	4 822
阜新	66.50	1.78	1 741
辽阳	93.40	2.12	1 333
盘锦	58.93	0.58	2 751
铁岭	43.96	0.42	2 221
朝阳	40.00	0.00	998
葫芦岛	72.25	4.28	799

11—4 各地区城市市政设施情况

年份、城市	年末实有道路长度（公里）	年末实有道路面积（万平方米）	城市桥梁（座）	城市排水管道长度（公里）	城市污水日处理能力（万立方米）	道路照明灯（千盏）
2000	9 249	10 152	1 253	8 354	110.7	298
2001	9 462	13 793	1 260	8 394	122.9	372
2002	9 875	14 270	1 247	8 880	200.4	482
2003	10 204	14 885	1 326	9 120	249.0	635
2004	10 407	15 635	1 300	9 308	306.1	664
2005	10 556	16 337	1 232	10 519	347.1	786
2006	11 096	17 623	1 314	10 860	365.6	804
2007	11 530	19 452	1 395	11 655	385.6	947
2008	12 111	20 546	1 406	12 192	416.8	1 270
2009	12 866	21 857	1 462	13 350	444.8	1 337
沈阳	2 833	5 261	273	3 850	118.0	211
大连	2 440	4 085	200	2 356	80.5	184
鞍山	526	1 207	24	788	42.0	67
抚顺	683	1 100	116	809	25.0	31
本溪	502	615	159	334	35.0	25
丹东	401	743	111	281	10.0	27
锦州	498	908	43	466	20.0	22
营口	486	713	36	520	10.0	312
阜新	332	453	37	256		13
辽阳	674	832	89	688	31.5	84
盘锦	449	899	60	508	10.0	72
铁岭	317	806	25	457	10.0	47
朝阳	251	364	12	246	10.0	14
葫芦岛	306	446	47	176	15.8	10

11—5 各地区城市供水情况

年份、城市	年末供水综合生产能力（万立方米/日）	年末供水管道长度（公里）	全年供水总量（万立方米）	#生活用水	#生产用水	用水人口（万人）	人均日生活用水量（升）
2000	1 393	20 627	308 500	103 812	163 667	1 751	162.4
2001	1 351	21 708	297 247	101 406	164 091	1 734	160.2
2002	1 338	21 602	279 644	95 501	136 908	1 755	149.1
2003	1 347	21 999	280 510	94 322	131 973	1 780	145.2
2004	1 357	23 636	281 080	101 877	126 676	1 896	147.2
2005	1 339	23 211	282 618	103 683	130 232	1 929	147.3
2006	889	22 093	193 825	73 794	45 301	1 736	134.1
2007	1 333	25 422	283 174	91 560	121 342	1 963	127.9
2008	1 384	26 850	294 792	91 717	121 806	2 001	125.8
2009	1 386	27 735	288 732	92 470	120 376	2 042	124.2
沈阳	195	2 788	52 437	27 916	8 654	473	161.6
大连	166	4 379	40 454	10 702	10 972	290	101.2
鞍山	158	2 482	48 044	8 826	29 321	149	162.2
抚顺	130	2 171	13 716	3 618	8 559	130	76.3
本溪	146	846	31 573	2 987	24 342	87	94.4
丹东	94	1 089	7 301	3 228	2 381	63	140.5
锦州	83	861	14 925	4 971	6 801	97	140.7
营口	50	1 721	7 084	3 270	1 681	85	105.8
阜新	31	1 774	7 733	3 067	3 380	78	108.1
辽阳	90	1 240	16 518	4 711	7 421	77	168.7
盘锦	31	821	7 451	3 275	2 968	73	122.6
铁岭	21	837	4 092	1 942	594	44	120.6
朝阳	25	514	4 611	1 480	1 534	47	86.7
葫芦岛	38	828	6 097	1 455	3 878	46	86.8

11—6 各地区城市燃气情况

年份、城市	人工煤气生产能力(万立米/日)	管道长度(公里)			全年供气总量			用气人口(万人)		
		人工煤气	液化石油气	天然气	人工煤气(万立米)	液化石油气(吨)	天然气(万立米)	人工煤气	液化石油气	天然气
2000	163.1	4 470	195	2 950	81 957	379 194	24 923	422.1	568.8	409.9
2001	201.5	4 595	217	3 169	58 642	387 530	30 764	458.5	645.8	427.6
2002	218.7	4 718	254	3 355	61 430	377 990	30 701	511.6	698.5	441.5
2003	230.5	4 871	290	4 286	69 121	432 358	30 338	541.6	734.4	456.5
2004	214.4	4 535	198	5 214	61 112	456 355	37 698	474.7	726.8	575.9
2005	190.8	4 897	437	4 979	63 614	402 659	36 817	531.5	713.1	566.6
2006	168.9	4 702	478	5 610	54 347	487 296	53 495	474.1	718.5	629.5
2007	273.9	4 828	550	5 940	55 785	456 504	54 085	486.6	718.7	657.3
2008	293.9	5 033	589	6 364	61 958	396 282	57 736	503.3	693.7	710.5
2009	293.9	5 081	626	6 941	54 441	398 309	60 035	523.7	693.6	751.1
沈阳				2 575		35 300	26 594		49.4	424.0
大连	140.0	2 150	353		22 788	155 485		202.4	87.4	
鞍山	20.0	1 129		359	13 351	5 321	1 676	101.0	9.1	37.0
抚顺				708		38 831	8 869		64.0	66.2
本溪	0.6	308	58	21	4 505	4 680	7	57.5	20.3	
丹东	61.0	429			3 936	5 490		49.9	14.7	
锦州	32.8	735	39	70	7 323	7 500	967	77.0	13.7	4.3
营口			8	335		20 000	953		45.0	41.6
阜新				272		4 890	2 826		16.2	36.2
辽阳			3	482		10 306	1 153		38.6	28.3
盘锦			10	391		14 684	1 049		47.1	26.1
铁岭				481		2 836	3 142		10.1	34.0
朝阳	1.5	293			1 822	4 020		34.0	12.0	
葫芦岛				706		980	2 550		13.4	26.1

11—7 各地区城市集中供热情况

年份、城市	供热能力		供热总量		管道长度(公里)		供热面积
	蒸汽(吨/小时)	热水(兆瓦)	蒸汽(万吉焦)	热水(万吉焦)	蒸汽	热水	(万平方米)
2000	11 569	19 154	2 201	11 388	1 303	7 211	20 030
2001	11 435	20 564	2 747	12 888	1 659	8 617	22 048
2002	10 911	29 269	3 437	19 616	1 722	9 679	24 963
2003	10 975	30 874	3 999	19 719	1 707	10 927	29 669
2004	11 844	30 488	5 269	18 729	1 711	12 376	38 150
2005	12 583	36 051	6 435	22 508	2 312	14 093	47 621
2006	10 967	43 765	5 936	26 157	2 143	14 770	46 773
2007	11 718	39 717	5 886	28 036	2 023	15 387	54 118
2008	11 612	46 395	6 253	31 218	2 228	17 057	60 990
2009	12 013	51 183	6 479	35 643	2 294	18 129	68 464
沈阳	774	10 835	164	8 372	915	3 836	21 000
大连	5 527	9 971	3 031	5 461	330	2 715	15 312
鞍山	180	3 537	165	2 891	12	1 606	3 960
抚顺	1 018	4 237	296	1 426	82	977	3 225
本溪	305	1 222	263	1 177	113	285	1 939
丹东	860	1 322	875	1 713	113	356	1 825
锦州	660	2 902	149	1 975	64	1 496	2 716
营口	225	570	39	220	140	228	520
阜新		1 422		1 364		836	2 249
辽阳	754	1 610	263	985	55	534	2 111
盘锦		1 891		1 136		699	2 260
铁岭		1 370		876		569	1 371
朝阳	400	1 409	434	2 188	44	697	1 860
葫芦岛		3 031		1 370		475	1 717

11—8 各地区城市公共交通情况

年份、城市	年末公共汽(电)车运营数(辆)	公共汽车	无轨电车	客运总量(万人次)	出租汽车(辆)
2000	13 136	12 919	217	297 305	75 389
2001	14 363	14 300	63	321 362	75 415
2002	15 601	15 538	63	321 107	79 086
2003	16 224	16 161	63	333 104	83 730
2004	16 969	16 920	49	335 576	84 578
2005	17 548	17 503	45	314 394	81 020
2006	17 907	17 846	61	329 906	78 510
2007	18 748	18 687	61	353 721	79 365
2008	19 490	19 429	61	371 659	80 376
2009	19,457	19,396	61	379,368	86,118
沈阳	5,081	5,081		116,191	20,642
大连	5,212	5,151	61	108,954	12,515
鞍山	1,867	1,867		27,323	9,107
抚顺	1,171	1,171		32,135	4,972
本溪	788	788		21,696	3,823
丹东	711	711		11,012	3,340
锦州	683	683		11,287	4,911
营口	881	881		10,268	4,834
阜新	392	392		5,289	3,044
辽阳	536	536		7,630	3,579
盘锦	395	395		7,880	3,238
铁岭	657	657		6,825	4,742
朝阳	481	481		5,526	3,236
葫芦岛	602	602		7,352	4,135

11—9 各地区城市园林绿化情况

年份、城市	城市园林绿地面积（公顷）	#公园绿地	公园（个）	公园面积（公顷）
2000	61 432	8 977	197	4 751
2001	65 394	10 002	206	5 852
2002	61 519	11 451	212	6 083
2003	65 211	12 654	225	6 946
2004	71 797	14 513	247	7 862
2005	74 583	15 387	259	8 300
2006	63 535	16 426	260	9 814
2007	76 888	18 291	270	10 287
2008	78 841	19 351	283	9 959
2009	84 145	20 501	294	10 263
沈阳	25 994	6 046	60	3 148
大连	12 191	3 148	59	1 303
鞍山	5 597	1 417	11	501
抚顺	4 468	1 103	15	742
本溪	4 772	799	12	366
丹东	1 928	410	6	292
锦州	2 597	874	15	376
营口	3 475	939	13	654
阜新	2 306	673	14	480
辽阳	2 922	647	11	141
盘锦	2 042	485	8	330
铁岭	1 534	431	7	71
朝阳	1 093	460	5	166
葫芦岛	2 723	561	9	334

11—10 各地区城市环境卫生情况

年份、城市	清扫保洁面积（万平方米）	生活垃圾清运量（万吨）	粪便清运量（万吨）	市容环卫专用车辆总数（台）	公共厕所（座）	#三类以上
2000	16 588	838	160	3 009	10 523	
2001	16 574	768	148	2 997	9 211	
2002	17 772	774	152	3 017	10 352	
2003	18 590	791	144	2 920	9 529	
2004	18 931	779	159	2 883	10 077	
2005	19 588	769	148	3 313	9 661	
2006	21 864	756	132	3 381	8 321	753
2007	24 282	771	152	4 058	7 889	851
2008	25 620	797	176	4 134	7 868	1 041
2009	27 546	813	129	4 457	6 948	1 337
沈阳	9 988	190	18	1 434	1 053	422
大连	3 780	79	7	599	605	259
鞍山	2 079	52	2	186	118	118
抚顺	1 228	50	5	173	470	
本溪	517	35	3	149	336	26
丹东	750	26	11	295	260	29
锦州	926	28	4	198	220	56
营口	675	46	8	135	300	25
阜新	480	44	5	122	307	22
辽阳	886	23	11	180	430	35
盘锦	681	16	4	147	134	30
铁岭	736	16	1	70	182	23
朝阳	562	32	6	83	220	57
葫芦岛	679	21	4	48	161	30

主要统计指标解释

统计范围 地级以上城市的统计范围为城市行政区，不含市辖市、市辖县，含所有市辖建制区内的街道办、建制镇、乡；县级市的统计范围为城市规划区，含市政府所在地和规划区范围内的建制镇。规划区外的建制镇不予统计。建制镇按行政区范围统计，即包含所有设居民组建制和村民组建制的地区。县城的统计范围为县政府所在地的建制镇（即城关镇），按居民组建制的地区范围统计。

年底自来水生产能力 指年底城建部门管理的自来水厂和自备水源的社会单位取水、净化、送水、出厂输水干管等环节的实际生产能力。

年底供水管道长度 指从送水泵到用户水表之间所有管道的长度。

全年供水总量 指公用自来水厂和自备水源的社会单位全年的供水总量，包括有效供水量及损失水量。

生活用水量 指居民日常生活与公共福利设施的用水量。包括居民、饮食店、旅馆、医院、理发店、浴池、洗衣店、游泳池、商店、学校、机关、部队等单位的用水量。

城市人口用水普及率 指城市用水的非农业人口数（不包括临时人口和流动人口）与城市非农业人口总数之比。计算公式：

$$用水普及率=\frac{城市用水的非农业人口数}{城市非农业人口数}\times 100\%$$

人工煤气生产能力 指城市煤气厂制气、净化、输送等环节的综合实际生产能力。

全年供气总量 指全年售给各类用户的全部煤气量。包括工业用量、家庭用量和其他用量。

城市用气普及率 指使用煤气（包括人工煤气、液化石油气、天然气）的城市非农业人口数（不包括临时人口和流动人口）与城市非农业人口总数之比。计算公式：

$$城市煤气普及率=\frac{城市用气的非农业人口数}{城市非农业人口总数}\times 100\%$$

城市供热能力 指热电厂、热力公司和达到标准的集中采暖锅炉房向城市输送的供热源的设计能力。每小时向城市输送的蒸汽、热水能力。

城市供热总量 指热电厂、热力公司和达到标准的集中采暖锅炉房全年向城市输送的全部蒸汽、热水量。

城市供热管道长度 指热电厂、热力公司 和达到标准的集中采暖锅炉房管理的集中供热热源到用户之间的全部供气、供热水的管道长度。

年底实有铺装道路长度 指除土路外，路面经过铺装宽度在3.5米以上的道路，包括高级、次高级道路和普通道路。

城市桥梁 指城市范围内，修建在河道上的桥梁和道路与道路立交、道路跨越铁路的立交桥，以及人行天桥，包括永久性桥和半永久性桥，不包括临时性桥、铁路桥、涵洞。

城市下水道总长度 指所有排水总管、干管、支管及暗渠、检查井、连接井进出口等长度之和。

城市污水日处理能力 指污水处理厂每昼夜处理污水量的设计能力。

年末实有公共汽（电）车 指年底可参加营运的全部车辆数，包括年底营运车辆数和库存查封未参加营运的车辆，不包括非营运车辆，如架线车、油罐车、工程车、货车及其他专用车辆和借人的客运车辆。

营运线路长度 指设置的固定营运线路长度，包括郊区营运线路长度。不包括临时行驶的线路长度。

城市园林绿地面积 指城市公共绿地、专用绿地、生产绿地、防护绿地、郊区风景名胜区的全部面积。

公共绿地 指供游览休息的各种公园、动物园、植物园、陵园以及花园、游园和供游览休息用的林荫道绿地、广场绿地。不包括一般栽植的行道树及林荫道的面积。

第十二篇

环境保护

12

HUANJING
BAOHU

12—1 环境保护基本情况

指　　标	单　位	2005年	2006年	2007年	2008年	2009年
废水排放总量	万吨	218 704.63	212 952.93	220 996.73	212 021.33	217 154.68
#工业废水排放量	万吨	105 071.63	94 724.21	95 196.71	83 072.94	75 158.59
生活污水排放量	万吨	113 633.00	118 228.72	125 800.02	128 948.39	141 996.09
工业废水排放达标量	万吨	99 917.27	88 004.41	95 197	73 430.36	64 592.96
工业废水排放达标率	%	95.09	92.91	92.41	88.39	85.94
工业废气排放量	万标立方米	209 032 537	271 950 422	239 459 177	402 189 043	252 111 855
#燃料燃烧	万标立方米	106 400 800	100 339 014	103 625 800	298 340 941	112 835 173
生产工艺	万标立方米	102 631 737	171 611 408	135 833 377	103 848 102	139 276 682
二氧化硫排放量	万吨	119.75	125.91	123.38	113.07	105.14
#工　业	万吨	96.15	103.69	106.72	100.08	91.88
生　活	万吨	23.60	22.21	16.67	12.99	13.26
烟尘排放量	万吨	74.56	71.45	71.64	69.20	61.27
#工　业	万吨	51.73	45.64	48.72	46.90	40.15
生　活	万吨	22.83	25.81	22.92	22.30	21.12
工业粉尘排放量	万吨	45.26	42.05	41.26	26.70	22.69
工业二氧化硫去除量	万吨	72.40	90.37	86.68	89.14	102.25
工业烟尘去除量	万吨	1 125.04	1 209.37	1 251.51	1 520.36	1 865.50
工业粉尘去除量	万吨	432.89	470.88	423.87	675.33	636.48
工业固体废物产生量	万吨	10 241.83	13 012.62	14 341.81	15 841.42	17 221.41
#危险废物	万吨	52.56	44.50	61.96	91.24	90.98
工业固体废物综合利用量	万吨	4 267.76	4 958.01	5 710.82	7 581.81	8 240.68
工业固体废物综合利用率	%	41.61	38.10	39.01	46.83	47.19
工业固体废物排放量	万吨	9.39	24.69	4.48	1.16	2.75
"三废"综合利用产品产值	万元	256 174.2	305 735.70	517 482.6	423 803	443 699
污染治理项目本年完成投资额	万元	369 499	520 470	237 002	201 645	195 027

12—2 各地区废水排放及处理情况

(2009 年)

地区	汇总工业企业数（个）	废水治理设施数（套）	工业废水排放总量（万吨）	工业废水排放达标量（万吨）	生活污水排放量（万吨）
全省	**4 949**	**1 798**	**75 159**	**64 593**	**141 996**
沈阳	1 530	356	6 259	5 722	43 828
大连	475	299	27 820	26 503	23 486
鞍山	274	141	5 034	4 784	9 138
抚顺	442	106	3 846	3 321	10 505
本溪	204	90	5 654	4 432	5 328
丹东	296	153	5 196	2 867	4 345
锦州	225	104	3 580	3 215	7 134
营口	335	57	3 350	3 343	7 579
阜新	240	100	628	379	3 011
辽阳	93	64	3 600	2 584	7 179
盘锦	207	34	1 751	1 494	5 457
铁岭	229	92	1 665	1 357	5 777
朝阳	272	78	4 620	2 977	4 378
葫芦岛	127	124	2 155	1 615	4 852

12—3 各地区工业废气

(2009

地区	废气治理设施数（套）	工业废气排放总量（万标立方米）	燃料燃烧过程中废气排放量	生产工艺过程中废气排放量	工业二氧化硫排放量（吨）
全省	**10 067**	**252 111 855**	**112 835 173**	**139 276 682**	**918 837**
沈阳	2 140	13 145 915	11 437 355	1 708 560	82 362
大连	970	22 463 538	12 857 929	9 605 609	83 765
鞍山	2 227	45 251 280	15 448 982	29 802 298	91 613
抚顺	820	18 427 930	10 897 768	7 530 162	73 639
本溪	631	33 285 388	8 372 781	24 912 607	95 600
丹东	353	4 050 445	2 485 066	1 565 379	32 878
锦州	445	10 023 527	8 329 711	1 693 816	76 543
营口	817	44 393 106	10 859 449	33 533 657	92 007
阜新	206	21 600 196	8 531 458	13 068 738	50 813
辽阳	328	4 705 942	3 040 593	1 665 349	31 191
盘锦	234	3 227 217	2 659 309	567 908	17 443
铁岭	334	7 914 225	6 583 849	1 330 376	65 750
朝阳	310	13 064 436	5 473 864	7 590 572	59 982
葫芦岛	252	10 558 710	5 857 059	4 701 651	65 252

排 放 及 处 理 情 况

年）

工业二氧化硫去除量（吨）	工业烟尘排放量（吨）	工业烟尘去除量（吨）	工业粉尘排放量（吨）	工业粉尘去除量（吨）
1 022 465	**401 467**	**18 655 020**	**226 904**	**6 364 849**
44 132	52 941	1 644 314	4 847	5 469
248 088	23 220	3 026 825	3 832	199 431
26 896	40 975	2 160 738	29 879	2 182 245
27 934	27 895	1 780 316	21 115	595 520
41 278	25 162	1 525 276	38 066	1 559 494
4 449	15 928	463 117	11 884	15 009
23 815	47 977	1 976 446	11 392	52 030
29 396	51 074	1 060 697	38 995	1 097 516
59 274	26 680	1 491 301	1 905	84 607
18 656	23 282	169 704	4 799	117 787
12 710	5 328	106 484	743	2 793
21 304	20 839	1 506 409	19 928	94 660
18 228	32 128	634 899	33 455	329 223
446 304	8 038	1 108 495	6 066	29 064

12—4 各地区工业固体废物产生及处理利用情况

(2009年)

地区	工业固体废物产生量(万吨)	#危险废物	工业固体废物综合利用量(万吨)	工业固体废物贮存量(万吨)	工业固体废物处置量(万吨)	工业固体废物排放量(万吨)	"三废"综合利用产品产值(万元)
全省	**17 221**	**91.0**	**8 241**	**1 981**	**7 261**	**3**	**443 699**
沈阳	645	9.7	606	20	20		20 004
大连	377	5.6	357		19	1	31 868
鞍山	4 927	0.9	884	297	3 746		143 833
抚顺	3 605	7.8	2 179	863	564		96 295
本溪	2 584	0.2	949	250	1 400		5 745
丹东	288	32.0	149	27	119		4 465
锦州	366	23.1	178		188		12 018
营口	489	0.5	474	14			24 061
阜新	553		639	95			17 784
辽阳	966	1.3	924	37	6		17 348
盘锦	100	2.5	94		6		2 575
铁岭	799		261	294	294		6 663
朝阳	1 223	3.6	329	55	844		5 818
葫芦岛	301	3.8	215	29	58	2	55 224

12—5 环境污染治理投资

单位:万元

指标	2005年	2006年	2007年	2008年	2009年
城市环境基础设施建设投资	1 031 429	1 176 094	789 406	1 155 044	1 620 537
#燃气	37 292	68 220	54 670	51 139	28 763
集中供热	299 041	394 297	165 051	291 393	95 676
排水	154 939	108 161	228 437	177 170	93 184
园林绿化	220 361	237 144	321 929	399 474	182 835
市容环境卫生	18 493	34 463	19 319	235 868	208 174
工业污染源治理投资	369 499	520 470	237 002	201 645	195 027

12—6 工业污染治理投资完成情况

年份、地区	污染治理项目本年完成投资（万元）	治理废水	治理废气	治理固体废物	治理噪声	治理其他	本年竣工项目数（个）
2000	120 195	61 765	42 489	8 857	372	6 711	662
2001	114 664	46 077	58 467	6 707	68	3 345	346
2002	102 427	42 208	18 951	10 504	201	30 562	319
2003	154 298	45 716	29 450	6 141	103	72 888	274
2004	226 576	36 905	52 987	798	138	135 748	235
2005	369 499	31 277	88 477	4 166	763	244 816	277
2006	520 470	79 661	78 076	3 026	675	359 033	289
2007	237 002	72 093	110 239	11 201	969	42 501	230
2008	201 645	81 907	283 552	3 834	812	23 643	185
2009	195 027	35 281	157 282	1 519	99	845	129
沈阳	5 283	1 998	3 163		2	120	16
大连	14 518	3 401	10 913			204	23
鞍山	19 051	3 931	14 950			170	11
抚顺	24 735	1 496	23 239				11
本溪	826	177	375	160	97	18	11
丹东	15 035	35	15 000				2
锦州	19 354	14 658	4 564	132			5
营口	32 582	2 771	29 811				18
阜新	3 497	400	2 237	860			6
辽阳	4 000	0	4 000				1
盘锦	1 565	90	1 165	18		293	9
铁岭	6 860	160	6 700				2
朝阳	1 277	1 277	0				3
葫芦岛	46 444	4 888	41 166	350		40	11

主要统计指标解释

工业废水排放量 指经过企业厂区所有排放口排到企业外部的工业废水量。包括生产废水、外排的直接冷却水、超标排放的矿井地下水和与工业废水混排的厂区生活污水，不包括外排的间接冷却水（清污不分流的间接冷却水应计算在内）。

工业废水排放达标量 指报告期内废水中各项污染物指标都达到国家或地方排放标准的外排工业废水量，包括未经处理外排达标的，经废水处理设施处理后达标排放的，以及经污水处理厂处理后达标排放的。

工业废水排放达标率 指工业废水排放达标量占工业废水排放量的百分率，计算公式为：

工业废水排放达标率 = 工业废水排放达标量/工业废水排放量 × 100%

城镇生活污水排放量 指城镇居民每年排放的生活污水。用人均系数法测算。测算公式为：

城镇生活污水排放量 = 城镇生活污水排放系数 × 市镇非农业人口 × 365

城镇生活污水中化学需氧量（COD）产生量 指城镇居民每年排放的生活污水中的 COD 的产生量。用人均系数法测算。测算公式为：

城镇生活污水中 COD 产生量 = 城镇生活污水中 COD 产生系数 × 市镇非农业人口 × 365

化学需氧量（COD） 测量有机和无机物质化学所消耗氧的质量浓度的水污染指数。

工业废气排放量 指报告期内企业厂区内燃料燃烧和生产工艺过程中产生的各种排入大气的含有污染物的气体的总量，以标准状态（273K，101325Pa）计算。测算公式为：

工业废气排放量 = 燃料燃烧过程中废气排放量 + 生产工艺过程中废气排放量

生活及其他 SO_2 排放量 以生活及其他煤炭消费量和其含硫量为基础，根据以下公式计算：

生活及其他 SO_2 排放量 = 生活及其他煤炭消费量 × 含硫量 × 0.8 × 2

工业 SO_2 排放量 指报告期内企业在燃料燃烧和生产工艺过程中排入大气的 SO_2 总量，计算公式为：

工业 SO_2 排放量 = 燃料燃烧过程中 SO_2 排放量 + 生产工艺过程中 SO_2 排放量

工业烟尘排放量 指企业厂区内燃料燃烧过程中产生的烟气中夹带的颗粒物排放量。

生活及其他烟尘排放量 指除工业生产活动以外的所有社会、经济活动及公共设施的经营活动中燃烧所排放的烟尘纯重量。以生活及其他煤炭消费量为基础进行测算。

工业粉尘排放量 指企业在生产工艺过程中排放的能在空气中悬浮一定时间的固体颗粒物排放量。如钢铁企业的耐火材料粉尘、焦化企业的筛焦系统粉尘、烧结机的粉尘、石灰窑的粉尘、建材企业的水泥粉尘等。不包括电厂排入大气的烟尘。

工业固体废物产生量 指报告期内企业在生产过程中产生的固体状、半固体状和高浓度液体状废弃物的总量，包括危险废物、冶炼废渣、粉煤灰、炉渣、煤矸石、尾矿、放射性废物和其他废物等；不包括矿山开采的剥离废石和掘进废石（煤矸石和呈酸性或碱性的废石除外）。酸性或碱性废石指采掘的废石其流经水、雨淋水的 pH 值小于 4 或 pH 值大于 10.5 者。

危险废物 指列入国家危险废物名录或根据国家规定的危险废物鉴别标准和鉴别方法认定的，具有爆炸性、易燃性、易氧化性、毒性、腐蚀性、易传染疾病等危险特性之一的废物。

工业固体废物综合利用量 指报告期内企业通过回收、加工、循环、交换等方式，从固体废物中提取或者使其转化为可以利用的资源、能源和其他原材料的固体废物量（包括当年利用往年的工业固体废物贮存量），如用作农业肥料、生产建筑材料、筑路等。综合利用量由原产生固体废物的单位统计。

工业固体废物综合利用率 指工业固体废物综合利用量占工业固体废物产生量（包括综合利用往年贮存量）的百分率。计算公式为：

工业固体废物综合利用率 = 工业固体废物综合利用量/（工业固体废物产生量 + 综合利用往年贮存量）× 100%

工业固体废物贮存量 指报告期内企业以综合利用或处置为目的，将固体废物暂时贮存或堆存在专设的贮存设施或专设的集中堆存场所内的数量。专设的固体废物贮存场所或贮存设施必须有防扩散、防流失、防渗漏、防止污染大气、水体的措施。

工业固体废物处置量 指报告期内企业将固体废物焚烧或者最终置于符合环境保护规定要求的场所，并不再回取的工业固体废物量（包括当年处置往年的工业固体废物贮存量）。处置方式有填埋（其中危险废物应安全填埋）、焚烧、专业贮存场（库）封场处理、深层灌注、回填矿井及海洋处置（经海洋管理部门同意投海处置）等。

工业固体废物排放量 指报告期内企业将所产生的固体废物排到固体废物污染防治设施、场所以外的数量，不包括矿山开采的剥离废石和掘进废石（煤矸石和呈酸性或碱性的废石除外）。

“三废”综合利用产品产值 指报告期内利用“三废”作为主要原料生产的产品价值（现行价）；已经销售或准备销售的应计算产品价值，留作生产自用的不应计算产品价值。

第十三篇

农业

13

NONGYE

13—1 农村基层组织和农业基本情况

指　　标	单　位	2005年	2006年	2007年	2008年	2009年
乡 镇 数	个	993	976	945	944	940
#镇 数	个	611	598	575	574	576
村民委员会	个	11 920	11 902	11 896	11 822	11 770
乡村户数	万 户	695.6	689.2	701.1	703.8	710.7
乡村从业人员	万 人	1 113.5	1 132.9	1 153.6	1 164.7	1 180.5
按行业分的乡村从业人员						
农林牧渔业	万 人	686.4	680.9	669.1	662.3	661.4
工 业	万 人	106.1	112.9	121.8	124.0	129.7
建 筑 业	万 人	77.1	81.9	89.8	91.6	94.9
交通运输业、仓储及邮电通信业	万 人	44.5	43.7	45.9	47.2	48.7
批发零售贸易业、餐饮业	万 人	70.0	71.3	74.4	78.8	83.4
其他非农行业	万 人	129.4	142.2	152.5	160.7	162.4
年末常用耕地面积	千公顷	3 655.2	4 085.1	4 085.2	4 085.3	
水 田	千公顷	581.7	646.9		643.1	
旱 田	千公顷	3 073.5	3 438.2		3 442.1	
年内减少耕地面积	千公顷	33.1			5	
#国家基建占地	千公顷	4.0				
退耕还林还草占地	千公顷	8.7				
耕地改为园地	千公顷	2.8				
农业机械总动力	万千瓦	1 922.7	1 995.3	2 087.4	2 192.9	2 299.4
农用大中型拖拉机	台	42 777	45 035	67 556	117 651	135 725
农用大中型拖拉机	万千瓦	158.55	176.60	219.06	306.59	354.00
小型拖拉机	台	235 585	244 337	240 121	236 861	244 596
小型拖拉机	万千瓦	267.78	275.14	272.60	253.00	258.00

13—1 续表

指　　标	单　位	2005年	2006年	2007年	2008年	2009年
大中型拖拉机配套农具	部	56 923	60 879	76 588	155 061	170 234
小型拖拉机配套农具	部	281 395	311 894	334 337	323 030	355 201
渔用机动船	艘	37 590	43 912	47 312	47 264	44 302
渔用机动船	万千瓦	121.7	131.9	145.7	154.0	156.5
灌溉面积	千公顷	1 715.4	1 732.9	1 722.3	1 693.3	1 707.6
化肥施用量(折纯)	万吨	119.9	121.1	127.5	128.8	133.6
乡村办水电站个数	个	146	152	153	162	165
装机容量	千瓦	384 200	358 000	385 300	379 000	391 333
农村售电量	亿千瓦小时	153.3	219.0	265.4	270.8	283.9
农作物总播种面积	千公顷	3 801	3 627.2	3 703.9	3 946.4	4 064.7
粮　　食	千公顷	3 179.7	3 089.7	3 127.2	3 035.9	3 124.1
谷　　物	千公顷	2 871.8	2 836.4	2 879.4	2 739.2	2 848.6
#稻　　谷	千公顷	538.1	624.9	660.6	658.7	656.7
小　　麦	千公顷	21.4	8.0	12.4	10.3	8.8
玉　　米	千公顷	2 076.7	1 983.1	1 998.6	1 884.9	1 964.1
豆　　类	千公顷	214.8	149.9	151.5	203.9	183.6
薯　　类	千公顷	93.2	103.5	96.3	92.8	91.9
油　　料	千公顷	164.3	106.6	106.8	282.4	277.3
棉　　花	千公顷	2.3	1.5	1.1	1.4	0.9
糖　　料	千公顷	1.8	0.8	0.7	2.0	1.8
烟　　叶	千公顷	16.1	8.3	8.0	11.5	12.5
蔬　　菜	千公顷	353.1	354.0	376.0	388.7	402.7
果园面积	千公顷	317.0	313.6	330.8	323.6	349.7

13—2 主要农牧渔业生产情况

指标	单位	2005年	2006年	2007年	2008年	2009年
农产品产量						
粮食	万吨	1 745.8	1 797.0	1 835.0	1 860.3	1 591.0
谷物	万吨	1 877	1 708.7	1 748.1	1 760	1 517.2
#稻谷	万吨	414.5	426.6	505.0	505.6	506.0
小麦	万吨	8.9	3.1	5.3	4.9	4.5
玉米	万吨	1 340.3	1 211.5	1 167.8	1 189	963.1
豆类	万吨	49.3	40.1	36.2	52.9	32.1
薯类	万吨	50.0	48.2	50.8	47.5	41.7
油料	吨	368 411	257 100	263 800	835 027	553 499
#花生	吨	330 103	245 000	250 000	800 740	534 697
油菜籽	吨	1 071	1 000	1 100	1 188	798
芝麻	吨	6 036	2 036	2 159	2 997	815
棉花	吨	2 685	2 000	2 100	2 401	956
麻类	吨	114	12	9	21	9
甜菜	吨	62 379	30 000	50 300	74 952	61 941
烟叶	吨	34 234	26 900	29 100	32 255	31 531
#烤烟	吨	31 742	24 200	23 300	29 655	29 155
柞蚕茧	吨	43 200	44 075	48 025	53 516	50 142
水果	万吨	329.3	343.7	396.1	422.5	477.2
农产品单位面积产量						
谷物	公斤/公顷	6 536	6 024.2	6 071.1	6 425.2	5 326.1
棉花	公斤/公顷	1 167	1 333.3	1 909.1	1 696	1 098.9
花生	公斤/公顷	2 347	2 549.4	2 532.9	3 041	2 052.0
油菜籽	公斤/公顷	1 471	2 000	3 666.7	1 977	1 995
芝麻	公斤/公顷	1 161	783.1	1 079.5	1 281	465.7
甜菜	公斤/公顷	41 865	37 500	71 857.1	37 608	34 033.5
烤烟	公斤/公顷	2 109	3 226.7	3 191.8	2 778	2 559.7
大牲畜年末头数	万头	495.9	427.1	475.9	524.1	515.6
#牛	万头	344.7	281.5	332.2	356.4	354.0
马	万头	28.2	26.7	25.9	27.7	26.5
驴	万头	98.9	95.9	96.2	116.2	113.9
骡	万头	24.1	23.0	21.6	23.7	21.2
肉猪出栏头数	万头	2 063.2	2 245.4	2 265.8	2 435.5	2 597.0
猪年底头数	万头	1 642.4	1 416.1	1 429.4	1 548.5	1 606.2
羊年底只数	万只	830.2	673.9	675.9	733.4	717.0
山羊	万只	426.3	410.9	412.6	428.0	447.8
绵羊	万只	404	263.0	263.3	305.4	269.2
肉类产量	万吨	346.1	329.7	348.0	376.0	389.2
#猪牛羊肉	万吨	238.8	231.0	236.2	252.4	266.8
猪肉	万吨	184.7	189.3	191.0	204.2	218.8
牛肉	万吨	42.2	35.3	38.2	40.5	40.2
羊肉	万吨	11.9	6.4	7.0	7.8	7.8
奶类	万吨	78.8	95.8	108.5	120.1	115.6
#牛奶	万吨	74.9	91.7	104.8	114.1	110.0
绵羊毛	吨	10 412	8 580	8 888	11 468	10 136
山羊毛	吨	1 680	1 877	2 156	2 401	2 736
羊绒	吨	1 053	1 182	1 330	1 372	1 216
禽蛋	万吨	224.0	195.2	204.1	230.0	263.1
水产品总产量	万吨	425.3	351.3	361.3	494.9	534.7
海水产品	万吨	364.2	296.0	302.1	411.6	437.9
淡水产品	万吨	61.1	55.3	59.2	83.3	96.8

注:1. 粮食作物产量为抽样调查定产数,其它品种产量为全面调查报表数。

2. 2006 年、2007 水产品产量为农业普查衔接数据,下同。

3. 全省畜牧业数据为国家核定数据,下同。

13—3 农村基层组织情况

年份、地区	乡镇数（个）	#镇数	村民委员会（个）	乡村户数（万户）	乡村人口数（万人）	乡村从业人员（万人）
1978	1 141		15 248	505.5	2 274.1	663.4
1980	1 145		16 584	538.1	2 295.8	712.3
1985	1 212	369	16 427	564.2	2 290.2	858.4
1987	1 220	416	15 672	558.9	2 204.2	867.4
1988	1 223	427	15 709	572.9	2 217.7	865.2
1989	1 222	436	16 472	611.3	2 321.6	866.5
1990	1 216	436	16 498	631.4	2 337.5	869.4
1991	1 208	453	16 512	641.4	2 345.5	888.1
1992	1 221	466	16 535	645.0	2 342.9	891.3
1993	1 265	483	16 529	646.9	2 320.0	892.9
1994	1 225	505	16 509	651.6	2 311.7	894.2
1995	1 235	538	16 483	655.5	2 311.1	903.0
1996	1 217	580	16 444	656.1	2 302.9	907.5
1997	1 198	592	16 372	660.4	2 298.8	921.4
1998	1 217	634	16 310	663.8	2 289.9	933.2
1999	1 156	652	16 287	674.6	2 315.5	938.8
2000	1 134	639	16 192	680.1	2 311.5	966.0
2001	1 143	658	16 033	685.3	2 318.6	977.5
2002	1 033	622	15 950	685.9	2 314.5	993.5
2003	1 011	617	13 720	692.1	2 325.6	1 016.3
2004	1 007	620	12 024	696.2	2 338.9	1 083.8
2005	993	611	11 920	695.6	2 331.4	1 113.5
2006	976	598	11 902	689.2	2 289.3	1 132.9
2007	945	575	11 896	701.1	2 323.5	1 153.6
2008	944	574	11 822	703.8	2 320.4	1 164.7
2009	940	576	11 770	710.7	2 327.6	1 180.5
沈阳	102	50	1 575	87.9	281.5	139.8
大连	66	46	917	93.9	284.5	140.1
鞍山	71	64	834	53.9	184.5	93.1
抚顺	47	24	614	26.7	85.8	50.3
本溪	28	21	292	15.3	53.0	27.8
丹东	63	58	672	43.6	145.5	78.2
锦州	79	47	1 125	60.5	199.9	101.1
营口	41	38	644	43.9	140.5	73.1
阜新	65	34	625	34.1	118.2	65.7
辽阳	36	29	535	33.8	107.6	53.5
盘锦	29	24	327	21.0	66.5	36.7
铁岭	90	51	1 176	62.2	209.5	90.1
朝阳	131	57	1 357	75.8	255.6	137.5
葫芦岛	92	33	1 077	58.1	194.9	93.6

13—4 乡村从业人员

（年末数） 单位:万人

年份、地区	农林牧渔业	工　业	建筑业	交通运输业、仓储及邮电通信业	批发零售贸易业、餐饮业	其他非农行业
1978	581.1	61.0				21.3
1980	582.6	89.5				40.2
1985	614.0	104.7	34.8	59.9		45.0
1986	619.3	112.9	41.3	44.1		49.0
1987	609.5	109.8	39.7	20.7	22.5	65.2
1988	603.8	109.3	41.0	21.2	24.2	59.7
1989	618.9	103.2	37.8	20.4	23.2	63.0
1990	631.2	99.1	34.6	20.0	23.1	61.4
1991	650.6	97.0	33.5	20.2	24.8	62.1
1992	637.0	100.0	36.0	22.3	29.2	67.1
1993	621.2	94.4	43.6	25.6	31.5	76.4
1994	611.3	91.8	47.6	30.3	37.6	75.5
1995	617.5	89.1	48.9	31.7	39.7	76.1
1996	629.4	89.7	51.9	32.3	40.7	63.5
1997	624.3	83.9	49.5	33.1	42.7	87.9
1998	633.3	78.1	49.2	33.4	43.8	95.3
1999	643.2	76.8	51.3	35.7	47.3	84.5
2000	651.2	77.6	56.3	37.5	49.8	93.7
2001	649.0	77.2	57.9	37.5	50.7	105.3
2002	659.2	80.5	60.2	38.2	51.5	103.9
2003	667.3	85.8	65.7	39.8	55.0	102.7
2004	685.8	94.9	71.1	43.2	68.9	119.9
2005	686.4	106.1	77.1	44.5	70.0	129.4
2006	680.9	112.9	81.9	43.6	71.3	142.2
2007	669.1	121.8	89.8	45.9	74.4	152.5
2008	662.3	124.0	91.6	47.2	78.8	160.7
2009	661.0	130.0	94.9	48.7	83.4	162.4
沈阳	78.0	16.2	9.2	6.1	13.7	16.6
大连	64.8	22.8	12.7	6.3	8.7	24.7
鞍山	48.1	15.3	7.4	5.5	8.6	8.2
抚顺	31.0	4.6	2.8	2.0	3.1	6.9
本溪	14.0	3.6	2.2	1.4	2.3	4.2
丹东	45.5	9.6	5.1	3.1	5.5	9.3
锦州	65.9	6.6	8.3	4.2	6.4	9.6
营口	34.8	12.8	5.7	4.2	6.9	8.7
阜新	37.5	4.4	3.8	1.8	3.4	14.9
辽阳	30.1	9.0	3.1	2.8	3.7	4.8
盘锦	23.1	3.7	1.4	1.6	3.3	3.6
铁岭	54.9	5.7	8.7	2.4	5.0	13.3
朝阳	76.4	10.0	16.3	3.8	6.9	24.0
葫芦岛	56.9	5.6	8.3	3.4	5.8	13.5

注:1. 本表分行业劳动力是按从事的主行业划分的,如以农业为主、兼营商业的,仍作为农林牧渔业劳动力。

2. 工业劳动力中包括村及村以下办的工业劳动力。

13—5 农林牧渔业总产值

单位:亿元

年份	农林牧渔业总产值	农业	林业	牧业	渔业	农林牧渔服务业
1978	49.2	38.9	1.1	7.1	2.1	
1979	59.9	45.8	1.4	10.6	2.1	
1980	73.5	55.6	2.5	13.2	2.2	
1985	118.1	74.6	4.2	31.3	8.0	
1986	142.0	95.0	4.2	32.3	10.5	
1987	169.2	108.3	4.9	39.6	16.4	
1988	227.4	131.8	5.0	67.7	22.9	
1989	222.8	125.4	4.8	69.8	22.8	
1990	273.8	163.5	6.6	75.5	28.2	
1991	295.9	175.3	6.9	80.6	33.1	
1992	330.1	193.8	7.5	88.6	40.2	
1993	425.7	245.7	9.4	117.4	53.3	
1994	546.8	294.2	11.0	171.9	69.7	
1995	691.8	382.7	12.9	206.0	90.2	
1996	804.7	449.5	13.9	224.7	116.6	
1997	834.7	433.8	15.1	247.1	138.6	
1998	969.8	534.7	17.4	269.6	148.1	
1999	977.1	510.9	18.5	282.4	165.2	
2000	967.4	463.5	19.7	304.2	180.0	
2001	1 045.7	503.1	21.8	332.3	188.5	
2002	1 132.5	540.1	27.9	361.3	203.2	
2003	1 215.0	497.3	38.4	422.0	224.0	33.3
2004	1 510.5	611.3	40.7	548.3	272.2	38.0
2005	1 671.6	640.1	44.5	636.5	306.7	43.8
2006	1 738.1	713.0	52.3	615.3	292.6	64.9
2007	2 128.0	837.5	60.3	830.8	326.1	73.3
2008	2 476.9	896.9	69.4	1 052.4	374.5	83.7
2009	2 704.6	913.5	70.0	1 171.4	441.9	107.8

注:1. 本表按当年价格计算。
2. 2003 年以后数据按新的国民经济行业分类标准和新的产值计算方法计算。
3. 2006—2007 年农林牧渔业总产值为与农业普查衔接后国家核定数据。

13—6 农林牧渔业总产值指数

（1952 年 = 100）　　　　单位：%

年份	农林牧渔业总产值	农业	林业	牧业	渔业
1952	100.0	100.0	100.0	100.0	100.0
1978	200.0	197.4	489.6	189.7	298.3
1979	206.7	204.0	536.2	199.3	283.2
1980	222.2	206.9	564.9	209.1	279.9
1985	270.0	223.4	734.9	465.3	463.3
1986	288.6	250.0	659.1	444.2	524.0
1987	303.6	263.0	700.2	441.5	664.2
1988	337.0	274.8	627.6	591.3	748.9
1989	322.6	249.9	613.2	606.5	837.7
1990	371.9	309.4	738.0	603.3	885.4
1991	388.5	319.7	737.8	636.8	947.0
1992	419.7	340.3	795.3	699.0	1 044.3
1993	474.4	386.3	866.4	827.1	1 091.3
1994	473.8	335.1	939.8	1 008.3	1 126.1
1995	530.7	373.1	1 001.3	1 111.7	1 327.5
1996	612.3	453.8	1 065.4	1 166.2	1 595.9
1997	629.7	426.7	1 137.1	1 282.3	1 802.0
1998	730.9	529.5	1 263.6	1 407.3	1 979.1
1999	755.4	512.8	1 319.5	1 514.1	2 212.7
2000	749.2	470.2	1 349.4	1 603.6	2 302.3
2001	799.0	510.1	1 474.7	1 710.3	2 373.3
2002	865.1	547.2	1 856.1	1 861.5	2 547.0
2003	926.3	570.2	2 120.4	2 028.8	2 726.9
2004	999.5	607.2	2 250.0	2 225.9	2 933.0
2005	1 074.5	630.3	2 493.0	2 473.0	3 164.7
2006	1 149.7	653.0	2 744.8	2 683.2	3 436.9
2007	1 195.7	682.4	2 882.0	2 777.1	3 591.6
2008	1 273.6	708.8	3 041.1	2 999.6	3 931.8
2009	1 315.6	691.1	3 238.8	3 167.6	4 277.8

注：本表按不变价格计算，2007 年以后农林牧渔业产值指数为调整后的口径。

13—7 农林牧渔业总产值指数

（上年＝100）

单位：%

年 份	农林牧渔业总产值	农 业	林 业	牧 业	渔 业	农林牧渔服务业
1978	106.4	110.1	84.3	94.0	103.5	
1979	103.4	103.3	109.5	105.0	94.9	
1980	101.9	101.4	105.4	104.9	98.8	
1985	90.8	80.3	92.2	124.8	118.0	
1986	106.9	111.9	89.7	95.5	113.1	
1987	105.2	105.2	106.2	99.4	126.7	
1988	111.0	104.5	89.6	133.9	112.7	
1989	95.7	90.9	97.7	102.6	111.9	
1990	115.3	123.8	120.4	99.5	105.7	
1991	104.5	103.3	100.0	105.6	106.9	
1992	108.0	106.4	107.8	109.8	110.3	
1993	113.0	113.5	108.9	118.3	104.5	
1994	99.9	86.7	108.5	121.9	103.2	
1995	112.0	111.3	106.5	110.3	117.9	
1996	115.4	121.6	106.4	104.9	120.2	
1997	102.8	94.0	106.7	110.0	112.9	
1998	116.1	124.1	111.1	109.7	109.8	
1999	103.3	96.9	104.4	107.6	111.8	
2000	99.2	91.7	102.3	105.9	104.0	
2001	106.6	108.5	109.3	106.7	103.1	
2002	108.3	107.3	125.9	108.8	107.3	
2003	107.1	104.2	114.2	109.0	107.1	110.8
2004	107.9	106.5	106.1	109.7	107.6	110.3
2005	107.5	103.8	110.8	111.1	107.9	109.2
2006	107.0	103.6	110.1	108.5	108.6	119.7
2007	104.0	104.5	105.0	103.5	104.5	104.0
2008	106.5	103.9	105.5	108.0	109.5	107.6
2009	103.3	97.5	106.5	105.6	108.8	103.2

13—8 各地区农林牧渔业总产值及指数

（2009 年）

地　　区	农林牧渔业总产值	农　业	林　业	牧　业	渔　业
一、绝对数（万元）					
全　　省	**27 045 841**	**9 134 817**	**699 783**	**11 714 104**	**4 418 926**
沈　　阳	3 954 615	1 463 149	74 073	2 080 456	174 588
大　　连	5 705 809	1 504 624	48 097	1 615 392	2 070 429
鞍　　山	1 524 524	635 070	11 097	815 789	44 268
抚　　顺	915 906	343 079	110 848	334 729	117 061
本　　溪	726 930	238 660	161 075	263 015	53 294
丹　　东	1 450 920	480 053	90 016	390 817	442 821
锦　　州	2 558 041	961 384	15 526	1 267 304	284 169
营　　口	1 164 984	404 624	20 356	375 963	350 988
阜　　新	1 344 250	537 837	111 912	661 184	5 317
辽　　阳	800 650	312 012	11 593	373 138	90 815
盘　　锦	1 271 596	580 038	5 198	235 231	425 105
铁　　岭	2 729 146	1 067 290	98 784	1 525 673	26 016
朝　　阳	2 083 684	836 423	183 326	1 023 743	2 653
葫 芦 岛	1 171 238	369 999	20 454	498 120	243 535
二、指数（以上年为 100）					
全　　省	**103.3**	**97.5**	**106.5**	**105.6**	**108.8**
沈　　阳	107.4	104.5	112.7	109.1	104.5
大　　连	108.9	111.3	106.1	106.4	110.5
鞍　　山	107.9	107.6	132.5	107.3	116.2
抚　　顺	107.7	107.3	108.8	109.0	104.9
本　　溪	109.3	104.1	117.5	110.6	104.9
丹　　东	111.0	102.7	115.3	120.3	111.4
锦　　州	107.7	101.8	124.1	111.8	109.9
营　　口	109.2	103.0	164.9	114.3	108.2
阜　　新	106.9	81.4	211.8	124.1	0.0
辽　　阳	111.3	109.0	84.2	113.7	112.3
盘　　锦	108.9	103.9	112.0	124.7	108.6
铁　　岭	107.5	91.4	118.1	120.9	123.1
朝　　阳	103.8	77.6	173.6	127.6	112.7
葫 芦 岛	96.6	83.4	115.2	105.5	100.1

注：绝对数按当年价格计算。指数按可比价计算。

13—9 农林牧渔业增加值

（2009 年） 单位:万元

指标	农林牧渔业合计	农业	林业	牧业	渔业	农林牧渔服务业
一、当年现价产值	**27 045 841**	**9 134 817**	**699 783**	**11 714 104**	**4 418 926**	**1 078 212**
二、农林牧渔业中间消耗	**12 896 893**	**3 692 505**	**290 183**	**6 976 149**	**1 512 545**	**425 511**
1.物质消耗	10 764 680	2 886 410	201 829	6 290 543	1 128 129	257 768
(1)用种量	585 050	367 918	101 994	115 138		
(2)饲料、饲草	6 282 833	234 277		5 479 770	568 785	
(3)肥料	1 013 879	996 767	17 111			
(4)燃料	703 581	406 220	23 511	38 328	235 523	
(5)农药或兽药	432 346	121 341	5 979	305 026		
(6)用电量	251 809	186 097	6 296	38 576	20 840	
(7)农用塑料薄膜	180 069	180 069				
(8)其它物质消耗	1 057 345	393 722	46 938	313 705	302 980	
2.生产服务支出	2 132 213	806 094	88 353	685 606	384 416	167 743
三、农林牧渔业增加值	**14 148 948**	**5 442 312**	**409 600**	**4 737 955**	**2 906 381**	**652 701**
中间消耗占总产值(%)	47.7	40.4	41.5	59.6	34.2	39.5
增加值占总产值(%)	52.3	59.6	58.5	40.4	65.8	60.5

13—10 农业机械和农产品加工机械拥有量

机械名称	单位	2005年	2006年	2007年	2008年	2009年
农业机械总动力	万千瓦	1 922.7	1 995.3	2 087.4	2 192.9	2 299.4
农用大中型拖拉机	台	42 777	45 035	67 556	117 651	135 725
小型拖拉机	台	235 585	244 337	240 121	236 861	244 596
大中型拖拉机配套农具	万部	5.69	6.09	7.66	15.51	17.02
小型拖拉机机引农具	万部	28.14	31.19	33.43	32.30	35.52
机引犁	万部	6.35	7.19	7.25	8.75	9.12
机引耙	万部	2.53	2.81	2.92	3.31	3.22
机引播种机	万部	9.16	10.31	11.62	13.22	15.12
机动水稻插秧机	台	1 413	2 506	4 274	7 296	12 098
农用排灌动力机械	万台/万千瓦	98.54/306.90	100.02/313.53	103.56/328.87	98.81/345.00	103.96/350.59
#柴油机	万台/万千瓦	14.73/132.23	15.42/133.82	17.64/143.04	19.41/159.00	21.42/166.48
电动机	万台/万千瓦	82.95/177.32	84.16/178.93	85.46/181.32	78.85/180.00	82.05/179.27
农用水泵	万台	123.90	124.22	118.60	121.81	128.99
节水灌溉机械	套	35 020	41 019	53 061	104 370	105 316
联合收割机	台	1 000	1 209	1 456	2 374	3 924
机动脱粒机	万台	11.34	11.40	11.92	11.70	11.71
谷物烘干机	台	294	297	368	327	266
粮食加工机械	万台	10.66	15.12	12.12	14.40	14.61
棉花加工机械	万台	0.03	0.02	0.02	0.01	0.02
油料加工机械	万台	0.32	0.32	0.53	0.47	0.61
机动喷雾(粉)机	万部	4.81	4.94	5.59	7.04	
饲草料加工机械	万台	8.16	8.68	8.93	15.91	16.42
渔用机动船	艘	37 590	43 912	47 312	47 264	44 302
推土机	台	1 856	1 905	2 347	2 481	2 676
贮油设备总容量	万吨	13.20	14.40	14.21	15.39	14.21

13—11 机耕、灌溉面积、化肥施用量、农村小水电站和农村用电量

年份	机耕面积（万公顷）	有效灌溉面积（万公顷）	#机电提灌	机电提灌面积占有效灌溉面积比重（%）	化肥施用量（万吨）		农村小型水电站		农村售电量（亿千瓦小时）
					实物量	折纯量	个数（个）	装机容量（千瓦）	
1978	204.5	85.3	68.5	80.2	205.8		111	33 837	17.8
1980	208.4	76.0	59.6	78.4	298.4		57	10 469	23.8
1985	187.7	72.4	59.7	82.5	273.4	70.9	75		29.3
1986	194.5	73.1	60.1	82.2	264.0	70.1	73		33.8
1987	207.8	76.9	62.8	81.7	265.2	67.3	66		38.7
1988	219.8	76.3	63.4	83.1	273.6	70.1	111	74 617	50.6
1989	219.2	76.0	62.8	82.6	281.8	74.6	113	92 522	46.0
1990	236.3	105.9	51.6	48.7	301.1	81.4	116	94 123	51.3
1991	251.8	108.9	87.7	80.5	313.4	85.1	114	95 638	54.8
1992	258.1	114.0	91.3	80.1	320.6	90.5	115	98 363	63.5
1993	256.7	117.0	92.7	79.2	320.7	95.1	115	99 218	73.7
1994	250.4	118.4	92.3	78.0	325.7	100.2	116	105 440	72.7
1995	246.3	120.4	94.0	78.1	334.9	103.1	120	134 721	81.6
1996	249.8	123.4	96.6	78.3	346.5	110.7	124	181 531	91.3
1997	260.9	127.7	99.0	77.5	344.2	113.0	121	183 000	96.0
1998	265.0	133.5	100.8	75.5	349.1	114.1			89.1
1999	278.8	138.9	105.0	75.6	353.8	116.7	97	100 360	93.7
2000	290.9	144.1	106.9	74.0	334.6	109.4	119	148 000	103.5
2001	277.2	148.2	106.3	71.7	329.2	109.8	133	208 800	105.4
2002	275.4	150.0	109.9	73.3	330.8	111.4	134	218 800	119.2
2003	272.1	151.3	105.6	69.8	329.3	112.6	134	208 800	145.8
2004	277.8	152.0	105.7	69.5	341.2	117.9	140	346 700	149.6
2005	297.9	152.7	104.1	68.2	354.2	119.9	146	384 200	153.3
2006	301.0	150.0	97.4	64.9	358.5	121.2	152	358 000	219.0
2007	301.2	149.1	115.8	77.7	370.1	127.5	153	385 300	265.4
2008	321.0	149.3	110.2	73.8	385.5	128.8	162	379 000	270.8
2009	328.9	151.0	108.2	71.7	392.8	133.6	165	391 333	283.9

13—12 各地区化肥施用量

(2009 年)　　单位:万吨

地区	合计		氮肥	
	实物量	折纯量	实物量	折纯量
全省	**392.8**	**133.6**	**191.7**	**66.8**
沈阳	63.9	19.7	28.9	8.9
大连	49.7	16.6	23.9	6.3
鞍山	24.4	9.1	15.0	5.2
抚顺	9.3	3.2	4.9	1.7
本溪	4.2	1.3	2.4	0.9
丹东	20.9	6.9	14.1	4.1
锦州	35.8	15.1	17.3	7.7
营口	16.8	6.1	8.1	3.4
阜新	31.7	12.1	14.0	5.8
辽阳	16.0	5.5	8.6	3.1
盘锦	13.8	4.8	7.0	2.8
铁岭	52.4	17.4	20.7	7.3
朝阳	33.1	9.0	17.4	6.0
葫芦岛	20.9	6.7	9.4	3.4

13—12 续表　　(2009 年)　　单位:万吨

地区	磷肥		钾肥		复合肥	
	实物量	折纯量	实物量	折纯量	实物量	折纯量
全省	**50.8**	**11.8**	**29.6**	**11.6**	**120.8**	**43.5**
沈阳	8.4	1.7	5.9	2.6	20.8	6.6
大连	5.5	1.2	3.4	1.6	16.8	7.4
鞍山	2.2	0.7	1.1	0.5	6.0	2.7
抚顺	1.2	0.4	0.8	0.3	2.5	0.8
本溪	0.6	0.1	0.3	0.1	0.9	0.2
丹东	1.9	0.3	1.1	0.5	3.9	2.0
锦州	3.1	0.7	2.5	1.1	13.0	5.6
营口	2.6	0.6	1.9	0.7	4.3	1.3
阜新	3.4	0.6	2.2	1.0	12.1	4.7
辽阳	2.5	0.8	1.3	0.5	3.6	1.2
盘锦	3.1	0.8	1.2	0.4	2.5	0.7
铁岭	7.3	1.8	3.0	1.0	21.3	7.5
朝阳	5.8	1.3	2.0	0.4	7.8	1.3
葫芦岛	3.3	0.8	2.9	0.8	5.3	1.6

13—13 灌溉、水库和除涝、治水、治碱情况

指标	单位	2005年	2006年	2007年	2008年	2009年
年底灌区数	处	79	73	73	73	72
#50万亩以上	处	4	4	4	4	4
30－50万亩	处	5	4	4	4	5
灌区有效灌溉面积	万公顷	52.6	48.5	48.6	48.4	48.4
#50万亩以上	万公顷	17.4	17.4	17.4	17.4	17.4
30－50万亩	万公顷	12.6	10.6	10.6	10.6	12.9
水库座数	座	963	918	954	952	952
大型水库	座	29	33	32	33	33
中型水库	座	71	74	74	74	74
小型水库	座	863	811	848	845	845
水库总容量	亿立方米	335.5	359.3	356.7	357.5	359.9
大型水库	亿立方米	303.1	325.5	324.4	325.6	328.0
中型水库	亿立方米	21.2	22.9	21.5	21.3	21.3
小型水库	亿立方米	11.2	10.9	10.7	10.6	10.6
除涝面积	千公顷	996.3	996.1	994.8	995.0	983.2
本年新增除涝面积	千公顷	0.3		0.1	0.2	1.4
治理水土流失面积	万平方公里	5.7	5.9	6.0	6.1	6.2
本年水土流失治理面积	千公顷	192.6	149.2	164.0	128.2	140.4
堤防长度	万公里	1.9	1.9	1.9	2.0	2.2
堤防保护面积	千公顷	1 806.6	1 897.7	1 910.5	1 885.2	1 934.7

注：大型水库为库容1亿立方米以上；中型水库为库容1千万至1亿立方米；小型水库为库容10万至1千万立方米。

13—14 各地区农田水利情况

(2009 年)

地区	农田水利情况			
	有效灌溉面积（千公顷）	#机电提灌溉	机电提灌溉面积占灌溉面积(%)	机电井数(眼)
全省	**1 509.58**	**1 082.40**	**63.4**	**133 571**
沈阳	233.03	203.63	84.6	44 542
大连	110.34	48.55	31.4	5 262
鞍山	86.08	76.49	86.0	5 083
抚顺	42.50	5.49	12.9	907
本溪	20.77	5.71	24.6	446
丹东	70.91	17.04	23.8	616
锦州	192.16	122.07	59.8	16 139
营口	89.87	76.74	78.6	2 401
阜新	78.92	74.08	76.5	9 524
辽阳	93.94	39.53	41.4	2 936
盘锦	108.95	110.27	80.7	400
铁岭	151.87	125.85	74.8	15 514
朝阳	161.58	137.47	74.3	20 350
葫芦岛	68.66	39.48	38.7	9 451

13—15 各地区水利设施和除涝治碱面积

(2009 年)

地区	水库数（座）	水库总库容量（亿立方米）	除涝面积（千公顷）
全省	**952**	**359.90**	**983.17**
省直	16	285.67	
沈阳	35	5.42	313.74
大连	254	25.28	53.89
鞍山	25	0.98	120.55
抚顺	122	3.08	3.55
本溪	32	2.66	2.77
丹东	54	6.65	38.78
锦州	30	2.23	108.49
营口	39	2.67	47.10
阜新	63	3.05	27.49
辽阳	6	0.04	74.03
盘锦	7	1.82	96.44
铁岭	109	6.44	87.90
朝阳	86	4.75	0.41
葫芦岛	74	9.16	8.03

13—16 农作物播种面积

单位：千公顷

年份	农作物总播种面积	粮食作物	经济作物	其他作物	占总播种面积比重(%) 粮食作物	经济作物	其他作物
1978	4 041.7	3 327.3	381.7	332.8	82.3	9.4	8.3
1980	3 914.8	3 221.1	392.1	301.5	82.3	10.0	7.7
1985	3 705.8	2 889.5	532.3	283.9	78.0	14.4	7.6
1986	3 663.7	3 036.9	338.3	288.4	82.9	9.2	7.9
1987	3 620.6	3 130.8	199.3	290.5	86.5	5.5	8.0
1988	3 603.2	3 101.3	203.7	298.1	86.1	5.6	8.3
1989	3 594.5	3 083.5	211.8	299.2	85.8	5.9	8.3
1990	3 618.9	3 121.6	204.9	292.4	86.3	5.7	8.1
1991	3 638.1	3 089.9	257.5	290.7	84.9	7.1	8.0
1992	3 633.1	3 051.5	281.7	299.9	84.0	7.7	8.3
1993	3 630.0	3 049.2	224.6	356.2	84.0	6.1	9.9
1994	3 623.5	3 026.4	226.8	370.3	83.5	6.3	10.2
1995	3 623.7	3 030.9	210.4	382.4	83.6	5.8	10.6
1996	3 627.8	3 073.1	165.8	388.9	84.7	4.6	10.7
1997	3 627.0	3 037.1	181.1	408.8	83.7	5.0	11.3
1998	3 630.2	3 039.2	178.4	412.6	83.7	4.9	11.4
1999	3 643.1	3 055.3	163.3	424.5	83.9	4.5	11.7
2000	3 622.0	2 858.6	248.0	515.4	78.9	6.8	14.2
2001	3 559.9	2 758.1	279.9	522.0	77.5	7.9	14.7
2002	3 577.0	2 658.6	327.8	590.6	74.3	9.2	16.5
2003	3 476.6	2 563.6	344.6	568.4	73.7	9.9	16.3
2004	3 666.5	2 965.8	242.2	458.5	80.9	6.6	12.5
2005	3 801.0	3 179.7	199.4	421.9	83.7	5.2	11.1
2006	3 627.2	3 089.7	118.6	418.9	85.2	3.3	11.5
2007	3 703.9	3 127.2	118.1	458.6	84.4	3.2	12.4
2008	3 946.4	3 035.9	320.7	589.8	76.9	8.1	15.0
2009	4 064.7	3 124.1	313.6	627.0	76.9	7.7	15.4

13—16 续表 1

单位：千公顷

年份	粮食作物	水稻	小麦	玉米	高粱	谷子	薯类
1978	3 327.3	376.4	67.7	1 340.7	630.7	211.5	76.7
1980	3 221.1	385.7	40.9	1 416.2	558.3	190.1	42.5
1985	2 889.5	480.2	11.8	1 198.0	416.7	210.1	72.3
1986	3 036.9	510.1	20.5	1 258.5	441.3	205.9	65.7
1987	3 130.8	548.4	27.2	1 341.1	448.4	188.7	64.0
1988	3 101.3	553.7	34.4	1 318.0	450.5	179.4	70.6
1989	3 083.5	553.4	55.0	1 313.2	420.3	177.3	73.6
1990	3 121.6	543.3	112.8	1 365.7	395.0	169.3	73.7
1991	3 089.9	542.2	147.2	1 372.4	367.5	147.2	78.8
1992	3 051.5	556.6	165.7	1 384.0	342.0	120.4	88.0
1993	3 049.2	484.1	183.1	1 416.2	326.0	120.1	99.9
1994	3 026.4	458.7	162.4	1 464.6	321.7	109.0	95.9
1995	3 030.9	472.6	171.3	1 517.5	308.3	102.8	102.5
1996	3 073.1	478.1	177.9	1 576.7	300.2	104.9	110.0
1997	3 037.1	491.7	167.9	1 573.4	257.6	106.1	105.6
1998	3 039.2	496.0	150.2	1 638.0	222.8	100.8	109.6
1999	3 055.3	501.5	152.9	1 677.8	202.5	89.6	130.5
2000	2 858.6	489.7	117.5	1 422.5	188.6	86.9	167.1
2001	2 758.1	449.5	86.1	1 366.3	163	130.5	151.1
2002	2 658.6	457.1	47.2	1 395.1	168.8	101.6	145.1
2003	2 563.6	392.0	19.8	1 401.4	125.3	111.2	138.8
2004	2 965.8	492.1	19.9	1 835.9	106.4	94.2	103.4
2005	3 179.7	538.1	21.4	2 076.7	107.8	86.6	93.2
2006	3 089.7	624.9	8.0	1 983.1	95.7	82.8	103.5
2007	3 127.2	660.6	12.4	1 998.6	85.1	82.2	96.3
2008	3 035.9	658.7	10.3	1 884.9	72.7	76.1	92.8
2009	3 124.1	656.7	8.8	1 964.1	95.2	87.4	91.9

13—16 续表 2　　单位:千公顷

年份	粮食作物		经济作物					
	大豆	其他杂粮		棉花	油料	#花生	芝麻	向日葵
1978	515.9	107.2	381.7	101.5	212.2	43.7	4.8	74.4
1980	472.9	114.7	392.1	38.5	303.2	97.5	12.3	169.6
1985	393.0	107.5	532.3	39.1	447.5	251.7	92.7	77.7
1986	410.3	124.6	338.3	17.9	280.6	161.6	22.9	81.5
1987	395.2	117.8	199.3	4.6	151.3	86.6	7.1	50.1
1988	381.5	113.3	203.7	10.3	135.4	83.8	3.3	42.9
1989	370.3	120.5	211.8	16.2	132.0	83.2	5.1	37.4
1990	349.0	112.8	204.9	19.1	125.1	78.0	4.7	37.7
1991	326.2	81.6	257.5	55.4	142.6	92.6	15.0	31.8
1992	302.3	74.8	281.7	74.9	142.7	90.4	24.5	25.5
1993	325.1	94.5	224.6	24.6	141.3	91.6	24.4	21.5
1994	318.6	95.4	226.8	25.7	144.4	102.9	18.1	22.2
1995	273.0	82.9	210.4	31.0	131.8	94.1	14.1	22.0
1996	239.2	86.1	162.4	12.4	95.1	67.1	6.5	20.4
1997	249.2	85.5	181.1	19.5	98.2	69.1	6.1	22.5
1998	249.6	72.2	178.4	20.5	122.4	91.0	9.0	21.9
1999	235.1	65.2	163.4	6.9	122.1	89.0	6.7	25.0
2000	301.9	84.5	248.0	7.3	199.5	142.8	1.4	28.2
2001	290.4	121.2	279.9	7.3	235.4	184.1	13.1	32.1
2002	266.6	77.1	327.8	2.9	286.1	227.9	16.2	37.5
2003	285.2	89.9	344.6	3.9	312.0	253.3	12.3	40.7
2004	244.4	69.6	242.2	4.4	205.2	173.3	8.2	19.8
2005	184.9	71.0	199.4	2.3	164.3	140.6	5.2	15.8
2006	128.9	41.8	118.6	1.5	106.6	96.1	2.6	7.4
2007	130.4	40.4	118.1	1.1	106.8	98.7	2.0	5.8
2008	181.0	59.4	320.7	1.4	282.5	263.3	2.3	14.5
2009	164.1	55.9	313.6	0.9	277.3	260.6	1.8	12.3

13—16 续表 3　　单位:千公顷

年份	经济作物				其他作物		
	麻类	甜菜	烟叶	#烤烟		#蔬菜	绿肥
1978	35.1	9.9	14.2	12.3	332.8	222.3	67.1
1980	25.5	11.1	9.6	8.7	301.5	202.1	67.6
1985	2.7	13.7	18.6	10.1	283.9	217.3	23.0
1986	2.7	12.9	15.7	7.2	288.4	230.6	19.9
1987	2.5	16.1	14.3	8.4	290.5	234.2	17.6
1988	2.5	25.9	18.6	12.4	298.1	241.5	13.3
1989	1.7	17.0	31.7	24.1	299.2	248.3	11.6
1990	1.8	22.5	26.0	20.3	292.4	253.3	11.9
1991	1.6	25.1	23.0	18.0	290.7	255.0	6.6
1992	1.5	20.8	24.3	19.6	299.9	267.8	6.7
1993	0.9	23.2	24.1	17.5	356.2	294.6	43.4
1994	0.7	28.8	18.7	13.5	370.3	318.3	
1995	0.8	30.2	16.6	13.4	382.4	330.6	33.4
1996	0.4	27.2	27.3	24.8	388.9	342.2	
1997	0.3	23.8	33.2	29.0	408.8	354.2	
1998	0.2	17.1	15.2	13.0	412.6	353.2	
1999	0.4	13.7	17.0	15.3	424.5	369.9	
2000	0.7	16.5	18.4	16.7	515.4	413.2	
2001	0.2	18.0	11.5	10.1	522.0	412.9	
2002	0.1	13.1	13.0	11.8	590.6	467.3	
2003	0.5	1.1	12.8	11.0	568.4	450.1	
2004	0.2	0.9	11.6	10.4	458.5	378.4	
2005	0.05	1.5	16.1	15.1	421.9	353.1	
2006	0.00	0.8	8.3	7.5	418.9	354.0	
2007	0.00	0.7	8.0	7.3	458.6	376.0	
2008	0.01	2.0	11.5	10.7	589.8	388.7	
2009	0.01	1.8	12.5	11.4	627.0	402.7	

13—17 各地区农作物播种面积

（2009年） 单位：千公顷

地区	农作物总播种面积	粮食作物	水稻	小麦	玉米	高粱	谷子	薯类
全省	**4 064.7**	**3 124.1**	**656.7**	**8.8**	**1 964.1**	**95.2**	**87.4**	**91.9**
沈阳	648.3	508.8	126.8	2.2	339.9	2.6	1.1	12.4
大连	335.8	286.7	29.0	0.2	188.3	0.8	2.0	22.2
鞍山	251.3	212.1	38.1	0.3	164.4	1.0	0.3	1.5
抚顺	115.9	98.6	20.2		69.7	0.1	0.1	2.4
本溪	60.7	50.5	9.4		35.1	0.2	0.9	1.6
丹东	206.1	165.6	52.5	0.1	99.3	0.4	0.2	4.7
锦州	435.5	352.5	29.3	0.8	295.8	12.2	1.6	3.2
营口	112.5	97.3	44.3		47.2	0.9	0.9	0.8
阜新	421.0	294.7	5.8	0.3	217.4	18.5	19.5	1.4
辽阳	156.4	137.2	50.4		80.6	0.2		2.3
盘锦	142.3	127.7	108.5		14.2	0.1		
铁岭	532.6	416.5	64.7	0.3	323.0	0.4	0.1	10.9
朝阳	415.1	342.8	0.4	4.6	236.0	21.8	39.0	9.1
葫芦岛	231.1	178.7	9.1	0.5	135.2	4.5	5.2	14.6

13—17 续表 1　　　　　　　　　　　　（2009 年）　　　　　　　　　　　　单位：千公顷

地　区	粮食作物		经济作物				
	大豆	其他杂粮	棉花	油料			
					花生	芝麻	向日葵
全　省	**164.1**	**55.9**	**0.87**	**277.3**	**260.6**	**1.75**	**12.3**
沈　阳	20.9	3.0	0.1	42.6	39.2	0.1	3.2
大　连	41.8	2.4		5.4	5.3		
鞍　山	6.0	0.4		4.7	4.7		
抚　顺	5.7	0.5		0.6	0.6		
本　溪	2.9	0.4		0.4	0.4		
丹　东	7.4	0.9		2.9	2.9		
锦　州	9.1	0.5		29.8	28.8		0.2
营　口	2.5	0.6		0.3	0.3		
阜　新	14.9	16.8		98.8	96.3	0.5	1.6
辽　阳	3.5	0.2		1.1	1.1		
盘　锦	4.8			0.1	0.1		
铁　岭	16.6	0.4		55.9	55.2		
朝　阳	17.2	14.5	0.6	9.7	1.6	1.0	7.2
葫芦岛	7.4	2.2	0.1	25.1	24.2	0.1	

13—17 续表 2　　　　　　　　　　　　（2009 年）　　　　　　　　　　　　单位：千公顷

地　区	经济作物			其他作物
	甜菜	烟叶		蔬菜
			烤烟	
全　省	**1.8**	**12.5**	**11.4**	**402.7**
沈　阳				60.1
大　连				38.2
鞍　山		0.2	0.1	31.9
抚　顺		0.4	0.1	7.8
本　溪				5.3
丹　东		4.1	4.0	19.8
锦　州	0.2			47.1
营　口				12.1
阜　新		1.9	1.8	21.7
辽　阳				16.0
盘　锦				13.6
铁　岭		3.1	3.0	50.1
朝　阳	1.6	2.8	2.4	52.4
葫芦岛				26.5

13—18 主要农产品产量

年份	粮食（万吨）	水稻	小麦	玉米	高粱	谷子	薯类	大豆	其他杂粮	棉花（吨）
1978	1 117.2	206.8	9.4	560.0	225.2	30.0	18.5	53.5	13.8	23 372
1980	1 221.6	235.3	5.5	653.6	226.8	23.3	10.5	53.6	13.0	21 348
1985	976.0	263.0	2.8	448.1	150.7	29.9	15.8	54.6	11.2	24 166
1986	1 222.2	323.8	4.0	607.3	168.4	27.9	15.3	63.5	12.0	11 647
1987	1 276.2	340.7	5.6	671.5	159.0	25.7	13.5	49.2	11.1	3 337
1988	1 307.2	340.2	8.2	680.6	161.6	20.0	18.8	44.4	13.6	6 381
1989	1 018.2	283.8	15.3	496.7	106.9	16.2	12.1	24.1	13.1	7 808
1990	1 494.7	375.7	44.3	812.3	180.8	30.5	19.4	43.5	14.5	13 595
1991	1 532.4	403.4	49.8	848.6	181.2	23.3	24.6	37.5	13.1	41 987
1992	1 568.4	417.7	65.5	864.5	152.7	18.5	26.2	32.4	11.1	27 949
1993	1 696.0	389.6	66.5	989.1	178.1	24.4	34.5	52.2	14.0	19 439
1994	1 337.1	297.7	49.5	613.9	181.5	25.5	28.3	48.3	14.4	16 727
1995	1 423.5	255.3	63.3	804.5	156.6	22.2	35.9	40.3	12.4	23 666
1996	1 660.1	366.1	59.4	1 047.3	183.0	29.1	42.5	43.6	15.8	10 813
1997	1 313.5	389.4	56.5	674.7	100.3	18.7	39.5	35.1	11.3	15 067
1998	1 828.9	407.5	61.4	1 205.3	141.6	28.6	47.8	52.8	15.0	17 876
1999	1 648.8	415.8	59.2	988.3	77.1	13.2	51.0	39.3	9.5	4 574
2000	1 140.0	375.5	35.4	547.9	51.6	9.3	61.5	47.9	8.7	5 604
2001	1 394.4	341.2	15.7	833.7	74.5	25.7	54.7	55.2	19.2	7 508
2002	1 510.4	359.2	11.51	889.42	83.11	23.31	60.27	52.6	30.98	2 983
2003	1 498.3	310.6	6.1	930.5	58.9	24.4	66.2	63.7	16.4	3 481
2004	1 720.0	382.4	6.9	1 352.1	62.0	26.9	50.6	59.2	15.6	4 742
2005	1 745.8	414.5	8.9	1 340.3	70.8	30.8	48.0	43.5	11.6	2 685
2006	1 797.0	426.6	3.1	1 211.5	41.0	17.9	48.2	38.0	8.6	2 000
2007	1 835.0	505.0	5.3	1 167.8	38.7	23.2	50.8	32.0	8.2	2 100
2008	1 860.3	505.6	4.9	1 189	31.9	20.4	47.5	48.8	12.2	2 401
2009	1 591.0	506.0	4.5	963.1	22.9	15.1	41.7	30.0	7.7	956

注:1990～2009年粮食产量系抽样调查定产数,其它产量数系全面统计报表数。

13—18 续表

年份	油料（吨）	#花生	芝麻	向日葵	麻类（吨）	甜菜（吨）	烟叶（吨）	#烤烟	蔬菜（万吨）
1978	105 271	44 811	1 471	41 080	14 994	63 376	31 280	29 483	652.0
1980	282 529	137 440	4 059	13 142	9 487	127 239	23 617	22 361	548.7
1985	540 147	402 737	43 717	76 731	2 446	226 775	34 143	18 424	589.5
1986	316 211	221 858	8 899	76 336	2 054	218 267	27 137	10 370	700.9
1987	192 045	130 062	3 070	54 351	1 660	283 685	28 869	15 692	756.1
1988	167 916	133 437	1 362	29 448	2 875	481 603	36 383	22 094	784.8
1989	70 809	46 084	1 365	20 354	2 334	233 945	45 378	31 376	790.0
1990	174 537	133 427	2 879	33 939	2 586	497 538	44 005	31 575	861.3
1991	202 878	153 230	8 895	38 066	2 011	585 929	39 022	28 525	893.5
1992	176 256	129 402	15 415	29 663	2 494	523 226	44 297	32 283	1 003.2
1993	218 478	168 448	18 427	27 973	1 234	538 234	49 878	31 591	1 162.7
1994	244 305	200 079	14 022	29 192	1 050	392 366	35 721	23 534	1 130.6
1995	197 717	162 764	10 040	22 518	1 039	504 147	31 959	21 913	1 268.1
1996	170 003	134 450	5 618	28 367	396	585 516	56 091	50 344	1 438.6
1997	160 745	134 136	3 901	21 826	294	400 727	60 890	51 527	1 492.2
1998	233 611	198 115	5 798	28 422	210	416 120	31 319	26 182	1 588.1
1999	197 797	166 326	4 320	24 736	355	263 581	32 487	29 938	1 650.8
2000	295 527	256 249	8 298	12 685	883	286 894	31 507	28 589	1 757.0
2001	462 553	420 504	10 367	22 994	245	355 910	23 548	19 787	1 826.6
2002	564 529	507 904	14 139	34 245	155	397 226	28 679	25 987	2 098.6
2003	614 049	548 406	10 099	40 844	611	33 964	26 487	22 945	2 148.2
2004	459 299	419 110	7 293	24 153	606	27 427	26 932	24 243	2 034.6
2005	368 411	330 103	6 036	27 337	114	62 379	34 234	31 742	1 954.8
2006	257 100	245 000	2 036	9 064	12	30 000	26 900	24 200	2 129.8
2007	263 800	250 000	2 159	10 541	9	50 300	29 100	23 300	2 232.0
2008	835 027	800 740	2 997	25 225	21	74 952	32 255	29 655	2 438.3
2009	553 499	534 697	815	11 004	9	61 941	31 531	29 155	2 604.4

13—19 各地区主要农产品产量

（2009 年）

地区	粮食（万吨）	水稻	小麦	玉米	高粱	谷子	薯类	大豆	其他杂粮	棉花（吨）
全省	**1 591.0**	**506.0**	**4.5**	**963.1**	**22.9**	**15.1**	**41.7**	**30.0**	**7.7**	**956**
沈阳	344.6	108.8	0.8	219.6	1.5	0.2	8.5	4.7	0.5	327.0
大连	153.4	19.5	0.1	110.2	0.3	0.6	12.2	9.8	0.8	31.0
鞍山	138.3	30.9	0.1	104.7	0.5	0.1	0.7	1.4	0.1	1.0
抚顺	52.0	11.8		37.4			1.6	1.0	0.1	
本溪	23.0	5.7		15.6	0.1	0.3	0.9	0.4	0.1	
丹东	88.3	36.6		47.7	0.1		2.2	1.4	0.1	
锦州	193.9	24.7	0.3	158.9	5.8	0.3	2.0	1.5	0.3	9.0
营口	73.3	47.3		24.6	0.3	0.2	0.3	0.4	0.1	10.0
阜新	137.4	4.0	0.1	115.0	8.7	4.3	0.8	2.4	2.1	
辽阳	90.1	40.3		47.2	0.1		1.5	0.9		
盘锦	114.5	104.9		7.9	0.1			1.5		
铁岭	256.2	52.8	0.1	191.0	0.2	0.1	8.2	3.7	0.1	
朝阳	64.6	0.2	2.7	52.3	2.1	2.9	2.9	0.7	0.8	542.0
葫芦岛	72.1	5.5	0.2	53.4	1.4	0.6	9.4	1.3	0.2	36.0

注：全省粮食以抽样调查的 1 860.3 万吨为定产数。

13—19 续表

（2009 年）

地区	油料（吨）	#花生	#芝麻	#向日葵	麻类（吨）	甜菜（吨）	烟叶（吨）	#烤烟	蔬菜（万吨）
全省	**553 499**	**534 697**	**815**	**11 004**	**9**	**61 941**	**31 531**	**29 155**	**2 604.4**
沈阳	91 512.0	84 674.0	37.0	5 782.0					422.1
大连	14 306.0	14 113.0		3.0					259.9
鞍山	13 360.0	13 360.0					460.0	412.0	203.4
抚顺	1 693.0	1 639.0		54.0			1 297.0	183.0	37.7
本溪	642.0	614.0		18.0			11.0		24.8
丹东	10 639.0	10 599.0			4.0		10 640.0	10 487.0	99.6
锦州	78 092.0	75 812.0	90.0	634.0		8 447.0			338.9
营口	590.0	588.0	2.0						87.3
阜新	193 276.0	190 662.0	400.0	1 830.0			4 691.0	4 541.0	84.2
辽阳	2 936.0	2 910.0		8.0					80.7
盘锦	236.0	236.0							110.3
铁岭	91 940.0	91 699.0	27.0	31.0			7 195.0	7 172.0	331.5
朝阳	5 222.0	2 218.0	227.0	2 638.0	5.0	52 114.0	7 234.0	6 360.0	319.7
葫芦岛	49 055.0	45 573.0	32.0	6.0		1 380.0	3.0		204.4

13—20 主要农产品单位面积产量

（按播种面积计算） 单位：公斤/亩

年份	粮食	水稻	小麦	玉米	高粱	谷子	薯类	大豆	其他杂粮	棉花
1978	224	367	93	279	238	95	161	69	86	16
1980	253	407	89	308	271	82	165	76	76	37
1985	225	365	158	249	241	95	146	93	69	41
1986	268	427	129	322	254	90	155	103	64	43
1987	272	421	136	334	236	91	141	83	63	48
1988	281	419	159	344	239	74	178	78	80	41
1989	220	348	185	252	170	61	110	44	59	32
1990	319(325)	461	262	397	305	120	176	83	86	48
1991	331(341)	491	226	412	329	105	208	77	85	51
1992	343(347)	500	264	416	298	103	199	71	80	25
1993	371(382)	536	242	466	364	135	231	107	99	53
1994	295(277)	433	204	279	376	156	197	101	100	43
1995	313(306)	360	246	353	339	144	233	98	100	51
1996	360(388)	511	222	443	406	185	257	122	122	58
1997	288(291)	528	224	286	259	118	249	94	88	52
1998	401(430)	548	273	491	424	189	291	141	139	58
1999	360(361)	553	258	393	254	98	261	111	97	44
2000	266(265)	511	201	257	182	71	245	106	69	51
2001	337(343)	506	122	407	305	131	241	127	106	69
2002	379(375)	524	163	425	328	153	277	132	268	69
2003	390(384)	528	206	443	313	146	318	149	122	59
2004	395(440)	518	232	491	389	190	326	162	149	72
2005	381(414)	514	278	430	438	237	343	157	187	78
2006	357(397)	455	258	407	286	144	310	197	137	89
2007	391	510	285	390	303	188	352	164	135	127
2008	409	512	319	421	293	179	341	180	149	113
2009	340	514	341	327	160	115	303	122	92	73

注：1990～2009年粮食单产系抽样调查数（2007年为农业普查衔接数据），括号内为全面统计报表数。

13—20 续表　　（按播种面积计算）　　单位:公斤/亩

年份	油料	#花生	#芝麻	#向日葵	麻类（吨）	甜菜（吨）	烟叶（吨）	#烤烟	蔬菜
1978	33	69	20	37	28	428	147	160	1 956
1980	62	94	22	52	25	767	164	171	1 811
1985	81	107	31	61	59	1 101	122	122	1 808
1986	75	92	26	62	51	1 131	122	96	2 026
1987	85	100	28	72	44	1 178	135	125	2 152
1988	83	106	28	46	76	1 240	130	119	2 167
1989	36	37	18	36	88	917	96	87	2 121
1990	93	114	40	60	97	1 473	113	104	2 267
1991	95	110	39	80	83	1 554	113	106	2 336
1992	82	95	42	78	113	1 674	122	109	2 498
1993	103	123	50	87	93	1 547	138	120	2 631
1994	113	130	52	88	80	908	128	116	2 368
1995	100	115	47	68	91	1 115	128	109	2 557
1996	119	134	58	92	71	1 437	137	135	2 803
1997	109	129	43	65	77	1 121	122	119	2 809
1998	127	145	43	87	88	1 618	137	134	2 998
1999	108	125	43	66	60	1 278	127	130	2 975
2000	99	120	40	30	88	1 157	114	114	2 835
2001	131	152	53	48	74	1 319	137	130	2 949
2002	132	149	58	61	110	2 015	147	147	2 994
2003	131	144	55	67	75	2 132	138	139	3 088
2004	149	161	60	81	210	2 078	155	155	3 585
2005	149	156	77	115	158	2 791	141	141	3 691
2006	161	170	52	82	73	2 500	216	215	4 011
2007	165	169	72	121	100	2 630	243	213	3 957
2008	197	203	85	116	117	2 507	187	185	4 182
2009	133	137	31	60	60	2 269	168	171	4 311

13—21 各地区主要农产品单位面积产量

（按播种面积计算，2009 年）　　单位：公斤/公顷

地　　区	粮　食	水　稻	小　麦	玉　米	高　粱	谷　子	薯　类	大　豆	其他杂粮	棉　花
全　省	**5 326**	**7 705**	**5 113**	**4 904**	**2 406**	**1 728**	**4 538**	**1 828**	**1 380**	**1 099**
沈　阳	6 773	8 581	3 402	6 461	5 984	2 034	6 849	2 262	2 783	2 555
大　连	5 352	6 712	6 730	5 854	3 749	2 978	5 483	2 337	3 441	1 476
鞍　山	6 523	8 104	3 295	6 367	4 551	2 568	4 339	2 314	2 473	1 000
抚　顺	5 274	5 847		5 366	4 690	2 944	6 708	1 804	2 200	
本　溪	4 554	6 048		4 432	3 394	2 891	5 706	1 544	1 740	
丹　东	5 335	6 981	3 336	4 801	3 046	1 152	4 712	1 945	1 773	
锦　州	5 502	8 441	4 514	5 372	4 744	1 657	6 460	1 687	2 420	1 000
营　口	7 533	10 684		5 207	3 893	2 092	3 704	1 769	1 883	1 250
阜　新	4 662	6 992	3 684	5 288	4 674	2 211	5 947	1 595	1 562	
辽　阳	6 567	7 999		5 857	5 133	1 952	6 742	2 585	2 500	
盘　锦	8 966	9 666		5 569	6 891			3 225		
铁　岭	6 151	8 169	3 586	5 913	4 798	3 490	7 547	2 230	3 199	
朝　阳	1 886	4 088	5 904	2 217	971	749	3 190	409	548	840
葫芦岛	4 035	6 030	4 581	3 949	3 135	1 173	6 446	1 801	1 316	610

13—21 续表　　（按播种面积计算，2009 年）　　单位：公斤/公顷

地　　区	油　料	# 花　生	# 芝　麻	# 向日葵	麻　类	甜　菜	烟　叶	# 烤　烟	蔬　菜
全　省	**1 995**	**2 052**	**466**	**900**	**900**	**34 034**	**2 520**	**2 560**	**64 671**
沈　阳	2 148	2 161	366	1 791					70 200
大　连	2 657	2 673		1 500					68 105
鞍　山	2 861	2 861					2 738	2 861	63 799
抚　顺	2 726	2 709		3 375			3 002	2 731	48 001
本　溪	1 532	1 490		2 571			3 667		46 709
丹　东	3 637	3 647			1 000		2 608	2 607	50 296
锦　州	2 619	2 632	2 000	2 609		45 908			71 940
营　口	2 092	2 093	2 000						71 963
阜　新	1 957	1 979	768	1 164			2 529	2 540	37 613
辽　阳	2 724	2 727		1 600					50 285
盘　锦	4 000	4 000							80 816
铁　岭	1 644	1 662	1 080	1 722			2 286	2 394	66 198
朝　阳	536	1 429	228	369	1 667	32 289	2 576	2 677	61 020
葫芦岛	1 957	1 883	542	176		60 000	1 500		77 121

13—22 水果、蚕茧、园参、芦苇生产情况

指标	单位	2005年	2006年	2007年	2008年	2009年
一、水果						
果园面积	千公顷	317.0	313.6	330.80	323.6	349.7
#苹果园	千公顷	110.3	109.1	114.70	114.0	121.9
梨园	千公顷	91.6	87.7	92.30	83.2	97.9
葡萄园	千公顷	28.1	26.8	28.6	26.6	26.8
山楂园	千公顷	14.0	12.0	12.2	10.6	12.8
果树株数	万株	32 435	33 236.7	35 944	37 020.1	47 340.6
#苹果	万株	5 838.5	6 172.4	6 839	6 961.3	8 036.5
梨	万株	5 600.2	5 386.7	5 610	5 308.9	6 469.2
葡萄	万株	11 679	11 238.1	12 764	11 928.3	17 060.5
山楂	万株	1 337.5	1 270.5	1 296	1 035.9	1 166.9
结果株数	万株	22 553	22 640.6	24 635	26 275.9	30 634.2
#苹果	万株	3 562.3	3 813.6	4 607	4 803.7	5 340.5
梨	万株	3 196.4	3 225.4	3 475	3 563.9	4 443.6
葡萄	万株	9 785.8	9 086.7	9 638	9 685.6	10 856.5
山楂	万株	1 123.2	1 082.7	1 021	808.7	932.2
水果产量	吨	3 292 674	3 437 027	3 961 160	4 225 182	4 772 144
#苹果	吨	1 299 595	1 301 399	1 551 508	1 709 138	1 948 100
梨	吨	690 345	705 232	874 282	937 944	1 103 509
葡萄	吨	581 711	587 191	625 421	614 422	642 124
山楂	吨	64 756	62 783	66 256	64 934	86 032
二、蚕业						
柞蚕茧产量	吨	43 200	44 075	48 025	53 516	50 142
桑蚕茧产量	吨	159	191	260	194	224
三、园参						
园参产量	吨	2 461.5	2 390.5	1 891.9	1 817.3	2 928.7
四、芦苇						
芦苇产量	万吨	50.9	54.3	54.2	56.7	53.8

13—23 水果、蚕茧、园参产量

单位:吨

年份	水果总产量	#苹果	#梨	#葡萄	#山楂	蚕茧总产量	柞蚕茧	桑蚕茧	园参总产量
1978	937 915	656 750	227 700	7 130		40 587	40 521	66	
1980	782 677	610 133	109 907	6 244		56 757	56 634	123	775
1985	806 799	547 791	173 077	20 902	14 342	26 996	26 945	51	985
1986	803 832	546 862	171 840	23 521	14 717	24 790	24 760	30	1 302
1987	933 062	637 092	177 808	35 017	21 571	39 137	39 086	51	1 813
1988	958 557	621 544	195 066	53 092	24 643	34 825	34 768	57	2 639
1989	1 003 137	655 737	174 370	72 170	33 395	39 415	39 348	67	2 437
1990	1 112 886	759 244	166 806	73 567	36 562	40 772	40 641	131	2 766
1991	1 011 230	570 542	204 839	89 895	50 659	23 982	23 812	170	2 704
1992	1 527 272	979 434	222 916	121 829	73 918	26 124	25 926	198	2 719
1993	1 888 380	1 196 127	300 099	146 162	97 312	36 486	36 349	137	3 720
1994	1 845 580	1 069 137	323 985	158 210	99 411	27 808	27 720	178	2 073
1995	2 199 889	1 277 295	402 963	153 317	98 566	32 988	32 805	183	1 431
1996	2 480 339	1 505 993	477 330	185 421	80 719	29 411	29 158	253	1 226
1997	2 641 058	1 611 487	471 870	193 380	79 456	39 685	39 532	153	2 141
1998	2 985 505	1 674 628	610 898	275 557	85 093	44 563	44 455	108	1 304
1999	2 566 685	1 469 839	424 605	307 453	71 638	28 760	28 720	40	1 297
2000	2 499 660	1 231 479	455 404	430 282	67 148	39 051	38 959	92	1 218
2001	2 416 697	1 134 657	509 942	396 991	61 151	43 870	43 790	80	1 492
2002	2 344 015	1 005 142	412 724	522 061	59 314	41 998	41 652	34	2 132
2003	2 678 104	1 089 937	515 892	586 124	54 253	44 402	44 362	40	3 001
2004	3 076 521	1 222 119	605 679	613 683	61 482	39 152	38 867	285	2 316
2005	3 292 674	1 299 595	690 345	581 711	64 756	43 359	43 200	159	2 462
2006	3 437 027	1 301 399	705 232	587 191	62 783	44 266	44 075	191	2 390
2007	3 961 160	1 551 508	874 282	625 421	66 256	48 285	48 025	260	1 892
2008	4 225 182	1 709 138	937 944	614 422	64 934	53 710	53 516	194	1 817
2009	4 772 144	1 948 100	1 103 509	642 124	86 032	50 366	50 142	224	2 929

13—24 林业生产情况

指　　标	单　位	2005年	2006年	2007年	2008年	2009年
造林面积	千公顷	126.49	70.77	87.06	81.53	129.97
按造林用途分：						
用材林	千公顷	20.93	2.93	11.28	6.15	2.85
经济林	千公顷	6.18	4.19	3.25	3.64	4.26
防护林	千公顷	98.21	63.65	72.47	71.74	122.62
薪炭林	千公顷	1.17		0.05		0.24
特种用材林	千公顷			0.01		
封山育林面积	千公顷			1 061.78	866.98	989.55
#本年新封面积	千公顷	68.48	4.54	3.83	26.66	
零星植树	万　株		7 097	9 760	9 982	
育苗面积	千公顷	17.11	18.19	16.89	19.34	16.92
#当年新育	千公顷	6.16	6.42	6.33	7.33	6.31
当年苗木产量	万　株	175 414	303 478	202 215	233 273	261 320
幼林抚育作业面积	千公顷			286.59	186.82	366.12
成林抚育面积	千公顷			134.35	76.04	95.46
木材采运量	万立方米	147.07	229.00	194.00	181.00	187.00

13—25 各地区造林面积

单位：千公顷

地　区	造林面积											
	合　计			#用材林			#经济林			#防护林		
	2007年	2008年	2009年	2007年	2008年	2009年	2007年	2008年	2009年	2007年	2008年	2009年
全　省	**87.1**	**81.5**	**130.0**	**11.3**	**6.1**	**2.9**	**3.3**	**3.7**	**4.3**	**72.5**	**71.7**	**122.6**
沈　阳	7.8	5.7	12.4	0.4	0.3				0.6	7.4	5.4	11.8
大　连	6.0	7.7	15.1		0.1		0.7	1.1	1.4	5.3	6.5	13.6
鞍　山	2.5	1.0	3.3	1.3	0.6		0.1			1.1	0.4	3.3
抚　顺	3.0	2.0	3.7	1.4	1.0					1.6	1.0	3.7
本　溪	1.9	0.7	6.6	1.7	0.3	0.7		0.1		0.2	0.3	5.9
丹　东	1.9	0.8	2.7	0.1			0.1			1.7	0.8	2.7
锦　州	5.6	5.5	6.6	0.5	0.8			0.4		5.1	4.3	6.6
营　口	0.8	1.3	1.0				0.1			0.7	1.3	1.0
阜　新	11.5	14.4	16.7		0.2		1.0	0.6		10.5	13.6	16.7
辽　阳	0.3	0.7	3.0			0.2				0.3	0.7	2.5
盘　锦	0.3	0.5	0.3							0.3	0.5	0.3
铁　岭	9.1	4.7	13.3	2.0	1.1	1.6	0.3	0.3	0.9	6.8	3.3	10.8
朝　阳	28.0	29.3	41.0	0.3		0.3	0.8	1.1	1.3	26.9	28.2	39.4
葫芦岛	8.4	7.2	4.4	3.6	1.7		0.2	0.1		4.6	5.4	4.4

13—26 大牲畜头数

单位:万头

年份	大牲畜年末头数	#役畜	牛	马	驴	骡
1978	287.3	193.7	136.0	61.4	52.7	37.2
1980	279.1	177.3	130.6	61.9	46.9	39.7
1985	303.3	216.4	134.9	56.9	70.3	41.2
1986	313.9	219.5	140.2	56.1	75.3	42.3
1987	315.2	254.6	140.7	53.7	77.9	42.9
1988	319.1	217.4	142.8	51.9	80.8	43.6
1989	323.8	217.3	147.7	49.4	83.1	43.6
1990	326.1	217.2	150.9	47.0	84.4	43.8
1991	326.0	220.1	149.4	46.1	86.6	43.9
1992	331.6	214.2	155.4	45.1	87.5	43.6
1993	368.3	219.3	192.0	44.7	89.0	42.6
1994	438.9	228.6	261.2	44.3	91.2	42.2
1995	476.4	232.3	301.6	42.2	92.6	40.0
1996	505.4	244.4	330.9	42.2	93.5	38.9
1997	366.7	182.2	193.5	39.5	96.2	37.5
1998	382.1	187.9	209.3	40.6	95.2	37.0
1999	399.8	198.9	228.1	39.9	95.8	35.9
2000	420.7	212.8	254.0	37.0	95.3	34.4
2001	411.7	208.0	251.1	35.7	93.5	31.5
2002	421.5	198.7	264.8	34.4	92.9	29.4
2003	455.0	196.6	301.9	33.3	91.9	28.0
2004	476.9	192.6	329.1	31.3	91.8	24.8
2005	495.9	193.8	344.7	28.2	98.9	24.1
2006	427.1	165.7	281.5	26.7	95.9	23.0
2007	475.9	165.5	332.2	25.9	96.2	21.6
2008	524.1	188.1	356.4	27.7	116.2	23.7
2009	515.6	223.5	354.0	26.5	113.9	21.2

13—27 肉类产量和猪羊头数

年份	猪牛羊肉产量（万吨）	肉猪出栏头数（万头）	猪年末存栏头数（万头）	羊年末只数（万只）	山羊	绵羊
1978		554.3	1 184.6	138.2	28.1	110.1
1980	42.9	656.3	1 057.5	194.7	36.6	158.1
1985	57.0	647.4	1 035.6	193.6	35.5	158.1
1986	58.1	650.9	1 031.7	215.5	39.5	176.0
1987	57.3	626.4	930.4	233.7	47.0	186.7
1988	68.9	691.4	1 065.4	274.2	60.9	213.3
1989	71.9	733.4	1 089.6	294.9	74.3	220.6
1990	78.8	797.2	1 093.5	267.2	73.4	193.8
1991	88.8	865.0	1 137.7	239.5	75.7	163.8
1992	99.7	945.4	1 222.0	247.9	73.7	174.2
1993	115.4	1 020.9	1 228.6	264.4	88.8	175.6
1994	144.5	1 254.4	1 340.1	302.0	115.8	186.2
1995	173.9	1 461.6	1 468.4	373.2	146.5	226.7
1996	190.4	1 640.6	1 426.5	403.1	164.1	238.9
1997	126.9	1 131.0	953.3	292.6	133.7	158.9
1998	138.8	1 223.9	1 039.9	318.1	146.3	171.7
1999	148.4	1 320.3	1 123.4	347.8	159.3	188.5
2000	156.5	1 413.8	1 270.7	386.1	187.3	198.8
2001	169.0	1 525.2	1 291.8	449.4	212.6	236.8
2002	182.8	1 648.7	1 304.3	548.4	251.9	296.5
2003	198.6	1 754.3	1 365.8	730.8	319.7	411.1
2004	216.8	1 894.6	1 498.0	819.2	387.4	431.8
2005	238.8	2 063.2	1 642.4	830.2	426.3	404.0
2006	231.0	2 245.4	1 416.1	673.9	410.9	263.0
2007	236.2	2 265.8	1 429.4	675.9	412.6	263.3
2008	252.4	2 435.5	1 548.5	733.4	428.0	305.4
2009	266.8	2 597.0	1 606.2	717.0	447.8	269.2

13—28 畜牧业生产情况

指　　标	单　位	2005年	2006年	2007年	2008年	2009年
一、畜产品产量						
1. 猪牛羊出栏头数						
肉猪出栏头数	万头	2 063.21	2 245.4	2 265.8	2 435.5	2 597.0
出售和自宰的牛	万头	278.81	236.5	257.3	277.8	270.0
出售和自宰的羊	万只	774.82	597.2	645.6	695.9	721.0
2. 肉类总产量	万吨	346.1	329.7	348.0	376.0	389.2
#猪肉	万吨	184.7	189.3	191.0	204.2	218.8
牛肉	万吨	42.2	35.3	38.2	40.5	40.2
羊肉	万吨	11.9	6.4	7.0	7.8	7.8
禽肉	万吨	102.1	93.1	105.4	116.3	115.1
兔肉	万吨	0.4	0.4	0.5	0.4	0.4
3. 其他畜产品产量						
奶类	万吨	78.8	95.8	108.5	120.1	115.6
#牛奶	万吨	74.9	91.7	104.8	114.1	110.0
山羊毛	吨	1 680.0	1 876.5	2 156.2	2 401.1	2 735.6
绵羊毛	吨	10 412.0	8 580.3	8 888.2	11 468.5	10 136.0
羊绒	吨	1 053.0	1 182.0	1 329.8	1 371.8	1 215.5
蜂蜜	吨	1 942.0	2 661.6	2 610.2	2 006.7	1 683.9
禽蛋	万吨	224.0	195.2	204.1	230.0	263.1
二、牲畜年末头数						
1. 大牲畜	万头	495.9	427.1	475.9	524.1	515.6
#役畜	万头	193.8	165.7	165.5	188.1	223.5
牛	万头	344.7	281.5	332.2	356.4	354.0
马	万头	28.2	26.7	25.9	27.7	26.5
驴	万头	98.9	95.9	96.2	116.2	113.9
骡	万头	24.1	23.0	21.6	23.7	21.2
2. 猪	万头	1 642.4	1 416.1	1 429.4	1 548.5	1 606.2
3. 羊	万只	830.2	673.9	675.9	733.4	717.0
山羊	万只	426.3	410.9	412.6	428.0	447.8
绵羊	万只	404.0	263.0	263.3	305.4	269.2

注:2009年使用国家反馈数据。

13—29 各地区牲畜饲养情况

（2009 年）

地区	大牲畜年末头数（万头）	#役畜	#牛	#乳牛	马	驴	骡
全省	**515.6**	**223.5**	**354.0**	**28.9**	**26.5**	**113.9**	**21.2**
沈阳	85.6	7.5	74.9	10.1	3.5	5.2	2.0
大连	35.5	18.5	30.1	3.3	1.3	1.8	2.3
鞍山	29.1	7.3	23.8	1.3	2.1	2.1	1.2
抚顺	10.8	4.8	8.7	0.7	0.6	0.2	1.2
本溪	16.5	9.5	15.8	0.8	0.3	0.2	0.2
丹东	15.7	11.1	11.1	0.6	1.6	1.5	1.4
锦州	54.5	14.6	38.0	3.4	3.3	10.6	2.7
营口	7.0	1.4	5.5	0.5	0.3	0.9	0.3
阜新	56.3	23.7	23.3	6.3	4.6	27.0	1.4
辽阳	8.9	2.3	7.2	0.9	0.6	0.6	0.6
盘锦	3.3	0.4	2.9	0.5	0.2	0.1	0.0
铁岭	108.9	49.8	100.5	6.5	3.2	3.3	1.9
朝阳	103.6	38.8	45.3	3.7	3.4	50.7	4.1
葫芦岛	25.4	8.6	12.4	1.5	1.3	9.6	2.0

13—29 续表

（2009 年）

地区	肉猪出栏头数（万头）	猪年末头数（万头）	羊年末只数（万只）	山羊	绵羊
全省	**2 597.0**	**1 606.2**	**717.0**	**447.8**	**269.2**
沈阳	478.6	303.6	66.3	24.9	41.4
大连	376.2	237.9	72.7	71.4	1.3
鞍山	193.7	115.8	65.1	61.0	4.0
抚顺	61.9	31.7	27.8	26.1	1.7
本溪	61.0	34.8	47.7	45.9	1.8
丹东	105.5	67.8	58.9	58.8	0.1
锦州	438.1	273.4	73.6	3.4	70.2
营口	69.9	42.9	50.7	48.5	2.2
阜新	258.7	167.0	100.4	3.3	97.2
辽阳	102.8	68.4	30.4	28.1	2.3
盘锦	77.5	58.8	2.4	1.8	0.6
铁岭	329.4	191.8	51.8	33.8	18.0
朝阳	215.5	133.6	121.6	36.4	85.2
葫芦岛	212.0	133.2	82.8	44.5	38.4

13—30 各地区畜产品产量

（2009 年）

地区	肉类总产量（万吨）	猪肉	牛肉	羊肉	奶类（万吨）	# 牛奶
全省	**389.2**	**218.8**	**40.2**	**7.8**	**115.6**	**110.0**
沈阳	79.7	39.0	55.8	1.1	37.8	37.1
大连	60.1	29.7	13.7	1.1	16.3	15.3
鞍山	37.2	16.4	4.3	0.8	2.6	2.6
抚顺	11.7	5.3	3.1	0.5	3.2	3.0
本溪	11.8	5.2	1.8	0.6	2.0	2.0
丹东	22.1	9.2	1.9	0.5	2.8	2.7
锦州	55.4	36.1	1.4	1.0	12.0	11.3
营口	17.5	5.8	4.2	0.7	1.3	1.3
阜新	33.8	22.0	1.0	2.2	23.4	21.2
辽阳	16.1	8.1	2.5	0.2	3.2	2.7
盘锦	13.7	6.7	1.7	0.1	2.1	2.1
铁岭	66.5	29.6	0.4	1.2	17.8	17.6
朝阳	42.5	18.3	12.3	2.1	14.4	14.3
葫芦岛	30.7	17.3	5.4	1.3	4.1	4.1

13—30 续表

（2009 年）

地区	绵羊毛（吨）	山羊毛（吨）	羊绒（吨）	禽蛋（万吨）	蜂蜜（吨）
全省	**10 136**	**2 736**	**1 216**	**263.1**	**1 684**
沈阳	1 155	86	14	57.5	12
大连	31	255	216	25.7	10
鞍山	54	309	241	39.1	7
抚顺	174	42	45	7.1	83
本溪	23	263	167	5.5	30
丹东	1	333	169	12.0	139
锦州	2 065	1		48.8	192
营口	56	165	175	14.0	12
阜新	2 250	2		10.5	4
辽阳	24	124	28	11.1	20
盘锦	7	1		6.9	
铁岭	888	692	27	15.6	
朝阳	2 601	205	35	39.9	993
葫芦岛	807	257	97	22.1	181

13—31 水产品生产情况

指　　标	2005年	2006年	2007年	2008年	2009年
水产品养殖面积(千公顷)	**616.5**	**387.9**	**407.9**	**735.0**	**832.9**
海水养殖面积	449.3	271.3	294.8	534.5	630.7
海上养殖	301.0	186.6	197.1	340.4	412.2
滩涂养殖	95.8	55.5	66.8	136.5	141.3
陆基养殖	52.5	29.2	30.9	57.7	77.2
内陆水域养殖面积	167.2	116.6	113.1	200.5	202.7
#池塘	46.7	36.7	35.5	53.2	59.6
水库	98.5	68.0	64.1	114.5	111.7
河沟	2.0	0.6	1.1	1.8	1.8
水产品产量(万吨)	**425.3**	**351.3**	**361.3**	**494.9**	**534.7**
海水产品产量	364.1	296.0	302.1	411.6	437.9
#海洋捕捞	152.0	118.4	116.6	147.8	148.3
人工养殖	212.1	177.6	185.5	263.8	289.6
#鱼类	91.3	69.4	71.5	76.1	80.3
甲壳类	35.0	28.0	28.0	30.2	29.7
贝类	173.5	152.6	158.6	220.2	241.0
藻类	39.5	27.4	25.4	33.3	33.6
其他	24.8	18.6	18.6	18.9	39.5
淡水产品产量	61.2	55.3	59.2	83.3	96.8
#天然生产	4.3	2.8	4.1	4.9	5.6
人工养殖	56.9	52.5	55.1	78.4	91.1
#鱼类	54.4	50.3	53.3	75.5	87.9
甲壳类	5.6	4.1	4.7	6.1	7.4

13—32 水产品产量

单位:万吨

年份	水产品合计	海水产品	# 人工养殖	淡水产品	# 人工养殖	比重(%) 海水	比重(%) 淡水
1978	46.9	46.2	10.7	0.7	0.7	98.5	1.5
1980	42.1	41.2	11.3	0.9	0.7	97.9	2.1
1985	58.3	55.2	16.7	3.1	2.5	94.7	5.3
1986	67.0	63.2	24.5	3.8	3.4	94.3	5.7
1987	80.6	75.9	32.1	4.7	4.5	94.2	5.8
1988	94.7	88.8	43.2	5.9	5.7	93.8	6.2
1989	101.2	94.8	48.1	6.4	6.0	93.7	6.3
1990	107.3	100.7	51.4	6.6	6.0	93.8	6.2
1991	114.1	106.4	54.9	7.7	6.9	93.3	6.7
1992	132.2	122.6	65.5	9.6	8.8	92.7	7.3
1993	151.7	139.7	73.8	12.0	11.3	92.1	7.9
1994	167.8	151.3	76.5	16.5	15.8	90.2	9.8
1995	197.9	178.4	87.3	19.5	15.8	90.1	9.9
1996	258.0	235.3	111.2	22.7	21.6	91.2	8.8
1997	285.1	258.0	112.3	27.1	24.6	90.5	9.5
1998	312.7	281.4	120.8	31.3	28.5	90.0	10.0
1999	333.8	296.8	139.2	37.0	31.3	88.9	11.1
2000	338.5	302.3	152.1	36.1	29.1	89.3	10.7
2001	350.8	310.5	160.9	40.3	36.8	88.5	11.5
2002	374.8	327.0	178.2	47.8	44.6	87.2	12.8
2003	382.0	330.8	182.8	51.1	48.0	86.6	13.4
2004	402.5	346.1	197.0	56.4	52.2	86.0	14.0
2005	425.3	364.1	212.1	61.2	56.9	85.6	14.4
2006	351.3	296.0	177.6	55.3	52.5	84.3	15.7
2007	361.3	302.1	185.5	59.2	55.1	83.6	16.4
2008	494.9	411.6	263.8	83.3	78.4	83.2	16.8
2009	534.7	437.9	289.6	96.8	91.1	81.9	18.1

13—33 按人口平均的主要农产品产量

单位:公斤/人

产品名称	2005年	2006年	2007年	2008年	2009年
粮食	416.7	435.8	424.7	438.1	368.4
棉花	0.1			0.1	
油料	8.8	6.3	6.1	19.7	13.4
猪牛羊肉	57.0	54.9	55.8	59.5	61.8
#猪肉	44.1	44.9	45.1	48.1	50.7
水产品	101.5	83.4	85.4	116.6	123.8

13—34 农业事业机构和人员数

单位:个、人

年份	农业技术推广站		家畜繁育改良站		乡镇畜牧兽医站		种畜禽场总数		种子站、种子公司	
	机构	人数	机构	人数	机构	人数	机构	人数	机构	人数
1979	1 289	8 514					70	2 629		
1980					1 210	9 204	69	2 946	48	3 751
1985	1 268	8 390	309	764	1 224	8 479	70	3 959	46	3 346
1986			89	290	1 321	8 738	71	4 025	46	3 300
1987	1 268	8 514	72	226	1 280	8 709	74	4 660	46	3 258
1988	1 276	8 602	63	218	1 323	8 902	76	4 567	46	3 150
1989	1 329	8 552	72	212	1 232	8 327	77	5 072	46	3 070
1990	1 332	8 323	122	418	1 246	8 480	77	4 734	49	3 041
1991	1 337	8 323	122	381	1 234	8 988	78	5 160	49	2 976
1992	1 337	8 268	99	377	1 240	9 975	78	5 370	49	2 898
1993	1 105	6 074	64	207	1 230	10 244	49	2 917	77	4 848
1994	1 122	6 779	58	419	1 233	10 374	49	2 876	82	5 499
1995	1 209	13 065	7	25	1 254	10 597	49	2 897	82	5 499
1996	1 292	7 738	3	18	1 234	10 422	49	2 342	83	5 560
1997	1 337	8 018	3	18	1 240	10 674	49	2 658	88	5 930
1998	1 337	8 018	93	1 301	1 242	9 838				
1999	1 337	8 400	55	1 196	1 217	9 800				
2000					1 190	9 681	49			
2001					1 200	9 551	49			
2002			70	1 325	1 038	9 399	336			
2003			61		1 141	8 862	379			
2004			65	1 212	1 116	8 491	441			
2005			67	1 195	1 081	7 529	423			
2006			110	1 067	660	4 781	639			
2007			33	420	473	2 746	796			
2008			32	318	105	1 440	944			
2009			32	475	26	186	1 268			

注:2002 年以后种畜场总数为全社会口径。

13—35 农作物受灾及成灾面积

单位:千公顷

年份	粮豆成灾面积	粮豆成灾面积中		
		减产三至五成的	减产五至八成的	减产八成以上的
1981	893.9	348.6	276.7	268.6
1982	1 599.7	781.8	544.9	272.9
1983	672.3	432.0	177.2	63.1
1984	1 343.3	776.7	391.1	175.5
1985	1 983.9	918.8	675.8	389.2
1986	1 068.1	502.9	293.1	272.2
1987	1 353.1	867.4	371.3	114.4
1988	1 676.1	952.6	538.8	184.8
1989	2 448.1	1 050.0	868.4	529.7
1990	1 156.3	776.3	279.5	100.5
1991	1 207.2	773.7	272.8	160.8
1992	1 431.8	609.0	399.9	203.0
1993	914.9	632.8	161.8	64.0
1994	1 995.8	907.6	605.4	442.7
1995	1 500.9	799.5	363.5	337.9
1996	996.1	702.8	191.0	102.3
1997	2 249.9	1 148.0	844.5	257.4
1998	590.4	345.3	141.5	102.9
1999	1 321.0	598.4	399.0	323.2
2000	2 101.0	690.0	678.0	731.0
2001	1 454.6	654.1	480.7	315.7
2002	1 437.4	874.5	423.8	139.1
2003	1 143.3	665.1	352.7	125.0
2004	500.7	370.4	93.2	37.0
2005	1 316.5	888.5	254.2	129.9
2006	1 299.2	685.3	412.3	198.5
2007	885.0	637.9	189.9	53.1
2008	1 013.7	327.8	386.6	64.2
2009	2 042.0	573.1	511.6	465.8

13—36 国营农场基本情况

指 标	单 位	2005年	2006年	2007年	2008年	2009年
一、农场数	个	120	115	115	109	109
职工人数	万人	26.7	26.7	28.7	28.3	29.3
二、耕地面积	万公顷	13.42	13.79	13.95	14.52	14.73
三、农业机械总动力	万千瓦	67.9	68.20	80.56	84.53	97.10
四、农业机械拥有量						
大中型农用拖拉机	台	1 653	1 465	1 882	1 789	2 843
小型及手扶拖拉机	台	8 538	8 986	9 562	10 825	10 757
农用排灌动力机械	台	16 131	13 847	16 409	19 230	23 020
联合收割机	台	20	20	33	39	35
农用载重汽车	辆	756	789	850	935	958
五、农用化肥施用量(折纯)	吨	53 294	68 025	71 450	81 110	95 435
六、农业总产值	亿元	63.64	69.45	78.28	92.09	103.55
七、盈亏总额	亿元	1.18	1.78	2.18		2.98
八、农作物总播种面积	万公顷	14.61	18.56	15.74	15.66	15.88
#粮食作物	万公顷	13.08	16.87	14.10	13.74	13.98
棉花	公顷				2	
油料	公顷	1 470	2 038	2 595	5 104	4 540
糖料	公顷	51	121	25	139	27
年末实有果园面积	公顷	11 521	12 165	12 636	12 797	13 062
九、主要农产品产量						
#粮食作物	万吨	99.47	108.41	109.33	117.45	116.83
棉花	吨				2	
油料	吨	3 236	3 079	3 176	11 121	10 027
糖料	万吨	0.2	0.33	0.13	0.57	0.13
水果	万吨	7.21	8.05	8.48	9.24	11.26
十、畜牧业、渔业生产						
1.大牲畜年末头数	万头	9.91	9.43	10.45	11.10	12.59
2.猪年末头数	万头	50.68	49.50	53.13	65.85	84.75
3.羊年末只数	万只	9.19	9.10	10.65	13.52	15.06
#绵羊	万只	4.24	4.20	5.67	6.43	8.90
4.畜产品产量						
猪牛羊肉产量	万吨	10.22	11.63	13.70	15.60	18.5
#猪肉产量	万吨	5.97	6.76	7.10	8.50	9.15
牛奶产量	万吨	8.79	8.98	9.60	11.00	12.10
禽蛋产量	万吨	3.18	3.29	4.06	4.56	5.63
羊毛产量	吨	111	94	93	109	193
5.水产品总产量	万吨	18.16	20.10	21.92	23.82	28.23

主要统计指标解释

农业总产值 是以货币表现的农、林、牧、渔业全部产品的总量，它反映一定时期内农业生产的总规模和总成果。

农、林、牧、渔业的统计范围是：

(1)农业 包括农作物种植业和其他农业。

农作物种植业 包括谷物、豆类、薯类、棉、油料、糖料、麻类、烟叶、蔬菜、药材、瓜类和其他农作物的种植，以及茶园、桑园、果园的生产经营。

其他农业 包括采集野生植物的果实、纤维、树胶、树脂、油料以及柴草、野生药材、菌类等及农民家庭兼营的商品性工业。

(2)林业 包括林木的栽培(不包括茶园、桑园和果园的栽培、管理和收获等活动)、林产品的采集和村及村以下合作经济组织和农户的竹木采伐。

(3)牧业 包括除渔业养殖以外的一切动物饲养和放牧以及野生动物的捕猎和饲养。

(4)渔业 包括水生动物和海藻类植物的养殖和捕捞。

从所有制看，包括国有经济的各种专业农(农、林、牧、渔)场以及国家各级机关团体学校、科研机构、部队经营的农业；集体所有制的乡镇村各级办农场；农村各种经济组织经营的农、林、牧、渔业以及工矿企业家属集体经营的农业；农民家庭自营的农林牧渔业及兼营商品性工业等。

农业总产值的计算方法通常是按农林牧渔业产品及其副产品的产量分别乘以各自单位产品价格求得，少数生产周期较长，当年没有产品或产品产量不易统计的，则采用间接方法匡算其产值，然后将四业产品产值相加即为农业总产值。

1957年以前的农业总产值中包括了厩肥和农民自给性手工业(如农民自制衣服、鞋、袜，自己从事粮食初步加工等)。1958年及以后的农业总产值，林业中增加了村及村以下竹木采伐产值；牧业中取消费厩肥产值；副业中取消了农民自给性手工业产值，增加了村及村以下办的工业产值；渔业中增加了海洋捕捞水产品产值。1980年及以后的农业总产值，在副业中增加了农民家庭兼营业商品部分的产值。从1984年起村及村以下办工业产值划归工业。从1993年起，取消副业。将野生动物的捕猎划入牧业，野生植物采集和农民家庭兼营商品性工业划归农业。

粮食产量 指全社会的产量。包括国有经济经营的、集体统一经营的和农民家庭经营的粮食产量，还包括工矿企业家属办的农场和其他生产单位的产量。粮食除包括稻谷、小麦、玉米、高粱、谷子及其他杂粮外，还包括薯类和大豆。其产量计算方法，豆类按去豆荚后的干豆计算；薯类(包括甘薯和马铃薯，不包括芋头和木薯)1963年以前按每4公斤鲜薯折1公斤粮食计算，从1964年开始及以后改为按5公斤鲜薯折1公斤粮食计算。城市郊区作为蔬菜的薯类(如：马铃薯等)按鲜品计算，并且不做为粮食统计。其他粮食一律按脱粒后的原粮计算。

油料产量 指全部油料作物的生产量。包括花生、油菜籽、芝麻、向日葵籽、胡麻籽(亚麻籽)和其他油料。不包括大豆，也不包括木本油料和野生油料。花生以带壳干花生计算。

水产品产量 指人工养殖的水产品和天然生长的水产品的捕捞量。包括海水的鱼类、虾蟹类、贝类和藻类以及内陆水域的鱼类、虾蟹类和贝类，不包括淡水生植物。

猪、牛、羊肉产量 指当年出栏并已屠宰后除去头蹄下水后带骨肉(即胴体重)的重量。

耕地面积 指年初可以用来种植农作物、经常进行耕锄的田地，除包括熟地、当年新开荒地、连续撂荒未满三年的耕地和当年的休闲地(轮歇地)外，还包括以种植农作物为主并附带种植桑树、茶树、果树和其他林木的土地，以及沿海、沿湖地区已围垦利用的“海涂”、“湖田”等面积。但不包括属于专业性的桑园、茶园、果园、果木苗圃、林地、芦苇地、天然或人工草地面积。

农作物播种面积 指实际播种或移植有农作物的面积。凡是实际种植有农作物的面积，不论种植在耕地上还是种植在非耕地上，均包括在农作物播种面积中，同时还包括因遭灾而重新改种和补种的农作物面积，种一公顷算一公顷。

有效灌溉面积 指具有一定水源，地块比较平整，灌溉工程或设备已经配套，在一般年景下当年能够进行正常灌溉的耕地面积。

农用化肥施用量 指本年内实际用于农业生产的化肥数量。包括氮肥、磷肥、钾肥和复合肥。化肥施用量要求按折纯量计算数量。折纯法化肥施用量是把氮肥、磷肥和钾肥分别按含氮、含五氧化二磷、含氧化钾含量的百分比折算。复合肥按其所含主要成分折算。

农业机械总动力 指主要用于农、林、牧、渔业的各种动力机械的动力总和。包括耕作机械、排灌机械、收获机械、农产品加工机械、运输机械、植物保护机械、牧业机械、林业机械、渔业机械和其他农业机械〔内燃机按引擎马力折成瓦(特)计算，电动机按功率折成瓦(特)计算〕。不包括专门用于乡、镇、村、组办工业、基本建设、非农业运输、科学试验和教学等非农业生产方面用的动力机械与作业机械。

农林牧渔业劳动力 指直接参加农林牧渔业生产劳动的劳动力。

谷物 指籽实主要供作粮食的作物。这类作物包括稻谷、小麦、玉米、谷子、高粱和其他谷物，不包括豆类和薯类作物。

第十四篇

工业

14

GONGYE

14—1 规模以上工业企业单位数和总产值

分 类	企业单位数(个)				工业总产值(亿元)			
	2006年	2007年	2008年	2009年	2006年	2007年	2008年	2009年
总 计	**14 754**	**16 556**	**17 269**	**23 364**	**14 167.95**	**18 249.53**	**22 720.54**	**28 152.73**
在总计中:								
国有经济	898	476	472	424	1 641.23	2 092.66	3 372.05	2 705.00
中央企业	135	91	92	81	996.58	1 191.21	2 669.90	2 073.36
地方企业	763	385	380	343	644.65	901.45	702.15	631.63
集体企业	1 193	1 166	1 195	1 254	419.10	505.28	540.98	729.60
股份合作企业	279	253	302	288	137.61	134.42	160.25	183.05
联营经济	30	25	25	34	13.85	21.99	33.53	43.05
有限责任公司	1 783	2 090	2 217	2 565	3 545.65	4 370.48	4 226.60	5 576.92
股份有限公司	323	372	375	429	2 426.71	2 658.42	2 977.91	2 916.58
私营企业	7 713	9 352	9 818	15 157	2 880.85	4 354.76	6 518.94	10 184.97
港澳台投资企业	564	594	592	619	564.95	752.24	863.65	1 281.08
合资经营企业(港或澳台)	345	360	364	369	330.93	431.85	510.84	728.36
合作经营企业(港或澳台)	33	33	33	29	31.74	35.22	27.63	39.52
港澳台商独资经营企业	177	191	184	210	193.18	274.36	310.16	496.91
港澳台商投资股份有限公司	9	10	11	11	9.10	10.81	15.02	16.28
外商投资经济	1 968	2 228	2 221	2 470	2 536.64	3 359.29	3 895.62	4 391.55
中外合资经营企业	1 017	1 130	1 142	1 231	1 599.28	2 164.49	2 469.27	2 867.13
中外合作经营企业	110	115	121	129	55.13	71.70	104.07	122.65
外资企业	824	953	924	1 082	833.16	1 053.28	1 247.38	1 331.49
外商投资股份有限公司	17	30	34	28	49.07	69.82	74.90	70.28
其他工业	3		52	124	1.34		131.04	140.94
在总计中:								
国有及国有控股企业	1 254	839	851	883	6 449.76	8 058.78	9 262.58	9 289.74
在总计中:								
轻工业	4 514	4 945	5 122	6 420	2 421.28	3 277.80	4 098.01	5 440.96
重工业	10 240	11 611	12 147	16 944	11 746.67	14 971.73	18 622.54	22 711.77
在总计中:								
大型企业	118	123	127	134	6 529.85	7 675.48	8 643.24	8 841.97
中型企业	967	1 041	1 008	1 249	3 172.77	3 994.13	5 223.97	6 136.48
小型企业	13 669	15 392	16 134	21 981	4 465.33	6 579.92	8 853.33	13 174.29

注:本部分统计范围是全部国有及年主营业务收入500万元及以上非国有工业企业。

14—2 规模以上工业企业职工人数

单位:万人

分　　类	2005年	2006年	2007年	2008年	2009年
总　　计	**276.55**	**302.02**	**328.02**	**319.88**	**386.62**
在总计中:					
国有经济	52.06	49.12	46.35	55.33	53.80
中央企业	26.42	25.15	24.89	35.31	35.38
地方企业	25.64	23.97	21.45	20.02	18.42
集体企业	18.92	17.33	18.21	15.03	17.03
股份合作企业	2.93	2.97	2.69	2.23	2.48
联营经济	0.34	0.36	1.02	1.11	1.24
有限责任公司	74.20	78.53	81.36	61.64	80.68
股份有限公司	15.88	16.07	16.84	18.91	17.53
私营企业	59.28	78.15	93.29	100.57	140.70
港澳台投资企业	10.97	12.73	14.17	12.85	15.05
合资经营企业(港或澳台)	6.77	7.31	8.12	7.87	9.27
合作经营企业(港或澳台)	0.72	0.84	1.20	0.73	0.73
港澳台商独资经营企业	3.36	4.47	4.73	4.07	4.88
港澳台商投资股份有限公司	0.11	0.11	0.13	0.19	0.16
外商投资经济	41.96	46.72	54.09	50.88	56.33
中外合资经营企业	17.37	20.32	24.35	22.05	25.79
中外合作经营企业	2.06	2.35	2.71	2.35	2.44
外资企业	21.95	23.62	26.41	25.43	26.75
外商投资股份有限公司	0.58	0.44	0.63	1.05	1.34
其他工业		0.03		1.32	1.79
在总计中:					
国有及国有控股企业	116.99	112.96	111.79	109.48	116.84
在总计中:					
轻工业	68.94	77.31	86.38	78.71	96.62
重工业	207.61	224.71	241.64	241.16	290.00
在总计中:					
大型企业	100.69	105.90	107.04	104.40	115.91
中型企业	70.07	71.99	78.13	78.95	87.11
小型企业	105.79	124.13	142.85	136.53	183.61

14—3 工 业 总 产 值

（按经济类型分）

单位:亿元

年 份	工业总产值	#国有企业	#集体企业	#其他经济类型工业	总计中:国有及国有控股工业
1978	370.40	313.80	63.00		313.80
1980	443.99	362.00	74.80	7.19	362.00
1985	715.07	530.95	163.00	21.12	530.95
1986	786.79	578.69	183.15	24.95	578.69
1987	913.72	668.19	213.22	32.25	668.19
1988	1 112.44	798.37	267.13	46.94	798.37
1989	1 316.09	951.87	305.04	59.18	951.87
1990	1 348.17	983.92	305.42	58.83	983.92
1991	1 544.39	1 121.03	341.09	82.26	1 121.03
1992	1 876.95	1 326.63	426.56	123.76	1 326.63
1993	2 609.99	1 813.61	551.94	244.44	1 813.61
1994	3 117.82	1 966.44	692.66	458.72	1 966.44
1995	3 055.54	1 876.53	716.28	462.73	1 876.53
1996	3 354.61	1 947.05	804.87	602.69	2 106.14
1997	3 644.88	2 040.10	783.34	821.45	2 292.03
1998	3 147.86	1 687.23	364.46	1 096.17	2 109.37
1999	3 390.27	1 600.68	337.14	1 452.45	2 208.77
2000	4 249.46	1 326.14	315.12	2 608.20	2 827.94
2001	4 480.32	999.33	265.07	3 215.92	2 928.95
2002	4 888.02	971.82	258.34	3 657.86	3 051.61
2003	6 112.96	973.99	285.24	4 853.73	3 552.3
2004	8 603.90	1 303.10	292.76	7 008.04	4 881.66
2005	10 814.51	1 375.59	368.45	9 070.47	5 771.15
2006	14 167.95	1 641.23	419.10	12 107.62	6 449.76
2007	18 249.53	2 092.66	505.28	15 651.59	8 058.78
2008	22 720.54	3 372.05	540.98	18 807.51	9 262.58
2009	28 152.73	2 705.00	729.60	24 718.13	9 289.74

注:本表1997年以前为乡及乡以上工业,1998年以后为全部国有及规模以上非国有工业产值。

14—4 各地区全部国有及规模

年份、地区	企业单位数（个）	工业增加值	实收资本	流动资产合计	流动资产年平均余额	固定资产小计	固定资产原价合计	固定资产净值年平均余额
1998	6 249	858.03	1 484.05	2 668.69	2 638.38	3 497.46	4 537.00	2 988.11
1999	5 816	935.71	1 746.30	2 983.00	2 741.90	3 859.10	5 141.10	3 170.90
2000	6 017	1 194.03	2 056.60	3 155.90	2 958.50	3 912.00	5 372.80	3 449.10
2001	5 847	1 255.69	2 288.31	3 354.48	3 275.78	4 354.16	6 112.04	3 810.21
2002	6 017	1 377.73	2 419.70	3 540.88	3 427.01	4 514.29	6 543.85	4 073.58
2003	6 842	1 715.92	2 417.98	3 843.47	3 758.78	4 367.12	6 814.11	3 940.30
2004	10 635	2 400.21	3 316.46	4 770.35	4 579.10	5 026.97	7 543.08	4 558.09
2005	11 510	3 108.44	3 225.57	5 330.42	5 045.59	5 493.10	8 202.52	4 848.73
2006	14 754	4 141.22	3 546.87	6 476.86	6 044.27	6 453.31	9 191.33	5 512.75
2007	16 556	5 393.76	3 911.88	7 895.35	7 352.79	7 141.43	10 922.97	6 219.35
2008	17 269	6 603.07	4 790.97	8 851.42	8 799.77	8 857.95	12 731.65	7 263.74
2009	23 364		5 778.87	11 357.33		11 022.98	15 419.80	
沈阳	5 247		1 165.10	2 497.17		2 257.53	3 400.97	
大连	4 985		1 352.18	3 610.28		2 279.26	2 955.85	
鞍山	2 282		361.27	1 022.52		968.19	1 493.80	
抚顺	1 183		243.50	398.43		417.96	638.74	
本溪	637		250.27	599.26		836.33	1 022.11	
丹东	1 138		106.51	203.26		179.95	248.41	
锦州	989		159.38	309.70		286.01	405.61	
营口	1 512		423.78	477.04		671.71	727.41	
阜新	384		72.24	158.67		239.79	287.52	
辽阳	918		343.03	538.92		364.49	543.75	
盘锦	786		717.38	590.72		989.03	1 496.35	
铁岭	1 695		196.95	249.85		439.80	583.74	
朝阳	1 040		72.27	210.31		203.29	264.27	
葫芦岛	567		215.00	445.14		369.20	531.44	

以上非国有工业企业主要指标

单位:亿元

流动负债合计	长期负债合计	所有者权益合计	主营业务收入	主营业务成本	主营业务税金及附加	营业费用	利润总额	本年应交增值税	利税总额
2 912.85	**1 399.70**	**2 283.44**	**3 090.51**	**2 608.76**	**54.75**	**78.92**	**−16.50**	**145.47**	**183.72**
3 165.20	1 300.90	2 947.60	3 429.70	2 875.10	55.10	92.26	58.20	154.90	268.20
3 220.90	1 454.40	3 066.30	4 311.90	3 623.50	65.40	109.24	176.20	190.40	432.10
3 475.59	1 414.73	3 460.95	4 580.34	3 892.85	62.88	114.44	144.46	194.59	401.93
3 695.87	1 508.87	3 598.88	5 013.91	4 221.40	71.17	135.99	156.16	210.46	437.79
4 003.90	1 369.75	3 776.27	6 340.92	5 321.37	84.67	163.18	235.95	245.58	566.20
5 036.77	1 372.94	4 519.86	8 540.71	7 264.61	99.44	199.85	430.78	294.39	824.61
5 323.14	1 549.11	4 852.41	10 747.31	9 409.07	120.57	236.69	355.98	336.47	813.02
6 237.06	1 707.39	5 845.19	13 997.96	12 223.93	160.37	282.29	449.75	418.24	1 028.36
7 817.31	1 950.54	7 001.69	17 965.81	15 213.19	234.95	380.86	852.67	565.52	1 653.14
8 957.66	2 292.33	8 314.19	22 355.49	19 640.09	249.38	428.73	658.19	611.30	1 518.86
10 906.67	3 114.68	10 478.28	27 870.09	23 760.52	578.11	539.37	1 381.95	765.19	2 725.25
2 190.76	517.86	2 441.99	7 443.38	6 349.50	81.25	178.01	382.98	229.69	693.91
3 388.15	707.86	2 147.91	6 119.77	5 122.17	167.39	144.43	300.25	97.17	564.82
841.08	312.58	1 497.91	2 148.71	1 793.27	18.04	35.23	137.69	77.27	232.99
403.86	92.36	374.84	1 197.00	986.28	81.29	14.16	46.01	24.62	151.92
793.19	239.19	480.18	1 352.60	1 255.76	4.59	12.89	5.18	19.06	28.83
167.06	26.35	224.21	710.96	611.87	5.26	12.28	44.47	25.14	74.87
256.52	88.78	312.58	1 198.94	1 001.08	62.16	17.89	87.08	40.43	189.66
583.74	109.07	619.96	1 630.81	1 386.14	22.97	27.89	117.77	79.87	220.61
183.93	72.93	139.67	281.16	239.19	2.46	5.86	11.30	13.09	26.85
396.88	114.81	436.03	1 183.56	963.86	36.31	20.36	143.94	21.91	202.16
451.18	406.53	781.51	1 198.51	1 044.97	35.29	13.28	16.27	48.61	100.17
224.78	113.94	411.80	1 423.24	1 209.82	13.57	41.83	60.03	31.43	105.03
221.74	34.70	225.72	724.62	618.75	6.23	8.32	56.55	19.36	82.13
596.46	129.43	204.72	658.76	574.56	39.07	6.94	−6.92	16.09	48.24

14—5 全部国有及规模以上

（2009

项　　目	企业单位数（个）	工业总产值	实收资本	资产合计	流动资产合计	固定资产合计	固定资产原价	负债合计
总　　计	**23 364**	**28 152.73**	**5 778.87**	**25 333.81**	**11 357.33**	**11 022.98**	**15 419.80**	**14 785.78**
国有经济	424	2 705.00	1 379.10	5 058.22	1 547.58	2 626.45	4 161.90	2 870.04
中央企业	81	2 073.36	1 088.57	3 777.14	1 082.74	1 934.74	3 381.18	2 002.73
地方企业	343	631.63	290.54	1 281.08	464.83	691.71	780.72	867.31
集体企业	1 254	729.60	53.37	348.62	179.05	104.62	164.52	186.41
股份合作企业	288	183.05	20.71	117.53	57.30	44.24	61.02	52.88
联营企业	34	43.05	8.43	48.55	20.50	15.39	22.24	30.47
国有联营企业	2	0.52	0.60	0.82	0.50	0.32	0.66	0.60
集体联营企业	14	15.87	0.54	5.42	4.31	0.91	1.38	2.00
国有与集体联营企业	5	9.20	5.19	23.70	6.41	10.10	15.42	16.68
其他联营企业	13	17.46	2.09	18.61	9.27	4.07	4.78	11.19
有限责任公司	2 565	5 576.92	1 107.31	7 433.40	3 843.38	3 034.10	3 582.14	5 303.44
国有独资	71	1 122.82	220.92	1 992.63	939.57	934.31	1 208.32	1 379.12
其他有限责任公司	2 494	4 454.10	886.38	5 440.78	2 903.81	2 099.79	2 373.81	3 924.32
股份有限公司	429	2 916.58	714.16	2 199.22	805.19	1 116.50	1 685.01	1 226.57
私营企业	15 157	10 184.97	1 046.22	5 086.67	2 159.42	2 279.73	3 028.67	2 397.30
私营独资企业	5 751	2 980.14	294.12	1 317.98	528.95	597.89	736.31	567.10
私营合作企业	313	190.35	15.77	94.10	40.53	42.62	67.09	44.09
私营有限责任公司	8 423	6 504.20	683.36	3 377.37	1 456.55	1 522.71	2 062.35	1 623.11
私营股份责任	670	510.27	52.98	297.23	133.38	116.51	162.92	163.01
其他企业	124	140.94	21.11	165.51	99.70	48.95	42.01	98.11
港、澳、台投资企业	619	1 281.08	347.95	1 198.51	671.90	419.19	610.01	634.81
合资经营企业（港或澳、台资）	369	728.36	174.03	623.63	344.33	232.34	316.82	350.03
合作经营企业（港或澳、台资）	29	39.52	9.28	22.71	10.36	10.19	23.99	8.40
港澳台商独资经营企业	210	496.91	162.08	540.10	313.92	169.35	259.51	271.04
港澳台商投资股份有限企业	11	16.28	2.55	12.06	3.29	7.31	9.70	5.34
外商投资企业	2 470	4 391.55	1 080.51	3 677.56	1 973.32	1 333.80	2 062.28	1 985.76
中外合资经营企业	1 231	2 867.13	501.70	2 271.44	1 296.04	779.20	1 132.17	1 374.06
中外合作经营企业	129	122.65	20.36	68.09	33.77	28.80	39.32	30.82
外资企业	1 082	1 331.49	542.40	1 236.94	601.78	486.08	797.70	551.00
外商投资股份有限公司	28	70.28	16.05	101.09	41.73	39.72	93.09	29.88
在总计中：轻工业	6 420	5 440.96	955.95	3 290.54	1 502.76	1 424.47	2 110.73	1 525.83
重工业	16 944	22 711.77	4 822.92	22 043.27	9 854.56	9 598.51	13 309.07	13 259.96
在总计中：大型企业	134	8 841.97	2 643.13	12 328.64	5 482.83	5 423.96	7 682.96	7 745.80
中型企业	1 249	6 136.48	1 343.94	5 667.22	2 606.78	2 450.71	3 445.88	3 402.03
小型企业	21 981	13 174.29	1 791.80	7 337.95	3 267.72	3 148.32	4 290.95	3 637.95

非国有工业企业主要指标

年）

单位:亿元

流动负债合计	长期负债合计	所有者权益	主营业务收入	主营业务成本	主营业务税金及附加	利润总额	本年应交增值税	利税总额
10 906.67	**3 114.68**	**10 478.28**	**27 870.09**	**23 760.52**	**578.11**	**1 381.95**	**765.19**	**2 725.25**
1 672.86	1 059.80	2 183.37	2 908.33	2 553.15	49.73	31.58	130.93	212.24
1 162.34	742.03	1 771.23	2 306.76	2 032.21	45.66	17.08	105.70	168.45
510.52	317.77	412.14	601.57	520.94	4.07	14.50	25.22	43.79
138.10	17.59	160.03	721.32	619.89	7.53	39.21	21.11	67.85
44.07	6.45	64.10	171.72	150.29	1.75	14.51	3.36	19.63
25.03	4.93	18.04	41.10	30.60	0.14	2.44	1.19	3.77
0.35	0.25	0.22	0.52	0.62		-0.12	0.02	-0.10
1.91	0.05	3.42	13.83	8.51	0.07	0.84	0.32	1.24
12.40	4.28	7.02	9.27	6.83	0.01	-0.07	0.16	0.11
10.36	0.35	7.38	17.49	14.63	0.05	1.79	0.68	2.52
4 029.83	1 122.86	2 116.88	5 408.50	4 708.16	28.70	231.30	134.81	394.80
1 043.04	324.99	612.31	1 161.97	1 027.46	5.78	13.98	29.60	49.36
2 986.79	797.88	1 504.57	4 246.53	3 680.69	22.92	217.31	105.21	345.44
995.99	178.91	966.65	3 037.01	2 491.19	329.85	54.58	60.00	444.43
1 801.74	289.22	2 669.06	9 789.00	8 365.01	82.86	634.15	253.38	970.39
383.68	64.95	745.86	2 860.19	2 447.81	28.81	199.84	64.36	293.01
33.86	3.88	49.66	182.38	156.53	1.74	11.62	5.37	18.73
1 245.03	206.82	1 741.15	6 257.93	5 344.38	48.82	384.83	170.00	603.66
139.17	13.58	132.40	488.50	416.29	3.49	37.86	13.64	54.99
79.38	15.47	67.30	160.19	136.18	0.46	8.37	1.86	10.69
514.99	93.59	560.76	1 297.72	1 082.26	5.35	119.86	38.65	163.87
309.01	28.24	271.67	731.93	641.41	3.49	37.24	17.78	58.51
6.93	0.91	13.76	45.36	37.25	0.06	1.63	0.97	2.66
194.97	63.24	268.59	505.21	390.30	1.77	80.33	19.37	101.47
4.07	1.20	6.73	15.22	13.29	0.03	0.66	0.53	1.23
1 604.68	325.87	1 672.09	4 335.21	3 623.80	71.73	245.95	119.90	437.58
1 118.07	230.68	882.79	2 842.90	2 380.89	66.19	165.04	81.31	312.54
22.50	5.98	36.92	121.73	97.71	0.54	7.50	3.75	11.79
438.33	86.15	681.21	1 298.42	1 087.42	4.21	66.90	31.74	102.84
25.78	3.07	71.17	72.17	57.78	0.80	6.51	3.10	10.41
1 187.61	212.83	1 739.45	5 350.76	4 488.75	58.55	300.19	135.45	494.19
9 719.06	2 901.85	8 738.83	22 519.33	19 271.77	519.55	1 081.76	629.74	2 231.06
5 670.20	1 964.82	4 572.93	9 170.57	7 847.41	382.96	264.96	257.66	905.58
2 551.10	684.86	2 242.23	5 950.23	4 983.62	94.85	390.18	189.95	674.97
2 685.36	465.00	3 663.12	12 749.28	10 929.49	100.30	726.82	317.58	1 144.70

14—6 按行业分的全部国有及规模

（2009

行业	企业单位数（个）	实收资本	资产合计	流动资产合计	固定资产合计	固定资产原价	负债合计
煤炭开采和洗选业	245	93.89	640.35	260.59	251.03	428.18	349.17
石油和天然气开采业	26	594.03	1 007.17	326.95	671.66	1 234.20	451.69
黑色金属矿采选业	998	60.77	329.63	156.20	125.34	151.27	157.84
有色金属矿采选业	242	23.03	115.62	57.34	45.39	60.26	54.29
非金属矿采选业	438	20.88	84.65	37.23	40.54	50.43	33.54
其他采矿业	1	0.01	0.06	0.03	0.03	0.05	0.06
农副食品加工业	1 822	206.46	901.90	408.10	414.58	600.39	419.34
食品制造业	454	50.76	214.70	81.08	111.57	156.97	79.63
饮料制造业	282	50.49	186.17	79.31	87.40	132.26	87.83
烟草制品业	4	1.02	20.06	7.25	12.29	17.85	4.56
纺织业	580	52.16	190.98	89.83	80.91	117.41	96.52
纺织服装、鞋、帽制造业	812	49.95	202.03	91.99	76.57	135.14	82.48
皮革、毛皮、羽毛(绒)及其制品业	79	5.66	19.32	10.14	7.12	14.31	9.11
木材加工及木、竹、藤、棕、草制品业	578	45.08	151.82	64.17	77.30	116.62	64.65
家具制造业	261	30.09	119.73	48.14	54.67	88.84	42.70
造纸及纸制品业	371	23.74	115.37	43.14	55.47	78.08	55.84
印刷业和记录媒介的复制	189	18.16	57.85	26.06	24.04	43.11	26.68
文教体育用品制造业	67	5.08	16.06	7.49	5.94	9.69	9.09
石油加工、炼焦及核燃料加工业	343	237.74	1 009.61	400.26	517.90	947.48	573.33
化学原料及化学制品制造业	1 368	422.65	1 528.90	570.01	843.63	877.93	994.81
医药制造业	287	71.40	319.42	165.28	104.10	153.10	169.84
化学纤维制造业	32	128.63	82.38	41.81	28.16	47.33	46.39
橡胶制品业	306	50.49	176.89	81.23	72.91	115.31	88.25
塑料制品业	899	122.98	470.64	241.30	179.66	263.51	217.06
非金属矿物制品业	2 075	275.51	1 182.09	483.73	551.54	726.15	589.32
黑色金属冶炼及压延加工业	616	719.15	4 310.57	1 510.68	1 902.64	2 600.60	2 517.26
有色金属冶炼及压延加工业	385	140.13	633.81	347.90	212.36	282.80	402.67
金属制品业	1 262	115.90	596.23	284.18	254.66	341.23	309.57
通用设备制造业	3 605	429.88	2 119.39	1 137.20	792.63	950.30	1 136.38
专用设备制造业	1 386	204.01	1 212.04	793.34	327.87	434.37	792.07
交通运输设备制造业	875	473.35	3 124.64	2 064.70	801.37	890.76	2 399.54
电气机械及器材制造业	1 152	250.17	949.75	548.11	296.32	492.53	513.05
通信设备、计算机及其他电子设备制造业	323	183.60	531.21	304.54	136.15	236.72	284.36
仪器仪表及文化、办公用机械制造业	343	31.60	131.22	83.62	31.90	49.52	55.14
工艺品及其他制造业	218	23.78	70.33	33.48	28.91	43.12	30.10
废弃资源和废旧材料回收加工业	39	5.62	21.82	14.14	4.10	3.84	11.08
电力、热力的生产和供应业	292	446.35	2 195.09	370.44	1 609.41	2 290.04	1 515.05
燃气生产和供应业	39	27.67	77.14	24.79	40.92	49.67	36.98
水的生产和供应业	70	87.01	217.17	61.54	144.01	188.41	78.50

以上非国有工业企业主要指标

年)

单位:亿元

流动负债合计	长期负债合计	所有者权益	主营业务收入	主营业务成本	主营业务税金及附加	利润总额	本年应交增值税	利税总额
247.75	**95.13**	**290.97**	**343.67**	**257.06**	**5.74**	**33.54**	**30.24**	**69.53**
216.74	234.73	555.42	366.93	323.56	6.96	-19.80	27.01	14.18
118.56	12.00	170.79	665.52	541.64	11.60	87.32	22.50	121.41
42.23	6.13	60.52	187.29	155.52	2.27	15.79	7.77	25.84
23.55	5.58	50.43	164.27	132.19	2.47	15.06	6.23	23.76
0.06			0.39	0.34	0.01	0.01		0.02
320.66	52.33	467.97	2 029.42	1 757.13	9.13	104.87	39.34	153.34
53.15	11.76	134.56	367.26	314.13	2.06	21.12	12.85	36.03
75.95	6.38	98.07	265.46	206.97	7.41	22.26	9.22	38.89
4.55		15.51	43.66	15.50	19.22	3.29	5.12	27.64
77.05	14.08	93.72	295.53	259.19	2.82	11.68	7.35	21.85
62.82	8.68	117.95	465.11	383.39	4.89	46.27	9.94	61.10
8.06	0.73	9.68	51.20	41.41	0.40	5.33	1.25	6.99
49.23	11.17	86.01	331.56	285.53	1.99	19.07	8.75	29.80
34.97	2.98	76.60	248.67	196.78	3.26	11.11	4.94	19.30
44.77	7.32	59.16	197.56	170.32	1.31	12.67	5.32	19.30
19.37	4.88	30.56	84.09	71.28	0.51	4.79	2.66	7.97
7.26	0.77	6.95	27.18	22.85	0.45	0.64	0.60	1.70
386.72	162.35	435.29	2 536.25	2 027.96	339.85	71.10	62.20	473.15
574.46	395.76	529.83	1 359.76	1 185.66	35.01	22.35	22.01	79.37
127.40	35.33	148.37	335.21	233.28	1.46	25.77	15.68	42.90
37.60	8.44	35.99	86.61	85.57	0.89	-5.29	2.74	-1.66
68.40	14.47	88.20	242.21	198.98	1.74	13.60	8.88	24.22
156.14	46.29	252.05	599.62	513.71	4.95	30.03	14.57	49.55
442.62	84.66	589.12	1 641.99	1 390.88	12.94	126.38	69.57	208.89
1 838.29	617.66	1 791.61	3 664.71	3 265.55	18.67	137.39	79.51	235.57
317.31	68.00	228.61	794.90	665.50	4.59	75.23	18.71	98.52
235.71	42.66	285.66	877.43	738.73	6.37	59.45	25.08	90.90
919.13	127.72	976.29	2 695.50	2 323.36	14.53	143.81	64.07	222.41
686.66	79.51	416.54	1 245.12	1 041.34	6.35	78.03	30.82	115.20
2 060.45	252.31	721.23	2 161.76	1 855.91	32.61	107.72	50.39	190.71
426.85	48.67	432.92	1 271.91	1 088.22	6.20	69.09	31.46	106.75
253.70	26.88	246.35	622.16	526.20	1.90	22.23	7.61	31.74
45.00	6.56	75.62	152.66	121.09	0.92	11.59	4.59	17.10
22.43	6.31	38.72	106.95	91.99	0.96	4.71	2.54	8.22
7.19	3.64	10.74	32.39	29.95	0.16	2.77	1.64	4.57
816.50	577.73	673.91	1 237.96	1 183.81	4.93	-7.99	49.19	46.14
26.24	8.44	39.52	29.03	22.80	0.14	0.17	0.77	1.08
51.15	26.62	136.83	41.18	35.24	0.44	-1.22	2.05	1.27

14—7 按行业分的全部国有及规模以上非国有工业企业主要经济效益指标

（2009 年）

行业	总资产贡献率（%）	资产负债率（%）	工业成本费用利润率（%）	产品销售率（%）
全省总计	**11.66**	**58.36**	**5.37**	**97.84**
煤炭开采和洗选业	11.29	54.53	10.88	98.01
石油和天然气开采业	2.04	44.85	-5.40	99.96
黑色金属矿采选业	37.30	47.89	15.37	96.12
有色金属矿采选业	23.20	46.96	9.32	99.12
非金属矿采选业	29.33	39.62	10.22	96.91
其他采矿业	41.21	105.90	2.34	100.00
农副食品加工业	17.99	46.50	5.65	97.29
食品制造业	17.33	37.09	6.26	97.03
饮料制造业	21.35	47.18	9.57	96.97
烟草制品业	137.91	22.72	15.38	101.17
纺织业	12.47	50.54	4.20	94.72
纺织服装、鞋、帽制造业	31.79	40.82	11.10	94.93
皮革、毛皮、羽毛(绒)及其制品业	37.13	47.15	12.04	98.56
木材加工及木、竹、藤、棕、草制品业	20.60	42.58	6.17	98.16
家具制造业	16.56	35.66	5.09	99.34
造纸及纸制品业	17.60	48.40	6.85	97.63
印刷业和记录媒介的复制	14.19	46.12	6.08	99.04
文教体育用品制造业	11.24	56.64	2.58	98.90
石油加工、炼焦及核燃料加工业	47.71	56.79	3.35	100.00

14—7 续表 (2009 年)

行 业	总资产贡献率 (%)	资产负债率 (%)	工业成本费用利润率 (%)	产品销售率 (%)
化学原料及化学制品制造业	6.11	65.07	1.72	97.93
医药制造业	14.21	53.17	8.79	96.85
化学纤维制造业	-1.64	56.31	-5.35	98.74
橡胶制品业	14.98	49.89	6.12	97.47
塑料制品业	11.72	46.12	5.39	98.02
非金属矿物制品业	18.72	49.85	8.46	97.12
黑色金属冶炼及压延加工业	6.57	58.40	3.89	97.94
有色金属冶炼及压延加工业	17.28	63.53	10.67	99.60
金属制品业	16.08	51.92	7.42	96.68
通用设备制造业	11.39	53.62	5.70	97.58
专用设备制造业	10.23	65.35	6.84	96.20
交通运输设备制造业	6.34	76.79	5.35	98.31
电气机械及器材制造业	11.92	54.02	5.87	96.63
通信设备、计算机及其他电子设备制造业	6.73	53.53	3.77	97.54
仪器仪表及文化、办公用机械制造业	13.56	42.02	8.40	95.74
工艺品及其他制造业	12.47	42.80	4.71	98.62
废弃资源和废旧材料回收加工业	21.27	50.79	9.00	97.96
电力、热力的生产和供应业	3.83	69.02	-0.64	99.85
燃气生产和供应业	1.93	47.94	0.55	99.18
水的生产和供应业	0.98	36.15	-2.69	97.00

14—8 国有及国有控股

（2009

行业	企业单位数（个）	实收资本	资产合计	流动资产合计	固定资产合计	固定资产原价	负债合计
总计	**883**	**2 968.59**	**13 453.32**	**5 672.34**	**6 251.98**	**8 765.89**	**8 796.34**
总计中:亏损企业	262	1 243.77	3 858.64	1 086.48	2 596.26	3 571.18	2 602.45
总计中:中央企业	173	1 936.78	7 840.99	3 180.59	3 695.60	5 571.24	4 994.82
地方企业	710	1 031.81	5 612.33	2 491.75	2 556.38	3 194.65	3 801.52
总计中:轻工业	205	279.58	644.40	308.60	268.74	388.65	328.57
重工业	678	2 689.01	12 808.92	5 363.73	5 983.24	8 377.25	8 467.77
总计中:大型企业	70	2 283.38	10 580.20	4 493.58	4 870.74	6 880.63	6 849.82
中型企业	240	527.66	2 124.37	879.41	1 030.91	1 444.21	1 390.51
小型企业	573	157.55	748.74	299.35	350.33	441.05	556.01
煤炭开采和洗选业	13	76.64	559.60	234.84	218.03	390.76	307.77
石油和天然气开采业	5	592.71	998.63	321.56	669.25	1 229.29	446.39
黑色金属矿采选业	5	2.72	12.53	6.82	1.57	1.67	8.82
有色金属矿采选业	3	1.65	13.05	7.97	3.74	6.32	7.93
非金属矿采选业	5	2.04	8.74	4.39	3.90	4.55	4.44
其他采矿业	0						
农副食品加工业	30	7.45	54.03	33.52	18.17	22.16	38.01
食品制造业	26	5.05	21.47	7.38	10.10	23.55	10.85
饮料制造业	4	0.89	4.19	0.92	3.26	4.43	2.48
烟草制品业	3	0.98	19.80	7.00	12.28	17.82	4.54
纺织业	6	2.63	6.66	3.30	2.27	5.90	2.99
纺织服装、鞋、帽制造业	8	0.60	2.64	2.13	0.49	0.63	1.13
皮革、毛皮、羽毛(绒)及其制品业	1	0.05	0.12	0.08	0.03	0.06	0.14
木材加工及木、竹、藤、棕、草制品业	7	1.29	2.81	1.70	0.97	1.75	2.10
家具制造业	0						
造纸及纸制品业	6	0.25	2.20	1.52	0.67	0.94	1.68
印刷业和记录媒介的复制	29	6.83	23.81	11.65	8.64	18.74	12.41
文教体育用品制造业	0						
石油加工、炼焦及核燃料加工业	20	193.15	762.84	287.19	425.04	841.58	438.34
化学原料及化学制品制造业	52	269.74	787.56	241.94	518.67	477.82	562.06
医药制造业	11	17.74	104.68	59.12	18.71	31.72	65.39
化学纤维制造业	4	122.15	61.71	34.04	17.06	30.25	35.86
橡胶制品业	7	1.72	9.63	6.07	2.85	5.22	4.63
塑料制品业	12	4.13	17.53	5.79	11.27	12.06	15.41
非金属矿物制品业	47	21.41	73.91	27.21	39.27	47.45	49.73
黑色金属冶炼及压延加工业	35	607.40	3 671.18	1 203.53	1 658.24	2 210.47	2 147.62
有色金属冶炼及压延加工业	16	31.28	172.57	75.39	67.87	86.07	170.61
金属制品业	25	11.66	38.47	19.90	11.44	22.28	17.82
通用设备制造业	85	81.31	557.40	334.80	206.03	206.52	364.45
专用设备制造业	66	88.31	719.01	516.28	163.55	195.92	550.28
交通运输设备制造业	102	253.83	2 353.79	1 680.52	562.87	590.56	1 937.72
电气机械及器材制造业	35	16.27	61.34	33.05	22.67	39.81	52.00
通信设备、计算机及其他电子设备制造业	23	77.62	253.81	159.17	45.86	74.92	152.06
仪器仪表及文化、办公用机械制造业	15	3.72	21.15	15.95	3.74	6.37	6.69
工艺品及其他制造业	7	4.60	19.91	8.34	8.27	10.75	13.10
废弃资源和废旧材料回收加工业	1	0.09	0.18	0.06	0.06	0.06	0.13
电力、热力的生产和供应业	116	366.59	1 805.03	256.00	1 359.38	1 942.83	1 279.75
燃气生产和供应业	9	12.72	32.92	10.18	19.96	25.94	13.35
水的生产和供应业	44	81.36	198.45	53.02	135.81	178.71	67.68

工 业 企 业 主 要 指 标

年）

单位:亿元

流动负债合计	长期负债合计	所有者权益	主营业务收入	主营业务成本	主营业务税金及附加	利润总额	本年应交增值税	利税总额
6 300.81	**2 283.15**	**4 644.74**	**9 638.09**	**8 301.56**	**444.50**	**177.92**	**281.73**	**904.15**
1 469.31	1 056.67	1 254.83	2 101.51	1 987.70	40.14	-140.67	57.79	-42.74
3 473.06	1 406.53	2 838.25	5 800.36	4 923.55	406.02	76.47	169.45	651.94
2 827.75	876.62	1 806.49	3 837.73	3 378.01	38.48	101.45	112.28	252.21
253.56	69.31	314.57	511.29	417.83	21.63	10.82	18.22	50.67
6 047.25	2 213.84	4 330.18	9 126.80	7 883.73	422.87	167.10	263.51	853.48
4 961.43	1 809.07	3 729.82	7 385.19	6 371.19	372.65	88.55	202.91	664.11
969.52	357.71	724.86	1 752.64	1 498.16	67.27	67.53	63.02	197.81
369.86	116.37	190.06	500.27	432.21	4.59	21.84	15.80	42.23
212.56	91.80	251.82	250.79	180.28	4.72	22.40	25.44	52.56
211.45	234.73	552.18	360.65	318.50	6.90	-20.31	26.87	13.45
3.63	5.19	3.70	4.04	2.74	0.11	0.63	0.11	0.86
5.25	0.34	4.92	11.01	7.19	0.42	0.88	0.30	1.59
2.57		4.16	3.39	2.18	0.16	0.22	0.26	0.64
35.58	1.72	15.82	66.50	58.38	0.16	2.19	0.51	2.85
5.85	3.49	10.62	56.01	50.84	0.37	2.22	3.82	6.41
2.11	0.38	1.70	10.88	9.51	0.06	0.62	0.38	1.06
4.53		15.27	43.50	15.48	19.22	3.29	5.10	27.60
2.69	0.30	3.47	13.71	12.96	0.02	-0.13	0.19	0.08
0.87	0.25	1.51	1.92	1.54	0.01		0.04	0.05
0.14		-0.02	0.05	0.04		-0.01		-0.01
1.83	0.27	0.71	3.48	3.19	0.02	0.01	0.04	0.07
1.03	0.65	0.52	2.70	2.32	0.01	0.03	0.04	0.07
7.66	2.77	11.19	14.47	12.06	0.05	0.06	0.70	0.81
288.79	148.60	324.26	2 089.46	1 632.21	335.40	47.57	50.50	433.48
259.32	300.14	223.74	406.01	365.32	29.68	-25.70	2.26	6.24
45.68	18.91	39.30	87.76	59.03	0.44	5.81	2.76	9.01
31.05	4.81	25.84	66.58	69.79	0.86	-5.99	2.42	-2.72
4.53	0.10	5.00	12.24	10.33	0.09	0.62	0.33	1.03
9.23	5.66	2.11	8.12	7.63	0.03	-1.47	0.43	-1.01
37.48	9.08	23.57	49.36	42.04	0.30	1.46	2.45	4.21
1 554.67	577.23	1 523.46	2 389.08	2 144.74	11.35	33.05	53.90	98.30
145.49	24.22	1.96	90.43	83.24	0.09	-3.94	0.77	-3.09
15.73	0.29	20.56	45.83	36.61	0.16	5.28	2.32	7.77
289.87	45.24	192.81	387.94	342.03	1.54	20.88	12.53	34.94
483.43	57.64	168.37	509.32	435.04	2.21	32.16	10.60	44.96
1 717.42	193.71	415.93	1 253.99	1 076.80	24.61	66.56	30.04	121.21
44.03	6.44	9.16	57.37	50.56	0.26	0.15	1.57	1.98
142.62	9.44	101.63	201.03	168.37	0.48	9.16	1.93	11.56
6.09	0.53	14.42	10.91	8.62	0.06	0.76	0.44	1.27
9.48	3.59	6.81	7.35	6.57	0.01	-0.19	0.09	-0.09
0.08	0.05	0.05	0.50	0.43			0.01	0.01
664.83	509.54	520.31	1 077.88	1 044.73	4.43	-16.96	40.58	28.05
9.40	2.22	18.93	9.88	10.11	0.03	-1.49	0.26	-1.20
43.84	23.81	128.93	33.96	30.11	0.24	-1.89	1.77	0.13

14—9 各地区国有及国有

（2009

指　　标	沈　阳	大　连	鞍　山	抚　顺	本　溪	丹　东
企业单位数(个)	301	208	57	49	49	25
实收资本	451.81	511.01	136.90	157.18	208.64	32.69
资产总计	2 329.81	3 359.66	1 572.26	559.25	1 268.26	89.77
流动资产合计	1 150.54	2 015.79	499.01	226.92	456.45	20.02
流动资产年平均余额						
固定资产合计	883.39	1 209.03	460.11	291.29	739.42	39.68
固定资产原价合计	1 108.02	1 435.12	925.16	472.08	899.43	76.09
固定资产净值年平均余额						
流动负债合计	1 184.15	2 042.41	495.76	248.92	674.19	20.34
长期负债合计	346.01	477.57	253.33	77.79	209.12	5.66
主营业务收入	1 690.16	2 445.60	859.29	627.97	1 088.39	43.80
主营业务成本	1 440.44	2 052.13	695.18	490.43	1 033.33	38.81
主营业务税金及附加	39.94	148.06	8.44	78.20	2.07	0.54
利润总额	71.44	109.20	40.72	6.86	-14.47	2.45
本年应交增值税	64.05	37.66	36.69	11.96	10.83	1.30
利税总额	175.43	294.93	85.86	97.02	-1.56	4.28

控股工业企业主要指标

年)

单位:亿元

锦州	营口	阜新	辽阳	盘锦	铁岭	朝阳	葫芦岛
28	24	14	26	16	25	27	33
29.58	279.40	22.08	175.40	632.98	52.01	20.19	158.71
193.40	615.24	195.12	243.38	1 281.70	279.21	168.26	705.96
61.38	126.51	63.23	94.18	410.54	96.81	64.74	340.15
114.04	396.16	123.92	145.59	862.02	121.59	73.17	272.12
154.90	354.63	145.39	264.00	1 343.45	230.61	114.32	422.84
73.71	234.28	70.91	119.31	288.44	97.44	76.00	467.61
43.49	83.88	42.34	32.73	377.36	61.56	8.66	115.35
313.83	248.27	78.03	328.08	626.71	131.17	168.23	390.48
241.86	218.82	62.51	299.29	536.16	103.44	149.03	336.81
51.91	11.51	1.20	29.84	29.96	2.60	0.65	37.35
3.03	-0.94	2.88	-19.95	-1.97	6.07	3.14	-9.91
14.47	5.62	7.24	2.16	40.11	10.49	5.66	12.02
69.41	16.19	11.32	12.06	68.09	19.17	9.45	39.46

14—10 各地区全部国有及规模以上非国有工业企业主要经济效益指标

年份、地区	工业增加值率（%）	总资产贡献率（%）	资产负债率（%）	流动资产周转次数（次/年）	工业成本费用利润率（%）	全员劳动生产率（元/人.年）	产品销售率（%）
1998		4.90	65.55	1.17	-0.53	19 444	98.18
1999		5.20	60.35	1.25	1.73	24 842	97.88
2000		7.08	60.46	1.46	4.27	31 307	97.79
2001	28.03	6.13	58.69	1.40	3.26	38 579	97.33
2002	28.19	6.25	59.18	1.46	3.24	55 001	98.24
2003	28.07	7.31	58.76	1.69	3.92	70 910	98.09
2004	27.90	8.48	58.30	1.87	5.34	91 408	98.13
2005	28.74	7.84	58.22	2.13	3.46	112 402	98.47
2006	29.23	8.22	57.50	2.32	3.38	137 119	98.31
2007	29.56	10.67	58.64	2.44	5.13	164 436	98.06
2008		8.65	58.56	2.54	7.15		97.37
2009		11.66	58.36		5.37		97.84
沈阳		13.59	53.91		5.57		98.11
大连		9.62	66.31		5.38		97.48
鞍山		9.28	45.74		6.96		96.53
抚顺		17.99	57.56		4.30		98.17
本溪		3.11	68.37		0.38		97.98
丹东		16.73	51.57		6.81		97.87
锦州		29.48	52.64		8.14		96.12
营口		17.89	52.65		7.99		97.36
阜新		7.82	67.86		4.16		96.97
辽阳		21.17	56.56		13.79		98.96
盘锦		6.90	52.74		1.43		100.08
铁岭		14.28	46.92		4.55		98.16
朝阳		17.77	54.08		8.63		96.16
葫芦岛		6.16	78.49		-1.10		99.07

14—11 各地区国有及国有控股工业企业主要经济效益指标

年份、地区	工业增加值率(%)	总资产贡献率(%)	资产负债率(%)	流动资产周转次数(次/年)	工业成本费用利润率(%)	全员劳动生产率(元/人.年)	产品销售率(%)
1998		4.60	65.99	1.05	-1.41	23 513	97.90
1999		4.64	59.96	1.14	0.76	22 070	98.47
2000		6.64	60.85	1.37	3.98	27 981	98.95
2001	29.04	5.59	59.63	1.29	2.60	35 702	98.38
2002	29.10	5.57	61.00	1.34	2.16	60 328	98.93
2003	29.24	6.76	59.51	1.64	3.14	80 786	98.76
2004	28.76	8.42	58.06	1.87	5.84	114 284	98.69
2005	28.76	7.45	59.33	2.15	2.78	141 864	99.86
2006	29.22	7.28	57.75	2.17	2.62	166 833	99.31
2007	28.73	8.86	60.88	2.17	4.14	207 133	99.21
2008		4.16	63.05	2.01	3.66		98.63
2009		7.63	65.38		1.96		98.80
沈阳		8.37	66.89		4.46		98.02
大连		9.44	76.23		4.95		98.49
鞍山		6.43	48.50		4.99		98.76
抚顺		18.19	60.18		1.26		98.77
本溪		1.17	70.77		-1.31		99.25
丹东		5.46	46.00		5.69		99.07
锦州		36.78	60.60		1.17		98.69
营口		3.64	51.71		-0.40		91.58
阜新		7.56	72.09		3.84		99.44
辽阳		5.34	62.68		-6.17		100.23
盘锦		6.14	52.04		-0.33		102.63
铁岭		7.88	56.95		4.91		97.62
朝阳		6.67	50.33		1.94		97.53
葫芦岛		6.66	83.15		-2.65		99.86

14—12 按行业分的"三资"工业企业主要指标

(2009 年)　　单位:亿元

行业	企业单位数(个)	资产总计	负债合计	所有者权益	主营业务收入	利税总额	本年应交增值税
总计	**3 089**	**4 876.07**	**2 620.56**	**2 232.85**	**5 632.93**	**601.45**	**158.55**
总计中:轻工业	1 381	1 020.61	464.62	542.71	1 511.66	139.60	39.74
重工业	1 708	3 855.47	2 155.94	1 690.14	4 121.27	461.85	118.82
总计中:大型企业	38	1 397.66	834.68	554.71	1 319.75	148.75	32.32
中型企业	389	1 989.39	1 086.38	897.77	2 418.83	277.32	73.58
小型企业	2 662	1 489.03	699.51	780.37	1 894.35	175.37	52.66
煤炭开采和洗选业							
石油和天然气开采业	1	0.12	0.06	0.06	0.18	0.01	0.00
黑色金属矿采选业	7	20.33	6.80	13.53	8.02	2.32	0.36
有色金属矿采选业	14	12.99	5.23	7.66	17.04	2.83	0.72
非金属矿采选业	17	5.05	1.69	3.32	9.91	1.12	0.39
其他采矿业							
农副食品加工业	288	257.61	133.23	114.69	508.29	33.94	9.54
食品制造业	104	97.60	31.05	66.42	107.17	11.57	3.12
饮料制造业	49	125.12	59.66	65.21	134.25	27.96	6.73
烟草制品业	0						
纺织业	104	39.59	19.05	20.37	55.23	2.68	0.96
纺织服装、鞋、帽制造业	309	78.15	34.06	43.67	158.31	13.06	2.87
皮革、毛皮、羽毛(绒)及其制品业	25	10.14	5.47	4.18	21.27	2.70	0.67
木材加工及木、竹、藤、棕、草制品业	89	44.35	24.89	19.31	53.32	4.25	1.35
家具制造业	94	63.55	24.60	38.81	80.95	4.69	0.84
造纸及纸制品业	42	26.68	9.81	16.77	56.45	8.31	2.04
印刷业和记录媒介的复制	19	10.81	3.06	7.66	5.24	0.88	0.25
文教体育用品制造业	27	9.56	5.45	4.11	10.42	0.03	0.27
石油加工、炼焦及核燃料加工业	25	120.45	130.47	-10.29	373.63	61.64	15.43
化学原料及化学制品制造业	143	131.75	62.81	67.67	137.17	11.96	3.11
医药制造业	48	79.64	31.28	47.57	94.47	17.72	6.67
化学纤维制造业	4	7.21	4.20	3.01	3.01	0.11	0.10
橡胶制品业	40	81.40	35.47	45.76	64.20	7.38	3.40
塑料制品业	129	181.37	75.23	105.98	177.03	18.40	3.94
非金属矿物制品业	176	174.71	85.72	88.25	229.43	32.09	11.65
黑色金属冶炼及压延加工业	48	341.84	229.08	112.38	465.88	3.18	3.12
有色金属冶炼及压延加工业	42	271.49	138.20	133.29	253.34	60.51	7.40
金属制品业	148	139.06	79.36	59.57	176.43	19.41	5.28
通用设备制造业	341	492.69	240.66	249.24	490.76	48.53	14.69
专用设备制造业	146	168.13	77.10	90.77	147.96	17.70	4.29
交通运输设备制造业	183	990.76	669.19	320.66	992.24	107.85	26.91
电气机械及器材制造业	143	318.48	153.11	164.38	326.90	31.79	8.11
通信设备、计算机及其他电子设备制造业	117	227.18	102.34	124.38	262.58	15.25	4.04
仪器仪表及文化、办公用机械制造业	56	34.71	11.03	23.26	46.13	4.16	1.13
工艺品及其他制造业	70	24.87	6.90	17.72	31.55	2.44	0.61
废弃资源和废旧材料回收加工业	1	2.53	0.61	1.92	0.69	0.28	0.02
电力、热力的生产和供应业	26	255.77	110.39	144.46	125.10	22.59	8.33
燃气生产和供应业	8	24.69	10.63	14.06	7.36	1.95	0.18
水的生产和供应业	6	5.70	2.67	3.03	1.05	0.18	0.04

14—13 按行业分的大中型工业企业主要经济效益指标

(2009 年)

行　　业	总资产贡献率 (%)	资产负债率 (%)	流动资产周转次数 (次/年)	工业成本费用利润率 (%)	产品销售率 (%)
全省总计	**9.75**	**61.95**		**4.66**	**98.20**
煤炭开采和洗选业	10.21	54.86		10.75	98.61
石油和天然气开采业	1.98	44.71		-5.64	99.98
黑色金属矿采选业	35.86	41.91		36.99	95.09
有色金属矿采选业	16.14	45.01		6.83	101.96
非金属矿采选业	23.28	47.81		23.57	96.44
其他采矿业					
农副食品加工业	15.37	52.88		4.92	97.21
食品制造业	18.39	26.05		6.17	97.47
饮料制造业	25.03	49.08		12.80	96.39
烟草制品业	139.55	22.90		15.49	101.18
纺织业	6.75	55.16		2.83	92.33
纺织服装、鞋、帽制造业	46.43	38.32		25.15	89.59
皮革、毛皮、羽毛(绒)及其制品业	4.20	73.86		2.16	100.48
木材加工及木、竹、藤、棕、草制品业	31.74	50.70		9.76	99.73
家具制造业	9.29	41.61		6.21	103.87
造纸及纸制品业	9.11	85.05		4.44	92.49
印刷业和记录媒介的复制	7.84	52.69		2.63	99.42
文教体育用品制造业	0.18	66.23		-3.77	108.32
石油加工、炼焦及核燃料加工业	54.58	57.52		3.00	100.32
化学原料及化学制品制造业	2.74	71.49		-2.58	98.63
医药制造业	15.10	58.42		10.83	96.56
化学纤维制造业	-2.67	57.64		-6.22	99.08
橡胶制品业	10.27	52.34		5.06	95.85
塑料制品业	7.42	54.38		5.69	98.52
非金属矿物制品业	18.62	52.61		11.42	97.93
黑色金属冶炼及压延加工业	5.28	57.97		2.82	98.16
有色金属冶炼及压延加工业	16.87	65.58		15.51	101.55
金属制品业	18.21	59.56		11.68	95.73
通用设备制造业	9.12	60.47		6.17	97.73
专用设备制造业	7.80	72.42		7.99	95.05
交通运输设备制造业	5.93	79.27		5.40	98.19
电气机械及器材制造业	11.36	54.96		8.13	94.83
通信设备、计算机及其他电子设备制造业	5.56	57.10		3.87	97.45
仪器仪表及文化、办公用机械制造业	9.68	34.81		9.16	93.33
工艺品及其他制造业	5.00	43.51		3.22	98.93
废弃资源和废旧材料回收加工业					
电力、热力的生产和供应业	3.94	68.56		-1.09	99.96
燃气生产和供应业	-2.92	51.51		-14.62	99.32
水的生产和供应业	0.11	32.16		-6.09	97.60

14—14 按行业分的大中

（2009

行　　业	企业单位数（个）	实收资本	资产合计	流动资产合计	固定资产合计	固定资产原价	负债合计
全省总计	**1 383**	**3 987.07**	**17 995.86**	**8 089.60**	**7 874.67**	**11 128.84**	**11 147.83**
煤炭开采和洗选业	16	83.08	597.97	244.23	232.07	405.52	328.04
石油和天然气开采业	4	592.25	998.08	321.39	668.87	1 228.60	446.25
黑色金属矿采选业	36	15.71	110.36	59.20	38.04	44.15	46.26
有色金属矿采选业	18	7.15	41.88	20.29	14.79	24.06	18.85
非金属矿采选业	8	3.04	19.67	10.19	9.41	10.46	9.40
其他采矿业							
农副食品加工业	111	80.12	342.19	179.33	136.44	209.02	180.97
食品制造业	27	18.29	80.86	30.19	44.75	76.74	21.06
饮料制造业	32	28.82	106.32	48.49	49.84	83.87	52.18
烟草制品业	3	0.98	19.80	7.00	12.28	17.82	4.54
纺织业	44	24.11	88.23	44.01	35.49	56.63	48.67
纺织服装、鞋、帽制造业	45	14.97	68.25	36.07	19.75	47.31	26.15
皮革、毛皮、羽毛(绒)及其制品业	3	1.18	4.31	3.41	0.83	1.61	3.18
木材加工及木、竹、藤、棕、草制品业	14	6.82	23.40	11.49	9.96	18.74	11.86
家具制造业	11	5.35	50.77	28.58	15.39	23.13	21.13
造纸及纸制品业	9	3.82	24.96	7.35	7.43	10.31	21.23
印刷业和记录媒介的复制	8	2.88	13.30	6.11	5.88	12.98	7.01
文教体育用品制造业	5	2.21	5.57	3.17	1.78	2.61	3.69
石油加工、炼焦及核燃料加工业	21	200.95	809.64	309.13	443.91	822.75	465.73
化学原料及化学制品制造业	56	306.08	1 065.38	364.12	650.27	622.49	761.66
医药制造业	29	33.00	187.98	109.42	44.75	73.29	109.82
化学纤维制造业	6	126.77	74.20	37.85	25.01	42.86	42.77
橡胶制品业	20	35.37	119.17	53.05	46.55	73.04	62.37
塑料制品业	28	43.65	200.85	111.44	69.23	106.75	109.22
非金属矿物制品业	114	118.18	528.64	197.46	263.30	333.11	278.14
黑色金属冶炼及压延加工业	63	656.94	3 959.48	1 311.37	1 803.26	2 426.45	2 295.21
有色金属冶炼及压延加工业	33	99.65	468.81	272.79	140.13	184.25	307.43
金属制品业	53	39.69	265.85	136.82	107.60	140.00	158.33
通用设备制造业	156	187.92	1 132.13	695.63	374.23	468.69	684.61
专用设备制造业	66	114.56	824.40	590.23	184.17	218.64	597.05
交通运输设备制造业	113	379.69	2 713.61	1 872.70	651.26	709.09	2 150.99
电气机械及器材制造业	73	142.48	537.51	352.42	132.96	208.90	295.44
通信设备、计算机及其他电子设备制造业	40	128.88	405.89	240.87	93.41	167.68	231.76
仪器仪表及文化、办公用机械制造业	18	13.07	49.42	30.75	13.39	23.07	17.20
工艺品及其他制造业	9	12.97	35.78	15.88	14.04	21.42	15.57
废弃资源和废旧材料回收加工业							
电力、热力的生产和供应业	68	368.69	1 800.02	269.72	1 363.45	2 020.14	1 234.08
燃气生产和供应业	8	15.96	45.67	11.45	28.99	34.79	23.52
水的生产和供应业	15	71.81	175.51	45.95	121.80	157.85	56.45

型工业企业主要指标

年)　　　　　　　　　　　　　　　　　　　　单位:亿元

流动负债合计	长期负债合计	所有者权益	主营业务收入	主营业务成本	主营业务税金及附加	利润总额	本年应交增值税	利税总额
8 221.30	**2 649.68**	**6 815.16**	**15 120.81**	**12 831.03**	**477.81**	**655.13**	**447.61**	**1 580.55**
229.56	93.09	269.93	271.02	194.16	5.07	25.85	27.61	58.53
211.31	234.73	551.83	360.52	318.39	6.89	-20.35	26.85	13.40
36.68	1.57	63.96	115.27	76.57	2.13	31.11	5.73	38.98
14.53	1.93	22.62	58.26	47.76	0.62	3.72	1.94	6.28
5.82	1.37	10.27	15.97	11.66	0.27	3.32	0.77	4.36
145.91	27.63	149.54	702.58	615.67	1.75	32.02	14.51	48.28
14.68	3.98	59.74	130.97	112.97	0.62	7.54	6.54	14.70
48.21	2.97	54.14	128.76	92.97	5.64	14.29	6.49	26.42
4.53		15.27	43.50	15.48	19.22	3.29	5.10	27.60
38.83	9.38	39.28	82.57	73.93	0.47	2.30	2.12	4.89
22.18	3.65	41.08	138.67	104.25	0.25	27.66	3.03	30.94
3.12	0.07	1.13	5.79	5.14		0.12	0.04	0.17
8.78	3.08	11.47	56.22	47.45	0.13	5.12	1.98	7.23
20.25	0.78	29.64	55.15	40.25	0.70	2.94	0.74	4.39
15.29	5.20	3.73	23.07	19.41	0.26	1.08	0.59	1.93
4.27	2.71	6.29	13.15	11.10	0.04	0.33	0.56	0.94
3.39	0.30	1.88	4.08	3.92	0.01	-0.17	0.10	-0.06
312.41	151.34	343.67	2 077.84	1 623.79	333.40	50.93	50.82	435.15
391.62	364.11	302.00	646.21	574.73	30.26	-16.47	4.94	18.73
81.79	26.94	77.98	178.92	107.58	0.67	16.35	9.73	26.75
35.38	7.39	31.43	77.40	77.78	0.86	-5.62	2.55	-2.21
45.46	12.82	56.79	108.32	85.64	0.56	4.98	5.20	10.74
79.00	26.08	90.80	140.45	121.53	1.18	7.59	2.38	11.15
208.89	50.90	250.25	529.38	443.78	3.27	55.42	32.26	90.95
1 666.83	607.77	1 664.19	2 915.64	2 606.41	15.20	80.42	68.02	163.64
249.94	53.28	159.76	430.04	341.42	2.79	56.70	10.06	69.55
120.79	27.41	107.42	303.85	242.15	2.36	31.58	11.72	45.67
587.71	81.87	444.89	1 015.75	879.12	3.31	60.44	26.46	90.20
527.30	63.86	227.04	589.90	487.36	2.38	43.30	12.92	58.60
1 861.87	234.16	560.88	1 724.08	1 479.14	29.81	86.83	38.55	155.19
254.85	31.63	241.03	528.47	442.79	1.83	39.88	15.01	56.73
214.25	17.12	174.09	403.44	341.16	0.90	15.05	3.07	19.01
14.80	1.27	32.21	39.19	29.11	0.16	3.24	1.10	4.50
11.20	4.37	19.08	30.25	26.50	0.10	0.95	0.58	1.63
677.92	468.59	559.91	1 139.13	1 098.11	4.45	-12.59	45.70	37.56
14.55	7.28	21.51	11.76	9.15	0.06	-2.19	0.40	-1.73
37.42	19.04	118.43	25.26	22.70	0.17	-1.84	1.44	-0.23

14—15 各地区大中型

（2009

年份、地区	企业单位数（个）	工业增加值	实收资本	资产合计	流动资产合计	流动资产年平均余额	固定资产合计	固定资产原价
1998	1 331	663.60	1 210.42	5 699.55	2 189.07	2 178.12	3 118.29	4 065.90
1999	847	645.22	1 334.40	5 933.87	2 259.48	2 056.71	3 238.46	4 362.61
2000	857	855.67	1 458.65	5 908.55	2 312.97	2 162.03	3 088.51	4 351.57
2001	869	916.29	1 635.55	6 398.33	2 471.46	2 419.39	3 463.49	4 947.97
2002	883	984.27	1 703.09	6 718.00	2 605.10	2 522.50	3 573.53	5 269.20
2003	810	1 288.13	1 763.21	6 879.72	2 771.05	2 726.92	3 309.07	5 432.53
2004	964	1 801.28	2 451.48	8 343.69	3 372.61	3 276.59	4 090.47	6 285.24
2005	1 013	2 284.95	2 408.23	9 209.77	3 981.22	3 776.64	4 486.60	6 910.54
2006	1 085	2 819.09	2 551.74	10 721.56	4 726.19	4 375.95	5 175.40	7 592.23
2007	1 164	3 381.60	2 735.46	12 761.68	5 744.25	5 293.10	5 537.97	8 709.02
2008	1 135		3 536.14	14 960.78	6 547.99	6 517.85	6 725.85	9 983.83
2009	1 383		3 987.07	17 995.86	8 089.60		7 874.67	11 128.84
沈阳	244		676.74	3 223.63	1 640.01		1 199.72	1 617.11
大连	445		926.01	4 930.52	2 911.37		1 700.88	2 215.02
鞍山	97		199.96	2 014.08	677.39		686.11	1 197.37
抚顺	55		188.47	700.71	299.61		347.57	552.71
本溪	55		214.74	1 331.81	483.90		766.70	932.74
丹东	54		47.41	196.42	70.44		67.81	114.29
锦州	68		90.23	400.72	180.20		172.98	271.43
营口	81		317.07	880.28	258.61		500.68	513.36
阜新	39		45.91	275.71	96.13		153.60	198.08
辽阳	41		269.90	679.01	382.38		248.57	393.88
盘锦	23		637.72	1 310.58	422.38		874.62	1 356.25
铁岭	66		70.24	393.95	133.46		211.44	317.06
朝阳	68		35.64	298.40	118.83		124.47	173.24
葫芦岛	46		167.04	768.00	368.84		299.07	456.44

型工业企业主要指标

年）

单位:亿元

固定资产净值年平均余额	负债合计	流动负债合计	长期负债合计	所有者权益	主营业务收入	主营业务成本	主营业务税金及附加	利润总额	本年应交增值税	利税总额
2 641.39	3 705.71	2 378.86	1 303.62	1 993.84	2 378.74	2 005.48	49.13	-25.30	122.79	146.61
2 626.00	3 409.07	2 296.96	1 106.82	2 524.79	2 568.69	2 146.07	47.74	50.13	126.41	224.28
2 733.46	3 515.17	2 338.83	1 171.62	2 386.85	3 196.35	2 681.87	56.32	142.54	150.46	349.32
3 032.42	3 645.86	2 527.98	1 106.09	1 635.55	3 398.32	2 874.07	55.32	118.89	150.07	324.27
3 242.04	3 879.93	2 706.67	1 168.43	2 837.12	3 671.30	3 072.43	61.50	121.10	160.23	342.80
3 279.89	3 870.74	2 924.72	937.82	2 999.36	4 751.49	3 937.53	76.37	194.97	189.26	460.60
3 671.47	4 668.19	3 528.31	1 133.17	3 587.59	6 349.30	5 352.85	88.45	367.20	230.66	686.31
3 915.82	5 374.15	4 002.55	1 349.24	3 715.13	8 000.32	6 990.98	105.92	268.27	262.38	636.57
4 365.99	6 162.70	4 610.99	1 480.57	4 394.64	9 733.03	8 502.61	134.49	307.39	317.32	759.19
4 755.01	7 591.30	5 842.09	1 674.76	5 126.57	11 597.55	9 788.64	194.05	547.28	398.19	1 139.52
5 403.41	9 206.41	6 971.63	1 988.99	5 754.37	13 787.29	12 304.22	173.37	217.7	399.19	790.26
6 447.18	11 147.83	8 221.30	2 649.68	6 815.16	15 120.81	12 831.03	477.81	655.13	447.61	1 580.55
987.07	1 948.76	1 508.75	402.54	1 261.37	2 975.69	2 529.42	51.64	154.82	112.53	319.00
1 276.08	3 455.34	2 767.30	631.86	1 472.77	4 180.17	3 470.47	151.99	221.35	64.08	437.42
671.64	934.48	640.78	274.06	1 078.97	1 276.82	1 039.32	11.43	94.35	55.59	161.37
269.78	405.47	315.43	79.13	294.49	817.17	644.87	78.87	30.14	18.02	127.03
629.94	918.07	678.96	224.88	409.32	1 157.39	1 083.13	3.24	-3.39	14.96	14.82
62.21	109.51	59.82	11.15	84.00	218.20	183.64	1.55	19.06	7.53	28.14
145.96	223.97	158.97	62.72	173.39	600.39	485.80	55.23	29.07	26.44	110.74
410.78	448.07	373.55	74.18	430.88	658.31	556.68	13.96	41.39	29.61	84.95
135.31	192.32	121.95	58.54	82.64	189.53	160.47	1.76	8.11	10.79	20.66
209.53	387.01	289.82	85.71	291.36	633.39	515.88	30.73	54.44	10.44	95.61
671.57	691.79	303.92	386.04	618.53	626.49	537.65	29.92	-6.91	38.65	61.66
169.76	230.48	151.93	71.47	161.99	409.04	352.71	6.21	13.99	14.16	34.37
117.41	161.49	136.60	20.96	137.07	322.64	269.20	1.83	27.79	10.23	39.85
254.75	628.30	506.20	118.17	139.12	457.50	398.46	37.19	-8.44	13.13	41.88

14—16 历 年 主 要

年份、地区	化学纤维（万吨）	纱（万吨）	布（亿米）	毛线（吨）	呢绒（万米）	丝（吨）	机制纸及纸板（万吨）
1990	15.6	109.8	6.5	5 087	1 840.0	2 905	77.5
1991	15.8	110.1	6.4	4 099	1 781.1	2 667	75.1
1992	17.1	112.0	6.0	4 981	1 672.7	1 917	79.1
1993	15.7	99.3	5.6	3 524	1 431.4	2 280	75.4
1994	17.9	18.2	5.4	2 785	1 548.6	3 292	82.3
1995	19.8	18.0	5.8	2 725	1 185.0	3 484	97.5
1996	20.7	16.9	4.7	4 449	745.4	4 550	95.7
1997	28.1	17.2	5.4	1 902	648.5	3 588	84.2
1998	30.5	14.3	4.7	1 970	373.2	1 996	72.0
1999	29.2	15.2	5.3	1 655	606.1	1 328	58.8
2000	34.2	18.3	5.0	1 633	479.0	2 414	55.2
2001	36.0	16.0	4.3	1 179	230.3	1 675	62.9
2002	33.5	16.4	5.0	1 491	168.1	2 110	52.0
2003	26.3	15.6	3.4	1 447	109.2	1 640	59.1
2004	30.7	17.2	4.3	1 840	379.8	3 297	72.6
2005	24.1	18.7	5.7	1 541	106.0	2 191	83.4
2006	22.5	18.2	5.4	1 811	118.4	2 592	67.5
2007	21.1	18.0	7.7	1 015	60.3	2 955	87.5
2008	17.0	16.8	4.7		54.1	3 045	56.9
2009	21.4	16.0	5.0	1 736.6	88.6	4 812	77.2
沈阳		2.4	0.2	1 736.6			1.2
大连	3.4	3.1			45.6	1 196	21.2
鞍山	3.1	1.4	1.7			2 474	5.6
抚顺	5.1	0.4	0.1				0.1
本溪		1.3	0.4				0.1
丹东	8.1	0.4	0.3			521	26.1
锦州		1.7	0.1				10.6
营口	0.8	2.0	1.3			238	1.5
阜新		1.0	0.3				0.7
辽阳	0.7	0.5	0.3				3.0
盘锦	0.2						0.1
铁岭						384	4.8
朝阳		1.1	0.4		43.0		2.3
葫芦岛		0.8	0.1				

注:1993 年以前纱产量的计量单位为万件。2007 年及以前卷烟产量的计量单位为万箱、啤酒产量的计量单位为万吨。

工 业 产 品 产 量

缝纫机（万架）	自行车（万辆）	手表（万只）	灯泡（亿只）	合成洗涤剂（万吨）	原盐（万吨）	糖（万吨）
0.5	97.2	430.4	1.2	5.3	129.9	3.2
0.4	85.5	467.7	1.5	4.2	240.4	3.6
0.3	125.9	359.9	1.5	4.3	293.2	5.4
0.4	195.4	554.5	1.1	2.9	282.9	5.2
0.3	190.7	397.7	3.3	3.5	275.9	3.8
0.2	112.1	409.9	3.7	2.9	230.9	3.8
0.2	87.9	316.4	4.3	6.9	232.5	4.0
0.2	55.1	212.4	1.4	5.7	286.1	5.3
0.1	53.1	98.0	1.3	6.8	190.9	5.1
0.1	16.3	97.0	1.1	6.3	282.2	4.5
0.2	46.2	69.0	0.5	7.0	275.9	2.1
0.3	15.2	69.2	1.3	9.1	284.6	4.0
0.3	2.2	86.0	1.5	10.4	280.6	4.2
0.3			1.4	9.7	166.6	5.1
0.7	1.4	152.8	1.8	9.8	200.6	3.8
0.6	0.4	169.6	1.8	8.9	180.6	4.2
0.6		145.1	5.1	14.0	191.3	1.3
0.5		133.4	6.2	14.7	216.2	1.4
0.1		139.3	8.1	12.4	184.2	2.0
		9.1	3.4	10.5	152.5	5.6
			3.4	3.4		
				3.1	30.7	
				1.3		
				2.6		
		9.1				
					13.3	
				0.1	73.4	3.1
					35.0	
						2.6

14—16 续表 1

年份、地区	卷烟（亿支）	罐头（万吨）	啤酒（亿升）	家用电冰箱（万台）	电视机（万台）
1990	50.6	5.8	55.0	16.4	115.1
1991	42.8	7.6	64.3	11.8	59.62
1992	45.3	8.8	78.5	10.3	73.2
1993	40.3	4.0	62.8	12.0	49.9
1994	40.3	7.6	108.0	12.2	54.3
1995	43.2	8.2	113.4	14.2	47.7
1996	40.3	8.1	118.8	9.4	56.7
1997	40.5	6.0	128.7	6.9	73.2
1998	41.8	4.1	129.1	8.5	173.2
1999	33.2	2.7	144.3	13.2	229.3
2000	23.0	2.9	149.7	23.1	374.7
2001	31.0	2.8	144.2	14.7	378.0
2002	38.0	3.4	137.1	51.6	404.9
2003	41.3	5.2	149.4	106.8	446.0
2004	45.9	10.7	155.4	116.3	346.2
2005	45.9	5.6	184.6	120.4	550.2
2006	47.8	7.3	200.4	133.5	333.9
2007	51.1	7.6	231.0	134.3	423.2
2008	260.4	7.5	23.5	139.3	500.2
2009	260.3	16.4	24.7	96.2	441.4
沈阳	115.0	0.3	8.7		340.4
大连		7.8	5.6	64.0	101.0
鞍山		2.2	2.1		
抚顺			1.2		
本溪		0.1	0.8		
丹东		1.4	1.0		
锦州		3.8	1.6		
营口	145.3	0.7		32.1	
阜新			0.2		
辽阳		0.1	0.3		
盘锦			1.0		
铁岭			0.6		
朝阳			1.0		
葫芦岛			0.8		

原　煤（万吨）	原　油（万吨）	天然气（亿立方米）	发电量（亿千瓦小时）	#水　电	生　铁（万吨）	钢（万吨）	成品钢材（万吨）
5 101.0	1 368.7	20.4	435.8	35.5	1 145.5	1 216.3	939.9
5 234.7	1 374.2	20.6	448.3	40.3	1 227.8	1 262.5	978.8
5 394.6	1 387.8	21.1	489.1	32.4	1 262.7	1 349.9	1 082.9
5 566.8	1 420.1	23.8	505.3	27.4	1 314.0	1 413.3	1 270.3
5 509.3	1 502.5	21.2	504.0	18.5	1 274.1	1 340.6	1 186.9
5 626.4	1 552.7	21.1	540.1	41.7	1 337.1	1 335.9	1 074.2
6 040.6	1 504.3	19.6	583.9	45.2	1 358.5	1 369.3	1 210.3
5 883.8	1 504.1	19.1	615.2	28.8	1 358.1	1 354.9	1 223.5
5 785.7	1 452.1	15.6	608.1	21.6	1 419.0	1 406.5	1 149.2
4 779.3	1 430.3	14.3	610.5	25.5	1 448.9	1 492.2	1 235.6
4 454.9	1 401.1	14.7	645.6	14.9	1 555.4	1 553.8	1 443.2
4 468.2	1 385.0	14.7	662.1	22.7	1 593.7	1 660.7	1 655.2
5 180.8	1 351.2	13.3	725.3	14.5	1 886.4	1 942.5	2 086.7
5 871.0	1 332.0	13.3	837.0	22.9	2 061.0	2 169.0	2 334.0
6 641.9	1 283.2	10.3	874.9	38.6	2 547.8	2 612.8	2 657.9
6 395.0	1 261.0	11.7	904.2	56.7	3 113.9	3 059.0	3 235.9
7 367.3	1 226.5	11.9	1 013.4	47.0	3 759.5	3 702.3	3 848.9
6 349.1	1 207.2	8.7	1 115.0	43.8	4 057.6	4 140.3	4 364.3
6 415.5	1 199.3	8.7	1 139.0	41.8	4 101.5	4 068.6	4 285.3
6 624.2	1 000.0	8.1	1 162.5	28.8	5 062.2	4 783.2	4 943.4
822.1			80.6			21.7	52.6
			199.8		2.8	99.6	160.2
			55.5	0.1	1 682.7	1 610.8	1 677.8
540.1			135.2	0.8	388.1	368.6	345.5
147.4			36.9	12.3	1 748.7	1 593.9	1 477.3
150.9			58.1	14.7	44.5		1.8
142.6			99.0				5.8
			98.3		754.3	705.4	526.3
1 974.6			110.6		82.8		4.7
210.0			22.2	0.8	17.9	70.5	342.2
	1 000.0	8.1	7.3				3.1
2 188.6			113.0		22.9	5.3	14.2
185.6			32.2		317.4	307.3	301.3
262.3			113.8			0.1	30.6

14—16 续表 2

年份、地区	铁合金（万吨）	水泥（万吨）	平板玻璃（万重量箱）	硫酸（万吨）	纯碱（万吨）	烧碱（万吨）	农用氮、磷、钾化肥（万吨）
1990	16.0	1 092.0	995.3	74.1	76.2	28.3	63.4
1991	15.9	1 312.2	1 022.4	81.2	71.2	29.4	60.3
1992	20.3	1 644.4	1 188.5	86.2	72.4	29.7	62.8
1993	21.4	1 947.9	1 350.2	78.6	74.8	27.8	54.8
1994	24.1	1 891.2	1 299.0	95.8	73.9	30.5	79.1
1995	30.4	1 911.0	1 233.3	106.9	69.1	26.3	78.2
1996	30.2	1 743.1	1 591.6	108.7	71.9	37.5	82.0
1997	23.9	1 829.0	1 494.2	108.7	71.2	33.4	84.7
1998	19.5	1 663.7	1 546.9	100.0	69.2	32.5	76.8
1999	14.3	1 711.1	1 536.8	105.5	72.1	30.9	87.2
2000	13.3	1 954.9	1 475.3	119.9	74.1	33.4	97.6
2001	13.6	2 090.5	1 537.7	118.8	76.5	37.2	97.9
2002	12.9	2 145.8	1 470.9	113.1	82.5	45.0	88.8
2003	17.2	2 332.0	1 362.0	110.6	80.0	48.3	91.7
2004	48.6	2 495.7	1 785.2	121.7	80.7	48.1	88.1
2005	36.4	2 680.7	1 854.0	120.7	74.9	53.6	89.6
2006	52.3	3 341.4	1 650.9	107.6	47.4	62.6	87.7
2007	61.6	3 893.2	1 941.2	105.6	32.8	63.4	89.4
2008	60.2	4 074.4	2 275.2	90.5	24.7	55.1	89.1
2009	77.0	4 704.8	1 674.2	81.1		45.8	85.8
沈阳		397.5	325.5	0.4		17.8	1.9
大连	0.1	986.6	1 098.8			1.2	3.3
鞍山	0.5	260.2					5.2
抚顺	5.8	246.0		7.0			
本溪		482.9		1.6		2.4	14.1
丹东		151.7		3.7			2.8
锦州	42.8	199.6		2.5			5.9
营口	2.3	302.5				6.0	2.8
阜新		135.2	14.4				1.0
辽阳	8.0	582.1		2.9			0.1
盘锦		42.7					22.2
铁岭		351.2					
朝阳	0.4	360.8	235.4	1.9			
葫芦岛	17.2	205.9		61.0		18.5	26.7

		化学农药（万吨）	乙烯（万吨）	电石（万吨）	塑料（万吨）	轮胎外胎（万条）	金属切削机床（万台）	汽车（万辆）	铁路机车（台）
#氮肥	#磷肥								
55.0	8.3	1.5	8.4	6.4	14.0	191.8	1.6	2.4	
51.4	8.9	1.5	14.9	6.8	24.3	223.5	1.8	4.2	
50.9	11.9	1.5	20.4	5.2	30.0	311.1	2.1	6.1	
49.6	5.2	1.2	25.1	6.1	39.1	426.7	2.4	5.1	
67.0	10.3	1.2	28.8	6.8	42.0	292.4	1.7	3.0	238
70.1	7.8	2.3	32.1	8.9	51.3	303.7	1.4	2.5	257
73.9	6.9	1.7	35.3		58.5	309.5	1.3	2.8	300
74.3	8.9	2.1	35.7	3.2	65.7	361.2	1.1	3.9	274
70.7	4.2	1.9	38.7	2.6	71.5	472.9	0.9	4.3	
78.5	5.2	2.3	39.7	1.4	80.9	499.6	0.9	5.8	
82.4	8.4	2.2	41.7	2.6	94.1	576.0	1.6	8.2	63
86.6	8.7	2.2	40.2	2.2	99.7	621.2	2.1	7.9	58
80.9	6.1	2.6	44.2	4.3	104.6	643.5	3.1	9.0	71
82.6	6.9	2.1	47.9	5.3	117.4	787.1	5.6	13.0	
85.4	2.8	1.8	48.2	11.6	129.5	935.7	9.4	14.3	242
84.9	4.7	2.7	47.1	1.9	121.6	1 095.6	11.3	15.0	202
79.7	7.9	3.6	49.3	6.9	122.6	1 141.8	13.1	29.0	256
84.67	4.72	3.98	42.31	18.38	126.9	1 263.25	15.0	37.71	310
85.05	3.93	4.03	46.22	11.76	117.27	1 275.79	14.58	34.08	406
70.36	5.41	4.46	48.0	8.89	108.55	1 281.89	14.1	50.85	435
0.1	0.48	0.52			11.96	343.76	7.34	48.2	
	1.07	2.13			38.3	463.01	6.12		435
1.57		0.02			0.08	219.28			
		0.11	18.23		24.2	0.53	0.05		
14.13				5.07			0.01		
2.75				3.82			0.26	2.65	
2.93	2.93				2.44	7.97	0.02		
0.57	0.71	0.77			0.32		0.28		
					0.03				
	0.09	0.2	19.95		10.55				
21.63	0.15	0.4	9.80		17.81				
			0.02						
						247.35	0.02		
26.68		0.31			2.87				

14—17 工业产品产量

产品名称	单位	2005年	2006年	2007年	2008年	2009年
化学纤维	万吨	24.1	22.5	21.1	17.0	21.4
#合成纤维	万吨	18.1	16.6	13.0	11.6	14.0
纱	万吨	18.7	18.3	18.0	16.8	16.0
布	亿米	5.7	5.4	7.7	4.7	5.0
#纯棉布	亿米	1.5	2.8	5.1	1.8	1.8
混纺交织布	亿米	1.4	1.3	1.4	1.1	1.7
毛线	吨	1 541.0	1 811.0	1 015.0		1 736.0
呢绒	万米	106.0	118.4	60.3	54.1	88.6
丝	吨	2 190.9	2 592.0	2 954.5	3 045.0	4 812.0
丝织品	万米	465.2	1 186.1	939.9	2 560.8	
机制纸及纸板	万吨	83.4	67.5	87.5	56.9	77.2
缝纫机	万架	0.6	0.6	0.5	0.1	
自行车	万辆	0.4				
表	万只	169.6	145.1	133.4	139.3	9.1
日用玻璃制品	万吨	8.4	10.4	12.8	33.3	31.9
灯泡	万只	18 491.7	51 401.7	62 419.5	81 217.6	10 797.0
合成洗涤剂	吨	89 198.5	140 546.0	147 051.0	123 528.0	104 685.4
牙膏	万支	3 379.1	11 158.3	12 988.3	10 342.0	11 496.8
原盐	万吨	180.6	191.3	216.2	184.2	152.5
糖	万吨	1.1	1.3	1.4	2.0	5.6
卷烟	亿支	45.9	47.8	51.1	260.4	260.3
白酒	亿升	27.3	28.9	37.6	4.3	4.7
啤酒	亿升	184.6	200.4	231.0	23.5	24.7
味精	万吨	4.7	5.2	4.7	3.8	4.0
食用植物油	万吨	89.6	136.9	144.8	171.7	177.8
化学原料药	万吨	3.8	4.0	3.6	3.8	14.4
家用电冰箱	万台	120.4	133.5	134.3	139.3	96.2
电视机	万部	550.2	333.9	423.2	500.2	441.4
#彩电	万部	550.2	333.9	423.2	500.2	441.4
农用化肥	万吨	89.6	87.7	89.4	89.1	85.8
#氮肥	万吨	84.9	79.7	84.7	85.1	70.4
磷肥	万吨	4.8	7.9	4.7	3.9	5.4
化学农药	万吨	2.7	3.6	4.0	4.0	4.5

注:2007 年及以前卷烟产量的计量单位为万箱、啤酒及白酒产量的计量单位为万吨。

14—17 续表1

产品名称	单位	2005年	2006年	2007年	2008年	2009年
乙烯	万吨	47.1	49.3	42.3	46.2	48.0
合成橡胶	吨	11 119.0	26 826.0	42 080.0	22 190.6	28 270.7
轮胎外胎	万条	1 095.7	1 141.8	1 263.3	1 275.8	1 281.9
交流电动机	万千瓦	773.4	720.8	659.1	585.7	671.6
金属切削机床	台	112 727	130 967	149 933	145 771	140 988
数控机床	台	14 887	22 213	31 182	34 332	37 212
汽车	辆	150 488	290 085	377 145	340 778	508 452
#载货汽车	辆	43 438	67 925	88 016	96 262	95 480
摩托车	辆	1 952	26 837	16 230	22 125	30 195
轴承	万套	10 312	10 265	7 590	10 249	7 492
拖拉机	台	10	10			16
#小型拖拉机	台	6	13			16
原煤	万吨	6 395.0	7 367.3	6 349.1	6 415.5	6 624.2
原油	万吨	1 261.0	1 226.5	1 207.2	1 199.3	1 000.0
汽油	万吨	965.6	1 032.3	1 005.4	1 017.1	1 043.6
柴油	万吨	1 899.6	1 911.2	2 048.9	2 045.9	2 101.4
天然气	亿立方米	11.7	11.9	8.7	8.7	8.1
发电量	亿千瓦小时	904.2	1 014.5	1 115.0	1 139.0	1 162.5
#水电	亿千瓦小时	56.7	47.0	43.8	41.8	28.8
生铁	万吨	3 114.0	3 759.5	4 057.6	4 101.5	5 062.2
钢	万吨	3 059.1	3 702.3	4 140.3	4 068.6	4 783.2
成品钢材	万吨	3 235.9	3 848.9	4 364.3	4 285.3	4 943.4
#铁道用钢材	万吨	75.1	75.2	55.9	88.1	112.5
线材	万吨	261.8	307.5	453.9	394.9	506.9
铁合金	万吨	36.4	52.3	61.6	60.2	77.0
焦炭	万吨	1 237.9	1 503.4	1 625.3	1 738.1	1 876.5
水泥	万吨	2 680.7	3 341.4	3 893.2	4 074.4	4 704.8
平板玻璃	万重量箱	1 854.0	1 650.9	1 941.2	2 275.2	1 674.2
硫酸	万吨	120.7	107.6	105.6	90.5	81.2
纯碱	万吨	74.9	47.4	32.8	24.7	
烧碱	万吨	53.6	62.6	63.4	55.1	45.8
合成氨	万吨	99.1	78.4	77.0	77.0	80.0

14—18 规模以上农产品

（2009

行　　业	企业单位数（个）	资产合计（亿元）	流动资产合计（亿元）	负债合计（亿元）	主营业收入（亿元）
农产品加工业合计	**5 282**	**2 181.97**	**958.18**	**968.80**	**4 275.25**
其中:农副食品加工业	1 822	901.90	408.10	419.34	2 029.42
饮料制造业	282	186.17	79.31	87.83	265.46
烟草制品业	4	20.06	7.25	4.56	43.66
纺　织　业	580	190.98	89.83	96.52	295.53
纺织服装、鞋、帽制造业	812	202.03	91.99	82.48	465.11
皮革、毛皮、羽毛(绒)及其制品业	79	19.32	10.14	9.11	51.20
造纸及纸制品业	371	115.37	43.14	55.84	197.56

加工业主要经济指标

年）

主营业务成本（亿元）	主营业务税金及附加（亿元）	利润总额（亿元）	利税总额（亿元）	应交增值税（亿元）	全部从业人员平均人数（万人）
3 603.86	**52.39**	**256.44**	**412.95**	**104.11**	**73.28**
1 757.13	9.13	104.87	153.34	39.34	23.51
206.97	7.41	22.26	38.89	9.22	4.11
15.50	19.22	3.29	27.64	5.12	0.23
259.19	2.82	11.68	21.85	7.35	8.74
383.39	4.89	46.27	61.10	9.94	16.36
41.41	0.40	5.33	6.99	1.25	1.14
170.32	1.31	12.67	19.30	5.32	3.81

14—19 规模以上原材料

(2009

行业	企业单位数（个）	资产合计（亿元）	流动资产合计（亿元）	负债合计（亿元）
原材料工业合计	**7 728**	**10 931.95**	**4 254.63**	**6 126.46**
石化工业	2 974	4 275.59	1 661.56	2 371.54
石油和天然气开采业	26	1 007.17	326.95	451.69
石油化工、炼焦及核燃料加工业	343	1 009.61	400.26	573.33
化学原料及化学制品制造业	1 368	1 528.90	570.01	994.81
橡胶制品业	306	176.89	81.23	88.25
化纤制品业	32	82.38	41.81	46.39
塑料制品业	899	470.64	241.30	217.06
冶金工业	2 241	5 389.62	2 072.12	3 132.06
黑色金属矿采选业	998	329.63	156.20	157.84
有色金属矿采选业	242	115.62	57.34	54.29
黑色金属冶炼及压延加工业	616	4 310.57	1 510.68	2 517.26
有色金属冶炼及压延加工业	385	633.81	347.90	402.67
建材工业	2 513	1 266.74	520.96	622.86
非金属矿采选业	438	84.65	37.23	33.54
非金属矿物制品业	2 075	1 182.09	483.73	589.32

14—20 规模以上装备

(2009

行业	企业单位数（个）	资产合计（亿元）	流动资产合计（亿元）	负债合计（亿元）
装备制造行业合计	**8 946**	**8 664.48**	**5 215.70**	**5 490.12**
金属制品业	1 262	596.23	284.18	309.57
通用设备制造业	3 605	2 119.39	1 137.20	1 136.38
专用设备制造业	1 386	1 212.04	793.34	792.07
交通运输设备制造业	875	3 124.64	2 064.70	2 399.54
电气机械及器材制造业	1 152	949.75	548.11	513.05
通信设备、计算机及其他电子设备制造业	323	531.21	304.54	284.36
仪器仪表及文化、办公用机械制造业	343	131.22	83.62	55.14

工 业 主 要 经 济 指 标

年)

主营业收入（亿元）	主营业务成本（亿元）	主营业务税金及附加（亿元）	利润总额（亿元）	利税总额（亿元）	应交增值税（亿元）	全部从业人员平均人数（万人）
12 310.06	**10 486.72**	**441.93**	**569.16**	**1 352.80**	**341.71**	**137.86**
5 191.37	4 335.44	389.39	112.01	638.81	137.41	54.72
366.93	323.56	6.96	-19.80	14.18	27.01	12.15
2 536.25	2 027.96	339.85	71.10	473.15	62.20	7.58
1 359.76	1 185.66	35.01	22.35	79.37	22.01	17.97
242.21	198.98	1.74	13.60	24.22	8.88	4.35
86.61	85.57	0.89	-5.29	-1.66	2.74	2.41
599.62	513.71	4.95	30.03	49.55	14.57	10.25
5 312.43	4 628.21	37.13	315.71	481.34	128.50	53.40
665.52	541.64	11.60	87.32	121.41	22.50	8.57
187.29	155.52	2.27	15.79	25.84	7.77	3.95
3 664.71	3 265.55	18.67	137.39	235.57	79.51	34.41
794.90	665.50	4.59	75.23	98.52	18.71	6.46
1 806.26	1 523.07	15.41	141.44	232.65	75.80	29.74
164.27	132.19	2.47	15.06	23.76	6.23	3.76
1 641.99	1 390.88	12.94	126.38	208.89	69.57	25.98

制 造 业 主 要 经 济 指 标

年)

主营业收入（亿元）	主营业务成本（亿元）	主营业务税金及附加（亿元）	利润总额（亿元）	利税总额（亿元）	应交增值税（亿元）	全部从业人员平均人数（万人）
9 026.54	**7 694.84**	**68.87**	**491.93**	**774.82**	**214.01**	**129.35**
877.43	738.73	6.37	59.45	90.90	25.08	15.08
2 695.50	2 323.36	14.53	143.81	222.41	64.07	41.56
1 245.12	1 041.34	6.35	78.03	115.20	30.82	16.70
2 161.76	1 855.91	32.61	107.72	190.71	50.39	25.52
1 271.91	1 088.22	6.20	69.09	106.75	31.46	16.81
622.16	526.20	1.90	22.23	31.74	7.61	10.40
152.66	121.09	0.92	11.59	17.10	4.59	3.29

主要统计指标解释

工业 指从事自然资源的开采，对采掘品和农产品进行加工和再加工的物质生产部门。具体包括：(1)对自然资源的开采，如采矿、晒盐、森林采伐等(但不包括禽兽捕猎和水产捕捞)；(2)对农副产品的加工、再加工，如粮油加工、食品加工、轧花、缫丝、纺织、制革等；(3)对采掘品的加工、再加工，如炼铁、炼钢、化工生产、石油加工、机器制造、木材加工等，以及电力、自来水、煤气的生产和供应等；(4)对工业品的修理、翻新，如机器设备的修理、交通运输工具(包括小卧车)的修理等。

1984年以前农村的村及村以下办工业归属农业，1984年以后的划归工业。

工业统计调查单位 工业统计调查单位分为两类：独立核算法人工业企业和工业活动单位。

(1)独立核算法人工业企业 是指从事工业生产经营活动的单位。独立核算法人工业企业应同时具备以下条件：①依法成立，有自己的名称、组织机构和场所，能够承担民事责任；②独立拥有和使用资产，承担负债，有权与其他单位签订合同；③独立核算盈亏，并能够编制资产负债表。

(2)工业活动单位 是指在一个场所从事一种或主要从事一种工业生产活动的经济单位。它包括独立核算工业企业按主营业务活动(即工业生产活动)划分的主营业务活动单位和非工业企业所属的工业生产活动单位(即原非独立核算工业生产单位)。工业活动单位，一般应同时具备以下三个条件：①具有一个场所，从事一种或主要从事一种工业活动；②单独组织工业生产、经营或业务活动；③单独核算收入和支出。

国有经济工业(即过去的全民所有制工业或国营工业) 指生产资料归国家所有的一种经济类型。包括中央和地方各级国家机关、部队、科研机构、学校、人民团体和国有经济企事业单位等举办的国有经济工业。1957年以前的公私合营和私营工业，后均改造为国营工业，1992年改为国有工业，这部分工业的资料不单独分列时，均包括在国有工业内。

集体经济工业 指生产资料归公民集体所有的一种经济类型，是社会主义公有制经济的组成部分。包括城乡所有使用集体投资举办的企业，以及部分个人通过集资自愿放弃所有权并依法经工商行政管理机关认定为集体所有制的企业。

其他经济类型工业 指除国有经济工业、集体经济工业以外的其他经济类型工业企业(单位)。包括私营经济、个体经济、联营经济、股份制经济(股份有限公司，有限责任公司)；外商投资经济(中外合资经营、中外合作经营、外资企业)；港、澳、台投资经济(与大陆合资经营、与大陆合作经营、港、澳、台独资企业)及其他经济类型的工业。

轻工业 指主要提供生活消费品和制作手工工具的工业。按其所使用的原料不同，可分为两大类：(1)以农产品为原料的轻工业，是指直接或间接以农产品为基本原料的轻工业。主要包括食品制造、饮料制造、烟草加工、纺织、缝纫、皮革和毛皮制作、造纸以及印刷等工业；(2)以非农产品为原料的轻工业，是指以工业品为原料的轻工业。主要包括文教体育用品、化学药品制造、合成纤维制造、日用化学制品、日用玻璃制品、日用金属制品、手工工具制造、医疗器械制造、文化和办公用机械制造等工业。

重工业 是指为国民经济各部门提供物质技术基础的主要生产资料的工业。按其生产性质和产品用途，可以分为下列三类：(1)采掘(伐)工业，是指对自然资源的开采，包括石油开采、煤炭开采、金属矿开采、非金属矿开采和木材采伐等工业；(2)原材料工业，指向国民经济各部门提供基本材料、动力和燃料的工业。包括金属冶炼及加工、炼焦及焦炭化学、化工原料、水泥、人造板以及电力、石油和煤炭加工等工业；(3)加工工业，是指对工业原材料进行再加工制造的工业。包括装备国民经济各部门的机械设备制造工业、金属结构、水泥制品等工业，以及为农业提供的生产资料如化肥、农药等工业。

根据上述划分原则，修理业中以重工业产品为修理作业对象的划为重工业，反之划为轻工业。

工业总产值 是以货币表现的工业企业在一定时期内生产的已出售或可供出售工业产品总量，它反映一定时间内工业生产的总规模和总水平。它包括：在本企业内不再进行加工，经检验、包装入库(规定了需包装的产品除外)的成品价值，工业性作业价值，自制半成品、在产品期末初差额价值(生产周期较长的企业计算)。工业总产值采用"工厂法"计算，即以工业企业作为一个整体，按企业工业生产活动的最终成果来计算，企业内部不允许重复计算，不能把企业内部各个车间(分厂)生产的成果相加。但在企业之间、行业之间、地区之间存在着重复计算。

轻重工业总产值的划分也是按"工厂法"计算的，即一个工业企业在正常情况下生产的主要产品的性质属于轻工业，则该企业的全部总产值作为轻工业总产值；一个工业企业生产的主要产品的性质属于重工业，则该企业的全部总产值作为重工业总产值。

工业销售产值 是以货币表现的工业企业在一定时期内销售的本企业生产的工业产品产量。包括已销售的成品、半成品价值，对外提供的工业性作业价值和对本单位基本建设部门、生活福利部门等提供的产品和工业性作业及自制设备的价值。已销售的成品、半成品不论是本期生产的、还是上期生产的，只要是本期销售出去的均包括在内。对外提供的工业性作业是指企业按合同对外提供的工业性劳务。企业为本单位基本建设部门、生活福利部门等提供的产品和工业性作业及自制设备也应视同销售，这部分也作为销售统计。

工业销售产值的计算范围、计算价格和计算方法与工业总产值一致，但两者计算的基础不同：工业销售产值计算的基础是产品销售总量，工业总产值计算的基础是工业产品生产总量。

工业增加值 是指工业企业在报告期内以货币表现的工业生产活动的最终成果。是企业生产产品或提供劳务过程中新增加的价值，是总产出与中间投入之间的差额。

固定资产原价 指企业在建造、购置、安装、改建、扩建、技术改造某项固定资产时所支出的全部货币总额。它一般包括买价、包装费、运杂费和安装费等。

固定资产净值 是指固定资产原价减去历年已提折旧额后的净额。**流动资产** 流动资产是指可以在一年或者超过一年的一个营业周期内变现或者耗用的资产，包括现金及各种存款、短期投资、应收及预付货款、存货等。

总资产贡献率 反映企业全部资产的获利能力，是企业经营业绩和管理水平的集中体现，是评价和考核企业盈利能力的核心指标。计算公式为：

$$总资产贡献率(\%)=\frac{(利润总额+税金总额+利息支出)}{平均资产总额}\times 100\%$$

资产负债率 该指标既反映企业经营风险的大小，也反映企业利用债权人提供的资金从事经营活动的能力。计算公式为：

$$资产负债率(\%)=\frac{负债总额}{资产总额}\times 100\%$$

利税总额 指企业产品销售税金及附加加本年应交增值税加利润总额之和。

资金利税率 指在一定时期内已实现的利润、税金总额与同期的资产(固定资产净值和流动资产)之比。计算公式：

$$资金利税率(\%)=\frac{报告期累计实现利税总额}{固定资产净值平均余额+流动资产平均余额}\times 100\%$$

资金利税率反映每单位(通常是每万元)资金所提供的利税金额。它是考察和评价部门或企业资金运用的经济效益，分析资金投入效果的主要分析指标。

工业成本利润率 指在一定时期的利润与成本费用之比，是反映工业生产成本及费用投入的经济效益指标，同时也是反映降低成本的经济效益的指标。计算公式：

$$工业成本费用利润率(\%)=\frac{利润总额}{成本费用总额}\times 100\%$$

工业增加值率 指在一定时期内工业增加值占同期工业总产值的比重，反映降低中间消耗的经济效益。计算公式：

$$工业增加值率(\%)=\frac{工业增加值(现价)}{工业总产值(现价)+本年应交销项税额}\times 100\%$$

流动资产周转次数 指在一定时期内流动资产完成的周转次数，反映流动资产的周转速度。计算公式：

$$流动资金周转次数=\frac{产品销售收入}{全部流动资产平均余额}$$

产品销售率 指一定时期内销售产值与同期全部工业总产值之比，反映工业产品生产已实现销售的程度。计算公式：

$$工业产品销售率(\%)=\frac{报告期现价工业销售产值}{报告期现价工业总产值}\times 100\%$$

主营业务收入 指企业销售产品的销售收入和提供劳务等主要经营业务取得的业务收入总额。

主营业务成本 指企业销售产品和提供劳务等主要经营业务的实际成本。

主营业务税金及附加 指企业销售产品和提供工业性劳务等主要经营业务应负担的城市维护建设税、消费税、资源税和教育费附加。

主营业务利润 指企业销售产品和提供工业性劳务等主要经营业务收入扣除其成本、费用、税金后的利润。

利润总额 指企业实现的利润。

应交增值税 指企业在报告期内应交纳的增值税额。

全员劳动生产率 指根据产品的价值量指标计算的平均每一个职工在单位时间内的产品生产量。是考核企业经济活动的重要指标，是企业生产技术水平、经营管理水平、职工技术熟练程度和劳动积极性的综合表现。目前我国的全员劳动生产率是将工业企业的工业增加值除以同一时期全部职工的平均人数来计算的。计算公式：

$$全员劳动生产率=\frac{工业增加值}{全部职工平均人数}$$

为了使各年度的全员劳动生产率数字可以比较，各年的全员劳动生产率均按指数换算成1990年不变价格。

实物劳动生产率 指根据某种产品实物量计算的平均每个职工(或工人)在单位时间内生产的产品数量。这是通过产品实物来反映劳动者在生产中的劳动效率指标。我国目前有全员实物劳动生产率(通常简称全员效率)和工人实物劳动生产率两个指标。计算公式：

$$全员实物劳动生产率(全员效率)=\frac{产品产量}{全部职工平均人数}$$

$$工人实物劳动生产率=\frac{产品产量}{生产工人(包括学徒)平均人数}$$

计算实物劳动生产率的产品产量，是指报告期生产的，并经检验符合质量标准或合同规定的技术要求的合格产品产量。不包括不合格品和废品的数量。

资本金 指企业在工商行政管理部门登记的注册资金合计。企业资本金按投资主体可分为国家资本金、法人资本金、个人资本金和外商资本金等。资本金合计包括企业各种投资主体注册的全部资本金。

总资产 指企业拥有或控制的全部资产。包括流动资产、长期投资、固定资产、无形及递延资产、其他长期资产等，即为企业资产负债表的资产总计项。

(1)流动资产 指企业可以在一年内或者超过一年的一个生产周期内变现或耗用的资产合计。包括现金及各种存款、短期投资、应收及预付款项、存货等。

(2)固定资产 指企业固定资产净值、固定资产清理、在建工程、待处理固定资产损失所占用的资金合计。

(3)无形资产 指企业长期使用而没有实物形态的资产。包括专利权、非专利技术、商标权、著作权、土地使用权、商誉等。

总负债 指企业承担并需要偿还的全部债务。包括流动负债和长期负债等，即为企业资产负债表的负债合计项。

(1)流动负债 指企业在一年内或者超过一年的一个营业周期内需要偿还的债务合计，其中包括短期借款、应付及预收款项、应付工资、应交税金和应交利润等。

(2)长期负债 指企业在一年以上或者超过一年的一个生活周期内需要偿还的债务合计，其中包括长期借款、应付债务、长期应付款项等。

所有者权益 指企业投资人对企业净资产的所有权。企业净资产等于企业全部资产减去全部负债后的余额，其中包括投资者对企业的最初投入，以及资本公积金、盈余公积金和未分配利润，对股份制企业即为股东权益。

第十五篇

建筑业

15

JIANZHUYE

15—1 建筑业企业概况

年　份	施工企业	内资企业	国有企业	集体企业	港澳台商投资企业	外商投资企业
企业单位数(个)						
1980	558	558	149	409		
1985	892	892	192	700		
1990	1 537	1 537	294	1 243		
1991	1 509	1 509	302	1 207		
1992	1 652	1 652	340	1 312		
1993	2 425	2 396	464	1 908	8	21
1994	2 757	2 715	554	2 130	9	33
1995	2 648	2 607	568	1 999	13	28
1996	2 410	2 368	562	1 747	23	19
1997	2 387	2 329	554	1 712	26	32
1998	2 366	2 299	557	1 447	38	29
1999	2 626	2 547	580	1 465	39	40
2000	2 738	2 667	556	1 463	38	33
2001	2 662	2 585	555	1 027	47	30
2002	2 505	2 426	448	657	42	37
2003	2 716	2 633	397	526	35	48
2004	3 124	3 044	373	409	30	50
2005	3 299	3 215	348	370	33	51
2006	3 435	3 357	319	350	28	50
2007	3 493	3 417	298	324	28	48
2008	4 265	4 189	293	318	24	52
2009	4 785	4 704	282	299	24	57
年末从业人员(万人)						
1980	39.99	39.99	30.47	9.52		
1985	69.26	69.26	36.63	32.63		
1990	97.07	97.07	44.81	52.26		
1991	97.34	97.34	45.27	52.07		
1992	108.55	108.55	47.86	60.69		
1993	159.70	159.7	46.80	63.90		
1994	135.2	135.2	40.08	45.07		
1995	89.66	89.66	37.48	49.49		
1996	102.69	102.69	48.63	52.43		
1997	107.35	107.35	50.39	54.87		
1998	98.51	97.66	43.88	44.89	0.44	0.41

注:①施工企业总产值即是施工产值。
②1996 年建筑业统计范围为资质等级四级以上。
③从 1996 年以后,农村建筑队改为建筑业企业资质等级四级以下即非等级企业。
④2004 年以后数据,建筑业部分的所有指标口径均为总承包与专业承包企业。

15—1 续表

年　　份	施工企业	内资企业	国有企业	集体企业	港澳台商投资企业	外商投资企业
1999	103.22	102.26	43.08	43.78	0.39	0.57
2000	95.99	95.06	35.96	40.55	0.42	0.51
2001	98.62	97.4	31.26	31.48	0.83	0.39
2002	95.14	94.07	25.97	23.72	0.58	0.49
2003	96.68	95.04	22.41	19.8	0.34	1.3
2004	100.35	98.79	19.85	15.58	0.32	1.24
2005	91.72	89.92	19.27	13.07	0.36	1.44
2006	99.65	97.65	16.79	12.37	0.80	1.20
2007	99.35	97.08	15.67	10.90	0.42	1.85
2008	109.31	107.61	16.26	11.24	0.42	1.28
2009	132.61	130.66	16.21	12.82	0.46	1.49
建筑业总产值(亿元)						
1980	18.4	18.4	14.5	3.9		
1985	49.6	49.6	30.4	19.2		
1990	126.6	126.6	74.5	52.1		
1991	144.1	144.1	82.6	61.5		
1992	217.3	217.3	120.5	96.8		
1993	318.7	317.3	162.5	144.7	0.4	1.0
1994	385.2	383	209.0	168.5	0.4	1.8
1995	407.3	405	222.3	176.8	0.4	1.9
1996	400.5	396.9	174.3	130.9	1.7	1.9
1997	429.1	425.1	245.7	169.5	1.7	2.3
1998	419.0	412.7	216.9	143.8	4.1	2.2
1999	489.3	476.7	224.9	160.0	7.2	5.4
2000	598.1	584.9	252.1	176.3	7.7	5.5
2001	761.2	581.5	262.8	162.9	114.8	64.9
2002	839.3	819.9	265.3	140.7	10.1	9.3
2003	1 017.1	981.74	285.5	131.6	6.57	28.79
2004	1 245.1	1 209.8	323.7	104.3	4.6	30.7
2005	1 481.7	1 447	386.6	114.0	6.2	28.5
2006	1 775.0	1 716.7	387.9	130.2	16.8	41.5
2007	2 100.0	2 038.7	413.7	133.2	10.7	50.6
2008	2 505.2	2 467.4	492	139.4	9.8	37.8
2009	3 384.6	3 333.2	565.0	172.0	8.8	42.6

15—2 建　　筑　　施　　工

（2009

地　　区	企业个数	按登记注册类型					
		国有企业	集体企业	股份合作企　业	联营企业	有限责任公　司	股份有限公　司
全　　省	**4 785**	**282**	**299**	**51**	**8**	**1 288**	**121**
沈　　阳	1 495	92	65	12	1	318	47
大　　连	1 300	36	44	18	3	271	6
鞍　　山	315	27	44	2	1	99	25
抚　　顺	172	13	20	1		83	9
本　　溪	173	13	18		2	81	1
丹　　东	201	15	19	8		53	15
锦　　州	172	17	21	1		77	2
营　　口	151	9	3	1		32	
阜　　新	148	10	3			53	
辽　　阳	180	10	24	3		37	2
盘　　锦	146	12	5	2		78	4
铁　　岭	74	15	8	1		16	6
朝　　阳	133	3	7			50	
葫　芦　岛	125	10	18	2	1	40	4

企　　业　　个　　数

年）　　　　　　　　　　　　　　　　　　　　单位:个

分　组				按经济组织类型分组			
私营企业	其他企业	港澳台商投资企业	外商投资企　业	独资企业	合作伙伴企　业	股份有限公　司	有限责任公　司
2 652	**3**	**24**	**57**	**689**	**86**	**270**	**3 740**
935		7	18	191	20	89	1 195
889		10	23	106	29	50	1 115
112		2	3	80	4	44	187
43	1		2	37	2	11	122
56			2	38	3	9	123
89		1	1	42	10	28	121
49		2	3	41	1	4	126
104			2	16	4	5	126
80		2		14			134
102			2	39	3	7	131
44	1			19	3	8	116
28				26	3	6	39
72	1			11	1		121
49			1	29	3	9	84

15—3 建筑施工企业

（2009

指标	单位	合计	按登记注册				
			国有企业	集体企业	股份合作企业	联营企业	有限责任公司
施工企业单位个数	个	4 785	282	299	51	8	1 288
年平均人数	万人	220.3	28.7	16.6	2.0	0.5	79.9
自有固定资产原价	亿元	599.7	120.1	33.0	3.7	1.1	223.7
自有固定资产净值	亿元	420.1	66.2	23.1	2.6	0.9	159.8
自有机械设备台数	万台	38.7	5.6	3.7	1.2	0.1	13.6
自有机械设备净值	亿元	172.0	31.1	8.5	1.0	0.2	65.1
自有机械设备总功率	万千瓦	883.7	174.1	57.2	5.9	4.6	350.7
建筑业总产值	亿元	3 384.6	565.1	172.0	20.7	6.5	1 415.0
建筑业增加值	亿元	775.7	114.6	42.9	6.2	2.1	302.1
#固定资产本年折旧	亿元	40.9	6.9	1.9	0.3	0.1	15.6
#本年主营业务应付工资总额	亿元	406.4	62.0	26.4	3.9	1.1	147.5
#本年主营业务应付福利费总额	亿元	40.3	5.3	2.5	0.4	0.1	14.4
#工程结算税金及附加	亿元	105.1	17.5	5.4	0.9	0.3	41.8
#管理费用中的税金	亿元	8.0	1.6	0.3			2.6
#工会经费	亿元	1.7	0.4	0.1			0.6
#劳动待业保险费	亿元	11.2	4.1	0.6	0.1		4.5
#住房公积金及住房补贴	亿元	7.4	2.8	0.3			3.2
#养老保险和医疗保险费	亿元	18.3	5.0	1.2	0.1		7.2
#营业利润	亿元	136.2	9.0	4.2	0.6	0.5	64.7
房屋施工面积	万平方米	18 760.5	1 669.1	1 087.1	150.2	38.3	7 047.3
房屋竣工面积	万平方米	9 228.4	555.2	687.3	117.7	34.1	3 481.1
利润总额	亿元	118.7	9.8	3.7	0.6	0.5	47.5
利税总额	亿元	231.8	28.9	9.4	1.5	0.8	91.9
全员劳动生产率							
按总产值计算	元/人	161 110	201 228	108 107	103 842	124 332	181 164
按增加值计算	元/人	36 923	40 814	26 956	31 398	40 427	38 677
技术装备率	元/人	8 189	11 088	5 351	5 044	4 573	8 337
动力装备率	千瓦/人	4.2	6.2	3.6	3	8.8	4.5
房屋建筑面积竣工率	%	49.2	33.3	63.2	78.4	89.1	49.4
产值利润率	%	3.5	1.7	2.1	2.8	8.3	3.4
产值利税率	%	6.8	5.1	5.5	7.3	12.4	6.5

主　要　经　济　指　标

年）

类型分组					按经济组织类型分组			
股份有限公司	私营企业	其他企业	港澳台商投资企业	外商投资企业	独资企业	合作伙伴企业	股份有限公司	有限责任公司
121	2 652	3	24	57	689	86	270	3 740
12.7	76.6	0.3	0.7	2.2	53.9	3.3	17.8	145.4
20.4	180.5	0.5	1.5	15.2	166.2	6.8	34.9	391.9
14.5	140.4	0.5	1.1	11.0	100.5	5.4	24.7	289.6
1.1	12.8		0.3	0.4	9.8	1.4	2.2	25.4
6.2	56.9	0.5	0.7	1.8	42.1	2.0	10.7	117.3
30.9	247.9	2.7	2.0	7.7	240.1	16.1	45.9	581.7
201.3	946.7	6.0	8.8	42.6	792.0	41.3	259.8	2 291.5
44.6	248.7	1.3	2.3	10.9	172.0	11.4	60.6	531.6
1.3	13.9		0.1	0.9	9.4	0.5	2.4	28.6
26.3	132.7	0.6	1.3	4.6	95.7	6.3	34.4	270.0
2.6	14.2	0.1	0.1	0.5	8.6	0.7	3.5	27.4
6.4	30.9	0.5	0.2	1.2	24.4	1.9	8.3	70.5
0.2	3.1			0.1	2.1	0.1	0.3	5.5
0.1	0.5				0.6		0.1	1.0
0.3	1.5			0.1	4.8	0.1	0.4	5.9
0.3	0.6			0.1	3.2		0.3	3.9
0.6	3.8		0.1	0.3	6.4	0.2	1.0	10.8
6.3	47.6		0.3	3.0	16.8	1.5	9.9	108.0
1 816.7	6 750.2	43.3	6.8	151.5	3 141.2	238.9	2 264.4	13 115.9
665.1	3 610.9	14.5		62.5	1 389.0	173.4	896.3	6 769.7
6.3	47.3		0.1	2.9	17.1	1.4	9.8	90.5
12.9	81.3	0.6	0.4	4.2	43.6	3.4	18.4	166.5
160 587	135 687	196 664	126 678	196 375	166 633	131 963	147 500	161 592
35 606	35 644	41 289	32 958	50 079	36 188	36 460	34 427	37 489
4 935	8 149	15 831	9 730	8 447	8 848	6 455	6 070	8 270
2.5	3.6	8.9	2.9	3.6	5.1	5.2	2.6	4.1
36.6	53.5	33.5		41.2	44.2	72.6	39.6	51.6
3.1	5	0.5	1.1	6.7	2.2	3.3	3.8	3.9
6.4	8.6	9.3	4.1	9.8	5.5	8.2	7.1	7.3

15—4 建　筑　业

(2009

地　区	建筑业总产值	按登记注册类型分 国有企业	集体企业	股份合作企业	联营企业	有限责任公司	股份有限公司
全　省	**338 464 758**	**56 505 900**	**17 200 113**	**2 066 243**	**646 652**	**141 503 654**	**20 130 738**
沈　阳	67 115 591	13 526 784	3 984 450	612 209	14 706	22 533 076	11 302 221
大　连	96 259 190	8 150 307	2 116 233	316 171	530 230	32 107 699	4 754 681
鞍　山	29 030 874	6 217 000	1 962 714	7 936	46 000	12 680 990	1 222 332
抚　顺	15 772 240	1 893 678	1 189 393	86 600		10 038 102	807 515
本　溪	12 510 830	632 084	271 161		20 080	9 941 628	72 747
丹　东	14 018 357	2 213 018	785 935	571 883		8 033 298	618 874
锦　州	15 339 046	5 612 249	786 089	3 000		7 332 979	13 080
营　口	11 115 280	1 562 713	131 349	10 114		2 696 925	
阜　新	5 857 935	563 797	71 510			3 019 472	
辽　阳	20 554 189	1 878 601	1 086 534	70 622		15 590 831	3 476
盘　锦	16 254 710	8 722 253	269 194	30 000		3 904 965	56 500
铁　岭	15 062 412	4 196 413	1 576 912	260 212		5 924 292	582 162
朝　阳	10 828 296	263 423	979 480			5 115 601	
葫芦岛	8 745 808	1 073 580	1 989 159	97 496	35 636	2 583 796	697 150

15—5 建　筑　业

(2009

地　区	资产合计	按登记注册类型分 国有企业	集体企业	股份合作企业	联营企业	有限责任公司	股份有限公司
全　省	**242 669 271**	**42 880 111**	**12 213 793**	**1 240 778**	**387 380**	**98 965 656**	**13 143 983**
沈　阳	56 153 576	10 664 727	2 751 558	339 114	58 092	16 364 580	8 494 880
大　连	77 654 295	6 425 460	1 469 567	212 769	241 000	31 879 032	2 404 408
鞍　山	21 287 032	7 061 959	1 740 215	228 593	37 705	7 475 390	766 331
抚　顺	8 051 189	750 973	586 521	15 240		5 255 577	542 689
本　溪	8 214 204	378 926	440 100		39 955	6 212 554	60 376
丹　东	10 111 871	1 799 298	549 117	285 045		5 391 657	531 844
锦　州	8 291 362	2 587 615	806 303	12 816		4 114 970	8 916
营　口	8 051 864	1 024 435	50 505	8 855		2 550 877	
阜　新	4 872 008	675 373	32 741			3 112 081	
辽　阳	9 960 165	1 803 115	921 185	29 193		5 478 402	7 365
盘　锦	12 598 903	6 659 839	293 154	24 006		3 883 290	55 341
铁　岭	7 269 114	1 969 749	546 657	46 560		3 153 256	124 552
朝　阳	4 003 177	296 761	543 805			1 902 128	
葫芦岛	6 150 511	781 881	1 482 365	38 587	10 628	2 191 862	147 281

总　　　产　　　值

年）

单位：千元

组				按经济组织类型分组			
私营企业	其他企业	港澳台商投资企业	外商投资企业	独资企业	合作伙伴企业	股份有限公司	有限责任公司
94 665 991	**603 563**	**877 625**	**4 264 279**	**79 202 826**	**4 130 315**	**25 978 951**	**229 152 666**
14 256 756		295 395	589 994	18 198 039	640 668	11 743 450	36 533 434
45 349 760		324 918	2 609 191	13 188 079	1 011 912	7 269 475	74 789 724
6 422 838		61 844	409 220	8 489 804	84 836	2 428 810	18 027 424
1 152 893	550 710		53 349	3 130 791	637 310	828 605	11 175 534
1 570 860			2 270	956 585	22 283	514 672	11 017 290
1 733 489		21 960	39 900	3 053 403	1 154 770	696 974	9 113 210
1 452 397		3 228	136 024	6 406 529	3 000	13 571	8 915 946
6 359 097			355 082	1 789 504	28 717	849 245	8 447 814
2 032 876		170 280		645 507			5 212 428
1 906 677			17 448	3 038 013	70 622	117 541	17 328 013
3 271 671	127			10 101 447	30 127	85 936	6 037 200
2 522 421				5 783 405	260 212	582 162	8 436 633
4 417 066	52 726			1 308 903	52 726		9 466 667
2 217 190			51 801	3 112 817	133 132	848 510	4 651 349

企　　　业　　　资　　　产

年）

单位：千元

组				按经济组织类型分组			
私营企业	其他企业	港澳台商投资企业	外商投资企业	独资企业	合作伙伴企业	股份有限公司	有限责任公司
67 565 578	**192 222**	**993 591**	**5 086 179**	**59 605 065**	**2 202 588**	**17 501 862**	**163 359 756**
15 351 323		411 258	1 718 044	14 954 026	430 425	8 889 915	31 879 210
32 302 571		425 881	2 293 607	9 811 155	565 071	4 287 655	62 990 414
3 621 855		48 449	306 535	8 979 756	308 062	1 166 560	10 832 654
563 754	178 695		157 740	1 445 704	193 935	551 329	5 860 221
1 066 283			16 010	922 912	48 185	257 576	6 985 531
1 503 180		18 830	32 900	2 416 712	452 663	744 818	6 497 678
704 603		5 613	50 526	3 404 359	12 816	11 113	4 863 074
4 043 036			374 156	1 204 831	28 930	1 008 611	5 809 492
968 253		83 560		718 663			4 153 345
1 700 692			20 213	2 771 422	29 193	93 929	7 065 621
1 680 156	3 117			7 312 470	27 123	146 734	5 112 576
1 428 340				2 537 056	46 560	124 552	4 560 946
1 250 073	10 410			851 743	10 410		3 141 024
1 381 459			116 448	2 274 256	49 215	219 070	3 607 970

15—6 各地区建筑

(2009

地区	负债合计	按登记注册类型分					
		国有企业	集体企业	股份合作企业	联营企业	有限责任公司	股份有限公司
全省	**157 631 846**	**31 895 667**	**8 567 585**	**794 017**	**163 622**	**67 607 207**	**9 212 212**
沈阳	37 512 931	8 081 130	1 837 817	239 149	48 082	11 917 053	6 290 536
大连	46 161 059	5 092 278	832 923	77 771	61 810	20 723 115	1 629 537
鞍山	14 242 885	5 384 366	1 249 513	209 324	20 732	4 550 125	426 592
抚顺	5 142 481	477 041	431 306	7 040		3 343 562	409 730
本溪	4 961 921	235 332	309 184		30 563	3 763 275	16 800
丹东	6 831 725	1 250 330	332 714	192 389		4 120 909	258 646
锦州	5 841 815	2 046 253	547 429	2 816		2 853 236	4 195
营口	5 232 837	690 135	27 745	1 838		1 780 769	
阜新	3 083 793	544 600	8 891			2 027 601	
辽阳	7 584 798	1 412 675	705 989	15 365		4 561 167	135
盘锦	8 945 114	4 621 083	214 863	9 311		2 893 542	30 769
铁岭	5 435 430	1 428 278	445 445	21 410		2 386 980	62 990
朝阳	2 388 307	187 477	486 905			1 002 010	
葫芦岛	4 266 750	444 689	1 136 861	17 604	2 435	1 683 863	82 282

15—7 各地区建筑业

(2009

地区	实收资本合计	按登记注册类型分					
		国有企业	集体企业	股份合作企业	联营企业	有限责任公司	股份有限公司
全省	**54 537 410**	**7 101 530**	**2 692 279**	**343 032**	**107 821**	**19 228 447**	**2 589 425**
沈阳	12 791 859	2 029 557	523 115	75 910	10 010	3 386 164	1 300 544
大连	17 050 535	873 619	419 359	91 899	77 800	4 633 230	429 760
鞍山	4 808 086	1 226 320	394 786	8 589	9 150	1 904 154	290 066
抚顺	2 222 107	248 022	144 557	8 097		1 397 059	106 194
本溪	2 201 082	109 402	90 840		2 668	1 582 128	40 000
丹东	2 242 462	423 737	138 208	76 617		761 265	242 335
锦州	2 097 037	477 455	227 917	10 000		1 081 875	4 682
营口	1 810 350	252 496	21 230	5 100		420 919	
阜新	1 364 718	134 778	22 050			719 483	
辽阳	2 066 288	285 597	237 249	11 405		784 736	7 000
盘锦	1 790 330	391 119	61 916	13 400		864 260	24 342
铁岭	1 291 251	378 926	61 669	25 015		524 121	61 562
朝阳	1 319 074	95 828	61 864			715 997	
葫芦岛	1 482 231	174 674	287 519	17 000	8 193	453 056	82 940

业　企　业　负　债

年）

单位：千元

组				按经济组织类型分组			
私营企业	其他企业	港澳台商投资企业	外商投资企业	独资企业	合作伙伴企业	股份有限公司	有限责任公司
35 491 229	**127 865**	**504 961**	**3 267 481**	**43 276 083**	**1 288 841**	**11 839 139**	**101 227 783**
7 546 013		174 374	1 378 777	11 141 349	290 095	6 459 618	19 621 869
16 280 986		240 812	1 221 827	6 869 188	189 806	2 818 062	36 284 003
2 121 664		27 949	252 620	6 776 404	251 370	558 551	6 656 560
259 129	123 593		91 080	967 390	130 633	413 990	3 630 468
534 057			72 710	589 356	33 776	193 141	4 145 648
657 987		5 850	12 900	1 599 781	308 437	379 923	4 543 584
372 139		39	15 708	2 598 290	2 816	4 530	3 236 179
2 591 798			140 552	796 429	11 511	701 211	3 723 686
446 764		55 937		565 746			2 518 047
877 403			12 064	2 148 832	15 365	43 849	5 376 752
1 174 304	1 242			5 071 626	10 553	89 778	3 773 157
1 090 327				1 887 223	21 410	62 990	3 463 807
708 885	3 030			679 559	3 030		1 705 718
829 773			69 243	1 584 910	20 039	113 496	2 548 305

企　业　实　收　资　本

年）

单位：千元

组				按经济组织类型分组			
私营企业	其他企业	港澳台商投资企业	外商投资企业	独资企业	合作伙伴企业	股份有限公司	有限责任公司
21 056 018	**57 000**	**328 352**	**1 033 506**	**10 710 453**	**667 576**	**3 983 055**	**39 176 326**
4 996 707		122 658	347 194	2 839 902	115 182	1 505 357	8 331 418
10 028 498		145 510	350 860	1 615 020	223 320	955 554	14 256 641
915 788		20 500	38 733	1 648 903	31 239	468 477	2 659 467
208 178	50 000		60 000	435 221	58 097	108 374	1 620 415
372 554			3 490	243 242	7 668	114 304	1 835 868
569 800		12 500	18 000	595 187	126 617	326 100	1 194 558
259 142		5 430	30 536	711 112	10 000	6 541	1 369 384
944 772			165 833	305 439	13 440	220 443	1 271 028
466 653		21 754		158 582			1 206 136
731 373			8 928	537 170	11 405	48 171	1 469 542
434 293	1 000			544 645	14 400	54 342	1 176 943
239 958				443 595	25 015	61 562	761 079
439 385	6 000			163 692	6 000		1 149 382
448 917			9 932	468 743	25 193	113 830	874 465

15—8 各地区建筑业企业工程结算

(2009

地　　区	税金合计	按登记注册类型分					
		国有企业	集体企业	股份合作企业	联营企业	有限责任公司	股份有限公司
全　　省	**11 314 946**	**1 908 328**	**570 360**	**94 148**	**26 452**	**4 437 511**	**663 579**
沈　　阳	2 320 988	455 540	138 522	23 008	605	737 790	388 351
大　　连	3 232 134	288 699	70 000	11 589	22 137	965 869	154 795
鞍　　山	817 166	238 921	61 158	204	1 845	336 626	14 044
抚　　顺	628 991	46 733	37 646	2 894		458 452	26 370
本　　溪	401 112	15 022	10 005		635	315 103	2 444
丹　　东	438 670	83 725	29 584	18 137		222 761	24 968
锦　　州	475 480	170 667	28 652	147		223 933	592
营　　口	439 967	79 285	7 397	928		103 144	
阜　　新	173 048	17 848	2 339			97 654	
辽　　阳	606 421	65 749	41 555	3 538		421 735	180
盘　　锦	493 152	201 401	8 607	1 002		120 716	1 793
铁　　岭	599 293	202 193	39 716	29 166		184 336	27 565
朝　　阳	403 238	6 988	33 662			163 902	
葫　芦　岛	285 286	35 557	61 517	3 535	1 230	85 490	22 477

15—9 各地区建筑业

(2009

地　　区	利润总额	按登记注册类型分					
		国有企业	集体企业	股份合作企业	联营企业	有限责任公司	股份有限公司
全　　省	**11 867 150**	**983 133**	**368 503**	**56 883**	**53 543**	**4 750 210**	**629 963**
沈　　阳	2 040 814	136 045	195 254	33 709	290	724 958	248 083
大　　连	5 105 192	241 261	79 012	11 883	53 060	1 505 300	307 434
鞍　　山	622 647	151 955	30 146	-80	-1 151	317 028	22 321
抚　　顺	173 173	-21 585	14 831	6 760		130 319	5 517
本　　溪	924 709	11 577	5 873		104	836 990	-660
丹　　东	443 978	35 237	22 855	2 015		246 931	42 573
锦　　州	169 246	61 422	-4 889			80 453	260
营　　口	1 265 392	114 464	19 987	-137		375 119	
阜　　新	25 495	-514	562			15 362	
辽　　阳	52 169	-23 541	-21 592	1 170		56 999	282
盘　　锦	533 366	213 718	3 539	-18		258 284	409
铁　　岭	280 468	54 358	6 542	180		131 724	3 410
朝　　阳	113 912	-1 425	2 916			30 491	
葫　芦　岛	116 589	10 161	13 467	1 401	1 240	40 252	334

税金及附加与管理费用中的税金

年）

单位:千元

组				按经济组织类型分组			
私营企业	其他企业	港澳台商投资企业	外商投资企业	独资企业	合作伙伴企业	股份有限公司	有限责任公司
3 401 193	**53 614**	**26 030**	**133 731**	**2 653 886**	**202 160**	**858 173**	**7 600 727**
550 633		9 361	17 178	620 897	24 232	401 553	1 274 306
1 624 751		8 057	86 237	468 025	38 894	241 445	2 483 770
155 222		1 019	8 127	307 876	3 055	41 259	464 976
36 098	18 717		2 081	86 147	21 611	27 018	494 215
57 558			345	27 054	727	16 034	357 297
57 717		442	1 336	115 168	37 967	28 208	257 327
46 351		162	4 976	199 622	147	696	275 015
237 073			12 140	90 089	2 159	37 328	310 391
48 218		6 989		20 254			152 794
73 646			18	109 799	3 538	4 104	488 980
159 628	5			224 644	1 007	2 767	264 734
116 317				242 264	29 166	27 565	300 298
163 794	34 892			43 255	34 892		325 091
74 187			1 293	98 792	4 765	30 196	151 533

企业利润总额

年）

单位:千元

组				按经济组织类型分组			
私营企业	其他企业	港澳台商投资企业	外商投资企业	独资企业	合作伙伴企业	股份有限公司	有限责任公司
4 726 182	**2 744**	**10 044**	**285 945**	**1 705 162**	**137 721**	**978 008**	**9 046 259**
720 617		2 843	-20 985	343 614	34 210	254 488	1 408 502
2 648 286		8 261	250 695	627 664	73 206	442 380	3 961 942
100 746		-902	2 584	186 707	1 963	70 145	363 832
30 484	2 717		4 130	-5 854	9 477	6 119	163 431
72 905			-2 080	21 971	105	28 878	873 755
92 979		76	1 312	59 568	12 388	45 513	326 509
26 427		263	5 310	56 917		265	112 064
731 878			24 081	141 295	2 372	121 574	1 000 151
10 582		-497		-479			25 974
39 492			-641	-43 480	1 170	1 994	92 485
57 384	50			227 580	32	2 079	303 675
84 254				60 920	180	3 410	215 958
81 953	-23			4 011	-23		109 924
28 195			21 539	24 728	2 641	1 163	88 057

15—10 各地区建筑

(2009

地区	增加值	按登记注册类型分					
		国有企业	集体企业	股份合作企业	联营企业	有限责任公司	股份有限公司
全省	**77 568 276**	**11 460 698**	**4 288 692**	**624 765**	**210 259**	**30 210 018**	**4 463 473**
沈阳	18 393 572	3 697 855	1 273 324	227 888	3 675	6 064 954	2 492 352
大连	25 297 465	2 082 204	666 693	96 424	194 571	7 768 752	1 183 520
鞍山	4 094 065	766 056	333 660	3 152	4 649	1 894 342	116 051
抚顺	2 430 852	114 871	214 130	18 316		1 602 044	185 035
本溪	3 667 650	145 404	107 951		4 532	29 429 125	14 392
丹东	3 456 429	622 870	267 782	101 044		1 762 664	172 252
锦州	2 513 244	940 033	194 805	377		1 044 535	6 494
营口	3 490 793	399 519	56 959	8 296		852 172	
阜新	1 122 402	121 830	14 735			580 988	
辽阳	3 368 328	302 459	184 605	14 733		2 164 440	976
盘锦	2 628 212	1 128 450	38 593	7 898		855 946	13 150
铁岭	2 591 379	848 889	237 360	119 723		699 957	140 648
朝阳	2 750 422	66 564	293 066			1 189 513	
葫芦岛	1 763 463	223 694	405 029	26 914	2 832	48 699	138 603

15—11 各地区建筑业

(2009

地区	利税总额	按登记注册类型分					
		国有企业	集体企业	股份合作企业	联营企业	有限责任公司	股份有限公司
全省	**23 182 096**	**2 891 461**	**938 863**	**151 031**	**79 995**	**9 187 721**	**1 293 542**
沈阳	4 361 802	591 585	333 776	56 717	895	1 462 748	636 434
大连	8 337 326	529 960	149 012	23 472	75 197	2 471 169	462 229
鞍山	1 439 813	390 876	91 304	124	694	653 654	36 365
抚顺	802 164	25 148	52 477	9 654		588 771	31 887
本溪	1 325 821	26 599	15 878		739	1 152 093	1 784
丹东	882 648	118 962	52 439	20 152		469 692	67 541
锦州	644 726	232 089	23 763	147		304 386	852
营口	1 705 359	193 749	27 384	791		478 263	
阜新	198 543	17 334	2 901			113 016	
辽阳	658 590	42 208	19 963	4 708		478 734	462
盘锦	1 026 518	415 119	12 146	984		379 000	2 202
铁岭	879 761	256 551	46 258	29 346		316 060	30 975
朝阳	517 150	5 563	36 578			194 393	
葫芦岛	401 875	45 718	74 984	4 936	2 470	125 742	22 811

业　　增　　加　　值

年）　　　　　　　　　　　　　　　　　　　　　　　　　　　单位:千元

组				按经济组织类型分组			
私营企业	其他企业	港澳台商投资企业	外商投资企业	独资企业	合作伙伴企业	股份有限公司	有限责任公司
24 867 857	**126 716**	**228 332**	**1 087 466**	**17 200 433**	**1 141 152**	**6 063 491**	**53 163 200**
4 413 967		107 093	112 464	5 191 455	236 869	2 605 525	10 359 723
12 491 551		82 759	730 991	3 624 844	340 566	1 920 421	19 411 634
944 871		3 235	28 049	1 150 996	17 371	364 979	2 560 719
197 646	84 383		14 427	342 106	102 699	189 524	1 796 523
451 589			870	270 849	5 512	135 993	3 255 296
486 202		4 799	38 816	933 772	201 176	208 735	2 112 746
303 006		1 258	22 736	1 136 865	377	6 783	1 369 219
2 068 469			105 378	478 260	22 149	283 793	2 706 591
375 661		29 188		139 419			982 983
399 895			1 220	499 524	14 733	24 892	2 829 179
583 971	204			1 317 773	8 102	17 701	1 284 636
544 802				1 088 338	119 723	140 648	1 242 670
1 159 150	42 129			382 246	42 129		2 326 047
447 077			32 515	643 986	29 746	164 497	925 234

企　　业　　利　　税　　总　　额

年）　　　　　　　　　　　　　　　　　　　　　　　　　　　单位:千元

组				按经济组织类型分组			
私营企业	其他企业	港澳台商投资企业	外商投资企业	独资企业	合作伙伴企业	股份有限公司	有限责任公司
8 127 375	**56 358**	**36 074**	**419 676**	**4 359 048**	**339 881**	**1 836 181**	**16 646 986**
1 271 250		12 204	－3 807	964 511	58 442	656 041	2 682 808
4 273 037		16 318	336 932	1 095 689	112 100	683 825	6 445 712
255 968		117	10 711	494 583	5 018	111 404	828 808
66 582	21 434		6 211	80 293	31 088	33 137	657 646
130 463			－1 735	49 025	832	44 912	1 231 052
150 696		518	2 648	174 736	50 355	73 721	583 836
72 778		425	10 286	256 539	147	961	387 079
968 951			36 221	231 384	4 531	158 902	1 310 542
58 800		6 492		19 775			178 768
113 138			－623	66 319	4 708	6 098	581 465
217 012	55			452 224	1 039	4 846	568 409
200 571				303 184	29 346	30 975	516 256
245 747	34 869			47 266	34 869		435 015
102 382			22 832	123 520	7 406	31 359	239 590

15—12 各地区总承包与专业承包建筑企业个数、设备及人数

(2009 年)

地区	建筑业企业个数(个)	年末自有机械设备总功率(万千瓦)	年末自有机械设备净值(万元)	计算建筑业劳动生产率的平均人数(万人)	劳动生产率(元/人)
全省	**4 785**	**883.7**	**1 720 467**	**210.1**	**161 110**
沈阳	1 495	138.1	266 294	51.2	131 191
大连	1 300	261.8	574 763	56.2	171 188
鞍山	315	74.3	115 887	15.9	182 648
抚顺	172	40.2	75 142	9.7	162 067
本溪	173	71.7	88 308	7.9	158 698
丹东	201	41.2	80 549	7	199 609
锦州	172	31.8	58 450	7.9	192 968
营口	151	32.4	89 792	7	159 636
阜新	148	23.4	44 640	6.4	91 695
辽阳	180	45.8	96 876	8.6	239 102
盘锦	146	43.2	74 027	6.3	256 048
铁岭	74	36.9	51 584	10.2	148 344
朝阳	133	24.8	57 750	8.7	124 822
葫芦岛	125	18	46 406	7.1	123 380

15—13 各地区国有总承包与专业承包建筑企业个数、设备及人数

(2009 年)

地区	建筑业企业个数(个)	年末自有机械设备总功率(万千瓦)	年末自有机械设备净值(万元)	计算建筑业劳动生产率的平均人数(万人)	劳动生产率(元/人)
全省	**306**	**196.1**	**387 865**	**32.7**	**202 525**
沈阳	96	38.1	64 574	10.8	125 313
大连	39	27.1	92 335	7	213 833
鞍山	27	10.5	17 230	1.9	334 175
抚顺	13	6.5	5 553	0.9	216 842
本溪	14	2.5	4 806	0.7	127 411
丹东	15	18	27 389	1.3	171 818
锦州	18	8.4	16 843	2	278 676
营口	9	7.4	17 891	0.8	201 173
阜新	15	8.2	14 697	1	96 163
辽阳	11	8.9	20 013	0.8	298 288
盘锦	12	28	48 417	1.8	472 546
铁岭	15	16.3	22 652	2	214 903
朝阳	12	11.3	26 518	0.9	218 679
葫芦岛	10	4.9	8 948	0.8	126 931

15—14 各地区集体总承包与专业承包建筑企业个数、设备及人数

(2009 年)

地区	建筑业企业个数（个）	年末自有机械设备总功率（万千瓦）	年末自有机械设备净值（万元）	计算建筑业劳动生产率的平均人数（万人）	劳动生产率（元/人）
全省	**353**	**63.9**	**95 287**	**17.9**	**107 670**
沈阳	78	9.1	15 296	3.9	118 468
大连	62	14.7	17 522	2.2	112 118
鞍山	46	8.2	9 557	2	96 881
抚顺	21	3.9	9 278	1	125 368
本溪	20	2.9	3 116	0.4	68 254
丹东	27	2.5	7 467	1.2	108 782
锦州	22	4.5	8 167	0.8	104 129
营口	4	1.1	830	0.1	100 829
阜新	3	0.5	846	0.2	41 551
辽阳	27	4.6	5 045	1.4	82 383
盘锦	7	1.6	2 216	0.3	107 508
铁岭	9	5.5	4 688	1.8	101 213
朝阳	7	0.7	1 189	0.7	142 201
葫芦岛	20	4.1	10 071	1.9	110 969

15—15 各地区总承包与专业承包建筑企业施工及竣工产值

(2009 年)

单位:千元

地区	建筑业总产值	建筑工程产值	安装工程产值	其他产值	竣工产值
全省	**338 464 758**	**286 160 335**	**45 368 015**	**6 936 408**	**211 155 487**
沈阳	67 115 591	55 769 924	11 139 976	205 691	44 321 994
大连	96 259 190	86 267 502	8 878 249	1 113 439	60 983 084
鞍山	29 030 874	23 162 039	4 136 566	1 732 269	15 626 058
抚顺	15 772 240	11 982 644	2 948 327	841 269	10 706 267
本溪	12 510 830	11 245 130	1 033 096	232 604	8 388 567
丹东	14 018 357	12 740 090	854 716	423 551	8 005 154
锦州	15 339 046	12 776 711	2 453 913	108 422	9 819 480
营口	11 115 280	10 763 373	326 859	25 048	7 468 270
阜新	5 857 935	5 278 095	563 594	16 246	4 274 571
辽阳	20 554 189	18 206 801	2 025 765	321 623	4 361 683
盘锦	16 254 710	8 171 446	7 610 076	473 188	11 105 661
铁岭	15 062 412	12 688 470	1 915 929	458 013	11 907 664
朝阳	10 828 296	10 150 817	659 307	18 172	7 596 491
葫芦岛	8 745 808	6 957 293	821 642	966 873	6 590 543

15—16 各地区国有总承包与专业承包建筑企业施工及竣工产值

（2009 年）　　单位：千元

地　区	建筑业总产值	建筑工程产值	安装工程产值	其他产值	竣工产值
全　省	**66 184 187**	**49 405 625**	**14 800 720**	**1 977 842**	**33 195 892**
沈　阳	13 594 548	12 251 517	1 263 668	79 363	7 962 187
大　连	14 984 787	13 484 835	1 479 449	20 503	7 000 633
鞍　山	6 217 000	4 812 481	955 369	449 150	1 965 541
抚　顺	1 893 678	887 467	574 860	431 351	581 788
本　溪	830 975	566 572	252 793	11 610	805 290
丹　东	2 213 018	1 870 112	143 282	199 624	485 560
锦　州	5 635 940	4 523 261	1 102 089	10 590	3 516 150
营　口	1 562 713	1 547 913	14 800		295 037
阜　新	1 003 746	860 353	143 393		845 038
辽　阳	2 326 351	1 032 233	1 122 908	171 210	286 498
盘　锦	8 722 253	2 514 554	6 181 451	26 248	4 423 016
铁　岭	4 196 413	2 538 792	1 262 438	395 183	2 909 829
朝　阳	1 929 185	1 914 605	14 580		1 283 025
葫芦岛	1 073 580	600 930	289 640	183 010	836 300

15—17 各地区集体总承包与专业承包建筑企业施工及竣工产值

（2009 年）　　单位：千元

地　区	建筑业总产值	建筑工程产值	安装工程产值	其他产值	竣工产值
全　省	**19 301 142**	**14 245 948**	**4 664 604**	**390 590**	**15 386 788**
沈　阳	4 611 365	2 041 572	2 569 793		3 942 864
大　连	2 432 404	1 885 462	544 692	2 250	2 143 662
鞍　山	1 970 650	1 467 393	377 628	125 629	1 799 841
抚　顺	1 275 993	907 657	329 170	39 166	690 912
本　溪	291 241	191 991	86 917	12 333	278 241
丹　东	1 357 818	1 311 487	17 964	28 367	1 171 752
锦　州	789 089	569 209	214 799	5 081	618 031
营　口	141 463	141 463			130 463
阜　新	71 510	71 510			53 160
辽　阳	1 157 156	1 052 072	105 084		690 670
盘　锦	299 194	54 500	244 694		138 467
铁　岭	1 837 124	1 807 914	12 380	16 830	1 645 756
朝　阳	979 480	978 580	900		625 150
葫芦岛	2 086 655	1 765 138	160 583	160 934	1 457 819

15—18 各地区总承包与专业承包建筑企业施工及竣工房屋面积

（2009 年） 单位：万平方米、千元

地区	房屋建筑施工面积	#本年新开工面积	#投标承包面积	房屋建筑竣工面积	房屋建筑竣工价值
全省	**18 760.50**	**12 037.94**	**16 427.51**	**9 228.37**	**102 705 583**
沈阳	3 438.27	1 978.27	2 996.77	1 559.91	17 374 001
大连	6 387.17	3 598.42	6 162.48	2 989.03	35 897 864
鞍山	2 042.17	1 312.60	1 731.07	750.94	7 493 816
抚顺	650.06	543.66	564.43	430.33	4 251 781
本溪	700.92	342.59	578.63	314.03	3 388 691
丹东	631.51	429.92	411.75	249.97	2 577 415
锦州	719.09	552.58	602.26	419.10	5 326 218
营口	836.81	677.23	625.30	440.08	4 192 402
阜新	474.35	339.49	458.32	230.88	1 823 307
辽阳	429.95	340.57	394.69	222.04	2 105 383
盘锦	249.68	223.43	92.93	215.89	3 719 503
铁岭	829.55	699.74	745.63	593.38	6 640 410
朝阳	822.86	607.94	619.60	522.36	4 816 092
葫芦岛	548.12	391.50	443.66	290.42	3 098 700

15—19 各地区国有总承包与专业承包建筑企业施工及竣工房屋面积

（2009 年）

单位：万平方米、千元

地区	房屋建筑施工面积	#本年新开工面积	#投标承包面积	房屋建筑竣工面积	房屋建筑竣工价值
全省	**1 815.28**	**1 284.53**	**1 536.38**	**640.95**	**9 040 962**
沈阳	619.79	388.68	486.76	262.42	2 910 102
大连	185.44	86.29	184.27	70.28	1 486 169
鞍山	520.83	437.39	515.08	41.53	511 667
抚顺	40.58	22.70	40.58	11.53	122 990
本溪	34.36	33.96	19.07	16.77	170 500
丹东	75.63	54.43	31.97	11.03	116 450
锦州	185.30	132.24	154.56	110.74	2 209 605
营口	6.82	1.82	6.82	…	…
阜新	0.90	0.90	0.90	0.33	2 000
辽阳	42.05	24.25	38.84	17.40	183 650
盘锦	44.48	42.78	7.56	43.57	828 599
铁岭	1.23	1.23	1.23	1.23	9 870
朝阳	42.25	42.25	42.25	40.64	337 280
葫芦岛	15.61	15.61	6.49	13.49	152 080

15—20 各地区集体总承包与专业承包建筑企业施工及竣工房屋面积

（2009 年）

单位：万平方米、千元

地区	房屋建筑施工面积	#本年新开工面积	#投标承包面积	房屋建筑竣工面积	房屋建筑竣工价值
全　省	**1 237.27**	**908.13**	**985.18**	**805.06**	**8 293 538**
沈　阳	161.58	124.52	99.39	117.11	1 078 093
大　连	140.84	115.88	122.07	108.01	1 146 546
鞍　山	139.49	76.94	124.93	100.30	880 805
抚　顺	45.03	41.39	40.30	35.18	347 989
本　溪	11.04	9.54	9.54	4.83	52 120
丹　东	148.59	98.61	120.26	89.89	933 177
锦　州	57.62	41.07	39.10	40.87	344 793
营　口	14.09	10.26	2.78	6.23	39 210
阜　新	5.05	5.05	5.05	2.83	26 594
辽　阳	109.86	86.86	97.42	49.77	469 490
盘　锦	8.31	8.31	8.31	7.11	52 200
铁　岭	149.13	110.17	148.07	119.04	1 546 886
朝　阳	100.51	80.80	80.02	52.02	576 146
葫芦岛	146.15	98.73	87.95	71.88	799 489

15—21 各地区总承包与专业承包建筑企业年末资产负债

（2009 年） 单位:千元

地区	流动资产合计	固定资产合计	固定资产原价	固定资产累计折旧	无形及递延资产合计
全省	**185 745 782**	**42 012 459**	**59 973 734**	**22 067 742**	**5 344 397**
沈阳	45 403 266	7 832 363	11 276 657	4 396 834	1 316 366
大连	60 093 837	13 317 590	19 235 636	6 668 727	1 500 739
鞍山	15 794 620	3 742 568	5 060 617	1 918 974	794 493
抚顺	6 154 845	1 516 902	2 271 818	821 432	115 884
本溪	5 512 944	1 960 527	2 513 924	931 724	76 707
丹东	5 616 692	1 985 864	2 693 637	946 392	390 001
锦州	6 229 523	1 498 186	2 214 451	814 478	215 897
营口	5 911 604	1 787 472	2 264 125	620 185	155 382
阜新	3 592 578	1 068 857	1 420 008	438 953	109 378
辽阳	7 783 514	1 912 588	2 809 311	990 789	204 449
盘锦	10 562 648	1 835 015	3 402 633	1 732 138	54 386
铁岭	5 789 974	1 081 623	1 698 003	663 618	183 235
朝阳	2 860 621	1 006 871	1 493 155	607 683	82 854
葫芦岛	4 439 116	1 466 033	1 619 759	515 815	144 626

15—21 续表 （2009 年） 单位:千元

地区	资产总计	流动负债合计	长期负债合计	负债合计	所有者权益合计
全省	**242 669 271**	**150 720 131**	**6 911 715**	**157 631 846**	**85 037 425**
沈阳	56 153 576	36 229 947	1 282 984	37 512 931	18 640 645
大连	77 654 295	44 171 909	1 989 150	46 161 059	31 493 236
鞍山	21 287 032	13 506 959	735 926	14 242 885	7 044 147
抚顺	8 051 189	4 847 161	295 320	5 142 481	2 908 708
本溪	8 214 204	4 732 890	229 031	4 961 921	3 252 283
丹东	10 111 871	6 146 514	685 211	6 831 725	3 280 146
锦州	8 291 362	5 686 656	155 159	5 841 815	2 449 547
营口	8 051 864	5 089 154	143 683	5 232 837	2 819 027
阜新	4 872 008	2 877 550	206 243	3 083 793	1 788 215
辽阳	9 960 165	7 336 531	248 267	7 584 798	2 375 367
盘锦	12 598 903	8 167 229	777 885	8 945 114	3 653 789
铁岭	7 269 114	5 399 480	35 950	5 435 430	1 833 684
朝阳	4 003 177	2 294 946	93 361	2 388 307	1 614 870
葫芦岛	6 150 511	4 233 205	33 545	4 266 750	1 883 761

15—22 各地区国有总承包与专业承包建筑企业年末资产负债

（2009 年） 单位:千元

地区	流动资产合计	固定资产合计	固定资产原价	固定资产累计折旧	无形及递延资产合计
全省	**44 264 974**	**8 795 819**	**14 892 255**	**6 707 335**	**1 462 509**
沈阳	8 791 359	1 538 585	2 748 110	1 346 484	250 612
大连	13 357 763	2 614 529	3 820 073	1 506 668	571 597
鞍山	5 611 705	663 741	975 943	324 195	228 497
抚顺	637 510	106 241	198 185	91 944	5 235
本溪	482 298	129 546	226 214	123 003	1 834
丹东	1 138 684	393 964	780 100	398 465	256 760
锦州	2 204 935	349 660	640 945	303 344	49 914
营口	668 178	355 608	447 739	111 018	649
阜新	1 439 371	284 365	457 203	176 694	25 851
辽阳	1 649 338	401 307	671 937	271 977	12 666
盘锦	5 872 475	771 369	1 882 581	1 119 448	2 323
铁岭	1 397 939	482 157	833 648	382 495	31 286
朝阳	533 787	420 561	764 526	386 845	19 315
葫芦岛	479 632	284 186	445 051	164 755	5 970

15—22 续表 （2009 年） 单位:千元

地区	资产总计	流动负债合计	长期负债合计	负债合计	所有者权益合计
全省	**56 036 415**	**40 049 701**	**2 237 128**	**42 286 829**	**13 749 586**
沈阳	10 722 192	7 998 602	121 631	8 120 233	2 601 959
大连	17 230 194	13 220 320	889 945	14 110 265	3 119 929
鞍山	7 061 959	4 946 455	437 911	5 384 366	1 677 593
抚顺	750 973	466 448	10 593	477 041	273 932
本溪	619 838	464 738	3 350	468 088	151 750
丹东	1 799 298	1 226 766	23 564	1 250 330	548 968
锦州	2 610 514	1 948 842	107 814	2 056 656	553 858
营口	1 024 435	689 935	200	690 135	334 300
阜新	1 762 242	1 063 197	143 727	1 206 924	555 318
辽阳	2 068 128	1 603 559	6 493	1 610 052	458 076
盘锦	6 659 839	4 195 273	425 810	4 621 083	2 038 756
铁岭	1 969 749	1 428 278		1 428 278	541 471
朝阳	975 173	352 599	66 090	418 689	556 484
葫芦岛	781 881	444 689		444 689	337 192

15—23 各地区集体总承包与专业承包建筑企业年末资产负债

（2009 年） 单位：千元

地　　区	流动资产合　计	固定资产合　计	固定资产原　价	固定资产累计折旧	无形及递延资产合计
全　　省	**10 351 633**	**2 583 500**	**3 677 895**	**1 406 833**	**291 981**
沈　　阳	2 628 054	440 517	750 525	324 490	25 091
大　　连	1 144 322	390 312	624 817	245 094	95 661
鞍　　山	1 563 629	283 650	384 875	180 156	25 492
抚　　顺	418 607	164 632	246 398	124 773	149
本　　溪	337 872	127 109	140 992	49 420	1 774
丹　　东	552 430	240 694	249 714	57 651	20 474
锦　　州	607 011	185 687	280 656	109 126	6 964
营　　口	37 965	21 395	28 166	7 071	
阜　　新	18 083	14 658	21 851	7 263	
辽　　阳	662 336	259 569	295 614	88 556	24 274
盘　　锦	206 140	82 673	90 171	20 748	28 347
铁　　岭	463 463	119 720	189 961	70 326	1 695
朝　　阳	493 154	37 989	54 553	16 564	7 552
葫　芦　岛	1 218 567	214 895	319 602	105 595	54 508

15—23 续表　（2009 年） 单位：千元

地　　区	资产总计	流动负债合　计	长期负债合　计	负债合计	所有者权益合　计
全　　省	**13 552 618**	**9 311 282**	**128 965**	**9 440 247**	**4 112 371**
沈　　阳	3 148 764	2 117 441	7 607	2 125 048	1 023 716
大　　连	1 682 336	891 386	19 308	910 694	771 642
鞍　　山	1 968 808	1 455 876	2 961	1 458 837	509 971
抚　　顺	601 761	437 588	758	438 346	163 415
本　　溪	480 055	334 337	5 410	339 747	140 308
丹　　东	834 162	473 709	51 394	525 103	309 059
锦　　州	819 119	539 449	10 796	550 245	268 874
营　　口	59 360	29 583		29 583	29 777
阜　　新	32 741	8 891		8 891	23 850
辽　　阳	950 378	716 034	5 320	721 354	229 024
盘　　锦	317 160	224 174		224 174	92 986
铁　　岭	593 217	448 087	18 768	466 855	126 362
朝　　阳	543 805	486 905		486 905	56 900
葫　芦　岛	1 520 952	1 147 822	6 643	1 154 465	366 487

15—24 各地区总承包与专业承包建筑企业损益及分配

（2009 年）

单位：千元

地区	工程结算收入	工程结算成本	工程结算税金及附加	工程结算利润	其他业务利润
全省	**318 416 863**	**280 042 479**	**10 511 076**	**26 779 544**	**525 372**
沈阳	66 685 607	58 938 878	2 193 791	5 221 629	156 321
大连	91 268 703	79 523 184	2 999 773	8 539 201	169 519
鞍山	25 201 089	22 699 033	760 716	1 682 485	75 479
抚顺	14 457 986	13 186 854	610 067	661 065	16 044
本溪	11 486 353	9 695 038	382 077	1 375 183	3 863
丹东	12 671 438	10 758 752	409 118	1 453 441	14 750
锦州	13 443 508	12 383 200	429 600	622 254	15 863
营口	11 180 584	9 110 494	378 311	1 677 391	11 295
阜新	5 154 694	4 708 218	166 520	278 136	-9 869
辽阳	20 727 540	18 066 144	585 930	2 065 358	40 247
盘锦	13 180 310	11 483 259	380 448	1 297 249	17 522
铁岭	14 498 560	12 877 803	573 581	919 236	11 200
朝阳	10 229 550	9 255 569	369 061	532 639	3 136
葫芦岛	8 230 941	7 356 053	272 083	454 277	2

15—24 续表

（2009 年）

单位：千元

地区	管理费用	营业利润	利润总额	应收工程款	亏损企业个数（个）
全省	**12 563 929**	**13 624 268**	**11 867 150**	**46 710 697**	**963**
沈阳	3 239 221	1 902 426	2 040 814	12 228 370	445
大连	3 280 497	5 071 865	5 105 192	14 846 769	183
鞍山	1 135 698	515 644	622 647	4 460 964	52
抚顺	496 365	155 193	173 173	1 660 262	42
本溪	394 122	963 506	924 709	865 778	24
丹东	430 409	958 170	443 978	980 277	34
锦州	442 306	149 050	169 246	1 963 672	53
营口	310 193	1 334 454	1 265 392	504 439	6
阜新	226 797	19 033	25 495	681 234	35
辽阳	646 340	1 411 413	52 169	2 610 224	38
盘锦	716 892	555 139	533 366	2 285 078	13
铁岭	619 944	279 670	280 468	1 684 048	7
朝阳	324 138	175 851	113 912	1 046 850	23
葫芦岛	301 007	132 854	116 589	892 732	8

15—25 各地区国有总承包与专业承包建筑企业损益及分配

（2009 年） 单位：千元

地区	工程结算收入	工程结算成本	工程结算税金及附加	工程结算利润	其他业务利润
全省	**61 629 476**	**55 254 593**	**1 984 877**	**4 264 708**	**77 410**
沈阳	13 121 750	11 859 967	432 457	823 167	21 341
大连	13 563 343	12 071 288	410 906	1 078 251	5 138
鞍山	6 740 990	6 148 307	229 106	362 860	7 839
抚顺	1 900 114	1 819 941	44 793	35 380	1 187
本溪	654 391	549 671	19 746	73 421	1 303
丹东	2 457 685	2 186 262	80 678	189 746	8 602
锦州	4 657 179	4 258 049	144 901	254 067	3 915
营口	1 572 128	1 325 561	57 225	189 342	
阜新	969 926	850 870	31 495	86 995	-666
辽阳	2 276 141	2 122 698	76 450	75 043	11 021
盘锦	5 686 835	4 977 154	170 166	539 015	8 430
铁岭	5 112 747	4 458 975	198 025	389 768	8 939
朝阳	1 834 658	1 663 514	55 081	103 066	361
葫芦岛	1 081 589	962 336	33 848	64 587	

15—25 续表 （2009 年） 单位：千元

地区	管理费用	营业利润	利润总额	应收工程款	亏损企业个数（个）
全省	**2 956 002**	**1 135 034**	**1 201 849**	**11 502 076**	**55**
沈阳	700 771	88 056	134 817	2 509 607	22
大连	583 968	414 080	422 921	3 448 238	4
鞍山	251 822	81 891	151 955	1 854 667	3
抚顺	58 642	-21 906	-21 585	230 262	5
本溪	56 400	17 901	16 509	79 340	1
丹东	117 391	67 859	35 237	509 203	3
锦州	190 960	54 897	61 675	701 577	4
营口	68 826	116 553	114 464	87 800	
阜新	67 987	8 408	9 176	128 267	4
辽阳	91 424	-12 859	-18 009	633 308	3
盘锦	309 317	235 696	213 718	693 247	1
铁岭	336 453	53 560	54 358	496 182	3
朝阳	70 008	20 509	16 452	60 890	1
葫芦岛	52 033	10 389	10 161	69 488	1

15—26 各地区集体总承包与专业承包建筑企业损益及分配

（2009 年） 单位：千元

地　　区	工程结算收　入	工程结算成　本	工程结算税金及附加	工程结算利　润	其他业务利　润
全　　省	**18 596 944**	**16 395 511**	**627 605**	**1 513 013**	**78 595**
沈　　阳	4 784 804	3 881 343	149 524	731 302	15 037
大　　连	2 264 663	1 999 169	77 334	181 594	10 173
鞍　　山	2 038 234	1 859 688	56 901	110 994	39 725
抚　　顺	1 119 233	1 020 072	37 851	61 310	4 994
本　　溪	293 812	241 434	9 359	35 300	280
丹　　东	1 224 388	1 100 038	45 228	78 429	699
锦　　州	846 258	787 968	27 785	30 355	5 788
营　　口	141 463	109 237	4 830	27 396	
阜　　新	62 837	56 463	2 216	4 158	
辽　　阳	1 176 893	1 098 871	43 040	33 890	1 000
盘　　锦	269 194	237 863	9 469	21 862	682
铁　　岭	1 471 408	1 364 506	67 915	38 660	40
朝　　阳	975 188	857 274	32 340	85 410	170
葫 芦 岛	1 928 569	1 781 585	63 813	72 353	7

15—26 续表 （2009 年） 单位：千元

地　　区	管理费用	营业利润	利润总额	应　收工程款	亏损企业个　数（个）
全　　省	**1 095 933**	**477 260**	**425 780**	**1 910 871**	**83**
沈　　阳	511 358	229 549	229 253	289 495	24
大　　连	102 984	88 714	90 895	164 706	5
鞍　　山	121 291	25 674	30 066	321 634	14
抚　　顺	52 873	12 929	21 591	246 341	9
本　　溪	31 450	4 028	5 977	69 078	5
丹　　东	48 340	27 968	24 870	6 937	7
锦　　州	37 120	-1 279	-4 889	148 197	7
营　　口	7 446	19 850	19 850		1
阜　　新	3 586	562	562		1
辽　　阳	52 864	-18 794	-20 422	76 886	6
盘　　锦	17 931	4 472	3 521	11 248	2
铁　　岭	29 323	7 660	6 722	123 066	
朝　　阳	25 762	58 538	2 916	256 243	1
葫 芦 岛	53 605	17 389	14 868	197 040	1

主要统计指标解释

建筑业统计单位 指从事房屋、构筑物建造和设备安装活动的生产单位,根据不同的组织方式,建筑业统计的调查单位分为法人建筑业企业和附营建筑施工单位。法人建筑业企业是指专门组织的独立核算的法人建筑业企业,它应同时具备的条件是:①依法成立,有自己的名称、组织机构和场所,能够承担民事责任;②独立拥有和使用资产,承担负债,有权与其他单位签订合同;③独立核算盈亏,能够编制资产负债表。另一种调查单位是其他行业的企业、事业单位为完成本单位固定资产建造任务而自行组织的附营建筑施工单位,它应同时具备的条件是:①具有一个场所,从事或主要从事建筑安装活动;②单独组织生产经营活动;③在企业内部单独核算收支。

建筑业总产值(即自行完成施工产值) 指建筑业企业或附属施工单位自行完成的按工程进度计算的建筑安装生产总值。施工产值包括:

①建筑工程产值:指列入建筑工程预算内的各种工程价值。

②设备安装工程产值:指设备安装工程价值。

③房屋、构筑物修理产值:指房屋、构筑物修理所完成的价值,但不包括被修理房屋、构筑物本身的价值和生产设备的修理价值。

④非标准设备制造产值:指加工制造没有定型的、非标准的生产设备的加工费和原材料价值,不论是现场还是附属加工厂为本单位承建工程制造的非标准设备的价值,都应计算产值。

竣工产值 指在报告期内,按照设计所规定的工程内容全部完成,达到了设计规定的交工条件,经有关部门检查验收鉴定合格的单位工程价值之和。

房屋建筑施工面积 指在报告期内施工的全部房屋建筑面积。包括本期内新开工的、上期施工跨入本期继续施工、上期停建本期复工的房屋建筑面积;不包括上期开工后又停工,本期未施工的房屋建筑面积。

房屋建筑竣工面积 指在报告期内,按照设计所规定的工程内容全部完成,达到了设计规定的交工条件,经有关部门检查验收鉴定合格的房屋建筑面积。

住宅竣工面积 指房屋建筑竣工面积中供居住用的房屋建筑竣工面积。

自有机械设备年末总台数 指归本企业(或单位)所有,属于本企业固定资产的生产性机械设备年末总台数。包括施工机械、生产设备、运输设备以及其他设备。

自有机械设备年末总功率 指本企业(或单位)自有施工机械、生产设备、运输设备以及其他设备等列为在册固定资产的生产性机械设备年末总功率,按设定能力或查定能力计算。包括机械本身的动力和为该机械服务的单独动力设备,如电动机等。计量单位用千瓦,动力换算可按 1 马力 =0.735 千瓦折合成千瓦数。电焊机、变压器、锅炉不计算动力。

工程结算收入 指企业(或单位)按工程的分部分项自行完成的建筑产品价值并已与甲方在报告期内办理结算手续的工程价款收入,以及向甲方收取的除工程价款以外的按规定列作营业收入的各种款项,如临时设施费、劳动保险费、施工机械调迁费等以及向甲方收取的各种索赔款。

工程结算利润 指已结算工程实现的利润。如为亏损以" - "号表示。其计算公式为:

工程结算利润 = 工程结算收入 - 工程结算成本 - 工程结算税金及附加 - 经营费用

企业总收入 指与企业生产经营直接有关的各项收入,包括工程结算收入和其他业务收入,即:

企业总收入 = 工程结算收入 + 其他业务收入

第十六篇

运输和邮电

16

YUNSHU
HE
YOUDIAN

16—1 交通运输业基本情况

指　　标	2005年	2006年	2007年	2008年	2009年
运输线路长度(公里)					
铁路营业里程	3 922	3 927	3 934	3 928	3 962
公　　路	53 521	97 191	98 101	101 144	101 117
内　　河	813	813	813	813	813
民　　航	329 166	376 435	248 179	200 359	243 991
#国际航线	69 703	63 516	43 595	32 901	43 718
管　　道	1 195	1 195	1 195	1 195	1 195
客运量总计(万人)	60 599	64 543	71 322	90 729	96 172
铁　　路	9 503	9 883	10 417	11 958	13 336
公　　路	49 917	53 317	59 562	77 510	81 585
水　　运	650	714	651	597	543
民用航空	528.9	629	692	664	708
货运量总计(万吨)	97 748	109 140	120 615	126 938.7	139 541
铁　　路	14 271	15 750	16 552	17 400	18 262
公　　路	74 799	82 142	90 387	92 938	105 088
水　　运	5 730	7 518	8 778	9 267	9 651
民用航空	9.4	11	11	10.4	9.5
管　　道	2 939	3 719	4 887	7 323.3	6 530.8
民用汽车拥有量(万辆)	153.8	187.1	217.4	242.0	300.1
载客汽车辆数(万辆)	89.6	107.3	124.1	144.9	182.4
载货汽车辆数(万辆)	42.4	47.3	42.5	44	56.8
私人汽车拥有量(万辆)	71.8	98.2	134.8	155.8	200.7
民用运输船舶拥有量(艘)					
#机动船	735	771	821	862	736
驳　船	25	27	19	23	20
私人运输船舶拥有量(艘)					
#机动船	293	282	309	304	292
沿海主要港口货物吞吐量(万吨)	30 208	35 666	41 613	48 768	55 513

16—2 运输线路长度

单位:公里

年份	铁路营业里程	#辽宁省	公路通车里程	#高级次高级	#高速公路	内河航道里程	民航通航里程	#国内航线	输油里程	#辽宁省
1990	8 798	3 702	40 109	10 172	375	508	99 545	89 199	2 238	1 419
1991	8 993	3 758	40 195	11 471	375	508	136 027	129 195	2 238	1 419
1992	8 993	3 758	41 548	13 644	391	508	204 870	200 822	2 238	1 419
1993	8 993	3 758	41 638	15 382	406	508	271 841	258 947	2 238	1 419
1994	8 807	3 758	42 763	17 155	420	508	305 884	242 445	2 238	1 419
1995	8 811	3 568	43 434	18 590	509	508	277 945	259 264	2 238	1 419
1996	8 811	3 568	43 753	19 365	509	508	321 207	246 776	2 235	1 415
1997	8 813	3 569	44 041	20 171	509	508	179 369	166 238	2 235	1 415
1998	8 796	3 558	44 483	21 419	707	508	124 089	110 587	2 235	1 415
1999	8 798	3 558	45 020	23 023	877	813	192 148	170 339	2 237	1 195
2000	8 800	3 556	45 547	24 264	1 068	813	219 198	201 702	2 237	1 195
2001	8 792	3 548	46 603	25 664	1 068	813	192 148	170 339	2 237	1 195
2002	8 809	3 565	48 051	27 557	1 637	813	239 243	211 331	2 237	1 195
2003	8 887	3 939	50 095	30 600	1 637	813	238 429	191 061	2 237	1 195
2004	9 299	3 939	52 415	34 838	1 637	813	335 729	276 409	2 237	1 195
2005	9 282	3 922	53 521	37 930	1 773	813	329 166	255 545	2 237	1 195
2006	9 309	3 927	97 191	43 333	1 849	813	376 435	312 239	2 237	1 195
2007	9 321	3 934	98 101	46 738	1 975	813	248 179	204 584	2 237	1 195
2008	9 431	3 928	101 144	52 762	2 747	813	200 359	167 458	2 237	1 195
2009	9 437	3 962	101 117	62 497	2 833	813	243 991	200 273	2 237	1 195

16—3 旅客运输量

单位:万人

年份	总计	铁路	公路	水运	民航
1990	44 547	15 823	28 367	302	55
1991	46 643	14 733	31 480	355	75
1992	50 908	15 083	35 263	465	97
1993	49 756	15 072	34 050	521	113
1994	50 223	15 366	34 223	502	132
1995	52 228	13 928	37 591	533	176
1996	55 828	11 884	43 193	553	198
1997	53 430	10 403	42 276	540	211
1998	51 140	9 960	40 468	474	238
1999	49 239	9 937	38 382	595	325
2000	51 555	10 174	40 385	616	380
2001	52 259	10 038	41 207	602	412
2002	54 339	9 701	43 554	626	458
2003	50 813	8 706	41 076	542	489
2004	58 099	9 591	47 370	637	501
2005	60 599	9 503	49 917	650	529
2006	64 543	9 883	53 317	714	629
2007	71 322	10 417	59 562	651	692
2008	90 729	11 958	77 510	597	664
2009	96 172	13 336	81 585	543	708

16—4 旅客周转量

单位:亿人公里

年份	总计	铁路	公路	水运	民航
1990	369.3	254.9	97.4	5.9	11.1
1991	392.8	259.1	111.5	6.9	15.3
1992	503.7	285.2	125.9	8.7	19.6
1993	465.9	306.0	121.3	8.7	29.9
1994	471.4	312.8	120.4	7.7	30.5
1995	451.5	292.5	109.9	8.6	40.5
1996	457.0	261.2	149.5	9.4	36.9
1997	460.9	271.5	145.5	9.2	34.7
1998	476.3	276.7	159.1	7.3	33.2
1999	496.4	291.9	149.6	11.9	43.0
2000	534.4	314.1	159.9	10.7	49.7
2001	562.4	326.5	167.1	8.4	60.4
2002	585.5	340.1	173.8	8.6	63.0
2003	545.3	306.9	164.1	7.2	67.0
2004	662.2	370.4	194.9	8.4	88.5
2005	673.1	381.4	210.1	8.4	73.2
2006	747.2	412.6	236.6	9.2	88.8
2007	806.1	436.6	263.5	8.4	97.6
2008	892.6	465.9	323	7.8	95.9
2009	940.0	483.5	350.1	7.0	99.4

注:1. 铁路1978以前为沈阳、锦州两路局合计数,1979年以后扣除长春分局数,1983年以后为辽宁境内数,1988年以后还包括地方铁路。

2. 公路、水运口径同客运量。

16—5 货 物 运 输 量

单位:万吨

年 份	总 计	铁 路	公 路	水 运	民 航	管 道
1990	76 326.3	14 306	56 105	1 521	1.3	4 393
1991	79 057.3	14 624	58 197	1 861	2.3	4 373
1992	81 084.0	14 852	59 739	2 145	2.0	4 346
1993	91 578.0	14 953	69 964	2 325	2.0	4 334
1994	89 876.0	14 096	68 953	2 396	3.0	4 428
1995	88 464.9	13 073	68 524	2 649	3.2	4 216
1996	84 823.0	13 053	65 174	2 472	4.0	4 120
1997	99 588.0	12 972	80 471	2 145	5.0	3 995
1998	83 478.0	12 100	65 481	1 977	5.4	3 915
1999	84 625.0	12 162	66 253	2 542	7.4	3 660
2000	83 603.9	12 523	64 515	3 091	8.9	3 466
2001	82 295.0	12 990	63 281	2 726	6.8	3 292
2002	83 573.1	13 126	64 101	3 071	8.1	3 264
2003	85 825.6	13 135	65 981	3 649	9.0	3 052
2004	91 401.6	13 844	70 164	4 447	8.6	2 938
2005	97 748.4	14 271	74 799	5 730	9.4	2 939
2006	109 140.0	15 750	82 142	7 518	11.0	3 719
2007	120 615.2	16 552	90 387	8 778	11.2	4 887
2008	126 938.7	17 400	92 938	9 267	10.4	7 323
2009	139 541.3	18 262	105 088	9 651	9.5	6 531

16—6 货物周转量

单位:亿吨公里

年份	总计	铁路	公路	水运	民航	管道
1990	1 062.5	943.3	150.8	289.3	0.2	218.9
1991	1 791.1	980.1	174.2	419.6	0.3	216.9
1992	1 947.6	1 023.2	207.6	501.3	0.4	215.1
1993	2 078.8	1 044.1	227.8	593.7	0.6	212.7
1994	2 085.8	1 038.2	221.3	605.8	0.6	219.9
1995	2 090.2	1 011.4	198.5	671.1	0.7	208.5
1996	1 929.0	1 003.6	245.1	479.4	0.9	200.0
1997	1 846.7	1 047.8	297.6	316.1	0.7	191.5
1998	1 568.3	900.7	206.5	314.7	0.9	145.5
1999	1 794.3	926.2	207.7	531.2	1.2	127.9
2000	1 809.2	962.4	209.4	572.4	1.1	63.9
2001	1 861.8	976.7	215.8	607.9	1.1	60.3
2002	1 914.3	970.6	221.8	661.0	1.4	59.6
2003	2 426.5	1 012.8	226.5	1 130.6	1.6	55.0
2004	2 995.6	1 154.2	327.0	1 461.1	1.7	51.6
2005	3 400.6	1 194.8	415.6	1 738.2	1.6	50.5
2006	4 090.9	1 206.0	474.7	2 361.6	1.8	46.7
2007	5 865.1	1 293.3	568.1	3 956.6	1.8	45.2
2008	7 076.8	1 342.5	1 354.2	4 333.0	1.8	45.3
2009	7 793.8	1 302.1	1 550.5	4 896.8	1.6	42.8

16—7 铁路机车车辆年末实有数

指　　标	单　位	2005年	2006年	2007年	2008年	2009年
中　央　铁　路						
机车台数总计	台	1 600	1 543	1 528	1 560	1 232
内　燃　机　车	台	1 372	1 321	1 317	1 282	891
客车辆数总计	辆	3 969	4 017	4 116	4 286	4 579
软　座　车	辆	75	85	173	277	331
硬　座　车	辆	1 969	1 965	1 874	1 464	1 562
软　卧　车	辆	258	263	267	237	275
硬　卧　车	辆	1 334	1 369	1 416	1 907	1 998
餐　　车	辆	205	205	208	209	214
其　　他	辆			178	192	199
辽宁省境内各分局						
机车台数总计	台	889	964	932	967	883
内　燃　机　车	台	661	742	721	689	542
客车辆数总计	辆	2 058	2 208	2 240	2 269	2 897
软　座　车	辆	54	61	143	127	198
硬　座　车	辆	1 002	1 042	947	776	978
软　卧　车	辆	112	127	127	210	242
硬　卧　车	辆	708	783	790	946	1 233
餐　　车	辆	121	115	115	101	121
其　　他	辆			118	109	125

16—8 辽宁省辖区铁路主要站旅客发送量

单位:万人

车站名称	2005年	2006年	2007年	2008年	2009年
总计	**9 503.4**	**9 883.0**	**10 417**	**111 958**	**13 336**
开原	100.6	113.5	129.2	153.6	173.7
铁岭	178.8	189.2	196.3	230.4	288.2
沈阳	1 121.4	1 272.0	1 279.5	1 472.9	1 509.3
苏家屯	138.0	130.8	140.4	144.8	147.4
辽阳	217.4	217.9	229.5	257.3	280.1
黑山	2.2	2.3	0.4	0.4	0.7
鞍山	306.9	291.5	333.1	418.6	477.3
海城	145.6	151.7	180.4	200.8	220.6
大石桥	114.0	122.7	146.0	159.4	160.6
瓦房店	156.9	177.0	196.6	223.0	230.1
金州	137.3	144.8	160.8	179.2	200.7
南关岭	2.6	1.7	1.6	2.7	1.8
周水子	29.5	24.3	17.7	33.1	28.6
大连	897.5	948.5	1 086.5	1 207.6	1 261.9
皇姑屯	9.9	8.5	3.4	10.1	54.1
大成	5.5	3.7	1.1	5.7	3.7
抚顺北	96.3	102.1	55.5	59.1	86.2
大官屯	5.1	3.8	1.8	2.2	6.8
沈阳东	1.5	0.7	0.6	1.6	1.7
沈阳北	1 217.6	1 377.8	1 440.8	1 680.7	1 882.7
营口	35.1	37.3	40.8	52.6	66.2
旅顺	3.2	2.6	2.9	5.3	7.7
丹东	168.0	189.0	206.2	216.6	248.3
凤凰城	93.6	106.7	112.8	115.4	105.4
本溪	706.7	775.0	956.6	1 050.0	1 232.4
本溪湖	34.8	32.5	25.4	20.7	13.9
安平	10.0	11.8	9.5	9.8	13.3
沈阳西	3.6	3.2	1.5	1.8	1.3
锦州	406.4	406.6	395.3	465.3	482.2
葫芦岛	109.6	118.8	135.6	169.0	184.4
大虎山	53.4	58.5	67.4	79.4	85.7
渤海	1.8	0.4	0.9	0.8	1.7
盘锦	40.6	49.9	61.8	80.9	87.9
朝阳	75.3	79.9	81.9	89.9	91.9
阜新	114.7	127.5	122.7	133.3	142.9

16—9 辽宁省辖区铁路主要站货物发送量

单位:万吨

车站名称	2005年	2006年	2007年	2008年	2009年
总计	**14 270.9**	**15 750.0**	**16 552.0**	**17 400**	**18 262**
开原	69.3	53.0	66.5	66.9	54.3
铁岭	49.2	37.0	14.3	37.0	88.4
沈阳	53.1	42.8	34.5	31.7	1.5
苏家屯	46.4	37.4	55.5	44.9	62.2
辽阳	30.6	17.6	34.3	27.8	48.5
黑山	8.9	9.0	8.2	6.8	5.5
鞍山	9.2	7.3	6.3	7.0	1.5
海城	72.4	79.5	84.1	80.7	89.7
大石桥	136.0	121.0	143.8	151.7	121.2
瓦房店	3.1	2.3	2.2	1.8	2.4
金州	35.7	50.7	40.4	63.2	63.8
南关岭	24.2	18.8	15.6	25.3	22.8
周水子	17.2	18.5	9.7	3.1	2.5
大成	105.7	103.2	114.2	202.8	113.3
抚顺北	6.7	11.2	15.1	23.2	2.4
大官屯	754.9	629.0	578.8	588.0	629.9
沈阳东	59.6	73.4	89.0	62.7	73.4
营口	78.5	67.2	88.0	118.2	125.1
甘井子	332.6	316.1	286.7	269.5	272.2
旅顺	4.8	3.7	3.1	2.9	2.9
丹东	194.2	250.2	183.0	241.5	379.1
凤凰城	15.5	9.3	11.8	7.9	4.5
本溪	589.4	736.1	893.4	1 188.1	984.6
本溪湖	168.9	173.0	169.9	142.9	167.0
安平	269.2	346.8	335.2	370.7	455.1
沈阳西	15.5	9.7	2.1		
锦州	300.9	323.9	327.4	336.7	294.2
葫芦岛	290.7	271.3	280.8	247.4	214.2
大虎山	11.9	8.7	23.8	11.4	5.6
渤海	174.3	153.1	152.5	160.3	124.5
盘锦	46.3	52.5	57.7	53.3	53.4
朝阳	45.3	43.9	52.9	30.9	32.1
阜新	577.8	673.6	646.9	741.1	772.1

16—10 民用车辆拥有量

（2009年末）　　单位:辆

指标	总计	总计中:		总计中:			报废
		营运	非营运	进口	个人	新注册	
合计	**4 744 052**	**867 791**	**3 753 763**	**178 260**	**3 575 743**	**661 277**	**60 332**
一、汽车	3 000 653	773 401	2 227 252	166 296	2 007 286	438 535	55 167
1.载客汽车	1 824 077	136 425	1 687 652	147 735	1 313 043	331 244	10 226
#大型	51 896	33 556	18 340	1 179	4 537	5 270	1 157
中型	95 144	10 357	84 787	3 523	36 900	3 521	1 210
小型	1 609 338	92 132	1 517 206	142 891	1 214 947	318 686	7 220
微型	67 699	380	67 319	142	56 659	3 767	639
#轿车	1 060 975	67 266	993 709	79 420	806 774	144 227	3 325
2.载货汽车	567 900	386 238	181 662	4 510	204 721	91 330	4 180
#重型	152 693	125 885	26 808	2 147	23 727	18 559	1 216
中型	66 820	53 489	13 331	64	21 123	6 789	657
轻型	341 695	202 573	139 122	2 295	155 265	65 917	1 976
微型	6 692	4 291	2 401	4	4 606	65	331
#普通载货	289 096	199 375	89 721	1 613	108 991	34 041	545
3.其它汽车	608 676	250 738	357 938	14 051	489 522	15 961	40 761
二、电车	176	163	13		0		
无轨	63	61	2		0		
有轨	113	102	11		0		
三、摩托车	1 351 771	31 931	1 319 840	11 615	1 344 496	200 877	4 999
普通	1 295 337	31 417	1 263 920	10 377	1 288 708	199 387	4 272
轻便	56 434	514	55 920	1 238	55 788	1 490	727
四、拖拉机	339 612	17 520	199 594		219 170	14 375	
大中型	126 388	5 517	52 833		77 677	4 821	
小型方向盘式	144 523	12 003	78 624		118 515	7 835	
五、挂车	47 181	44 109	3 072	244	3 533	7 045	111
六、其它类型车	4 659	667	3 992	105	1 258	445	55

16—11 公路线路年底到达数

（2009 年）　　单位:公里

指标	公里里程总计	等级公路					
		合计	专用公路		一般公路		
			高速	一级	二级	三级	四级
本年年底到达数	**100 380**	**82 415**	**2 833**	**2 227**	**16 286**	**31 879**	**29 190**
1. 干线公路	14 618	14 618	2 833	1 646	9 190	949	
国道	6 104	6 104	2 617	692	2 677	118	
省道	8 514	8 514	216	954	6 513	831	
2. 县道	12 259	12 259		537	6 299	5 220	202
3. 乡道	30 878	30 878		22	610	22 760	7 484
4. 专用公路	934	914		11	73	386	445

16—12 公路运输主要经济技术指标

（地方交通部门）

指　　标	单　位	2005年	2006年	2007年	2008年	2009年
载客汽车工作率	%	96.3	96.5	97.5	97.3	96.8
载客汽车实载率	%	67.2	74.1	75.2	78.7	76.7
百车公里耗汽油	升	21.1	23.9	25.4	22.4	16.1
百吨公里耗汽油	升	10.0	9.6	11.2	23.9	2.5
百车公里耗柴油	升	23.2	25.7	24.8	20.2	19.3
百吨公里耗柴油	升	10.4	10.0	9.4	18.4	5.8
载货汽车工作率	%	75.7	80.2	82.1	82.6	81.9
栽货汽车实载率	%	67.4	70.3	71.5	93.7	77.2
百车公里耗汽油	升	28.1	27.3	26.8	31.3	19.5
百吨公里耗汽油	升	8.5	8.4	8.3	4.1	6.1
百车公里耗柴油	升	28.1	27.9	27.1	29.1	21.4
百吨公里耗柴油	升	7.1	7.0	6.7	3	2.7

16—13 船舶拥有量

指标	单位	2005年	2006年	2007年	2008年	2009年
民用船舶拥有量						
水运船舶	艘	735	798	840	862	736
净载重吨	吨	2 981 843	4 027 037	4 391 865	5 096 348	6 222 736
#拖轮	艘	18	17	19	12	11
驳船	艘	25	27	19	23	20
净载重吨	吨	12 710	21 139	28 053	38 651	48 214

16—14 全社会水运客货运输量

年份	货运量（万吨）	# 交通部门	货运周转量（万吨公里）	# 交通部门	客运量（万人）	# 交通部门	旅客周转量（万人公里）	# 交通部门
1990	1 521	1 433	2 892 885	2 891 254	302	290	59 396	58 990
1991	1 861	1 787	4 196 000	4 194 000	355	342	59 296	58 990
1992	2 145	1 894	5 013 673	4 829 714	465	418	86 880	83 157
1993	2 325	1 843	5 936 798	5 072 678	521	396	86 605	78 167
1994	2 426	1 969	6 152 164	5 314 440	501	379	78 201	70 172
1995	2 649	2 262	6 711 204	5 823 222	533	400	86 146	75 792
1996	2 472	2 136	4 794 110	3 721 911	553	415	94 208	80 454
1997	2 145	1 916	3 161 179	2 360 667	540	404	91 795	76 555
1998	1 977	1 679	3 147 000	2 231 000	474	340	73 000	59 000
1999	2 542	2 270	4 528 000	3 465 000	595	425	119 000	98 000
2000	3 091	2 733	5 724 000	4 723 000	616	421	107 000	87 469
2001	2 726	2 019	6 079 116	4 576 611	602	381	84 299	59 082
2002	3 071	2 567	6 609 993	4 908 246	626	356	86 095	59 785
2003	3 649	2 942	11 305 708	9 875 729	542	307	71 790	51 295
2004	4 447		14 611 161		637		84 187	
2005	5 730		17 381 637		650		83 902	
2006	7 518		23 616 152		714		91 583	
2007	8 778		39 565 875		651		84 116	
2008	9 267		43 330 070		597		77 776	
2009	9 651		48 968 411		543		70 385	

16—15 沿海港口码头长度和泊位数

港名	2005年	2006年	2007年	2008年	2009年
港口码头长度(米)	**38 699**	**49 037**	**52 032**	**58 715**	**55 427**
#大连港	26 119	31 112	31 746	37 045	33 318
营口港	5 994	8 896	10 592	11 307	11 520
丹东港	2 605	3 610	3 610	3 352	3 677
锦州港	2 058	3 542	4 333	4 853	4 698
港口码头泊位(个)	**288**	**310**	**322**	**351**	**320**
#大连港	192	191	194	223	196
营口港	47	57	64	59	55
丹东港	26	31	31	26	27
锦州港	9	15	17	19	18

注:(1)码头泊位包括浮筒泊位。

(2)2005 年均为生产用码头长度和泊位。

16—16 沿海港口吞吐量

指　　标	2005年	2006年	2007年	2008年	2009年
货物吞吐量(万吨)	**30 208**	**35 666**	**41 613**	**48 768**	**55 513**
#大 连 港	17 085	20 046	22 286	24 588	27 207
营 口 港	7 537	9 477	12 207	15 085	17 603
进　　口	13 106	16 106	18 764	22 434	26 842
#外　　贸	5 447	5 445	6 617	7 470	10 391
内　　贸	7 659	10 661	12 147	14 964	16 451
出　　口	17 102	19 560	22 849	26 334	28 671
#外　　贸	4 195	4 540	5 208	4 588	3 806
内　　贸	12 907	15 020	17 641	21 746	24 865
旅客进出港量(万人)	**659**	**664**	**699.7**	**648.8**	**669.5**
进　　港	329	329	346.3	328.5	338.8
出　　港	330	335	353.5	320.3	330.7

16—17 民用航空运输量

指　　标	单　位	2005年	2006年	2007年	2008年	2009年
(一)客　运　量	**万人**	**531.9**	**628.9**	**691.6**	**664.1**	**707.9**
国际航线	万人	71.9	76	94.5	87.1	79.9
地区航线	万人	2.9	3.4	2.7	3.8	4.7
国内航线	万人	457.1	552.9	596.7	573.3	628.0
(二)旅客周转量	**万人公里**	**732 629**	**866 387.2**	**976 144.7**	**959 480.2**	**993 579.6**
国际航线	万人公里	96 213.4	99 478.9	134 894.3	128 426.9	110 980.8
地区航线	万人公里	7 991	9 468	7 510.9	10 649.0	12 022.3
国内航线	万人公里	635 654.9	766 908.3	841 026.5	820 718.3	882 598.8
(三)货(邮)运量	**吨**	**94 355**	**106 806**	**112 066.1**	**104 328.1**	**94 938.2**
国际航线	吨	17 888.3	17 635	15 731.6	14 101.7	9 412.5
地区航线	吨	365.1	400.0	359.5	317.5	312.0
国内航线	吨	76 406.1	89 191	96 329.0	89 909.4	85 525.7
(四)货邮周转量	**万吨公里**	**15 769.2**	**17 990.2**	**18 465.8**	**17 622.5**	**16 081.9**
国际航线	万吨公里	2 117.6	2 148.3	2 227.6	2 014.9	1 288.3
地区航线	万吨公里	98.7	108.7	98.1	87.6	86.0
国内航线	万吨公里	13 651.6	15 841.9	15 935.1	15 520.1	14 793.6
(五)总　周　转　量	**万吨公里**	**81 122**	**95 289.9**	**105 390.8**	**103 181.2**	**104 626.0**
国际航线	万吨公里	10 693.6	11 009.7	14 248.0	13 460.4	11 347.3
地区航线	万吨公里	811.7	949.6	766.7	1 035.5	990.6
国内航线	万吨公里	80 028.4	84 280.2	91 122.1	88 712.8	93 278.7

注:此表数为北方航空公司提供。

16—18 邮电业务基本情况

指标	单位	2005年	2006年	2007年	2008年	2009年
邮电业务总量	亿元	450.7	564.9	706.1	819.7	948.5
电信业务总量	亿元	427.1	537.2	676.7	786.5	908.9
邮政业务总量	亿元	23.6	27.7	29.4	33.2	39.6
函件	亿件	1.3	1.0	0.8	0.83	0.8
包件	万件	309.2	297.1	285.1	243.6	223.6
特快专递	万件	804.4	911.6	1 019.8	1 146.6	1 319.6
报刊期发数	万份	338.9	379.7	330.1	375.1	356.1
固定电话年末用户	万户	1 407.8	1 418.7	1 438.7	1 604.3	1 529.1
城市电话用户	万户	979.6	970.0	993.4	1 142.1	1 075.7
农村电话用户	万户	428.3	448.8	445.3	462.2	453.4
年末移动电话用户	万户	1 394.9	1 677.8	2 097.2	2 421.5	2 882.1
年末国际互联网用户	万户	331.8	327.1	395.5	455.6	535.4
邮电局、所	处	1 685	1 645	1 641	1 572	1 560.0
邮路总长度	万公里	29	27.2	27.9	30.6	32.6
汽车邮路	公里	34 187	33 136	38 564	52 072.8	55 638.4
铁路邮路	公里	4 158	4 158	4 022	4 021	7 296.0

注:邮电业务总量按2000年不变价计算。

16—19 各地区邮电业务量

（2009 年）

地　　区	邮电业务总量（万元）	邮政业务总量	电信业务总量	函　件（万件）	报刊期发　数（万份）	移动电话用户（万户）	互联网用　户（万户）	固定电话年末用户（万户）	城市电话用户	农村电话用户
全　　省	**9 485 358.7**	**396 315.0**	**9 089 043.7**	**7 486.4**	**356.1**	**2 882.1**	**535**	**1 529.1**	**1 075.7**	**453.4**
沈　　阳	2 409 658.9	74 380.4	2 335 278.5	2 491.0	75.2	651.5	128	336.3	270.2	66.1
大　　连	1 929 408.6	84 613.0	1 844 795.5	1 572.6	87.3	572.1	119	303.3	234.0	69.4
鞍　　山	752 617.4	29 885.7	722 731.7	415.8	25.4	233	48	137.5	103.5	34.0
抚　　顺	399 644.0	17 328.8	382 315.1	336.9	15.6	154.2	30	79.3	65.0	14.3
本　　溪	312 339.4	14 739.0	297 600.5	415.0	11.2	102	19	47.9	35.2	12.7
丹　　东	459 292.5	21 381.6	437 910.9	580.4	12.5	137.4	27	84.8	56.4	28.3
锦　　州	570 423.0	19 100.4	551 322.6	158.0	15.8	171.8	33	101.6	59.1	42.5
营　　口	468 011.0	17 588.7	450 422.4	211.9	12.0	146.2	22	65.3	39.6	25.7
阜　　新	306 018.4	8 848.0	297 170.4	163.8	10.7	103.8	17	55.5	35.5	20.0
辽　　阳	348 263.0	22 062.1	326 200.9	147.6	15.6	107.3	20	56.6	36.2	20.4
盘　　锦	320 821.0	24 123.4	296 697.6	210.1	15.1	95.2	15	68.2	39.5	28.7
铁　　岭	401 924.1	18 276.1	383 648.0	233.2	15.0	126.2	19	82.2	40.0	42.2
朝　　阳	384 054.1	20 402.7	363 651.4	200.7	17.9	142.9	20	38.5	23.9	14.6
葫 芦 岛	421 067.2	21 768.9	399 298.3	349.5	16.3	138.5	19	72.2	37.8	34.4

注:邮电业务总量按各个时期的不变价格计算。

16—20 邮 电

指标	邮电业务总量（万元）	邮政业务总量	电信业务总量	函件（万件）	报刊期发数（万份）
1978	9 580			14 725	720
1979	9 939			15 157	799
1980	10 576			14 908	953
1985	17 303			21 002	1 791
1986	18 962			22 048	1 610
1987	21 733			24 175	1 752
1988	26 878			24 464	1 325
1989	34 519			23 146	705
1990	83 986			21 964	1 176
1991	108 122			19 454	1 123
1992	154 881			21 281	903
1993	242 108			23 791	1 163
1994	322 406			25 001	816
1995	500 819			24 288	698
1996	625 297			22 317	630
1997	883 518			21 642	701
1998	1 322 580			23 450	745
1999	1 578 635			18 140	594
2000	2 426 099	87 084	2 339 015	17 309	415
2001	2 130 799	160 002	1 970 796	14 867	440
2002	2 492 992	172 483	2 320 509	13 094	379
2003	2 909 994	190 453	2 719 542	15 985	352
2004	3 651 650	204 598	3 447 052	13 858	352
2005	4 507 393	235 650	4 271 743	12 466	339
2006	5 649 857	277 553	5 372 304	9 938	380
2007	7 061 352	293 973	6 767 379	8 270	330
2008	8 197 008	331 618	7 865 390	8 330	375
2009	9 485 359	396 315	9 089 044	7 486	356

注：邮电业务总量按各个时期的不变价格计算。

业　　务　　量

特快专递（万件）	集邮业务（万枚）	移动电话用户（万户）	互联网用户（万户）	固定电话年末用户（万户）	城市电话用户	农村电话用户
				15.4	10.3	5.1
				22.4	16.5	5.9
3				24.6	18.5	6.1
5				27.7	21.2	6.5
9	786			32.8	25.8	7.0
20	1 337			38.0	30.5	7.5
20.0	3 586			43.1	35.2	7.9
28.0	5 651	0.2		50.3	41.6	8.7
46.0	7 817	0.5		66.6	56.5	10.1
92.0	9 812	1.8		98.8	85.3	13.5
166.0	10 940	7.9		155.6	135.9	19.7
215.0	13 977	19.8		229.1	194.8	34.3
259.0	17 290	36.2	0.1	319.0	261.7	57.3
254.2	22 681	67.2	0.5	394.3	309.7	84.6
261.9	24 367	128.8	2.3	476.8	366.4	110.4
315.8	24 179	207.7	12.2	579.2	439.3	139.9
389.7	19 834	429.3	61.8	699.5	519.7	179.8
466.6	12 014	703.8	163.4	860.7	621.5	239.2
509.1	7 822	846.6	335.9	1 016.5	712.4	304.1
619.8	4 413	962.9	382.6	1 278.6	907.3	371.2
744.3	3 714	1 180.9	448.9	1 492.7	1 074.4	411.8
804.4	4 371	1 394.9	331.8	1 661.2	1 203.4	449.9
911.6	3 800	1 677.8	327.1	1 701.8	1 229.7	472.1
1 019.8	4 465	2 097.2	395.5	1 728.8	1 257.1	471.6
1 146.6	4 639	2 421.5	458.9	1 604.3	1 142.1	462.2
1 319.6	4 160	2 882.1	535.4	1 529.1	1 075.7	453.4

16—21 邮电通信水平

指　　标	单 位	2005年	2006年	2007年	2008年	2009年
平均每一邮电局所服务面积	平方公里	87.5	89.7	89.9	93.8	94.6
平均每一邮电局所服务人口	万人	2.5	2.6	2.6	2.6	2.7
设有邮政局所的乡(镇)比重	%	91.3	90.9	90.6	91	87
已通邮的行政村比重	%	100	100	100	100	100
平均每人每年发函件数	件	2.96	2.34	1.45	1.97	1.76
平均每百人每年订报刊数	份	8.0	8.9	7.7	9	8.4
固定电话普及率	部/百人	39.4	39.9	40.9	97.7	35.4
移动电话普及率	部/百人	33.1	39.3	49.6	57	66.8
城市固定电话普及率	部/百人	28.5	28.8	29.7	31	42.2
进入长话自动网的县(市)比重	%	100	100	100	100	100
已通固定电话的乡(镇)比重	%	100	100	100	100	100
已通固定电话的行政村比重	%	100	100	100	100	100

主要统计指标解释

铁路营业里程 又称营业长度,指办理客货运输业务的铁路正线总长度。凡是全线或部分建成双线及以上的线路,以第一线的实际长度计算;复线、站线、段管线、岔线和特殊用途线以及不计算运费的联络线都不计算营业里程。铁路营业里程是反映铁路运输业基础设施发展水平的重要指标,也是计算客货周转量、运输密度和机车车辆运用效率等指标的基础资料。

铁路正线延展里程 是正线第一线、第二线、第三线和其他正线建筑里程之和,不包括站线、段管线、岔线及特殊用途线的延展里程。它是作为计算铁路线上钢轨、枕木及路基砂石需要量的主要依据。

铁路电气化里程 指在全部铁路营业里程中已安装了供电线路及设备,可以供电力机车牵引列车运行的区段的总里程。

铁路自动闭塞里程 为保证列车安全运行,在一个区间,同一时间内,一般只允许一列列车运行,这种保证列车在这个区间安全间隔运行的技术方法称为"闭塞",自动闭塞里程是指装有列车自动完成闭塞作用设备的铁路里程。自动闭塞里程占铁路营业里程的比重也是反映铁路现代化的重要标志之一。

公路里程 指在一定时期内实际达到《公路工程技术标准 JTJ01－88》规定的等级公路,并经公路主管部门正式验收交付使用的公路里程数。其计算单位为:Km。它包括大中城市的郊区公路以及通过小城镇街道部分的公路里程,也包括桥梁、渡口的长度,但不包括大中城市的街道、厂矿、林区生产用道和农业生产用道的里程。两条或多条公路共同经由同一路段,只计算一次,不得重复计算里程长度。公路里程是反映公路建设发展规模的重要指标,也是计算运输网密度等指标的基础资料。

内河航道里程 也称"内河通航里程",是反映内河水运网规模、水平和发展情况的主要指标;是指在一定时期内,能通航运输船舶及排筏的天然河流、湖泊水库、运河及通航渠道的长度。包括全年季节性通航累计三个月以上的航道,但不包括仅供零散流放竹、木排的河道。

民用航空航线里程 指民航运输定期班机飞行的航线长度的总和。航线长度按机场之间的距离计算,通常有两种计算方法:将每条航线长度相加称为重复计算航线里程;如将两线或两条以上航线经过同一区段里程,只计算一次航线长度称为不重复计算航线里程。一般常用的是后者,它能确切反映民航运输网的规模,表明民航事业为国民经济服务和方便人民生活程度的主要指标。

输油(气)管道长度 也称"输油(气)里程",是反映管道运输发展规模和水平的主要指标;是指油品(或天然气)的实际输送距离,一般按输油(气)管道的单线长度计算。若包括复线和备用线长度则称为输油(气)管道延展长度,是指管道辅设的实际长度。我们通常使用的是不包括复线的"输油(气)管道里程"。

货(客)运量 指在一定时期内,各运输部门实际运送的货物(旅客)数量。是反映运输业为国民经济和人民生活服务的数量指标,也是制定和检查运输生产计划,研究运输发展规模和速度的重要指标。货运按吨计算,客运按人计算。货物不论运输距离长短,货物类别,均按实际重要统计;旅客不论行程远近或票价多少,均按一人一次作为客运量统计。半价票、小孩票也按一人统计。

货(客)运密度 指在一定时期内某种运输方式运输线路的某一区段平均每公里线路通过的货物(旅客)运输周转量。计算单位是吨(人)公里/公里。计算公式为:

$$货(客)运密度=\frac{货物(旅客)周转量}{营业线路长度}$$

货(客)运密度是反映交通运输线路上货物(旅客)运输量运输繁忙程度的主要指标。是平衡运输线路运输能力和通过能力,规划线路建设及改造、配备技术设备,研究运输网布局的重要依据。

货物(旅客)周转量 指在一定时期内,由各种运输工具运送的货物(旅客)数量与其相应运输距离的乘积之总和,是反映运输生产总成果的重要指标,也是编制和检查运输生产计划,计算运输效率、劳动生产率以及核算运输单位成本的主要基础资料。通常以吨公里和人公里为计算单位。计算货物周转量通常按发出站与到达站之间的最短距离,也就是计费距离计算。

铁路货车平均静载重 指铁路货车在始发站静止状态下平均每车装载的货物重量,用以分析货车完成装车时车辆载重力的利用情况。计算单位为"吨",计算公式为:

$$货车平均静载重(吨)=\frac{货物发送吨数}{装车数}$$

静载重的多少取决于运送货物的性质、种类、车辆的类型和装载技术的高低。根据货车的平均标记载重与静载重进行对比,可以反映货车载重能力的利用程度。计算公式为:

$$货车载重力利用率(\%)=\frac{货车平均静载重}{货车平均标记载重}\times 100\%$$

铁路货运机车日产量 指平均每台货运机车在一昼夜内所完成的总重吨公里数。它既包括载运货物的重量,也包括车辆本身的自重,它从时间和牵引能力两方面反映了机车运用效率。计算单位为"吨公里",计算公式为:

$$货运机车平均日产量(吨公里)=\frac{货运总重吨公里数}{货运机车台日数}$$

沿海主要港口货物吞吐量 指由水运进出沿海主要港区范围,并经过装卸的货物数量,包括邮件及办理托运手续的行李、包裹以及补给运输船舶的燃、物料和淡水。其计量单位为吨。货物吞吐量的货种分类及其主要流向流量,反映了港口在国内外物资交流和对外贸易运输中的地位和作用。吞吐量可以分为进口、出口,又可以分为国内贸易和对外贸易。

邮电业务总量 指以货币表现的邮电部门用于传递信息和提供其他邮电服务的总数量。它综合反映了一定时期邮电工作的总成果,是研究邮电业务量构成和发展趋势的重要指标。根据邮电管理体制不同,分为中央国营业务总量和地方国营业务总量。它用各种邮电分类业务量,如函件件数、电报份数、长话张数、市内电话和农村电话的年均户数、订销报刊累计份数等,分别乘以相应的平均单价(不变价),加总后再加上出租电路和设备的收入、代用户维护电话交换机和线路等设备的收入、其他业务收入求得。

市内电话 指接入县城(包括个别城镇)及县以上城市的市内电话网上,并按市内电话进行经营管理的电话。按计费办法分为包月制和计次制两种。

(1)住宅电话 指话机装在居民住宅里的电话。它包括私人付费、公费和免费三个部分。

(2)私人付费电话 指住宅居民自费安装并自己缴纳通话费的电话。

第十七篇

国内贸易

17

GUONEI
MAOYI

17—1　限额以上批发零售贸易业基本情况

登记注册类型、行业	2008年			2009年	
	法人企业（个）	产业活动单位（个）	从业人数（人）	法人企业（个）	从业人数（人）
总　　计	**4 813**	**6 574**	**268 469**	**3 964**	**263 202**
一、批发业	2 835	1 784	93 109	2 079	81 329
其中：国有及国有控股	349		39 911		
1. 按登记注册类型分组					
内资	2 737	1 707	89 519	2 006	78 170
国有	176	263	19 596	137	20 542
集体	52	342	1 959	28	1 491
股份合作	27	12	343	12	224
联营企业	4	6	64	1	23
国有联营	1		30	1	23
集体联营	2	2	29		
国有与集体联营		4			
其他联营	1		5		
有限责任公司	513	185	19 313	459	15 891
国有独资公司	8	11	397	12	1 061
其他有限责任公司	505	174	18 916	447	14 830
股份有限公司	78	713	15 666	68	16 609
私营企业	1 881	171	32 510	1 294	23 220
私营独资	146	33	1 817	115	1 679
私营合伙	15	1	444	12	345
私营有限责任公司	1 648	130	29 104	1 066	19 048
私营股份有限公司	72	7	1 145	101	2 148
其他	6	15	68	7	170
港澳台商投资企业	19	15	1 928	13	1 550
与港澳台商合资经营	4	2	120	4	225
与港澳台商合作经营					
港澳台商独资	13	12	1 639	9	1 325
港澳台商独资股份有限公司	2	1	169		
外商投资企业	79	62	1 662	60	1 609
中外合资经营	18	25	512	13	629
中外合作经营	1		30	1	10
外资企业	59	31	1 097	45	952
外商投资股份有限公司	1	6	23	1	18
2. 按国民经济行业分组					
农畜产品批发业	170	22	5 165	102	3 089
食品、饮料及烟草制品批发业	194	115	14 873	147	14 756

17—1 续表 1

登记注册类型、行业	2008年			2009年	
	法人企业（个）	产业活动单位（个）	从业人数（人）	法人企业（个）	从业人数（人）
米、面制品及食用油批发业	64	12	3 093	53	2 877
烟草制品批发业	16	39	7 142	15	8 376
纺织、服装及日用品批发业	129	35	3 628	112	3 700
服装批发业	66	18	1 657	53	1 880
文化、体育用品及器材批发业	42	8	1 392	30	1 020
医药及医疗器材批发业	140	26	11 242	118	7 475
矿产品、建材及化工产品批发业	1 528	1 200	38 774	1 067	35 160
煤炭及制品批发业	129	10	3 110	110	2 092
石油及制品批发业	206	805	18 363	167	20 725
金属及金属矿批发业	851	53	10 574	552	7 375
建材批发业	99	15	1 411	54	697
化肥批发业	32	293	1 900	25	1 247
机械设备、五金交电及电子产品批发	566	127	15 071	457	13 492
汽车、摩托车及零配件批发业	113	11	3 731	113	3 619
家用电器批发业	39	14	1 930	30	1 982
计算机、软件及辅助设备批发业	50	3	1 385	46	1 262
贸易经纪与代理	9		1 323	4	1 078
其他批发业	57	251	1 641	42	1 559
二、零售业	1 978	4 790	175 360	1 885	181 873
其中:国有及国有控股	236		57 283		
1.按登记注册类型分组					
内资	1 913	4 695	156 575	1 823	158 832
国有	124	327	9 661	107	9 438
集体	73	160	3 362	57	3 373
股份合作	16	11	282	20	428
联营企业	5	1	198	4	212
国有联营	2		60	3	82
集体联营	1	1	10	1	130
国有与集体联营	1		125		
其他联营	1		3		
有限责任公司	426	1 770	50 576	479	63 662
国有独资公司	2	25	1 896	4	1 738
其他有限责任公司	424	1 745	48 680	475	61 924
股份有限公司	60	617	28 919	59	21 461
私营企业	1 201	1 560	63 439	1 084	59 689
私营独资	305	145	9 808	317	9 693

17—1 续表 2

登记注册类型、行业	2008年			2009年	
	法人企业（个）	产业活动单位（个）	从业人数（人）	法人企业（个）	从业人数（人）
私营合伙	14	4	442	19	601
私营有限责任公司	842	1 316	47 253	701	45 653
私营股份有限公司	40	95	5 936	47	3 742
其他	8	249	138	13	569
港澳台商投资企业	26	33	5 608	26	7 822
与港澳台商合资经营	10	19	3 645	11	6 137
与港澳台商合作经营	1		120	1	43
港澳台商独资	15	12	1 843	13	1 622
港澳台商独资股份有限公司		2		1	20
外商投资企业	39	62	13 177	36	15 219
中外合资经营	14	25	6 121	12	6 601
中外合作经营	1	2	110	1	74
外资企业	23	25	3 559	22	5 157
外商投资股份有限公司	1	10	3 387	1	3 387
2. 按国民经济行业分组					
综合零售业	278	1 047	101 492	269	106 672
百货零售业	145	65	72 011	146	81 244
超级市场零售业	108	179	26 457	99	22 560
食品、饮料及烟草制品专门零售业	82	251	3 494	61	2 841
纺织、服装及日用品专门零售业	157	169	8 116	126	9 790
服装零售业	78	64	4 916	68	4 989
文化、体育用品及器材专门零售业	135	92	7 048	117	7 749
体育用品零售业	10	7	311	6	266
图书零售业	59	65	4 944	53	4 937
医药及医疗器材专门零售业	136	2 178	17 322	121	16 517
药品零售业	120	2 176	17 081	110	15 901
汽车、摩托车、燃料及零配件专门	737	821	24 732	737	25 511
汽车零售业	417	30	14 454	414	15 371
机动车燃料零售业	231	721	9 081	228	8 796
家用电器及电子产品专门零售业	254	173	9 071	268	9 277
家用电器零售业	91	79	5 869	96	5 722
计算机、软件及辅助设备零售业	118	18	2 088	132	2 412
通讯设备零售业	26	73	867	23	896
五金、家具及室内装修材料专门零	120	44	2 678	106	1 901
无店铺及其他零售业	79	15	1 407	80	1 615
邮购及电子销售业	3		442	3	487

17—2 星级住宿业和限额以上餐饮业基本情况

登记注册类型、行业	2008年			2009年	
	法人企业（个）	产业活动单位（个）	从业人数（人）	法人企业（个）	从业人数（人）
总计	**1 317**	**619**	**119 652**	**1 173**	**111 717**
一、住宿业	509	114	59 911	475	55 631
其中:国有及国有控股	153		20 349		
1.按登记注册类型分组					
内资	440	104	44 119	401	39 262
国有	119	38	12 910	105	12 107
集体	37	9	2 404	28	1 938
股份合作	5	2	209	2	62
联营企业	1	1	51	1	44
国有联营	1		51	1	44
集体联营					
国有与集体联营		1			
其他联营					
有限责任公司	87	20	11 691	95	11 683
国有独资公司	3	2	238	2	370
其他有限责任公司	84	18	11 453	93	11 313
股份有限公司	7	6	1 262	6	818
私营企业	183	24	15 562	161	12 565
私营独资	68	2	4 064	63	4 175
私营合伙	1		60	4	216
私营有限责任公司	109	20	10 997	83	7 144
私营股份有限公司	5	2	441	11	1 030
其他	1	4	30	3	45
港澳台商投资企业	33	5	9 463	39	10 370
与港澳台商合资经营	20	2	5 558	25	6 255
与港澳台商合作经营	5	1	2 056	6	2 366
港澳台商独资	8	2	1 849	7	1 664
港澳台商独资股份有限公司				1	85
外商投资企业	36	5	6 329	35	5 999
中外合资经营	28	4	4 519	27	3 953
中外合作经营	1	1	300	1	274
外资企业	6		1 090	6	1 352
外商投资股份有限公司	1		420	1	420
2.按国民经济行业分组					
旅游饭店	402	68	54 564	368	50 253
一般旅馆	105	45	5 200	102	4 893
其他住宿服务	2	1	147	5	485

17—2 续表

登记注册类型、行业	2008年			2009年	
	法人企业（个）	产业活动单位（个）	从业人数（人）	法人企业（个）	从业人数（人）
二、餐饮业	808	505	59 741	698	56 086
其中:国有及国有控股	18		1 246		
1.按登记注册类型分组					
内资	706	121	35 602	610	34 153
国有	11	10	712	14	1 570
集体	12	4	431	17	590
股份合作	4	2	72	4	90
联营企业					
国有联营					
集体联营					
国有与集体联营					
其他联营					
有限责任公司	50	26	3 313	56	4 821
国有独资公司		1			
其他有限责任公司	50	25	3 313	56	4 821
股份有限公司	6	11	313	6	1 040
私营企业	608	66	30 151	507	25 844
私营独资	391	31	13 672	322	12 363
私营合伙	15	1	638	11	418
私营有限责任公司	188	31	15 409	152	11 964
私营股份有限公司	14	3	432	22	1 099
其他	15	2	610	6	198
港澳台商投资企业	34	55	4 047	35	3 699
与港澳台商合资经营	23	13	2 678	23	2 467
与港澳台商合作经营	1	1	32	2	173
港澳台商独资	10	41	1 337	10	1 059
港澳台商独资股份有限公司					
外商投资企业	68	329	20 092	53	18 234
中外合资经营	38	10	3 225	23	2 248
中外合作经营	3	28	2 124	3	1 120
外资企业	25	291	14 663	25	14 776
外商投资股份有限公司	2		80	2	90
2.按国民经济行业分组					
正餐服务业	752	136	41 109	649	36 840
快餐服务业	37	351	17 490	28	16 913
饮料及冷饮服务业	9	12	340	7	312
其他餐饮服务业	10	6	802	14	2 021

17—3 社会消费品零售总额(一)

(按城乡分)

单位:亿元

年份、地区	社会消费品零售总额	按地区分			按城乡分	
		市	县	县以下	城镇	乡村
1978	71.2	42.6	19.1	9.5	52.8	18.4
1980	101.8	64.4	20.2	17.2	72.6	29.2
1985	195.5	119.8	34.4	41.3	137.5	58.0
1986	244.3	154.0	41.3	49.0	175.0	69.3
1987	285.9	185.8	46.3	53.8	205.7	80.2
1988	368.0	243.4	60.5	64.1	269.6	98.4
1989	411.7	282.4	60.0	69.3	307.7	104.0
1990	421.1	297.6	56.8	66.7	322.3	98.8
1991	467.3	332.5	66.5	68.3	363.6	103.7
1992	540.6	415.6	52.1	72.9	415.6	125.0
1993	682.1	534.8	54.5	92.8	589.3	92.8
1994	870.5	699.8	57.0	113.7	756.8	113.7
1995	1 122.0	911.5	72.9	137.6	984.4	137.6
1996	1 289.4	1 051.0	79.3	159.1	1 130.3	159.1
1997	1 450.6	1 184.2	86.0	180.4	1 270.2	180.4
1998	1 568.7	1 286.0	87.0	195.7	1 373.0	195.7
1999	1 696.1	1 401.5	92.3	202.3	1 493.8	202.3
2000	1 847.6	1 529.9	102.3	215.4	1 632.2	215.4
2001	2 034.9	1 683.6	114.2	237.1	1 797.8	237.1
2002	2 258.4	1 889.4	115.6	253.4	2 005.0	253.4
2003	2 330.8	1 963.7	111.9	255.2	2 075.6	255.2
2004	2 642.8	2 223.6	127.6	291.6	2 351.2	291.6
2005	2 999.0	2 523.7	145.5	329.7	2 669.3	329.7
2006	3 434.6	2 872.5	163.9	398.2	3 036.4	398.2
2007	4 030.1	3 372.0	194.5	463.6	3 566.5	463.6
2008	4 917.5	4 106.1	244.0	567.5	4 350.1	567.5
2009	5 812.6	4 811.0	313.1	688.5	5 124.1	688.5
沈阳	1 778.6	1 658.3	59.8	60.5	1 718.1	60.5
大连	1 396.7	1 308.9	2.9	84.9	1 311.8	84.9
鞍山	436	288.6	57.3	90.0	345.9	90.0
抚顺	338.1	293.6	22.5	22.0	316.1	22.0
本溪	167.4	121.1	27.1	19.2	148.2	19.2
丹东	234	150.0	15.0	69.0	165.0	69.0
锦州	269.9	191.3	28.8	49.8	220.1	49.8
营口	211.4	151.9		59.6	151.9	59.6
阜新	126.6	103.0	8.9	14.7	111.9	14.7
辽阳	177.1	109.2	13.7	54.3	122.9	54.3
盘锦	156.9	120.3	6.8	29.9	127.1	29.9
铁岭	193.2	112.4	23.7	57.2	136.1	57.2
朝阳	128.2	61.8	20.9	45.5	82.7	45.5
葫芦岛	198.4	140.7	25.7	32.0	166.4	32.0

注:1993 年以后是将市和县视为城镇,县以下为乡村。

17—4 社会消费品零售总额(二)

(按行业分)　　　　单位:亿元

年　份	住宿和餐饮业	制造业	其他行业
1978	61.1	3.4	2.1
1980	79.9	5.4	7.3
1985	159.1	10.9	7.0
1986	184.3	14.2	25.2
1987	215.5	15.3	30.9
1988	278.6	20.4	39.3
1989	310.6	21.2	50.5
1990	318.9	20.6	51.9
1991	349.5	21.9	61.0
1992	397.8	25.6	80.8
1993	503.0	37.6	101.8
1994	607.5	60.1	157.4
1995	782.6	92.3	198.1
1996	906.2	117.4	213.3
1997	1 028.6	134.5	229.8
1998	1 123.9	159.5	232.6
1999	1 222.3	188.2	234.2
2000	1 355.1	219.7	220.4
2001	1 500.3	259.3	217.8
2002	1 667.1	305.2	225.0
2003	1 935.6	338.9	56.3
2004	2 184.6	396.9	61.3
2005	2 479.2	453.1	66.7
2006	2 870.3	513.0	51.4
2007	3 361.7	606.5	61.9
2008	4 033.7	819.0	64.9
2009	4 758.3	990.5	63.8

17—5 各地区社会

（2009

项目	沈阳市	大连市	鞍山市	抚顺市	本溪市
社会消费品零售总额	**17 785 858**	**13 967 482.5**	**4 359 517.4**	**3 380 923**	**1 674 163.5**
一、按销售单位所在地分					
1. 市	16 583 045.3	13 089 182	2 886 445.9	2 935 847.3	1 211 119.7
2. 县	597 668.7	28 942.5	572 903.3	225 422.4	271 335.5
3. 县以下	605 144	849 358	900 168.2	219 653.3	191 708.3
二、按行业分组					
1. 批发业	2 383 963.1	1 695 108.5	228 169.7	465 317.9	228 336.6
2. 零售业	11 996 250.7	9 979 142.9	3 372 550.5	2 083 889.6	1 096 157.4
3. 住宿和餐饮业	3 098 247.2	2 179 445.9	758 797.2	698 210.7	349 669.5
4. 其他	307 397	113 785.2		133 504.8	

消 费 品 零 售 总 额

年)

单位:万元

丹东市	锦州市	营口市	阜新市	辽阳市	盘锦市	铁岭市	朝阳市	葫芦岛市
2 340 246.3	**2 698 829.9**	**2 114 411.4**	**1 265 703.3**	**1 771 094**	**1 568 965.3**	**1 932 235.1**	**1 282 344**	**1 983 818.7**
1 499 768.8	1 912 977	1 518 700.9	1 030 174.9	1 091 670	1 202 501.7	1 123 864.1	617 588.8	1 406 909.9
150 066	287 844.9		88 864.6	136 854	67 616.4	236 535.6	209 480.6	257 321.7
690 411.5	498 008	595 710.5	146 663.8	542 570	298 847.2	571 835.4	455 274.6	319 587.1
229 767.4	194 126.5	266 745.4	201 996.4	105 906.2	179 291.2	234 153.7	114 379.7	88 685.9
1 728 893.4	1 986 688.2	1 448 224.4	902 119.2	1 306 451.9	1 108 147.5	1 419 840.6	902 065.2	1 636 535.2
381 585.5	505 945.2	397 440.5	159 536	357 035.2	258 858.6	244 431.3	256 869.9	258 597.6
	12 070	2 001.1	2 051.7	1 700.7	22 668	33 809.5	9 029.2	

17—6 限额以上批发零售贸易业商品销售总额

（2009 年）　　单位:万元

登记注册类型、行业	销售总额	#批发	#零售
总计	**81 210 495**	**63 551 600**	**17 658 894**
一、批发业	64 464 049	62 240 715	2 223 334
其中:国有及国有控股			
1.按登记注册类型分组			
内资企业	63 324 830	61 118 296	2 206 534
国有企业	12 207 442	11 962 524	244 918
集体企业	190 172	184 129	6 043
股份合作企业	44 989	44 089	900
联营企业	3 590	3 590	
国有联营企业	3 590	3 590	
集体联营企业			
国有与集体联营企业			
其他联营企业			
有限责任公司	10 491 426	10 111 374	380 051
国有独资企业	600 456	600 099	357
其他有限责任公司	9 890 970	9 511 275	379 695
股份有限公司	28 201 564	27 264 563	937 002
私营企业	12 130 062	11 492 668	637 394
私营独资企业	655 993	592 717	63 276
私营合伙企业	218 084	217 932	152
私营有限责任公司	10 237 363	9 680 993	556 370
私营股份有限公司	1 018 623	1 001 026	17 597
其他企业	55 585	55 359	226
港、澳、台商投资企业	439 818	439 818	
合资经营企业	171 191	171 191	
合作经营企业			
独资经营企业	268 627	268 627	
投资股份有限公司			
外商投资企业	699 402	682 602	16 800
中外合资经营企业	136 646	133 305	3 341
中外合作经营企业	31 581	31 581	
外资企业	528 699	515 240	13 459
外商投资股份有限公司	2 475	2 475	
2.按国民经济行业分组			
农畜产品批发业	1 262 391	1 257 129	5 262
食品、饮料及烟草制品批发业	3 602 410	3 500 682	101 728
米、面制品及食用油批发业	687 342	614 772	72 570
烟草制品批发业	2 328 303	2 326 140	2 163
纺织、服装及日用品批发业	1 203 042	1 143 085	59 957
服装批发业	603 999	567 948	36 051
文化、体育用品及器材批发业	168 202	158 005	10 197
医药及医疗器材批发业	2 477 800	2 031 482	446 318
矿产品、建材及化工产品批发	49 685 590	48 515 456	1 170 134
煤炭及制品批发业	1 592 453	1 580 567	11 886
石油及制品批发业	31 942 399	30 839 902	1 102 497
金属及金属矿批发业	13 091 898	13 059 511	32 387
建材批发业	560 012	551 941	8 072
化肥批发业	715 680	713 730	1 950
机械设备、五金交电及电子产	5 661 261	5 286 208	375 053
汽车、摩托车及零配件批发	1 702 203	1 548 283	153 920
家用电器批发业	507 728	456 349	51 379
计算机、软件及辅助设备批	583 705	520 551	63 155
贸易经纪与代理	111 477	111 359	118
其他批发业	291 877	237 309	54 568

17—6 续表　　(2009 年)　　单位:万元

登记注册类型、行业	销售总额	#批发	#零售
二、零售业	16 746 446	1 310 885	15 435 560
其中:国有及国有控股			
1. 按登记注册类型分组			
内资企业	14 778 189	1 289 988	13 488 201
国有企业	705 241	170 017	535 225
集体企业	146 352	11 761	134 590
股份合作企业	50 938	14 098	36 840
联营企业	20 246		20 246
国有联营企业	9 571		9 571
集体联营企业	10 675		10 675
国有与集体联营企业			
其他联营企业			
有限责任公司	5 161 302	230 363	4 930 939
国有独资企业	38 553		38 553
其他有限责任公司	5 122 749	230 363	4 892 386
股份有限公司	2 864 524	464 976	2 399 548
私营企业	5 773 989	398 239	5 375 750
私营独资企业	700 351	36 252	664 099
私营合伙企业	36 320	1 435	34 885
私营有限责任公司	4 840 479	348 981	4 491 498
私营股份有限公司	196 840	11 571	185 268
其他企业	55 595	533	55 063
港、澳、台商投资企业	787 627	3 930	783 696
合资经营企业	498 469	894	497 575
合作经营企业	8 989		8 989
独资经营企业	279 592	3 036	276 555
投资股份有限公司	577		577
外商投资企业	1 180 631	16 967	1 163 663
中外合资经营企业	567 598	11 386	556 213
中外合作经营企业	4 145		4 145
外资企业	305 462	5 420	300 042
外商投资股份有限公司	303 425	162	303 263
2. 按国民经济行业分组			
综合零售业	5 733 515	154 235	5 579 280
百货零售业	4 424 522	130 320	4 294 202
超级市场零售业	1 208 318	562	1 207 757
食品、饮料及烟草制品专门零	148 551	5 868	142 683
纺织、服装及日用品专门零售	618 950	76 472	542 479
服装零售业	353 444	51 326	302 118
文化、体育用品及器材专门零	372 449	62 012	310 437
体育用品零售业	24 212	6 026	18 186
图书零售业	114 716	14 494	100 222
医药及医疗器材专门零售业	581 749	25 605	556 144
药品零售业	543 525	24 915	518 610
汽车、摩托车、燃料及零配件	7 530 010	847 440	6 682 570
汽车零售业	5 285 953	283 333	5 002 620
机动车燃料零售业	2 099 889	549 382	1 550 507
家用电器及电子产品专门零售	1 342 232	121 981	1 220 251
家用电器零售业	824 447	10 409	814 038
计算机、软件及辅助设备零	341 451	36 016	305 435
通讯设备零售业	150 892	73 391	77 501
五金、家具及室内装修材料专	266 171	9 763	256 408
无店铺及其他零售业	152 818	7 510	145 308
邮购及电子销售业	46 920		46 920

17—7 各地区限额以上批发

（2009

登记注册类型、行业	沈阳市	大连市	鞍山市	抚顺市	本溪市
总　　计	**43 901 133**	**18 221 477**	**8 177 303**	**1 474 591**	**649 985**
一、批发业	36 135 069	14 324 279	7 018 772	894 784	275 622
其中：国有及国有控股					
1. 按登记注册类型分组					
内资	35 807 473	13 525 157	7 018 772	894 784	275 622
国有	4 649 415	1 218 582	4 629 288	192 556	109 143
集体	45 965	79 541	13 276	19 554	5 488
股份合作	20 439		14 148	7 867	
联营企业	3 590				
国有联营	3 590				
集体联营					
国有与集体联营					
其他联营					
有限责任公司	5 240 829	3 663 007	493 156	78 425	134 778
国有独资公司	256 050	205 581			9 813
其他有限责任公司	4 984 780	3 457 426	493 156	78 425	124 965
股份有限公司	22 593 825	3 126 727	349 208	388 239	19 902
私营企业	3 231 481	5 437 301	1 517 168	203 069	6 312
私营独资	262 985	156 684	115 952	28 092	
私营合伙	4 490	173 908	15 725		
私营有限责任公司	2 808 007	4 639 410	1 171 291	169 598	6 312
私营股份有限公司	155 999	467 299	214 201	5 379	
其他	21 929		2 528	5 073	
港澳台商投资企业	317 900	109 417			
与港澳台商合资经营	141 824	16 866			
与港澳台商合作经营					
港澳台商独资	176 076	92 551			
港澳台商独资股份有限公司					
外商投资企业	9 696	689 706			
中外合资经营	2 895	133 751			
中外合作经营		31 581			
外资企业	4 325	524 374			
外商投资股份有限公司	2 475				
2. 按国民经济行业分组					
农畜产品批发业	164 260	685 167	69 973	27 212	

零售贸易业商品销售总额

年)

单位:万元

丹东市	锦州市	营口市	阜新市	辽阳市	盘锦市	铁岭市	朝阳市	葫芦岛市
1 040 157	**1 591 059**	**1 057 637**	**753 210**	**824 953**	**1 234 338**	**717 271**	**814 891**	**752 488**
635 054	1 050 356	750 040	500 005	689 818	795 835	356 765	545 349	492 301
635 054	1 050 356	750 040	500 005	689 818	783 335	356 765	545 349	492 301
120 085	196 834	44 434	91 923	310 880	268 301	115 218	111 347	149 437
7 381	7 705	5 902					5 359	
								2 537
171 027	173 169	157 175	20 658	22 071	92 351	70 985	120 228	53 568
	2 387	112 913	9 645				4 066	
171 027	170 783	44 261	11 013	22 071	92 351	70 985	116 162	53 568
31 502	259 785	365 942	171 896	293 542	212 262		189 780	198 956
305 060	412 863	176 587	215 528	63 325	210 422	170 563	118 635	61 749
	9 027	17 092	37 525				10 360	18 276
				15 958		8 003		
266 669	376 876	157 272	135 233	47 368	163 451	144 130	108 275	43 473
38 391	26 960	2 223	42 770		46 971	18 430		
								26 055
					12 500			
					12 500			
	196 196		9 949		87 018	19 764		2 852

17—7 续表1 （2009

登记注册类型、行业	沈阳市	大连市	鞍山市	抚顺市	本溪市
食品、饮料及烟草制品批发业	1 046 971	1 002 108	248 694	133 682	133 825
米、面制品及食用油批发业	356 877	122 264	57 507	7 418	41 755
烟草制品批发业	518 057	546 061	167 271	123 652	75 396
纺织、服装及日用品批发业	317 318	782 655	26 956	2 696	
服装批发业	146 534	441 507	5 763	2 696	
文化、体育用品及器材批发业	116 131	49 861	2 210		
医药及医疗器材批发业	1 853 313	372 882	66 644	2 866	26 001
矿产品、建材及化工产品批发业	30 111 225	8 873 504	6 381 843	667 175	101 791
煤炭及制品批发业	767 236	395 934	49 482	50 253	
石油及制品批发业	23 282 202	5 458 354	417 158	494 538	
金属及金属矿批发业	5 028 841	1 884 859	5 743 073	46 243	81 136
建材批发业	69 316	334 702	51 076	17 277	6 715
化肥批发业	548 274	64 017	4 535		5 488
机械设备、五金交电及电子产品批发	2 419 648	2 460 558	202 036	52 285	
汽车、摩托车及零配件批发业	658 615	548 229	97 422	17 295	
家用电器批发业	208 473	254 746	2 792		
计算机、软件及辅助设备批发业	503 107	66 739			
贸易经纪与代理	97 952	13 525			
其他批发业	8 251	84 021	20 417	8 866	14 004
二、零售业	7 766 064	3 897 198	1 158 532	579 808	374 363
其中：国有及国有控股					
1. 按登记注册类型分组					
内资	6 839 717	3 061 417	1 014 365	579 808	374 363
国有	495 220	23 489	37 689	56 002	4 737
集体	57 410	12 878	44 566	7 070	
股份合作	24 535		563		
联营企业	10 675	4 486			
有限责任公司	2 376 157	1 074 841	352 282	237 143	114 169
国有独资公司	3 176				
其他有限责任公司	2 372 981	1 074 841	352 282	237 143	114 169
股份有限公司	1 159 869	810 778	591	206 889	186 424
私营企业	2 670 392	1 134 945	574 321	71 406	69 033
私营独资	112 825	81 741	287 954	9 473	1 724
私营合伙	5 488	2 283	19 502		
私营有限责任公司	2 502 429	994 383	250 194	50 042	67 310

年）

单位:万元

丹东市	锦州市	营口市	阜新市	辽阳市	盘锦市	铁岭市	朝阳市	葫芦岛市
114 921	173 578	148 517	81 974	107 211	65 759	112 089	117 730	115 352
6 653	35 618	26 401	13 479	15 346				4 026
108 268	125 963	112 913	68 495	86 372	65 759	107 423	111 347	111 326
66 316					7 100			
7 499								
3 062	92 781				19 990	3 490	33 992	2 779
135 262	492 973	589 728	393 492	565 012	565 618	76 889	367 052	364 026
	28 906	53 900	214 985	2 939	9 676		8 127	11 015
105 536	428 958	411 646	171 896	203 188	404 899	48 541	214 449	301 035
2 785	25 076	57 264	2 273	19 367	5 520	18 430	135 051	41 981
15 350		57 293		2 985	5 299			
		6 237			66 936	4 840	5 359	9 994
296 295	94 828	7 029	14 590	17 595	47 467	17 065	26 575	5 292
231 874	83 359	3 763	6 330	6 830	28 155		20 331	
36 263	3 222							2 233
	3 094			10 765				
19 198		4 767			2 884	127 469		2 001
405 103	540 703	307 598	253 205	135 135	438 503	360 506	269 542	260 186
396 115	513 280	283 700	253 205	133 484	438 503	360 506	269 542	260 186
6 962	33 144	3 464	2 954	14 696	1 949	6 218	11 924	6 794
	12 461	1 321	4 076		4 184		1 701	685
2 266		715	1 020		21 841			
4 034	1 051							
105 764	213 893	14 748	191 390	33 929	212 216	54 808	104 801	75 164
					8 127		27 250	
105 764	213 893	14 748	191 390	33 929	204 088	54 808	77 551	75 164
235 100		27 185			22 011	204 163	7 252	4 262
40 772	252 730	235 110	53 766	84 859	176 303	93 733	143 339	173 281
2 861	19 210	13 388	9 765	8 201	9 997	16 884	20 104	106 226
		922	992	735		4 417	822	1 158
37 013	233 520	220 800	43 009	75 924	116 772	67 238	122 413	59 432

17—7 续表 2 (2009

登记注册类型、行业	沈阳市	大连市	鞍山市	抚顺市	本溪市
私营股份有限公司	49 649	56 539	16 670	11 891	
其他	45 459		4 353	1 299	
港澳台商投资企业	185 666	485 863	105 457		
与港澳台商合资经营	12 383	400 231	85 855		
与港澳台商合作经营					
港澳台商独资	173 283	85 632	19 025		
港澳台商独资股份有限公司			577		
外商投资企业	740 681	349 918	38 710		
中外合资经营	300 918	266 681			
中外合作经营	4 145				
外资企业	132 194	83 237	38 710		
外商投资股份有限公司	303 425				
2. 按国民经济行业分组					
综合零售业	2 145 024	1 588 381	317 985	390 532	139 573
百货零售业	1 604 084	1 191 591	187 298	363 676	127 677
超级市场零售业	508 117	338 739	126 705	23 870	11 127
食品、饮料及烟草制品专门零售业	80 876	20 506	7 992	4 557	
纺织、服装及日用品专门零售业	361 089	53 205	86 154	40 284	2 213
服装零售业	228 914	41 123	32 472	26 874	
文化、体育用品及器材专门零售业	214 748	67 494	46 491		2 633
体育用品零售业		22 267	1 945		
图书零售业	56 214	14 477	5 658		2 633
医药及医疗器材专门零售业	396 094	76 026	21 371	5 023	1 988
药品零售业	361 502	76 026	21 371	5 023	1 988
汽车、摩托车、燃料及零配件专门零售业	3 745 171	1 736 508	500 231	38 810	212 248
汽车零售业	2 496 689	1 649 004	347 844	37 951	25 824
机动车燃料零售业	1 190 452	66 939	116 917		186 424
家用电器及电子产品专门零售业	691 155	296 861	117 934	10 318	14 922
家用电器零售业	369 884	171 950	105 308	8 629	13 064
计算机、软件及辅助设备零售业	226 103	55 528	8 097	1 689	1 858
通讯设备零售业	77 477	65 197	2 024		
五金、家具及室内装修材料专门零售业	71 467	40 677	38 541	77 862	788
无店铺及其他零售业	60 440	17 540	21 834	12 422	
邮购及电子销售业	39 920	7 000			

年）

单位：万元

丹东市	锦州市	营口市	阜新市	辽阳市	盘锦市	铁岭市	朝阳市	葫芦岛市
897					49 534	5 194		6 465
1 219		1 157				1 585	525	
8 989				1 652				
8 989								
				1 652				
	27 424	23 898						
	27 424	23 898						
54 593	219 457	163 144	164 785	26 683	202 871	93 682	118 916	107 889
16 387	188 938	102 213	155 285		192 115	87 476	100 766	107 014
38 206	29 129	60 931	9 500	26 683	10 081	6 206	18 150	875
2 226	11 897	9 337	2 453		5 783		1 888	1 036
10 189	42 304	1 321		10 792	2 352		3 131	5 917
8 989	821			9 219	1 913		2 248	872
4 509	4 180	3 034	2 954	3 179	3 644	6 753	9 555	3 275
2 194	4 180	2 372	2 954	3 179	3 042	6 218	8 727	2 868
5 669	25 108	9 704		4 896	13 420		11 613	10 839
5 669	21 476	9 704		4 896	13 420		11 613	10 839
301 024	195 799	59 182	52 939	73 982	152 091	258 492	100 752	102 782
77 713	159 114	48 742	35 460	68 350	120 675	75 016	57 942	85 630
223 311	34 266	10 440	14 956	1 680	24 385	180 994	36 169	12 958
25 414	31 461	42 449	16 747	14 868	41 028	1 578	20 615	16 882
14 559	22 169	39 125	11 673	14 868	26 926	1 578	18 335	6 379
10 855	8 197	3 324	3 769		13 043		2 280	6 710
	1 095		1 305					3 794
	10 498	2 213	6 747	735	10 669		1 592	4 383
1 481		17 214	6 581		6 645		1 480	7 182

17—8 限额以上批发、零售贸易业商品销售类值

（2009 年）

单位:万元

类　　别	销售合计	批　发	零　售
总　　计	**77 493 540.9**	**61 038 672.9**	**16 454 868.0**
1. 食品、饮料、烟酒类	6 451 334.3	4 615 620.4	1 835 713.9
(1)食品类	3 564 230.6	2 177 933.3	1 386 297.3
#粮油类	1 791 802.8	1 479 776.3	312 026.5
肉禽蛋类	382 928.5	122 085.3	260 843.2
(2)饮料类	307 494.8	129 777.5	177 717.3
(3)烟酒类	2 579 608.9	2 307 909.6	271 699.3
2. 服装、鞋帽、针纺织品类	3 262 219.7	744 603.7	2 517 616.0
(1)服装类	2 367 788.3	529 308.3	1 838 480.0
(2)鞋帽类	573 589.5	122 606.4	450 983.1
(3)针、纺织品类	320 841.9	92 689.0	228 152.9
3. 化妆品类	412 336.5	39 322.4	373 014.1
4. 金银珠宝类	458 400.7	2 035.5	456 365.2
5. 日用品类	958 728.7	284 811.6	673 917.1
#洗涤用品类	232 248.2	73 729.8	158 518.4
儿童玩具类	35 106.2	895.7	34 210.5
6. 五金、电料类	280 989.2	145 879.1	135 110.1
7. 体育、娱乐用品类	152 941.9	59 561.1	93 380.8
8. 书报杂志类	173 166.7	42 947.5	130 219.2
9. 电子出版物及音像制品类	45 932.8	28 512.5	17 420.3

17—8 续表　　(2009 年)　　单位:万元

类　　别	销售合计	批　　发	零　　售
10. 家用电器和音像器材类	2 436 194.3	1 006 447.5	1 429 746.8
11. 中西药品类	2 872 128.0	2 378 552.5	493 575.5
#西　药	1 775 617.5	1 491 806.9	283 810.6
中草药及中成药	366 537.1	280 397.4	86 139.7
12. 文化办公用品类	974 280.3	529 386.3	444 894.0
13. 家俱类	145 215.5	25 313.8	119 901.7
14. 通讯器材类	674 879.6	299 199.1	375 680.5
15. 煤炭及制品类	1 458 312.0	1 403 736.3	54 575.7
16. 木材及制品类	13 769.0	13 769.0	
17. 石油及制品类	32 322 749.0	30 066 846.1	2 255 902.9
18. 化工材料及制品类	3 835 665.4	3 832 921.5	2 743.9
#化肥类	1 057 753.6	1 055 403.2	2 350.4
19. 金属材料类	9 539 832.4	9 537 061.5	2 770.9
20. 建筑及装潢材料类	419 978.7	308 294.0	111 684.7
21. 机电产品及设备类	2 218 432.5	2 167 046.8	51 385.7
#农机类	185 605.9	185 453.5	152.4
22. 汽车类	5 765 199.3	1 000 814.9	4 764 384.4
23. 种子饲料类	213 921.4	213 593.8	327.6
24. 棉麻类	16 868.3	16 721.2	147.1
25. 其他类	2 390 064.7	2 275 674.8	114 389.9

17—9 限额以上批发零售

(2009

登记注册类型、行业	流动资产合计	固定资产原价	累计折旧	资产合计	负债合计	实收资本
总计	**21 044 266**	**4 246 387**	**1 329 739**	**28 313 022**	**20 859 078**	**9 911 587**
一、批发业	15 755 259	2 063 585	663 130	20 116 819	14 918 402	8 195 014
其中:国有及国有控股						
1. 按登记注册类型分组						
内资	15 329 946	2 047 033	654 695	19 561 573	14 635 696	7 967 866
国有	3 339 955	730 871	217 589	4 610 255	2 975 265	424 685
集体	133 636	7 581	2 913	158 068	139 847	21 427
股份合作	10 670	6 839	1 101	16 562	6 779	3 833
联营企业	5 597	848	480	5 972	5 405	1 789
国有联营	5 597	848	480	5 972	5 405	1 789
集体联营						
国有与集体联营						
其他联营						
有限责任公司	5 146 085	368 396	96 979	6 349 800	5 429 777	718 408
国有独资公司	440 346	18 667	7 448	470 034	403 241	24 222
其他有限责任公司	4 705 739	349 729	89 531	5 879 766	5 026 536	694 186
股份有限公司	2 850 501	578 045	225 729	3 976 548	2 503 572	542 745
私营企业	3 815 554	350 976	109 132	4 407 712	3 544 583	6 251 012
私营独资	176 301	47 418	9 494	236 171	169 951	53 287
私营合伙	20 525	5 921	1 397	25 730	20 479	4 612
私营有限责任公司	3 377 681	268 708	90 127	3 848 006	3 141 801	6 086 962
私营股份有限公司	241 048	28 930	8 114	297 805	212 352	106 151
其他	27 948	3 477	773	36 655	30 468	3 967
港澳台商投资企业	122 526	5 258	2 442	127 269	94 554	33 996
与港澳台商合资经营	47 884	2 824	1 092	49 890	45 234	5 476
与港澳台商合作经营						
港澳台商独资	74 642	2 434	1 350	77 380	49 320	28 521
港澳台商独资股份有限公司						
外商投资企业	302 787	11 295	5 993	427 977	188 152	193 151
中外合资经营	42 303	3 017	1 879	43 741	28 211	17 443
中外合作经营	16 201	1 594	683	17 715	11 788	5 600
外资企业	243 480	6 436	3 380	365 434	147 175	169 909
外商投资股份有限公司	803	248	52	1 087	979	200
2. 按国民经济行业分组						
农畜产品批发业	967 033	109 197	28 464	1 323 142	1 190 781	184 751

贸易业主要财务指标

年）

单位:万元

主营业务收入	主营业务成本	主营业务税金及附加	主营业务利润	管理费用	营业利润	利润总额	本年应付工资总额	本年应付福利费总额	本年应缴增值税总额
71 989 037	**67 190 800**	**259 953**	**4 376 768**	**1 259 132**	**1 134 513**	**1 321 436**	**581 210**	**37 036**	**794 015**
57 180 668	54 023 198	150 687	2 805 504	608 893	750 534	958 797	274 321	19 215	534 025
56 117 422	53 094 759	150 417	2 699 898	580 540	716 958	923 467	259 690	18 268	517 600
10 682 538	9 865 973	85 616	706 271	182 870	327 592	408 490	97 037	6 067	194 995
178 231	151 499	1 843	23 083	10 524	2 415	2 749	2 420	175	5 488
39 069	33 833	210	4 922	607	2 601	2 469	336	962	450
3 069	2 744	18	306	365	−318	−318	69	5	29
3 069	2 744	18	306	365	−318	−318	69	5	29
9 620 561	9 104 551	20 815	455 003	118 822	119 948	126 894	50 580	3 140	84 975
539 561	497 636	4 075	37 851	11 310	15 672	18 241	5 870	339	6 083
9 081 000	8 606 915	16 740	417 152	107 511	104 276	108 653	44 710	2 801	78 892
24 373 168	23 533 538	10 617	802 567	76 512	31 100	145 225	59 396	5 146	87 756
11 170 148	10 357 170	31 042	696 109	188 757	232 057	236 558	49 274	2 755	140 236
599 644	540 559	3 809	44 804	10 303	18 529	16 470	3 303	221	7 281
188 291	179 561	419	8 630	1 252	1 947	2 276	531	76	635
9 451 982	8 779 891	25 090	572 744	164 513	189 773	195 596	41 147	2 140	126 656
930 231	857 159	1 724	69 931	12 689	21 809	22 216	4 293	317	5 665
50 639	45 452	257	11 638	2 083	1 563	1 400	580	20	3 669
381 687	332 232	67	20 658	5 960	1 772	2 180	5 551	316	3 591
148 344	136 573	9	524	2 308	−2 875	−2 866	1 852	280	1 531
233 344	195 659	58	20 133	3 652	4 647	5 046	3 699	36	2 060
681 558	596 206	203	84 949	22 394	31 804	33 151	9 080	632	12 834
122 511	112 357	149	9 804	2 071	1 264	1 318	1 585	135	1 246
31 581	31 334		248	113	−181		25		17
525 351	450 632	44	74 674	20 167	30 603	31 716	7 441	494	11 565
2 116	1 883	10	223	42	117	117	28	3	7
1 213 667	1 117 326	2 847	93 843	22 246	10 746	24 403	6 560	1 293	8 357

17—9 续表 1 （2009

登记注册类型、行业	流动资产合计	固定资产原价	累计折旧	资产合计	负债合计	实收资本
食品、饮料及烟草制品批发业	1 440 492	351 788	134 289	1 817 861	793 976	141 236
米、面制品及食用油批发业	446 108	148 220	42 446	647 665	532 371	73 915
烟草制品批发业	838 505	180 082	83 619	983 845	118 277	28 113
纺织、服装及日用品批发业	432 878	69 921	34 840	1 014 816	299 476	3 153 994
服装批发业	186 239	12 648	4 740	238 498	151 487	32 960
文化、体育用品及器材批发业	94 731	18 828	6 577	116 186	84 505	2 017 088
医药及医疗器材批发业	998 053	105 695	32 082	1 154 793	856 736	198 109
矿产品、建材及化工产品批发业	9 158 378	1 254 306	369 493	11 571 767	9 222 647	1 944 205
煤炭及制品批发业	545 255	58 646	13 599	902 978	786 589	104 460
石油及制品批发业	2 965 762	792 858	260 098	4 202 334	3 039 467	562 655
金属及金属矿批发业	4 035 829	257 278	60 925	4 622 816	3 883 772	1 092 380
建材批发业	263 351	11 242	3 036	273 392	225 884	36 310
化肥批发业	531 400	65 162	9 479	671 958	503 891	49 680
机械设备、五金交电及电子产品批发	2 550 771	138 438	52 392	2 986 503	2 385 506	510 608
汽车、摩托车及零配件批发业	632 361	49 832	19 160	767 023	626 973	84 388
家用电器批发业	217 570	8 737	3 299	253 483	212 928	61 944
计算机、软件及辅助设备批发业	162 418	3 173	1 551	177 876	156 945	28 294
贸易经纪与代理	50 151	1 285	532	52 217	26 292	27 954
其他批发业	62 772	14 128	4 461	79 533	58 483	17 068
二、零售业	5 289 007	2 182 802	666 609	8 196 203	5 940 677	1 716 573
其中:国有及国有控股						
1. 按登记注册类型分组						
内资	4 313 329	1 752 175	496 955	6 696 244	4 960 288	1 273 117
国有	161 199	146 984	40 239	303 053	251 068	44 428
集体	39 323	18 469	5 000	66 128	45 407	14 421
股份合作	11 059	1 688	744	14 881	10 406	3 466
联营企业	4 556	1 712	811	5 530	1 456	674
有限责任公司	1 459 051	646 447	167 911	2 247 243	1 735 077	361 811
国有独资公司	5 559	311	47	7 728	9 608	1 650
其他有限责任公司	1 453 493	646 137	167 864	2 239 515	1 725 469	360 161
股份有限公司	622 903	383 035	138 257	1 221 282	711 820	173 309
私营企业	2 011 097	550 901	143 566	2 819 641	2 184 517	672 249
私营独资	176 218	82 052	17 457	293 962	174 272	67 299
私营合伙	6 042	4 367	800	12 210	7 535	4 960
私营有限责任公司	1 685 452	427 514	110 185	2 288 541	1 820 509	515 922

年）

单位:万元

主营业务收入	主营业务成本	主营业务税金及附加	主营业务利润	管理费用	营业利润	利润总额	本年应付工资总额	本年应付福利费总额	本年应缴增值税总额
3 212 607	2 616 865	81 294	508 372	136 282	216 061	299 449	74 691	3 834	94 555
650 027	621 125	1 463	27 054	17 134	-10 293	8 443	6 043	364	7 201
2 025 856	1 520 359	77 938	427 560	109 301	212 429	283 701	61 616	3 116	81 147
1 128 795	997 060	1 825	103 475	38 878	28 126	112 565	13 510	436	7 861
576 004	525 513	677	48 726	15 634	8 770	9 144	5 825	216	2 528
151 453	134 912	384	14 034	6 429	1 693	3 284	3 070	273	1 124
2 205 525	2 046 606	2 524	137 414	43 192	42 200	39 227	16 440	597	33 953
43 658 851	41 906 570	48 392	1 613 302	254 802	361 477	375 492	115 849	9 793	301 126
1 466 925	1 363 848	4 235	88 560	20 253	8 716	13 157	6 100	287	13 573
27 914 769	26 887 656	14 010	976 637	105 408	121 979	136 458	66 847	6 292	147 376
11 472 911	11 024 816	21 655	405 547	90 946	202 890	189 301	30 315	2 200	111 831
533 201	490 952	3 814	42 930	4 217	18 578	14 602	1 771	85	11 307
643 804	621 844	1 284	14 074	4 856	-482	519	1 354	183	5 062
5 232 202	4 844 549	10 010	322 439	98 750	92 133	99 052	39 108	2 748	70 437
1 574 400	1 472 404	2 701	88 019	23 119	34 881	33 863	8 480	525	26 542
477 909	441 447	1 009	35 387	9 603	1 413	5 342	4 382	218	8 956
499 329	457 644	548	10 870	5 419	-289	-192	3 612	328	3 303
99 159	92 354	15	6 790	2 783	2 110	2 130	2 644	47	109
278 410	266 957	3 395	5 835	5 531	-4 012	3 195	2 449	194	16 502
14 808 369	13 167 602	109 267	1 571 264	650 239	383 979	362 639	306 889	17 821	259 990
12 958 009	11 609 529	104 039	1 283 985	541 864	329 497	313 626	256 689	14 873	198 405
611 500	535 991	2 732	52 147	26 108	12 076	4 224	15 746	1 159	8 863
128 573	105 696	1 782	17 849	5 124	7 396	7 523	4 407	470	2 223
43 853	41 288	324	722	1 569	-962	727	617	27	943
19 018	17 629	270	1 118	186	652	583	394	62	786
4 399 991	3 845 744	36 887	427 685	185 442	69 573	77 161	90 669	5 098	82 775
18 685	17 106	148	1 432	2 632	-2 242	-2 342	1 649	4	345
4 381 307	3 828 639	36 739	426 253	182 810	71 815	79 503	89 020	5 093	82 430
2 537 738	2 238 536	11 804	280 955	123 551	83 824	86 789	54 930	3 026	34 396
5 169 254	4 784 616	47 836	498 636	198 438	153 798	133 565	89 231	5 004	67 778
622 881	523 826	8 435	82 440	21 233	42 498	39 562	12 225	531	12 456
32 924	27 323	391	4 000	1 258	1 939	2 267	849	43	614
4 332 195	4 074 005	38 356	394 521	166 097	106 197	88 596	71 051	3 991	51 600

17—9 续表 2　　（2009

登记注册类型、行业	流动资产合计	固定资产原价	累计折旧	资产合计	负债合计	实收资本
私营股份有限公司	143 386	36 968	15 124	224 928	182 201	84 068
其他	4 141	2 939	429	18 486	20 537	2 760
港澳台商投资企业	685 434	199 154	69 873	916 579	614 283	241 680
与港澳台商合资经营	547 967	158 908	55 343	704 570	483 204	143 367
与港澳台商合作经营	3 879	5 430	1 349	8 256	5 256	3 000
港澳台商独资	133 142	34 817	13 181	203 306	125 500	95 209
港澳台商独资股份有限公司	446			446	324	104
外商投资企业	290 244	231 473	99 780	583 381	366 105	201 776
中外合资经营	144 811	108 837	51 575	224 515	149 873	56 553
中外合作经营	1 014	2 565	2 093	1 767	1 655	6 700
外资企业	112 931	86 318	19 551	223 129	177 406	110 123
外商投资股份有限公司	31 488	33 753	26 560	133 969	37 171	28 401
2. 按国民经济行业分组						
综合零售业	1 907 454	1 318 603	412 145	3 593 012	2 588 903	544 396
百货零售业	1 475 895	1 035 183	313 302	2 897 421	1 998 813	415 622
超级市场零售业	402 243	269 658	91 995	654 583	558 106	116 750
食品、饮料及烟草制品专门零售业	25 881	26 446	6 900	60 293	35 547	111 221
纺织、服装及日用品专门零售业	240 308	91 211	32 198	361 006	250 034	167 090
服装零售业	168 794	68 743	23 521	262 081	175 469	103 191
文化、体育用品及器材专门零售业	175 947	83 376	28 252	255 837	197 882	45 190
体育用品零售业	4 050	4 725	490	13 412	9 520	6 453
图书零售业	70 082	46 924	17 741	103 775	72 830	17 051
医药及医疗器材专门零售业	231 247	49 944	18 405	298 529	218 162	59 867
药品零售业	213 051	48 820	17 867	279 333	203 225	56 592
汽车、摩托车、燃料及零配件专门	2 102 298	496 936	139 635	2 821 323	2 046 623	592 493
汽车零售业	1 800 920	300 760	76 707	2 275 162	1 701 966	419 562
机动车燃料零售业	208 597	185 460	59 715	436 346	284 379	128 372
家用电器及电子产品专门零售业	512 622	36 536	11 227	607 841	453 879	129 556
家用电器零售业	360 136	18 478	4 687	428 858	335 220	49 602
计算机、软件及辅助设备零售业	80 678	6 606	3 317	90 514	58 070	29 203
通讯设备零售业	60 111	10 964	2 996	76 382	50 971	18 542
五金、家具及室内装修材料专门零	53 963	53 507	10 290	121 932	104 951	44 587
无店铺及其他零售业	39 288	26 245	7 557	76 429	44 697	22 177
邮购及电子销售业	7 662	663	96	9 639	6 093	1 550

年）

单位:万元

主营业务收入	主营业务成本	主营业务税金及附加	主营业务利润	管理费用	营业利润	利润总额	本年应付工资总额	本年应付福利费总额	本年应缴增值税总额
181 254	159 462	654	17 676	9 850	3 164	3 141	5 105	438	3 108
48 081	40 029	2 404	4 873	1 446	3 140	3 054	696	28	641
806 428	678 757	2 450	125 441	46 454	41 395	42 003	17 695	234	39 190
555 071	478 136	1 522	77 167	25 599	32 022	32 345	12 355	123	31 603
8 785	5 271	34	3 480	325	616	616	55	5	168
242 047	194 863	891	44 760	20 526	8 758	9 043	5 260	106	7 415
524	487	4	34	4			24		3
1 043 932	879 316	2 778	161 839	61 921	13 087	7 010	32 505	2 715	22 396
512 855	441 869	226	70 760	17 083	15 443	15 799	13 027	517	9 470
3 571	3 142	871	-442	847	-325	-326	140	25	17
267 723	217 425	469	49 829	17 200	-14 936	-21 088	10 101	946	5 604
259 784	216 881	1 212	41 691	26 791	12 904	12 624	9 238	1 227	7 305
5 002 666	4 200 983	42 433	714 668	389 353	138 362	144 579	159 890	8 204	105 092
3 832 893	3 216 333	35 996	552 606	338 111	117 189	125 533	122 781	6 336	83 351
1 070 154	898 019	6 096	149 360	47 847	20 502	18 199	34 019	1 829	20 622
130 092	111 882	19 034	16 073	6 544	4 341	5 409	5 216	305	3 583
543 696	451 613	3 199	91 336	27 920	16 637	11 621	17 852	489	11 892
308 851	256 421	1 657	53 316	18 709	9 236	3 400	9 444	266	5 814
329 135	250 077	6 309	68 995	26 809	27 740	7 375	15 977	1 371	5 121
23 444	20 540	224	2 681	1 702	-1 339	-1 014	677	46	553
98 339	73 790	1 307	19 924	14 837	-215	-988	9 631	1 202	1 691
514 166	421 850	9 463	86 725	24 424	15 749	14 533	26 203	1 398	12 266
480 868	392 424	9 393	82 924	22 855	15 448	14 246	25 462	1 373	11 648
6 712 872	6 324 769	11 082	445 567	122 020	146 177	163 793	57 018	4 413	96 824
4 767 329	4 589 224	6 633	292 148	92 005	88 841	102 065	36 619	2 624	74 706
1 819 931	1 631 562	3 172	141 728	25 967	53 631	58 323	18 224	1 654	19 705
1 204 000	1 095 501	11 709	101 808	30 025	38 645	28 271	16 620	933	18 857
736 131	658 414	10 748	74 072	16 132	35 284	24 512	10 163	586	15 419
302 482	285 800	513	14 413	9 082	1 164	1 270	4 186	161	2 502
142 954	130 745	420	11 796	3 773	1 922	2 194	1 795	179	755
235 843	202 581	5 257	26 665	16 619	-6 267	-14 824	4 135	560	3 362
135 901	108 347	781	19 428	6 525	2 597	1 882	3 977	148	2 993
42 593	28 092	173	8 138	2 206	220	-343	2 063	28	1 432

17—10 星级住宿业和限额以上餐饮业经营情况

（2009 年） 单位：万元

登记注册类型、行业	法人单位（个）	年末从业人数（人）	营业额	客房收入	餐费收入	商品销售收入	其他收入
总　　计	**1 173**	**111 717**	**1 658 605**	**379 775**	**1 179 658**	**27 678**	**71 494**
一、住宿业	475	55 631	725 157	345 683	307 951	12 901	58 622
其中：国有及国有控股							
1. 按登记注册类型分组							
内资	401	39 262	487 495	232 258	211 236	8 229	35 772
国有	105	12 107	140 260	61 314	65 665	1 937	11 344
集体	28	1 938	23 839	11 402	11 186	473	778
股份合作	2	62	1 346	283	1 063		
联营企业	1	44	557	170	153	15	219
国有联营	1	44	557	170	153	15	219
集体联营							
国有与集体联营							
其他联营							
有限责任公司	95	11 683	154 813	74 581	64 371	3 012	12 849
国有独资公司	2	370	11 801	5 187	5 087	725	803
其他有限责任公司	93	11 313	143 011	69 394	59 284	2 288	12 046
股份有限公司	6	818	11 358	7 514	3 842		3
私营企业	161	12 565	154 153	75 994	64 851	2 728	10 580
私营独资	63	4 175	47 669	20 730	21 562	1 172	4 206
私营合伙	4	216	1 775	1 021	750	4	
私营有限责任公司	83	7 144	93 964	49 139	38 554	1 521	4 749
私营股份有限公司	11	1 030	10 745	5 104	3 985	32	1 625
港澳台商投资企业	39	10 370	158 931	74 792	66 821	2 391	14 927
与港澳台商合资经营	25	6 255	82 128	36 315	37 743	1 638	6 433
与港澳台商合作经营	6	2 366	38 951	19 045	15 805	37	4 064
港澳台商独资	7	1 664	36 375	18 556	12 674	716	4 430
港澳台商独资股份有限公司	1	85	1 477	877	600	1	
外商投资企业	35	5 999	78 732	38 633	29 894	2 282	7 924
中外合资经营	27	3 953	52 824	27 752	17 934	1 145	5 993
中外合作经营	1	274	3 615	1 150	2 404		61
外资企业	6	1 352	19 120	9 203	7 741	991	1 185
外商投资股份有限公司	1	420	3 173	528	1 815	145	685
2. 按国民经济行业分组							
旅游饭店	368	50 253	650 872	304 262	281 609	11 659	53 342
一般旅馆	102	4 893	68 537	37 202	25 097	1 242	4 997
其他住宿服务	5	485	5 748	4 219	1 246		284

17—10 续表　　　　(2009 年)　　　　单位:万元

登记注册类型、行业	法人单位(个)	年末从业人数(人)	营业额	客房收入	餐费收入	商品销售收入	其他收入
二、餐饮业	698	56 086	933 448	34 092	871 707	14 777	12 872
其中:国有及国有控股							
1. 按登记注册类型分组							
内资	610	34 153	505 705	29 377	457 556	10 814	7 958
国有	14	1 570	15 019	6 014	8 619	18	368
集体	17	590	11 032	1 474	9 109	321	129
股份合作	4	90	1 220		1 220		
联营企业							
国有联营							
集体联营							
国有与集体联营							
其他联营							
有限责任公司	56	4 821	54 661	2 432	50 876	181	1 173
国有独资公司							
其他有限责任公司	56	4 821	54 661	2 432	50 876	181	1 173
股份有限公司	6	1 040	21 289	3 064	16 693		1 532
私营企业	507	25 844	400 557	16 387	369 210	10 252	4 709
私营独资	322	12 363	201 744	6 114	189 816	4 873	941
私营合伙	11	418	4 723	67	4 611	46	
私营有限责任公司	152	11 964	179 891	9 749	161 463	4 951	3 729
私营股份有限公司	22	1 099	14 199	458	13 321	382	38
其他	6	198	1 927	5	1 831	43	48
港澳台商投资企业	35	3 699	68 825	3 273	58 688	2 813	4 051
与港澳台商合资经营	23	2 467	33 020	2 709	23 881	2 586	3 844
与港澳台商合作经营	2	173	3 094		3 094		
港澳台商独资	10	1 059	32 711	564	31 714	227	207
港澳台商独资股份有限公司							
外商投资企业	53	18 234	358 918	1 442	355 463	1 150	863
中外合资经营	23	2 248	35 892	1 242	33 451	840	359
中外合作经营	3	1 120	21 212	1	20 898	167	147
外资企业	25	14 776	300 759	199	300 060	143	357
外商投资股份有限公司	2	90	1 055		1 055		
2. 按国民经济行业分组							
正餐服务业	649	36 840	559 591	33 623	502 417	13 889	9 663
快餐服务业	28	16 913	353 011		352 837	173	
饮料及冷饮服务业	7	312	4 369		4 011	358	
其他餐饮服务业	14	2 021	16 477	469	12 441	358	3 209

17—11 星级住宿业和限额

（2009

登记注册类型、行业	流动资产小计	固定资产原价	累计折旧	资产合计	负债合计	实收资本
总计	**843 421**	**2 718 604**	**950 429**	**3 147 017**	**2 181 313**	**1 134 843**
一、住宿业	569 186	2 040 270	760 343	2 202 819	1 588 011	877 571
其中:国有及国有控股						
1.按登记注册类型分组						
内资	351 317	1 140 000	349 362	1 370 237	869 438	524 444
国有	67 923	336 939	111 352	345 314	170 599	138 827
集体	8 883	35 759	12 656	33 612	19 557	9 390
股份合作	1 601	857	448	2 086	1 775	303
联营企业	112	276	219	169	820	300
国有联营	112	276	219	169	820	300
集体联营						
国有与集体联营						
其他联营						
有限责任公司	121 822	373 895	126 408	472 700	313 246	227 139
国有独资公司	3 239	32 263	7 294	55 846	15 131	48 506
其他有限责任公司	118 583	341 631	119 114	416 854	298 116	178 633
股份有限公司	5 979	24 019	4 639	25 644	7 687	17 253
私营企业	143 517	366 072	93 151	487 536	355 008	129 910
私营独资	43 142	71 187	16 512	119 710	78 941	43 018
私营合伙	1 014	1 332	95	2 397	2 895	160
私营有限责任公司	75 355	261 908	70 990	307 505	222 944	76 383
私营股份有限公司	24 006	31 645	5 554	57 924	50 228	10 349
其他	1 480	2 184	490	3 176	746	1 322
港澳台商投资企业	159 936	547 055	224 253	571 847	411 743	210 617
与港澳台商合资经营	65 450	320 085	136 400	314 346	289 604	115 912
与港澳台商合作经营	65 071	59 363	17 716	113 365	38 134	33 711
港澳台商独资	28 299	162 382	69 326	138 607	79 708	58 929
港澳台商独资股份有限公司	1 116	5 225	811	5 530	4 297	2 065
外商投资企业	57 933	353 215	186 728	260 735	306 830	142 510
中外合资经营	**49 241**	**185 691**	**115 815**	**149 802**	**170 901**	**98 113**
中外合作经营	636	57 553	21 803	36 983	60 516	20 513
外资企业	5 696	89 050	38 599	58 738	52 030	21 056
外商投资股份有限公司	2 360	20 922	10 511	15 213	23 384	2 828
2.按国民经济行业分组						
旅游饭店	523 499	1 892 310	725 135	2 013 685	1 473 630	815 423
一般旅馆	37 570	106 930	27 549	142 929	86 799	52 000
其他住宿服务	8 117	41 030	7 659	46 205	27 582	10 148

以上餐饮业主要财务指标

年)

单位:万元

主营业务收入	主营业务成本	主营业务税金及附加	主营业务利润	管理费用	营业利润	利润总额	本年应付工资总额	本年应付福利费总额
1 641 583	**702 058**	**85 299**	**831 903**	**306 164**	**76 561**	**76 451**	**200 196**	**28 764**
715 791	260 128	36 171	418 454	223 292	-8 042	-3 900	101 194	12 992
480 612	202 999	24 752	248 976	114 565	-7 839	-5 470	64 530	4 014
137 544	66 951	6 384	60 999	36 200	-6 987	-5 180	21 798	889
23 583	13 046	1 559	7 730	3 080	-524	-565	2 941	116
1 183	702	84	398	159	5	5	59	4
557	170	23	364	157	-18	-18	43	5
557	170	23	364	157	-18	-18	43	5
153 721	56 155	7 405	90 060	43 278	-2 899	-2 358	19 497	1 738
11 160	3 491	555	7 115	2 487	-587	-587	989	5
142 561	52 665	6 851	82 945	40 790	-2 312	-1 771	18 508	1 733
11 229	5 113	529	5 586	2 630	648	690	1 053	134
151 626	60 472	8 717	83 112	28 934	1 780	1 824	19 057	1 126
45 485	21 514	2 595	20 212	6 755	3 943	3 125	6 129	361
1 608	690	102	816	357	204	279	302	17
93 788	35 310	5 370	54 946	20 333	-2 275	-1 519	10 979	640
10 745	2 958	650	7 138	1 489	-93	-61	1 648	108
1 170	390	51	728	127	157	133	83	2
157 053	28 516	7 807	120 471	71 913	8 391	10 102	24 104	7 440
82 517	18 041	4 081	60 395	39 022	-7 137	-6 409	13 241	3 809
36 635	5 844	1 866	28 925	10 128	11 903	11 999	5 740	1 504
36 424	4 384	1 786	29 995	22 160	3 470	4 356	5 024	2 114
1 477	248	74	1 156	602	156	156	99	13
78 126	28 613	3 611	49 008	36 814	-8 594	-8 532	12 559	1 538
52 207	**20 585**	**2 428**	**33 457**	**23 380**	**-4 376**	**-3 902**	**8 775**	**1 231**
3 615	1 288	180	2 147	3 327	-2 625	-2 621	482	4
19 132	4 614	877	12 484	8 826	-1 797	-2 219	2 668	215
3 173	2 126	127	920	1 281	204	209	636	89
643 364	220 229	33 380	392 907	211 447	-8 582	-5 771	92 565	12 484
66 679	38 314	2 622	21 554	10 348	1 062	2 199	7 789	381
5 748	1 585	169	3 994	1 497	-522	-328	840	127

17—11 续表 （2009

	流动资产小计	固定资产原价	累计折旧	资产合计	负债合计	实收资本
二、餐饮业	274 235	678 334	190 086	944 198	593 302	257 272
其中:国有及国有控股						
1. 按登记注册类型分组						
内资	199 268	467 909	101 273	694 991	427 950	187 114
国有	10 552	38 650	9 023	43 259	41 369	10 088
集体	2 525	4 883	3 016	5 446	2 792	11 884
股份合作	289	335	121	640	221	170
联营企业						
国有联营						
集体联营						
国有与集体联营						
其他联营						
有限责任公司	34 668	157 347	29 987	214 627	125 765	22 493
国有独资公司						
其他有限责任公司	34 668	157 347	29 987	214 627	125 765	22 493
股份有限公司	5 303	25 240	3 257	36 384	22 018	4 254
私营企业	145 299	238 812	55 776	391 324	233 042	137 861
私营独资	33 044	108 730	22 545	144 452	61 394	54 716
私营合伙	476	1 391	489	2 508	1 272	1 214
私营有限责任公司	109 253	113 374	31 659	226 272	163 626	68 920
私营股份有限公司	2 527	15 318	1 082	18 092	6 749	13 011
其他	632	2 643	94	3 312	2 744	365
港澳台商投资企业	23 878	73 213	31 194	70 945	48 071	25 899
与港澳台商合资经营	13 575	23 871	9 403	31 126	14 613	17 389
与港澳台商合作经营	674	269	206	816	939	900
港澳台商独资	9 629	49 073	21 586	39 002	32 519	7 611
港澳台商独资股份有限公司						
外商投资企业	51 089	137 212	57 619	178 262	117 282	44 259
中外合资经营	24 545	17 601	7 633	44 352	37 298	12 188
中外合作经营	3 086	8 908	4 443	13 186	11 454	4 928
外资企业	22 723	109 745	45 504	119 070	68 161	26 066
外商投资股份有限公司	735	958	38	1 654	369	1 078
2. 按国民经济行业分组						
正餐服务业	233 301	548 555	135 352	780 917	499 619	211 121
快餐服务业	29 850	121 847	51 262	141 779	82 540	27 656
饮料及冷饮服务业	1 157	2 102	1 047	2 454	895	3 768
其他餐饮服务业	9 927	5 830	2 425	19 049	10 250	14 727

年）

单位:万元

主营业务收入	主营业务成本	主营业务税金及附加	主营业务利润	管理费用	营业利润	利润总额	本年应付工资总额	本年应付福利费总额
925 792	441 930	49 128	413 448	82 872	84 603	80 351	99 002	15 772
500 726	278 405	27 661	177 310	44 781	36 508	35 196	53 767	3 165
14 711	7 586	692	5 503	4 417	-1 997	-1 538	2 491	254
10 816	6 530	529	3 361	988	276	330	916	107
1 320	643	67	610	135	311	295	84	
55 228	29 146	2 801	22 304	5 440	2 515	2 570	7 124	733
55 228	29 146	2 801	22 304	5 440	2 515	2 570	7 124	733
21 867	8 774	1 214	11 302	2 873	1 622	1 738	2 389	141
394 858	224 574	22 260	133 554	30 783	33 574	31 559	40 507	1 929
199 703	120 130	11 612	60 443	10 933	26 364	24 363	18 484	717
4 723	2 814	299	1 485	383	798	776	708	34
176 504	94 003	9 525	66 300	18 423	5 382	5 484	19 480	1 142
13 927	7 627	825	5 326	1 044	1 030	936	1 834	36
1 927	1 153	99	675	146	206	243	256	1
65 995	32 641	3 154	28 573	6 583	3 782	3 837	7 184	629
30 207	17 859	1 373	9 350	2 374	1 103	1 653	4 502	126
3 094	1 668	155	1 271	298	1	1	314	
32 694	13 115	1 627	17 953	3 911	2 678	2 183	2 369	503
359 072	130 884	18 313	207 565	31 507	44 313	41 318	38 051	11 978
36 091	19 583	1 760	14 193	3 912	1 421	1 543	2 964	194
21 061	7 405	1 137	12 371	887	1 485	818	1 200	
300 865	103 524	15 353	180 382	26 669	41 099	38 940	33 726	11 778
1 055	372	63	620	39	308	17	161	6
552 534	308 489	30 274	196 526	52 259	36 466	34 543	58 951	3 395
352 717	123 599	18 066	208 042	27 419	47 162	44 965	36 312	12 186
4 343	1 332	189	2 720	395	-95	-182	699	8
16 200	8 509	600	6 161	2 800	1 070	1 025	3 041	182

17—12 各地区限额以上批发零售贸易业企业资产、负债及所有者权益

(2009 年)　　单位:万元

地区	资产合计	#流动资产	负债合计	所有者权益合计
全省	**28 313 022**	**21 044 266**	**20 859 078**	**7 345 134**
沈阳	10 880 399	8 474 926	8 483 892	2 396 507
大连	10 573 777	7 648 241	7 422 172	3 151 605
鞍山	2 722 245	2 052 583	1 972 680	749 564
抚顺	337 417	157 735	186 554	135 593
本溪	307 038	211 198	242 813	46 681
丹东	310 062	214 031	203 887	106 176
锦州	534 953	384 558	396 295	138 658
营口	429 848	314 423	278 395	108 352
阜新	325 997	237 229	276 219	49 778
辽阳	209 647	148 650	128 729	80 918
盘锦	657 295	503 473	497 968	126 431
铁岭	245 706	154 635	156 585	89 121
朝阳	457 810	351 584	380 537	77 274
葫芦岛	320 829	191 001	232 352	88 477

17—13 各地区限额以上批发零售贸易业企业主要财务指标

(2009 年)　　单位:万元

地区	主营业务收入	主营业务成本	主营业务税金及附加	主营业务利润	管理费用中的税金
全省	**71 989 037**	**67 190 800**	**259 953**	**4 376 768**	**55 790**
沈阳	37 757 655	35 748 310	80 327	1 689 396	16 602
大连	17 420 507	16 093 394	46 251	1 280 862	15 183
鞍山	7 031 621	6 509 081	37 504	475 734	8 570
抚顺	1 195 092	1 073 970	15 647	100 641	2 018
本溪	561 179	483 815	4 568	72 417	678
丹东	1 001 206	918 059	5 609	77 538	1 196
锦州	1 424 437	1 253 176	10 487	160 774	1 659
营口	956 142	793 038	14 438	145 333	2 773
阜新	636 837	549 898	3 943	82 640	665
辽阳	728 586	676 924	3 707	47 955	676
盘锦	1 173 739	1 015 630	20 243	70 687	1 123
铁岭	683 420	815 979	7 036	44 358	1 185
朝阳	708 220	626 667	5 105	77 081	2 193
葫芦岛	710 396	632 859	5 089	51 354	1 271

17—14 各地区限额以上批发零售贸易业企业增加值

(2009 年)　　单位:万元

地区	增加值合计	本年提取的固定资产折旧	本年应付工资总额	本年应付福利费总额	劳动失业保险费	主营业务税金及附加	利润总额	管理费用中税金额
全省	**2 526 009**	**248 860**	**581 210**	**37 036**	**21 723**	**259 953**	**1 321 436**	**55 790**
沈阳	662 518	90 895	178 448	11 051	5 192	80 327	280 004	16 602
大连	778 903	76 886	187 331	10 086	9 799	46 251	433 368	15 183
鞍山	397 779	16 670	39 608	4 175	1 569	37 504	289 684	8 570
抚顺	102 719	11 217	29 846	2 036	1 216	15 647	40 740	2 018
本溪	49 913	2 529	9 332	667	171	4 568	31 969	678
丹东	51 537	10 017	10 579	1 327	252	5 609	22 558	1 196
锦州	82 508	8 129	21 290	1 199	910	10 487	38 836	1 659
营口	130 245	6 799	20 410	1 834	482	14 438	83 510	2 773
阜新	34 486	3 942	9 680	600	364	3 943	15 292	665
辽阳	34 435	1 443	8 767	615	192	3 707	19 035	676
盘锦	78 906	6 324	20 842	1 166	530	20 243	28 679	1 123
铁岭	38 404	3 849	11 883	873	189	7 036	13 388	1 185
朝阳	44 718	6 561	20 472	638	426	5 105	9 324	2 193
葫芦岛	38 938	3 599	12 723	773	433	5 089	15 051	1 271

17—15 各地区星级住宿业和限额以上餐饮业增加值

(2009 年)　　单位:万元

地区	增加值合计	本年提取的固定资产折旧	本年应付工资总额	本年应付福利费总额	劳动失业保险费	主营业务税金及附加	利润总额	管理费用中税金额
全省	**530 881**	**117 547**	**200 196**	**28 764**	**10 127**	**85 299**	**76 451**	**12 498**
沈阳	185 887	34 835	60 370	13 949	6 059	29 740	37 020	3 914
大连	167 924	44 368	72 972	10 598	3 356	25 401	7 088	4 141
鞍山	47 678	5 622	14 968	730	208	9 402	15 563	1 184
抚顺	10 302	1 847	5 075	275	94	1 843	939	229
本溪	6 201	1 127	3 238	114	21	1 189	249	264
丹东	11 609	1 565	5 286	887	69	2 446	766	590
锦州	11 463	2 292	4 923	69	46	2 971	916	246
营口	41 255	17 965	10 587	1 156	155	2 781	7 846	764
阜新	1 899	296	2 411	121	13	571	-1 645	132
辽阳	5 677	1 315	3 568	88	28	1 398	-839	118
盘锦	17 892	2 104	4 344	130	22	2 402	8 624	267
铁岭	5 492	1 761	2 737	198	3	1 100	-478	171
朝阳	10 339	741	4 466	80	44	2 123	2 507	378
葫芦岛	7 263	1 709	5 250	368	9	1 933	-2 103	98

主要统计指标解释

社会消费品零售额 指各种经济类型的批发零售贸易业、住宿餐饮业、和其他行业对城乡居民和社会集团的消费品零售额的总和。这个指标反映通过各种商品流通渠道向居民和社会集团供应的生活消费品来满足他们生活需要，是研究人民生活、社会消费品购买力、货币流通等问题的重要指标。社会消费品零售额包括：(1)售给城乡居民作为生活用的商品及修建房屋用的建筑材料；(2)售给机关、团体、学校、部队、企业、事业单位的职工食堂和旅店(招待所)附设专门供本店旅客食用，不对外营业的食堂的各种食品、燃料；企业、单位和国营农场直接售给本单位职工和职工食堂的自己生产的产品；(3)售给部队干部、战士生活用的粮食、副食品、衣着品、日用品、燃料；(4)售给来华的外国人、华侨、港澳台同胞的消费品(包括友谊商店、在海关前后设立的免税商店、外轮供应公司等)；(5)居民自费购买的中、西药品、中药材及医疗用品；(6)报社、出版社直接售给居民和社会集团的报纸、图书、杂志，集邮公司(包括邮局集邮专柜)出售的新旧纪念邮票、特种邮票、首日封、集邮册、集邮工具等；(7)旧货寄售商店自购、自销部分的商品零售额；(8)煤气公司、液化石油气站售给居民和社会集团的煤气灶具和罐装液化石油气；

批发零售贸易业商品购、销、存总额 指以各种经济类型的批发、零售贸易业为总体的商品购、销、存。

商品购进总额 指从本企业(单位)以外的单位和个人购进(包括从国外直接进口)作为转卖或加工后转卖的商品。这个指标反映批发零售贸易业从国内、国外市场上购进商品的总量。商品购进总额包括：(1)从工农业生产者购进的商品；(2)从出版社、报社的出版发行部门购进的图书、杂志和报纸；(3)从各种经济类型的批发零售贸易企业(单位)购进的商品；(4)从其他单位购进的商品，如从机关、团体、企业、单位购进的剩余物资，从餐饮业、服务业购进的商品，从海关、市场管理部门购进的缉私和没收的商品，从居民收购的废旧商品等；(5)从国(境)外直接进口的商品。

商品销售总额 指对本企业(单位)以外的单位和个人出售(包括对国(境)外直接出口)的商品。这个指标反映批发零售贸易业在国内市场上销售商品以及出口商品的总量。商品销售总额包括：(1)售给城乡居民和社会集团消费用的商品；(2)售给工业、农业、建筑业、运输邮电业、批发零售贸易业、餐饮业、服务业、公用事业等作为生产、经营使用的商品；(3)售给批发零售贸易业作为转卖或加工后转卖的商品；(4)对国(境)外直接出口的商品。

批发零售贸易业年末库存 指年末各种经济类型的批发零售贸易企业(单位)已取得所有权的商品。它反映各地区、各批发零售贸易企业(单位)的商品库存情况和对市场商品供应的保证程度。期末库存包括：(1)存放在批发零售贸易业经营单位(如门市部、批发站、经营处)仓库、货场、货柜和货架中的商品；(2)挑选、整理、包装中的商品；(3)已记入购进而尚未运到本单位的商品，即发货单或银行承兑凭证已到而货未到部分；(4)寄放他处的商品，如因购货方拒绝承付而暂时存放在购货方的商品和已办完加工成品收回手续而未提回的商品；(5)委托其他单位代销(未作销售或调出)尚未售出的商品；(6)代其他单位购进尚未交付的商品。

第十八篇

对外经济贸易

18

DUIWAI
JINGJI
MAOYI

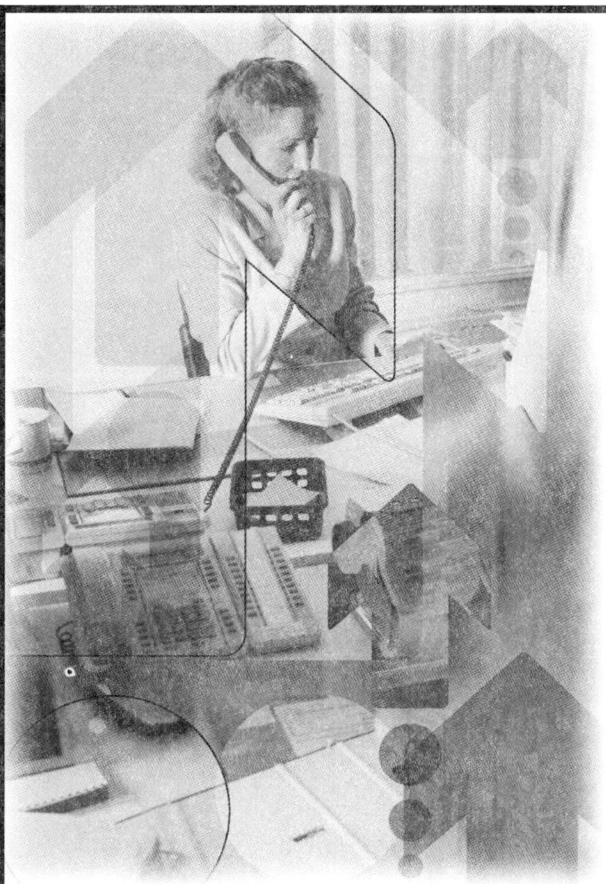

18—1 对外经济贸易基本情况

单位:户、个、亿美元

指　　标	2005年	2006年	2007年	2008年	2009年
进出口总额	**410.1**	**483.9**	**594.7**	**724.4**	**629.2**
出口总额	234.4	283.2	353.3	420.5	334.4
进口总额	175.7	200.7	241.5	303.8	294.8
进出口差额	+58.7	+82.5	+111.8	+116.7	+39.6
外商直接投资合同项目	**2 686**	**2 336**	**1 844**	**1 319**	**1 629**
外商直接投资合同金额	**110.16**	**152.40**	**207.8**	**203.0**	**281.8**
实际外商直接投资额	**35.90**	**59.86**	**91.0**	**120.2**	**154.4**
外商投资企业基本情况					
年底登记户数	16 542	16 402	14 739	14 564	12 928
投资总额	815.07	944.85	1 087.7	1 247.6	1 317.8
注册资本	495.33	596.67	681.2	801.3	849.4
# 外　方	361.71	432.22	539.0	642.1	692.9
对外经济合作					
合同金额	7.12	8.50	9.75	26.17	29.13
#对外承包工程	5.46	6.61	6.55	23.18	25.58
对外劳务合作	1.66	1.89	3.20	2.98	2.61
完成营业额	6.52	7.15	7.82	11.07	18.20
#对外承包工程	4.27	4.94	5.45	8.46	15.79
对外劳务合作	2.25	2.21	2.37	2.61	2.41

18—2 外贸进出口总额

单位:亿美元、%

年份	进出口总额	出口额	进口额	差额	指数(上年=100)		出口额指数(1953年=100)
					出口额	进口额	
1978	15.9	15.2	0.7	14.5	130.1	190.6	1 614.9
1980	40.5	39.8	0.7	39.1	152.9	104.2	4 234.0
1985	53.9	50.4	3.5	46.9	101.0	280.6	5 363.8
1986	34.3	30.8	3.5	27.0	61.1	100.3	3 276.6
1987	42.2	37.9	4.3	33.6	123.0	132.1	4 029.8
1988	44.5	38.7	5.8	32.9	102.3	124.9	4 121.3
1989	53.4	44.5	8.9	35.6	114.8	154.2	4 729.8
1990	63.2	56.1	7.1	49.0	126.0	78.3	5 957.4
1991	67.3	57.7	9.6	48.1	103.0	138.3	6 138.3
1992	76.6	61.8	14.8	37.0	106.9	153.2	6 569.3
1993	84.6	62.1	22.5	39.6	100.7	151.7	6 901.1
1994	97.0	68.7	28.3	40.4	110.5	125.5	7 627.8
1995	109.9	82.6	27.3	55.2	120.3	96.7	9 175.6
1996	112.5	83.4	29.1	54.3	100.9	106.4	9 264.4
1997	129.6	88.9	40.7	48.2	106.6	139.9	9 877.8
1998	127.4	80.5	46.9	37.1	87.8	75.4	8 942.3
1999	137.3	82.0	55.3	26.7	101.9	117.9	9 111.1
2000	190.2	108.5	81.7	26.8	132.3	147.7	12 055.5
2001	199.1	111.1	88.0	23.1	102.4	107.7	12 344.4
2002	217.4	123.7	93.7	30.0	111.3	106.5	13 744.4
2003	265.6	146.3	119.3	27.0	118.3	127.3	16 255.5
2004	344.4	189.2	155.2	34.0	129.3	130.1	21 022.2
2005	410.1	234.4	175.7	58.7	123.9	113.2	26 044.4
2006	483.9	283.2	200.7	82.5	120.8	114.2	31 466.7
2007	594.7	353.3	241.5	111.8	124.7	120.3	39 239.0
2008	724.4	420.5	303.8	116.7	119.0	125.8	46 722.2
2009	629.2	334.4	294.8	39.6	79.5	97.0	37 155.6

注:1998 年以后为海关统计数。

18—3　按贸易性质分进出口总额

单位:万美元

分　　类	2008 年	2009 年	2009年比上年增长 %	比　　重(%)	
				2008 年	2009 年
进出口总额	**7 243 737**	**6 292 499**	**-13.1**		
出口总额	**4 205 447**	**3 344 142**	**-20.5**	**100.0**	**100.0**
一般贸易	2 194 574	1 393 544	-36.5	52.2	41.7
国家间、国际组织无偿援助和赠送的物资	308	189	-38.8		
来料加工装配贸易	357 471	487 415	36.4	8.5	14.6
进料加工贸易	1 430 405	1 142 679	-20.1	34.0	34.2
寄售、代销贸易	256	332	29.8		
边境小额贸易	25 879	36 969	42.8	0.6	1.1
对外承包工程货物	14 986	16 014	6.9	0.4	
租赁贸易	167	265	58.7		
出料加工贸易	1 594	517	-67.6		
易货贸易	55	4	-93.3		
保税仓库进出境货物	77 354	46 199	-40.3	1.8	1.4
保税区仓储转口货物	94 004	165 121	75.7	2.2	4.9
其　　他	8 394	54 894	554.0	0.2	1.6
进口总额	**3 038 290**	**2 948 357**	**-3.0**	**100.0**	**100.0**
一般贸易	1 472 472	1 403 050	-4.7	48.5	47.6
国家间、国际组织无偿援助和赠送的物资	1				
华侨、港澳同胞、外籍华人捐赠物资	60	36	-39.5		
来料加工装配贸易	341 337	443 645	30.0	11.2	15.5
进料加工贸易	796 490	562 963	-29.3	26.2	19.1
寄售、代销贸易					
边境小额贸易	11 369	14 353	26.3	0.4	
来料加工装配进口的设备	4 680			0.2	
租赁贸易	192	4	-97.7		
外商投资企业作为投资进口的设备、物品	65 610	43 683	-33.2	2.2	1.5
出料加工贸易	219	66	-69.7		
易货贸易	7				
保税仓库进出境货物	214 560	320 611	49.4	7.1	10.9
保税区仓储转口货物	116 120	134 088	15.5	3.8	4.5
其　　他	15 173	25 858	70.4	0.5	0.9

18—4 各地区进出口总额

单位:万美元

地　　区	2005 年	2006 年	2007 年	2008 年	2009 年
进口总额					
总　　计	**1 757 383**	**2 006 871**	**2 414 687**	**3 038 290**	**2 948 357**
沈　　阳	221 733	263 091	275 007	300 527	304 679
大　　连	1 181 098	1 453 765	1 729 200	2 168 111	2 006 491
鞍　　山	83 971	66 186	100 699	150 181	152 582
抚　　顺	18 221	14 749	23 236	34 001	42 957
本　　溪	67 404	40 254	54 510	126 198	150 165
丹　　东	43 347	33 428	41 600	49 888	56 234
锦　　州	30 922	26 783	33 646	46 990	94 046
营　　口	45 121	48 110	53 482	69 951	47 262
阜　　新	536	508	992	628	793
辽　　阳	6 094	17 475	48 971	46 423	22 616
盘　　锦	4 719	5 420	6 535	10 671	8 288
铁　　岭	1 254	1 438	2 103	1 485	1 078
朝　　阳	7 955	7 124	4 058	3 573	8 318
葫 芦 岛	45 008	28 540	40 648	29 663	52 848
出口总额					
总　　计	**2 343 870**	**2 832 250**	**3 532 507**	**4 205 447**	**3 344 142**
沈　　阳	232 347	265 822	331 933	412 336	352 349
大　　连	1 378 025	1 725 809	2 145 260	2 530 561	2 177 367
鞍　　山	131 866	213 853	240 689	317 427	103 906
抚　　顺	40 055	52 457	66 265	88 227	45 881
本　　溪	74 953	85 989	123 570	242 452	64 629
丹　　东	151 113	140 501	161 847	138 491	144 908
锦　　州	53 937	65 553	95 748	74 063	80 647
营　　口	100 997	117 326	135 281	168 578	120 037
阜　　新	3 492	4 038	9 063	10 534	10 608
辽　　阳	23 934	39 410	68 135	79 115	87 013
盘　　锦	13 532	10 182	20 597	25 908	29 230
铁　　岭	8 347	10 028	13 273	15 201	42 017
朝　　阳	22 092	26 074	30 965	35 026	37 028
葫 芦 岛	109 180	75 208	89 881	67 528	48 522

18—5 海关同主要国家(地区)进出口总额

单位:万美元

国家、地区	进出口总额			进口总额			出口总额		
	2007年	2008年	2009年	2007年	2008年	2009年	2007年	2008年	2009年
香港	132 682	148 081	147 719	9 678	8 788	9 479	123 004	139 293	138 240
澳门	628	2 302	469	1	7	9	627	2 295	460
朝鲜	78 492	99 569		28 144	37 049		50 348	62 520	
日本	1 214 569	1 417 512	1 214 005	424 022	491 449	442 606	790 547	926 063	771 399
菲律宾	37 643	49 145	37 676	12 661	14 671	12 482	24 982	34 474	25 194
韩国	712 102	841 408	592 922	251 882	281 098	259 597	460 220	560 310	333 325
泰国	65 715	73 141	55 567	31 727	29 918	28 280	33 988	43 223	27 287
马来西亚	47 416	51 803	55 992	19 677	17 042	29 956	27 739	34 761	26 036
新加坡	284 995	305 965	330 939	12 313	13 882	15 961	272 682	292 083	314 978
印度尼西亚	113 828	133 401	160 507	12 701	27 733	47 111	101 127	105 668	113 396
匈牙利	11 278	16 595	25 380	6 366	9 017	16 155	4 912	7 578	9 225
德国	312 854	339 111	333 063	227 633	234 290	244 049	85 221	104 821	89 014
法国	56 726	73 860	61 623	35 462	46 052	39 639	21 264	27 808	21 984
意大利	91 974	134 184	56 975	20 344	28 636	20 051	71 630	105 548	36 924
比利时	69 820	74 935	29 720	11 126	9 901	8 247	58 694	65 034	21 473
英国	87 771	100 409	73 913	15 587	23 138	26 590	72 184	77 271	47 323
丹麦	21 989	19 203	16 284	10 323	9 488	7 396	11 666	9 715	8 888
瑞典	30 578	36 379	26 209	17 939	21 371	16 215	12 639	15 008	9 994
瑞士	9 526	14 743	14 547	7 906	10 339	11 199	1 620	4 404	3 348
奥地利	10 386	7 545	11 790	7 586	4 877	9 827	2 800	2 668	1 963
西班牙	48 729	52 646	38 075	5 364	10 776	6 761	43 365	41 870	31 314
加拿大	77 190	95 751	113 051	36 204	40 875	39 644	40 986	54 876	73 407
美国	558 375	639 362	582 034	145 092	167 817	187 384	413 283	471 545	394 650
澳大利亚	127 648	244 237	249 420	89 911	189 397	198 782	37 737	54 840	50 638
新西兰	11 324	15 064	15 426	6 876	8 955	11 018	4 448	6 109	4 408
土耳其	15 210	25 232	15 703	1 301	5 073	2 588	13 909	20 159	13 115
荷兰	127 030	140 875	98 618	6 234	8 686	9 147	120 796	132 189	89 471
巴基斯坦	10 115	15 062	9 593	1 932	3 536	1 611	8 183	11 526	7 982
埃及	6 936	12 037	16 449	84	69	5 962	6 852	11 968	10 487
利比亚	9 523	3 122	6 428	7 791	24	71	1 732	3 098	6 357
俄罗斯	135 049	160 312	1 217	55 235	67 486	288	79 814	92 826	929
波兰	14 546	14 348	13 799	1 697	1 562	2 334	12 849	12 786	11 465
捷克	2 619	5 577	6 610	1 945	3 387	5 136	674	2 190	1 474
罗马尼亚	6 689	5 317	3 621	750	584	709	5 939	4 733	2 912
保加利亚	1 033	1 604	1 802	184	170	240	849	1 434	1 562
孟加拉	5 879	5 610		160	88		5 719	5 522	
巴西	114 881	179 640	165 749	92 845	142 368	122 458	22 036	37 272	43 291

18—6 海关主要商品出口数量

品　　名	单 位	2000 年	2005 年	2006 年	2007 年	2008 年	2009 年
冻鸡	吨	36 465	14 923	13 253	24 519	23 513	17 925
水海产品	吨	222 071	312 342	405 784	440 725	423 595	395 516
玉米	万吨	146.8	83.5	53.3	86.4	2.0	1.6
鲜苹果	吨	22 388	26 571	25 220	55 776	57 371	59 390
大豆	吨	13 851	123 968	127 976	233 422	172 235	176 835
食用植物油	吨	2 070	54 876	68 184	44 460	55 430	46 443
天然蜂蜜	吨	4 303	3 053	2 914	3 270	3 896	4 323
蘑菇罐头	吨	4 550	8 250	9 987	13 769	16 913	9 956
烤烟	吨	607	1 935	541	2 328	3 327	3 784
滑石	吨	284 059	185 522	214 999	244 206	228 772	144 826
粗苯	吨	935	7 970	59 360	96 331	83 346	14 987
原油	万吨	368.3	52.3	5.1	12.3	23.7	28.9
成品油	万吨	204.2	314.9	386.4	432.5	343.9	534.6
石蜡	吨	200 458	344 942	342 066	306 482	290 621	306 405
合成有机染料	吨	11 995	14 725	19 935	16 921	11 529	9 304
纸及纸板	吨	6 389	4 937	2 635	1 929	2 930	4 249
棉坯布	万米	3 024.2	623.8	486.5	314.7		
合成短纤与棉混纺机织物	万米	190.3	3 790.7	4 158.8	5 989.2	4 926.3	3 066.2
水泥	万吨	59.6	63.2	49.2	32.5	25.8	4.4
钢材	万吨	65.7	300.1	580.0	702.0	745.2	291.5
金属加工机床	个	6 884	9 914	21 576	21 126	31 597	22 267
轴承	万套	5 710.8	4 707.7	4 061.8	4 386.7	4 546	2 713
电动机及发电机	万个	34 845.4	36 095.7	34 949.6	34 849.8	30 528.9	21 684.8
变压器	万个	4 279.1	2 321.0	3 963.0	7 398.6	7 794.3	8 215.2
电视机	万个	236.0	258.3	300.2	371.7	481.6	450.4
汽车和汽车底盘	个	2 438	5 212	9 148	19 144	23 305	13 828
船舶	个	201	6 247	7 822	8 382	8 425	8 487
皮革服装	万个	189.9	202.3	176.4	156.0	105.5	85.4
鞋	万双	3 045.2	4 029.2	5 224.8	3 098.1	3 210.4	2 665.7

18—7　海关主要商品进口数量

品　名	单　位	2000 年	2005 年	2006 年	2007 年	2008 年	2009 年
大　豆	万吨	133.5	161.5	95.0	84.9	75.1	113.0
食用植物油	吨	5 850	50 531	16 037	20 075	33 270	1 437
食　糖	吨	5 170	8 695	9 831	10 672	7 175	22 507
天然橡胶	吨	35 802	49 816	61 869	52 237	54 594	33 988
纸　浆	吨	18 531	27 097	20 028	15 871	12 859	23 902
棉　花	吨		15 381	19 449	21 577	23 211	15 424
铁矿砂及其精矿	万吨	212.5	1 381.9	1 458.4	1 620.7	2 169	2 915
煤	万吨		90.2	66.6	175.3	143.6	610.5
原　油	万吨	519.3	773.1	951.8	1 146.3	1 157.9	1 728.8
成品油	万吨	4.4	10.8	33.8	32.6	36.8	47.2
纸及纸板	吨	51 591	32 174	28 412	31 617	36 777	28 784
棉机织物	万米	1 444.6	2 809.4	2 883.2	2 500.4	1 698.1	1 075.8
合成纤维长丝机织物	万米	6 654.5	7 116.8	7 927.1	8 226.3	8 331.5	5 934.4
钢坯及粗锻件	吨	6 927	20 357	8 932	4 899	7 666	227 156
钢　材	吨	630 032	590 661	488 538	616 577	703 322	649 117
金属加工机床	个	2 125	3 419	19 515	3 308	4 232	14 876
电动机及发电机	万个	1 900.6	3 997.5	5 169.8	8 514.8	7 277.9	5 099.1
印刷电路	万个	24 398.6	34 216.6	38 662.6	37 667.3	39 206.8	34 084.8
汽车和汽车底盘	个	7 295	22 531	26 570	22 683	7 134	7 734

18—8 利用外资概况

单位:个、万美元

年份	总计		对外借款		外商直接投资		外商其他投资	
	项目	金额	项目	金额	项目	金额	项目	金额
签订利用外资协议(合同)								
1980	24	487					24	487
1990	550	85 298	70	34 403	365	46 703	115	4 192
1991	720	92 238	40	33 733	575	54 006	105	4 499
1992	2 264	269 694	39	68 353	2 148	197 922	77	3 419
1993	4 147	431 588	27	49 074	4 054	379 615	66	2 899
1994	2 810	499 888	63	50 495	2 677	448 846	70	547
1995	2 484	466 820	54	60 702	2 406	397 449	24	8 669
1996	1 901	502 673	27	24 728	1 853	445 601	21	32 344
1997	1 734	550 991	17	57 080	1 698	438 835	19	55 076
1998	1 740	506 974	26	46 747	1 708	438 957	6	21 270
1999	1 785	505 987	44	51 200	1 736	444 517	5	10 270
2000	1 908	555 807	17	26 983	1 883	517 775	8	11 049
2001	1 893	592 312	14	31 611	1 876	546 649	3	14 052
2002	2 132	742 914	5	11 194	2 125	718 520	2	13 200
2003	2 328	982 243	1	12 000	2 327	970 243		
2004	2 491	866 200			2 491	866 200		
2005	2 686	1 101 596			2 686	1 101 596		
2006	2 336	1 524 039			2 336	1 524 039		
2007	1 844	2 078 104			1 844	2 078 104		
2008	1 319	2 029 661			1 319	2 029 661		
2009	1 629	2 818 381			1 629	2 818 381		
实际利用外资额								
1980		457						457
1990		78 725		51 749		24 831		2 145
1991		97 157		61 429		31 360		4 368
1992		85 931		39 512		43 916		2 503
1993		169 055		43 402		122 731		2 922
1994		198 135		55 230		142 388		517
1995		190 691		49 377		140 405		909
1996		237 915		44 637		167 142		26 136
1997		305 876		29 775		221 446		54 655
1998		314 104		71 742		220 471		21 891
1999		303 820		85 470		206 366		11 984
2000		301 620		35 472		255 219		10 929
2001		358 627		33 282		311 293		14 052
2002		425 538		20 777		391 561		13 200
2003		571 074		12 812		558 262		
2004		540 679				540 679		
2005		359 042				359 042		
2006		598 554				598 554		
2007		909 673				909 673		
2008		1 201 925				1 201 925		
2009		1 544 390				1 544 390		

18—9 各地区实际外商直接投资额

单位:万美元

地 区	2000年	2005年	2006年	2007年	2008年	2009年
总 计	**255 219**	**359 042**	**598 554**	**909 673**	**1 201 925**	**1 544 390**
沈 阳	71 229	212 312	303 444	500 029	528 842	531 038
大 连	130 597	100 153	224 475	300 196	441 180	600 199
鞍 山	8 787	6 936	13 534	25 187	58 161	74 177
抚 顺	2 216	4 207	5 279	6 850	12 866	31 284
本 溪	864	3 856	5 035	8 530	11 305	20 108
丹 东	3 696	6 432	11 449	14 689	30 606	50 003
锦 州	5 939	6 647	9 557	14 517	31 090	36 805
营 口	13 952	7 840	10 078	13 016	32 035	50 491
阜 新	314	1 328	1 844	2 521	5 166	6 413
辽 阳	2 695	3 299	5 121	6 178	20 038	81 718
盘 锦	9 100	1 464	2 052	2 623	8 390	30 178
铁 岭	3 600	1 564	3 172	8 656	12 021	17 197
朝 阳	1 110	584	2 494	4 130	5 020	7 332
葫 芦 岛	1 120	2 420	1 020	2 551	5 205	7 447

18—10 按国别、地区分实际外商直接投资额

单位:万美元

国别、地区	2000年	2005年	2006年	2007年	2008年	2009年
香港	66 398	139 993	167 937	322 600	532 055	674 180
澳门	767	1 436	1 332	4 254	7 835	32 817
台湾	7 427	5 793	16 668	16 115	31 574	79 920
印度尼西亚	10	395	12	165		3
日本	44 910	41 003	73 991	51 079	98 480	115 592
马来西亚	2 252	4 675	3 440	4 128	6 821	13 910
菲律宾	52	373	450	416	924	987
新加坡	7 452	13 158	27 636	28 144	26 259	26 408
韩国	26 405	51 435	93 564	98 425	162 223	156 053
泰国	306	2 780	2 472	1 053	5 066	2 732
比利时	382	495	1 050	1 000	1 000	7
丹麦	60	215	596	70		8 976
英国	2 910	4 861	3 508	10 323	12 907	17 235
德国	6 447	3 693	7 238	16 707	2 048	14 030
法国	87	31	1 520	1 211	438	1 317
意大利	240	2 426	4 986	2 830	2 397	473
荷兰	4 051	2 921	4 255	1 932	2 875	3 539
新西兰	326	1 005	903	1 571	1 466	1 152
西班牙	23	84	1 036	963	492	1 242
芬兰	798		25		280	
瑞士	3 531	503	101	1 369	2 856	1 194
加拿大	3 234	4 499	13 849	9 704	6 390	23 996
美国	47 045	28 262	55 693	42 342	67 548	82 296
澳大利亚	1 980	3 949	9 726	5 803	7 863	11 457

18—11 外商直接投资

（按国别、地区分） 单位：个、万美元

国别、地区	2005年		2006年		2007年		2008年		2009年	
	项目	合同外资额	项目	合同外资额	项目	合同外资额	项目	合同外资额	项目	合同外资额
日本	538	121 048	458	169 000	305	85 584	233	198 502	231	204 429
香港	459	350 758	475	457 864	455	913 623	337	747 395	509	1 224 091
韩国	839	237 107	618	291 576	507	266 657	343	272 915	352	418 856
澳门	13	4 943	16	7 304	11	8 839	8	19 819	20	65 623
新加坡	48	12 894	33	35 050	42	44 165	34	62 084	23	43 892
泰国	7	7 812	3	2 090	1	-229	1	5 179	1	2 600
马来西亚	19	4 931	14	9 430	14	10 022	6	6 534	6	11 277
美国	268	133 755	207	142 226	132	101 580	89	133 151	113	153 389
英国	25	5 240	23	5 593	25	46 789	18	29 353	16	6 448
法国	2	200	11	5 648	3	-647	5	-38	6	8 653
德国	40	24 726	18	8 016	20	17 137	17	8 173	14	30 050
澳大利亚	45	21 552	51	45 005	18	8 550	14	3 915	6	9 391
意大利	25	12 871	12	7 769	10	8 124	5	3 045	3	-3 156
加拿大	87	27 074	90	61 956	60	31 488	24	24 300	38	64 563
西班牙	4	254	5	1 798	6	3 946	3	2 663	3	3 025
瑞士	2	58	1	880	4	4 490	1	58	3	206
菲律宾	5	2 256	8	1 328	3	13 325	1	-969	2	1 235
荷兰	15	5 414	13	5 647	6	602	11	7 437	2	-1 014
丹麦	1	289	2	598	1	366	1	8 237	1	-189
比利时	5	380	2	1 481	1	-3 628		990	2	-136
新西兰	12	-5	10	331	4	6 984	3	4 130	5	724
芬兰				179				338	1	314
台湾	92	22 758	93	64 731	77	67 182	90	169 541	137	264 515

18—12 按行业分对外签订外商直接投资合同情况

行　　　业	2005年	2006年	2007年	2008年	2009年
一、合同项目(个)					
总　　计	**2 686**	**2 336**	**1 844**	**1 319**	**1 629**
农、林、牧、渔业	69	55	29	37	38
采　矿　业	25	16	10	7	6
制　造　业	1 717	1 366	935	682	538
电力、燃气及水的生产和供应业	15	29	17	19	24
建　筑　业	42	38	35	14	30
交通运输、仓储及邮政业	12	24	31	18	15
信息传输、计算机服务和软件业	129	90	110	79	139
批发和零售业	151	158	146	127	137
住宿和餐饮业	125	101	69	49	24
金 融 业	4	2	3	3	2
房 地 产 业	178	242	222	43	120
租赁和商务服务业	139	122	171	164	190
科学研究、技术服务和地质勘查业	31	46	28	48	291
水利、环境和公共设施管理业	3	9	8	7	12
居民服务和其他服务业	28	17	21	12	44
教育	2	1			
卫生、社会保障和社会福利业	1	2			2
文化、体育和娱乐业	15	18	9	10	17
公共管理和社会组织					
国际组织					
二、合同外资额(万美元)					
总　　计	**1 101 596**	**1 524 039**	**2 078 104**	**2 029 661**	**2 818 381**
农、林、牧、渔业	21 048	25 350	16 768	28 955	50 217
采　矿　业	6 938	8 470	8 804	13 548	17 037
制　造　业	716 719	898 064	927 659	1 193 627	1 006 115
电力、燃气及水的生产和供应业	10 534	20 512	22 163	48 938	34 665
建　筑　业	6 333	6 743	16 969	5 142	41 671
交通运输、仓储及邮政业	11 875	32 056	33 937	40 903	30 601
信息转输、计算机服务和软件业	41 606	21 198	70 699	117 275	198 482
批发和零售业	32 004	29 688	20 023	49 065	14 828
住宿和餐饮业	15 442	15 115	19 513	20 524	8 370
金 融 业	3 767	837	8 823	12 779	-6 778
房 地 产 业	180 554	365 030	815 392	351 803	409 007
租赁和商务服务业	29 677	27 549	87 050	57 172	145 132
科学研究、技术服务和地质勘查业	11 235	46 610	12 779	72 689	593 208
水利、环境和公共设施管理业	2 006	3 995	2 874	8 452	27 588
居民服务和其他服务业	4 658	8 213	3 265	2 384	224 129
教育	12	18		37	
卫生、社会保障和社会福利业	2 084	3 008	6	30	4 000
文化、体育和娱乐业	5 104	11 583	11 380	6 338	20 109
公共管理和社会组织					
国际组织					

18—13 按行业分实际外商直接投资额

单位:万美元

行业	2005年	2006年	2007年	2008年	2009年
总计	**359 042**	**598 554**	**909 673**	**1 201 925**	**1 544 390**
农、林、牧、渔业	2 353	5 367	8 636	15 759	14 150
采矿业	1 660	2 252	4 215	7 830	11 015
制造业	176 122	342 981	363 697	525 614	695 686
电力、燃气及水的生产和供应业	3 915	11 202	9 359	31 389	28 020
建筑业	5 575	1 698	12 049	2 636	5 826
交通运输、仓储及邮政业	9 059	9 211	11 970	31 017	22 499
信息传输、计算机服务和软件业	8 315	15 871	24 939	35 468	70 799
批发和零售业	4 647	19 912	9 364	19 339	28 767
住宿和餐饮业	3 789	5 750	10 837	10 426	2 701
金融业	559	334	391	6 149	869
房地产业	98 312	152 248	409 773	448 306	353 215
租赁和商务服务业	5 928	10 159	26 398	45 072	50 407
科学研究、技术服务和地质勘查业	1 639	7 734	5 967	13 051	132 051
水利、环境和公共设施管理业	1 132	871	1 697	2 995	4 504
居民服务和其他服务业	3 965	8 157	3 359	1 377	113 335
教育	98				
卫生、社会保障和社会福利业	17	58	18		23
文化、体育和娱乐业	1 835	4 749	7 004	5 497	10 523
公共管理和社会组织					
国际组织					

18—14　年末登记外商投资企业行业分布情况

行　　业	企业数(户)			投资总额(百万美元)			注册资本(百万美元)					
	2007年	2008年	2009年	2007年	2008年	2009年	2007年	2008年	2009年	#外　方		
										2007年	2008年	2009年
总　　计	**14739**	**14564**	**12928**	**108767**	**124756**	**131783**	**68124**	**80127**	**84938**	**53902**	**64206**	**69287**
农、林、牧、渔业	393	356	299	1 527	1 472	1 345	1 088	1 031	915	768	733	654
采　矿　业	54	51	50	325	332	438	191	199	298	121	127	231
制　造　业	9 251	9 086	7 801	59 990	70 176	65 722	37 462	43 047	39 578	28 667	33 651	30 843
电力、燃气及水的生产和供应业	88	96	109	2 729	3 592	4 790	1 222	1 475	2 009	880	1 017	1 423
建　筑　业	396	354	293	2 400	2 406	3 143	1 715	1 715	2 063	1 305	1 330	1 632
交通运输、仓储及邮政业	162	163	151	2 621	4 500	4 311	1 583	2 221	2 281	959	1 125	1 197
信息转输、计算机服务和软件业	576	587	543	3 769	4 442	4 491	2 419	2 854	2 880	2 126	2 501	2 582
批发和零售业	951	975	896	1 628	2 456	2 173	1 130	1 531	1 281	933	1 297	1 076
住宿和餐饮业	640	606	495	2 812	2 354	2 195	1 523	1 260	1 162	1 034	838	809
金　融　业	16	18	21	369	471	495	337	414	433	302	328	334
房　地　产　业	1 030	1 000	887	24 168	24 892	28 903	15 116	18 940	20 800	13 091	16 597	17 988
租赁和商务服务业	525	607	634	2 547	2 875	5 355	1 911	2 196	4 526	1 793	2 020	4 419
科学研究、技术服务和地质勘查业	295	316	438	1 847	2 543	5 832	1 322	1 816	5 004	1 078	1 556	4 701
水利、环境和公共设施管理业	47	51	53	345	652	1 092	245	421	716	192	306	608
居民服务和其他服务业	164	163	128	322	327	265	213	238	198	161	191	172
教　　育	7	6	4	29	29	2	13	13	2	5	5	2
卫生、社会保障和社会福利业	9	7	8	109	54	84	68	45	74	50	36	56
文化、体育和娱乐业	133	120	95	1 098	1 110	1 083	560	655	665	435	543	541
公共管理和社会组织												
国　际　组　织												

18—15 外商投资企业分国别、地区注册登记情况

（2009 年）

国别、地区	企业个数(个)		投资总额(万美元)		注册资本(万美元)		#外方(万美元)	
	年末实有	本年新增	绝对数	比重	绝对数	比重	绝对数	比重
合计	**12 928**	**1 229**	**2 241 833**	**100.0**	**1 800 096**	**100.0**	**1 652 794**	**100.0**
香港	2 754	416	1 219 200	54.4	968 703	53.8	895 429	54.2
澳门	68	16	67 795	3.0	60 313	3.4	60 303	3.6
台湾	607	52	88 419	3.9	81 096	4.5	75 584	4.6
印度尼西亚	11							
日本	3 035	199	147 257	6.6	126 333	7.0	120 730	7.3
马来西亚	84	6	18 752	0.8	13 778	0.8	8 654	0.5
菲律宾	14	2	4 730	0.2	1 630	0.1	1 295	0.1
新加坡	284	20	56 282	2.5	44 184	2.5	33 096	2.0
韩国	2 822	249	215 672	9.6	198 799	11.0	194 956	11.8
泰国	31							
比利时	9	2	179		128		66	
丹麦	11	1	8		8		8	
英国	165	16	24 781	1.1	14 397	0.8	13 369	0.8
德国	179	12	11 598	0.5	9 658	0.5	7 273	0.4
法国	47	5	7 506	0.3	5 675	0.3	4 619	0.3
奥地利	23	3	24		24		12	
意大利	71	3	309		309		114	
卢森堡	5	1	4 790	0.2	1 600	0.1	480	
荷兰	58	4	8 213	0.4	3 303	0.2	3 303	0.2
葡萄牙	3							
西班牙	22	3	6 733	0.3	2 277	0.1	2 277	0.1
芬兰	6							
瑞士	17	2	170		160		106	
加拿大	326	26	51 706	2.3	45 616	2.5	41 083	2.5
美国	1 144	71	89 748	4.0	78 095	4.3	74 984	4.5
澳大利亚	178	9	13 975	0.6	9 895	0.5	9 736	0.6
新西兰	48	5	5 713	0.3	4 863	0.3	3 662	0.2

18—16 对外承包工程和劳务合作

年份	合同份数（份）	合同金额（万美元）	完成营业额（万美元）	营业利润（万美元）	外汇净收入（万美元）	派出人员（人）	年末在外人数（人）
总计							
1985	77	8 045	3 547	231	347	1 236	2 415
1990	223	23 984	8 445	478	830	10 354	8 459
1991	253	13 942	9 037	392	741	12 074	9 945
1992	354	27 501	14 170	985	948	18 197	13 167
1993	396	39 143	20 609			18 983	16 821
1994	609	55 763	31 484				24 569
1995	795	62 925	32 117			20 946	26 868
1996	832	48 704	29 599			21 159	23 573
1997	1 002	63 469	37 784			23 866	29 095
1998	1 173	56 681	44 406			25 925	31 717
1999	1 362	44 661	35 574			31 052	36 724
2000	1 381	62 229	41 334			38 781	45 936
2001	1 284	50 554	46 512			42 240	47 744
2002	1 017	54 504	50 326			51 585	57 292
2003	981	49 749	48 368			58 376	64 126
2004	917	60 022	55 715			64 263	66 575
2005	900	71 200	65 200			69 364	71 100
2006	1 200	85 000	71 500			76 490	78 500
2007	1 402	97 500	78 200			81 771	82 100
2008	1 745	261 657	110 727			90 202	85 456
2009	1 381	291 257	181 998			74 462	84 576
承包工程							
1985	32	6 523	2 392	59	38	207	297
1990	46	14 052	6 767	332	280	1 999	2 280
1991	54	6 433	4 505	132	302	3 842	2 555
1992	79	18 867	9 231	428	380	6 441	3 009
1993	136	26 818	10 877			4 883	3 556
1994	180	44 900	19 600				
1995	191	39 414	17 626			4 509	4 966
1996	209	28 875	15 850			5 616	3 027
1997	216	39 754	20 980			3 399	4 263

18—16 续表

年份	合同份数（份）	合同金额（万美元）	完成营业额（万美元）	营业利润（万美元）	外汇净收入（万美元）	派出人员（人）	年末在外人数（人）
1998	247	35 901	28 258			4 467	4 305
1999	215	21 137	17 503			2 722	2 860
2000		32 811	20 309				
2001	72	9 327	15 962			2 751	2 265
2002	156	23 330	18 474			1 749	2 741
2003	228	20 644	17 151			1 801	2 000
2004	200	31 043	25 920			5 539	5 800
2005	281	54 600	42 662			3 176	4 045
2006	171	66 131	49 429			6 340	7 416
2007	243	65 500	54 500			9 810	10 657
2008	366	231 848	84 588			26 970	17 262
2009	157	255 818	157 858				
劳务合作							
1985	45	1 522	1 155	172	309	1 029	2 118
1990	177	9 932	1 678	146	550	8 355	6 179
1991	199	7 509	4 532	260	439	8 232	7 390
1992	275	8 634	4 939	557	568	11 756	10 158
1993	260	12 325	9 732			14 100	13 265
1994	429	10 863	11 884				24 569
1995	596	22 804	14 451			16 408	21 848
1996	618	19 634	13 616			15 504	20 545
1997	763	22 776	16 313			20 459	24 823
1998	922	20 397	15 660			21 428	27 401
1999	1 129	23 478	18 006			28 316	33 851
2000		29 310	20 926				
2001	926	27 486	20 326			26 766	33 599
2002	850	30 175	31 700			49 748	54 551
2003	750	29 001	31 005			56 508	62 059
2004	712	28 410	29 662			58 661	60 770
2005	619	16 600	22 538			66 188	67 055
2006	1 029	18 869	22 071			70 150	71 084
2007	1 159	32 000	23 700			71 961	71 443
2008	1 379	29 809	26 139			63 232	68 194
2009	1 218	26 063	24 140				

主要统计指标解释

利用外资 指我国各级政府、部门、企业和其他经济组织通过吸收外商直接投资以及用其他方式筹措的境外现汇、设备、技术等。

外商直接投资 是指外国企业和经济组织或个人(包括华侨、港澳台胞以及我国在境外注册的企业)按我国有关政策、法规,用现汇、实物、技术等在我国境内开办外商独资企业、与我国境内的企业或经济组织共同举办中外合资经营企业、合作经营企业或合作开发资源的投资(包括外商投资收益的再投资)以及经政府有关部门批准的项目投资总额内,企业从境外借入的资金。

对外承包工程 包括各对外承包公司以招标议标承包方式承揽的下列业务(1)承包国外工程建设项目;(2)承包我国对外经援项目;(3)承包我国驻外机构的工程建设项目;(4)承包我国境内利用外资进行建设的工程项目;(5)与外国承包公司合营或联合承包工程项目时我国公司分包部分;(6)以服务成果向业主收费的技术服务项目(包括承担地形地貌测绘;地质资源勘探与普查;建设区域规划;提供设计文件、图纸、生产工艺技术资料和工程技术经济咨询;工程项目的可行性考察、研究和评估;进行技术指导和培训人员等);(7)对外承包兼营的房屋开发业务。对外承包工程的完成营业额是以货币表现的本期内完成的对外承包工程的工作量,包括以前年度签订的合同和本年度新签订的合同在报告期完成的工作量。

对外劳务合作 指以收取工资的形式向业主或承包商提供技术和劳动服务的活动。我国对外承包公司在境外开办的合营企业,中国公司同时又提供劳务的,其劳务部分也纳入劳务合作统计。劳务合作完成营业额按报告期内向雇主提交的结算数(包括工资、加班费和奖金等)统计。

第十九篇

旅游

19

LUYOU

19—1 旅游事业发展情况

指标	单位	2005年	2006年	2007年	2008年	2009年
入境旅游人数	**人次**	**1 301 955**	**1 612 987**	**2 000 867**	**2 418 707**	**2 931 954**
外国人	人次	1 111 091	1 372 550	1 706 636	2 072 737	2 507 403
港澳台同胞	人次	190 864	240 437	294 231	345 970	424 551
平均逗留天数	天	3.2	3.1	3.0	3.0	3.1
国内居民出境人数	**人次**	**212 996**	**438 156**	**436 144**	**969 000**	**1 623 038**
国内旅游人数	**万人次**	**9 860**	**13 166**	**16 504**	**19 836**	**24 195**
旅游收入						
国际旅游收入	万美元	73 777	93 430	122 786	152 618	185 621
国内旅游收入	亿元	674.7	896.1	1 214.9	1 635.5	2 098.8
星级饭店总数	**个**	**499**	**497**	**507**	**540**	**515**
旅行社数	**个**	**1 003**	**1 073**	**1 108**	**1 116**	**1 110**

19—2 按国别分外国入境旅游人数

单位:人次

国别	2005年	2006年	2007年	2008年	2009年
总计	**1 111 091**	**1 372 550**	**1 706 636**	**2 072 737**	**2 507 403**
#日本	429 841	503 850	607 812	708 085	869 432
菲律宾	5 932	9 118	11 282	14 701	21 446
新加坡	17 977	20 676	25 557	36 907	40 618
泰国	5 002	6 784	6 394	10 285	9 483
印度尼西亚	4 632	8 821	7 470	11 346	13 219
美国	31 497	38 973	47 959	63 346	77 118
加拿大	8 671	11 163	14 817	18 297	21 283
英国	9 659	14 338	20 899	34 614	41 504
法国	6 542	9 466	12 998	17 671	16 678
德国	17 234	22 356	26 538	34 106	34 398
意大利	4 149	6 031	8 959	10 162	10 475
俄罗斯	63 459	88 553	122 308	132 801	159 078
澳大利亚	7 325	9 332	12 294	14 980	18 303
新西兰	1 846	2 588	3 148	4 691	6 262

19—3 按地区分接待入境旅游人数

单位:人次

地　　区	2005年	2006年	2007年	2008年	2009年
接待旅游人数	**1 301 955**	**1 612 987**	**2 000 867**	**2 418 707**	**2 931 954**
沈　阳	326 513	400 036	456 013	476 357	495 325
大　连	600 030	700 032	840 032	950 045	1 050 043
鞍　山	68 409	86 246	105 700	155 055	202 293
抚　顺	19 669	33 097	60 869	77 201	87 069
本　溪	52 201	82 199	136 716	217 816	367 384
丹　东	103 494	128 000	148 624	190 762	267 860
锦　州	54 952	68 117	87 342	114 820	150 381
营　口	17 011	21 109	24 527	49 670	59 787
阜　新	2 313	3 033	5 342	10 953	19 190
辽　阳	9 803	12 660	15 737	18 080	21 058
盘　锦	14 464	33 626	53 365	82 110	115 000
铁　岭	7 051	13 006	25 558	33 054	39 827
朝　阳	1 544	3 180	4 902	7 563	11 010
葫 芦 岛	24 501	28 646	36 140	35 221	45 727

19—4 按地区分旅游外汇收入

单位:万美元

地　　区	2005年	2006年	2007年	2008年	2009年
旅游外汇收入	**73 777**	**93 430**	**122 786**	**152 618**	**185 621**
沈　阳	17 272	23 156	28 993	33 009	36 999
大　连	40 000	46 500	58 125	65 835	72 748
鞍　山	4 945	6 080	7 900	12 052	15 607
抚　顺	504	915	2 436	3 439	3 965
本　溪	1 702	3 891	6 739	10 985	19 715
丹　东	3 680	4 493	5 927	9 040	12 535
锦　州	1 841	3 095	4 530	6 512	8 317
营　口	718	943	1 178	2 159	2 641
阜　新	90	136	255	488	835
辽　阳	468	649	897	1 007	1 212
盘　锦	747	1 359	2 324	3 828	5 486
铁　岭	330	634	1 476	1 776	2 275
朝　阳	77	167	317	464	664
葫 芦 岛	676	938	1 689	2 024	2 622

19—5 按地区分国内旅游人数及收入

（2009 年）

单位：万人次、百万元

地区	国内旅游接待人数	过夜旅游者	一日游游客	国内旅游收入	过夜旅游者	一日游游客
全省	**24 194.8**	**19 193.0**	**5 001.8**	**209 880**	**196 358**	**13 522**
沈阳	5 392.5	4 792.2	600.3	42 820	42 397	423
大连	3 412.0	2 985.8	426.2	43 050	42 128	922
鞍山	1 915.6	1 371.8	543.8	13 710	11 220	2 490
抚顺	1 698.3	1 126.6	571.7	14 500	13 098	1 402
本溪	1 770.7	1 031.1	739.6	13 220	12 184	1 036
丹东	1 897.2	1 468.7	428.5	16 260	14 754	1 506
锦州	1 190.5	831.3	359.2	9 060	7 717	1 343
营口	820.0	708.0	112.0	8 770	8 257	513
阜新	523.0	153.3	369.7	2 810	1 641	1 169
辽阳	1 274.2	1 192.9	81.3	10 670	10 110	560
盘锦	1 270.0	785.2	484.8	10 200	9 024	1 176
铁岭	880.0	817.3	62.7	6 120	5 979	141
朝阳	940.1	732.7	207.4	8 260	7 463	797
葫芦岛	1 210.7	1 196.1	14.6	10 430	10 385	45

主要统计指标解释

旅游者人数 (1)入境国际旅游者人数:指来中国参观、访问、旅行、探亲、访友、休养、考察、参加会议和从事经济、科技、文化、教育、宗教等活动的外国人、港澳同胞和台湾同胞的人数。包括入境旅游者和入境一日游游客。不包括外国在我国的常驻机构,如使领馆、通讯社、企业办事处的工作人员;来我国常住的外国专家、留学生以及在岸逗留不过夜人员。

(2)出境居民人数:指大陆居民因公务活动或私人事务短期出境的人数。公务活动出境居民人数包括在国际交通工具上的中国服务员工,因私出境居民人数不包括在国际交通工具上的中国服务员工。

(3)国内旅游者人数:指我国大陆居民和在我国常住1年以上的外国人、港澳台同胞离开常住地在境内其他地方的旅游设施内至少停留一夜,最长不超过12个月的人数;和国内居民离开惯常住地10公里以上,出游时间超过6小时不足24小时,并未在境内其他地方的旅游住宿设施过夜的国内一日游游客。

国际旅游(外汇)收入 指入境旅游的外国人、港澳同胞和台湾同胞在中国大陆旅游过程中发生的一切旅游支出,对于国家来说就是国际旅游(外汇)收入。

国际旅行社 指经营对外招徕并接待外国人、港澳同胞和台湾同胞来中国、回内地旅游业务的旅行社。

国内旅行社 指负责经营招徕、组团、接待国内游客的旅游业务,以及不对外招徕,负责经营接待国际旅行社或其它涉外部门组织的外国人、港澳同胞和台湾同胞来中国、回内地旅游业务的旅行社。

星级饭店 指设备、设施、服务符合《旅游饭店星级的划分与评定》(中华人民共和国国家标准),通过相关旅游管理部门评定,并取得星级饭店称号的饭店(含预备星级饭店)。

第二十篇

金融业

20

JINRONGYE

20—1 金融机构存款、贷款余额

单位:亿元

指 标	2005年	2006年	2007年	2008年	2009年
年末存款余额	**11 967.0**	**13 596.8**	**15 117.8**	**18 223.2**	**22 758.6**
一、企业存款	3 118.6	3 833.6	4 746.1	5 334.3	7 255.7
活期存款	2 235.3	2 681.5	3 416.1	3 446.9	4 747.2
定期存款	883.3	1 152.2	1 330.1	1 887.4	2 508.5
二、财政存款	116.6	144.3	282.2	306.7	515.6
三、机关团体存款	471.2	451.1	542.9	644.8	874.2
四、储蓄存款	6 950.2	7 701.2	8 063.0	10 127.3	12 030.9
活期存款	1 897.2	2 230.6	2 517.4	2 749.7	3 573.4
定期存款	5 053.1	5 740.6	5 545.7	7 377.6	8 457.5
五、农业存款	132.4	168.6	216.7	216.3	308.1
六、信托存款	37.6				
七、委托存款	34.6	36.5	72.1	129.0	189.0
八、其他存款	1 105.7	1 261.5	1 194.7	1 464.9	1 585.2
年末贷款余额	**7 958.1**	**9 117.2**	**10 403.9**	**11 794.6**	**15 549.6**
一、短期贷款	3 805.0	4 206.8	4 750.5	4 980.9	5 637.5
工业贷款	992.0	1 232.8	1 396.3	1 434.9	1 507.8
商业贷款	888.0	929.3	994.0	902.6	835.3
建筑业贷款	163.6	189.2	180.9	181.8	183.7
农业贷款	513.0	583.1	677.2	762.9	949.7
乡镇企业贷款	91.0	5.6	3.6	3.0	1.1
三资企业贷款	88.2	83.7	82.1	92.1	59.1
私营企业及个体贷款	116.7	129.8	139.8	163.7	243.8
其他短期贷款	952.4	1 053.3	1 276.6	1 440.0	1 857.0
二、中长期贷款	3 444.5	4 161.5	5 187.8	5 912.9	8 541.2
基本建设贷款	1 175.3	1 510.3	1 973.3	2 516.0	3 820.6
技术改造贷款	180.4	146.0	136.5	190.7	159.9
其他中长期贷款	2 088.8	2 505.3	3 077.9	3 206.3	4 560.7
三、信托贷款	31.4				
四、融资租赁				19.3	15.4
五、委托贷款	13.7	12.0	7.4	5.2	39.0
六、票据融资及各项垫款	663.4	736.9	458.2	876.3	1 316.5

20—2 各地区金融机构存款余额

（2009 年）

单位:万元

地 区	金融机构存款余额	# 企业存款	# 储蓄存款余额	定期存款	活期存款
全 省	**227 586 438**	**72 556 523**	**120 309 352**	**84 575 161**	**35 734 190**
沈 阳	66 574 455	25 025 439	29 485 416	19 691 523	9 793 894
大 连	68 747 790	27 131 739	29 306 487	20 598 487	8 708 000
鞍 山	16 749 734	4 305 508	10 206 374	7 424 616	2 781 758
抚 顺	8 021 366	1 595 774	5 524 233	3 933 327	1 590 906
本 溪	6 246 757	1 152 947	4 143 270	3 005 837	1 137 434
丹 东	7 611 854	1 172 562	5 640 325	4 171 144	1 469 181
锦 州	8 463 765	1 343 425	6 034 845	4 512 009	1 522 836
营 口	8 275 875	2 225 045	5 236 201	3 538 474	1 697 727
阜 新	4 219 411	1 017 110	2 764 009	1 974 140	789 869
辽 阳	6 921 566	1 536 267	4 721 444	3 348 923	1 372 521
盘 锦	7 273 548	1 853 064	4 601 194	3 299 355	1 301 839
铁 岭	5 655 250	1 344 691	3 825 416	2 787 279	1 038 137
朝 阳	5 795 458	980 510	4 219 718	2 983 284	1 236 434
葫 芦 岛	6 828 200	1 673 485	4 600 417	3 306 763	1 293 654

20—3　各地区金融机构贷款余额

（2009 年）

单位:万元

地　　区	金融机构贷款余额	#工 业 贷 款	#商 业 贷 款	#农 业 贷 款
全　　省	**155 495 787**	**15 078 157**	**8 353 116**	**9 496 536**
沈　　阳	50 848 567	3 690 848	2 144 433	1 409 902
大　　连	48 942 788	4 539 364	1 811 755	2 098 490
鞍　　山	9 377 382	1 679 514	507 115	763 024
抚　　顺	3 330 637	591 328	132 522	388 598
本　　溪	4 511 403	971 617	98 749	390 457
丹　　东	3 746 770	176 805	309 771	688 152
锦　　州	4 905 294	318 558	347 345	589 830
营　　口	6 795 514	470 403	369 807	436 483
阜　　新	3 005 633	227 108	308 484	365 781
辽　　阳	4 181 066	648 068	479 903	355 839
盘　　锦	3 657 061	523 610	379 763	235 746
铁　　岭	4 240 334	191 298	871 494	717 882
朝　　阳	3 604 151	306 457	306 070	496 668
葫 芦 岛	4 349 187	743 179	285 906	559 684

20—4 金融机构现金收入

单位:亿元

项　目	2005年	2006年	2007年	2008年	2009年
收入总计	**29 915.5**	**34 892.7**	**42 001.7**	**39 885.5**	**41 432.1**
商品销售收入	2 772.3	3 038.1	3 188.3	3 163.6	3 250.5
服务事业收入	917.6	972.9	1 083.8	1 071.9	1 048.0
税款收入	149.4	160.1	250.2	277.3	286.2
城乡个体经营收入	539.8	594.7	569.4	534.6	521.2
储蓄存款收入	22 621.2	26 719.4	33 027.4	31 060.3	32 711.6
其他金融机构收入	138.6	105.9	111.6	86.6	91.8
居民归还贷款收入	474.0	512.4	528.2	586.1	621.4
汇兑收入	207.7	234.2	256.1	271.1	246.1
有价证券收入	72.5	50.8	52.4	30.7	32.9
其他收入	2 022.5	2 504.2	2 934.3	2 803.4	2 622.3

20—5 金融机构现金支出

单位:亿元

项目	2005年	2006年	2007年	2008年	2009年
支出总计	**29 943.6**	**34 926.2**	**42 064.0**	**40 025.4**	**41 542.8**
工资性支出	1 146.9	1 257.2	1 391.1	1 415.1	1 351.3
农副产品采购支出	617.6	659.0	680.8	696.0	616.0
工矿及其他产品采购支出	771.3	857.0	1 041.6	1 064.0	840.2
行政企业管理费支出	1 591.8	1 735.2	1 876.1	1 890.3	1 898.9
城乡个体经营支出	1 059.8	983.9	1 124.4	931.4	861.9
储蓄存款支出	21 979.1	26 240.7	32 414.2	30 692.7	33 020.0
其他金融机构支出	138.6	83.5	127.2	141.9	98.8
居民提取贷款支出	474.0	511.3	512.9	516.1	413.2
汇兑支出	207.7	89.6	98.2	99.1	93.8
有价证券支出	72.5	47.6	70.8	49.9	29.2
其他支出	2 022.5	2 461.3	2 726.7	2 528.8	2 319.4

20—6 金融机构现金投放回笼差额

单位:亿元

年份	现金收入	现金支出	投放(+) 回笼(-)
1978	78.6	82.7	4.0
1980	124.3	131.0	6.7
1985	308.5	324.0	15.5
1986	390.7	406.1	15.4
1987	511.9	530.5	18.6
1988	760.4	825.8	65.4
1989	905.4	937.1	31.7
1990	972.8	1 027.3	54.5
1991	1 174.3	1 241.5	67.2
1992	1 671.6	1 770.8	99.2
1993	2 541.2	2 692.7	151.5
1994	3 333.6	3 477.7	144.1
1995	4 385.6	4 439.9	54.3
1996	5 274.4	5 292.2	17.8
1997	7 116.1	7 116.9	0.8
1998	10 171.1	10 170.2	-0.9
1999	12 223.3	12 256.7	33.4
2000	14 891.5	14 891.6	0.1
2001	16 843.3	16 811.6	-31.7
2002	18 631.6	18 631.4	-0.2
2003	21 649.9	21 706.7	-2.7
2004	27 201.7	27 191.5	-10.2
2005	29 915.5	29 943.6	28.1
2006	34 892.7	34 926.2	33.5
2007	42 001.7	42 064.0	62.4
2008	39 885.5	40 025.4	139.9
2009	41 432.1	41 542.8	110.7

20—7 全省城乡储蓄存款年末余额

单位:万元

年份	总计	定期	活期	人均年末储蓄余额（元）
1980	245 865			71
1985	1 009 775			274
1986	1 408 872			378
1987	1 977 449			523
1988	2 565 080			671
1989	3 452 835			891
1990	4 631 835			1 182
1991	5 912 030			1 501
1992	7 287 623			1 841
1993	8 999 197			2 259
1994	12 183 191			3 040
1995	16 598 143			4 115
1996	22 910 247			5 647
1997	27 274 384	22 974 919	4 299 465	6 690
1998	31 899 065	26 870 855	5 028 210	7 799
1999	35 457 579	28 999 085	6 458 494	8 641
2000	37 795 571	29 534 329	8 261 242	9 140
2001	41 310 225	31 388 192	9 922 033	9 961
2002	46 650 485	34 545 038	12 105 446	11 226
2003	54 347 393	39 720 971	14 626 422	12 909
2004	60 485 185	43 894 320	16 590 865	14 495
2005	69 502 369	50 530 553	18 971 815	16 591
2006	77 011 856	54 705 872	22 305 985	18 291
2007	80 630 420	55 456 666	25 173 754	18 760
2008	101 273 078	73 775 596	27 497 482	23 516
2009	120 309 352	84 575 161	35 734 190	27 869

主要统计指标解释

信贷资金 国家银行用于发放贷款的资金叫信贷资金。中国人民银行信贷资金的来源有各项存款、对国际金融机构负债、流通中货币、银行自有资金及当年结益等。信贷资金的运用有各项贷款、黄金占款、外汇占款、财政借款及在国际金融机构中的资产等。

存款 企业、机关、团体或居民根据可以收回的原则,把货币资金存入银行或其他信用机构保管并取得一定利息的一种信用活动形式。根据存款对象的不同可划分为企业存款、财政存款、机关团体存款、基本建设存款、城镇储蓄存款、农村存款等科目。它是银行信贷资金的主要来源。

贷款 银行或其他信用机构根据必须归还的原则,按一定利率,为企业、个人等提供资金的一种信用活动形式。我国银行贷款,分流动资金贷款、固定资产贷款、城乡个体工商户贷款以及农户贷款等科目。

第二十一篇

教育、科技

21

JIAOYU
KEJI

21—1 教育事业基本情况

指标	2005年	2006年	2007年	2008年	2009年
学校数(所)	**12 222**	**11 305**	**10 450**	**9 630**	**8 747**
普通高等学校	75	77	78	83	107
中等学校	2 836	2 794	2 702	2 650	2 603
#专业学校	101	103	103	98	97
普通中学	2 274	2 237	2 181	2 142	2 112
小学	9 311	8 434	7 670	6 987	6 037
专任教师(人)	**382 111**	**376 847**	**379 535**	**379 662**	**236 974**
普通高等学校	43 960	46 816	50 344	53 495	55 835
中等学校	174 562	174 183	175 498	175 128	176 546
#专业学校	7 361	7 889	7 944	7 898	8 549
普通中学	144 647	143 219	143 532	143 922	145 118
小学	163 589	155 848	153 693	151 039	149 711
招生数(人)	**1 554 585**	**1 588 265**	**1 552 549**	**155 963**	**1 449 068**
普通高等学校	210 495	220 608	234 466	252 385	245 312
中等学校	964 149	978 997	922 975	910 381	866 573
#专业学校	76 976	64 705	61 520	61 537	59 245
普通中学	761 646	763 321	711 588	702 791	676 153
小学	379 941	388 660	395 108	393 197	337 183
在校学生(人)	**6 161 325**	**6 103 089**	**6 007 721**	**5 921 657**	**5 739 346**
普通高等学校	659 351	720 548	777 758	820 374	852 354
中等学校	2 835 819	2 835 730	2 777 365	2 733 933	2 631 015
#专业学校	201 740	191 758	184 883	182 035	175 255
普通中学	2 314 498	2 268 575	2 220 860	2 161 725	2 077 827
小学	2 666 155	2 546 811	2 452 598	2 367 350	2 255 977
毕业生数(人)	**1 547 257**	**1 586 579**	**1 532 549**	**1 544 103**	**1 542 591**
普通高等学校	144 984	154 970	169 576	202 312	206 211
中等学校	903 204	924 820	882 406	882 423	907 838
#专业学校	53 096	55 231	61 685	56 394	63 664
普通中学	757 448	766 410	717 773	720 992	724 286
小学	499 069	506 789	480 567	459 368	428 542
每一教师负担学校数(人)					
普通高等学校	15.0	15.4	15.4	15.3	15.3
中等学校	16.2	16.3	15.8	15.6	15.2
小学	16.3	16.3	16.0	15.7	15.1

21—2 各级各类学校情况

年份	普通高等学校	中等专业学校	#中等师范学校	普通中学	农业中学职业中学	小学	幼儿园	盲、聋哑学校
一、学校数(所)								
1980	41	111	21	2 696	402	15 945	3 688	34
1985	62	149	28	2 511	775	15 904	7 424	36
1986	64	160	31	2 507	750	15 762	7 177	35
1987	64	163	31	2 517	734	15 729	6 672	38
1988	63	169	32	2 509	681	15 732	11 416	46
1989	63	167	31	2 499	653	15 679	8 633	48
1990	63	166	31	2 489	618	15 630	9 714	51
1991	62	167	31	2 478	613	15 540	9 300	53
1992	61	165	30	2 457	598	15 230	9 372	52
1993	61	166	30	2 433	608	14 805	12 536	53
1994	61	165	30	2 448	606	14 655	10 923	52
1995	61	171	30	2 459	594	14 594	11 220	50
1996	61	173	29	2 447	561	14 464	9 945	51
1997	62	174	30	2 434	537	14 386	10 176	53
1998	61	170	26	2 444	523	14 084	9 899	52
1999	64	151	12	2 429	450	13 748	9 935	52
2000	58	133	9	2 401	383	13 356	9 990	50
2001	61	119	5	2 376	333	12 739	6 913	73
2002	66	137	5	2 362	340	12 161	6 639	75
2003	69	130	5	2 341	298	11 339	7 033	75
2004	70	127	4	2 317	309	10 281	6 891	75
2005	75	125	4	2 274	285	9 311	7 069	74
2006	77	127	4	2 237	274	8 434	7 071	74
2007	78	133	4	2 181	252	7 670	7 229	75
2008	83	128	4	2 142	237	6 987	7 492	75
2009	107	125	4	2 112	224	6 037	7 374	75
二、教职工数(人)								
1980	35 996	15 290	2 457	190 400	2 761	204 586	28 528	896
1985	51 718	20 282	3 622	168 036	16 390	230 139	59 594	1 102
1986	52 404	22 437	4 052	170 815	18 218	233 434	64 637	1 169
1987	54 572	23 448	4 577	176 662	20 075	235 433	69 138	1 208
1988	56 047	24 981	4 656	181 151	20 998	241 978	88 908	1 364
1989	58 438	24 885	4 926	182 481	20 918	246 153	81 554	1 431
1990	57 825	25 143	5 049	184 851	20 920	249 322	77 645	1 551
1991	58 277	24 832	4 869	187 373	21 253	248 415	78 709	1 686
1992	59 008	25 295	4 904	189 663	20 774	248 454	82 566	1 775
1993	59 138	25 492	4 973	186 545	21 518	239 700	83 082	1 876
1994	58 687	25 429	5 029	184 758	21 266	237 673	71 633	2 056
1995	58 455	25 757	5 044	189 553	22 979	237 981	69 346	1 847

21－2 续表 1

年　　份	普通高等学　　校	中等专业学　　校	#中等师范学校	普通中学	农业中学职业中学	小　　学	幼 儿 园	盲、聋哑学　　校
1996	57 727	25 935	4 785	189 329	21 597	235 189	64 877	1 907
1997	57 359	25 368	4 424	188 057	22 068	233 770	62 089	1 882
1998	58 078	24 387	3 681	175 632	20 291	224 535	56 463	2 012
1999	59 590	22 602	1 984	175 820	19 443	222 460	54 582	1 891
2000	61 707	18 651	1 457	175 455	17 858	216 677	52 422	1 911
2001	65 237	16 211	719	178 162	16 974	211 684	39 271	2 375
2002	69 667	16 560	622	177 547	17 104	205 229	39 592	2 457
2003	75 632	15 615	627	179 521	20 123	199 829	42 852	2 474
2004	79 093	15 062	423	180 225	20 480	194 973	45 983	2 563
2005	82 816	15 052	422	180 016	20 833	190 548	48 558	2 565
2006	84 535	15 658	639	177 916	20 683	180 474	50 258	2 589
2007	87 215	16 789	536	177 652	18 464	176 929	52 539	2 598
2008	89 848	16 437	541	178 899	17 746	173 159	56 110	2 646
2009	91 974	16 935	535	180 483	16 740	170 584	59 595	2 658
三、教 师 数（人）								
1980	12 832	5 972	1 151	142 725	2 010	171 507	15 421	564
1985	19 046	8 658	1 834	114 708	10 218	191 669	32 490	717
1986	21 196	9 586	2 060	117 852	11 417	195 086	33 925	742
1987	21 963	10 114	2 264	123 376	12 645	197 593	34 294	790
1988	22 640	11 466	2 495	129 309	13 195	206 399	37 070	884
1989	23 933	11 587	2 545	130 884	13 091	209 873	44 427	964
1990	23 292	11 633	2 665	132 769	13 067	212 196	42 776	1 061
1991	23 384	11 703	2 642	135 487	13 464	211 353	43 835	1 152
1992	23 503	11 856	2 686	137 044	13 045	210 141	49 473	1 257
1993	23 575	12 003	2 661	135 397	13 336	201 664	48 909	1 254
1994	23 530	12 129	2 735	135 499	13 429	202 349	43 828	1 378
1995	23 400	12 378	2 730	137 185	13 765	198 815	44 598	1 326
1996	23 079	12 502	2 592	139 660	13 561	198 408	43 103	1 369
1997	23 109	12 435	2 367	140 643	13 915	197 347	42 274	1 334
1998	23 394	12 282	2 059	138 546	13 983	192 539	38 981	1 398
1999	25 179	11 286	1 103	139 497	13 691	191 011	37 881	1 357
2000	27 508	9 285	795	139 731	12 517	185 884	36 383	1 399
2001	30 364	8 441	391	142 503	11 875	181 444	22 801	1 743
2002	33 819	8 742	337	142 232	11 798	175 549	23 521	1 829
2003	38 086	8 521	349	144 016	13 453	170 947	24 946	1 854
2004	40 697	8 472	257	144 608	13 718	167 203	26 937	1 927
2005	43 960	8 728	259	144 647	14 031	163 589	28 594	1 903
2006	46 816	9 230	401	143 219	13 932	155 848	29 818	1 948
2007	50 344	10 492	354	143 532	12 432	153 693	31 217	2 012
2008	53 495	10 407	360	143 922	12 057	151 039	33 604	2 064
2009	55 835	10 916	359	145 118	11 279	149 711	35 901	2 095

21 -2 续表 2

年份	普通高等学校	中等专业学校	#中等师范学校	普通中学	农业中学职业中学	小学	幼儿园	盲、聋哑学校
四、在校学生数(人)								
1980	62 514	47 060	11 601	2 632 189	65 142	4 423 867	429 056	3 564
1985	95 161	70 371	20 350	1 868 360	147 212	4 223 416	929 591	3 365
1986	107 434	81 860	26 526	2 014 999	149 910	4 189 324	928 257	3 446
1987	112 652	89 384	30 526	2 048 761	137 783	4 107 393	937 057	3 617
1988	120 510	97 540	31 018	1 962 214	146 140	4 082 650	1 270 266	3 958
1989	122 543	102 879	28 894	1 830 394	147 422	4 126 831	976 651	4 065
1990	123 314	103 902	28 442	1 810 876	149 780	4 073 374	936 852	4 468
1991	124 777	104 269	28 888	1 887 654	151 572	3 915 360	1 037 576	4 769
1992	134 671	110 011	29 447	1 969 532	155 112	3 736 363	1 134 184	5 089
1993	155 554	124 707	32 019	1 911 632	155 231	3 686 796	1 257 278	5 100
1994	171 284	133 067	33 162	1 922 132	167 876	3 750 611	1 090 474	5 186
1995	179 412	140 870	32 182	2 008 338	182 984	3 751 941	1 021 123	5 050
1996	182 684	143 911	27 537	2 029 776	185 244	3 790 718	936 111	4 815
1997	188 159	149 730	24 426	1 950 241	195 742	3 886 760	879 987	4 870
1998	199 223	155 459	23 723	1 884 915	207 315	3 829 655	853 886	4 882
1999	235 819	156 847	18 872	1 961 673	194 860	3 666 131	838 133	4 837
2000	297 710	148 905	16 845	2 167 017	170 517	3 444 172	835 542	4 933
2001	372 336	143 044	7 949	2 323 395	154 398	3 230 517	726 634	8 590
2002	450 536	151 810	2 857	2 398 928	164 241	3 061 398	667 930	8 926
2003	514 191	173 347	4 006	2 410 745	186 817	2 891 925	675 118	8 429
2004	583 465	208 597	4 233	2 360 549	197 555	2 794 330	673 088	8 539
2005	659 351	220 233	4 438	2 314 498	201 774	2 666 155	685 587	8 296
2006	720 548	209 940	4 596	2 268 575	218 446	2 546 811	715 301	8 300
2007	777 758	202 506	3 921	2 220 860	227 583	2 452 598	725 300	8 742
2008	820 374	206 802	3 464	2 161 725	230 088	2 367 350	740 804	8 972
2009	852 354	204 307	3 178	2 077 827	216 180	2 255 977	779 370	8 776
五、招生数(人)								
1980	15 949	18 092	5 572	1 025 557	60 799	875 860		717
1985	34 076	29 545	7 929	715 460	80 307	717 494		772
1986	32 827	33 191	11 544	715 455	69 237	748 948		690
1987	34 756	34 311	10 929	683 593	57 539	669 707		757
1988	38 398	36 156	10 388	657 379	59 625	674 101		1 012
1989	35 149	31 655	8 539	610 627	59 407	710 199		635
1990	35 102	30 047	8 911	629 468	55 550	596 030		975
1991	36 094	33 803	9 101	696 406	58 782	523 096	498 215	836
1992	45 129	39 517	10 232	721 178	60 251	559 753	596 844	768
1993	55 071	44 226	10 398	653 170	60 781	652 210	689 042	705
1994	52 183	43 849	9 637	690 513	68 753	750 424		750
1995	53 310	43 821	7 957	756 666	67 881	703 538	607 336	715

21－2 续表3

年份	普通高等学校	中等专业学校	#中等师范学校	普通中学	农业中学职业中学	小学	幼儿园	盲、聋哑学校
1996	55 048	41 930	6 385	660 620	61 469	643 884	564 749	766
1997	56 373	47 282	7 732	600 728	74 485	611 404	527 969	721
1998	60 302	45 681	7 290	668 295	75 897	512 002	502 367	693
1999	87 851	42 839	3 523	755 550	56 341	503 795	481 840	609
2000	110 211	30 399	3 743	830 026	50 470	508 907	483 092	576
2001	127 577	37 222	2 303	817 663	52 691	484 661	440 299	913
2002	151 116	56 814	1 376	812 406	63 208	463 091	394 029	1 082
2003	163 802	73 948	1 708	820 180	72 508	432 650	376 388	803
2004	184 473	78 223	1 582	766 071	66 032	416 143	358 325	738
2005	210 495	83 121	1 446	761 646	73 151	379 941	344 990	698
2006	220 608	70 802	1 341	763 321	94 223	388 660	344 455	753
2007	234 466	67 808	1 152	711 588	88 520	395 108	339 963	986
2008	252 385	74 434	1 049	702 791	78 835	393 197	333 416	746
2009	245 312	72 651	1 073	676 153	72 557	337 183	340 807	846
六、毕业生数(人)								
1980	11 068	11 347	5 039	1 289 581	578	799 087		512
1985	17 495	20 226	6 318	502 101	27 994	689 598		517
1986	20 583	22 752	6 138	494 658	43 709	704 016		459
1987	29 394	26 932	7 019	522 777	54 614	680 861		405
1988	31 552	28 004	9 724	587 835	42 195	637 753		471
1989	32 708	26 326	10 882	572 508	47 204	593 257		429
1990	33 768	29 716	9 400	550 359	45 627	591 654		377
1991	33 530	33 223	8 484	538 346	49 550	660 343	415 665	419
1992	35 208	33 377	9 564	540 132	50 882	685 996	516 460	439
1993	33 615	30 449	7 821	542 163	50 122	630 759	650 232	330
1994	35 923	30 362	8 588	575 786	49 965	636 786		478
1995	44 072	33 966	9 304	601 421	51 246	672 482		522
1996	51 068	37 503	11 093	573 876	57 709	576 164		543
1997	49 591	40 340	10 497	626 046	63 502	500 252		513
1998	47 557	37 850	7 721	686 541	66 788	555 892		527
1999	49 964	40 100	7 158	618 065	60 060	644 042		551
2000	49 834	35 843	5 921	551 157	70 175	722 325		467
2001	60 271	42 499	4 825	581 476	66 852	679 852	379 010	883
2002	72 791	42 856	559	666 377	53 324	622 536	366 891	871
2003	98 908	47 479	1 964	740 994	48 605	595 278	350 428	790
2004	115 889	39 344	715	752 884	50 831	511 757	324 423	878
2005	144 984	58 457	1 045	757 448	61 219	499 069	299 493	971
2006	154 970	60 828	1 451	766 410	62 835	506 789	307 386	853
2007	169 576	67 809	1 739	717 773	60 167	480 567	308 819	799
2008	202 312	61 674	1 175	720 992	63 311	459 368	306 091	770
2009	206 211	68 063	995	724 286	72 545	428 542	270 357	889

21—3 研 究 生 数

单位:人

年 份	招生数	在校学生数			毕业生数		
		小 计	攻 读 硕士学位	攻 读 博士学位	小 计	攻 读 硕士学位	攻 读 博士学位
1980	143	709					
1985	2 091	3 687	3 170	155	584	578	6
1986	1 989	5 009	4 146	208	670	639	13
1987	1 771	5 570	4 857	317	1 193	838	17
1988	1 575	5 160	4 668	379	1 929	1 604	24
1989	1 322	4 637	4 180	417	1 763	1 599	86
1990	1 404	4 343	3 858	462	1 677	1 558	84
1991	1 320	4 144	3 581	563	1 500	1 401	75
1992	1 415	4 290	3 671	619	1 245	1 159	85
1993	2 016	4 955	4 185	770	1 307	1 222	85
1994	2 602	6 274	5 298	976	1 273	1 138	135
1995	2 367	7 236	5 972	1 264	1 425	1 272	153
1996	2 647	7 787	6 313	1 474	1 962	1 753	209
1997	2 978	8 304	6 621	1 683	2 316	2 106	210
1998	3 197	9 164	7 292	1 872	2 126	1 852	274
1999	4 005	10 574	8 203	2 371	2 426	2 101	325
2000	5 804	13 655	10 726	2 929	2 910	2 532	378
2001	7 898	18 446	14 637	3 809	2 971	2 589	382
2002	9 569	23 949	19 131	4 818	3 674	3 135	539
2003	13 242	31 796	25 694	6 102	5 027	4 395	632
2004	16 254	40 678	33 392	7 286	6 726	5 914	812
2005	18 901	49 772	41 340	8 432	9 342	8 315	1 027
2006	20 998	58 424	49 283	9 141	11 516	10 249	1 267
2007	22 407	65 025	55 403	9 622	15 177	13 530	1 647
2008	24 490	67 806	57 622	10 184	21 010	19 446	1 564
2009	27 104	73 997	63 345	10 652	20 160	18 432	1 728

21—4 分学科研究生情况

（2009 年）　　　　单位：人

项目	招生数	博士	硕士	在校学生数	博士	硕士	毕业生数	博士	硕士
总计	**27 859**	**2 712**	**25 147**	**76 239**	**11 795**	**64 444**	**20 742**	**2 049**	**18 693**
哲学	278	24	254	722	112	610	153	7	146
经济学	1 289	158	1 131	3 755	669	3 086	1 099	169	930
法学	1 214	80	1 134	3 250	259	2 991	715	10	705
教育学	731	19	712	2 492	45	2 447	730	5	725
文学	2 085	11	2 074	5 386	34	5 352	1 250	11	1 239
历史学	176		176	506		506	153		153
理学	2 354	308	2 046	6 392	1 126	5 266	1 519	248	1 271
工学	9 839	1 286	8 553	28 338	6 227	22 111	8 580	969	7 611
农学	501	82	419	1 932	367	1 565	684	82	602
医学	2 490	433	2 057	7 062	1 503	5 559	1 901	375	1 526
军事学	1		1	4		4			
管理学	2 491	283	2 208	7 638	1 395	6 243	2 096	157	1 939
普通高校	**27 104**	**2 394**	**24 710**	**73 997**	**10 652**	**63 345**	**20 160**	**1 728**	**18 432**
哲学	278	24	254	722	112	610	153	7	146
经济学	1 289	158	1 131	3 755	669	3 086	1 099	169	930
法学	1 204	80	1 124	3 221	259	2 962	705	10	695
教育学	731	19	712	2 492	45	2 447	730	5	725
文学	2 085	11	2 074	5 386	34	5 352	1 250	11	1 239
历史学	176		176	506		506	153		153
理学	2 144	200	1 944	5 729	714	5 015	1 348	117	1 231
工学	9 334	1 082	8 252	26 843	5 514	21 329	8 192	784	7 408
农学	486	76	410	1 892	349	1 543	671	77	594
医学	2 490	433	2 057	7 062	1 503	5 559	1 901	375	1 526
军事学	1		1	4		4			
管理学	2 491	283	2 208	7 638	1 395	6 243	2 096	157	1 939
科研院所	**755**	**318**	**437**	**2 242**	**1 143**	**1 099**	**582**	**321**	**261**
哲学									
经济学									
法学	10		10	29		29	10		10
教育学									
文学									
历史学									
理学	210	108	102	663	412	251	171	131	40
工学	505	204	301	1 495	713	782	388	185	203
农学	15	6	9	40	18	22	13	5	8
医学									
军事学									
管理学									

21—5 各类高等学校基本情况

(2009 年)

单位:人

项　　目	学校数（所）	招生数	在校学生数	毕业生数	教职工数	#专任教师
总　计	**107**	**245 312**	**852 467**	**206 211**	**91 974**	**55 835**
综合大学	13	39 883	137 456	37 823	14 609	8 738
理工院校	44	107 987	382 574	87 266	40 497	24 200
农林院校	6	13 945	43 829	10 584	4 260	2 503
医药院校	11	16 639	63 582	12 787	8 516	5 136
师范院校	8	19 900	69 546	19 438	8 470	5 397
语文院校	2	4 175	15 504	3 752	1 325	968
财经院校	12	22 224	70 933	17 479	7 575	4 420
政法院校	2	3 147	11 374	3 749	1 299	704
体育院校	2	1 981	7 629	1 835	860	528
艺术院校	6	10 193	32 997	7 115	3 581	2 569
民族院校	1	3 809	13 089	2 440	982	672
短期职业大学						

21—6 普通高等学校(机构)学生数

(2009 年)

单位:人

项　　目	招生数	在校学生数	毕(结)业生数	授予学位数
研究生数	27 859	76 239	20 742	20 651
博　士	2 712	11 795	2 049	1 902
硕　士	25 147	64 444	18 693	18 749
普通本科、专科生	245 312	852 467	206 211	122 321
本　科	151 604	582 354	125 788	122 321
专　科	93 708	270 113	80 423	
成人本科、专科生	82 474	218 711	92 702	4 179
本　科	31 678	88 753	43 375	4 179
专　科	50 796	129 958	49 327	
网络本科、专科生	47 736	119 044	27 727	3 257
本　科	24 184	63 302	15 083	3 257
专　科	23 552	55 742	12 644	
在职人员攻读博士、硕士学位	4 999	16 232		5 987
学历文凭考试	10 517	26 907	6 496	
电大注册视听生		2 964	1 389	
自考助学班		509		
研究生课程进修班		2 599	118 746	
普通预科生	2 425	4 935	1 376	346
进修及培训				
留学生				

21—7 普通本、专科分学科学生数

(2009年)

单位:人

项目	招生数	本科	专科	在校学生数	本科	专科	毕业生数	本科	专科
总计	**245 312**	**151 604**	**93 708**	**852 467**	**582 354**	**270 113**	**206 211**	**125 788**	**80 423**
#师范	10 722	4 947	5 775	38 423	22 692	15 731	13 372	6 760	6 612
哲学	46	46		217	217		29	29	
经济学	9 769	7 034	2 735	36 600	28 733	7 867	8 750	6 657	2 093
法学	5 711	4 108	1 603	22 303	16 472	5 831	7 041	4 487	2 554
教育学	11 500	4 009	7 491	35 927	15 650	20 277	11 982	3 708	8 274
文学	39 623	29 511	10 112	141 617	109 635	31 982	32 971	23 048	9 923
历史学	306	306		1 240	1 240		263	263	
理学	9 723	9 723		37 948	37 948		8 731	8 731	
工学	104 348	60 156	44 192	357 427	230 753	126 674	85 892	49 722	36 170
农学	4 689	1 591	3 098	14 799	6 302	8 497	4 624	1 638	2 986
医学	14 763	10 397	4 366	56 943	44 351	12 592	11 437	7 853	3 584
军事学									
管理学	44 834	24 723	20 111	147 446	91 053	56 393	34 491	19 652	14 839

21—8 成人本、专科分学科学生数

（2009 年）

单位：人

项目	招生数	本科	专科	在校学生数	本科	专科	毕业生数	本科	专科
总计	**82 474**	**31 678**	**50 796**	**218 711**	**88 753**	**129 958**	**92 702**	**43 375**	**49 327**
成人高等学校办	**12 935**	**924**	**12 011**	**31 267**	**3 224**	**28 043**	**13 620**	**972**	**12 648**
#师范	803	498	305	3 096	2 152	944	956	400	556
哲学									
经济学	1 498		1 498	3 059		3 059	1 745		1 745
法学	223	189	34	586	501	85	293	293	
教育学	639	297	342	2 357	1 293	1 064	798	228	570
文学	1 055	201	854	2 409	859	1 550	648	168	480
历史学									
理学									
工学	6 213	237	5 976	15 427	571	14 856	6 717	279	6 438
农学	17		17	72		72	16		16
医学	786		786	2 076		2 076	525		525
军事学									
管理学	2 504		2 504	5 281		5 281	2 878	4	2 874
普通高等学校办	**69 539**	**30 754**	**38 785**	**187 444**	**85 529**	**101 915**	**79 082**	**42 403**	**36 679**
#师范	4 780	3 314	1 466	12 636	9 259	3 377	10 867	9 041	1 826
哲学									
经济学	1 762	654	1 108	5 286	1 765	3 521	2 631	658	1 973
法学	1 957	1 888	69	6 962	6 748	214	5 072	4 764	308
教育学	3 991	1 984	2 007	11 726	6 758	4 968	7 483	4 239	3 244
文学	7 428	3 814	3 614	20 656	12 905	7 751	11 486	8 752	2 734
历史学	42	42		147	147		198	198	
理学	623	301	322	1 831	1 090	741	1 515	1 285	230
工学	29 045	10 359	18 686	75 516	24 853	50 663	20 487	9 379	11 108
农学	1 186	386	800	3 678	1 696	1 982	1 390	728	662
医学	9 028	4 909	4 119	26 114	14 300	11 814	10 542	5 291	5 251
军事学									
管理学	14 477	6 417	8 060	35 528	15 267	20 261	18 278	7 109	11 169

21—9 网络本、专科分学科学生数

（2009 年）　　　　单位:人

项目	招生数	本科	专科	在校学生数	本科	专科	毕业生数	本科	专科
总计	**47 736**	**24 184**	**23 552**	**119 044**	**63 302**	**55 742**	**27 727**	**15 083**	**12 644**
#师范	19 724	9 818	9 906	59 120	30 832	28 288	17 671	8 846	8 825
哲学									
经济学	2 109	1 198	911	4 966	2 838	2 128	785	360	425
法学	2 295	1 552	743	8 003	5 216	2 787	2 561	1 581	980
教育学									
文学	40	23	17	227	158	69	197	181	16
历史学									
理学	138	138		138	138				
工学	13 647	5 410	8 237	28 328	11 889	16 439	4 446	2 227	2 219
农学									
医学	10 864	7 494	3 370	21 744	15 781	5 963	2 169	1 490	679
军事学									
管理学	18 643	8 369	10 274	55 638	27 282	28 356	17 569	9 244	8 325

21—10 各类中等职业学校(机构)基本情况

(2009 年)

单位:人

项目	学校数(所)	毕业生数	招生数	在校学生数	教职工数	#专任教师
合计	**491**	**183 552**	**190 420**	**553 188**	**45 465**	**31 428**
1.调整后中职	28	5 574	14 455	32 516	4 011	2 727
2.普通中等专业学校	93	62 489	58 196	171 791	12 924	8 189
#中等师范学校	4	1 175	1 049	3 464	541	360
3.成人中专	1	6 695	9 315	23 425	637	408
4.职业高中	224	72 545	72 557	216 180	16 740	11 279
5.技工学校	145	36 249	35 897	109 276	11 153	8 825

21—11 中等职业学校(机构)学生分科类情况

(2009 年)

单位:人

项目	招生数	#初中毕业生	#应届毕业生	在校学生数	毕业生数	#获得职业资格证书
总计	**154 523**	**140 806**	**127 970**	**443 912**	**147 303**	**71 731**
农林类	16 833	15 433	12 292	32 204	9 826	3 699
资源与环境类	1 248	1 149	810	2 941	1 029	215
能源类	325	315	267	2 229	1 705	251
土木水利工程类	5 746	5 004	4 708	11 020	3 338	1 849
加工制造类	31 723	30 170	28 287	106 725	38 377	23 322
交通运输类	11 369	9 090	8 144	30 628	10 530	5 831
信息技术类	21 175	19 785	17 930	67 213	22 723	12 128
医药卫生类	15 228	13 819	12 741	44 289	12 807	3 350
商贸与旅游类	19 337	17 330	15 885	54 062	19 520	9 894
财经类	5 106	4 753	4 203	14 905	4 966	3 182
文化艺术与体育类	12 135	10 766	10 074	36 543	9 769	3 076
社会公共事物类	1 975	1 713	1 568	5 542	2 931	1 242
师范类	10 784	9 971	9 681	28 260	8 488	2 939
其他	1 539	1 508	1 380	7 351	1 294	753

21—12　普通高中学校和学生情况

(2009 年)　　单位:人

项　目	学校数(所)	高级中学	完全中学	招生数	在校学生数	毕业生数
总　计	**2 112**	**337**	**89**	**248 271**	**718 333**	**248 791**
教育部门和集体办	1 980	283	58	220 501	644 178	224 859
社会力量办	120	52	31	26 921	71 174	22 847
其他部门办	12	2		849	2 981	1 085
城　市	803	234	71	168 737	488 195	167 812
教育部门和集体办	691	185	44	143 882	421 976	146 617
社会力量办	103	47	27	24 006	63 238	20 110
其他部门办	9	2		849	2 981	1 085
县　镇	208	73	11	64 054	185 355	64 896
教育部门和集体办	194	69	8	61 738	178 818	62 707
社会力量办	14	4	3	2 316	6 537	2 189
其他部门办						
农　村	1 101	30	7	15 480	44 783	16 083
教育部门和集体办	1 095	29	6	14 881	43 384	15 535
社会力量办	3	1	1	599	1 399	548
其他部门办	3					

21—13　普通初中学校和学生情况

(2009 年)　　单位:人

项　目	学校数(所)	初级中学	九年一贯制	招生数	在校学生数	毕业生数
总　计	**1 686**	**1 070**	**616**	**427 882**	**1 359 494**	**475 495**
教育部门和集体办	1 639	1 048	591	410 010	1 309 403	460 837
社会力量办	37	17	20	16 992	47 366	13 804
其他部门办	10	5	5	880	2 725	854
城　市	498	413	85	170 362	538 588	186 081
教育部门和集体办	462	395	67	156 707	500 043	173 999
社会力量办	29	15	14	13 226	37 303	11 704
其他部门办	7	3	4	429	1 242	378
县　镇	124	89	35	47 509	148 520	50 937
教育部门和集体办	117	87	30	43 931	138 937	48 973
社会力量办	7	2	5	3 578	9 583	1 964
其他部门办						
农　村	1 064	568	496	210 011	672 386	238 477
教育部门和集体办	1 060	566	494	209 372	670 423	237 865
社会力量办	1		1	188	480	136
其他部门办	3	2	1	451	1 483	476

21—14 普通小学学校和学生情况

(2009 年) 单位:人

项目	学校数(所)	招生数	在校学生数	毕业生数
总计	**6 037**	**337 183**	**2 255 977**	**428 542**
教育部门和集体办	6 009	333 096	2 228 859	423 744
社会力量办	24	3 757	24 837	4 337
其他部门办	4	330	2 281	461
城市	961	118 892	851 667	159 586
教育部门和集体办	944	116 406	833 629	156 266
社会力量办	16	2 291	16 466	2 971
其他部门办	1	195	1 572	349
县镇	180	29 027	189 556	33 150
教育部门和集体办	176	27 712	182 416	31 978
社会力量办	4	1 315	7 140	1 172
其他部门办				
农村	4 896	189 264	1 214 754	235 806
教育部门和集体办	4 889	188 978	1 212 814	235 500
社会力量办	4	151	1 231	194
其他部门办	3	135	709	112

21—15 各级普通学校毕业生升学率和学龄儿童入学率

单位:%

年份	学龄儿童入学率	小学升初中	初中升高级中学
1990	99.4	92.0	34.7
1991	99.0	92.5	37.1
1992	99.0	92.6	38.7
1993	99.0	90.3	39.1
1994	99.1	93.4	40.9
1995	99.4	93.0	41.7
1996	99.3	96.0	41.9
1997	99.4	96.1	44.7
1998	99.4	95.7	48.2
1999	99.3	95.2	50.0
2000	99.3	93.9	57.4
2001	99.7	95.6	57.4
2002	99.4	98.1	66.3
2003	99.7	98.7	68.1
2004	99.7	99.2	74.7
2005	99.7	99.3	82.7
2006	99.8	99.6	85.4
2007	99.9	99.4	94.4
2008	99.9	99.8	97.7
2009	99.9	99.8	97.7

注:初中升高级中学包含升入技工学校。

21—16 教育发展水平

年份	各类学校在校生占全省人口(%)	平均每万人口中有(人)			大中小学生各占学生总数(%)		
		大学生	中学生	小学生	大学生	中学生	小学生
1980	20.7	18.0	778.5	1 276.8	0.9	37.3	61.2
1985	17.4	25.9	549.1	1 150.6	1.5	31.5	65.9
1986	17.6	29.0	584.1	1 130.4	1.6	33.1	64.0
1987	17.2	30.0	582.8	1 094.8	1.7	33.7	63.2
1988	16.8	31.7	554.6	1 074.0	1.9	32.9	63.7
1989	16.3	31.8	513.6	1 071.7	1.9	31.2	65.2
1990	15.6	31.6	464.7	1 045.3	2.0	29.6	66.7
1991	15.7	31.8	519.2	996.8	2.0	33.0	63.3
1992	15.1	34.1	498.8	946.3	2.3	33.1	62.8
1993	14.8	39.2	481.5	928.6	2.6	32.5	62.7
1994	14.9	42.9	481.1	938.8	2.9	32.2	62.7
1995	15.1	44.6	499.5	933.2	3.0	33.0	61.7
1996	15.2	45.2	501.7	937.0	3.0	33.0	61.7
1997	15.2	46.3	479.5	955.7	3.0	31.6	62.9
1998	14.9	48.8	461.6	937.8	3.3	31.0	63.1
1999	14.7	57.6	478.8	894.9	3.9	32.6	60.9
2000	14.7	72.3	526.1	836.1	4.9	35.8	56.8
2001	14.7	89.9	561.0	780.1	6.1	38.3	53.2
2002	14.6	108.5	577.9	737.5	7.4	39.6	50.5
2003	14.4	123.6	579.7	695.4	8.6	40.3	48.4
2004	14.2	140.0	566.5	670.6	9.8	39.8	47.2
2005	14.0	157.7	553.6	637.7	11.3	39.6	45.6
2006	13.6	171.6	540.2	606.4	12.5	39.5	44.3
2007	13.4	184.3	526.1	581.0	13.8	39.4	43.5
2008	13.1	193.5	510.0	558.5	14.8	38.9	42.6
2009	15.8	200.8	588.4	531.3	15.2	44.6	40.2

21—17 各地区普通高等学校基本情况

(2009年)　　单位:人

地区	学校数(所)	招生数	在校学生数	毕业生数	教职工数	#专任教师
总计	**107**	**245 312**	**852 467**	**206 211**	**91 974**	**55 835**
沈阳	39	97 535	341 863	83 692	38 881	22 756
大连	32	66 208	236 784	54 743	26 839	16 595
鞍山	3	9 955	34 969	8 219	3 320	1 971
抚顺	5	10 648	36 576	8 358	3 150	1 871
本溪	1	3 008	10 034	3 014	934	575
丹东	3	7 402	23 631	5 622	2 553	1 491
锦州	9	20 958	76 522	17 626	6 643	4 479
营口	2	3 706	10 643	3 225	1 132	687
阜新	2	9 216	31 517	7 235	3 005	1 986
辽阳	4	6 502	18 918	5 627	1 500	1 110
盘锦	2	1 638	5 205	1 511	1 130	523
铁岭	2	3 146	8 776	2 075	934	611
朝阳	1	1 189	3 695	1 493	752	474
葫芦岛	2	4 201	13 334	3 771	1 201	706

21—18 各地区中等职业学校基本情况

(2009 年)

单位:人

地 区	学校数(所)	招生数	在校学生数	毕业生数	教职工数	#专任教师
总计	**350**	**154 523**	**443 912**	**147 303**	**34 312**	**22 603**
沈阳	95	37 548	105 374	36 007	9 725	6 202
大连	59	19 602	58 798	22 387	5 124	3 287
鞍山	20	8 593	34 899	12 000	1 942	1 281
抚顺	21	4 965	14 552	6 257	1 906	1 225
本溪	10	7 306	21 058	7 012	1 785	1 264
丹东	21	9 507	23 523	8 322	1 453	1 002
锦州	15	9 351	27 054	8 677	1 595	1 076
营口	17	9 029	26 337	8 139	1 833	1 303
阜新	22	7 860	21 893	6 131	1 841	1 164
辽阳	13	4 598	14 613	6 171	1 032	707
盘锦	6	5 388	14 210	5 156	801	604
铁岭	21	7 435	21 704	6 416	2 018	1 336
朝阳	16	17 901	45 577	9 418	2 079	1 308
葫芦岛	14	5 440	14 320	5 210	1 178	844

21—19 各地区普通高中基本情况

(2009 年)

单位:人

地 区	学校数(所)	招生数	在校学生数	毕业生数	教职工数	#专任教师
总计	**426**	**240 271**	**710 333**	**240 791**	**54 503**	**43 570**
沈阳	93	41 076	121 645	43 911	10 693	8 615
大连	79	37 643	106 296	37 897	8 629	7 067
鞍山	34	18 054	51 446	17 443	3 631	2 837
抚顺	24	11 980	34 966	13 178	2 859	2 224
本溪	18	9 215	26 253	8 604	2 080	1 606
丹东	23	14 684	42 910	15 560	2 843	2 297
锦州	29	16 866	50 575	15 261	3 525	2 669
营口	16	14 301	41 907	16 234	2 852	2 404
阜新	18	11 003	32 380	11 037	1 949	1 444
辽阳	12	10 224	25 864	9 453	2 049	1 680
盘锦	12	10 144	28 048	8 285	2 121	1 567
铁岭	20	14 687	42 145	14 050	2 890	2 267
朝阳	27	23 282	69 191	22 871	5 387	4 470
葫芦岛	21	15 112	44 707	15 007	3 075	2 423

21—20 各地区普通初中基本情况

（2009 年） 单位：人

地 区	学校数（所）	招生数	在校学生数	毕业生数	教职工数	#专任教师
总 计	**1 686**	**427 882**	**1 359 494**	**462 346**	**125 900**	**101 548**
沈 阳	236	61 281	194 629	68 372	19 263	15 328
大 连	200	58 773	182 410	62 436	15 985	13 591
鞍 山	132	35 711	116 598	38 197	11 219	8 968
抚 顺	106	18 608	60 395	20 770	6 676	5 292
本 溪	54	14 277	46 827	16 953	5 211	3 954
丹 东	105	26 790	80 844	26 537	6 902	5 537
锦 州	130	30 286	98 396	34 307	8 618	6 974
营 口	81	23 141	73 281	24 694	6 251	5 207
阜 新	99	21 083	66 619	21 715	7 077	5 235
辽 阳	71	20 079	61 678	20 266	4 866	3 966
盘 锦	62	15 048	49 633	15 256	5 205	3 539
铁 岭	128	31 318	98 483	33 389	8 897	7 203
朝 阳	163	41 053	132 981	46 321	11 204	9 421
葫 芦 岛	119	30 434	96 720	33 133	8 526	7 333

21—21 各地区普通小学基本情况

（2009 年） 单位：人

地 区	学校数（所）	招生数	在校学生数	毕业生数	教职工数	#专任教师
总 计	**6 037**	**337 183**	**2 255 977**	**428 542**	**170 584**	**149 711**
沈 阳	482	49 807	342 708	61 952	26 513	22 852
大 连	794	40 917	303 167	58 436	20 546	17 581
鞍 山	683	30 846	191 130	36 413	14 960	12 557
抚 顺	215	12 776	88 301	18 611	8 415	7 459
本 溪	69	10 038	67 112	13 802	6 500	5 788
丹 东	474	20 832	131 556	26 791	9 502	8 639
锦 州	468	25 208	164 135	30 306	12 070	10 638
营 口	271	18 416	135 672	23 211	8 786	7 699
阜 新	257	15 813	100 533	21 198	8 863	8 086
辽 阳	307	14 252	103 496	20 088	6 416	5 453
盘 锦	62	11 494	75 564	14 594	5 978	5 467
铁 岭	519	24 461	160 205	31 608	12 336	11 073
朝 阳	748	33 884	217 010	40 925	17 178	15 308
葫 芦 岛	688	28 439	175 388	30 607	12 521	11 111

21—22　各地区特殊教育基本情况

（2009 年）　　　　单位：人

地　　区	学校数（所）	招生数	在校学生数	毕业生数	教职工数	#专任教师
总　　计	**75**	**846**	**8 776**	**889**	**2 658**	**2 095**
沈　　阳	14	177	1 526	182	532	387
大　　连	11	135	1 585	154	429	343
鞍　　山	7	65	755	82	275	203
抚　　顺	3	74	447	76	115	89
本　　溪	2	16	268	21	67	54
丹　　东	6	38	679	37	207	179
锦　　州	7	85	605	75	192	155
营　　口	4	87	958	99	226	201
阜　　新	6	9	315	18	140	93
辽　　阳	3	12	181	9	89	77
盘　　锦	2	12	103	12	39	31
铁　　岭	4	46	475	10	138	118
朝　　阳	3	65	626	51	139	102
葫 芦 岛	3	25	253	63	70	63

21—23　各地区每十万人口各级学校平均在校生数

（2009 年）　　　　单位：人

地　　区	幼儿园	小学	初中阶段	高中阶段	高等学校
总　　计	**1 833**	**5 307**	**3 198**	**3 004**	**3 605**
沈　　阳	1 659	4 793	2 722	2 554	7 178
大　　连	1 977	5 190	3 123	2 468	5 498
鞍　　山	2 047	5 434	3 315	2 675	1818
抚　　顺	1 089	3 961	2 710	2 479	2 593
本　　溪	1 587	4 313	3 009	2 796	1 069
丹　　东	1 732	5 422	3 332	2 636	1 452
锦　　州	2 146	5 292	3 173	2 482	3 755
营　　口	2 101	5 788	3 126	2 512	6 8
阜　　新	1 409	5 225	3 463	3 026	2 945
辽　　阳	2 687	5 642	3 362	2 347	1 717
盘　　锦	2 382	5 831	3 830	3 311	614
铁　　岭	2 111	5 235	3 218	2 215	461
朝　　阳	1429	6 350	3 891	3 523	188
葫 芦 岛	1627	6 234	3 438	2 511	749

21—24 科技活动基本情况

指　　标	单位	2005年	2006年	2007年	2008年	2009年
科技活动人员	**万人**	**18.6**	**18.8**	**19.1**	**20.4**	**23.5**
#科学家和工程师	万人	12.3	12.9	13.6	14.8	
研究与试验发展折合全时人员	**万人年**	**6.7**	**7.0**	**7.8**	**7.9**	**9.2**
#科学家和工程师	万人年	5.6	5.9	6.5	6.8	
科技经费筹集额	**亿元**	**217.0**	**231.1**	**288.5**	**363.4**	
#政府资金	亿元	42.7	48.9	66.4	78.4	
企业资金	亿元	153.3	158.0	203.0	263.3	
金融机构贷款	亿元	7.4	11.6	9.6	9.2	
科技经费内部支出	**亿元**	**204.2**	**224.2**	**289.7**	**346.1**	
#劳务费	亿元	36.2	39.5	51.6	57.0	
固定资产购建费	亿元	43.0	62.8	84.9	96.7	
研究与试验发展经费支出	**亿元**	**125.3**	**136.4**	**166.0**	**194.2**	**241.1**
#基础研究	亿元	3.0	6.2	5.2	5.1	6.2
应用研究	亿元	23.2	20.4	24.7	29.6	25.8
试验发展	亿元	93.1	103.4	127.8	153.0	209.1
研究与试验发展经费支出占生产总值比重	%	**1.57**	**1.47**	**1.51**	**1.44**	**1.6**
技术市场成交额	**亿元**	**86.5**	**80.6**	**94.0**	**99.7**	**119.8**
专利申请受理数	**件**	**15 672**	**17 052**	**19 754**	**20 899**	**25 803**
发　明	件	3 267	4 368	5 516	6 499	7 125
实用新型	件	8 192	8 594	8 012	10 348	12 634
外观设计	件	4 213	4 090	6 226	4 052	6 045
专利申请授权数	**件**	**6 195**	**7 399**	**9 615**	**10 665**	**12 198**
发　明	件	942	1 063	1 220	1 516	1 994
实用新型	件	4 235	5 277	7 035	8 256	8 585
外观设计	件	1 018	1 059	1 360	893	1 620

21—25 科学研究和开发机构基本情况

指　标	单　位	2005年	2006年	2007年	2008年	2009年
科技活动人员	**万　人**	**2.0**	**1.9**	**1.9**	**2.0**	**1.9**
#科学家和工程师	万　人	1.6	1.3	1.5	1.6	
研究与试验发展折合全时人员	**万人年**	**0.55**	**0.55**	**0.54**	**0.59**	**1.09**
#科学家和工程师	万人年	0.49	0.49	0.50	0.55	
#基础研究	万人年	0.05	0.06	0.08	0.06	0.1
应用研究	万人年	0.16	0.15	0.15	0.20	0.36
试验发展	万人年	0.34	0.20	0.31	0.32	0.63
科技经费筹集额	**亿　元**	**26.0**	**29.0**	**36.0**	**41.6**	
#政府资金	亿　元	14.9	16.5	22.6	25.7	
企业资金	亿　元	6.4	8.9	9.1	8.5	
金融机构贷款	亿　元		0.5	0.4		
科技经费内部支出	**亿　元**	**25.9**	**28.4**	**31.3**	**38.1**	
#劳务费	亿　元	6.5	6.9	8.9	9.7	
固定资产购建费	亿　元	5.3	6.1	6.7	8.2	
研究与试验发展经费支出	亿　元	11.2	12.0	13.2	16.9	31.1
#基础研究	亿　元	1.0	1.3	1.6	1.8	2.6
应用研究	亿　元	3.2	4.0	5.1	5.9	12.3
试验发展	亿　元	5.0	3.0	4.7	6.1	16.2

21—26 大中型工业企业科技活动基本情况

指　　标	单　位	2005年	2006年	2007年	2008年	2009年
有科技活动的企业	个	301	294	313	303	
占全部企业的比重	%	29.7	27.1	26.9	22.0	
科技机构数	个	295	303	308	332	399
科技活动人员	万　人	10.0	9.8	10.1	10.5	
#科学家和工程师	万　人	5.6	5.9	6.5	7.1	
研究与试验发展折合全时人员	万人年	3.5	3.4	4.1	4.0	5.2
#科学家和工程师	万人年	2.8	2.7	3.2	3.3	
科技机构科技活动人员	万　人	3.2	3.3	3.7	3.8	4.1
#科学家和工程师	万　人	1.9	2.1	2.4		
科技经费筹集额	亿　元	133.3	137.9	182.0	242.3	
#政府资金	亿　元	5.1	9.8	15.6	20.9	
企业资金	亿　元	119.4	116.5	160.2	213.9	
金融机构贷款	亿　元	4.0	7.3	4.8	6.1	
科技经费内部支出	亿　元	129.7	136.7	192.4	233.2	
#开发新产品经费支出	亿　元	92.7	82.9	102.1	122.6	199.2
科技经费支出占主营业务收入比重	%	1.62	1.41	1.66	1.62	1.35
研究与试验发展经费支出	亿　元	84.3	85.9	109.2	129.0	166.4
技术引进经费支出	亿　元	9.3	19.4	20.6	22.7	27.4
消化吸收经费支出	亿　元	0.8	2.1	2.7	3.2	4.7
购买国内技术支出	亿　元	1.2	2.8	12.2	20.3	18.9

21—27 高等学校科技活动情况

指　　标	单 位	2005年	2006年	2007年	2008年	2009年
科技活动人员	万 人	2.6	2.9	2.9	3.3	5.7
#科学家和工程师	万 人	2.2	2.5	2.5	2.8	
研究与试验发展机构	个	277	320	359	396	
研究与试验发展折合全时人员	万人年	1.3	1.5	1.5	1.6	1.5
#科学家和工程师	万人年	1.3	1.5	1.5	1.6	
#基础研究	万人年	0.40	0.6	0.5	0.6	0.6
应用研究	万人年	0.60	0.7	0.7	0.9	0.8
试验发展	万人年	0.30	0.22	0.2	0.1	0.1
科技经费筹集额	亿 元	21.4	24.0	26.7	31.6	
#政府资金	亿 元	8.0	8.7	10.1	12.8	
企业资金	亿 元	11.6	13.7	15.1	17.3	
金融机构贷款	亿 元					
科技经费内部支出	亿 元	19.1	22.0	23.8	28.0	
#劳务费	亿 元	3.9	4.1	4.4	4.3	
固定资产购建费	亿 元	2.7	3.3	4.0	5.2	
研究与试验发展经费支出	亿 元	12.3	15.6	17.3	21.1	23.6
#基础研究	亿 元	1.4	2.4	3.2	3.1	3.6
应用研究	亿 元	7.1	8.9	10.9	9.9	11.8
试验发展	亿 元	3.7	4.2	3.2	8.1	8.3

主要统计指标解释

普通高等学校 指按照国家规定的设置标准和审批程序批准举办的，通过全国普通高等学校统一招生考试，招收高中毕业生为主要培养对象，实施高等教育的全日制大学、独立设置的学院和高等专科学校、高等职业学校和其他机构。

大学、独立设置的学院主要实施本科层次以上教育，高等专科学校、高等职业学校实施专科层次教育，其他机构是承担国家普通招生计划任务不计校数的机构。包括普通高等学校分校和批准筹建的普通高等学校等。

成人高等学校 指按照国家规定的设置标准和审批程序批准举办的，通过全国成人高等学校统一招生考试，招收具有高中毕业或同等学历的在职从业人员为主要培养对象，利用函授、业余、脱产等多种形式对其实施高等学历教育的学校。包括职工高等学校、农民高等学校、管理干部学院、教育学院、独立函授学院、广播电视大学、其他机构等。其他机构是承担国家成人招生计划任务不计校数的机构。

小学学龄儿童净入学率 指调查范围内已入小学学习的学龄儿童占校内外学龄儿童总数（包括弱智儿童，不包括盲聋哑儿童）的比重。计算公式为：小学学龄儿童净入学率 = 已入学的小学学龄儿童数/校内外小学学龄儿童总数 × 100%

国家财政性教育经费 包括国家财政预算内教育经费，各级政府征收用于教育的税费，企业办学校教育经费，校办产业、勤工俭学和社会服务收入用于教育的经费。

财政预算内教育经费 指中央、地方各级财政或上级主管部门在年度内安排，并计划拨到教育部门和其他部门主办的各级各类学校、教育事业单位，列入国家预算支出科目的教育经费，包括教育事业拨款、科研经费拨款、基建拨款和其他经费拨款。

科技活动 指在自然科学、农业科学、医药科学、工程与技术科学、人文与社会科学领域（简称科学技术领域）中，与科技知识的产生、发展、传播和应用密切相关的有组织的活动。可分为研究与试验发展（R&D）、研究与试验发展成果应用及相关的科技服务三类活动。该定义是联合国教科文组织考虑成员国特别是发展中国家开展科技统计工作的需要，而对科技活动所作的统计界定。

科技活动人员 指直接从事科技活动、以及专门从事科技活动管理和为科技活动提供直接服务，累计的实际工作时间占全年制度工作时间 10% 及以上的人员。（1）直接从事科技活动的人员包括：在独立核算的科学研究与技术开发机构、高等学校、各类企业及其他事业单位内设的研究室、实验室、技术开发中心及中试车间（基地）等机构中从事科技活动的研究人员、工程技术人员、技术工人及其它人员；虽不在上述机构工作，但编入科技活动项目（课题）组的人员；科技信息与文献机构中的专业技术人员；从事论文设计的研究生等。（2）专门从事科技活动管理和为科技活动提供直接服务的人员，包括：独立核算的科学研究与技术开发机构、科技信息与文献机构、高等学校、各类企业及其他事业单位主管科技工作的负责人，专门从事科技活动的计划、行政、人事、财务、物资供应、设备维护、图书资料管理等工作的各类人员，但不包括保卫、医疗保健人员、司机、食堂人员、茶炉工、水暖工、清洁工等为科技活动提供间接服务的人员。该指标用来反映投入科技活动人力的规模。

科学家与工程师 指科技活动人员中具有高、中级技术职称（职务）的人员和不具有高、中级技术职称（职务）的大学本科及以上学历人员。该指标用来反映投入科技活动人力的素质。

研究与试验发展（R&D） 指在科学技术领域，为增加知识总量，以及运用这些知识去创造新的应用进行的系统的创造性的活动，包括基础研究、应用研究、试验发展三类活动。国际上通常采用 R&D 活动的规模和强度指标反映一国的科技实力和核心竞争力。

基础研究 指为了获得关于现象和可观察事实的基本原理的新知识（揭示客观事物的本质、运动规律，获得新发现、新学说）而进行的实验性或理论性研究，它不以任何专门或特定的应用或使用为目的。其成果以科学论文和科学著作为主要形式。用来反映知识的原始创新能力。

应用研究 指为获得新知识而进行的创造性研究，主要针对某一特定的目的或目标。应用研究是为了确定基础研究成果可能的用途，或是为达到预定的目标探索应采取的新方法（原理性）或新途径。其成果形式以科学论文、专著、原理性模型或发明专利为主。用来反映对基础研究成果应用途径的探索。

试验发展 指利用从基础研究、应用研究和实际经验所获得的现有知识，为产生新的产品、材料和装置，建立新的工艺、系统和服务，以及对已产生和建立的上述各项作实质性的改进而进行的系统性工作。其成果形式主要是专利、专有技术、具有新产品基本特征的产品原型或具有新装置基本特征的原始样机等。在社会科学领域，试验发展是指把通过基础研究、应用研究获得的知识转变成可以实施的计划（包括为进行检验和评估实施示范项目）的过程。人文科学领域没有对应的试验发展活动。主要反映将科研成果转化为技术和产品的能力，是科技推动经济社会发展的物化成果。

研究与试验发展人员 指参与研究与试验发展项目研究、管理和辅助工作的人员，包括项目（课题）组人员，企业科技行政管理人员和直接为项目（课题）活动提供服务的辅助人员。反映投入从事拥有自主知识产权的研究开发活动的人力规模。

研究与试验发展人员全时当量 指全时人员数加非全时人员按工作量折算为全时人员数的总和。例如：有两个全时人员和三个非全时人员（工作时间分别为 20%、30% 和 70%），则全时当量为 2 + 0.2 + 0.3 + 0.7 = 3.2 人年。为国际上比较科技人力投入而制定的可比指标。

专业技术人员 指从事专业技术工作和专业技术管理工作的人员,即企事业单位中已经聘任专业技术职务从事专业技术工作和专业技术管理工作的人员,以及未聘任专业技术职务,现在专业技术岗位上工作的人员。包括工程技术人员,农业技术人员,科学研究人员,卫生技术人员,教学人员,经济人员,会计人员,统计人员,翻译人员,图书资料、档案、文博人员,新闻出版人员,律师、公证人员,广播电视播音人员,工艺美术人员,体育人员,艺术人员及企业政治思想工作人员,共十七个专业技术职务类别。用来反映科技人力资源情况。

科技活动经费筹集 指从各种渠道筹集到的计划用于科技活动的经费,包括政府资金、企业资金、事业单位资金、金融机构贷款、国外资金和其他资金等。反映各社会经济主体对促进科技进步所做的努力。

政府资金 指从各级政府部门获得的计划用于科技活动的经费,包括科学事业费、科技三项费、科研基建费、科学基金、教育等部门事业费中计划用于科技活动的经费以及政府部门预算外资金中计划用于科技活动的经费等。

企业资金 指从自有资金中提取或接受其他企业委托的,科研院所和高校等事业单位接受企业委托获得的,计划用于科研和技术开发的经费。不包括来自政府、金融机构及国外的计划用于科技活动的资金。

金融机构贷款 指从各类金融机构获得的用于科技活动的贷款。

科技活动经费内部支出 指报告年内用于科技活动的实际支出,包括劳务费、科研业务费、科研管理费,非基建投资购建的固定资产、科研基建支出以及其他用于科技活动的支出。不包括生产性活动支出、归还贷款支出及转拨外单位支出。反映科技投入实际完成情况。

劳务费 指以货币或实物形式直接或间接支付给从事科技活动人员的劳动报酬及各种费用。包括各种形式的工资、津贴、奖金、福利、离退休人员费用、人民助学金等。反映改善科技人员待遇情况。

固定资产购建费 指报告年内使用非基建投资购建的固定资产和用于科研基建投资的实际支出额,即固定资产实际支出和科研基建投资实际完成额之和。固定资产是指长期使用而不改变原有实物形态的主要物资设备、图书资料、实验材料和标本以及其他设备和家具、房屋、建筑物。反映用于改善科研条件和科研手段方面的投入情况。

新产品 指采用新技术原理、新设计构思研制、生产的全新产品,或在结构、材质、工艺等某一方面比原有产品有明显改进,从而显著提高了产品性能或扩大了使用功能的产品。既包括政府有关部门认定并在有效期内的新产品,也包括企业自行研制开发,未经政府有关部门认定,从投产之日起一年之内的新产品。用来反映科技产出及对经济增长的直接贡献。

第二十二篇

文化、体育、卫生

22

WENHUA
TIYU
WEISHENG

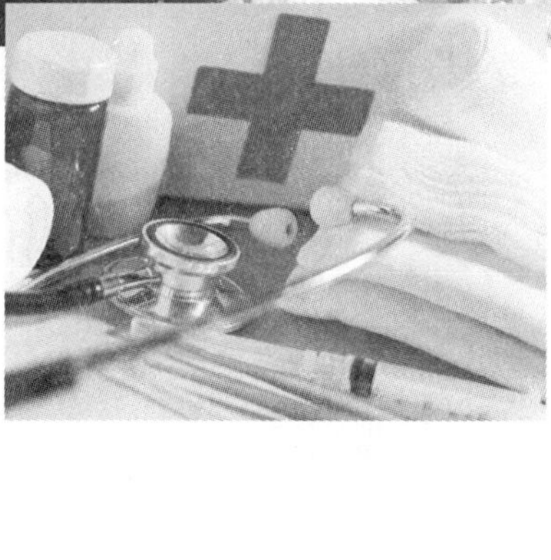

22—1 文化事业基本情况

项　目	2005年	2006年	2007年	2008年	2009年
一、文化事业机构数(个)	**20 871**	**19 085**	**18 617**	**17 479**	**15 255**
文化部门	12 315	10 338	5 982	6 475	2 279
其他部门	8 556	8 747	12 635	11 004	12 976
二、文化事业人员数(人)	**76 970**	**92 380**	**62 871**	**68 767**	**78 359**
文化部门	53 698	61 946	32 375	33 248	19 677
其他部门	23 272	30 434	30 496	35 519	58 682
三、各类文化艺术事业单位数(个)					
文化馆、艺术馆	124	133	138	123	122
公共图书馆	126	126	128	128	128
博物馆	37	37	37	54	61
电影院					
艺术表演场所	59	50	41	40	40
艺术表演团体	70	66	66	65	63
电影放映单位					
四、戏剧、电影观众(万人次)					
戏剧	960.5	1 103.6	1 105.7	656.2	638
电影					
五、按总人口平均每人观看(次)					
戏剧	0.23	0.26	0.26	0.15	0.15
电影					

22—2 广 播 电 视 事 业

项　　目	单 位	2005年	2006年	2007年	2008年	2009年
一、职 工 人 数	人	**25 047**	**24 783**	**25 244**	**25 494**	**24 783**
二、广播事业情况						
广 播 电 台	座	15	15	15	15	15
发射台及转播台	座	32	33	33	34	33
发 射 机 功 率	千瓦	1 066	1 143	1 141	1 141	1 143
平均每天播音时间	小时：分	1 535:50	1 900:30	1 841:01	1 861:47	1 900:30
广播人口综合覆盖率	%	98.17	98.23	98.23	98.36	98.23
年广播节目制作时间	小时	353 886	459 060	458 424	471 941	459 060
新　　闻	小时	50 799	64 176	53 938	55 512	64 176
综　　艺	小时	125 848	178 854	182 237	181 814	178 854
专　　题	小时	112 131	121 034	125 039	132 055	121 034
广 播 剧	小时	324	170	550	3 975	170
广　　告	小时	42 452	59 052	60 410	56 346	59 052
其　　他	小时	22 332	35 774	36 250	42 239	35 774
三、电视事业情况						
电 视 台	座	16	16	16	16	16
电视发射及转播台	座	408	367	367	368	367
发 射 机 功 率		433	430	445	557	430
平均每周播出时间	小时：分	10 740:17	12 285:26	12 660:12	12 784:42	12 319:01
电视人口综合覆盖率	%	98.19	98.29	98.22	98.48	98.29
电视节目制作时间	小时	143 948	184 511	194 506	188 061	184 511
新　　闻	小时	21 350	25 005	22 552	24 024	25 004
综　　艺	小时	35 475	55 066	54 939	49 139	55 066
专　　题	小时	29 801	37 764	40 146	41 126	37 764
影 视 剧	小时	1 334	335	3 328	1 696	335
广　　告	小时	43 136	44 279	44 599	43 429	44 279
其　　他	小时	12 852	22 062	28 942	28 647	22 062

22—3 图书、杂志和报纸出版情况

年份	图书				杂志			报纸		
	种数（种）	#新出版	总印数（万册）	总印张数（万印张）	种数（种）	总印数（万册）	总印张数（万印张）	种数（种）	总印数（万份）	总印张数（万印张）
1990	2 776	2 087	20 000	79 000	236	14 000	30 000	65	83 000	63 000
1991	3 603	2 799	22 000	94 000	242	15 000	33 000	67	99 000	71 000
1992	3 203	2 336	21 000	90 000	255	16 000	30 000	70	94 000	70 000
1993	3 602		23 000	120 000	289	16 000	38 000	84	87 000	88 000
1994	4 419	2 986	24 000	108 000						
1995	3 585	1 975	18 000	79 000	295	15 000	34 000	88	90 000	88 000
1996	4 419	2 228	23 000	107 000	288	14 000	31 000	97	88 000	117 000
1997	4 979	2 678	22 000	104 000	286	14 000	31 000	89	99 000	124 000
1998	5 251	2 838	24 000	114 000	274	13 000	31 000	85	105 000	175 000
1999	5 256	2 711	23 000	106 000	277	13 000	32 000	85	110 000	206 000
2000	5 008	2 752	17 082	108 047	289	8 634	22 369	87	125 845	319 018
2001	5 117	2 719	18 176	123 953	306	14 043	33 907	97	124 584	1 097 498
2002	6 632	3 026	16 374	106 225	321	12 896	31 246	17	52 989	110 635
2003	6 519	2 826	15 428	92 405	322	10 881	30 241	17	50 631	150 874
2004	5 511	2 899	11 666	83 959	234	6 891	25 647	81	145 408	510 101
2005	6 598		12 394	88 222	325	10 890	30 251	81	145 800	510 235
2006	7 370		12 355	91 425	324	8 025	30 537	123	159 117	720 835
2007	5 533	3 043	6 686	51 332	326	10 793	39 720	122	268 855	743 621
2008	7 216	3 592	13 588	85 791	322	10 033	39 777	81	179 132	830 147
2009	8 342	4 286	14 737	82 322	317	8 424	37 759	113	144 362	702 087

注:2002 年报纸为省级报纸统计数。

22—4　图书出版分类构成情况

（2009年）

类　　别	种　　数（种）	印　　数（万册）	印　　张（千印张）
总　　计	**7 324**	**13 674**	**869 439**
使用"中国标准书号"合计	7 324	13 674	869 439
马列主义、毛泽东思想	6	1	162
哲　　学	44	26	2 478
社会科学总论	73	40	5 963
政治、法律	162	112	14 011
军　　事	24	18	2 047
经　　济	816	540	101 021
文化、科学、教育、体育	3 210	10 017	517 536
语言、文字	624	654	56 937
文　　学	467	1 169	82 363
艺　　术	280	196	9 471
历史、地理	164	84	7 407
自然科学总论	14	18	695
数理科学、化学	163	65	8 897
天文学、地球科学	8	15	316
生物科学	29	151	1 974
医学、卫生	180	74	7 032
农业科学	49	18	1 949
工业技术	764	344	46 047
交通运输	185	72	12 421
航空、航天			
环境科学	29	12	16 039
综合性图书	33	47	1 673
不使用"中国标准书号"图书			

22—5　录像、录音制品出版情况

年份	录像制品				录音制品			
	数码激光视盘		高密度激光视盘		录音带		激光唱盘	
	种数（种）	数量（万张）	种数（种）	数量（万张）	种数（种）	数量（万盒）	种数（种）	数量（万张）
2001	270	207.1	1	0.1	77	314.6	49	60.6
2002	750	1 102.7	283	339.1	226	525.5	5	1.9
2003	876	2 967.6	245	1 342.5	80	229.4	42	27.6
2004	570	2 475.0	475	893.0	234	536.0	146	144.0
2005	317	292.3	194	189.4	108	122.4	66	32.2
2006	77	729.5	17	93.6	1	1.0	61	99.8
2007	823	840.2	456	366.1	69	34.5	186	59.8
2008	214	354.4	257	273.8	92	76.3	480	264.0
2009	263	386.7	285	304.6	87	64.0	497	276.0

22—6　体委系统职工人数

（2009 年）

单位：人

人员分类	合计	# 优秀运动队	# 体育运动学校	# 少儿业余体校	# 公共体育场馆	# 体育服务公司
全省	**7 299**	**2 189**	**1 550**	**1 019**	**775**	**404**
运动员	1 392	1 392				
专职教练员	1 322	205	396	505	46	13
专职文化教师	515	36	373	73		
科技人员	99	5	13	18		
宣传出版人员						
医务人员	68	34	17	5		
管理人员	1 705	249	331	203	341	303
其它人员	2 198	268	420	215	388	88

22—7 运动员历年创世界纪录情况

年份	项数（项）	#女子	人数（人）	#女子	次数（次）	#女子
1985	1	1	2	2	2	2
1986	1	–	1	–	1	–
1987	3	2	7	5	12	9
1988	2	2	4	4	9	9
1989	10	10	4	4	10	10
1990	2	1	4	3	2	1
1991	8	8	6	6	10	10
1992	3	3	8	8	20	20
1993	20	18	14	12	30	27
1994	3	3	4	4	4	4
1995	1	1	1	1	1	1
1996	2	2	1	1	3	3
1997	9	9	5	5	11	11
1998	17	15	14	12	20	18
1999	13	12	9	8	22	21
2000	4	3	2	1	7	6
2001	4	4	6	6	4	4
2002	11	11	7	7	13	13
2003	13		7		34	
2004	4	4	3	3	4	4
2005	3	3	3	3	4	4
2006	3	3	1	1	3	3
2007						
2008						
2009	3	3	2	2	4	4

注：总计的项数和人数中剔除了历年重复数（以下同）。

22—8 运动员分项获得世界冠军情况

(2009 年)

项目	项数（项）	#女子	人数（人）	#女子	次数（次）	#女子
总计	**7**	**7**	**4**	**4**	**7**	**7**
乒乓球						
摔跤						
赛艇	2	2	2	2	2	2
柔道	3	3	1	1	3	3
羽毛球						
自行车	2	2	1	1	2	2

22—9 运动员近年获得世界冠军情况

年份	项数（项）	#女子	人数（人）	#女子	次数（次）	#女子
1985	3	1	3	1	4	1
1986	6	4	8	4	8	4
1987	4	3	6	4	8	6
1988	2	1	4	3	10	8
1989	11	10	5	4	11	10
1990	11	7	7	4	12	8
1991	15	13	7	5	16	14
1992	6	5	8	7	13	12
1993	24	24	18	18	24	24
1994	4	4	7	5	12	8
1995	7	3	9	5	8	4
1996	6	6	5	5	8	8
1997	7	7	4	4	7	7
1998	14	8	11	9	15	8
1999	14	12	9	8	15	13
2000	9	7	6	5	9	7
2001	9	9	4	4	9	9
2002	12	10	10	8	12	10
2003	18		12		19	
2004	11	10	11	10	12	11
2005	6	6	6	6	6	6
2006	11	10	11	10	11	10
2007	14	14	12	12	20	20
2008	13	13	10	10	15	15
2009	7	7	4	4	7	7

22—10　运动员分项创获亚洲冠军情况

（2009 年）

项　　目	项　数（项）	#女　子	人　数（人）	#女　子	次　数（次）	#女　子
总　　计	**1**		**1**		**1**	
柔　　道						
游　　泳	1		1		1	

22—11　与外国体育活动交往情况

项　　目	单　位	2005年	2006年	2007年	2008年	2009年
来我省的体育团体						
次　　数	次	17	6	9	29	15
人　　数	人	148	97	80	214	188
我省派出的体育团体						
次　　数	次	86	104	106	42	15
人　　数	人	326	336	284	176	108

22—12 卫 生 机 构、

（2009

卫生机构名称	机构数（个）	床位数（张）	人 合计	小计	执业(助理)医师
总计	**14 282**	**191 536**	**278 986**	**221 875**	**92 033**
一、医院	821	148 490	185 712	146 148	55 310
综合医院	503	102 567	134 987	107 372	40 331
中医医院	101	14 125	20 587	16 523	7 082
中西医结合医院	4	258	289	225	120
民族医院	2	150	183	116	47
专科医院	211	31 390	29 666	21 912	7 730
口腔医院	21	295	1 783	1 430	724
眼科医院	11	643	1 009	617	202
肿瘤医院	5	2 186	1 997	1 589	583
心血管病医院	2	86	101	84	30
胸科医院	2	1 009	1 102	808	264
血液病医院	1	20	25	18	7
妇产(科)医院	25	3 373	5 691	4 427	1 570
儿童医院	4	821	1 226	970	364
精神病医院	37	9 720	5 312	3 748	1 091
传染病医院	18	4 945	4 469	3 178	966
皮肤病医院	4	188	226	156	68
结核病医院	6	1 788	1 199	798	239
职业病医院	2	717	651	494	216
骨科医院	16	1 507	1 497	1 155	463
康复医院	17	2 139	1 381	880	321
整形外科医院	3	28	64	42	11
美容医院	4	60	107	91	51
其他专科医院	33	1 865	1 826	1 427	560
二、疗养院	26	8 280	3 322	1 541	525
三、社区卫生服务中心(站)	852	6 054	11 427	9 619	4 060
社区卫生服务中心	166	3 838	7 276	5 977	2 354

床　　数、　　人　　员　　数

年）

员				数(人)				
卫生技术人员						其他技术人员	管理人员	工勤技能人员
#执业医师	注册护士	药师(士)	技师(士)	#检验师	其他			
81 107	**83 726**	**13 481**	**13 734**	**9 784**	**18 901**	**11 653**	**17 051**	**28 407**
51 326	63 045	9 667	9 139	6 172	8 987	7 760	11 199	20 605
37 775	47 400	6 642	6 594	4 488	6 405	5 226	7 948	14 441
6 307	5 876	1 684	997	629	884	933	1 017	2 114
75	48	20	7	7	30	14	20	30
41	23	34	7	5	5	10	44	13
7 128	9 698	1 287	1 534	1 043	1 663	1 577	2 170	4 007
641	427	24	33	13	222	122	98	133
192	280	27	20	17	88	80	118	194
577	692	76	125	69	113	67	138	203
29	38	4	7	3	5	10	3	4
258	417	48	72	42	7	77	65	152
7	8	1	2	1		2	2	3
1 482	1 880	228	347	249	402	332	339	593
360	442	54	100	61	10	74	57	125
956	2 047	157	130	100	323	210	468	886
908	1 448	301	317	255	146	240	332	719
66	55	18	14	13	1	1	26	43
210	354	60	66	43	79	73	62	266
213	204	29	38	28	7	43	41	73
408	410	92	105	45	85	85	116	141
277	342	57	44	28	116	91	111	299
10	23	4	3	3	1	8	4	10
39	31	5	3	3	1	3	9	4
495	600	102	108	70	57	59	181	159
447	720	68	50	40	178	296	429	1 056
3 519	3 916	758	539	359	346	371	773	664
1 973	2 408	552	422	270	241	252	528	519

22—12 续表1

(2009

卫生机构名称	机构数 (个)	床位数 (张)	人		
			合计		
				小计	执业(助理)医师
社区卫生服务站	686	2 216	4 151	3 642	1 706
四、卫生院	1 037	25 550	26 185	20 333	9 809
街道卫生院	35	547	726	622	308
乡镇卫生院	1 002	25 003	25 459	19 711	9 501
中心卫生院	240	9 085	9 723	7 600	3 585
乡卫生院	762	15 918	15 736	12 111	5 916
五、门诊部	360	574	5 031	3 970	2 021
综合门诊部	209	421	3 470	2 746	1 361
中医门诊部	49	20	498	387	230
中西医结合门诊部	7	4	63	51	24
专科门诊部	95	129	1 000	786	406
六、诊所、卫生所、医务室	10 571		22 882	22 252	11 853
诊所	9 315		19 343	18 867	10 091
卫生所、医务室	1 256		3 539	3 385	1 762
七、急救中心(站)	12		968	545	240
八、采供血机构	22		1 220	813	183
九、妇幼保健院(所、站)	110	1 272	5 066	4 033	2 282
省属	1	53	176	125	45
省辖市(地区)属	12	57	646	492	306
地辖市属	63	619	2 672	2 179	1 193
县属	27	532	1 398	1 099	649
其他	7	11	174	138	89
妇幼保健院	35	1 134	2 758	2 186	1 156
妇幼保健所	45	124	1 612	1 289	771
妇幼保健站	30	14	696	558	355
十、专科疾病防治院(所、站)	90	1 316	3 279	2 304	1 089
专科疾病防治院	8	473	670	461	201
结核病防治院					

年）

员			数(人)					
卫生技术人员						其他技术人员	管理人员	工勤技能人员
#执业医师	注册护士	药师(士)	技师(士)	#检验师	其他			
1 546	1 508	206	117	89	105	119	245	145
6 513	4 859	1 577	1 258	791	2 830	1 420	1 607	2 825
223	172	49	37	25	56	26	49	29
6 290	4 687	1 528	1 221	766	2 774	1 394	1 558	2 796
2 460	1 973	599	478	301	965	423	503	1 197
3 830	2 714	929	743	465	1 809	971	1 055	1 599
1 788	1 131	312	313	196	193	201	419	441
1 216	764	227	262	160	132	141	268	315
204	77	52	14	9	14	20	49	42
18	10	10	7	5		2	6	4
350	280	23	30	22	47	38	96	80
10 583	7 318	592	120	98	2 369		0	630
9 110	6 216	525	75	57	1 960		0	476
1 473	1 102	67	45	41	409		0	154
234	247	14	23	9	21	97	69	257
152	378	21	194	192	37	168	92	147
1 980	919	170	390	329	272	209	474	350
45	49	8	14	12	9	2	35	14
301	82	16	68	65	20	46	70	38
1 048	557	90	212	178	127	98	243	152
507	209	50	79	59	112	58	106	135
79	22	6	17	15	4	5	20	11
985	603	100	204	164	123	93	260	219
684	235	51	142	127	90	78	153	92
311	81	19	44	38	59	38	61	39
886	547	147	231	164	290	253	368	354
173	133	30	47	42	50	53	55	101

22—12 续表 2 (2009

卫生机构名称	机构数（个）	床位数（张）	人 合计	小计	执业(助理)医师
职业病防治院	6	423	588	393	167
其他	2	50	82	68	34
专科疾病防治所(站、中心)	82	843	2 609	1 843	888
口腔病防治所(站、中心)	13	6	463	377	184
精神病防治所(站、中心)	2	165	47	19	9
结核病防治所(站、中心)	50	460	1 600	1 113	485
职业病防治所(站、中心)	2	100	159	109	63
地方病防治所(站、中心)	13	2	290	212	140
药物戒毒所(中心)	1	100	43	8	4
其他	1	10	7	5	3
十一、疾病预防控制中心	134		9 492	7 208	4 031
省属	1		410	269	136
省辖市(地区)属	17		2 439	1 832	963
地辖市属	78		4 055	3 170	1 780
县属	30		2 149	1 612	954
其他	8		439	325	198
十二、卫生监督所(中心)	64		2 884	2 046	
省属	1		111	86	
省辖市(地区)属	14		944	525	
地辖市属	37		1 358	1 081	
县属	11		382	304	
其他	1		89	50	
十三、医学科学研究机构	6		102	61	39
十四、医学在职培训机构	2		33	24	16
十五、健康教育所(站、中心)	10		183	83	66
十六、其他卫生机构	165		1 200	895	509
卫生监督检验(监测)机构	30		228	189	120
临床检验中心(所、站)	3		20	12	2
其他	132		952	694	387

年）

员				数（人）				
卫生技术人员						其他技术人员	管理人员	工勤技能人员
#执业医师	注册护士	药师（士）	技师（士）	#检验师	其他			
141	129	28	42	40	27	51	53	91
32	4	2	5	2	23	2	2	10
713	414	117	184	122	240	200	313	253
154	86	7	2	1	98	21	49	16
8	7	2	1	1		14	2	12
377	281	95	138	85	114	108	186	193
60	20	3	17	13	6	29	14	7
107	16	9	26	22	21	26	32	20
4	3	1		0		2	30	3
3	1		0		1		0	2
3 205	480	103	1 427	1 389	1 167	569	923	792
134	2		121	121	10	12	90	39
910	131	26	499	484	213	177	242	188
1 363	240	35	518	506	597	214	397	274
617	69	24	246	239	319	126	152	259
181	38	18	43	39	28	40	42	32
0		0		0	2 046	109	564	165
0		0		0	86		16	9
0		0		0	525	14	347	58
0		0		0	1 081	56	164	57
0		0		0	304	5	33	40
0		0		0	50	34	4	1
38	5	4	1	1	12	15	23	3
11	2	1		0	5	3	5	1
55	7	2		0	8	57	20	23
370	152	45	49	44	140	125	86	94
85	5	5	9	9	50	6	15	18
2		0	8	8	2	4	3	1
283	147	40	32	27	88	115	68	75

22—13 各地区卫生机构、床位数

(2009年)

地区	卫生机构数（个）	#医院	#卫生院	#门诊部、所	#疾病预防控制中心（防疫站）	#妇幼保健院（所站）	医疗机构床位数（张）	#医院、卫生院
总计	**14 282**	**821**	**1 037**	**360**	**134**	**110**	**191 536**	**173 443**
沈阳	1 769	177	122	118	20	15	37 428	36 333
大连	2 365	109	106	139	18	13	29 978	27 799
鞍山	1 805	74	73	27	8	8	18 683	15 427
抚顺	638	49	50	7	9	8	9 990	8 518
本溪	239	30	42	3	8	7	9 757	8 821
丹东	453	44	70	10	8	4	12 143	11 384
锦州	706	33	74	2	8	8	10 500	10 281
营口	1 325	61	50	15	9	6	9 205	8 597
阜新	460	43	60		9	8	7 052	6 796
辽阳	621	51	38	8	8	8	9 684	8 366
盘锦	602	36	31	6	6	3	6 428	6 080
铁岭	1 047	25	91	11	8	7	7 862	7 243
朝阳	1 289	36	126	3	8	8	9 706	9 298
葫芦岛	963	53	104	11	7	7	13 120	8 500

22—14 各地区卫生机构人员数

(2009年)

单位：人

地区	卫生机构人员合计	#卫生技术人员	#执业（助理）医师	#注册护士
总计	**278 986**	**221 875**	**92 033**	**83 726**
沈阳	61 133	49 484	20 219	19 570
大连	46 832	37 800	15 264	15 557
鞍山	25 909	19 932	8 194	7 561
抚顺	14 173	11 280	4 577	4 583
本溪	13 150	10 224	3 773	4 445
丹东	14 048	10 945	4 499	4 043
锦州	15 272	11 850	5 309	3 819
营口	14 451	11 465	4 859	4 086
阜新	10 940	8 611	3 390	3 234
辽阳	11 029	8 903	3 779	3 482
盘锦	9 919	7 860	3 512	2 764
铁岭	14 384	11 611	5 201	3 672
朝阳	13 262	11 129	4 819	3 121
葫芦岛	14 484	10 781	4 638	3 789

22—15 城市前十位疾病死亡原因及构成

（2009 年）

顺序	疾病死亡原因	占死亡总人数的%
	十种死因合计	**97.96**
1	循环系统疾病	46.69
2	肿瘤	27.18
3	呼吸系统疾病	7.29
4	内分泌，营养和代谢的其他疾病	4.22
5	损伤和中毒外部原因	4.04
6	消化系统疾病	2.67
7	其他疾病	1.98
8	神经系统疾病	1.35
9	诊断不明	1.32
10	泌尿生殖系统疾病	1.22
	女性十种死因合计	**98.32**
1	循环系统疾病	48.87
2	肿瘤	25.07
3	呼吸系统疾病	7.46
4	内分泌，营养和代谢的其他疾病	5.37
5	损伤和中毒外部原因	2.95
6	其他疾病	2.62
7	消化系统疾病	2.00
8	泌尿生殖系统疾病	1.53
9	神经系统疾病	1.34
10	诊断不明	1.11
	男性十种死因合计	**98.03**
1	循环系统疾病	45.09
2	肿瘤	28.73
3	呼吸系统疾病	7.17
4	损伤和中毒外部原因	4.84
5	内分泌，营养和代谢的其他疾病	3.37
6	消化系统疾病	3.17
7	其他疾病	1.50
8	诊断不明	1.47
9	神经系统疾病	1.35
10	传染病和寄生虫病小计	1.34

主要统计指标解释

文化事业机构 指从事专业文化工作和为专业文化工作服务的独立建制的单位。不包括这些单位另外举办独立核算的其他机构和各部门的业余文化组织。该指标主要反映文化事业机构发展规模水平。

艺术表演团体 指从事戏曲、音乐、舞蹈、杂技等专业艺术表演,有独立帐户的单位,不包括半工半艺、半农半艺和民间职业剧团。该指标主要反映全国专业艺术表演团体发展规模水平。

艺术表演观众人数(人次) 指售票、包场演出或民族地区免费演出的艺术表演观众人次数,不包括彩排审查和内部观摩演出的观看人次数。该指标主要反映全国观看专业艺术表演团体演出的效益规模。

卫生机构 包括医疗机构、疾病预防控制中心(防疫站)、采供血机构、卫生监督及监测(检验)机构、医学科研和在职培训机构、健康教育所等。

医疗机构 包括医院、社区卫生服务中心(站)、疗养院、卫生院、门诊部、诊所(卫生所、医务室)、妇幼保健院(所、站)、专科疾病防治院(所、站)、急救中心(站)和临床检验中心。医疗机构分为非赢利性医疗机构和赢利性医疗机构。

医院 包括综合医院、中医医院、中西医结合医院、民族医院、各类专科医院和护理院。

卫生技术人员 指卫生机构中医生、护理人员、药剂人员、检验人员等卫生技术人员。

医生 指在医疗、预防保健机构工作且取得《执业医师证书》的执业医师和执业助理医师。

卫生服务总费用 反映全国当年用于医疗卫生保健服务所消耗的资金总额,用筹资来源法测算。政府预算卫生支出指各级政府用于卫生事业的财政预算拨款。社会卫生支出指政府预算外的卫生资金投入,主要表现为社会医疗保险。其中包括如企事业单位和乡村集体经济单位举办的医疗卫生机构的设施建设费,企业职工医疗卫生费,行政事业单位负担的职工公费医疗超支部分等。居民个人卫生支出指城乡居民用自己可支配的经济收入支付的各项医疗卫生费用和医疗保险费用。

第二十三篇

其他社会活动

23

QITASHEHUI HUODONG

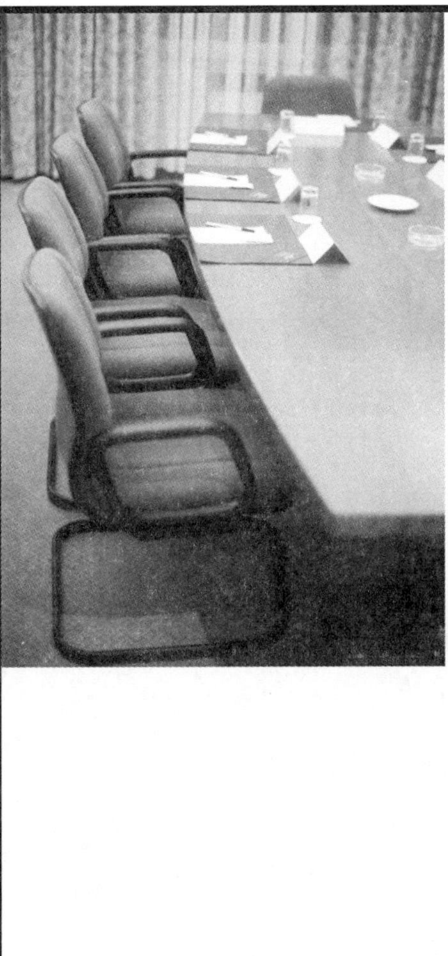

23—1 历届省人民代表大会的代表人数

单位:人

届别	年份	代表总数	#女代表	#少数民族代表	占代表总数比重(%) #女代表	占代表总数比重(%) #少数民族代表
一届	1954	588		100		17.00
二届	1959	566	107	39	18.90	6.89
三届	1964	795				
四届	1975					
五届	1978	1 200	292	160	24.33	13.33
六届	1983	900	219	146	24.33	16.22
七届	1988	725	142	118	19.59	16.28
八届	1993	745	159	115	21.34	15.44
九届	1998	622	123	97	19.77	15.59
十届	2003	619	108	102	17.45	16.48
十一届	2008	616	115	87	18.67	14.12

23—2 历届省政治协商会议的委员人数

单位:人

届别	年份	代表总数	#中国共产党委员	#少数民族委员	占委员总数比重(%) #中国共产党委员	占委员总数比重(%) #少数民族委员
一届	1954	122	28	16	22.95	13.11
二届	1959	376	123	32	32.71	8.51
三届	1963	403	125	31	31.02	7.69
四届	1977	586	245	57	41.81	9.73
五届	1983	595	220	65	36.97	10.92
六届	1988	696	245	83	35.20	11.93
七届	1993	695	242	81	34.82	11.65
八届	1998	723	283	97	39.14	13.42
九届	2003	750	284	98	37.87	13.07
十届	2008	796	285	119	35.80	14.95

23—3 工会组织情况

年份	工会基层组织数（个）	全省已建工会组织的基层单位的职工与会员人数（人）				工会专职工作人员数（人）
		职工人数	#女职工	会员人数	#女会员	
1980	19 004	6 149 000	2 340 000	5 182 000		26 000
1985	22 763	8 267 000	3 388 000	7 421 000	3 078 000	43 709
1986	23 190	8 341 973	3 462 049	7 605 645	3 202 109	47 842
1987	24 742	8 536 873	3 532 603	7 880 001	3 257 621	47 301
1988	25 753	8 712 119	3 611 855	8 034 410	3 370 064	41 910
1989	27 217	8 840 457	3 665 482	8 181 168	3 394 077	44 150
1990	27 836	8 968 227	3 750 636	8 340 951	3 497 883	46 875
1991	28 642	8 979 281	3 768 625	8 387 414	3 541 636	48 521
1992	29 222	9 164 759	3 828 618	8 567 567	3 584 922	45 584
1993	30 083	9 177 011	3 781 547	8 537 051	3 540 817	41 276
1994	27 629	9 133 500	3 843 987	8 420 047	3 501 514	31 215
1995	28 448	9 290 683	3 987 323	9 234 588	3 796 173	36 167
1996	27 517	9 095 895	3 796 520	8 577 752	3 564 856	39 693
1997	24 310	8 395 588	3 276 594	7 180 188	2 956 720	33 321
1998	23 317	7 198 855	2 994 485	6 694 517	2 784 204	23 766
1999	21 647	6 199 418	2 529 928	5 659 855	2 315 330	21 406
2000	41 167	8 018 747	3 360 629	7 515 909	3 100 980	27 396
2001	64 659			8 155 000		
2002	41 715	8 877 337	2 566 828	8 606 854	2 454 640	18 372
2003	35 717	7 933 711	2 540 304	7 698 113	2 388 475	18 683
2004	39 963	8 402 783	2 947 246	8 223 150	2 820 343	20 346
2005	43 614	8 830 676	3 351 654	8 621 046	3 121 658	19 626
2006	48 691	9 685 316	2 927 952	9 371 941	2 756 933	19 931
2007	54 264	10 882 834	2 709 465	10 459 638	2 578 179	21 363
2008	67 933	11 757 290	3 002 389	11 338 255	2 879 836	60 436
2009	70 531	17 864 409	2 998 480	11 338 291	2 941 172	41 272

注:1998 年以后工会专职工作人员数为工会专职干部人数。

23—4 妇联组织情况

项目	单位	2005年	2006年	2007年	2008年	2009年
妇联组织总计	个	**1 595**	**1 703**	**1 738**	**1 709**	**1 634**
一、地方妇联	个	**1 595**	**1 703**	**1 738**	**1 709**	**1 634**
省级和市级	个	15	15	15	15	15
县(市)、区、乡(镇)级	个	1 114	1 130	1 160	1 144	1 103
街道妇联	个	466	558	563	550	516
二、农林场妇联	个					
建立基层妇代会组织数	个	15 156	15 711	15 176	15 313	17 427
#一类妇代会	人					
二类妇代会	人					
各类妇女工作委员会	个	7 274	10 023	7 499	10 489	31 010
各类妇女联谊组织数	个	45	76	82	79	
民主党派中的妇女组织	个	42	56	56	59	68

23—5 律师、公证、调解工作基本情况

项　　目	单　位	2005年	2006年	2007年	2008年	2009年
一、律 师 工 作						
律师事务所	个	484	506	529	569	586
律　　师	人	5 134	5 301	5 017	5 943	6 298
专职律师	人	4 890	5 067	4 402	5 443	5 649
兼特邀职律师	人	244	234	615	500	313
聘请担任常年法律顾问的单位	处	7 978	8 015	8 298	7 722	9 319
民事诉讼代理	件	31 768	31 602	36 525	35 373	40 558
经济诉讼代理	件	12 902	12 337			
行政诉讼代理	件	2 022	2 074	2 352	2 747	1 757
刑事辩护	件	13 332	13 608	17 490	17 631	22 447
非诉讼法律事务	件	37 468	34 974	21 390	13 211	16 783
解答法律咨询	万人次	20.56	24.69	19.08	16.16	15.90
代写法律事务文书	万件	5.44	5.75	3.29	3.80	3.46
涉外及港澳台	件	1 119	678	16	9	85
二、公 证 工 作						
公证处	个	107	106	107	107	106
公证人员	人	1 021	1 110	1 114	1 141	1 118
#公证员	人	576	562	551	546	510
公证员助理	人	138	218	200	245	252
办理公证文书	万件	63.42	69.09	72.33	66.4	74.0
三、人民调解工作						
专职司法助理员	人	1 682	1 734	1 851	3 892	2 642
人民调解委员会	个	21 513	22 371	22 218	20 682	19 929
调解人员	万人	16.59	15.51	16.07	15.5	17.4
调解民间纠纷	万件	14.13	14.41	13.39	13.31	16.1

23—6 国内公证文书分类

（2009年）

分类	办证件数（件）	比重（%）	分类	办证件数（件）	比重（%）
一、经济公证			其他	11 336	10.23
合计	110 839	100.0	二、民事公证		
购销	7	0.01	合计	381 122	100.0
联营	1		收养	92	0.02
拍卖	388	0.35	解除收养	1	
贷款	80 994	73.07	继承权	51 916	13.62
担保	4 971	4.48	遗嘱	5 845	1.53
招标、投标	1 957	1.77	产权	1 460	0.38
科技协作	59	0.05	亲属关系	673	0.18
供用电	15	0.01	死亡	365	0.10
劳务合同	518	0.47	房屋买卖	129 499	33.98
建筑工程承包	49	0.04	房屋租赁	279	0.07
工商服务业承包			留学协议	25	0.01
农林牧副渔业承包	1 232	1.11	遗赠扶养协议	238	0.06
乡镇企业承包	7	0.01	其他民事协议	12 920	3.39
财产租赁	35	0.03	委托书	67 150	17.62
企业租赁	2		赠与书	9 712	2.55
资产经营责任制	8	0.01	声明书	44 858	11.77
其他经济合同	6 041	5.45	现场监督	11 641	3.05
法人(代表人)资格	487	0.44	签名印鉴属实	1 633	0.43
法人委托书	1 357	1.22	文本相符	3 889	1.02
公司章程	77	0.07	宅基地使用权	126	0.03
执行许可证明	408	0.37	证据保全	5 779	1.52
提存	890	0.80	其他	33 021	8.66

23—7 涉外公证文书分类

(2009 年)

分　类	办证件数（件）	比　重（%）	分　类	办证件数（件）	比　重（%）
合　计	**248 053**	**100.00**	委托书	1 696	0.68
收　养	121	0.05	营业证书	848	0.34
遗　嘱	1		公司章程	124	0.05
出　生	33 791	13.62	其他法律文书	1 622	0.65
死　亡	686	0.28	职　称	1 952	0.79
生存、居住	5 715	2.30	法人资格	998	0.40
学　历	33 265	13.41	商标注册		
经　历	1 753	0.71	贷　款	26	0.01
国　籍	6 508	2.62	担　保	106	0.04
婚姻状况	19 813	7.99	其他经济合同	666	0.27
亲属关系	34 692	13.99	副本等与原本相符	30 408	12.26
继承权	17	0.01	签名印鉴属实	28 859	11.63
受、未受刑事处分	22 202	8.95	其　他	18 962	7.54
声明书	3 482	1.40			

23—8 调解民间纠纷分类

项　目	调节纠纷(件)					各类纠纷所占比重(%)				
	2005 年	2006 年	2007 年	2008 年	2009 年	2005 年	2006 年	2007 年	2008 年	2009 年
合　计	**145 594**	**144 106**	**133 895**	**133 078**	**161 055**	**100.00**	**100.00**	**100.00**	**100.00**	**100.00**
婚　姻	37 242	38 827	35 295	33 958	42 316	25.58	26.94	26.36	25.52	26.27
继　承										
赡、抚、扶养										
家　庭										
房屋宅基地	11 310	9 848	9 102	9 825	10 741	7.77	6.83	6.80	7.38	6.67
债　务										
生产经营										
邻　里	30 140	33 195	28 656	29 629	42 316	20.70	23.04	21.40	22.26	26.27
损害赔偿	8 424	7 903	6 704	7 130	8 067	5.79	5.48	5.01	5.36	5.01
其　他	58 478	54 333	54 138	52 536	57 615	40.16	37.70	40.43	39.48	64.23

23—9 交通事故发生情况

（2009年）

类别	发生起数（起）	死亡人数（人）	受伤人数（人）	损失折款（万元）
总计	**6 973**	**2 156**	**6 657**	**3 148.8**
机动车	5 407	1 540	5 240	2 867.2
#摩托车	949	387	912	132.3
拖拉机	373	152	313	99.7
非机动车	128	23	121	11.7
#自行车				
行人乘车	46	21	24	7.8
其他				

23—10 火灾事故发生情况

（2009年）

指标	单位	合计	按事故发生程度分		
			特大	重大	一般
发生起数	起	3 785			3 785
死亡	人	32			32
受伤	人	5			5
损失折款	万元	2 773			2 773
平均每起事故损失	元	7 300			7 300

23—11 各地区交通事故发生情况

(2009 年)

地区	发生起数（起）	死亡人数（人）	受伤人数（人）	损失折款（万元）
全省	**6 973**	**2 156**	**6 657**	**3 145.6**
沈阳	1 849	541	2 120	805.8
大连	1 129	248	823	710.9
鞍山	702	158	651	173.1
抚顺	219	117	202	149.0
本溪	219	87	157	149.0
丹东	360	147	247	163.3
锦州	600	107	586	158.6
营口	287	119	236	112.6
阜新	315	93	358	137.2
辽阳	304	100	297	179.1
盘锦	351	140	376	145.3
铁岭	224	53	221	134.7
朝阳	170	97	149	36.2
葫芦岛	184	134	157	23.1

23—12 各地区火灾事故发生情况

(2009 年)

地区	发生起数（起）	死亡人数（人）	受伤人数（人）	直接经济损失（万元）
全省	**3 785**	**32**	**5**	**2 773.2**
沈阳	390	6	1	144.1
大连	250	3		1 121.1
鞍山	404	1		51.2
抚顺	298	5	2	195.2
本溪	161	4	2	87.3
丹东	137	1		38.6
锦州	165			73.9
营口	240	2		140.5
阜新	155	1		72.2
辽阳	309	2		151.7
盘锦	235	1		87.3
铁岭	456	2		284.2
朝阳	292	2		198.1
葫芦岛	293	2		110.4

23—13 结婚登记和离婚情况

年份	准予登记结婚（对）	初婚（人）	再婚（人）	准予登记离婚（对）	离婚率（‰）
1983	331 960	640 749	23 171	8 649	0.24
1984	387 829	748 957	26 701	8 810	0.24
1985	419 729	811 197	28 261	8 963	0.24
1986	440 722	845 008	36 436	14 416	0.39
1987	472 011	900 299	43 723	19 006	0.51
1988	415 219	785 176	45 262	22 379	0.59
1989	395 049	739 189	43 448	22 530	0.59
1990	383 976	710 383	57 569	24 459	0.63
1991	340 245	628 962	51 528	23 541	0.60
1992	411 425	772 983	49 867	24 565	0.62
1993	330 506	612 579	48 433	26 825	0.68
1994	294 877	539 149	50 605	29 890	0.75
1995	304 103	553 927	54 279	29 554	0.74
1996	308 500	560 821	56 179	30 279	0.75
1997	275 310	496 601	54 019	32 828	0.81
1998	264 684	473 115	56 253	34 772	0.85
1999	257 598	462 363	52 833	34 657	0.85
2000	272 644	482 897	62 391	35 300	0.86
2001	253 586	448 154	59 018	40 376	0.97
2002	235 007	402 638	67 376	40 731	0.98
2003	250 933	427 360	74 506	49 299	1.18
2004	290 391	496 718	84 064	74 093	1.78
2005	257 021	426 672	92 552	79 680	1.90
2006	308 815	516 992	106 182	77 273	1.84
2007	288 947	481 636	101 872	86 000	2.03
2008	321 107	519 911	128 017	92 354	2.18
2009	381 661	624 029	139 293	101 452	2.37

23—14 各地区结婚登记和离婚情况

（2009年）

地区	准予登记结婚（对）	初婚（人）	再婚（人）	准予登记离婚（对）
全省	278 986	221 875	92 033	83 726
沈阳	61 133	49 484	20 219	19 570
大连	46 832	37 800	15 264	15 557
鞍山	25 909	19 932	8 194	7 561
抚顺	14 173	11 280	4 577	4 583
本溪	13 150	10 224	3 773	4 445
丹东	14 048	10 945	4 499	4 043
锦州	15 272	11 850	5 309	3 819
营口	14 451	11 465	4 859	4 086
阜新	10 940	8 611	3 390	3 234
辽阳	11 029	8 903	3 779	3 482
盘锦	9 919	7 860	3 512	2 764
铁岭	14 384	11 611	5 201	3 672
朝阳	13 262	11 129	4 819	3 121
葫芦岛	14 484	10 781	4 638	3 789

23—15 社会福利事业、企业单位数和人员数

指标	机构数(个)					工作人员数(人)				
	2005年	2006年	2007年	2008年	2009年	2005年	2006年	2007年	2008年	2009年
总计	**4 043**	**3 891**	**3 712**	**3 561**	**3 532**	**115 883**	**101 468**	**109 236**	**11 420**	**118 283**
一、社会福利事业单位	1 266	1 226	1 269	1 229	1 222	12 331	11 665	13 561	13 441	13 342
民政部门办	78	76	76	80	115	3 476	3 395	3 602	3 598	4 064
社会集体办	1 188	1 150	1 193	1 149	1 107	8 855	8 270	9 959	9 843	9 278
二、社会福利企业单位	2 660	2 546	2 318	2 202	2 179	102 036	88 309	94 180	96 460	103 417
民政部门办	2 093	2 038	1 981	1 840	1 879	80 027	70 866	84 150	85 636	93 238
社会集体办	567	508	337	362	300	22 009	17 443	10 030	10 824	10 179
三、烈士纪念建筑物管理单位	23	23	24	25	24	340	347	354	346	347
四、收容遣送单位	43	45	51	52	55	725	730	761	770	780
五、殡葬管理单位	51	51	50	53	52	451	417	380	403	397

23—16 收养性社会福利事业单位基本情况

(2009年)

指标	单位数(个)	工作人员数(人)	床位数(张)	年末收养人数(人)
收养性福利事业单位	**1 222**	**13 342**	**102 265**	**69 340**
优抚休、疗养院	4	730	1 330	1 194
光荣院	24	559	2 391	1 737
社会福利院	80	2 352	12 548	9 115
儿童福利院	4	286	1 452	1 388
社会福利医院	3	137	327	279
城镇老年性福利机构	298	3 569	26 384	18 118
农村老年性福利机构	809	5 709	57 783	37 465
其他收养机构				

23—17 各地区城镇社区服务设施和城市居民最低生活保障制度情况

（2009 年） 单位：个

地区	城镇社区服务设施数	从业人员（人）	便民利民服务网点	城乡居民最低生活保障情况			
				城镇低保人数（人）	保障资金（万元）	农村低保人数（人）	保障资金（万元）
全省	**6 538**	**256 545**	**77 731**	**1 289 044**	**243 099**	**923 664**	**67 292**
沈阳	1 075	119 694	15 706	134 448	26 747	97 419	7 916
大连	652	16 867	2 210	89 411	20 412	53 759	5 640
鞍山	1 616	32 367	8 584	74 190	11 083	56 495	3 394
抚顺	1 239	4 369	10 960	149 561	26 607	43 645	3 708
本溪	161	1 171	4 177	96 242	19 057	20 030	2 111
丹东	146	12 159	187	59 388	8 288	45 388	3 204
锦州	348	2 662	209	79 226	14 799	85 705	5 832
营口	233	7 552	5 802	80 247	14 269	63 139	4 892
阜新	155	1 265	2 676	152 455	26 450	60 378	332
辽阳	130	25 472	3 275	52 230	8 810	49 911	3 135
盘锦	144	3 545	8 833	24 311	4 619	21 274	2 217
铁岭	133	2 951	189	71 956	16 782	89 182	7 952
朝阳	202	23 691	14 135	153 876	33 027	137 149	11 113
葫芦岛	304	2 780	788	71 503	12 150	100 190	5 246

23—18 各地区优抚事业基本情况

（2009 年） 单位：人

地区	优抚对象总人数	革命伤残人员	烈军属人数	在乡退伍红军战士	在乡复员军人	在乡退伍军人
全省	**142 586**	**34 750**	**8 880**	**3**	**47 281**	**51 672**
沈阳	13 823	5 103	680	1	3 313	4 726
大连	18 877	5 818	1 326		6 586	5 147
鞍山	10 303	2 834	709		3 662	3 098
抚顺	6 487	2 065	376		2 115	1 931
本溪	9 029	2 417	473	2	2 161	3 976
丹东	11 654	3 172	1 126		4 619	2 737
锦州	16 771	2 665	855		5 409	7 842
营口	9 210	2 175	614		2 399	4 022
阜新	5 788	1 210	364		1 660	2 554
辽阳	4 594	966	276		1 117	2 235
盘锦	6 926	919	298		2 458	3 251
铁岭	12 043	1 700	477		4 107	5 759
朝阳	8 194	1 907	715		4 101	1 471
葫芦岛	8 813	1 725	591		3 574	2 923

23—19 社会福利企业基本情况

年份	民政部门办 单位（个）	民政部门办 职工（人）	民政部门办 #残疾职工	社会办 单位（个）	社会办 职工（人）	社会办 #残疾职工
1985	148	33 016	10 373	628	24 656	10 181
1986	140	31 301	9 784	1 890	74 710	21 738
1987	187	36 741	11 903	2 409	77 225	30 056
1988	218	40 198	13 638	3 296	86 756	31 168
1989	246	42 287	14 596	3 390	93 962	38 010
1990	289	39 853	13 553	3 535	105 385	42 729
1991	368	43 379	15 688	3 539	103 478	45 088
1992	361	42 179	15 220	3 867	111 643	48 951
1993	430	40 424	14 899	4 223	115 500	49 712
1994	470	40 752	15 552	4 084	119 815	51 702
1995	436	35 778	14 049	4 378	132 557	58 644
1996	416	33 252	12 814	4 140	116 753	54 131
1997	804	44 072	15 972	3 460	102 985	46 956
1998	437	29 493	11 327	3 574	98 703	45 725
1999	298	21 366	7 815	3 263	99 320	45 176
2000	1 908	72 554	31 978	861	26 873	11 837
2001	2 122	77 860	35 426	611	17 778	8 002
2002	2 093	79 778	35 594	697	18 390	8 837
2003	2 073	76 530	33 664	625	23 057	10 915
2004	2 106	78 389	36 122	602	22 044	10 402
2005	2 093	80 027	37 354	567	22 009	10 437
2006	2 038	70 866	28 045	508	17 443	9 686
2007	1 981	84 150	34 911	337	10 030	4 251
2008	1 840	85 636	41 586	362	10 824	5 588
2009	1 879	93 238	41 671	300	10 179	3 588

23—20 各地区基本养老保险情况

年份、地区	年末参加基本养老保险人数（万人）	在职职工	#企业	离退休人数	基金收支情况（亿元） 基金收入	基金支出
2000	**1 029.9**	**748.9**	**679.7**	**281**	**134.6**	**469.5**
2001	1 022.8	733.9	666.7	288.9	135.4	178.6
2002	1 039.2	737	669.6	302.2	162.2	202.9
2003	1 070.4	754.9	688.6	315.5	178.2	216.4
2004	1 101.0	767.2	695.1	333.8	215.0	243.9
2005	1 193.6	832.8	760.5	360.8	252.0	287.7
2006	1 248.8	865.8	790.2	383	294.3	356.8
2007	1 299.7	891.6	825.8	408.1	352.0	425.9
2008	1 406.2	976.4	910.6	429.9	464.2	525.5
2009	1 457.4	1 008.0	943.8	449.4	524.6	644.6
沈阳	279.5	189.1	180.1	90.4	96.0	120.8
大连	226.4	162.7	150.0	63.7	113.1	124.8
鞍山	87.7	62.4	57.7	25.2	22.3	38.1
抚顺	88.2	60.3	59.5	27.9	21.1	36.3
本溪	78.5	57.6	51.9	20.8	18.9	26.1
丹东	70.5	49.4	46.4	21.1	18.1	26.9
锦州	70.2	48.1	41.7	22.1	18.0	28.8
营口	63.8	45.3	43.3	18.4	16.7	23.3
阜新	43.6	31.2	28.9	12.4	9.1	13.8
辽阳	53.1	39.7	37.8	13.4	14.9	18.3
盘锦	50.9	35.4	31.6	15.5	12.8	15.4
铁岭	46.6	32.5	30.1	14.1	11.2	17.2
朝阳	47.3	35.4	33.1	11.9	11.5	14.5
葫芦岛	46.2	33.2	30.3	13.0	12.1	17.1

23—21 各地区失业保险情况

单位:万人

年份、地区	参保人数	企业	国有企业	集体企业	其他企业	事业单位	领取失业保险金人数
2000	694.0	638.4	415.6	164.2	24.8	54.5	18.2
2001	648.0	590.0	364.6	158.4	34.2	66.5	20.3
2002	591.1	517.2	315.7	128.4	37.7	73.9	82.0
2003	622.2	486.3	248.4	124.6	77.4	102.5	67.0
2004	616.2	467.3	214.0	120.7	94.2	108.8	81.7
2005	607.7	454.6	204.4	119.2	93.9	108.9	46.5
2006	614.1	456.3	209.2	116.1	92.8	109.0	25.9
2007	622.1	458.9	209.3	115.9	93.9	106.2	19.6
2008	622.7	472.1	199.9	117.1	111	99.4	15.7
2009	625.3	473.8	207.3	112.5	125.5	97.0	13.4
沈阳	123.5	90.5	31.8	24.1	25.6	17.5	3.0
大连	106.6	72.6	22.1	7.8	33.6	17.6	1.8
鞍山	63.4	53.4	33.7	15.6	3.2	6.9	1.5
抚顺	52.9	48.7	20.2	15.7	12.4	1.0	1.1
本溪	39.2	30.1	14.7	9.8	5.6	4.1	1.2
丹东	26.8	19.4	4.6	4.2	9.8	6.4	0.5
锦州	38.0	30.5	19.2	6.4	4.1	7.3	0.3
营口	21.6	16.1	4.8	2.6	3.6	5.0	0.3
阜新	23.0	17.1	6.9	7.2	2.9	4.6	0.2
辽阳	20.7	17.1	6.2	3.3	6.7	3.4	0.5
盘锦	25.4	21.6	13.9	0.5	7.3	3.3	0.1
铁岭	28.3	19.6	10.6	7.8	0.8	6.9	0.2
朝阳	23.8	14.2	5.1	2.3	6.6	7.2	2.1
葫芦岛	25.4	16.8	7.6	5.3	3.1	5.3	0.4

23—22 各地区基本医疗保险情况

年份、地区	年末参保人数(万人)			基金收支情况(亿元)	
	合计	在职职工	退休人员	基金收入	基金支出
2000	108.1	71.5	36.6	6.9	
2001	304.3	216.9	87.4	10.7	
2002	619.0	430.3	188.7	27.1	15.5
2003	697.6	480.4	217.2	37.5	26.3
2004	783.7	536.4	247.3	53.3	39.8
2005	864.2	584.2	280.0	68.2	55.2
2006	959.3	651.9	307.4	89.4	66.6
2007	1 087.8	741.3	346.5	112.7	84.2
2008	1 209.3	822.8	386.5	148.9	108.5
2009	1 347.0	902.6	444.5	191.3	144.3
沈阳	307.5	195.4	112.1	46.8	39.3
大连	316.4	245.1	71.3	43.0	39.8
鞍山	105.8	60.8	45.1	14.1	8.4
抚顺	70.0	40.6	29.4	10.5	5.0
本溪	55.9	34.3	21.5	8.5	7.0
丹东	67.1	43.5	23.6	6.3	5.3
锦州	74.1	43.1	31.0	8.4	6.3
营口	58.7	39.3	19.3	6.7	4.0
阜新	44.8	27.6	17.2	4.6	3.4
辽阳	53.4	36.2	17.2	7.2	5.0
盘锦	40.3	31.1	9.3	8.4	6.0
铁岭	56.3	39.5	16.9	8.4	5.3
朝阳	43.8	29.9	13.9	8.4	2.9
葫芦岛	43.4	29.8	13.6	7.3	4.4

注:支出为医院(药店)实际发生额。

主要统计指标解释

社会福利事业单位 指集中收养社会孤老、残、幼的机构,包括由民政部门管理的社会福利院、儿童福利院、精神病人福利院和城镇集体举办的福利院及农村集体举办的敬老院以及优抚医院和具有收养能力的社区服务中心等。该指标主要反映我国在社会福利性单位投入的水平。

社会福利事业单位收养人数 包括民政部门管理和城镇、农村集体举办的社会福利事业单位中收养的老人、少年儿童、缺乏生活自理能力的残疾人员和精神病人。该指标主要反映收养性社会福利单位的收养能力。

社会福利企业单位 指以安置城镇有一定劳动能力的盲、聋、哑和肢体残疾人员就业为目的,享受国家减免税待遇的国有或集体企业。包括福利工厂、福利商业和服务业、假肢厂和安置农场等单位。该指标主要反映我国对残疾人照顾的特殊政策。

农村五保户 指农村中既无劳动能力,又无经济来源的老、弱、孤、残的农民,其生活由集体供养,实行保吃、保穿、保住、保医、保葬(孤儿保教),简称"五保",享受五保待遇的家庭叫五保户。该指标主要反映农村弱势群体的人员数量。

离婚率 指当年离婚人数占年平均人口的比重,计算公式为:

$$离婚率 = 当年离婚对数 \times 2 / 年平均人口数 \times 1000‰$$

聋儿入普幼普小率 指本年度内进入普通幼儿园、普通小学的聋儿数与在训聋儿数(不含当年新收训聋儿数)之比。该指标主要反映经过康复训练的聋儿进入普通幼儿园和普通小学的情况。

综合防治康复精神病人数 指在开展精神病防治康复工作地区,采取不同形式,接受综合性防治康复措施、开放式管理的精神病人数。该指标主要反映精神病患者接受治疗康复情况。

监护率 指通过监护小组、家庭病床、工疗站、社会就业以及精神卫生机构,接受社会化、综合性、开放式治疗与康复的精神病人占经调查摸底、登记在册的精神病人数的百分比。该指标主要反映对精神病患者落实治疗康复措施的情况。

精神病人社会参与率 指生活能自理,并参加生产劳动和社会生活的精神病人数占监护精神病人数的百分比。该指标主要反映精神病人康复状况和参与社会的情况。

未入学适龄残疾儿童少年 指根据义务教育法规定应接受义务教育,但因各种原因未能入学的适龄视力残疾、听力与言语残疾、智力残疾、肢体残疾、精神残疾、多重残疾儿童少年。适龄残疾儿童少年的年龄段参照各省级人民政府依照义务教育法规定的入学年龄。该指标主要反映因各种原因未能入学的适龄残疾儿童的年度变化,为制定残疾儿童义务教育发展规划及其应采取的方针、政策和措施提供依据,同时为各地开展资助残疾儿童就学工作提供依据。

律师 指依法取得律师执业证书,担任法律顾问,民事(刑事、行政)案件代理人、刑事案件辩护人、办理非诉讼业务,解答法律询问,代写法律事务文书等,为社会提供法律服务的人员。

公证人员 指在公证处工作的人员总称,包括公证处主任、副主任、公证员、公证员助理(助理公证员)和其他从事辅助性工作的人员。

公证文书 指公证处根据当事人申请,依照事实和法律,按照法定程序制作的,具有法律效力的司法证明文书。根据公证书用途和使用地,公证书分为国内公证书、国内经济公证书、涉外民事公证书、涉外经济公证书四类。

调解员 指在人民调解委员会担负调解民间纠纷工作的人员,包括调解委员会的委员和调解小组的调解员。该指标主要反映从事人民调解工作的人员数量。

调解民间纠纷 指调解委员会按照法律规定,根据自愿原则,用说服教育的方法调解民间发生的有关民事权利和义务争执的件数,包括调解成功数和调解未成功数。该指标主要反映人民调解委员会的工作量。

立案 指人民检察院对受理的报案、控告、举报或自首及自行发现的犯罪线索、犯罪嫌疑人进行初步调查后,认为存在职务犯罪事实和应追究刑事责任,并决定作为刑事案件进行侦查的诉讼活动,是追究犯罪的开始。该指标主要反映人民检察院依法将职务犯罪线索作为刑事案件进行侦查的诉讼活动。

大案 指贪污、贿赂案数额在5万元以上,挪用公款案数额在10万元以上,集体私分、巨额财产来源不明、隐瞒境外存款案数额在50万元以上以及按照《人民检察院直接受理的渎职、侵权重、特大案件标准(试行)》认定的案件。该指标主要反映人民检察院立案查办的职务犯罪案件中经济损失大、社会危害严重的案件。

要案 指县、处级以上干部的犯罪案件。该指标主要反映国家工作人员中县、处级以上干部因职务犯罪被人民检察院依法立案侦查的情况。

决定逮捕 指人民检察院对直接受理、自行侦查的案件,认为需要逮捕犯罪嫌疑人时,依据法律做出的逮捕决定。该指标主要反映人民检察院对直接受理的案件行使决定逮捕权的情况。

批准逮捕 指人民检察院对公安机关、国家安全机关、监狱管理机关提出逮捕的犯罪嫌疑人进行审查,根据事实,依法做出逮捕决定。该指标主要反映人民检察院对提请逮捕机关提请逮捕犯罪嫌疑人进行审查后依法做出批准逮捕决定的情况。

决定起诉 指人民检察院对公安机关、国家安全机关、监狱管理机关和检察机关内设机构反贪污贿赂部门等移送起诉的案件进行审查,根据事实,做出提起公诉的案件。该指标主要反映人民检察院对各种刑事案件向人民法院提起公诉的情况。

申诉 指经检察机关信访部门审查处理后，移送到检察机关申诉部门的申诉案件，包括不服检察机关处理决定和不服法院刑事判决和裁定的申诉的案件。

受理劳动争议案件数 指劳动争议仲裁委员会根据国家有关规定，对劳动争议当事人的申请予以审查，符合受理条件而正式立案、准备处理的劳动争议案件数。

基本养老保险

1.（参保）职工人数：指报告期末按照国家法律、法规和有关政策规定参加基本养老保险并在社保经办机构已建立缴费记录档案的职工人数，包括中断缴费但未终止养老保险关系的职工人数，不包括只登记未建立缴费记录档案的人数。

2.（参保）离退休人员人数：指报告期末参加基本养老保险的离休、退休和退职人员的人数。

3. 基本养老保险基金收入：指根据国家有关规定，由纳入基本养老保险范围的缴费单位和个人按国家规定的缴费基数和缴费比例缴纳的养老保险基金，以及通过其他方式取得的形成基金来源的收入。包括单位和职工个人缴纳的基本养老保险费、基本养老保险基金利息收入、上级补助收入、下级上解收入、转移收入、财政补贴和其他收入。

4. 基本养老保险基金支出：指按照国家政策规定的开支范围和开支标准从养老保险基金中支付给参加基本养老保险的离休、通休、退职人员个人的养老金、丧葬抚恤补助，以及由于保险关系转移、上下级之间调剂资金等原因而发生的支出。包括离休金、退休金、退职金、各种补贴、医疗费、死亡丧葬补助费、抚恤救济费、社会保险经办机构管理费、补助下级支出、上解上级支出、转移支出、其他支出等。

5. 基本养老保险基金累计结余：指截止报告期末基本养老保险基金收支相抵后的累计余额。

离休、退休、退职人员 指正式办理了离休、退休、退职手续，并享受相应的离休、退休、退职待遇的人员。

基本医疗保险

1. 参保人数：指报告期末按国家有关规定参加基本医疗保险的人数。包括参加保险的职工人数和退休人员人数。

2. 基金收入：指根据国家有关规定，由纳入基本医疗保险范围的缴费单位和个人，按国家规定的缴费基数和缴费比例缴纳的基金，以及通过其他方式取得的形成基金来源的款项，包括：单位缴纳的社会统筹基金收入、个人缴纳的个人账户基金收入、财政补贴收入、利息收入、其他收入。

3. 基金支出：指按照国家政策规定的开支范围和开支标准从社会统筹基金中支付给参加基本医疗保险的职工和退休人员的医疗保险待遇支出，和从个人帐户基金中支付给参加基本医疗保险的职工和退休人员的医疗费用支出，以及其他支出。包括：住院医疗费用支出、门急诊医疗费用支出、个人账户基金支出、其他支出。

4. 基金累计结余：指截止报告期末基本医疗保险的社会统筹和个人帐户基金累计结余金额。包括银行存款、财政专户、债券投资和其他。

失业保险

1. 参保人数：指报告期末按照国家法律、法规和有关政策规定参加了失业保险的城镇企业事业单位的职工及地方政府规定参加失业保险的其他人员的人数。

2. 失业保险基金收入：指按照规定从企业、事业及其他单位筹集的失业保险费及其他并入失业保险基金收入的总额。包括单位和个人缴纳的失业保险费、失业保险基金利息收入、上级补助收入、下级上解收入、转移收入、财政补贴和其他收入。

3. 失业保险基金支出：指报告期内为保障失业人员和下岗职工基本生活、促进其再就业等支出的基金总额。包括失业救济金、医疗费、死亡丧葬补助费、抚恤救济费、转业训练费支出、失业保险经办机构管理费、补助下级支出、上解上级支出、转移支出和其他支出。

4. 基金累计结余：指截止报告期末失业保险基金收支相抵后的累计余额。

工伤保险

1. 参加保险人数：指报告期末依据国家有关规定参加工伤保险的职工人数。

2. 享受保险待遇人数：指劳动者因工负伤致残、死亡或因患职业病致残，根据有关规定享受工伤保险待遇职工或供养直系亲属人数。包括伤残人数、职业病人数、因工死亡人数、供养直系亲属人数。

3. 基金收入：指根据国家有关规定，由参加工伤保险的单位按国家规定的缴费基数和缴费比例缴纳的工伤保险基金，以及通过其他形式取得的形成基金来源的款项。包括：单位缴纳的社会统筹基金收入、财政补贴收入、利息收入、其他收入。

4. 基金支出：指按照国家政策规定的开支范围和开支标准从工伤保险基金中支付给参加工伤保险的人员及供养直系亲属工伤保险待遇支出及其他支出。包括工伤医疗费、伤残补助金、工亡补助金、护理费、丧葬补助费、工伤预防费用、职业康复费用和其他支出。

5. 基金累计结余：指截止报告期末工伤保险基金累计结余金额。包括银行存款、财政专户、债券投资和其他。

生育保险

1. 参保人数：指报告期末依据有关规定参加生育保险的职工人数。

2. 基金收入：指根据国家有关规定，由参加生育保险的单位按照国家规定的缴费基数和缴费比例缴纳的生育保险基金，以及通过其他方式取得的形成基金来源的款项，包括：单位缴纳的基金收入、利息收入和其他收入。

3. 基金支出：指按照国家政策规定的开支范围和开支标准，从生育保险基金中支付给参加生育保险的职工，因妊娠、分娩和计划生育手术而享受的待遇及其他支出。包括：生育津贴、医疗费用支出及其他支出。

4. 基金累计结余:指截止报告期末生育保险基金累计结余金额。包括银行存款、财政专户、债券投资和其他。

离休、退休、退职人员保险福利费用 指离休、退休、退职人员实际得到的生活费用总额,包括从社会保险经办机构和单位得到的费用。

1. 离休金:指按规定支付给离休人员的生活费用。

2. 退休金:指按规定支付给退休人员的生活费用。

3. 退职生活费:指按规定支付给退职人员的生活费用。

4. 医疗卫生费:指单位直接支付给离休、退休、退职人员的医疗费、住院费以及住院伙食补助等费用。

5. 其他:指离休金、退休金、退职生活费和医疗卫生费以外的其他保险福利费用,如丧葬抚恤救济费、生活补贴、物价补贴、冬季取暖补贴等。

附录

各省、市、县区经济指标比较

附录

GESHENG
SHIXIANQU
JINGJI
ZHIBIAO
BIJIAO

附录1　2009年各省(市、区)主要经济指标

地区	地区生产总值				第一产业增加值		第二产业增加值	
	绝对值(亿元)	位次	比上年增长(%)	位次	绝对值(亿元)	位次	绝对值(亿元)	位次
全国	**335 352.9**		**8.7**		**35 477.0**		**156 957.9**	
北京	11 865.9	13	10.1	23	118.3	28	2 743.2	23
天津	7 500.8	20	16.5	2	131.0	26	4 110.5	16
河北	17 026.6	6	10.0	25	2 218.9	4	8 874.9	6
山西	7 365.7	21	5.5	31	477.6	24	4 021.2	17
内蒙古	9 725.8	15	16.9	1	929.0	18	5 101.4	13
辽宁	15 065.6	7	13.1	10	1 414.9	11	7 821.7	7
吉林	7 203.2	22	13.3	8	980.5	17	3 492.0	20
黑龙江	8 288.0	16	11.1	21	1 154.3	14	3 920.4	18
上海	14 900.9	8	8.2	29	113.8	29	5 940.0	9
江苏	34 061.2	2	12.4	13	2 201.6	5	18 416.1	3
浙江	22 832.4	4	8.9	28	1 161.7	13	11 843.3	4
安徽	10 052.9	14	12.9	12	1 495.6	9	4 902.8	14
福建	11 949.5	12	12.0	16	1 182.9	12	5 812.4	11
江西	7 589.2	19	13.1	10	1 098.3	15	3 890.3	19
山东	33 805.3	3	11.9	17	3 226.6	1	19 035.0	2
河南	19 367.3	5	10.7	22	2 769.0	2	10 968.6	5
湖北	12 831.5	11	13.2	9	1 795.9	8	5 909.4	10
湖南	12 930.7	10	13.6	6	1 969.7	7	5 682.2	12
广东	39 081.6	1	9.5	27	2 006.0	6	19 270.5	1
广西	7 700.4	18	13.9	5	1 458.7	10	3 377.7	22
海南	1 646.6	28	11.7	18	461.9	25	443.4	30
重庆	6 528.7	23	14.9	3	606.8	21	3 447.5	21
四川	14 151.3	9	14.5	4	2 240.6	3	6 711.9	8
贵州	3 893.5	26	11.2	20	554.0	22	1 474.3	27
云南	6 168.2	24	12.1	15	1 064.0	16	2 580.3	24
西藏	441.4	31	12.4	13	64.0	31	136.2	31
陕西	8 186.7	17	13.6	6	789.6	19	4 312.1	15
甘肃	3 382.4	27	10.0	25	497.5	23	1 511.0	26
青海	1 081.3	30	10.1	23	107.4	30	576.3	29
宁夏	1 334.6	29	11.6	19	127.1	27	680.2	28
新疆	4 273.6	25	8.1	30	759.7	20	1 951.9	25

注:1. 地区生产总值绝对值按现价计算,速度按不变价计算。
2. 工业增加值统计范围是全部国有及规模以上非国有工业企业。
3. 本部分数据为各地(含我省)快报数,与年报略有出入。

附录1续表1

地区	第三产业增加值		人均生产总值			
	绝对值（亿元）	位次	绝对值（元）	位次	比上年增长（%）	位次
全国	**142 918.0**		**25 188**		**8.2**	
北京	9 004.5	5	68 788	2	6.2	30
天津	3 259.3	16	62 403	3	11.1	17
河北	5 932.8	7	24 284	12	9.3	25
山西	2 867.0	19	21 544	17	5.0	31
内蒙古	3 695.4	14	40 225	7	16.5	1
辽宁	5 829.0	8	34 898	9	12.9	9
吉林	2 730.7	21	26 319	11	13.1	5
黑龙江	3 213.3	17	21 665	16	11.0	18
上海	8 847.2	6	78 225	1	6.4	29
江苏	13 443.4	2	44 232	5	11.7	12
浙江	9 827.5	4	44 335	4	7.7	27
安徽	3 654.5	15	16 391	26	12.8	10
福建	4 954.2	13	33 051	10	11.3	14
江西	2 600.6	22	17 185	25	12.3	11
山东	11 543.7	3	35 796	8	11.3	15
河南	5 629.7	9	20 477	19	10.0	22
湖北	5 126.2	12	22 450	14	13.0	7
湖南	5 278.8	10	20 226	20	13.1	5
广东	17 805.1	1	40 748	6	8.4	26
广西	2 863.9	20	15 923	27	12.9	8
海南	741.2	28	19 166	23	10.5	20
重庆	2 474.4	24	22 916	13	14.1	2
四川	5 198.8	11	17 339	24	14.0	3
贵州	1 865.2	25	10 258	31	10.7	19
云南	2 523.9	23	13 536	29	11.4	13
西藏	241.2	31	15 295	28	11.2	16
陕西	3 084.9	18	21 732	15	13.3	4
甘肃	1 373.9	27	12 852	30	9.4	24
青海	397.5	30	19 454	22	9.6	23
宁夏	527.2	29	21 475	18	10.3	21
新疆	1 562.0	26	19 926	21	6.5	28

附录1 续表2

地区	全社会固定资产投资				城镇固定资产投资额			
	绝对值（亿元）	位次	比上年增长（%）	位次	绝对值（亿元）	位次	比上年增长（%）	位次
全国	**224 845.6**		**30.1**		**194 138.62**		**30.5**	
北京	4 616.9	23	21.0	26	4 149.63	23	17.9	29
天津	4 738.5	22	39.8	5	4 446.83	22	40.1	7
河北	12 267.0	6	38.4	9	10 472.25	5	40.3	6
山西	4 943.2	21	40.0	3	4 509.56	21	41.2	2
内蒙古	7 318.9	12	33.7	14	7 144.35	11	34.1	13
辽宁	13 074.9	4	30.5	19	11 605.17	3	30.7	19
吉林	6 411.3	14	27.2	22	5 958.62	14	29.7	21
黑龙江	5 029.2	20	37.6	11	4 696.08	19	40.0	8
上海	5 143.7	19	6.6	31	4 718.76	18	7.1	31
江苏	18 950.0	2	23.9	23	14 266.88	2	22.9	24
浙江	10 741.6	8	15.2	30	7 453.64	9	13.8	30
安徽	8 985.8	9	33.2	15	7 940.55	8	33.5	15
福建	6 231.2	16	19.7	28	5 548.61	16	20.6	26
江西	6 642.4	13	40.0	4	6 006.69	13	38.9	10
山东	19 034.5	1	23.3	24	15 439.10	1	23.2	23
河南	13 704.6	3	30.6	18	11 455.01	4	31.3	17
湖北	7 866.9	10	39.3	7	7 183.68	10	39.5	9
湖南	7 703.5	11	39.2	8	6 880.09	12	41.0	5
广东	12 941.5	5	19.1	29	10 238.46	6	18.5	28
广西	5 237.2	17	39.4	6	4 689.88	20	41.0	4
海南	988.2	29	40.1	2	942.57	29	41.1	3
重庆	5 214.3	18	31.0	17	4 855.11	17	30.7	20
四川	11 387.3	7	59.8	1	9 061.43	7	42.4	1
贵州	2 401.7	26	28.8	21	2 040.02	27	26.8	22
云南	4 526.4	24	31.7	16	4 117.53	24	32.6	16
西藏	379.4	31	22.4	25	328.66	31	21.2	25
陕西	6 249.0	15	35.4	13	5 890.47	15	37.4	12
甘肃	2 363.0	27	38.0	10	2 076.38	26	37.4	11
青海	798.3	30	36.9	12	689.12	30	34.1	14
宁夏	1 075.9	28	29.8	20	964.16	28	31.1	18
新疆	2 710.9	25	20.0	27	2 418.51	25	19.4	27

附录1 续表3

地区	农村固定资产投资				房地产开发投资额			
	绝对值（亿元）	位次	比上年增长（%）	位次	绝对值（亿元）	位次	比上年增长（%）	位次
全国	**30 707.0**		**27.5**		**36 231.7**		**16.1**	
北京	467.3	15	59.1	2	2 337.7	5	22.5	14
天津	291.6	25	35.9	9	735.2	21	12.5	22
河北	1 794.7	7	27.9	13	1 517.2	10	39.9	4
山西	433.6	17	28.8	12	477.3	24	46.1	1
内蒙古	174.5	27	17.6	25	815.5	17	9.6	25
辽宁	687.4	10	-39.5	31	2 640.6	3	28.1	11
吉林	452.6	16	1.4	30	756.3	19	18.0	18
黑龙江	333.1	23	10.6	27	563.9	23	28.2	10
上海	424.9	18	1.6	29	1 464.2	11	2.0	27
江苏	4 683.1	1	26.9	16	3 338.6	1	1.0	28
浙江	3 288.0	3	18.6	24	2 253.6	6	11.4	23
安徽	1 045.2	8	30.9	11	1 667.5	7	22.4	15
福建	682.6	12	12.6	26	1 136.3	14	0.6	30
江西	635.7	13	51.3	4	634.5	22	15.9	19
山东	3 595.4	2	23.7	20	2 428.7	4	19.1	16
河南	2 249.6	6	27.1	15	1 553.8	9	28.8	9
湖北	683.2	11	37.1	7	1 200.4	13	34.5	6
湖南	823.4	9	25.9	17	1 084.7	15	13.5	21
广东	2 703.1	4	21.3	22	2 961.3	2	0.4	31
广西	547.4	14	27.2	14	813.7	18	29.7	8
海南	45.6	31	22.0	21	287.9	26	44.3	2
重庆	359.2	21	36.2	8	1 238.9	12	25.0	12
四川	2 325.8	5	203.7	1	1 586.8	8	9.3	26
贵州	361.7	20	41.8	6	369.7	25	18.8	17
云南	408.9	19	24.1	19	737.5	20	32.2	7
西藏	50.8	30	31.3	10	15.7	31	14.4	20
陕西	358.5	22	9.3	28	943.7	16	23.8	13
甘肃	286.6	26	41.9	5	204.1	28	9.9	24
青海	109.2	29	57.7	3	72.8	30	42.3	3
宁夏	111.7	28	20.0	23	162.7	29	38.4	5
新疆	292.4	24	24.8	18	230.8	27	1.0	29

附录1续表4

地区	地方财政一般预算收入		居民消费价格指数(上年=100)			
	绝对值(亿元)	位次	绝对值(%)	位次	比上年增长(%)	位次
全国	**32 580.7**		**99.3**		**-0.7**	
北京	2 026.8	6	98.5	27	-1.5	27
天津	821.4	15	99.0	24	-1.0	24
河北	1 066.2	10	99.3	21	-0.7	21
山西	805.8	16	99.6	17	-0.4	17
内蒙古	850.8	13	99.7	13	-0.3	13
辽宁	1 591.0	7	100.0	11	0.0	11
吉林	487.1	24	100.1	10	0.1	10
黑龙江	641.6	21	100.2	9	0.2	9
上海	2 540.3	3	99.6	15	-0.4	15
江苏	3 228.6	2	99.6	18	-0.4	18
浙江	2 142.4	5	98.5	26	-1.5	26
安徽	863.9	12	99.1	23	-0.9	23
福建	932.3	11	98.2	29	-1.8	29
江西	581.2	23	99.3	20	-0.7	20
山东	2 198.5	4	100.0	12	0.0	12
河南	1 126.1	9	99.4	19	-0.6	19
湖北	800.4	17	99.6	16	-0.4	16
湖南	845.0	14	99.6	14	-0.4	14
广东	3 649.2	1	97.7	31	-2.3	31
广西	620.8	22	97.9	30	-2.1	30
海南	178.2	28	99.3	22	-0.7	22
重庆	655.6	20	98.4	28	-1.6	28
四川	1 174.2	8	100.8	4	0.8	4
贵州	416.5	25	98.7	25	-1.3	25
云南	698.2	19	100.4	8	0.4	8
西藏	30.1	31	101.4	2	1.4	2
陕西	733.9	18	100.5	7	0.5	7
甘肃	286.7	27	101.3	3	1.3	3
青海	87.7	30	102.6	1	2.6	1
宁夏	111.5	29	100.7	5	0.7	5
新疆	388.8	26	100.7	6	0.7	6

附录1续表5

地区	农林牧渔业总产值				粮食		油料	
	绝对值（亿元）	位次	比上年增长（%）	位次	绝对量（万吨）	位次	绝对量（万吨）	位次
全国	**60 361.0**		**4.6**		**53 082.1**		**3 154.3**	
北京	315.0	26	5.5	8	124.8	28	1.8	30
天津	281.7	28	3.7	25	156.3	27	0.5	31
河北	3 640.9	5	3.2	28	2 910.2	7	143.3	8
山西	908.7	22	4.4	22	942.0	21	17.0	25
内蒙古	1 570.6	18	2.4	30	1 981.7	12	119.6	9
辽宁	2 704.6	9	3.3	27	1 591.0	13	55.3	15
吉林	1 734.3	15	5.3	12	2 460.0	9	50.4	17
黑龙江	2 251.1	12	5.4	9	4 353.0	2	28.2	23
上海	283.2	27	-0.5	31	121.7	29	3.4	29
江苏	3 816.0	3	4.6	20	3 230.1	4	162.2	7
浙江	1 873.4	14	2.4	29	789.2	23	43.2	19
安徽	2 569.5	10	5.5	7	3 069.9	6	240.3	5
福建	2 001.2	13	5.0	17	666.9	24	26.3	24
江西	1 733.8	16	4.6	19	2 002.6	11	102.0	10
山东	6 003.1	1	4.3	23	4 316.3	3	334.5	2
河南	4 871.5	2	4.5	21	5 389.0	1	533.0	1
湖北	2 985.2	8	5.4	10	2 309.1	10	314.1	3
湖南	3 207.9	7	5.2	13	2 902.7	8	179.2	6
广东	3 337.6	6	5.0	16	1 314.5	16	84.6	11
广西	2 377.2	11	5.4	11	1 463.2	15	42.1	20
海南	705.0	25	7.2	2	187.6	26	9.1	27
重庆	913.1	21	6.4	3	1 137.2	19	40.5	21
四川	3 689.8	4	4.2	24	3 194.6	5	261.8	4
贵州	875.2	24	4.6	18	1 168.3	17	78.7	12
云南	1 706.2	17	5.8	5	1 576.9	14	50.2	18
西藏	93.4	31	3.6	26	90.5	31	5.8	28
陕西	1 337.2	19	5.0	15	1 131.4	20	54.4	16
甘肃	876.3	23	5.8	6	906.2	22	58.5	14
青海	157.3	30	5.8	4	102.7	30	36.6	22
宁夏	243.5	29	8.2	1	340.7	25	13.6	26
新疆	1 297.6	20	5.1	14	1 152.0	18	63.9	13

附录1续表6

地区	蔬菜		水果		肉类合计		猪肉	
	绝对量（万吨）	位次	绝对量（万吨）	位次	绝对量（万吨）	位次	绝对量（万吨）	位次
全国	**61 823.8**		**20 395.5**		**7 649.9**		**4 890.5**	
北京	317.1	29	120.1	26	47.2	26	24.1	26
天津	373.9	27	67.0	29	39.5	27	25.7	25
河北	6 742.1	2	1 578.6	3	426.6	6	253.6	7
山西	893.1	23	449.2	18	69.8	24	50.7	22
内蒙古	1 380.6	15	208.7	24	234.0	14	68.6	21
辽宁	2 604.4	8	655.6	14	389.2	7	218.8	11
吉林	968.4	22	253.5	22	226.2	15	113.2	18
黑龙江	701.2	24	267.7	21	187.6	17	108.2	19
上海	394.1	26	104.7	28	26.4	29	17.3	28
江苏	3 837.8	4	715.7	11	344.4	11	204.5	13
浙江	1 764.8	12	712.4	12	170.4	19	128.2	17
安徽	2 028.1	11	745.8	8	362.5	10	229.8	10
福建	1 521.5	13	645.0	15	175.1	18	142.9	15
江西	1 088.6	20	497.5	16	276.0	13	210.8	12
山东	8 937.2	1	2 728.3	1	684.1	1	341.3	4
河南	6 370.4	3	2 228.1	2	615.0	3	389.6	3
湖北	2 979.6	6	725.8	9	367.0	9	279.9	5
湖南	2 844.2	7	715.7	10	476.3	4	395.4	2
广东	2 567.2	9	1 160.8	5	427.0	5	262.1	6
广西	2 063.1	10	1 010.7	7	371.3	8	232.3	8
海南	410.0	25	350.4	19	66.0	25	39.7	24
重庆	1 177.4	18	212.9	23	187.7	16	146.5	14
四川	3 227.3	5	689.5	13	632.8	2	474.2	1
贵州	1 079.5	21	119.7	27	169.6	20	140.1	16
云南	1 238.2	17	342.7	20	304.6	12	230.8	9
西藏	55.1	31	1.2	31	24.0	31	1.2	31
陕西	1 257.6	16	1 366.1	4	98.7	22	75.0	20
甘肃	1 145.4	19	459.9	17	82.9	23	45.8	23
青海	118.9	30	3.3	30	26.9	28	9.2	29
宁夏	354.0	28	202.4	25	25.6	30	9.2	30
新疆	1 383.2	14	1 056.3	6	115.4	21	22.0	27

附录1续表7

地区	牛肉		羊肉		奶类		原煤	
	绝对量（万吨）	位次	绝对量（万吨）	位次	绝对量（万吨）	位次	绝对量（万吨）	位次
全国	**635.5**		**389.5**		**3 734.6**		**297 300.0**	
北京	2.1	29	1.4	27	67.4	14	641.3	24
天津	3.6	25	1.5	26	68.7	12		27
河北	55.3	3	28.0	4	461.0	3	8 494.6	10
山西	4.8	24	5.6	19	74.1	11	59 354.0	2
内蒙古	47.4	4	88.2	1	934.0	1	60 058.5	1
辽宁	40.2	6	7.8	15	115.6	8	6 624.2	12
吉林	41.8	5	3.6	20	44.5	16	4 401.5	16
黑龙江	36.8	7	11.6	10	534.7	2	8 748.7	9
上海			0.5	31	23.3	21		27
江苏	3.3	26	7.5	16	55.4	15	2 397.4	21
浙江	1.0	30	1.7	25	19.9	23	13.2	26
安徽	17.5	11	13.8	8	20.1	22	12 848.6	7
福建	2.2	28	1.7	24	15.6	24	2 466.1	20
江西	10.9	18	1.1	28	11.2	26	2 982.5	19
山东	69.6	2	32.9	3	258.1	5	14 377.7	5
河南	84.0	1	25.9	5	301.3	4	23 018.1	4
湖北	17.0	12	7.8	14	28.3	19	1 058.5	23
湖南	15.7	13	11.0	11	7.7	29	6 572.9	13
广东	6.1	22	0.9	30	14.4	25		27
广西	13.4	16	3.2	22	8.1	27	519.7	25
海南	2.3	27	1.1	28	0.4	31	0.0	27
重庆	5.9	23	2.1	23	7.9	28	4 290.8	17
四川	28.9	9	24.3	6	68.7	13	8 997.3	8
贵州	11.4	17	3.2	21	4.5	30	13 690.7	6
云南	28.0	10	12.1	9	105.9	9	5 571.3	14
西藏	14.2	15	8.4	13	28.7	18		27
陕西	7.8	20	7.3	17	185.8	6	29 611.1	3
甘肃	15.1	14	15.6	7	37.7	17	3 875.6	18
青海	8.1	19	8.8	12	25.3	20	1 283.6	22
宁夏	7.3	21	6.8	18	81.1	10	5 509.5	15
新疆	33.9	8	43.8	2	125.2	7	7 646.0	11

附录1续表8

地区	发电量		生铁		粗钢		钢材	
	绝对量（亿千瓦小时）	位次	绝对量（万吨）	位次	绝对量（万吨）	位次	绝对量（万吨）	位次
全国	**37 146.5**		**54 374.8**		**56 803.3**		**69 626.3**	
北京	242.7	29	442.7	25	464.9	25	769.6	22
天津	415.8	27	1 763.4	9	2 124.2	7	4 079.5	5
河北	1 742.5	9	13 084.9	1	13 536.3	1	15 134.5	1
山西	1 873.8	7	3 127.5	5	2 648.5	5	2 288.4	8
内蒙古	2 242.4	5	1 381.3	13	1 261.9	14	1 294.9	17
辽宁	1 162.5	15	5 061.3	3	4 783.0	4	4 937.3	4
吉林	541.8	23	648.3	19	792.6	19	856.0	21
黑龙江	723.0	20	494.6	24	566.0	23	505.0	25
上海	778.2	19	1 787.5	8	2 032.2	8	2 181.4	10
江苏	2 928.4	1	4 590.2	4	5 489.9	2	7 859.7	2
浙江	2 246.3	4	536.0	22	1 045.6	17	2 359.4	7
安徽	1 320.2	12	1 661.6	10	1 759.7	10	2 112.0	12
福建	1 170.7	14	552.9	21	765.0	20	1 341.9	16
江西	532.9	24	1 447.0	12	1 620.9	11	1 647.4	14
山东	2 859.9	2	5 273.2	2	4 857.3	3	5 854.3	3
河南	2 055.5	6	1 944.6	7	2 329.0	6	2 882.5	6
湖北	1 818.1	8	1 956.7	6	1 985.3	9	2 172.3	11
湖南	1 028.0	16	1 380.5	14	1 436.6	13	1 503.6	15
广东	2 757.6	3	755.9	17	1 126.6	15	2 285.5	9
广西	944.5	17	967.7	16	1 000.0	18	1 174.9	18
海南	127.6	30	2.1	30	23.2	29	10.7	30
重庆	474.3	26	324.9	27	333.8	27	477.4	26
四川	1 578.8	10	1 532.6	11	1 509.1	12	1 830.6	13
贵州	1 380.0	11	374.8	26	343.1	26	337.6	27
云南	1 170.9	13	1 280.9	15	1 049.1	16	971.8	19
西藏	18.0	31	0.0	31	0.0	30	0.0	31
陕西	908.9	18	512.5	23	522.5	24	887.3	20
甘肃	696.7	21	612.1	20	626.4	21	644.5	24
青海	377.9	28	109.5	28	126.7	28	125.1	28
宁夏	479.9	25	36.2	29	0.0	30	38.0	29
新疆	549.1	22	731.6	18	625.0	22	687.3	23

附录1 续表9

地区	水泥 绝对量（万吨）	水泥 位次	农用化肥 绝对量（万吨）	农用化肥 位次	汽车 绝对量（万辆）	汽车 位次	主营业务收入 绝对值（亿元）	主营业务收入 位次
全国	**165 000.0**		**6 599.7**		**1 379.5**		**474 608.6**	
北京	1 077.4	25	0.2	30	127.1	1	10 606.3	15
天津	690.2	29	14.7	28	60.2	9	11 470.2	12
河北	10 611.5	5	214.4	13	51.4	11	21 213.0	8
山西	2 482.5	22	375.2	5	0.2	27	7 968.8	19
内蒙古	4 275.5	17	261.5	12	3.3	24	9 366.2	16
辽宁	4 693.4	15	82.1	19	50.9	12	24 322.9	6
吉林	3 673.1	18	20.3	27	110.6	6	8 007.9	18
黑龙江	2 598.0	21	59.6	24	28.4	16	6 612.3	21
上海	754.2	28	2.7	29	125.0	2	22 271.9	7
江苏	14 434.1	1	317.2	9	50.6	14	64 061.9	2
浙江	10 796.5	4	46.2	26	28.2	17	33 972.0	4
安徽	7 056.1	9	284.9	10	86.3	8	10 737.2	14
福建	5 446.5	13	59.7	23	13.5	18	14 438.6	10
江西	6 153.2	12	48.7	25	28.5	15	8 618.3	17
山东	14 036.7	2	864.9	1	55.8	10	64 463.1	1
河南	11 710.7	3	531.2	3	12.5	19	25 153.6	5
湖北	6 983.8	10	798.5	2	108.2	7	13 235.1	11
湖南	7 539.0	8	365.8	6	12.0	20	11 141.0	13
广东	10 028.9	6	61.7	21	113.1	5	56 467.7	3
广西	6 411.2	11	92.4	16	118.5	4	5 486.2	23
海南	925.7	27	60.6	22	9.2	21	886.7	30
重庆	3 611.0	19	150.4	15	118.7	3	5 796.8	22
四川	8 887.0	7	463.0	4	7.6	22	15 299.5	9
贵州	2 664.8	20	347.3	8	0.2	26	2 727.4	27
云南	4 868.4	14	355.2	7	7.3	23	4 367.2	24
西藏	187.7	31	0.0	31	0.0	29	42.5	31
陕西	4 464.7	16	86.8	18	50.7	13	6 985.4	20
甘肃	1 816.1	24	81.0	20	1.9	25	3 351.1	26
青海	610.0	30	277.9	11	0.0	29	939.6	29
宁夏	1 064.5	26	91.8	17	0.0	29	1 207.9	28
新疆	2 029.3	23	183.8	14	0.1	28	3 390.4	25

附录 1 续表 10

地区	税金总额		利润总额		资产总额		负债合计	
	绝对值（亿元）	位次	绝对值（亿元）	位次	绝对值（亿元）	位次	绝对值（亿元）	位次
全国	**21 129.2**		**25 890.8**		**470 700.8**		**278 667.5**	
北京	451.9	18	561.1	16	19 009.2	9	9 676.7	11
天津	338.4	23	612.1	15	11 619.6	14	7 584.2	13
河北	777.1	8	1 112.7	7	19 325.1	7	12 025.0	7
山西	588.7	14	339.8	22	15 330.2	12	10 365.4	10
内蒙古	534.2	16	653.2	13	11 491.6	15	7 163.9	15
辽宁	989.6	6	781.8	9	23 436.4	6	14 335.7	5
吉林	432.2	20	455.5	18	8 299.0	20	4 864.2	20
黑龙江	556.2	15	761.4	10	8 744.0	19	5 284.5	19
上海	940.8	7	1 246.0	6	24 278.2	5	12 895.4	6
江苏	2 137.2	2	3 198.2	2	51 430.9	1	30 341.5	1
浙江	1 283.6	4	1 742.5	5	38 224.1	4	23 576.9	3
安徽	516.2	17	416.4	20	11 458.8	16	7 181.7	14
福建	451.4	19	652.2	14	12 993.5	13	7 050.1	16
江西	392.9	21	402.6	21	6 494.3	22	3 741.6	24
山东	2 581.8	1	3 936.7	1	43 324.1	3	23 420.2	4
河南	1 212.5	5	2 062.3	4	19 096.0	8	11 003.7	8
湖北	697.6	11	675.8	12	16 145.5	11	9 003.4	12
湖南	715.6	10	488.5	17	9 396.4	18	5 732.8	18
广东	1 789.5	3	2 643.1	3	49 171.1	2	29 459.8	2
广西	299.2	24	196.8	25	6 484.3	23	4 165.6	22
海南	119.1	28	85.3	28	1 264.2	30	732.0	30
重庆	267.4	26	269.7	23	6 283.0	24	3 869.7	23
四川	729.1	9	794.3	8	16 771.9	10	10 655.3	9
贵州	257.7	27	153.2	26	4 864.6	26	3 245.8	26
云南	676.3	12	265.4	24	7 973.6	21	4 702.8	21
西藏	4.5	31	5.6	31	247.1	31	59.0	31
陕西	616.8	13	679.6	11	11 423.4	17	6 724.5	17
甘肃	294.0	25	140.8	27	4 849.9	27	2 995.5	27
青海	67.3	30	80.8	29	2 528.4	29	1 681.5	29
宁夏	71.2	29	57.3	30	2 589.2	28	1 767.0	28
新疆	339.2	22	420.3	19	6 153.3	25	3 362.0	25

附录1续表11

地区	总资产贡献率		资产保值增值率		资产负债率		成本费用利润率	
	绝对值（%）	位次	绝对值（%）	位次	绝对值（%）	位次	绝对值（%）	位次
全国	**12.9**		**114.2**		**59.2**		**5.9**	
北京	6.8	30	108.7	28	50.9	30	5.6	17
天津	10.4	25	115.2	15	65.3	5	5.7	14
河北	12.8	13	115.6	13	62.2	10	5.6	15
山西	8.4	28	112.2	23	67.6	2	4.5	28
内蒙古	13.8	10	125.1	2	62.3	9	7.9	8
辽宁	9.7	26	102.8	31	61.2	14	3.5	31
吉林	13.7	11	114.3	19	58.6	21	6.0	12
黑龙江	18.0	4	109.0	27	60.4	16	13.5	3
上海	11.1	21	109.6	26	53.1	29	6.0	13
江苏	13.1	12	113.5	22	59.0	18	5.3	20
浙江	10.6	24	113.5	21	61.7	12	5.4	19
安徽	10.9	22	126.0	1	62.7	8	4.1	29
福建	11.4	18	116.0	10	54.3	27	4.8	26
江西	16.0	6	123.9	4	57.6	24	5.2	21
山东	19.1	3	120.9	6	54.1	28	6.7	10
河南	21.8	1	118.3	8	57.6	23	9.1	7
湖北	11.1	20	114.9	16	55.8	25	5.6	17
湖南	16.5	5	115.8	12	61.0	15	5.0	22
广东	11.5	15	110.0	25	59.9	17	5.0	22
广西	10.8	23	115.8	11	64.2	6	3.8	30
海南	20.8	2	114.5	18	57.9	22	11.5	4
重庆	11.3	19	115.2	14	61.6	13	5.0	24
四川	12.3	14	120.8	7	63.5	7	5.6	15
贵州	11.5	16	117.4	9	66.7	3	6.2	11
云南	14.6	9	111.9	24	59.0	19	7.2	9
西藏	5.4	31	114.8	17	23.9	31	14.3	2
陕西	14.7	8	124.4	3	58.9	20	11.4	5
甘肃	11.5	17	108.4	29	61.8	11	4.6	27
青海	8.9	27	114.1	20	66.5	4	9.5	6
宁夏	7.7	29	121.8	5	68.2	1	5.0	25
新疆	15.4	7	107.7	30	54.6	26	15.1	1

附录 1 续表 12

地区	产品销售率		客运量		货运量		社会消费品零售总额	
	绝对值（%）	位次	绝对量（万人）	位次	绝对量（万吨）	位次	绝对值（亿元）	位次
全国	**97.5**		**2 976 898**		**2 780 628**		**132 678.4**	
北京	99.2	1	129 534	9	20 470	28	5 309.9	10
天津	97.2	14	23 337	26	42 324	23	2 430.8	23
河北	97.0	19	77 773	14	123 065	9	5 764.9	8
山西	96.4	23	36 474	23	109 534	12	2 809.0	18
内蒙古	96.6	20	22 077	27	113 916	11	2 855.3	17
辽宁	97.2	12	95 505	11	135 055	7	5 812.6	7
吉林	97.3	11	58 580	19	34 771	25	2 957.3	16
黑龙江	97.2	12	43 365	21	54 208	20	3 401.8	15
上海	98.9	2	9 571	30	76 669	17	5 173.2	11
江苏	98.1	7	200 713	4	152 581	5	11 484.1	3
浙江	97.2	16	199 068	5	151 566	6	8 622.3	4
安徽	97.1	18	141 229	7	196 654	2	3 527.8	14
福建	97.2	17	75 009	15	58 163	19	4 481.0	13
江西	98.7	3	70 496	16	86 057	15	2 484.4	21
山东	98.4	5	234 564	2	284 086	1	12 363.0	2
河南	97.8	8	144 203	6	169 942	3	6 746.4	5
湖北	97.2	14	94 334	12	78 984	16	5 928.4	6
湖南	98.6	4	140 572	8	128 921	8	4 913.7	12
广东	96.5	22	418 938	1	169 653	4	14 891.8	1
广西	95.7	25	68 593	17	94 466	13	2 790.7	19
海南	98.2	6	40 735	22	18 393	29	537.5	28
重庆	97.8	9	113 981	10	68 566	18	2 479.0	22
四川	97.6	10	220 020	3	118 253	10	5 758.7	9
贵州	94.5	28	64 918	18	34 803	24	1 247.3	25
云南	95.7	25	35 556	24	46 039	21	2 051.1	24
西藏	94.0	29	7 844	31	943	31	156.6	31
陕西	96.6	21	84 303	13	92 557	14	2 699.7	20
甘肃	96.2	24	49 968	20	26 605	27	1 183.0	26
青海	93.6	31	10 071	29	9 874	30	300.5	30
宁夏	94.0	30	12 629	28	29 242	26	339.3	29
新疆	94.8	27	29 886	25	45 046	22	1 177.5	27

附录1续表13

地区	社会消费品零售总额		进出口总额				出口总额	
	比上年增长（%）	位次	绝对值（亿美元）	位次	比上年增长（%）	位次	绝对值（亿美元）	位次
全国	**15.5**		**22 072.2**		**-13.9**		**12 016.6**	
北京	14.3	29	2 148.7	4	-20.9	20	483.8	7
天津	16.9	2	638.4	8	-20.6	19	298.9	9
河北	15.5	23	296.1	10	-22.9	22	156.9	10
山西	16.0	9	85.5	21	-40.6	30	28.4	24
内蒙古	15.9	17	67.7	25	-24.1	24	23.2	25
辽宁	15.5	23	629.3	9	-13.1	11	334.4	8
吉林	16.0	9	117.5	19	-11.9	9	31.3	23
黑龙江	16.2	7	162.2	13	-29.9	25	100.8	13
上海	13.0	31	2 777.5	3	-13.8	13	1 418.8	3
江苏	15.9	17	3 388.3	2	-13.6	12	1 992.4	2
浙江	14.5	28	1 877.3	5	-11.1	8	1 330.2	4
安徽	15.8	20	156.4	14	-22.5	21	88.9	15
福建	15.9	17	796.6	7	-6.1	5	533.3	6
江西	16.0	9	126.6	18	-7.0	6	73.6	17
山东	16.0	9	1 389.7	6	-12.3	10	795.0	5
河南	16.0	9	134.4	17	-23.1	23	73.5	18
湖北	16.0	9	172.3	12	-16.8	16	99.8	14
湖南	16.4	6	101.5	20	-19.1	18	54.9	19
广东	14.7	27	6 110.7	1	-10.8	7	3 589.6	1
广西	16.5	3	142.3	15	7.5	2	83.8	16
海南	16.0	9	48.1	26	6.3	3	13.1	27
重庆	15.5	23	77.1	24	-19.0	17	42.8	21
四川	16.5	3	242.3	11	9.6	1	141.5	11
贵州	16.0	9	23.0	28	-31.6	26	13.6	26
云南	16.2	7	80.2	23	-16.4	15	45.1	20
西藏	20.5	1	4.0	31	-47.5	31	3.8	30
陕西	16.5	3	84.0	22	0.9	4	39.9	22
甘肃	15.6	22	38.2	27	-37.3	28	7.4	29
青海	15.7	21	5.9	30	-14.9	14	2.5	31
宁夏	14.9	26	12.0	29	-36.0	27	7.4	28
新疆	13.1	30	138.3	16	-37.8	29	108.2	12

附录 1 续表 14

地　　区	出口总额		旅游外汇收入		城镇居民人均可支配收入			
	比上年增长（%）	位　次	绝对值（亿美元）	位　次	绝对值（元）	位　次	比上年增长（%）	位　次
全　　国	**-16.0**		**396.8**		**17 174.7**		**8.8**	
北　　京	-15.9	10	43.57	3	26 738.5	2	8.1	28
天　　津	-29.0	19	11.83	9	21 402.0	5	10.2	1
河　　北	-34.6	22	3.08	21	14 718.3	14	9.5	8
山　　西	-69.3	31	3.78	20	13 996.6	23	6.7	31
内 蒙 古	-35.5	24	5.58	16	15 849.2	9	9.8	4
辽　　宁	-20.5	14	18.56	7	15 761.4	10	9.5	7
吉　　林	-34.4	21	2.43	25	14 006.3	22	9.2	14
黑 龙 江	-40.0	25	6.39	14	12 566.0	29	8.5	24
上　　海	-16.1	11	47.44	2	28 837.8	1	8.1	29
江　　苏	-16.3	12	40.16	4	20 551.7	6	10.0	2
浙　　江	-13.8	7	32.24	5	24 610.8	3	8.3	27
安　　徽	-21.8	15	5.66	15	14 085.7	19	8.4	26
福　　建	-6.4	4	25.99	6	19 576.8	7	9.0	18
江　　西	-4.7	3	2.90	22	14 021.5	21	9.0	19
山　　东	-14.7	8	17.65	8	17 811.0	8	9.2	12
河　　南	-31.5	20	4.33	19	14 371.6	16	8.6	22
湖　　北	-14.8	9	5.10	18	14 367.5	17	9.2	11
湖　　南	-34.7	23	6.73	12	15 084.3	13	9.1	15
广　　东	-11.5	6	100.28	1	21 574.7	4	9.3	10
广　　西	14.0	1	6.43	13	15 451.5	12	9.2	13
海　　南	-17.6	13	2.77	24	13 750.9	25	9.1	16
重　　庆	-25.2	16	5.37	17	15 748.7	11	9.6	5
四　　川	7.8	2	2.89	23	13 839.4	24	9.5	6
贵　　州	-28.6	18	1.10	27	12 862.5	27	9.4	9
云　　南	-9.4	5	11.72	10	14 423.9	15	8.9	20
西　　藏	-46.9	29	0.79	28	13 544.4	26	8.5	23
陕　　西	-25.9	17	7.71	11	14 128.8	18	9.9	3
甘　　肃	-54.1	30	0.13	30	11 929.8	31	8.8	21
青　　海	-40.1	26	0.15	29	12 691.9	28	9.0	17
宁　　夏	-41.0	27	0.04	31	14 024.7	20	8.5	25
新　　疆	-43.9	28	1.37	26	12 257.5	30	7.2	30

附录1续表15

地区	农民人均纯收入				城镇居民家庭恩格尔系数		农村居民家庭恩格尔系数	
	绝对值（元）	位次	比上年增长（%）	位次	绝对值（%）	位次	绝对值（%）	位次
全国	**5 153.2**		**8.2**		**36.5**		**41.0**	
北京	11 668.6	2	9.4	6	33.2	28	31.6	30
天津	8 687.6	4	9.8	4	36.5	18	43.2	12
河北	5 149.7	12	7.4	25	33.6	25	35.7	27
山西	4 244.1	22	3.6	31	32.8	30	37.1	21
内蒙古	4 937.8	15	6.0	30	30.5	31	39.8	18
辽宁	5 958.0	9	6.8	28	38.0	13	36.7	22
吉林	5 265.9	10	6.8	29	33.3	27	35.1	28
黑龙江	5 206.8	11	7.2	26	35.3	21	31.4	31
上海	12 482.9	1	9.1	9	35.0	22	37.1	20
江苏	8 003.5	5	8.8	10	36.3	20	39.2	19
浙江	10 007.3	3	8.1	17	33.6	24	36.4	24
安徽	4 504.3	19	7.2	27	39.6	11	40.9	17
福建	6 680.2	7	7.8	23	39.7	10	45.9	8
江西	5 075.0	13	8.0	19	39.9	9	45.6	9
山东	6 118.8	8	8.5	14	32.9	29	36.6	23
河南	4 807.0	17	7.9	21	34.2	23	36.0	26
湖北	5 035.3	14	8.1	16	40.4	6	44.8	11
湖南	4 909.0	16	8.8	11	38.6	12	48.9	4
广东	6 906.9	6	7.9	20	36.9	17	48.3	6
广西	3 980.4	24	7.9	22	39.9	8	48.7	5
海南	4 744.4	18	8.1	18	44.7	2	53.1	1
重庆	4 478.4	20	8.5	13	37.7	15	49.1	3
四川	4 462.1	21	8.3	15	40.4	5	42.0	13
贵州	3 005.4	30	7.5	24	41.5	4	45.2	10
云南	3 369.3	28	8.6	12	43.7	3	48.2	7
西藏	3 531.7	26	11.2	1	50.7	1	49.6	2
陕西	3 437.6	27	9.6	5	37.3	16	35.1	29
甘肃	2 980.1	31	9.4	7	37.8	14	41.3	16
青海	3 346.2	29	9.3	8	40.4	7	36.3	25
宁夏	4 048.3	23	10.0	3	33.4	26	41.7	14
新疆	3 883.1	25	10.9	2	36.3	19	41.5	15

附录2 2009年 省 辖 市

指标名称	单位	沈阳		大连		鞍
		全市	市辖区	全市	市辖区	全市
人口、劳动力及土地资源						
土地面积	平方公里	12 980	3 471	12 574	2 415	9 252
年底总人口	万人	716.6	512.2	584.8	302.0	352.0
年平均人口	万人	715.0	510.6	584.1	300.2	351.7
出生人口	人	52 206	35 928	40 241	21 295	26 785
死亡人口	人	51 014	37 078	59 612	18 850	23 115
年底总户数	万户	247.61	179.34	205.55	109.97	116.87
年末单位从业人员数(城镇)	万人	105.22	98.68	93.97	81.48	39.75
第一产业	万人	0.78	0.56	0.90	0.33	0.70
第二产业	万人	41.22	40.31	48.14	42.74	21.11
第三产业	万人	63.22	57.81	44.93	38.41	17.94
城镇私营和个体从业人员	人	780 724	729 557	1 465 443	1 258 603	252 929
年末城镇登记失业人员数	人	77 492	70 396	67 206	42 609	31 525
地区生产总值						
地区生产总值	万元	42 685 137	36 672 242	43 495 050	30 204 529	17 304 740
第一产业	万元	2 070 681	685 994	3 134 421	877 693	825 683
第二产业	万元	21 274 319	17 952 219	21 272 484	13 930 169	9 135 064
#制造业	万元	17 967 046	14 951 479	18 251 803	11 561 726	7 725 223
第三产业	万元	19 340 137	18 034 029	19 088 145	15 396 667	7 343 993
人均地区生产总值	元	54 654	62 560	70 781	91 123	49 301
地区生产总值指数	上年=100	114.1	112.2	115.0	112.3	117.2
财政						
地方财政一般预算内收入	万元	3 202 070	2 952 074	4 002 340	3 409 222	1 231 230
其中:各项税收	万元	2 228 861	2 070 853	3 183 545	2 798 986	785 134
其中:企业所得税	万元	188 434	182 145	407 750	380 490	34 622
个人所得税	万元	86 929	83 834	158 294	147 933	17 546
地方财政一般预算内支出	万元	4 758 822	4 194 694	4 711 648	3 900 557	1 778 665
一般性公共服务支出	万元	596 837	500 761	609 873	486 113	211 171
科学技术支出	万元	136 292	134 909	185 188	181 470	15 862
教育支出	万元	663 651	525 019	585 612	424 663	218 652
文化体育与传媒支出	万元	170 362	164 629	76 564	65 496	54 454
医疗卫生支出	万元	339 487	290 113	224 577	197 097	104 052
环境保护支出	万元	80 228	60 044	75 010	70 198	36 000
城乡社区事务支出	万元	745 776	708 255	758 563	653 764	203 809
社会保障和就业支出	万元	849 287	818 681	767 597	659 988	436 442
社会保险基金支出	万元	1 627 778	1 627 778	1 752 400	1 463 200	481 121
金融						
年末金融机构存款余额	万元	66 574 455	64 266 273	68 747 790	61 542 845	16 749 734
其中:城乡居民储蓄年末余额	万元	29 485 416	27 640 997	29 306 487	23 738 351	10 206 374
年末金融机构各项贷款余额	万元	50 848 567	49 522 931	48 942 788	45 843 597	9 377 382

注:本表为2009年初步数。

基 本 情 况(地区数)

山	抚	顺	本	溪	丹	东	锦	州
市辖区	全 市	市辖区	全 市	市辖区	全 市	市辖区	全 市	市辖区
624	11 272	714	8 411	1 518	15 222	835	9 891	436
147.2	222.6	139.1	155.5	95.5	242.6	78.9	310.2	93.4
147.3	222.9	139.3	155.6	95.6	242.7	77.9	310.2	93.1
8 164	13 123	6 964	9 216	4 976	14 926	4 406	21 109	5 978
11 719	15 133	10 771	9 774	6 944	15 810	5 921	19 310	5 909
52.21	82.20	53.66	56.44	35.83	82.22	29.27	103.33	33.63
30.88	26.49	22.52	23.53	20.33	20.95	13.94	23.93	15.32
0.13	0.57	0.16	0.21	0.08	0.27	0.01	1.40	0.24
18.90	15.20	14.10	13.72	12.48	5.41	3.56	8.30	7.08
11.85	10.72	8.26	9.60	7.77	15.27	10.37	14.23	8.00
118 054	370 890	254 228	132 521	112 072	177 270	81 544	508 642	251 772
21 575	41 339	32 823	30 244	23 942	24 000	9 653	16 658	6 652
10 779 539	6 986 395	5 173 997	6 883 947	5 081 110	6 075 211	2 174 327	7 272 951	3 607 359
61 882	465 647	86 430	385 000	105 287	869 790	103 728	1 330 111	198 040
6 552 053	3 921 369	3 221 529	4 095 682	3 163 258	2 928 133	1 058 082	3 354 783	1 881 642
5 687 414	2 652 399	2 333 310	3 158 345	2 391 335	1 516 531	407 513	2 524 174	1 232 269
4 165 604	2 599 379	1 866 038	2 403 265	1 812 565	2 277 288	1 012 517	2 588 057	1 527 677
73 330	31 343	37 136	44 251	49 034	25 034	27 911	23 447	33 210
118.5	114.1	112.2	118.3	119.5	116.5	116.5	116.0	111.7
938 538	537 671	422 755	503 177	415 026	501 352	239 320	480 088	304 025
630 700	392 710	301 362	350 085	287 895	353 181	192 051	381 286	252 935
24 006	24 303	16 603	12 492	9 191	15 319	9 570	17 826	13 479
13 636	12 039	9 756	9 858	6 976	7 805	4 499	10 662	6 770
1 245 942	1 181 225	880 927	966 118	740 673	1 114 247	566 270	1 114 530	609 643
137 881	115 009	76 605	125 163	90 735	124 106	64 349	122 909	64 982
14 664	7 599	4 680	9 399	6 245	7 147	6 159	10 545	6 633
132 393	110 429	69 944	153 675	109 674	153 037	49 126	142 364	67 380
43 981	37 720	33 366	24 591	21 425	22 294	13 838	35 321	29 037
66 356	81 373	61 652	86 889	67 755	61 378	24 269	78 438	35 461
20 506	35 626	18 529	20 369	11 968	21 509	11 302	25 614	14 386
133 208	147 030	113 358	117 366	96 270	119 723	57 565	95 073	63 063
359 612	340 580	304 678	197 576	183 793	234 122	153 884	266 166	166 452
443 293	425 794	389 107	79 361	79 242	142 281	111 820	89 889	66 742
12 822 703	8 021 366	6 989 783	6 246 757	5 018 009	7 611 854	4 563 574	8 463 765	5 744 065
6 774 207	5 524 233	4 755 296	4 143 270	3 245 721	5 640 325	3 078 490	6 034 845	3 862 815
7 617 515	3 330 637	2 990 246	4 511 403	4 164 537	3 746 770	2 371 273	4 905 294	3 329 168

附录 2 续表 1

指标名称	单位	沈阳		大连		鞍
		全市	市辖区	全市	市辖区	全市
保 险						
保费收入	万元	1 111 280		1 163 311		391 924
其中:财产险	万元	278 394		328 789		104 102
人身险	万元	820 668		834 521		287 822
赔款、给付	万元	400 076		201 832		177 924
其中:财产险	万元	164 651		167 268		55 666
人身险	万元	227 309		34 564		122 258
工 业						
规模以上工业法人企业:	-					
工业企业数	个	5 247	4 041	4 985	3 019	2 282
内资企业	个	4 547	3 379	3 551	1 861	2 178
国有企业	个	150	134	87	69	40
私营企业	个	3 234	2 238	2 812	1 331	1 437
私营独资企业	个	1 084	692	773	223	623
私营股份有限公司	个	129	89	152	100	119
港、澳、台商投资企业	个	161	155	224	180	31
外商投资企业	个	539	507	1 210	978	73
工业总产值(当年价)	万元	76 370 998	64 224 231	63 301 908	46 792 459	20 493 072
内资企业	万元	59 117 461	47 454 517	40 511 460	27 770 223	19 618 137
国有企业	万元	4 391 473	4 332 354	2 604 404	2 251 925	6 254 877
私营企业	万元	32 544 628	22 260 658	13 759 166	4 268 352	9 133 471
私营独资企业	万元	7 450 385	4 500 346	3 273 005	570 020	3 337 458
私营股份有限公司	万元	1 645 808	1 041 939	656 599	268 927	888 895
港、澳、台商投资企业	万元	4 010 773	3 911 673	1 726 100	1 140 086	286 161
外商投资企业	万元	13 242 764	12 858 041	21 064 348	17 882 150	588 774
从业人员年平均人数	万人	85.85	67.64	89.83	60.94	34.98
流动资产合计	万元	24 971 705	23 521 856	36 102 780	32 953 330	10 225 159
固定资产合计	万元	22 575 341	18 906 933	22 792 627	18 758 632	9 681 899
主营业务收入	万元	74 433 773	62 394 108	61 197 693	45 330 576	21 487 120
主营业务成本	万元	63 494 975	53 535 210	51 221 687	37 874 226	17 932 726
主营业务税金及附加	万元	812 461	751 480	1 673 931	1 538 671	180 389
本年应交增值税	万元	2 296 866	1 909 652	971 714	766 726	772 664
利润总额	万元	3 829 812	2 908 880	3 002 540	2 147 103	1 376 882
交通运输						
铁路旅客运量	万人	3 982		2 063		736
铁路货物运量	万吨	431		2 669		1 979
民用汽车拥有量	辆	706 240		590 053		223 843
私人汽车拥有量	辆	459 264		398 023		143 696
公路客运量(全社会)	万人	23 316		14 460		5 102
公路货运量(全社会)	万吨	14 728		16 538		11 648

山	抚	顺	本	溪	丹	东	锦	州
市辖区	全市	市辖区	全市	市辖区	全市	市辖区	全市	市辖区
	220 610		159 197		199 206		185 603	
	43 928		31 031		36 872		49 058	
	176 682		128 166		162 334		136 545	
	74 590		52 241		64 884		56 830	
	32 027		23 026		27 176		30 523	
	42 563		29 215		37 708		26 307	
1 135	1 183	589	637	455	1 138	430	989	327
1 076	1 091	516	590	424	968	346	904	264
31	14	9	25	14	15	7	17	14
668	886	394	335	254	749	235	613	107
151	378	97	148	110	318	64	282	14
72	25	11	22	18	46	24	27	11
18	20	16	21	16	31	16	19	14
41	72	57	26	15	139	68	66	49
11 018 594	12 033 541	9 735 281	11 000 994	9 784 368	7 080 924	2 637 693	12 362 583	6 700 875
10 681 049	11 131 898	8 907 023	7 766 649	6 644 479	5 787 292	1 960 172	10 365 609	5 044 914
6 141 843	377 950	367 463	59 040	36 192	209 256	23 885	210 895	205 985
3 181 083	2 962 177	1 165 351	1 769 567	1 148 691	3 914 600	819 438	4 310 015	780 501
404 412	839 199	151 034	796 133	488 957	1 507 813	211 037	1 491 617	123 093
641 455	160 251	41 818	109 847	92 756	196 114	81 069	148 795	53 572
84 596	352 551	320 778	2 579 716	2 551 679	287 938	162 400	489 334	413 444
252 949	549 092	507 480	654 629	588 210	1 005 694	515 121	1 507 640	1 242 517
19.66	17.91	14.10	16.30	13.79	15.20	5.64	13.08	6.54
6 945 402	3 984 339	3 494 306	5 992 595	5 466 738	2 032 638	1 034 658	3 096 963	2 242 744
5 623 476	4 179 589	3 748 723	8 363 255	7 886 043	1 799 513	590 285	2 860 066	1 652 768
13 106 272	11 969 981	9 690 877	13 525 964	12 486 411	7 109 555	2 737 713	11 989 372	6 639 310
10 772 616	9 862 762	7 923 766	12 557 641	11 734 651	6 118 657	2 267 054	10 010 756	5 445 859
108 881	812 903	796 005	45 944	34 903	52 574	15 619	621 553	538 056
493 253	246 184	195 051	190 644	145 099	251 354	88 505	404 323	257 204
752 334	460 066	249 230	51 758	-65 835	444 747	130 676	870 798	310 606
	179		2 495		496		818	
	1 013		2 857		457		608	
	186 629		120 868		105 239		198 971	
	144 445		87 261		49 770		144 237	
	2 704		2 246		4 439		3 462.25	
	4 711		4 503		5 049		6 998	

附录2续表2

指标名称	单位	沈阳		大连		鞍
		全市	市辖区	全市	市辖区	全市
境内等级公路里程	公里	11 892		8 170		7 516
境内高速公路里程	公里	572		402		104
沿海港口货物吞吐量(规模以上)	万吨			27 203		
内河港口货物吞吐量(规模以上)	万吨					
水运客运量(全社会)	万人			457		
水运货运量(全社会)	万吨			8 398		
民用航空货邮运量	吨	53 900		60 615		
民用航空客运量	人	3 698 000		4 833 690		
邮电通信						
年末邮政局(所)数	处	208	138	243	137	105
邮政业务收入	万元	39 498		42 183		19 504
电信业务收入	万元	944 570		811 925		255 562
年末固定电话用户数	万户	336.60	287.82	303.34	202.26	135.81
年末移动电话用户数	万户	747.05	680.61	630.01	537.52	255.68
国际互联网用户数	户	1 283 000	1 244 510	1 231 956	1 047 198	431 700
能源电力						
综合能源消费量	万吨/标准煤	1 105	819	1 730	1 421	1 866
全社会用电量	万千瓦时	2 077 673	1 781 666	2 279 619	1 799 860	2 039 515
工业用电	万千瓦时	1 108 076	927 058	1 534 992	1 207 604	1 782 114
城乡居民生活用电	万千瓦时	417 246	357 218	298 624	214 224	132 039
贸易						
限额以上批发零售贸易业商品销售总额	万元	43 880 794	43 402 367	18 224 875	18 150 700	8 366 010
社会消费品零售总额	万元	17 785 858	16 304 021	13 967 483	11 468 651	4 359 517
限额以上批发零售企业数(法人数)	个	1 218	1 132	950	925	1 173
从业人员年平均人数	万人	8.2	7.8	6.0	5.8	1.8
流动资产合计	万元	8 466 601	8 391 200	7 648 241	7 612 781	2 046 177
固定资产合计	万元	1 110 327	1 071 463	919 073	901 731	381 827
主营业务收入	万元	37 703 966	37 300 674	17 420 507	17 350 086	7 002 079
主营业务成本	万元	35 697 517	35 315 855	16 093 394	16 036 670	6 483 041
主营业务税金及附加	万元	80 327	78 826	46 251	45 826	37 493
本年应交增值税	万元	230 701	229 050	223 609	222 464	125 775
利润总额	万元	279 759	272 171	433 368	429 623	288 729
外贸、外经						
货物进口额(海关数)	万美元	304 679		2 004 787		152 582
货物出口额(海关数)	万美元	352 349		2 215 560		103 906
当年新签项目(合同)个数	个	710	633	473	436	52
当年实际使用外资金额	万美元	541 039	522 639	601 697	545 897	74 177
旅游						
入境游客人数(含一日游游客)	人	495 517		1 050 043		202 293
外国人	人	415 356		947 705		170 019

山	抚	顺	本	溪	丹	东	锦	州
市辖区	全市	市辖区	全市	市辖区	全市	市辖区	全市	市辖区
	4 455		2 924		4 617		6 825	
	67		106		176		175	
					4 350		5 259	
					32			
					406		89	
					500		546	
					90 000		57 767	
35	80	34	87	44	205	51	101	34
	10 986		8 034		12 464		13 033	
	138 848		98 000		144 931		160 368	
79.87	80.76	50.27	46.99	32.86	70.20	22.37	88.85	41.89
163.32	196.38	143.24	137.93	100.03	149.86	64.97	199.59	122.68
317 700	314 600	229 467	192 185	172 966	265 100	132 381	338 545	230 021
	1 083	984	1 554	1 295	226	49	511	439
1 405 450	959 573	854 158	1 344 796	1 255 812	498 036	214 156	669 857	191 723
1 230 995	819 731	755 446	1 233 604	1 172 541	341 633	143 485	448 386	125 722
69 195	80 279	51 275	55 065	40 778	83 140	36 581	109 997	28 379
7 518 084	1 481 041	1 144 612	663 258	659 597	1 041 264	923 717	1 584 203	1 338 456
2 364 459	3 380 923	2 972 422	1 674 164	1 215 435	2 340 246	1 055 353	2 698 830	1 604 129
608	156	107	69	52	62	54	157	101
1.3	1.4	1.0	0.7	0.6	0.5	0.5	1.4	1.0
1 846 643	157 735	149 028	211 197	148 335	214 031	207 532	377 581	300 068
225 757	138 902	129 925	61 244	55 285	51 450	49 806	75 809	54 335
6 468 257	1 195 092	1 109 256	561 178	457 236	1 001 206	884 865	1 398 190	1 188 335
6 028 979	1 073 970	998 950	483 815	403 640	918 059	804 865	1 232 614	1 049 759
28 188	15 647	14 234	4 568	3 922	5 609	5 549	10 487	7 367
114 190	20 711	20 589	15 510	6 521	23 649	23 197	16 438	12 817
243 053	40 740	38 778	31 969	14 134	22 558	21 480	37 878	32 528
	42 957		150 160		56 234		94 046	
	45 881		64 629		144 908		80 647	
42	53	41	11	10	77	65	42	27
60 207	31 284	21 656	20 108	17 982	50 003	34 542	36 805	27 987
	87 069		367 384		267 860		150 381	
	57 021		323 844		264 863		105 520	

附录2 续表3

指 标 名 称	单 位	沈阳		大连		鞍
		全 市	市 辖 区	全 市	市 辖 区	全 市
港、澳、台同胞	人	80 161		102 338		32 274
国际旅游(外汇)收入	万美元	36 999		72 748		15 607
固定资产投资						
全社会固定资产投资总额	万元	35 199 470	31 299 089	31 136 950	22 653 990	8 750 298
城镇固定资产投资额	万元	34 342 454	30 925 072	29 699 326	21 249 689	7 592 391
房地产开发投资额	万元	11 887 007	11 580 617	5 789 421	5 213 016	1 796 060
住 宅	万元	8 021 159	7 789 868	4 772 414	4 315 642	1 132 383
全年新增固定资产	万元	21 970 192	18 975 820	16 806 632	13 423 243	5 077 061
房地产						
商品房屋销售面积	万平方米	1 532.93	1 401.19	1 152.68	876.23	363.91
住 宅	万平方米	1 369.31	1 245.54	1 093.41	840.16	342.52
高档别墅公寓	万平方米	59.05	59.05	35.90	35.90	14.63
商品房屋销售额	万元	6 843 606	6 534 706	7 203 162	6 281 441	1 225 131
住 宅	万元	5 745 882	5 461 699	6 751 324	5 930 838	1 114 410
高档别墅公寓	万元	392 474	392 474	589 003	589 003	87 476
商品房屋空置面积	万平方米	616.02	520.23	205.07	157.75	157.03
教 育						
学校数						
普通高等学校数	所	40	40	31	31	3
中等职业教育学校数	所	130	124	102	95	29
普通中学学校数	所	334	235	279	157	166
小学学校数	所	482	291	794	264	683
专任教师数						
普通高等学校教师数	人	22 756	22 756	16 595	16 595	1 971
中等职业教育学校教师数	人	7 151	6 808	4 764	4 156	2 047
普通中学教师数	人	23 943	17 971	20 658	12 060	11 805
小学教师数	人	22 852	14 871	17 581	9 453	12 557
在校学生数						
普通高等学校学生数	人	341 863	341 863	236 784	236 784	35 869
高中阶段在校学生数	人	229 034	192 181	202 613	153 199	93 041
中等职业教育学校学生数	人	123 035	113 270	96 317	87 916	41 595
普通中学学生数	万人	31.63	22.71	28.87	16.13	16.80
小学学生数	万人	34.27	22.87	30.32	18.51	19.11
初中毕业生升学率	%	100	100	100	100	90
成人高等学校在校学生数	人	93 586	93 586	63 863	63 863	12 990
卫 生						
医院、卫生院数	个	301	206	225	121	147
医院、卫生院床位数	张	36 433	32 343	29 839	21 577	15 442
医生数(执业医师+执业助理医师)	人	20 303	17 548	15 894	12 043	6 678
注册护士	人	19 655	18 078	16 373	13 012	6 613

山	抚	顺	本	溪	丹	东	锦	州
市辖区	全　市	市辖区	全　市	市辖区	全　市	市辖区	全　市	市辖区
	30 048		43 540		2 997		44 861	
	3 965		19 715		12 535		8 317	
4 637 510	4 960 093	3 623 757	3 400 658	2 501 610	4 920 225	2 009 759	3 240 989	1 406 851
4 589 356	4 766 782	3 452 525	3 323 881	2 407 006	4 440 548	2 009 409	2 819 006	1 314 630
1 334 600	642 703	592 514	465 111	343 822	884 127	674 901	494 903	334 299
732 624	441 952	402 254	348 494	264 100	760 671	601 422	409 254	284 879
2 057 886	1 987 952	1 416 784	2 096 970	1 695 710	3 714 526	1 296 553	2 249 100	1 068 063
233.65	157.37	132.52	173.10	132.80	248.44	145.69	232.37	150.67
223.98	142.44	121.35	149.10	113.30	232.17	139.52	210.37	140.26
14.30	0.39	0.39	0.00	0.00	0.50	0.50	1.68	1.68
848 964	496 500	432 193	540 874	437 810	786 975	411 698	623 410	433 965
801 108	426 622	377 852	315 558	238 661	703 307	381 912	537 720	385 292
85 888	2 063	2 063	0	0	3 062	3 062	5 575	5 575
99.59	45.18	33.60	69.80	47.90	75.15	34.38	43.91	19.99
3	5	5	1	1	3	3	7	7
20	29	26	15	13	7	7	15	11
64	130	69	72	43	128	37	159	45
82	215	78	69	44	474	82	468	86
1 971	2 068	2 068	1 315	1 315	1 491	1 491	4 479	4 479
1 595	1 706	1 585	2 366	2 000	210	210	1 076	734
5 467	7 516	4 673	7 279	4 375	7 834	2 506	9 643	3 155
3 615	7 459	3 856	6 479	3 798	8 639	2 131	10 638	3 009
35 869	37 508	37 508	15 161	15 161	27 607	27 607	79 886	79 886
56 234	49 518	36 772	53 083	37 092	67 753	21 003	77 629	41 623
29 214	21 479	19 366	26 830	21 832	24 843	24 843	27 054	23 537
7.01	9.54	6.18	7.31	4.26	8.08	2.18	14.90	4.71
5.38	8.83	4.85	6.71	3.81	13.16	3.13	16.41	4.66
100	87	100	107	128	99	99	74	100
12 990	4 138	4 138	5 127	5 127	5 780	5 780	22 335	22 335
56	99	45	118	77	115	37	114	23
9 712	8 518	6 393	9 065	6 623	11 432	5 756	10 500	7 058
4 276	4 577	3 515	3 788	3 011	4 522	2 171	5 309	2 654
4 898	4 583	3 862	4 467	3 712	4 054	2 364	3 819	2 538

附录2续表4

指标名称	单位	沈阳		大连		鞍
		全市	市辖区	全市	市辖区	全市
人民生活、社会保障						
在岗职工平均人数	万人	98.66	92.34	84.69	72.65	38.19
在岗职工工资总额	万元	3 805 993	3 622 865	3 283 039	2 914 109	1 162 223
居民收支						
城镇居民人均可支配收入	元		18 475		19 014	
最低20%户人均可支配收入	元		9 140		8 106	
最高20%户人均可支配收入	元		34 876		40 714	
城镇居民人均消费支出	元		16 111		15 330	
(1)食品	元		5 745		5 821	
(2)衣着	元		1 804		1 497	
(3)居住	元		1 524		1 434	
(4)家庭设备用品及服务	元		840		710	
(5)医疗保健	元		1 358		1 183	
(6)交通和通信	元		2 067		2 477	
(7)教育文化娱乐服务	元		1 950		1 477	
居民生活						
每百户居民家庭拥有:						
(1)家用汽车	辆		14		9	
(2)家用电脑	台		82		80	
(3)固定电话	部		87		86	
(4)移动电话	部		198		197	
(5)互联网用户	户		51		46	
人均住房建筑面积	平方米		30.2		25.1	
居民消费价格指数(上年为100)	%		99.9		100.2	
社会保障						
城镇基本养老保险参保人数	人	2 795 029	2 634 815	1 627 070	1 348 008	869 280
基本医疗保险参保人数	人	3 074 746	2 944 796	3 958 086	3 327 652	1 058 232
失业保险参保人数	人	1 234 965	1 161 744	1 065 855	936 395	634 085
社会福利院数	个	142	66	148	72	145
社会福利院床位数	张	14 589	8 246	16 823	8 785	13 198
社区服务设施数	个	1 075	1 075	652	505	2 100
城镇居民最低生活保障人数	人	134 448	105 396	89 411	58 348	74 190
交通、社会治安						
交通						
交通事故死亡人数	人	541	405	248	186	158
交通事故损失额	万元	806	689	711	618	165
火灾事故死亡人数	人	5	5			
火灾事故损失额	万元	113	8	1 117	871	49
社会治安						
刑事案件立案数	起	9 287	8 001	63 911	52 958	2 643

山	抚 顺		本 溪		丹 东		锦 州	
市辖区	全 市	市辖区	全 市	市辖区	全 市	市辖区	全 市	市辖区
29.47	26.15	22.10	22.97	19.74	20.09	13.88	23.28	14.83
974 121	806 123	697 996	652 020	581 886	468 952	310 051	602 846	448 164
16 530		13 557		14 705		12 827		15 386
6 334		6 015		7 804		6 175		6 374
39 474		28 425		26 382		25 458		33 414
12 065		9 265		11 218		10 380		10 795
4 432		3 854		4 723		4 315		4 444
1 068		898		1 307		961		1 112
1 496		895		980		1 372		1 273
583		393		602		435		479
963		929		739		1 044		897
1 667		763		1 135		835		1 066
1 271		1 080		1 155		881		1 116
6		1		4		3		4
54		49		60		52		59
85		83		60		83		87
141		147		196		167		165
40		37		47		37		54
25.5		21.8		21.4		23.8		27.8
99.8		99.3		100.1		99.8		100.3
644 820	870 131	759 851	784 624	671 108	494 048	296 853	608 853	421 672
891 743	700 212	622 116	558 541	475 671	670 650	456 827	741 005	378 102
486 802	529 242	487 374	391 597	353 229	267 752	157 929	380 226	281 013
55	117	75	62	44	127	49	114	26
5 717	8 594	6 169	3 563	2 754	9 131	3 153	6 747	1 527
1 672	1 239	1 218	578	507	171	133	1 103	763
58 033	149 561	127 711	90 249	70 326	59 388	34 673	79 283	53 094
50	117	76	87	62	147	58	107	32
81	112	107	149	133	163	20	159	67
	2	2	3	1	1	1	0	0
32	192	94	74	36	40	18	73	45
1 339	1 831	1 118	1 616	1 179	1 975	622	3 265	1 508

附录2 续表5

指标名称	单位	沈阳 全市	沈阳 市辖区	大连 全市	大连 市辖区	鞍 全市
犯罪人数	人	9 179	7 980	4 917	4 336	4 100
青少年人数(年龄16－25周岁)	人	2 216	1 872	1 288	1 236	745
市政公用事业						
基础设施						
城市维护建设资金支出	万元		1 575 891		362 117	
年末实有城市道路面积	万平方米		5 261		4 085	
排水管道长度	公里		3 850		2 356	
供水综合生产能力(包括自备水源)	万立方米/日		195.1		165.5	
供水总量	万吨		56 935		40 454	
售水量	万吨		38 644		24 936	
居民生活用水量	万吨		16 980		6 685	
用水人口	万人		473.42		289.88	
供　气						
供气总量（人工、天然气）	万立方米		26 594		22 788	
家庭用量	万立方米		11 563		16 038	
用气人口	人		4 240 000		2 024 000	
液化石油气供气总量	吨		35 300		155 485	
家庭用量	吨		5 790		59 705	
用液化气人口	人		494 200		874 100	
公共交通						
年末实有公共汽(电)车营运车辆数	辆		5 081		4 711	
全年公共汽(电)车客运总量	万人次		116 000		96 151	
年末实有出租汽车数	辆		17 357		9 773	
轨道交通线路长度	公里		61		87	
轨道交通客运总量	万人次				6 885	
绿　地						
绿地面积	公顷		25 994		12 191	
公园绿地面积	公顷		6 046		3 148	
建成区绿化覆盖面积	公顷		16 523		11 545	
环境保护						
三废综合利用产品产值	万元	20 004		31 868		143 833
工业废水排放量	万吨	6 259		27 820		5 034
工业废水排放达标量	万吨	5 722		26 503		4 784
工业二氧化硫去除量	吨	44 132		248 088		26 896
工业二氧化硫排放量	吨	82 362		83 765		91 613
工业烟尘去除量	吨	1 644 314		3 026 825		2 160 728
工业烟尘排放量	吨	52 941		23 220		40 965
工业固体废物综合利用率	%	93.93		94.87		17.94
污水集中处理率	%	78.00		92.91		35.99
生活垃圾无害化处理率	%	100.00		94.02		100.00
空气质量达标(API<100)天数	天	328		359		292

山	抚	顺	本	溪	丹	东	锦	州
市辖区	全　市	市辖区	全　市	市辖区	全　市	市辖区	全　市	市辖区
2 256	2 707	1 753	2 046	1 412	3 055	911	1 552	926
251	565	415	385	322	492	484	255	180
181 548		80 027		71 307		7 428		80 053
1 207		774		615		743		908
788		804		334		281		466
158.3		130.3		146.0		35.0		82.6
48 044		17 170		31 573		5 175		14 925
42 325		10 180		30 001		3 645		11 772
3 126		1 925		1 313		1 583		4 971
149.10		130.00		78.23		61.44		96.80
15 027		8 869		4 512		4 090		8 290
6 972		5 793		3 699		3 358		5 980
1 380 000		662 000		575 219		499 000		813 000
5 321		38 831		4 680		5 490		7 500
5 291		27 159		3 480		4 910		7 200
91 000		640 000		203 151		147 000		137 100
1 494		1 171		700		470		683
23 180		32 135		21 032		9 634		11 287
5 375		4 121		2 644		1 932		4 911
		24		0				
5 597		4 468		4 772		2 109		2 597
1 417		1 103		799		430		874
5 697		5 009		5 007		2 109		2 739
	96 295		5 745		6 657		12 018	
	3 806		5 654		5 196		3 745	
	3 281		4 432		3 598		3 215	
	27 934		41 278		4 400		23 815	
	73 639		95 600		32 900		76 543	
	1 780 316		1 525 276		463 100		1 976 446	
	27 895		25 132		15 900		47 977	
	60.44		36.72		60.00		48.66	
	57.36		43.00		0.00		50.65	
	100.00		100.00		34.00		85.36	
	330		343		346		347	

附录2续表6

指标名称	单位	营口		阜新		辽
		全市	市辖区	全市	市辖区	全市
人口、劳动力及土地资源						
土地面积	平方公里	5 402	702	10 355	490	4 736
年底总人口	万人	235.0	89.3	192.3	77.6	183.5
年平均人口	万人	234.4	88.8	192.4	77.7	183.4
出生人口	人	23 580	7 345	14 371	4 701	12 193
死亡人口	人	16 393	5 082	12 535	6 035	10 067
年底总户数	万户	88.21	37.45	64.49	28.64	67.67
年末单位从业人员数(城镇)	万人	18.09	14.17	17.17	13.05	16.73
第一产业	万人	0.11	0.06	0.43	0.08	0.45
第二产业	万人	6.96	6.44	7.95	7.63	8.35
第三产业	万人	11.02	7.67	8.79	5.34	7.93
城镇私营和个体从业人员	人	437 076	349 115	222 796	173 797	145 499
年末城镇登记失业人员数	人	21 639	15 191	18 322	16 233	14 718
地区生产总值						
地区生产总值	万元	7 994 827	4 506 371	2 879 693	1 606 286	6 082 597
第一产业	万元	675 390	187 566	637 455	43 421	401 215
第二产业	万元	4 469 591	2 657 656	1 186 129	955 683	3 832 519
#制造业	万元	3 655 363	2 253 101	409 239	274 458	2 707 852
第三产业	万元	2 849 846	1 661 149	1 056 109	607 182	1 848 863
人均地区生产总值	元	34 104	59 290	14 967	20 662	33 151
地区生产总值指数	上年=100	120.3	131.6	116.2	114.3	116.2
财政						
地方财政一般预算内收入	万元	571 465	414 499	185 978	138 406	479 746
其中:各项税收	万元	452 382	353 394	144 940	108 254	324 443
其中:企业所得税	万元	24 149	19 431	6 692	5 335	14 690
个人所得税	万元	8 751	6 258	4 642	3 956	8 181
地方财政一般预算内支出	万元	1 063 752	716 175	797 723	555 674	806 803
一般性公共服务支出	万元	119 151	78 544	80 214	58 106	111 888
科学技术支出	万元	15 069	11 571	2 047	1 734	12 470
教育支出	万元	128 020	70 327	82 841	45 495	96 419
文化体育与传媒支出	万元	37 816	34 254	14 451	11 410	10 184
医疗卫生支出	万元	74 086	38 795	98 202	79 313	56 051
环境保护支出	万元	32 038	28 318	28 145	12 128	10 486
城乡社区事务支出	万元	170 300	133 244	63 087	41 529	77 105
社会保障和就业支出	万元	244 930	154 092	210 346	175 925	199 952
社会保险基金支出	万元	269 737	204 679	151 656	129 017	226 486
金融						
年末金融机构存款余额	万元	8 275 875	5 615 820	4 219 411	3 210 689	6 921 566
其中:城乡居民储蓄年末余额	万元	5 236 201	3 214 434	2 764 009	2 031 771	4 721 444
年末金融机构各项贷款余额	万元	6 795 514	5 573 447	3 005 633	2 254 695	4 181 066

阳	盘	锦	铁	岭	朝	阳	葫 芦 岛	
市辖区	全　市	市辖区	全　市	市辖区	全　市	市辖区	全　市	市辖区
623	4 071	266	12 980	659	19 698	1 137	10 415	2 295
72.7	130.0	60.6	306.1	44.7	342.6	59.8	282.3	99.2
72.7	129.6	60.4	306.0	44.6	341.7	59.5	281.3	98.8
4 444	10 025	4 133	22 647	2 666	34 566	5 288	27 030	7 763
4 351	6 336	2 059	17 452	2 422	19 164	3 597	15 240	4 759
28.16	46.66	21.94	104.33	16.08	111.63	19.40	96.11	36.49
13.00	49.58	27.63	21.95	2.53	23.03	9.78	22.09	17.32
0.30	18.57	0.11	2.04	0.02	0.63	0.03	0.55	0.43
7.03	20.83	20.31	8.55	1.16	8.88	4.63	11.23	10.86
5.67	10.18	7.21	11.36	1.35	13.52	5.12	10.31	6.03
141 690	206 726	124 472	169 763	70 110	170 174	79 357	203 635	104 311
9 915	14 310	7 683	18 499	5 033	17 693	4 529	22 426	10 457
3 327 675	6 768 658	4 314 991	6 057 065	1 266 496	5 180 944	1 359 421	4 455 816	2 746 962
45 836	737 737	21 671	1 253 526	54 636	1 020 358	88 019	619 425	175 254
1 991 927	4 128 597	3 023 228	3 110 601	790 262	2 597 743	596 793	1 946 350	1 573 759
	1 981 592	1 090 298	1 675 161	504 992	1 206 519	382 836	1 468 336	1 227 518
1 289 912	1 902 324	1 270 092	1 692 938	421 598	1 562 843	674 609	1 890 041	997 949
45 799	50 930	68 612	19 795	28 370	15 724	23 642	15 856	28 209
107.9	110.0	101.6	118.0	118.6	118.0	117.6	110.0	110.0
200 731	434 322	321 819	479 851	161 102	421 494	147 110	373 106	272 059
97 593	333 187	247 795	327 075	109 810	312 278	105 569	249 194	187 347
12 451	9 872	7 279	10 024	7 608	14 455	7 677	11 637	9 083
7 165	16 465	13 433	6 366	3 552	10 300	2 672	7 396	5 177
554 009	829 837	535 324	1 097 129	419 960	1 214 473	495 861	926 136	577 422
44 318	128 632	86 546	179 433	68 684	138 185	54 683	124 785	77 749
9 050	7 813	6 100	11 787	5 000	8 427	3 778	5 191	4 556
59 723	111 519	71 221	179 472	68 698	156 438	45 982	120 685	57 145
2 541	22 624	18 795	16 151	6 182	27 214	18 780	40 600	17 324
10 094	42 091	24 405	69 969	26 783	119 871	56 193	76 731	33 185
2 623	15 013	13 110	25 500	9 761	31 235	6 746	15 396	9 076
39 822	80 933	39 645	119 962	45 919	120 791	30 958	56 725	41 409
161 174	135 073	101 351	130 136	104 612	253 461	159 329	223 087	135 213
225 047	187 714	114 767	229 261	132 051	170 068	81 415	218 773	22 955
5 130 299	7 273 584	6 080 594	5 655 250	2 763 723	5 795 458	2 841 600	6 891 191	4 739 910
3 322 893	4 601 194	3 683 490	3 825 416	1 867 048	4 219 718	1 863 772	4 623 897	2 848 299
3 074 474	3 657 061	3 028 885	4 240 334	2 271 923	3 604 151	2 258 018	4 517 338	2 961 463

附录 2 续表 7

指 标 名 称	单 位	营口		阜新		辽
		全 市	市辖区	全 市	市辖区	全 市
保 险						
保费收入	万元	209 556		105 563		161 327
其中:财产险	万元	64 626		23 557		48 116
人身险	万元	144 930		82 006		113 211
赔款、给付	万元	58 167		38 017		59 552
其中:财产险	万元	38 863		16 551		33 356
人身险	万元	19 304		21 466		26 196
工 业						
规模以上工业法人企业:	-					
工业企业数	个	1 512	906	384	263	918
内资企业	个	1 265	743	362	247	863
国有企业	个	8	6	9	8	16
私营企业	个	1 045	592	279	189	720
私营独资企业	个	244	83	136	99	486
私营股份有限公司	个	46	19	13	7	23
港、澳、台商投资企业	个	53	37	8	4	18
外商投资企业	个	194	126	14	12	37
工业总产值(当年价)	万元	16 840 552	10 665 971	3 137 525	2 586 707	11 823 113
内资企业	万元	12 466 687	7 534 002	2 929 487	2 415 523	9 688 257
国有企业	万元	50 950	49 165	770 672	769 962	432 109
私营企业	万元	7 574 115	3 876 811	1 284 141	942 132	5 614 386
私营独资企业	万元	1 370 913	500 156	365 964	295 709	3 400 975
私营股份有限公司	万元	343 969	84 872	63 422	13 453	371 091
港、澳、台商投资企业	万元	1 154 849	928 193	67 955	38 577	1 372 503
外商投资企业	万元	3 219 016	2 203 776	140 083	132 607	762 353
从业人员年平均人数	万人	18.69	11.11	9.65	8.22	12.80
流动资产合计	万元	4 770 373	3 250 343	1 586 704	1 350 020	5 389 208
固定资产合计	万元	6 717 054	5 829 423	2 397 931	2 104 497	3 644 930
主营业务收入	万元	16 308 120	10 338 236	2 811 581	2 321 864	11 835 609
主营业务成本	万元	13 861 393	8 855 470	2 391 897	1 968 597	9 638 579
主营业务税金及附加	万元	229 668	163 217	24 601	20 288	363 114
本年应交增值税	万元	798 733	397 064	130 900	121 774	219 073
利润总额	万元	1 177 651	649 685	112 999	103 221	1 439 435
交通运输						
铁路旅客运量	万人	426		202		381
铁路货物运量	万吨	2 260		1 415		1 671
民用汽车拥有量	辆	141 293		113 008		116 814
私人汽车拥有量	辆	90 560		88 974		73 045
公路客运量(全社会)	万人	4 472		1 003		4 082
公路货运量(全社会)	万吨	8 242		2 766		6 234

阳	盘锦		铁岭		朝阳		葫芦岛	
市辖区	全市	市辖区	全市	市辖区	全市	市辖区	全市	市辖区
	202 944		151 365		159 046		172 882	
	48 856		41 521		39 523		48 978	
	154 088		109 844		119 523		123 904	
	66 394		59 035		73 751		52 843	
	31 070		31 079		45 152		28 368	
	35 324		27 956		28 599		24 475	
311	786	243	1 695	372	1 040	232	567	257
272	752	223	1 643	352	1 016	229	544	248
13	9	8	13	2	6	1	15	3
196	523	65	1 290	275	884	171	349	128
96	176	3	615	71	351	57	137	65
16	21	6	26	6	2	1	19	10
9	6	2	12	4	10	1	3	1
30	28	18	40	16	14	2	20	8
6 366 691	12 562 385	8 037 091	14 352 892	3 207 628	7 361 180	1 750 904	6 824 205	1 795 266
4 346 891	12 062 851	7 745 468	13 677 593	2 752 472	7 182 456	1 740 525	6 554 545	1 613 447
414 277	5 170 280	5 169 759	100 947	29 250	25 576	3 678	410 822	4 924
955 038	3 845 268	378 940	8 899 612	1 995 175	4 547 121	721 072	1 700 749	772 608
415 900	1 074 760	3 283	3 044 068	512 047	1 335 525	103 089	533 447	346 941
134 455	72 793	7 550	201 731	58 123	4 184	3 639	239 225	207 839
1 287 305	71 208	7 576	300 945	222 269	78 164	1 904	22 542	4 782
732 495	428 326	284 047	374 354	232 887	100 560	8 475	247 118	177 037
7.82	19.61	15.14	22.69	3.78	12.60	1.50	12.94	4.18
3 978 729	5 907 203	5 053 455	2 498 470	422 747	2 103 138	592 637	4 451 440	681 949
2 457 469	7 731 372	6 974 288	4 397 994	897 413	2 032 935	443 055	3 692 035	749 306
6 709 257	11 985 135	7 742 070	14 232 378	3 161 021	7 246 227	1 663 217	6 587 629	1 602 481
5 518 322	10 449 688	6 610 762	12 098 215	2 666 909	6 187 499	1 420 556	5 745 647	1 480 307
319 528	352 860	317 610	135 731	51 433	62 270	10 779	390 746	140 005
135 752	486 148	441 157	314 310	36 979	193 582	45 103	160 939	26 000
468 088	162 710	68 669	600 281	165 225	565 459	100 957	482 444	-13 429
	118		671		248		481	
	194		1 359		681		632	
	159 967		99 012		236 226		124 340	
	89 571		67 529		152 053		66 021	
	2 951		4 545		3 454		5 349	
	5 555		6 971		3 021		7 407	

附录2续表8

指标名称	单位	营口		阜新		辽
		全市	市辖区	全市	市辖区	全市
境内等级公路里程	公里	2 490		5 967		3 093
境内高速公路里程	公里	139		210		131
沿海港口货物吞吐量(规模以上)	万吨	17 603				
内河港口货物吞吐量(规模以上)	万吨	581				
水运客运量(全社会)	万人					
水运货运量(全社会)	万吨	581				
民用航空货邮运量	吨					
民用航空客运量	人					
邮电通信						
年末邮政局(所)数	处	71	36	69	14	97
邮政业务收入	万元	11 073		8 848		12 055
电信业务收入	万元	164 600		197 371		119 000
年末固定电话用户数	万户	65.30	32.57	55.21	35.28	46.00
年末移动电话用户数	万户	146.20	85.22	125.86	81.68	129.90
国际互联网用户数	户	232 000	150 382	139 600	102 520	229 000
能源电力						
综合能源消费量	万吨/标准煤	1 053	799	357	320	612
全社会用电量	万千瓦时	1 199 208	677 019	385 174	304 287	972 895
工业用电	万千瓦时	1 001 588	506 783	283 696	243 978	858 140
城乡居民生活用电	万千瓦时	88 100	71 009	64 339	30 882	61 894
贸易						
限额以上批发零售贸易业商品销售总额	万元	1 029 744	889 324	753 210	733 670	827 269
社会消费品零售总额	万元	2 114 411	1 206 890	1 265 703	1 023 101	1 771 094
限额以上批发零售企业数(法人数)	个	117	97	69	61	60
从业人员年平均人数	万人	0.9	0.7	0.5	0.5	0.3
流动资产合计	万元	307 602	247 128	237 229	230 307	148 650
固定资产合计	万元	80 226	65 125	63 338	58 400	36 665
主营业务收入	万元	932 298	797 442	636 837	617 368	728 586
主营业务成本	万元	775 188	665 898	549 898	531 860	676 924
主营业务税金及附加	万元	14 426	7 974	3 943	3 931	3 707
本年应交增值税	万元	28 908	16 450	23 696	23 509	36 093
利润总额	万元	79 463	69 870	15 292	15 646	19 035
外贸、外经						
货物进口额(海关数)	万美元	47 262		793		22 616
货物出口额(海关数)	万美元	120 037		10 608		87 013
当年新签项目(合同)个数	个		0	27	17	28
当年实际使用外资金额	万美元	50 491	36 421	6 413	3 289	81 718
旅游						
入境游客人数(含一日游游客)	人	59 787		19 190		21 058
外国人	人	59 187		15 356		2 000

阳	盘锦		铁岭		朝阳		葫芦岛	
市辖区	全市	市辖区	全市	市辖区	全市	市辖区	全市	市辖区
	3 090		8 411		7 201		5 998	
	112		203		282		146	
	243						1 051	
							54	
	12						190	
					21 879			
43	79	31	102	20	161	22	107	48
	20 352		18 276		11 986		12 000	
	103 269		126 194		129 914		136 689	
24.40	38.50	33.12	64.70	14.00	80.90	24.50	72.20	30.54
101.10	95.20	66.50	188.90	88.60	173.39	53.97	138.50	78.00
169 485	206 674	158 249	170 000	68 858	196 434	88 419	197 000	144 893
440	593	560	474	115	455	78	554	70
948 886	440 197	406 108	465 458	83 977	635 992	127 883	676 885	462 187
659 809	345 119	307 919	304 218	38 617	509 941	84 003	500 199	41 333
30 506	43 634	24 356	80 386	23 039	74 804	19 451	84 668	31 282
830 843	1 228 641	1 055 875	717 271	618 871	814 891	608 221	752 488	701 997
976 633	1 568 965	1 208 064	1 932 235	644 912	1 827 148	454 000	1 983 819	1 247 625
51	151	128	59	43	104	49	93	75
0.3	1.3	1.2	0.6	1.2	1.4	1.3	1.0	1.0
144 359	503 473	374 479	154 635	112 884	351 584	102 787	191 001	170 946
35 062	92 533	55 264	55 860	40 778	65 540	44 795	71 396	67 883
712 240	1 173 739	993 022	683 420	498 897	708 220	520 179	710 396	661 884
662 981	1 015 630	843 262	815 979	595 665	626 667	461 394	632 859	587 997
3 642	20 243	20 080	7 036	5 136	5 105	4 689	5 089	5 011
35 631	15 455	14 708	15 555	11 355	6 445	5 519	9 605	9 220
18 319	28 679	27 831	1 338	9 774	9 324	12 809	15 051	14 864
	8 288		1 078		8 326		52 848	
	29 230		42 017		37 027		48 522	
22	28	15	20	14	14	3	24	17
79 147	30 178	25 737	17 197	9 021	7 332	1 281	7 447	6 732
	115 000		39 827		11 010		45 500	
	67 160		25 318		9 768		30 649	

附录2 续表9

指 标 名 称	单 位	营口 全 市	营口 市辖区	阜新 全 市	阜新 市辖区	辽 全 市
港、澳、台同胞	人	600		3 834		1 000
国际旅游(外汇)收入	万美元	2 641		835		1 212
固定资产投资						
全社会固定资产投资总额	万元	7 625 589	5 469 689	2 014 566	1 077 526	3 466 204
城镇固定资产投资额	万元	6 691 516	5 236 907	1 692 656	939 926	3 124 131
房地产开发投资额	万元	1 134 714	1 001 853	203 944	170 017	431 852
住 宅	万元	961 815	858 729	162 306	142 241	260 586
全年新增固定资产	万元	5 486 141	4 033 384	1 486 311	706 726	2 087 744
房地产						
商品房屋销售面积	万平方米	357.70	268.90	89.28	69.40	130.80
住 宅	万平方米	325.20	248.40	70.76	63.00	116.90
高档别墅公寓	万平方米	3.00	3.00			3.70
商品房屋销售额	万元	1 015 808	811 167	205 961	176 881	388 155
住 宅	万元	865 594	714 221	156 992	142 521	311 687
高档别墅公寓	万元	11 471	11 471			14 276
商品房屋空置面积	万平方米	109.70	93.00	94.04	81.31	37.00
教 育						
学校数						
普通高等学校数	所	2	2	2	2	4
中等职业教育学校数	所	20	18	21	18	13
普通中学学校数	所	97	39	117	40	89
小学学校数	所	271	64	257	76	307
专任教师数						
普通高等学校教师数	人	789	789	1 986	1 986	1 500
中等职业教育学校教师数	人	1 580	1 316	1 164	940	1 032
普通中学教师数	人	7 611	3 387	6 679	2 804	6 915
小学教师数	人	7 699	2 950	8 863	3 342	6 416
在校学生数						
普通高等学校学生数	人	12 967	12 967	36 211	36 211	18 918
高中阶段在校学生数	人	73 442	61 601	32 380	14 113	40 477
中等职业教育学校学生数	人	31 535	27 873	21 893	18 406	14 613
普通中学学生数	万人	11.52	4.85	9.89	4.04	8.75
小学学生数	万人	13.57	5.37	10.05	3.49	10.35
初中毕业生升学率	%	100	100	48	90	93
成人高等学校在校学生数	人	2 324	2 324	9 267	9 267	149
卫 生						
医院、卫生院数	个	111	50	103	37	611
医院、卫生院床位数	张	8 702	5 346	6 796	4 760	9 684
医生数(执业医师+执业助理医师)	人	4 859	3 158	3 390	2 175	3 495
注册护士	人	4 086	2 856	3 234	2 599	3 426

阳	盘锦		铁岭		朝阳		葫芦岛	
市辖区	全市	市辖区	全市	市辖区	全市	市辖区	全市	市辖区
	47 840		14 482		1 242		14 851	
	5 486		2 275		664		2 631	
1 993 106	5 040 306	2 431 676	6 960 720	2 247 434	4 554 166	1 100 972	2 540 573	905 460
1 966 857	4 748 907	2 430 721	6 541 833	2 177 295	4 074 190	1 061 011	2 194 085	881 176
394 013	580 648	485 117	1 096 187	629 694	591 524	290 409	407 438	306 242
233 175	482 768	396 231	781 089	422 295	458 303	228 881	346 007	259 134
993 079	2 628 104	1 179 183	3 847 316	1 185 824	3 524 193	357 099	1 000 478	365 095
101.70	153.96	124.23	285.60	109.60	210.10	79.76	287.24	205.04
89.50	145.80	119.43	238.20	95.00	190.03	74.21	237.98	167.49
3.70	0.00	0.00	1.60	1.60	0.20	0.20	6.25	6.25
320 722	505 204	425 561	663 914	261 681	392 667	157 521	794 583	589 622
249 952	470 498	399 858	491 449	205 260	328 383	134 757	615 276	447 695
14 276	0	0	5 851	5 851	830	830	28 107	28 107
35.80	4.13	4.13	77.20	34.00	144.62	88.79	27.24	22.19
4	2	2	2	2	1	1	1	1
11	6	3	21	14	16	5	15	12
28	74	33	128	20	190	26	142	50
35	62	43	519	39	748	101	688	146
1 500	541	541	611	611	459	459	648	648
978	604	311	1 336	857	1 308	700	1 178	801
3 374	5 106	2 710	9 470	1 811	13 828	2 439	11 601	4 435
2 430	5 467	2 170	11 073	1 355	15 308	2 165	11 111	4 042
18 918	6 232	6 232	8 776	8 776	4 201	4 201	7 138	7 138
30 692	28 048	17 442	61 596	23 047	104 768	24 424	45 750	16 437
11 859	14 210	8 672	19 451	11 857	45 577	13 289	15 142	11 546
4.28	4.96	2.63	14.06	2.53	20.22	3.60	14.14	4.40
3.82	7.56	3.79	16.02	2.26	21.70	3.76	17.54	5.81
90	99	98	69	100	92	98	67	80
149	1 027	1 027	2 274	2 274	4 520	4 520	1 856	1 334
391	602	460	116	17	162	19	157	56
7 528	6 428	5 142	7 341	2 162	9 298	2 387	8 532	3 767
2 478	3 512	2 743	3 485	1 710	3 602	1 057	4 636	2 066
2 926	2 764	2 290	3 018	1 383	2 762	918	3 789	2 147

附录2续表10

指 标 名 称	单 位	营	口	阜	新	辽
		全 市	市辖区	全 市	市辖区	全 市
人民生活、社会保障						
在岗职工平均人数	万人	17.78	13.89	16.83	12.83	16.90
在岗职工工资总额	万元	487 590	388 201	387 213	312 719	469 578
居民收支						
城镇居民人均可支配收入	元		15 858		11 184	
最低20%户人均可支配收入	元		7 031		4 598	
最高20%户人均可支配收入	元		34 392		24 066	
城镇居民人均消费支出	元		11 301		8 384	
(1)食　品	元		4 509		3 316	
(2)衣　着	元		1 348		1 018	
(3)居　住	元		1 407		943	
(4)家庭设备用品及服务	元		604		442	
(5)医疗保健	元		921		685	
(6)交通和通信	元		936		706	
(7)教育文化娱乐服务	元		976		869	
居民生活						
每百户居民家庭拥有:						
(1)家用汽车	辆		3		5	
(2)家用电脑	台		51		43	
(3)固定电话	部		77		75	
(4)移动电话	部		157		168	
(5)互联网用户	户		23		30	
人均住房建筑面积	平方米		27.9		23.7	
居民消费价格指数(上年为100)	%		99.8		98.5	
社会保障						
城镇基本养老保险参保人数	人	611 644	425 045	404 035	317 865	503 776
基本医疗保险参保人数	人	1 009 336	665 518	447 605	377 423	754 876
失业保险参保人数	人	219 247	161 303	230 086	186 139	207 274
社会福利院数	个	90	46	92	34	58
社会福利院床位数	张	7 049	3 628	3 882	1 863	3 848
社区服务设施数	个	233	176	150	101	291
城镇居民最低生活保障人数	人	80 247	46 328	167 088	160 626	51 146
交通、社会治安						
交　通						
交通事故死亡人数	人	116	23	93	48	100
交通事故损失额	万元	113	28	137	92	179
火灾事故死亡人数	人	2	0	0	0	0
火灾事故损失额	万元	141	77	71	48	152
社会治安						
刑事案件立案数	起	1 515	806	4 413	3 159	1 438

阳	盘	锦	铁	岭	朝	阳	葫 芦	岛
市辖区	全 市	市辖区	全 市	市辖区	全 市	市辖区	全 市	市辖区
12.80	47.00	25.05	21.77	2.15	22.32	7.70	21.70	17.27
386 241	1 145 001	951 148	5 239 682		592 784	217 126	525 950	447 001
14 568		18 540		12 054		11 553		15 305
6 462		7 093		5 224		5 429		5 370
28 649		37 524		24 145		24 360		37 978
10 460		13 486		9 366		8 635		10 051
4 188		4 241		3 694		3 648		3 997
1 135		1 645		1 114		933		1 065
1 226		1 095		1 135		1 082		1 161
484		677		483		383		537
874		1 108		718		791		696
1 143		2 401		919		666		1 266
913		1 538		851		725		874
7		12		1		2		7
47		63		40		35		53
78		84		80		99		81
147		164		116		155		143
34		41		31		24		43
26.8		28.9		26.0		25.3		27.5
99.2		98.8		100.3		102.2		99.0
357 959	448 417	338 517	439 434	203 971	330 929	128 263	303 054	63 659
518 265	583 267	474 868	442 009	281 743	845 961	367 506	433 508	55 389
173 044	254 127	233 930	282 192	147 356	261 935	109 207	171 249	35 017
19	35	9	58	18	177	13	97	30
1 470	3 282	1 192	7 623	3 390	8 093	600	8 230	2 338
261	172	137	409	261	202	67	256	217
34 922	24 311	14 739	71 956	20 438	153 876	58 021	71 541	22 186
43	170	95	53	21	98	26	134	64
69	4 448	487	135	124	36	4	105	47
0	0	0	0	0	0	0	2	1
152	86	10	289	24	196	21	108	45
637	816	537	4 079	1 595	1 510	352	6 888	3 801

附录2续表11

指标名称	单位	营口		阜新		辽
		全市	市辖区	全市	市辖区	全市
犯罪人数	人	2 291	1 313	1 143	597	1 943
青少年人数(年龄16-25周岁)	人	103	18	302	212	428
市政公用事业						
基础设施						
城市维护建设资金支出	万元		75 264		25 785	
年末实有城市道路面积	万平方米		713		453	
排水管道长度	公里		520		256	
供水综合生产能力(包括自备水源)	万立方米/日		47.4		31.0	
供水总量	万吨		6 934		7 733	
售水量	万吨		5 045		6 447	
居民生活用水量	万吨		2 130		2 302	
用水人口	万人		84.43		77.75	
供气						
供气总量(人工、天然气)	万立方米		953		2 826	
家庭用量	万立方米		822		1 342	
用气人口	人		416 000		362 000	
液化石油气供气总量	吨		20 000		4 890	
家庭用量	吨		15 000		4 703	
用液化气人口	人		450 000		162 000	
公共交通						
年末实有公共汽(电)车营运车辆数	辆		676		392	
全年公共汽(电)车客运总量	万人次		8 871		5 289	
年末实有出租汽车数	辆		4 854		2 458	
轨道交通线路长度	公里					
轨道交通客运总量	万人次					
绿地						
绿地面积	公顷		3 426		2 306	
公园绿地面积	公顷		939		673	
建成区绿化覆盖面积	公顷		3 764		2 578	
环境保护						
三废综合利用产品产值	万元	24 061		10 671		17 348
工业废水排放量	万吨	3 326		986		3 600
工业废水排放达标量	万吨	3 319		581		2 584
工业二氧化硫去除量	吨	29 396		79 008		18 656
工业二氧化硫排放量	吨	92 007		61 923		31 191
工业烟尘去除量	吨	1 060 697		1 416 340		169 704
工业烟尘排放量	吨	51 074		26 902		23 282
工业固体废物综合利用率	%	100.00		90.45		95.54
污水集中处理率	%	59.00		58.80		75.23
生活垃圾无害化处理率	%			85.00		77.25
空气质量达标(API<100)天数	天	357		334		349

阳	盘锦		铁岭		朝阳		葫芦岛	
市辖区	全市	市辖区	全市	市辖区	全市	市辖区	全市	市辖区
1 148	1 303	940	1 957	586	2 318	607	1 866	1 016
273	266	211	549	238	68	54	463	303
52 115		13 463		26 386		24 491		29 329
674		899		806		364		388
688		508		457		234		176
90.1		30.6		20.3		25.1		33.5
16 518		7 451		3 878		2 744		3 907
15 002		6 408		2 328		1 700		3 151
1 609		2 525		1 320		857		1 355
76.50		73.17		44.13		46.80		45.93
1 153		1 049		3 142		1 822		2 550
914		869		1 793		1 504		1 353
282 900		260 700		340 000		340 000		261 000
10 306		14 684		2 835		4 020		980
9 390		14 499		1 400		3 670		860
386 000		471 000		100 500		120 000		134 000
421		395		360		198		602
4 170		7 880		3 118		2 698		7 352
2 560		3 232		2 123		1 971		4 135
2 922		2 042		1 718		2 482		2 723
647		482		431		460		561
3 194		2 298		1 718		1 093		2 793
	2 575		6 663		10 318		55 223	
	1 751		1 645		4 349		2 154	
	1 494		1 337		2 977		1 615	
	12 710		21 304		18 228		446 304	
	17 443		65 750		59 982		65 252	
	106 484		1 506 409		634 899		1 108 494	
	5 328		20 839		32 128		8 037	
	94.24		32.70		26.90		71.47	
	61.36		85.40		36.45		42.52	
	91.25		86.17		90.00		0.00	
	347		358		351		350	

附录3 2009年各市市辖区基本情况

区 名 称	行政区域土地面积（平方公里）	年末总人口（万人）	当年出生人口（人）	当年死亡人口（人）	年末总户数（万户）	年末单位从业人员数（万人）	# 第二产业	# 第三产业
沈阳市								
和平	37.6	62.93	3 659	4 503	21.54	13.72	3.05	10.66
沈河	19.7	60.44	3 553	4 214	20.57	7.68	0.90	6.70
大东	55.5	66.15	4 502	5 292	24.21	8.51	4.75	3.76
皇姑	39.7	76.26	4 795	5 343	25.93	10.21	3.91	6.30
铁西	483.3	98.80	6 279	6 067	34.81	22.37	16.20	6.17
大连市								
中山	40.1	35.76	2 141	2 471	13.36	13.20	0.96	12.22
西岗	23.9	30.61	1 777	2 186	11.48	9.49	3.42	6.05
沙河口	34.7	65.70	4 975	4 036	23.09	9.75	3.29	6.46
鞍山市								
铁东	28.6	49.86	2 677	3 380	16.36	8.66	1.61	7.00
铁西	15.4	29.80	1 425	2 625	11.18	2.88	1.42	1.45
立山	59.3	43.29	2 128	3 765	15.28	3.90	2.41	1.49
抚顺市								
新抚	30.4	26.95	1 285	1 176	10.10	9.86	7.00	2.86
东洲	226.6	32.79	1 350	2 911	13.84	2.86	1.99	0.87
望花	112.0	31.67	1 607	2 478	11.76	4.33	3.27	1.06
丹东市								
元宝	90.3	18.57	957	1 452	7.31	1.57	0.53	1.04
振兴	110.1	37.34	2 107	2 469	13.87	1.70	0.77	0.93
锦州市								
古塔	21.0	25.34	1 612	1 645	9.05	0.39	0.09	0.30
凌河	30.0	38.04	2 032	2 557	13.98	0.70	0.24	0.46
营口市								
站前	70.4	26.71	1 626	1 701	12.64	0.88	0.53	0.35
西市	39.7	15.66	830	1 115	6.52	0.77	0.54	0.23
辽阳市								
白塔	24.0	20.98	1 211	1 284	8.41	3.75	1.48	2.26
文圣	46.0	18.54	1 012	1 261	7.59	2.65	0.94	1.71
宏伟	70.4	12.48	632	465	4.49	3.12	2.43	0.69

注:本表为2009年初步数。

附录3续表1

区名称	城镇登记失业人员数（人）	地区生产总值（万元）	第二产业增加值	#制造业	第三产业增加值	地方财政一般预算收入（万元）	各项税收（万元）
沈阳市							
和平	10 097	4 275 276	608 383	146 065	3 666 893	240 219	176 273
沈河	7 719	4 257 333	528 128	109 210	3 729 205	202 967	144 027
大东	7 501	3 022 745	2 041 178	1 852 141	981 567	136 366	104 851
皇姑	34 942	2 017 337	481 650	346 868	1 535 687	105 852	72 879
铁西	21 384	6 999 612	5 119 019	4 475 386	1 812 103	388 312	257 009
大连市							
中山		4 420 977	163 750	38 234	4 220 670	142 877	135 436
西岗		2 146 209	795 509	612 144	1 350 700	113 358	108 105
沙河口		2 321 287	645 542	415 166	1 675 745	131 988	124 144
鞍山市							
铁东	5 600	2 173 683	399 833	64 815	1 773 474	82 360	71 610
铁西	36 928	481 152	68 988	52 126	412 164	31 629	22 190
立山	33 020	1 210 543	665 951	470 117	543 478	41 333	36 747
抚顺市							
新抚		961 465	414 468	188 510	543 769	37 000	30 493
东洲	5 846	1 259 407	1 057 667	628 734	187 892	28 406	22 182
望花	5 939	1 045 412	789 337	721 569	247 592	26 187	17 079
丹东市							
元宝	15 714	302 824	125 084	111 263	169 769	15 202	13 021
振兴	5 999	1 181 609	507 804	183 903	658 596	36 532	30 426
锦州市							
古塔	12 100	995 643	489 809	360 244	505 435	43 957	39 906
凌河	1 925	601 705	278 174	91 178	322 033	44 375	40 131
营口市							
站前	14 392	629 897	341 336	267 136	288 560	26 800	22 505
西市	1 139	368 062	248 825	203 901	119 237	23 876	19 679
辽阳市							
白塔	2 087	627 730	128 178	107 330	497 402	22 366	19 975
文圣	13 692	444 573	99 722	82 424	343 723	16 578	13 665
宏伟	2 291	1 139 843	1 001 550	983 520	132 093	22 923	17 738

附录3续表2

区　名　称	地方财政一般预算支出（万元）	一般性公共服务支出	科学技术支出	教育支出	医疗卫生支出	规模以上工业企业数（个）	规模以上工业总产值（现价、万元）
沈　阳　市							
和　平	247 480	47 804	8 966	44 278	18 265	42	457 000
沈　河	230 421	45 964	2 240	49 696	14 327	27	207 840
大　东	164 157	29 286	3 187	33 523	12 563	337	8 313 099
皇　姑	144 996	22 811	2 215	38 216	10 408	122	1 692 307
铁　西	437 055	29 575	14 978	65 998	18 346	719	18 933 290
大　连　市							
中　山	130 480	16 661	3 292	29 433	7 061	22	71 169
西　岗	123 985	22 410	2 755	25 606	8 040	56	790 589
沙　河　口	143 252	22 403	1 470	28 214	7 612	107	699 136
鞍　山　市							
铁　东	92 428	16 794	892	22 441	1 865	21	141 501
铁　西	45 930	5 894	58	11 035	650	66	192 900
立　山	62 264	8 645	57	11 265	1 547	266	1 248 200
抚　顺　市							
新　抚	44 762	5 417	151	9 035	1 913	29	1 458 617
东　洲	53 445	14 131	37	8 100	2 348	110	3 256 170
望　花	39 746	5 146	180	7 017	2 012	101	3 012 530
丹　东　市							
元　宝	29 382	4 213	135	5 027	1 768	58	257 812
振　兴	57 745	10 967	280	8 420	3 004	70	307 799
锦　州　市							
古　塔	43 330	5 628	564	6 959	583	44	425 897
凌　河	49 297	11 244	272	5 354	1 551	45	266 800
营　口　市							
站　前	34 401	8 620	60	4 250	1 188	216	1 289 343
西　市	33 102	14 669	55	4 923	863	123	783 758
辽　阳　市							
白　塔	26 247	9 200	609	3 690	1 764	54	359 827
文　圣	22 688	5 514	346	3 752	1 696	34	316 524
宏　伟	43 370	8 369	1 046	8 203	2 497	73	4 841 000

附录3续表3

区名称	规模以上工业总产值(现价、万元) 内资企业	港、澳、台商投资企业	外商投资企业	规模以上工业从业人员年平均数(万人)	规模以上工业流动资产合计(万元)	规模以上工业固定资产合计(万元)	规模以上工业主营业务收入(万元)	主营业务税金及附加(万元)
沈阳市								
和平	436 600	18 600	1 800	1.40	393 100	691 300	475 700	80 800
沈河	169 731	11 860	26 249	1.25	8 674	314 358	223 430	1 608
大东	3 513 418	209 787	4 589 894	6.35	3 827 666	1 946 602	8 585 519	283 902
皇姑	1 690 889		1 418	2.65	1 607 151	441 496	1 505 916	2 106
铁西	14 646 713	1 828 600	2 457 977	18.14	9 493 642	5 083 126	17 544 351	76 661
大连市								
中山	63 467	1 300	6 402	0.21	86 145	21 529	74 788	242
西岗	774 204		16 385	1.45	757 592	565 040	760 269	4 015
沙河口	418 518	40 926	239 692	1.59	487 724	683 602	772 724	4 628
鞍山市								
铁东	109 035	1 089	31 377	0.69	200 816	146 706	145 054	441
铁西	155 700	1 200	36 000	0.66	163 400	53 400	194 600	700
立山	1 166 200	2 600	79 400	1.77	381 600	209 700	1 246 700	3 900
抚顺市								
新抚	1 420 291	5 014	33 311	1.43	333 336	562 825	1 457 350	230 336
东洲	3 141 490	69 378	45 302	5.21	1 100 186	1 291 392	3 280 490	405 830
望花	3 008 524	3 030	976	4.33	1 259 567	1 194 287	3 018 957	153 534
丹东市								
元宝	216 516	18 381	22 915	0.55	67 926	48 594	241 694	447
振兴	135 520	32 124	140 155	0.78	121 104	96 050	293 914	1 564
锦州市								
古塔	287 719	34 296	103 883	0.68	166 009	126 286	404 349	3 696
凌河	220 500		46 200	1.18	222 400	133 900	249 100	3 900
营口市								
站前	1 118 108	66 688	104 547	1.42	133 981	156 840	1 252 762	6 124
西市	710 876	29 641	43 241	0.72	172 278	149 130	745 801	13 115
辽阳市								
白塔	284 504	10 107	65 216	1.03	316 030	176 529	327 666	1 624
文圣	303 679	517	12 328	1.22	266 450	270 854	332 789	1 288
宏伟	3 064 000	1 269 500	507 500	3.84	3 021 400	1 717 800	5 231 900	298 400

附录3续表4

区　名　称	规模以上工业主营业务成本（万元）	规模以上工业本年应交增值税（万元）	规模以上工业利润总额（万元）	限额以上批发零售贸易业商品销售总额（万元）	社会消费品零售总额（万元）	限额以上批发零售企业数（法人数、个）	限额以上批发零售企业从业人员年平均人数（万人）	限额以上批发零售企业流动资产合计（万元）
沈　阳　市								
和　　平	299 400	26 800	－1 600	4 959 944	3 648 766	186	1.68	1 305 022
沈　　河	177 008	2 701	15 729	6 437 963	3 605 638	149	1.72	1 697 136
大　　东	7 345 390	196 434	299 980	1 875 916	1 256 433	113	1.00	530 240
皇　　姑	1 339 878	9 866	55 562	1 708 591	1 005 049	113	0.61	978 438
铁　　西	14 992 901	308 018	227 255	3 603 505	2 752 418	192	1.15	1 136 593
大　连　市								
中　　山	59 362	1 383	1 338	7 753 183	3 034 398	242	2.51	2 707 477
西　　岗	690 415	34 946	43 968	1 711 150	1 212 496	111	0.62	870 670
沙　河　口	635 697	30 413	40 855	1 813 393	2 208 805	137	0.85	743 859
鞍　山　市								
铁　　东	134 384	3 550	－5 478	5 452 268	1 062 345	111	0.70	1 339 964
铁　　西	179 600	3 500	5 000	476 392	510 187	86	0.21	157 574
立　　山	985 000	12 600	24 500	370 293	216 294	155	0.15	57 994
抚　顺　市								
新　　抚	1 115 489	11 769	22 749	856 450	1 291 980	17	0.77	52 591
东　　洲	2 547 961	78 999	59 702	86 284	470 601	11	0.06	6 376
望　　花	2 634 082	62 395	69 132	88 332	415 842	24	0.14	12 931
丹　东　市								
元　　宝	207 300	10 782	8 880	32 332	411 912	8	0.05	13 813
振　　兴	257 494	14 586	16 619	38 948	548 323	25	0.16	59 361
锦　州　市								
古　　塔	348 907	13 332	23 333	146 825	576 285	36	1.00	118 713
凌　　河	203 100	9 300	19 900	256 771	536 141	22	0.42	58 603
营　口　市								
站　　前	1 109 490	33 498	34 618	143 737	350 785	17	0.14	35 963
西　　市	663 311	44 602	38 284	53 788	60 450	25	0.06	35 767
辽　阳　市								
白　　塔	279 014	13 628	14 899	95 069	446 363	16	0.10	54 201
文　　圣	286 379	6 506	6 528	142 109	226 017	13	0.06	29 174
宏　　伟	4 287 300	66 100	371 600	330 610	73 584	10	0.04	40 990

附录3续表5

区　名　称	限额以上批发零售企业固定资产合计（万元）	限额以上批发零售企业主营业务收入（万元）	限额以上批发零售企业主营业务成本（万元）	限额以上批发零售企业主营业务税金及附加（万元）	限额以上批发零售企业本年应交增值税（万元）	限额以上批发零售企业利润总额（万元）	当年实际使用外资金额（万美元）	城镇固定资产投资（万元）
沈阳市								
和平	174 101	4 244 619	4 023 549	4 980	30 661	37 497	70 946	3 021 512
沈河	281 832	5 637 527	5 187 289	27 262	54 952	114 686	65 939	3 015 625
大东	82 227	1 557 605	1 417 431	6 758	18 701	43 914	41 782	3 000 477
皇姑	55 831	1 178 237	1 083 054	6 091	9 630	2 788	38 199	2 864 391
铁西	105 320	3 053 539	2 901 333	4 732	28 230	29 884	90 798	4 644 692
大连市								
中山	306 082	7 313 601	6 769 211	14 388	61 428	217 822	42 600	2 023 462
西岗	118 560	1 564 555	1 351 032	20 559	30 610	75 858	20 500	1 139 402
沙河口	124 390	1 708 282	1 585 930	3 252	28 129	－5 965	42 300	1 475 306
鞍山市								
铁东	172 417	4 704 544	4 469 277	19 350	71 875	128 897	24 282	736 413
铁西	21 708	433 640	403 121	1 662	216	3 293	6 074	287 578
立山	9 653	365 333	320 232	6 414	32 217	12 803	5 129	798 328
抚顺市								
新抚	67 135	672 379	590 681	13 313	893	7 572	5 367	320 464
东洲	6 330	74 339	71 886	206	316	－362	2 564	401 354
望花	20 828	75 564	67 410	349	4 795	1 719	5 049	346 406
丹东市								
元宝	3 567	32 369	28 272	975	434	－76	3 471	332 936
振兴	20 177	210 626	194 153	489	2 597	2 360	4 759	480 960
锦州市								
古塔	23 933	285 854	220 595	5 300		19 584	1 496	135 164
凌河	14 924	201 024	182 548	750	1 846	1 569	2 620	129 238
营口市								
站前	10 240	122 829	97 345	587	3 624	13 727	2 040	355 378
西市	5 352	51 482	41 330	2 575	2 305	3 862	2 032	324 238
辽阳市								
白塔	15 807	85 312	78 668	247	1 235	－1 107	683	460 352
文圣	3 684	125 718	103 783	3 051	3 255	11 019	218	302 896
宏伟	5 012	292 578	288 103	141	291	392	77 459	523 911

附录3续表6

区名称	城镇固定资产投资(万元) 房地产开发投资额	住宅	城镇新增固定资产(万元)	商品房屋销售额(万元)	住宅	商品房屋空置面积(万平方米)	普通中学数(所)
沈阳市							
和平	1 961 853	1 132 231	793 809	118.40	106.27	22.25	19
沈河	1 051 760	362 166	1 629 345	54.55	26.44	73.45	20
大东	811 946	260 331	1 895 890	96.73	80.96	33.42	21
皇姑	415 219	327 727	2 313 358	60.14	55.31	35.13	31
铁西	1 718 742	1 251 301	19 998 363	315.66	266.46	102.97	45
大连市							
中山	670 648	514 767	325 004	68.35	63.61	19.98	11
西岗	80 469	69 051	1 472	12.90	10.25	5.22	10
沙河口	732 549	550 162	263 687	87.93	83.91	21.31	18
鞍山市							
铁东	520 380	260 162	434 777	71.47	69.76	17.66	9
铁西	175 982	123 445	287 172	34.57	32.22	3.24	9
立山	362 292	230 995	353 238	91.72	87.42	76.88	10
抚顺市							
新抚	70 495	26 478	187 955	1.14	0.90	2.43	9
东洲	19 268	13 680	349 236	2.86	2.45	1.42	12
望花	48 601	27 531	287 938	18.90	16.00	9.90	12
丹东市							
元宝	232 550	187 624	105 720	28.22	23.95	8.24	1
振兴	157 367	155 110	19 300	16.38	16.38	4.05	2
锦州市							
古塔	85 886	71 020	234 392	65.91	60.65	2.41	
凌河	91 682	74 231	220 920	31.32	30.85	6.61	
营口市							
站前	73 596	62 747	17 580	48.00	44.64	18.84	
西市	60 021	54 797	37 681	48.46	46.32	10.84	
辽阳市							
白塔	219 103	130 754	260 873	32.50	27.27	18.89	9
文圣	17 674	13 256	285 222	9.63	9.63	2.43	3
宏伟	64 412	52 868	370 869	36.40	35.40	9.90	5

附录3续表7

区 名 称	小学数（所）	普通中学专任教师数（人）	小学专任教师数（人）	普通中学在校学生数（人）	小学在校学生数（人）	医院、卫生院数（所）	医院、卫生院床位数（床）
沈阳市							
和平	28	2 107	1 569	12 400	22 400	26	9 228
沈河	24	2 248	1 854	26 000	25 000	30	4 105
大东	33	1 633	1 501	16 100	21 400	124	5 168
皇姑	34	2 533	2 260	40 800	33 300	13	580
铁西	70	3 721	3 270	39 255	44 489	29	1 364
大连市							
中山	23	1 275	1 128	8 100	14 000	10	2 871
西岗	21	767	692	8 200	11 900	16	4 245
沙河口	30	1 518	1 582	14 500	24 700	19	5 547
鞍山市							
铁东	20	1 238	1 178	13 600	20 300	9	738
铁西	15	1 070	907	7 200	8 400	29	2 067
立山	19	928	856	12 000	10 700		
抚顺市							
新抚	11	764	792	7 700	9 100	3	275
东洲	22	825	880	7 331	8 905	15	1 873
望花	14	686	970	7 477	9 166	10	1 356
丹东市							
元宝	10	97	437	1 100	5 600	6	20
振兴	18	112	1 093	1 300	13 000	12	310
锦州市							
古塔	16		827		9 600	2	310
凌河	17		1 195		15 500	3	347
营口市							
站前	12		803		11 900	18	668
西市	9		542		6 000	6	140
辽阳市							
白塔	12	1 280	726	11 400	10 300	16	1 078
文圣	10	334	573	3 400	7 800	115	3 540
宏伟	9	609	329	5 000	5 600	3	691

附录3续表8

区　名　称	医生数（执业医师+执业助理医师）（人）	注册护士（人）	城镇在岗职工年平均人数（万人）	城镇在岗职工工资总额（万元）	城镇基本养老保险参保人数（人）	基本医疗保险参保人数（人）	失业保险参保人数（人）
沈阳市							
和平	3 725	4 790	12.48	558 708	582 365	523 647	581 254
沈河	5 704	2 347	7.30	300 963	582 365	523 647	581 254
大东	5 357	2 283	8.15	296 838	201 220	11 136	146 540
皇姑	402	405	9.69	394 683	241 748		111 146
铁西	1 318	1 091	21.82	733 103	467 338		384 931
大连市							
中山	1 677	1 869	11.03	531 520			
西岗	2 244	2 850	8.78	420 951			
沙河口	3 520	3 740	9.22	396 500			
鞍山市							
铁东	285	178	8.71	289 046	37 620		12 314
铁西	793	1 006	2.66	56 407	25 044	53 000	12 130
立山			3.50	79 489	22 608		10 369
抚顺市							
新抚	135	141	9.86	377 760	36 775	25 931	4 004
东洲	531	338	2.77	72 584	48 831	23 376	1 806
望花	1 019	604	4.47	10 808	41 092	74 668	49 897
丹东市							
元宝	59	55	1.49	24 666	37 000	21 000	
振兴	492	368	1.65	24 026			
锦州市							
古塔	113	70	0.39	7 743	5 686	14 518	7 061
凌河	300	32	0.69	11 335	11 917	16 022	6 700
营口市							
站前	302	147	0.84	14 445	23 460		1 025
西市	154	143	0.76	14 501	16 019		8 897
辽阳市							
白塔	1 120	1 287	3.58	89 007	5 321	5 313	645
文圣	1 091	1 711	2.54	59 641	39 000	75 000	4 073
宏伟	710	279	3.11	140 649	22 527	16 514	7 776

附录3 续表9

区　名　称	社会福利院数（个）	社会福利院床位数（张）	社区服务设施数（个）	城镇居民最低生活保障人数（人）	交通事故死亡人数（人）	交通事故损失额（万元）	刑事案件立案数（起）
沈阳市							
和平	1	100	16 542	14 694	25	106	7 328
沈河	8	655	16 542	151 385	1 323	521	6 003
大东	11	180	166	22 892	35	84	862
皇姑	9	993	30	222 502	31	588	7 195
铁西	2	538	475	19 931	109	2 081	1 590
大连市							
中山	13	1 229	60	7 010	7	19	9 142
西岗	15	1 068	57	8 477	12	49	5 666
沙河口	28	2 087	98	16 102	23	66	11 293
鞍山市							
铁东	4	267	15	13 028	9	17	422
铁西	5	400	10	19 108	5	4	267
立山	17	1 113	437	19 419	11	38	243
抚顺市							
新抚	8	950	21 210				1 528
东洲	16	989	419	54 951			222
望花	17	721	70	32 251			1 473
丹东市							
元宝	7	682	30	10 686			156
振兴	11	704	9	16 385			320
锦州市							
古塔				18 570			181
凌河			63	26 952			195
营口市							
站前	15	1 067		20 659			178
西市	18	908		17 249			524
辽阳市							
白塔				15 490	6	140	203
文圣			32	11 212	8	1	117
宏伟				2 760	5	12	229

附录3续表10

区名称	犯罪人数（人）	工业废水排放量（万吨）	工业废水排放达标量（万吨）	工业二氧化硫去除量（吨）	工业二氧化硫排放量（吨）	工业烟尘去除量（吨）	工业烟尘排放量（吨）	工业固体废物综合利用率（%）
沈阳市								
和平	1 483	59.0	59.0	181.0	8 005.0	55 120.0	7 875.0	100.0
沈河	675	59.8	59.8	1 570.9	3 352.9	37 621.0	2 659.3	100.0
大东	1 157	658.0	658.0	18 420.0	8 509.0	734 481.0	3 147.0	98.6
皇姑	1 217	445.0	445.0	2 446.0	5 387.0	44 306.0	6 574.0	99.6
铁西	1 540	3 520.3	3 477.8	7 832.0	11 679.6	134 617.4	8 255.1	91.7
大连市								
中山	281	35.7	32.8	36.0	3 834.0	71 138.0	1 160.0	94.3
西岗	91	435.6	433.3	3 088.0	4 727.0	4 301.0	813.0	73.4
沙河口	740	216.3	202.3	6 541.0	9 461.5	233 002.0	5 117.0	99.9
鞍山市								
铁东	643	4.2	4.2	110.0	173.0	74.0	100.0	100.0
铁西	400	60.5	60.3	122.8	204.8	843.0	140.7	99.7
立山	468	306.0	274.0	164.5	4 341.0	8 934.5	2 741.9	100.0
抚顺市								
新抚	525	3.9			23 484.0	270.4	778.3	
东洲	298	52.2		110.1	1 031.5	3 965.6	1 842.0	100.0
望花	370	732.0	722.0	65.0	15 765.0	128 743.0	4 277.0	99.0
丹东市								
元宝	278							
振兴	589							
锦州市								
古塔	227	482.0	482.0	16 609.0	6 509.0	51 950.0	1 923.0	100.0
凌河	242	133.9	133.4	303.3	4 658.3	68 039.9	1 159.7	100.0
营口市								
站前	279							
西市	207							
辽阳市								
白塔	438	0.1	0.1		4.6	10.5	2.0	
文圣	220	675.0			3 160.0		2 625.0	100.0
宏伟	103	2 242.0		629.0	25 493.0	909.0	217.0	40.2

附录4　沈阳经济区主要经济指标

年　份	年末总人口（万人）	生产总值（亿元）	全社会固定资产投资（亿元）	社会消费品零售总额（亿元）	实际利用外商直接投资（亿美元）	出口总额（亿美元）	地方财政一般预算收入（亿元）
2000	2 311.5	2 433.5	625.6	1 059.7	10.4	24.6	136.0
2001	2 316.9	2 670.9	720.6	1 169.2	13.3	22.6	166.5
2002	2 319.1	2 985.6	873.1	1 299.6	20.0	26.1	182.5
2003	2 320.5	3 420.2	1 173.5	1 377.2	29.8	34.9	178.1
2004	2 327.8	4 161.6	1 784.3	1 554.8	30.0	52.7	228.0
2005	2 334.8	4 907.6	2 479.2	1 762.0	24.1	61.2	289.6
2006	2 343.8	5 790.6	3 256.4	2 016.7	34.8	78.5	353.8
2007	2 354.1	7 059.3	4 297.4	2 367.3	57.1	97.9	467.0
2008	2 359.4	8 539.3	5 739.0	2 899.9	68.0	132.3	601.8
2009	2 363.5	9 694.9	7 237.8	3 428.4	81.2	81.6	719.1

附录5 沿海经济带主要经济指标

年 份	年末总人口（万人）	生产总值（亿元）	全社会固定资产投资（亿元）	社会消费品零售总额（亿元）	实际利用外商直接投资（亿美元）	出口总额（亿美元）	地方财政一般预算收入（亿元）
2000	1 715.8	2 040.7	580.1	807.5	16.4	87.4	125.5
2001	1 722.9	2 226.3	623.3	888.3	19.4	92.6	154.2
2002	1 729.5	2 470.3	727.6	985.2	21.0	102.1	160.8
2003	1 733.9	2 843.3	943.9	987.4	28.2	116.8	176.6
2004	1 738.1	3 373.2	1 260.7	1 125.3	25.5	142.6	190.5
2005	1 746.1	3 915.3	1 822.7	1 280.0	12.5	180.7	231.8
2006	1 757.7	4 632.0	2 366.2	1 466.4	25.9	213.5	304.8
2007	1 769.9	5 533.2	3 176.8	1 719.3	34.8	264.9	406.2
2008	1 779.6	6 726.4	4 245.7	2 087.5	54.9	300.5	518.0
2009	1 784.9	7 613.7	5 450.5	2 467.4	77.5	260.1	636.3

附录6 辽西北主要经济指标

年份	年末总人口（万人）	生产总值（亿元）	全社会固定资产投资（亿元）	社会消费品零售总额（亿元）	实际利用外商直接投资（亿美元）	出口总额（亿美元）	地方财政一般预算收入（亿元）
2000	824.8	282.0	98.3	134.8	0.5	0.7	15.8
2001	826.1	310.9	110.0	147.5	0.9	0.8	19.3
2002	827.5	350.6	123.7	159.9	1.1	0.9	20.2
2003	828.9	413.8	160.1	171.4	1.6	1.3	21.4
2004	830.1	514.9	201.6	198.8	1.2	2.5	25.1
2005	834.0	620.0	266.2	226.6	0.3	3.4	39.9
2006	837.6	739.1	443.9	260.7	0.8	4.0	40.2
2007	838.7	936.6	643.3	306.8	1.5	5.3	55.8
2008	839.3	1 206.5	1 000.3	378.7	2.2	6.1	79.5
2009	841.0	1 411.8	1 352.9	448.0	3.1	9.0	108.7

附录7 2009年各市农业县区基本情况

县(市)区名称	行政区域土地面积(平方公里)	乡(镇)个数(个)	年末总人口(万人)	当年出生人口(人)	当年死亡人口(人)	乡村人口(万人)	年末总户数(户)
苏家屯区	782	12	43	2 880	2 994	22.7	154 346
东陵区	631	1	33.5	3 118	1 365	21.1	121 486
沈北新区	892	7	31	2 174	2 096	19.9	106 631
于洪区	521	1	34	3 427	2 309	18.9	121 953
辽中县	1 470	17	47.5	2 647	1 406	39.6	164 120
康平县	2 175	15	35.3	3 028	5 821	28.2	116 798
法库县	2 290	19	45	2 669	1 858	39	138 245
新民市	3 315	24	69.9	5 138	4 468	57.3	238 182
甘井子区	492		66	5 673	4 038	17.2	248 645
旅顺口区	404.5		20.4	1 084	1 534	12.2	80 283
金州区	1 072.8		49.1	3 100	3 398	32	187 854
长海县	119	5	7.4	438	454	6	26 403
瓦房店市	3 793.5	21	102.6	7 388	5 919	65.9	341 023
普兰店市	2 922	17	81.9	5 271	12 433	64	279 039
庄河市	4 086	21	90.8	5 849	20 278	70.9	284 627
千山区	425.5	8	26	1 934	1 949	16.2	91 630
台安县	1 393.9	11	37.9	3 942	2 600	31.5	129 315
岫岩县	4 502	22	52.1	4 888	3 350	42.6	148 544
海城市	2 732	23	114.7	9 791	5 446	90.3	368 672
顺城区	278	3	42.3	2 330	3 069	5.8	158 584
抚顺县	2 350	12	19.1	1 353	970	18.3	65 338
新宾县	4 287	15	30.5	2 328	1 507	24.6	100 564
清原县	3 921	14	33.9	2 478	1 885	26	119 551
平山区	179	1	36.2	1 396	994	1.7	122 275
溪湖区	478	4	21.2	1 132	1 961	4.1	85 725
明山区	400	1	32.9	1 772	2 088	3.8	118 882
南芬区	619	2	8.1	429	590	3.2	31 883
本溪县	3 343	11	29.9	2 093	1 597	19	99 882
桓仁县	3 551	12	30.2	2 164	1 126	21.3	104 132
振安区	664	5	17.8	1 004	1 583	10.1	62 953
宽甸县	6 115	22	43.8	2 971	2 645	34.4	139 454
东港市	2 396	15	61.2	3 638	3 659	49.8	192 343
凤城市	5 513	18	58.7	3 911	3 585	41.6	197 647
太和区	292	4	16.6	1 146	949	10.8	59 933
黑山县	2 487	21	62.9	4 351	4 073	49.5	215 903
义县	2 476	18	43.9	3 531	1 576	36.9	132 907
凌海市	2 585.5	20	53.3	3 286	3 246	44.2	176 488
北镇市	1 694	17	52.7	3 661	4 438	43.8	158 528
鲅鱼圈区	259	3	34.3	3 886	1 049	13.4	131 926

注:本表为2009年初步数。

附录7续表1

县(市)区名称	行政区域土地面积(平方公里)	乡(镇)个数(个)	年末总人口(万人)	当年出生人口(人)	当年死亡人口(人)	乡村人口(万人)	年末总户数(户)
老边区	305	3	12.6	1 002	1 217	9.4	51 005
盖州市	2 945.9	19	73.2	8 001	5 244	62.1	249 580
大石桥市	1 598	13	72.5	8 234	6 067	55.7	226 798
海州区	97.6	1	27.4	1 579	1 395	2.1	100 326
新邱区	141.7	1	8.9	457	984	2.9	36 218
太平区	97.5	1	17.6	881	1 490	2.1	0
清河门区	98	2	7.3	324	389	2.9	28 046
细河区	109.9	1	14	893	893	3.6	49 585
阜新县	6 246	35	73	5 999	4 223	68.6	219 664
彰武县	3 641	24	41.6	3 671	2 207	35.1	138 837
弓长岭区	292	2	9	568	637	2.5	34 692
太子河区	175	3	12.4	808	576	6.7	42 018
辽阳县	2 835	17	59	4 683	3 577	52	197 573
灯塔市	1 332.6	13	51.5	3 908	2 139	41.2	184 995
双台子区	56		20.6	1 353	580	3.3	71 184
兴隆台区	214		40.9	2 871	1 250	3.1	148 234
大洼县	1 683	15	39.7	3 114	1 976	30.9	149 476
盘山县	2 065	14	29.6	1 277	863	29.3	97 710
银州区	78	1	32	1 857	1 840	2.3	117 728
清河区	465	3	9.8	610	413	6.5	33 027
铁岭县	2 249	14	39.2	3 191	2 171	37.1	133 405
西丰县	2 685	18	35	2 615	1 432	28.2	119 112
昌图县	4 317	33	104	8 285	4 903	83.8	342 190
调兵山市	262	3	24.2	1 308	1 172	6.7	89 574
开原市	2 838.4	18	59.1	4 582	5 352	28.7	198 178
双塔区	500	4	38	3 035	1 871	9	128 870
龙城区	624	6	18	1 851	1 578	12	559 619
朝阳县	3 762	27	57	4 191	3 200	55.5	170 800
建平县	4 865	24	58.6	5 568	3 415	48.6	196 946
喀左县	2 236	21	42.7	3 839	2 366	37.2	134 814
北票市	4 469	27	60	4 273	4 009	39.5	216 000
凌源市	3 278	22	65	8 309	2 034	50.9	207 777
连山区	1 616	15	63	5 103	3 265	33.3	229 212
龙港区	172	1	21.3	1 507	749	3.3	79 892
南票区	512	4	14.6	1 108	711	7.8	53 720
绥中县	2 763	25	64.5	6 706	4 025	54	216 637
建昌县	3 195	28	63	7 670	3 012	54.2	185 440
兴城市	2 116	20	55.6	4 891	3 354	42.2	194 163

附录7续表2

县(市)区名称	年末总户数(户)	年末单位			乡村从业		城镇登记失业人员数(人)
	乡村户数(户)	从业人员数(人)	#第二产业	#第三产业	人员数(人)	#农林牧渔业	
苏家屯区	74 175	35 648	20 455	14 431	113 791	53 021	3 591
东陵区	67 864	32 344	10 264	21 948	118 413	58 330	1 543
沈北新区	62 123	70 386	47 772	20 527	95 550	52 933	1 524
于洪区	61 028	29 227	3 267	20 744	96 972	33 559	3 345
辽中县	124 373	17 772	3 023	9 450	212 392	129 605	1 100
康平县	83 533	14 152	1 197	12 771	116 616	72 182	1 323
法库县	113 950	14 156	1 908	11 790	221 621	142 862	976
新民市	172 032	22 907	2 041	19 568	244 231	178 232	4 631
甘井子区	67 821	121 796	83 211	37 622	70 434	7 955	42 350
旅顺口区	46 014	42 790	26 617	15 658	67 259	20 200	2 165
金州区	116 233	78 271	59 363	18 096	155 221	59 844	9 036
长海县	19 916				31 335	20 874	4 940
瓦房店市	232 310	151 079	105 827	40 708	374 223	184 759	7 561
普兰店市	205 458	38 134	20 151	17 964	308 534	184 397	13 201
庄河市	214 198				349 430	154 194	4 700
千山区	53 582	21 854	12 016	9 288	79 112	28 686	2 204
台安县	88 751	19 630	4 892	11 066	184 838	118 478	2 500
岫岩县	115 565	22 570	3 649	18 492	217 492	131 817	2 795
海城市	268 189	46 538	12 633	32 311	426 349	193 065	12 561
顺城区	19 941	44 202	26 653	17 548	33 761	14 175	5 359
抚顺县	58 320	8 531	1 843	5 536	118 654	73 379	94
新宾县	70 570	11 912	2 132	8 987	137 269	95 146	8 030
清原县	82 152	19 300	5 252	11 358	149 852	100 287	880
平山区	5 958	161 994	120 322	41 482	9 994	4 387	5 196
溪湖区	12 981	14 066	6 347	3 739	21 739	9 981	7 600
明山区	11 423	68 140	42 530	25 430	19 461	9 327	1 657
南芬区	9 813	5 600	3 700	1 800	17 241	8 310	2 000
本溪县	56 756	14 189	3 087	10 456	89 293	46 530	2 628
桓仁县	57 597	14 482	6 372	7 090	111 112	62 051	2 256
振安区	32 704	10 873	6 232	4 641	58 372	29 154	2 740
宽甸县	97 198	15 893	2 998	12 547	183 334	118 928	1 897
东港市	154 414	25 939	5 864	18 022	264 261	151 617	4 121
凤城市	122 661	21 713	5 624	15 784	226 095	135 771	5 946
太和区	35 879	6 711	1 590	5 093	52 332	28 511	3 102
黑山县	151 433	16 867	2 631	14 002	270 510	178 583	7 826
义县	104 025	12 070	739	10 956	175 279	113 014	2 308
凌海市	136 828	20 425	1 613	13 244	225 502	140 934	1 069
北镇市	129 832	14 728	673	11 721	213 829	159 036	1 300
鲅鱼圈区	44 848	34 363	22 739	11 613	67 328	30 941	2 700

附录7 续表3

县(市)区名称	年末总户数(户)	年末单位从业人员数(人)			乡村从业人员数(人)		城镇登记失业人员数(人)
	乡村户数(户)		#第二产业	#第三产业		#农林牧渔业	
老边区	35 212	7 344	387	6 515	53 472	17 045	985
盖州市	188 146	16 308	1 118	14 725	320 440	184 735	8 473
大石桥市	170 384	22 899	4 184	18 525	290 112	115 705	2 683
海州区	6 329	14 318	5 193	6 201	10 869	2 690	5 060
新邱区	9 530	6 867	4 341	1 029	16 945	4 931	1 047
太平区		6 542	1 350	4 819	11 915	6 170	
清河门区	8 236	5 613	2 547	2 467	12 425	4 790	9 566
细河区	9 857	2 979	174	2 762	21 688	4 810	12 000
阜新县	196 340	23 391	1 815	19 409	380 193	209 949	3 990
彰武县	101 831	15 505	1 524	12 412	199 907	141 314	4 745
弓长岭区	9 414	16 046	3 521	3 600	14 473	4 273	1 125
太子河区	21 527	18 742	6 932	8 964	37 526	18 379	4 998
辽阳县	161 708	23 553	12 081	11 292	244 530	134 912	3 846
灯塔市	127 186	13 760	1 725	10 881	214 749	136 237	2 256
双台子区	11 262	15 354	3 888	11 417	15 423	4 059	19 404
兴隆台区	8 871	192 383	59 800	124 040	16 444	9 416	24 258
大洼县	95 297	183 805	26 179	21 416	168 605	106 355	5 546
盘山县	94 118	70 579	3 112	12 319	166 254	110 780	1 608
银州区	8 170	7 351	2 949	4 344	12 622	3 751	536
清河区	19 808	9 857	5 160	4 578	29 546	15 375	572
铁岭县	113 018	13 764	2 667	10 769	161 745	100 354	514
西丰县	81 135	13 363	1 405	10 687	115 875	77 032	2 830
昌图县	245 092	39 893	1 031	21 001	330 375	202 436	15 990
调兵山市	22 101	60 476	49 382	11 094	33 306	17 421	1 351
开原市	122 618	120 323	64 428	55 145	206 792	128 625	2 230
双塔区	28 858	12 430	1 826	7 721	50 352	23 194	4 896
龙城区	37 845	4 832	919	3 588	69 526	34 427	3 190
朝阳县	158 000	22 322	4 925	14 083	302 116	182 653	2 520
建平县	141 439	23 287	4 404	17 231	259 630	152 385	2 575
喀左县	110 900	22 277	6 540	12 909	202 239	104 434	3 100
北票市	124 654	30 982	12 109	18 477	206 754	112 311	3 644
凌源市	145 602	33 750	13 170	18 238	270 933	152 343	19 643
连山区	105 388	11 358	750	10 143	147 859	85 620	750
龙港区	13 036	14 687	8 771	5 915	18 512	7 810	2 162
南票区	24 386	9 735	7 236	2 495	29 527	15 035	1 900
绥中县	158 665	15 612	528	14 777	270 556	192 339	1 804
建昌县	149 574	15 171	1 220	13 607	279 462	148 272	1 281
兴城市	128 680	18 025	2 860	14 715	190 220	120 220	3 510

附录 7 续表 4

县（市）区名称	生产总值（万元）	第一产业增加值（万元）	农业	林业	牧业	渔业	农林牧渔服务业
苏家屯区	1 959 097	202 619	84 453	805	108 315	4 083	4 963
东陵区	513 148	67 321	44 772	1 426	20 479	467	177
沈北新区	3 182 878	237 535	85 208	1 512	132 764	5 106	12 945
于洪区	2 708 621	85 408	39 062	1 708	34 677	4 662	5 299
辽中县	1 829 678	448 667	155 138	10 902	218 360	34 349	29 918
康平县	1 002 097	213 320	62 753	4 224	128 868	1 005	16 470
法库县	1 323 019	266 087	104 174	11 480	137 697	1 564	11 172
新民市	1 858 102	459 031	220 423	1 930	194 144	29 515	13 019
甘井子区	5 855 518	98 185	12 512	883	4 252	75 667	4 871
旅顺口区	1 478 857	168 047	35 486	690	12 995	99 300	19 576
金州区	4 714 477	427 165	210 657	1 375	94 209	63 536	57 388
长海县	425 214	286 500	611	254	550	258 535	26 550
瓦房店市	5 005 227	645 300	263 185	4 358	144 882	171 397	61 478
普兰店市	3 941 282	587 369	199 230	5 484	203 767	126 600	52 288
庄河市	3 918 797	737 559	189 035	10 118	145 294	355 162	37 950
千山区	2 333 448	59 254	29 874	30	26 960	1 140	1 250
台安县	1 148 921	241 997	122 098	372	103 109	15 007	1 411
岫岩县	1 203 522	160 104	73 447	6 425	76 606	1 753	1 873
海城市	5 182 004	361 700	169 639	522	174 682	12 358	4 499
顺城区	1 107 115	43 111	8 197	594	33 418	811	91
抚顺县	679 481	120 007	57 912	9 800	40 509	10 133	1 653
新宾县	553 909	129 820	63 235	21 741	23 853	19 108	1 883
清原县	671 925	129 390	43 963	31 124	16 638	36 758	907
平山区	1 132 337	9 015	2 115	756	5 844	54	246
溪湖区	492 849	30 217	10 947	2 033	15 994	317	926
明山区	835 425	38 335	13 768	10 068	13 265	514	720
南芬区	267 887	27 720	3 869	2 234	17 917	2 900	800
本溪县	908 344	135 035	33 084	50 638	32 739	16 899	1 675
桓仁县	894 347	144 681	62 762	43 867	21 175	14 549	2 328
振安区	463 554	40 610	25 977	2 999	9 746	1 217	671
宽甸县	1 362 774	160 536	57 551	25 721	32 410	40 104	4 750
东港市	3 222 831	420 054	130 766	7 060	37 824	232 854	11 550
凤城市	1 997 600	189 461	82 304	21 983	60 458	18 366	6 350
太和区	671 339	68 166	46 519	183	20 073	743	648
黑山县	969 315	337 205	149 353	2 232	175 079	5 791	4 750
义县	567 544	146 509	52 901	1 813	89 300	445	2 050
凌海市	1 382 471	345 765	147 717	1 950	113 268	77 300	5 530
北镇市	771 788	306 074	212 657	285	85 521	4 787	2 824
鲅鱼圈区	2 966 321	71 145	22 475	2 870	6 988	38 512	300

附录7 续表5

县(市)区名称	生产总值(万元)	第一产业增加值(万元)	农业	林业	牧业	渔业	农林牧渔服务业
老边区	1 329 063	98 862	12 922	1 295	33 385	49 350	1 910
盖州市	1 200 276	227 421	101 197	5 164	50 126	68 381	2 553
大石桥市	3 362 937	271 227	128 329	2 400	95 351	44 247	900
海州区	227 478	5 539	1 513	152	3 801	8	65
新邱区	105 721	10 103	3 500	97	6 400		106
太平区	167 358	6 798	1 135	202	5 401	3	57
清河门区	94 169	9 605	4 200	48	5 242		115
细河区	194 615	6 857	3 564	191	2 858	80	164
阜新县	776 650	265 636	122 562	25 773	107 608	1 975	7 718
彰武县	493 018	265 599	101 773	32 622	106 955	1 573	22 676
弓长岭区	417 951	12 200	3 527	1 004	7 233	410	26
太子河区	488 197	24 005	9 798	12	13 324	355	516
辽阳县	1 424 011	179 877	73 879	3 142	73 331	28 506	1 019
灯塔市	1 339 203	175 502	69 161	1 345	76 653	22 103	6 240
双台子区	505 358	6 293	1 970	40	1 493	2 629	161
兴隆台区	3 695 325	15 378	11 709	119	2 511	654	385
大洼县	1 584 606	408 206	197 294	730	31 615	170 300	8 267
盘山县	978 070	306 070	142 877	1 265	54 265	104 170	3 493
银州区	529 065	9 678	4 605	44	4 460	372	197
清河区	500 652	24 332	9 431	1 250	12 866	566	219
铁岭县	1 500 737	218 598	100 232	12 877	100 465	4 566	458
西丰县	513 169	150 597	69 526	11 336	67 444	2 090	201
昌图县	1 516 609	455 579	198 536	11 489	236 080	4 666	4 808
调兵山市	1 018 879	44 971	19 603	291	24 649	384	44
开原市	2 204 322	329 228	132 236	18 496	172 605	5 410	481
双塔区	905 892	30 838	17 002	2 489	9 800		1 547
龙城区	453 530	57 181	19 156	13 541	23 634	42	808
朝阳县	736 524	173 627	72 199	15 368	72 400	257	13 403
建平县	1 060 443	177 300	70 000	35 400	65 900	144	5 856
喀左县	667 782	163 600	108 320	11 500	41 480	300	2 000
北票市	1 182 412	216 207	107 085	14 112	93 201	368	1 441
凌源市	1 046 686	201 605	127 616	5 651	66 099	539	1 700
连山区	945 464	138 689	46 511	363	86 677	2 383	2 755
龙港区	109 817	19 000	3 521	7	2 484	12 604	384
南票区	428 206	19 469	9 568	625	8 839		437
绥中县	747 889	240 720	95 913	2 456	63 718	74 245	4 388
建昌县	470 050	92 804	22 082	6 276	56 934	594	6 918
兴城市	477 528	110 195	20 207	1 191	16 549	70 114	2 134

附录7 续表6

县(市)区名称	生产总值(万元)			地方财政一般预算收入(万元)	各项税收(万元)	地方财政一般预算支出(万元)	农林水事务支出	科学技术支出
	第二产业增加值(万元)	工业	第三产业增加值(万元)					
苏家屯区	1 123 742	1 022 651	632 735	90 982	68 670	122 386	14 512	410
东陵区	1 307 911	1 206 132	1 380 615	116 016	83 291	160 381	16 940	2 684
沈北新区	2 379 502	2 335 433	715 841	170 169	140 624	220 668	19 079	805
于洪区	2 204 215	2 087 910	1 090 674	155 676	96 023	194 800	14 938	1 601
辽中县	1 019 371	963 144	361 640	63 678	37 000	130 989	18 647	561
康平县	510 598	460 508	278 179	47 913	36 499	112 497	15 495	100
法库县	768 588	736 021	288 344	57 397	39 774	146 989	28 553	330
新民市	1 070 472	1 013 866	331 017	81 003	45 406	173 630	28 361	392
甘井子区	4 057 914	3 642 914	1 699 417	260 691	672 142	301 386	11 195	3 212
旅顺口区	764 998	697 988	545 812	130 306	115 410	150 353	7 123	2 051
金州区	2 848 075	2 188 075	1 439 237	211 384	174 086	234 604	19 841	3 138
长海县	54 415	45 215	84 299	20 547	12 147	43 355	3 876	398
瓦房店市	3 149 699	2 983 849	1 312 552	250 788	315 645	325 412	31 614	732
普兰店市	2 412 597	2 182 587	941 316	140 615	167 888	194 179	11 088	1 013
庄河市	2 092 735	1 792 735	1 088 503	181 168	175 204	248 145	19 919	1 929
千山区	826 000	776 000	510 000	90 066	65 798	129 033	9 933	628
台安县	650 057	597 071	450 396	35 088	40 414	92 239	12 657	219
岫岩县	525 500	483 120	500 518	45 588	53 272	122 739	23 402	397
海城市	2 717 000	2 019 158	2 146 000	212 016	270 085	317 745	30 345	582
顺城区	437 880	285 306	626 124	37 135	32 053	62 125	3 603	85
抚顺县	314 631	306 096	244 843	40 038	32 507	84 767	17 104	634
新宾县	164 645	155 468	259 444	33 388	25 764	103 658	21 202	642
清原县	304 006	289 729	238 529	41 528	33 076	111 969	22 898	1 643
平山区	288 652	240 682	834 670	31 953	26 311	40 154	1 811	539
溪湖区	470 349	415 520	218 415	71 742	32 937	130 361	4 006	1 143
明山区	322 211	240 000	474 879	32 577	26 033	43 780	3 814	565
南芬区	117 190	110 100	32 543	14 500	20 425	24 624	2 919	123
本溪县	483 273	458 270	290 036	13 048	8 749	33 326	909	51
桓仁县	449 195	402 994	300 474	38 063	64 380	110 236	27 030	1 436
振安区	185 600	167 600	79 500	25 802	20 126	47 462	6 118	242
宽甸县	793 840	683 586	393 086	60 067	71 357	145 204	27 567	363
东港市	1 687 000	1 482 554	1 122 946	100 588	116 067	194 143	33 996	330
凤城市	1 129 240	1 041 173	681 876	101 377	121 502	198 639	22 163	303
太和区	476 301	442 224	126 872	36 110	31 503	51 245	6 387	551
黑山县	262 656	252 108	369 454	33 170	52 921	131 392	17 439	432
义县	256 145	253 691	164 890	30 338	21 751	108 936	25 801	1 422
凌海市	722 268	708 598	314 438	81 555	59 056	156 554	39 242	1 298
北镇市	223 163	212 431	242 551	31 000	36 760	108 005	15 936	760
鲅鱼圈区	1 906 159	1 788 027	989 017	149 215	218 266	192 302	6 537	

附录7续表7

县(市)区名称	生产总值(万元)			地方财政一般预算收入(万元)	各项税收(万元)	地方财政一般预算支出(万元)		
	第二产业增加值(万元)	工业	第三产业增加值(万元)				农林水事务支出	科学技术支出
老边区	1 021 509	981 909	209 555	48 594	96 571	63 565	9 773	1 206
盖州市	549 387	498 890	423 468	43 950	58 889	141 765	14 510	379
大石桥市	2 218 773	2 151 905	1 125 000	136 540	171 380	205 811	17 167	3 119
海州区	70 728	49 774	151 211	14 284	12 236	32 061	452	7
新邱区	66 199	59 699	29 419	5 328	2 904	14 766	792	5
太平区	85 237	55 501	75 323	7 643	6 726	21 577	564	
清河门区	29 300	26 500	21 500	5 101	4 437	12 100	986	50
细河区	76 040	68 615	55 766	8 749	23 846	22 620	1 518	43
阜新县	57 854	47 018	169 527	26 284	20 412	40 780	3 339	152
彰武县	57 790	47 018	76 164	21 288	16 274	102 033	23 291	161
弓长岭区	418 200	416 200	121 700	41 166	32 099	56 458	2 662	800
太子河区	313 709	176 080	148 835	14 964	14 116	24 100	2 632	477
辽阳县	980 254	973 254	381 000	68 900	52 000	121 800	13 100	1 800
灯塔市	739 883	729 058	371 993	75 700	149 043	131 005	13 953	1 638
双台子区	175 075	117 347	220 756	20 106	40 106	30 477	900	213
兴隆台区	622 448	525 482	631 211	66 334	160 333	79 379	3 332	3 387
大洼县	889 195	806 147	276 187	71 600	109 429	168 680	39 067	240
盘山县	470 236	465 494	197 185	40 903	73 025	125 833	33 319	1 473
银州区	249 272	232 272	242 753	35 346	44 873	48 441	999	98
清河区	338 505	315 054	136 398	18 073	35 086	33 312	5 416	419
铁岭县	823 613	803 164	471 112	68 000	111 638	127 750	18 155	2 043
西丰县	190 312	170 598	163 764	20 226	21 525	76 592	16 376	277
昌图县	468 902	423 728	587 592	32 097	42 527	159 347	26 949	1 055
调兵山市	727 553	687 490	275 812	50 000	145 488	72 733	2 638	208
开原市	1 298 171	1 228 230	831 758	122 085	101 631.7	190 359	23 534	3 477
双塔区	326 962	220 194	548 092	20 358	29 492	43 630	3 990	478
龙城区	269 832	227 738	126 517	18 067	28 128	39 652	5 254	53
朝阳县	334 872	304 738	228 025	53 968	39 170	138 415	25 387	835
建平县	556 261	520 933	326 882	71 540	110 147	159 785	29 298	509
喀左县	297 557	263 709	206 625	31 958	51 791	104 729	17 192	976
北票市	664 673	612 882	301 532	63 600	91 826	169 761	27 732	507
凌源市	498 487	475 062	346 594	53 318	37 420	145 922	30 403	1 822
连山区	401 303	322 259	481 678	58 628	45 130	128 285	10 013	501
龙港区	237 755	156 894	171 451	43 977	39 252	54 624	1 177	391
南票区	57 225	52 044	48 576	9 661	7 196	38 773	2 738	65
绥中县	202 734	133 399	304 435	38 099	43 330	122 666	25 035	149
建昌县	151 224	126 334	261 607	32 855	17 976	120 866	15 238	593
兴城市	152 946	142 027	214 387	30 093	41 064	105 142	11 097	95

附录7续表8

县(市)区名称	地方财政一般预算支出(万元)		年末金融机构各项存款余额(万元)		年末金融机构各项贷款余额(万元)		农业机械总动力(万千瓦特)
	医疗卫生支出	教育支出		居民储蓄存款余额		农业贷款	
苏家屯区	10 272	29 147	939 965	802 058	427 202	108 150	30
东陵区	9 070	28 158	1 165 642	1 068 551	479 842	4 358	20.2
沈北新区	8 242	32 792	1 118 213	684 831	874 643	250 119	29
于洪区	8 000	37 502	1 826 416	976 160	922 711	55 013	25
辽中县	13 538	33 491	755 474	626 411	326 709	154 500	31.2
康平县	8 175	24 748	337 865	265 887	266 600	98 711	29
法库县	12 477	29 869	475 179	350 910	370 327	115 976	43.5
新民市	15 184	50 524	739 664	601 211	362 000	60 100	81.5
甘井子区	11 243	70 232	3 996 613	2 587 627	2 173 041		8
旅顺口区	9 537	24 917	1 818 526	1 086 201	865 004	69 090	27.9
金州区	14 926	46 640	3 177 675	2 061 743	1 416 765	205 866	43.1
长海县	3 186	7 757	238 804	207 934	101 131	78 400	5.1
瓦房店市	8 042	61 849	3 323 053	2 304 142	1 358 394	319 545	102.1
普兰店市	6 772	44 713	1 874 681	1 531 497	685 028	280 171	61.7
庄河市	9 258	51 120	1 954 553	1 588 773	1 052 819	369 224	58.7
千山区	4 530	16 793	818 723	505 124	262 064	56 190	17.4
台安县	9 204	13 017	473 599	383 840	300 508	63 575	30.3
岫岩县	10 610	22 415	750 351	644 302	471 683	193 137	25.2
海城市	17 882	50 827	2 703 184	2 404 065	987 675	378 147	51.7
顺城区	2 995	10 509	1 086 940	992 845	486 277	16 293	3.7
抚顺县	5 350	9 283	173 343	78 656	97 409	32 840	12.4
新宾县	7 755	14 115	499 038	379 781	177 493	109 784	19.6
清原县	6 616	17 087	533 245	389 156	162 860	80 494	14.5
平山区	1 443	10 086	952 160	611 894	937 185	24 835	2.8
溪湖区	1 595	9 194	1 207 365	785 261	817 202	17 518	8
明山区	1 509	9 917	118 245	78 630	84 200	16 800	5
南芬区	963	5 213	54 000	37 000	253 200	9 000	2.7
本溪县	450	7 830	313 068	259 058	174 456	22 240	15
桓仁县	8 916	21 529	625 804	425 340	161 670	65 062	14.1
振安区	3 152	8 672	578 000	477 000	259 000	5 295	7.8
宽甸县	8 753	25 799	689 628	579 806	270 864	120 820	44
东港市	13 704	33 573	1 415 436	1 128 705	601 280	212 539	48.5
凤城市	13 604	38 045	1 099 797	906 288	459 860	178 680	48.1
太和区	3 687	9 179	301 388	251 388	176 354	71 220	9.1
黑山县	10 707	17 522	678 538	590 761	365 192	119 434	67.1
义县	8 674	16 660	413 811	335 696	252 948	87 222	27.6
凌海市	11 862	23 871	720 302.7	597 178.5	503 916.5	129 620.2	61.5
北镇市	11 734	16 931	775 696	664 736	451 225	90 256	63.5
鲅鱼圈区		15 228	1 791 648	927 256	2 580 122	3 956	12

附录7 续表9

县(市)区名称	地方财政一般预算支出(万元)		年末金融机构各项存款余额(万元)	居民储蓄存款余额	年末金融机构各项贷款余额(万元)	农业贷款	农业机械总动力(万千瓦特)
	医疗卫生支出	教育支出					
老边区	3 290	11 085	183 840	154 018	161 516	26 830	18
盖州市	15 187	22 627	1 016 996	772 580	399 727	179 714	35.4
大石桥市	20 105	35 066	1 607 305	1 253 365	895 350	165 029	37.3
海州区	1 357	8 439					
新邱区	672	2 903					3.8
太平区	768	6 016					3.5
清河门区	412	2 950	59 350	58 000	37 500	9 513	2.7
细河区	842	4 178	21 000	19 000	15 000	2 000	2.2
阜新县	11 748	25 522	593 008	461 389	404 562	178 561	115.8
彰武县	7 141	11 824	415 715	270 849	346 377	140 864	54.8
弓长岭区	2 303	6 573	437 877	341 298	154 613	2 493	2
太子河区	1 834	3 816	182 944	169 098	199 661	3 234	3.5
辽阳县	7 400	20 000	849 645	684 366	659 600	145 812	25
灯塔市	1 815	16 690	1 002 660	758 822	457 050	100 359	27.3
双台子区	2 521	3 623	2 436 932	1 469 598	1 213 859	34 504	2.4
兴隆台区	2 314	6 534	3 655 397	2 204 396	1 820 789	51 755	3.9
大洼县	8 796	22 199	657 074	462 908	380 123	75 583	29.8
盘山县	8 890	18 099	524 145	464 292	242 290	73 904	32
银州区	1 479	6 416	359 307	234 886	325 974	22 819	2.9
清河区	894	4 913	186 111	156 970	283 670	3 500	4.5
铁岭县	7 024	28 907	205 021	169 609	135 363	87 763	32.8
西丰县	6 812	13 755	308 954	233 726	266 865	3 235	35.3
昌图县	17 480	39 624	679 343	537 839	714 832	221 312	76.6
调兵山市	2 817	18 661	1 048 119	573 703	425 720	38 061	5.6
开原市	11 727	22 436	667 386	625 502	508 242	180 668	38
双塔区	4 097	7 636	83 970	69 520	68 720	5 790	2
龙城区	3 536	6 669	19 630	16 541	15 754	3 100	4.6
朝阳县	9 195	19 612	160 942	124 230	150 950	98 000	31.2
建平县	13 746	28 495	896 926	721 521	340 897	94 051	51.1
喀左县	9 020	20 348	404 650	337 430	186 894	55 923	20.2
北票市	14 754	19 896	759 152	574 373	324 768	96 599	32
凌源市	16 963	22 105	893 130	722 626	486 401	113 704	20.4
连山区	10 024	24 776	429 169	353 849	139 487	20 083	16.9
龙港区	1 551	356	380 143	168 527	419 017	10 414	1
南票区	2 267	4 212	161 000	156 500	98 000	25 660	6.7
绥中县	11 110	66 597	837 395	697 799	932 023	126 218	54.3
建昌县	13 317	27 743	408 880	349 018	258 467	99 191	31.5
兴城市	7 804	19 214	902 077	725 817	365 385	166 040	16.2

附录7 续表10

县(市)区名称	有效灌溉面积(公顷)	农作物总播种面积(公顷)	粮食作物播种面积(公顷)	稻谷	玉米	大豆	油料播种面积	蔬菜播种面积
苏家屯区	13 558	39 018	28 561	11 106	15 931	1 328	331	6 950
东陵区	23 261	25 244	21 723	4 874	15 559	951	686	2 470
沈北新区	17 830	42 121	30 024	10 718	19 047	259	171	10 282
于洪区	7 919	25 551	20 627	7 919	12 329	368	5	3 786
辽中县	40 706	80 708	68 296	35 645	29 164	2 398	4 566	6 866
康平县	12 500	102 000	77 268	4 697	57 928	6 640	21 216	3 081
法库县	4 205	109 483	92 094	4 994	79 448	4 076	8 223	1 799
新民市	66 234	197 517	150 246	39 613	98 765	3 937	7 038	20 731
甘井子区	1 400	2 352	881		691	66	2	1 464
旅顺口区	4 880	5 863	3 311		2 752	251	25	2 368
金州区	13 210	30 617	20 838	420	14 315	3 725	807	7 051
长海县	480	708	634		540	34		74
瓦房店市	21 190	93 185	81 116	1 262	56 249	10 984	1 352	8 979
普兰店市	33 880	86 007	73 059	6 768	49 771	11 570	2 253	10 223
庄河市	31 850	112 192	102 797	20 447	60 657	14 709	896	7 459
千山区	7 820	9 521	5 651	982	4 402	213	5	3 839
台安县	26 020	81 717	70 636	18 058	50 701	1 179	2 652	7 610
岫岩县	7 310	60 788	50 118	2 016	42 950	3 293	1 593	8 063
海城市	49 280	98 149	85 123	16 822	65 986	1 313	419	11 867
顺城区	6 270	4 276	3 209	514	2 457	108	63	939
抚顺县	6 522	27 175	23 096	3 082	17 794	1 235	418	2 547
新宾县	12 037	38 741	33 967	8 243	22 114	2 607	26	943
清原县	16 293	37 253	32 614	7 882	22 654	1 363	40	1 009
平山区	1 306	1 306	803	19	722	24		474
溪湖区	692	3 340	2 239	198	1 905	83	118	928
明山区	1 247	3 440	2 454	138	2 012	127	79	823
南芬区	163	2 654	2 038	8	1 874	115		558
本溪县	1 231	23 555	19 980	1 136	15 550	1 294	144	1 267
桓仁县	5 917	26 454	23 015	7 867	13 084	1 210	78	1 255
振安区	2 475	11 029	6 522	492	5 689	262	82	3 386
宽甸县	3 378	37 033	29 640	596	24 445	2 624	211	2 537
东港市	53 100	88 370	72 198	44 260	24 985	842	1 660	8 210
凤城市	7 421	62 302	51 022	4 029	41 670	3 612	971	4 643
太和区	5 173	11 166	6 908		6 490	210	67	4 026
黑山县	36 689	150 702	127 942	6 946	113 821	1 768	13 292	8 363
义县	26 274	72 726	58 809	207	53 481	1 809	4 976	8 283
凌海市	48 360	95 469	77 370	12 571	53 481	4 284	5 107	9 091
北镇市	51 864	88 226	68 155	9 477	56 686	736	3 810	16 027
鲅鱼圈区	21	3 995	3 065		2 603	169	47	649

附录7续表11

县(市)区名称	有效灌溉面积(公顷)	农作物总播种面积(公顷)	粮食作物播种面积(公顷)	稻谷	玉米	大豆	油料播种面积	蔬菜播种面积
老边区	7 387.6	7 414	6 434	3 882	2 512	26		970
盖州市	30 290	40 809	32 533	3 487	24 751	1 721	222	6 070
大石桥市	48 558	55 725	50 701	32 410	17 356	547	13	4 434
海州区	485	1 492	1 291	74	1 192	8	1	200
新邱区	414	3 577	2 889	25	2 472	85	344	342
太平区	195	1 176	1 070		951	33	13	93
清河门区	347	3 541	2 964		257	147	104	397
细河区	920	2 376	1 720		1 555	34	221	424
阜新县	39 706	254 111	183 555	177	138 312	9 640	60 293	7 869
彰武县	21 254	147 023	100 683	5 477	79 896	4 975	37 777	5 179
弓长岭区		2 456	1 876	130	1 588	53	19	368
太子河区	2 562	6 436	4 659.9	1 051.5	3 522	83	2	1 575.7
辽阳县	24 202	79 818	70 406	22 084	44 935	1 577	440	8 067
灯塔市	27 463	65 391	58 899	27 009	29 360	1 804	609	5 146
双台子区	604	836	657	604	53			179
兴隆台区	5 122	6 049	5 977	5 875	53	49		72
大洼县	61 238	72 346	63 519	59 335	915	3 269		8 805
盘山县	43 201	63 093	57 518	42 717	13 210	1 462	59	4 587
银州区	780	2 253	1 727	784	900	26	4	469
清河区	505	8 836	8 453	505	7 608	302	9	326
铁岭县	18 515	81 961	71 611	17 617	51 804	1 425	120	9 848
西丰县	4 843	52 770	45 641	4 843	38 551	1 183	53	4 443
昌图县	54 218	281 201	200 807	13 404	170 279	7 175	54 245	23 217
调兵山市	2 970	12 493	11 118	771	9 989	301	2	1 255
开原市	45 480	91 135	75 276	26 657	42 181	6 189	1 482	10 505
双塔区	1 642	9 043	7 556		6 050	137	277	1 191
龙城区	1 450	17 228	12 719	27	9 795	146	309	2 364
朝阳县	15 367	75 459	66 677		51 833	1 671	1 365	6 754
建平县	25 499	127 778	116 337	334	60 618	11 024	3 814	2 380
喀左县	23 790	47 880	38 058		28 433	1 717	2 214	5 513
北票市	16 155	88 384	64 178	9	49 626	1 495	1 674	21 389
凌源市	11 775	50 159	36 793	72	29 133	1 050	80	11 525
连山区	6 244	40 322	31 809	19	27 406	917	3 546	4 610
龙港区	152	2 662	2 439		2 407	9	21	192
南票区	550	7 703	6 639		5 283	209	74	968
绥中县	19 970	74 778	53 829	8 239	31 373	3 118	4 567	16 277
建昌县	5 375	48 205	45 396	38	36 313	2 256	164	2 501
兴城市	18 772	57 425	38 609	768	32 451	919	16 696	1 952

附录7续表12

县(市)区名称	粮食总产量(吨)	稻谷	玉米	大豆	油料产量(吨)	水果产量(吨)	肉类总产量(吨)	奶类总产量(吨)
苏家屯区	251 739	106 213	139 619	3 833	1 216	58 071	127 220	23 625
东陵区	156 579	42 246	109 990	2 655	1 340	21 291	20 164	28 284
沈北新区	224 336	96 736	126 812	788	488	8 169	79 303	118 981
于洪区	179 423	74 181	103 753	1 291	15	3 510	20 856	27 612
辽中县	524 135	319 308	191 650	5 889	12 534	20 697	148 617	23 259
康平县	418 889	34 037	347 441	11 299	34 633	15 264	111 992	4 210
法库县	645 465	47 402	572 344	8 876	23 903	16 906	112 362	48 912
新民市	891 810	301 915	520 001	9 909	16 328	17 710	143 657	93 404
甘井子区	4 453		3 528	163	5	26 073	6 235	1 351
旅顺口区	22 209		19 509	816	76	45 611	16 741	18 027
金州区	116 938	2 737	90 107	9 499	1 984	111 939	69 463	98 590
长海县	2 584		2 346	43		353	739	18
瓦房店市	435 790	9 336	331 822	26 243	3 400	613 305	157 182	12 862
普兰店市	352 638	42 812	265 405	25 549	5 987	381 635	183 605	22 988
庄河市	581 330	139 124	373 459	34 226	2 720	280 686	161 746	1 819
千山区	36 666	9 189	26 919	441	5	29 015	36 159	5 419
台安县	476 578	139 663	330 739	3 273	7 414	19 517	126 475	4 910
岫岩县	240 060	11 651	214 709	6 712	4 695	38 654	91 573	1 800
海城市	625 880	146 122	472 103	3 461	1 246	185 704	115 525	7 856
顺城区	21 911	4 386	16 414	292	141	7 949	20 840	18 501
抚顺县	139 067	23 198	106 241	2 396	1 101	48 809	33 619	4 504
新宾县	164 651	47 889	107 714	4 393	65	3 144	31 491	950
清原县	160 209	39 375	114 463	2 192	170	9 177	22 031	772
平山区	3 227	144	2 905	43		533	6 078	394
溪湖区	12 489	1 338	10 783	151	172	8 882	18 962	7 898
明山区	10 851	729	9 355	335	84	2 717	9 496	8 013
南芬区	8 392	30	7 986	280		3 164	15 032	774
本溪县	81 557	7 489	65 264	1 545	204	14 434	35 842	3 034
桓仁县	113 658	46 907	59 494	2 089	182	21 353	32 386	
振安区	28 596	1 835	24 566	487	162	8 557	23 104	7 620
宽甸县	123 538	3 431	110 176	5 089	435	43 574	40 639	3 211
东港市	473 250	318 849	139 600	2 514	7 285	111 798	68 542	10 070
凤城市	223 587	22 573	188 619	6 182	2 752	10 893	77 991	3 237
太和区	26 532		25 365	311	150	7 368	15 759	24 736
黑山县	752 245	54 594	660 956	4 400	42 865	72 740	175 707	34 273
义县	227 432	1 371	214 848	1 891	7 154	23 464	94 238	9 376
凌海市	430 346	104 944	282 964	6 555	9 907	47 464	139 084	30 418
北镇市	445 441	85 670	353 147	1 587	11 961	231 227	117 653	3 414
鲅鱼圈区	11 885		10 701	409	104	115 241	8 826	385

附录7续表13

县(市)区名称	粮食总产量(吨)	稻谷	玉米	大豆	油料产量(吨)	水果产量(吨)	肉类总产量(吨)	奶类总产量(吨)
老边区	59 700	37 696	21 895	79		608	27 213	2 689
盖州市	158 373	27 579	120 957	2 537	469	438 011	53 843	2 144
大石桥市	468 550	373 466	92 360	1 312	17	43 520	84 943	6 486
海州区	5 581	162	5 383	9	1	1 078	3 886	3 728
新邱区	8 538	150	7 913	31	331	5 930	7 060	4 672
太平区	4 185		3 980	27	6	1 279.5	739.5	2 085
清河门区	11 707		10 734	187	161	3 561	9 923	1 097
细河区	6 445		6 318	113	1 136	233	3 354	3 347
阜新县	776 585	1 191	637 635	13 760	111 982	95 956	248 627	155 423
彰武县	558 856	38 720	475 972	9 800	80 544	65 766	135 957	118 361
弓长岭区	11 277	996	9 445	100	37	2 799	1 452	155
太子河区	38 446.6	9 640.9	28 661.7	125	9	6 303.7	11 483	9 642.1
辽阳县	402 132	164 077	223 536	3 868	1 685	74 416	77 788	9 288
灯塔市	438 739	227 446	201 245	5 002	1 181	22 330	65 679	6 353
双台子区	5 591	5 273	318				2 604	70
兴隆台区	56 121	55 172	320	629		16	3 731	3
大洼县	608 810	591 881	6 890	10 039		9 364	77 994	3 942
盘山县	474 334	396 968	71 731	4 746	236	3 248	52 417	17 172
银州区	11 928	6 464	5 322	57	14	1 201	3 677	1 053
清河区	70 222	4 052	65 327	650	20	22 318	13 488	23 735
铁岭县	489 000	147 895	331 129	5 045	366	22 202	118 858	77 542
西丰县	306 571	34 781	261 197	3 092	163	41 178	42 821	1 892
昌图县	1 122 826	126 198	912 396	13 390	86 446	43 514	252 184	17 044
调兵山市	67 722	6 822	59 981	525	5	4 665	22 867	11 860
开原市	478 633	201 647	260 323	14 274	4 857	99 772	199 035	15 491
双塔区	7 577		6 425	55	50	5 707	8 923	3 162
龙城区	16 376	5	14 678	9	19	15 759	19 018	25 119
朝阳县	55 236		32 009	474	557	145 350	66 704	42 258
建平县	217 443	1 304	173 852	3 951	1 412	15 570	59 301	41 634
喀左县	103 427		83 968	1 324	2 520	23 320	62 784	1 729
北票市	126 679	33	105 912	400	501	21 507	121 240	12 884
凌源市	119 473	465	106 286	834	163	14 083	85 949	14 754
连山区	99 852	109	84 561	1 042	5 930	86 806	58 412	22 762
龙港区	7 067		7 007	8	28	2 052	1 720	1 914
南票区	4 816		4 365			14 390	5 193	2 088
绥中县	315 191	49 554	191 749	7 257	10 461	500 179	157 166	1 558
建昌县	71 455	92	57 712	1 007	371	101 731	50 859	2 081
兴城市	222 713	4 903	188 576	4 066	32 265	71 990	33 793	10 809

附录7续表14

县(市)区名称	禽蛋产量(吨)	蔬菜产量(吨)	水产品产量(吨)	规模以上工业企业数(个)	规模以上工业总产值(现价、万元)	内资企业	港、澳、台商投资企业	外商投资企业
苏家屯区	68 595	399 421	11 150	332	4 224 549	3 455 834	285 709	483 006
东陵区	11 278	161 257	1 480	757	4 464 746	3 735 725	175 236	553 785
沈北新区	72 484	581 515	10 400	489	10 459 103	8 155 565	555 357	1 748 181
于洪区	20 541	272 468	5 741	938	8 702 649	7 613 279	254 634	834 736
辽中县	62 975	559 792	81 200	308	3 652 937	3 612 789	1 344	38 804
康平县	22 096	118 727	5 100	315	1 831 776	1 825 803		5 973
法库县	39 143	156 818	2 300	222	3 102 224	2 918 014	68 318	115 892
新民市	248 989	1 726 936	55 182	361	3 559 831	3 306 339	29 438	224 054
甘井子区	208	56 804	136 001	805	5 222 447	2 875 294	362 839	1 984 314
旅顺口区	20 105	138 844	222 050	337	1 557 200	1 162 400	40 400	354 400
金州区	43 025	527 550	252 400	785	6 690 000	4 730 000	560 000	1 400 000
长海县	97	3 305	442 000	16	95 757	90 292	5 465	
瓦房店市	36 101	665 212	230 060	801	7 035 897	5 900 100	425 667	710 130
普兰店市	76 463	717 773	176 606	537	5 071 345	4 365 914	157 321	548 110
庄河市	73 775	457 978	504 286	601	4 762 500	3 443 000	273 700	1 045 800
千山区	31 822	189 844	3 580	467	2 481 838	2 439 505	17 867	24 466
台安县	82 921	531 922	28 463	238	1 926 976	1 926 168		808
岫岩县	19 338	344 980	2 560	207	1 726 933	1 592 657	31 890	102 386
海城市	254 443	937 073	21 905	702	5 820 568	5 418 261	169 675	232 632
顺城区	9 495	57 742	787	157	749 306	510 570	105 995	132 741
抚顺县	22 905	123 611	5 399	214	981 169	935 137	30 974	15 058
新宾县	10 166	34 618	4 415	205	428 005	428 005		
清原县	10 020	35 706	5 296	184	888 984	871 594		17 390
平山区	2 548	21 923	102	91	409 080	387 560	21 520	
溪湖区	10 805	45 942	455	166	880 668	818 010	41 841	20 817
明山区	12 484	31 982	80	131	473 239	433 931	19 016	20 292
南芬区	7 473	34 604	565	58	244 314	238 765	2 785	2 764
本溪县	12 910	63 894	6 486	100	855 033	842 077	603	12 353
桓仁县	8 967	49 444	8 785	82	361 593	280 093	27 433	54 067
振安区	6 182	173 440	2 560	174	631 799	460 536	2 224	169 039
宽甸县	17 751	128 353	66 180	163	988 300	889 700	6 500	92 100
东港市	66 990	453 565	430 495	263	2 234 960	1 821 415	96 840	316 705
凤城市	23 912	190 257	22 608	282	1 217 266.1	1 119 432.4	20 486.8	77 346.9
太和区	32 127	630 233	410	134	1 802 539	1 416 778	263 784	121 977
黑山县	237 141	751 037	12 550	230	1 053 600	1 047 300		6 300
义县	18 995	427 431	796	126	877 273	734 038	51 938	91 297
凌海市	55 934	655 115	179 820	203	2 866 350	2 733 877	14 656	117 817
北镇市	104 293	853 336	12 594	103	864 524	805 442	9 296	49 786
鲅鱼圈区	4 796	26 640	124 300	210	4 320 175	2 479 567	680 928	1 159 680

附录7续表15

县(市)区名称	禽蛋产量(吨)	蔬菜产量(吨)	水产品产量(吨)	规模以上工业企业数(个)	规模以上工业总产值(现价、万元)	内资企业	港、澳、台商投资企业	外商投资企业
老边区	7 255	81 657	98 063	202	1 746 093	1 670 553	22 669	52 871
盖州市	35 499	340 961	206 000	235	1 235 550	1 042 033	48 175	145 342
大石桥市	92 778	423 477	81 500	371	5 161 513	3 338 513	920 179	902 821
海州区	7 185	11 363	60	45	235 824	204 995		30 829
新邱区	4 724	18 940		34	210 226	210 226		
太平区	2 434	3 002		50	205 130.4	169 369.7	35 760.7	
清河门区	819	28 186		22	39 980	39 417		563
细河区	3 571	26 654		28	308 130	305 864	2 266	
阜新县	64 458	424 060	2 215	80	220 874.4	212 626.2	7 789.7	458.5
彰武县	95 001	280 630	4 500	42	211 475	211 475		
弓长岭区	1 692	16 779	940	62	401 593	395 809	1 688	4 096
太子河区	15 497	118 494.8	550	91	449 300	300 900	5 500	142 900
辽阳县	51 702	359 882	41 733	360	3 073 800	3 014 100	42 300	17 400
灯塔市	40 444	260 230	51 644	605	2 429 231	2 373 910	42 853	12 468
双台子区	2 081	11 778	5 500	34	374 410	213 700	4 810	155 900
兴隆台区	3 675	6 020	2 100	203	1 951 464	1 820 584	2 800	128 080
大洼县	20 286	661 659	225 156	341	2 981 500	2 926 600		54 900
盘山县	39 953	423 120	100 040	202	1 543 372	1 436 328	63 633	43 411
银州区	296	28 018	530	122	886 527.7	822 842.2	7 007.4	56 678.1
清河区	2 140	16 530	901	95	646 380	514 154.5	114 521.3	17 704.2
铁岭县	24 368	778 458	6 332	389	3 019 834.5	2 931 149.7	9 332.5	79 352.3
西丰县	9 063	252 725	1 396	76	336 899.6	326 656.3	8 780.2	1 463.1
昌图县	68 587	1 506 695	5 590	298	1 581 046	1 550 910.7	17 203.3	12 932
调兵山市	11 067	96 961	572	85	1 486 607.5	1 440 736.6	9 293.7	36 577.2
开原市	39 352	634 990	6 372	473	4 720 876.4	4 675 667.4	34 066	11 143
双塔区	22 251	80 658		83	594 382	594 382		
龙城区	93 237	98 205	100	70	299 891	299 005		886
朝阳县	87 720	607 821	574	90	762 268	733 847	3 911	24 510
建平县	64 338	80 107	360	251	1 004 277	929 279	21 914	53 084
喀左县	37 920	918 386	702	130	929 754.7	886 676.4	43 078.3	
北票市	48 739	592 603	600	209	1 401 723	1 393 861	6 762	1 100
凌源市	43 057	835 750	700	115	456 814	442 828	594	13 392
连山区	99 783	273 921	5 591	112	739 813	736 913	2 900	
龙港区	4 012	14 446	42 010	50	468 215	446 205		22 010
南票区	17 617	75 623		20	221 841.9	164 058		57 783.9
绥中县	45 838	1 467 357	249 500	107	213 750	193 373		20 377
建昌县	33 840	105 420	1 088	39	447 285	447 285		
兴城市	19 685	106 940	205 050	136	585 246	488 746.9	17 371.3	79 127.8

附录7续表16

县(市)区名称	从业人员年平均数(人)	流动资产年平均余额(万元)	固定资产净值年平均余额(万元)	产品销售收入(万元)	#产品销售税金及附加	本年应交增值税(万元)	利润总额(万元)	建筑业企业数(个)
苏家屯区	43 119	733 938	566 851	4 098 148	50 439	89 277	67 227	44
东陵区	65 970	986 761	527 754	4 303 291	36 767	98 521	81 149	111
沈北新区	89 538	1 387 400	2 402 700	10 260 211	35 210	429 066	829 404	41
于洪区	96 472	1 213 156	697 870	8 599 727	163 548	182 406	381 209	133
辽中县	28 986	200 458	1 126 770	3 627 296	14 241	80 828	165 147	17
康平县	61 495	894 640	632 533	1 808 944	15 391	41 220	64 970	20
法库县	44 136	205 300	587 500	3 072 799	26 083	167 906	338 777	7
新民市	47 498	317 609	843 402	3 530 627	5 266	97 214	352 038	21
甘井子区	102 910	4 061 852		4 547 599	16 775	94 599	205 260	227
旅顺口区	39 100	1 012 000	559 100	1 441 500	4 700	28 800	110 300	38
金州区	120 000	2 790 000	1 690 000	6 390 000	60 000	100 000	104 000	149
长海县	1 654	42 241	29 150	81 026	104	283	2 982	9
瓦房店市	96 490	1 626 830	2 074 314	6 685 687	45 201	62 787	202 129	61
普兰店市	89 769	1 091 236	614 520	3 123 657	57 938	71 259	186 572	68
庄河市	74 200	855 000	1 289 200	4 702 800	26 900	44 800	228 100	102
千山区	29 496	741 010	582 134	2 463 733	13 760	77 907	250 920	36
台安县	34 853	968 348	981 520	1 863 942	22 805	28 163	118 321	8
岫岩县	24 697	334 279	487 287	1 644 935	24 829	107 375	82 410	16
海城市	93 589	1 977 130	2 589 615	4 871 970	23 874	182 678	423 816	68
顺城区	14 788	451 601	463 130	707 626	2 594	16 498	44 612	56
抚顺县	13 481	261 767	163 924	989 203	8 250	27 445	132 181	8
新宾县	10 637	72 471	129 844	410 637	5 323	10 367	22 399	4
清原县	19 441	155 795	117 363	879 064	3 372	15 138	53 968	8
平山区	10 683	185 799	217 158	398 901	2 974	8 511	12 965	66
溪湖区	20 153	430 624	205 711	855 938	7 081	24 262	60 352	48
明山区	13 312	288 887	152 573	358 911	3 504	8 711	5 932	68
南芬区	4 765	113 131	51 139	148 796	2 122	4 111	1 417	3
本溪县	15 992	328 414	182 403	732 436	6 401	27 134	85 302	13
桓仁县	9 173	197 443	251 360	307 117	4 640	18 411	32 291	18
振安区	13 663	187 710	203 135	688 432	22 664	15 164	23 000	30
宽甸县	17 003	178 697	234 477	949 496	9 841	39 943	54 577	29
东港市	42 053	384 356	437 277	2 179 630	6 502	62 294	153 409	34
凤城市	29 633	428 055.8	300 697.2	1 241 689.8	24 211.8	39 025.7	49 890.9	17
太和区	24 935	812 354	536 900	1 805 800	7 495.8	59 600	47 200	22
黑山县	21 900	127 400	217 300	986 500	9 100	24 000	86 300	5
义县	10 625	118 575	203 200	809 546	7 996	22 000	43 332	3
凌海市	23 966	397 484	575 900	2 733 400	64 753	80 000	383 500	11
北镇市	8 916	210 727	130 894	820 636	1 650	24 700	47 100	4
鲅鱼圈区	39 965	1 013 962	2 580 540	4 323 309	16 119	142 917	293 423	47

附录7 续表17

县（市）区名称	从业人员年平均数（人）	流动资产年平均余额（万元）	固定资产净值年平均余额（万元）	产品销售收入（万元）	#产品销售税金及附加	本年应交增值税（万元）	利润总额（万元）	建筑业企业数（个）
老边区	16 056	547 350	224 360	1 673 403	3 003	73 949	202 046	11
盖州市	19 967	188 568	260 525	1 201 416	31 459	57 232	52 787	19
大石桥市	55 901	1 331 462	589 936	4 768 468	34 993	344 438	475 178	18
海州区	9 293	124 158	124 574	237 354	676	12 804	11 397	12
新邱区	3 511	95 786	73 590	175 794	660.7	5 399.7	12 704.5	3
太平区	8 418	100 660	97 145	197 178	2 191	7 455	7 601	24
清河门区	2 774	16 500	15 730	43 290	632	1 610	570	2
细河区	4 597	100 293	60 491.8	289 338	1 339.5	1 393.2	16 955	12
阜新县	9 393	151 107	156 888	292 589	2 719.8	6 183	3 650.2	15
彰武县	4 994	61 537	87 028	197 128	1 593	2 864	5 827	7
弓长岭区	9 186	34 959	56 134	397 803	15 720	15 098	51 634	7
太子河区	9 344	290 642	231 600	435 400	2 500	11 900	23 500	23
辽阳县	26 000	793 800	363 200	2 909 000	15 000	17 000	578 200	13
灯塔市	22 712	315 906.2	585 942.6	2 258 386.6	28 731	47 757.8	448 573.1	10
双台子区	3 068	162 864	59 655	358 965	1 595	3 429	32 363	12
兴隆台区	20 361	1 019 868	385 533	1 777 116	31 038	77 457	84 199	103
大洼县	34 800	459 700	496 200	2 873 000	25 100	29 500	55 800	7
盘山县	9 900	263 626	185 707	1 370 077	10 178	6 088	24 498	13
银州区	12 990	144 192	188 850.7	883 035.4	2 716	9 325.9	22 753	19
清河区	8 771	89 097.7	219 954.1	652 212.2	6 038.7	10 207.6	3 092.8	6
铁岭县	36 692	401 522.7	988 848.5	2 968 573.4	12 162.5	102 136.2	110 552.3	10
西丰县	5 561	68 951.7	144 025.5	321 298.4	6 781.4	6 031.6	9 461.6	3
昌图县	25 440	339 793	525 992.6	1 575 356.5	297.3	15 411.5	38 388.6	8
调兵山市	59 662	903 828.1	594 050.3	1 597 375.9	24 544.8	100 479.5	91 387.3	7
开原市	61 756	361 627.9	950 733.5	4 608 752.5	40 512.3	53 273.1	185 266	8
双塔区	5 812	113 527	61 471	530 598	5 592	8 109	41 202	20
龙城区	5 033	102 188	72 197	279 769	1 476	4 381	33 024	12
朝阳县	13 817	196 304	130 014	745 195	4 603	11 320	190 786	9
建平县	14 338	233 176	218 343	960 747	27 188	17 589	53 432	9
喀左县	12 936	233 705.3	204 407.2	910 872	5 655.8	9 345.5	91 122.2	5
北票市	27 409	253 194	209 704	1 424 481	8 229	30 609	65 715	17
凌源市	13 170	161 469	165 260	425 433	1 533	4 095	21 687	14
连山区	12 350	359 914	279 950	699 483	1 596	3 960	-6 641	42
龙港区	14 825	238 448	76 211	399 486	6 454	9 055	-2 608	44
南票区	7 780	83 360.1	106 507.3	180 263.7	937.5	890.5	-975.1	2
绥中县	6 770	86 360	129 039	167 332	2 837	1 273	1 318	17
建昌县	9 664	140 516	101 379	431 647	3 742	12 785	12 114	7
兴城市	17 847	257 078.5	195 315.8	585 777	3 761	7 260.9	1 540	14

附录7续表18

县(市)区名称	期末从业人员数(人)	建筑业总产值(万元)	境内公路里程(公里)	高等级公路	民用汽车拥有量(辆)	个人汽车	邮政业务量(万元)
苏家屯区	11 561	164 688	905	48	6 791	4 010	1 278
东陵区	19 836	378 620	989	258	18 832	16 348	252
沈北新区	5 508	128 235	1 022	165	5 121	3 803	1 137
于洪区	12 567	348 700	1 129	131	29 470	15 861	1 543
辽中县	7 099	208 842	1 375	88	3 235	1 926	3 769
康平县	2 180	71 378	1 741	10	21 000	16 000	880
法库县	1 665	24 135	858	3	767	500	1 127
新民市	9 051	217 157	2 533	169	6 966	5 201	3 302
甘井子区	52 642	1 329 020	247		7 019	6 502	5 716
旅顺口区	10 041	148 600	310	87	14 828	12 577	1 075
金州区	55 319	1 799 100	737	113	42 470	24 688	5 660
长海县	1 249	53 222	217		1 979	1 850	801
瓦房店市	36 230	575 100	3 512	328	68 077	61 931	4 506
普兰店市	52 776	1 012 030	2 712	137	23 653	18 431	6 060
庄河市	70 339	1 381 030	3 613	733	50 278	41 234	6 188
千山区	8 092	138 092	608	10	31 333	14 447	540
台安县	2 314	189 579	1 492	517	21 218	15 975	1 908
岫岩县	4 589	116 442	2 447		38 461	16 547	4 698
海城市	21 435	629 064	2 328	138	85 870	65 893	8 701
顺城区	728 557	484 600	160	60	20 522	10 177	9 116
抚顺县	1 807	79 652	773	29	4 373	3 160	922
新宾县	959	19 428	1 594	2	3 450	2 110	1 078
清原县	3 682	70 604	1 841.4	3	22 935	15 290	2 652
平山区	15 332	478 897	110	28	9 275	3 240	3 041
溪湖区	8 079	150 675	181	60	11 035	8 520	1 730
明山区	11 857	397 753	172	100	22 500	21 000	2 728
南芬区	637	23 164	265	110	11 860	11 290	1 350
本溪县	2 064	77 059	939		6 360	2 800	1 040
桓仁县	4 341	117 365	1 570	831	5 610	3 685	3 463
振安区	3 222	56 500	656.2	242.2	2 500	1 280	546
宽甸县	4 536	79 537	1 915	107	4 533	1 866	4 959
东港市	9 269	141 911	1 731	121	24 023	11 691	2 252
凤城市	3 566	55 771	1 618	716	7 741	2 721	5 513
太和区	5 397	65 886	213	46	7 593	7 434	4 262
黑山县	551	12 807	1 981	28	862	791	1 734
义县	940	6 365	769	50	9 210	6 523	1 552.5
凌海市	8 619	37 980	1 694.2	112.2	16 204	9 998	1 575.1
北镇市	3 538	33 504	719	66	8 290	6 929	3 336
鲅鱼圈区	7 579	321 569	140	25	7 280	6 160	1 990

附录7续表19

县(市)区名称	期末从业人员数(人)	建筑业总产值(万元)	境内公路里程(公里)	高等级公路	民用汽车拥有量(辆)	个人汽车	邮政业务量(万元)
老边区	4 196	802 756	331	59	3 306	2 040	349
盖州市	7 476	125 459	1 670	73	9 200	7 200	3 176
大石桥市	5 022	96 963	1 671	363.6	42 529	41 296	4 471
海州区	1 633	20 470	520	100	6 336	5 619	8 161
新邱区	978	18 166	97.6		972	304	
太平区	5 237	94 253	60		25 640	22 711	
清河门区	250	5 850	15	12	3 258	2 449	36
细河区	2 540	28 337.4	230	6	7 920	4 000	
阜新县	3 286	53 572	2 927.4	1 788.7	5 300	2 800	805
彰武县	1 082	29 731	1 974	71.8	11 224	10 091	1 139.9
弓长岭区	268	8 821	218	60	3 600	3 300	36
太子河区	4 246	175 564	205.6	36.7	3 658	1 792	
辽阳县	2 231	61 058	1 195	87	7 832	5 996	3 202
灯塔市	2 689	81 844	961	34	18 862	10 082	5 643
双台子区	4 924	110 000	755	38	35 342	23 436	4 079
兴隆台区	21 249	400 352	920		75 333	44 121	26 119
大洼县	23 310	391 000	1 331	265	20 489	12 611	5 031.6
盘山县	1 556	23 079	1 625	97	18 369	13 320	5 122
银州区	8 042	323 949	46	13	36 236	16 721	4 394
清河区	3 177	84 845	369		3 100	1 620	108
铁岭县	4 854	141 001	2 040	79	6 900	2 603	2 402
西丰县	1 550	37 301	854	156	3 363	2 993	1 872
昌图县	2 383	187 001	3 925	135	9 921	8 712	4 449.9
调兵山市	8 880	270 435	329	3	9 147	5 894	967
开原市	8 965	388 609	2 342	53	15 236	12 559	3 610.2
双塔区	2 491	136 443	35		7 112	5 210	22 100
龙城区	4 747	82 503	129	68	980	300	18 200
朝阳县	2 448	85 981	1 020	114	2 765	2 245	2 599
建平县	3 120	130 000	1 320	27	13 947	10 040	4 100
喀左县	8 270	85 111	752	20	782	736	3 188
北票市	19 110	193 573	1 160		4 807	3 207	4 385
凌源市	3 279	96 536	1 120	80	6 506	3 613	3 917
连山区	18 726	314 138	812	20	4 540	3 539	3 116
龙港区	17 651	278 426	148		1 750	762	563
南票区	1 927	19 302	104		1 713	1 350	678
绥中县	6 633	127 897	85	65	8 307	7 704	3 756
建昌县	1 714	36 495	1 655	40	3 076	2 108	2 010
兴城市	4 996	86 808.5	331.1	186.6	4 591	1 259	3 990

附录7续表20

县(市)区名称	电信业务量(万元)	本地电话年末用户(户)	移动电话年末用户数(户)	互联网拨号上网用户(户)	全年用电量(万千瓦时)		
						工业用电量	农村用电量
苏家屯区	13 900	138 312	97 478	16 300	83 644	36 114	30 753
东陵区	281	104 216	113 584	13 582	156 597	87 419	46 411
沈北新区	11 191	95 865	326 578	24 176	82 415	51 013	15 981
于洪区	155	110 052	122 820	50 890	88 854	70 319	13 265
辽中县	13 580	131 337	94 621	25 229	70 573	35 482	60 020
康平县	4 000	78 000	180 000	12 428	44 271	14 357	29 914
法库县	97 893	77 652	140 000	12 658	70 368	46 217	14 269
新民市	8 081	167 331	182 322	14 132	113 308	30 642	41 328
甘井子区	5 279	142 361	276 830	90 072	19 865	17 306	5 319
旅顺口区	12 749	105 170	178 800	95 370	76 589	41 627	43 547
金州区	49 388	276 146	267 804	63 333	203 679	137 026	14 671
长海县	11 500	22 500	51 600	7 900	9 150	2 306	9 150
瓦房店市	57 009	454 005	384 714	151 594	256 115	121 556	98 250
普兰店市	11 075	238 096	261 632	32 985	133 655	83 928	76 260
庄河市	16 510	227 357	391 707	51 262	75 073	43 640	54 048
千山区							
台安县	43 384	90 800	148 900	15 000	66 721	52 023	7 415
岫岩县	53 575	131 100	175 900	20 000	58 507	35 195	42 645
海城市	165 373	337 500	598 800	79 000	436 686	239 384	106 370
顺城区	29 935	152 203	154 976	30 503	51 745	42 400	5 869
抚顺县	5 690	48 162	41 565	1 280	34 563	28 087	27 306
新宾县	6 917	73 530	113 731	14 321	19 264	10 900	8 364
清原县	4 950	94 592	155 624	15 882	31 734	19 040	5 091
平山区	47 002	139 941	131 714	14 900	376 780	326 260	5 480
溪湖区	54 979	85 452	38 147	10 721	257 072	23 448	10 377
明山区	61 060	139 400	171 286	6 820	181 200	16 420	4 610
南芬区	14 800	25 380	59 360	5 600	90 000	80 000	5 000
本溪县	3 579	77 962	51 000	5 500	51 330	37 300	5 012
桓仁县	3 955	60 836	164 780	13 423	31 527	21 218	4 020
振安区	3 342	56 679	51 988	7 554	14 065	9 431	11 370
宽甸县	14 856	127 984	69 595	16 986	99 987	62 163	37 824
东港市	46 551	159 928	201 380	33 551	66 711	47 628	50 326
凤城市	23 205	137 000	250 000	24 000	98 028	62 598	30 679
太和区	33 505	59 365	74 157	7 451	16 982	12 670	650
黑山县	16 658	153 575	270 851	35 912	31 518	8 208	15 474
义县	5 462	96 820	129 867	14 973	22 092	5 112	16 980
凌海市	18 717.3	135 686	314 171	30 224	75 669.2	28 581.1	53 210
北镇市	28 116	125 288	77 348	29 397	34 293	6 272	25 089
鲅鱼圈区	8 900	95 870	81 900	7 800	72 279	40 008	10 070

附录7 续表21

县（市）区名称	电信业务量（万元）	本地电话年末用户（户）	移动电话年末用户数（户）	互联网拨号上网用户（户）	全年用电量（万千瓦时）	工业用电量	农村用电量
老边区	2 274	22 044	107 236	7 172	40 188	32 486	2 739
盖州市					76 208	41 832	55 034
大石桥市	13 230	270 905	409 698	48 922	316 365	271 609	81 575
海州区	23 812	67 343	61 132	17 211	8 756	4 015	865
新邱区					8 093.7	4 316.5	40
太平区					9 410	7 480	1 604
清河门区	1 247	14 130	22 310	3 500	13 427	7 876	2 951
细河区					13 232	5 338	1 140
阜新县	6 213.7	152 200	135 000	19 039			
彰武县	5 873	96 839	87 137	14 419	19 774	5 975	10 411
弓长岭区	731	23 312	52 000	2 310	34 245	28 045	6 200
太子河区		39 550	29 830	1 398			
辽阳县	4 956	126 018	98 746	16 028	159 335	125 531	33 804
灯塔市	5 523	154 133	61 572	15 724	94 077	66 254	84 412
双台子区	105 642	104 388	199 800	65 868	51 500	27 293	3 300
兴隆台区	198 464	241 111	253 141	430 031	538 713	523 141	7 132
大洼县	34 982	136 356	134 131	24 577	67 759.6	33 996.9	26 949.7
盘山县	3 762	77 973	150 000	17 427	24 583	6 632	17 951
银州区	1 530	106 236	101 962	58 027	44 386	9 790	165
清河区	800	21 000	29 200	2 400	11 038	8 000	2 150
铁岭县	9 078	66 000	161 000	93 000	43 095	34 213	43 095
西丰县	2 900	58 100	69 643	11 785	17 868	8 614	9 997
昌图县	8 923	152 531	144 521	7 252	41 800	15 900	17 700
调兵山市	3 519	29 471	114 328	18 171	15 675	7 217	1 923
开原市	20 650.8	114 732	421 984	63 688	57 453	30 126	11 014
双塔区	49 670	125 412	164 200	21 453	42 120	12 983	9 212
龙城区	330	30 450	21 400	2 600	44 200	17 200	26 100
朝阳县	5 094	90 120	120 000	6 028	45 407	33 153	12 254
建平县	5 300	140 000	160 000	20 000	84 003	70 009	52 300
喀左县		95 970	169 321	11 344	39 228	22 221	33 443
北票市	8 051	120 495	266 249	24 634	90 020	62 570	37 738
凌源市	8 522	136 080	127 070	79 600	14.6	13.1	12.1
连山区	7 563	161 216	58 037	16 820	54 430	37 806	16 624
龙港区		30 803		3 287	17 820	7 480	7 603
南票区	1 380	26 830	25 000	5 682	4 795	1 966	2 829
绥中县	24 286	132 000	183 811	11 725	37 403	9 923	21 000
建昌县	12 984	134 617	136 586	8 521	94 570	63 500	29 070
兴城市	4 950	125 400	134 280	5 720	49 431	15 420	26 579

附录 7 续表 22

县(市)区名称	社会消费品零售总额（万元）	限额以上批发零售贸易业商品销售总额（万元）	出口总额（万美元）	当年合同外资金额（万美元）	当年实际使用外资金额（万美元）	星级饭店个数（个）	星级饭店客房总数（间）
苏家屯区	651 969	124 403	9 098	10 609	10 609	3	441
东陵区	761 581	954 900	14 749	24 969	17 198	1	160
沈北新区	495 367	79 454	24 700	54 800	60 363	1	44
于洪区	583 345	430 864	13 041	1 402	38 801	3	406
辽中县	438 255	144 334	4 170	5 450	6 288	1	50
康平县	224 213	8 620	2 352	2 003	2 003	1	160
法库县	271 730	26 836	420	5 700	4 092	1	150
新民市	547 639	298 637	18 831	8 200	6 017		
甘井子区	2 278 636	2 541 885	135 789	24 800	45 100	9	664
旅顺口区	326 247	218 642	65 500	14 922	16 878.5	5	260
金州区	1 083 233	434 016	133 767	29 579.8	22 000	6	710
长海县	62 827	4 263	7 631	1 000	1 000	9	541
瓦房店市	900 092	203 916	77 956	149 700	105 800	7	490
普兰店市	685 339	50 128	74 156	35 000	18 000	3	418
庄河市	817 568	196 822	53 491	244 324	24 064	12	1 798
千山区	119 652	843 158.6	8 278		13 277		
台安县	339 160	91 940	1 006		1 507	1	52
岫岩县	480 998	126 391	1 774		1 023	2	135
海城市	1 174 901	237 021	23 626		11 430	3	564
顺城区	723 678	92 316	15 200	11 286	5 720	3	255
抚顺县	66 531	45 413	3 949	8 400	5 039		
新宾县	179 270	12 269	1 180	13 142	5 071	3	176
清原县	162 700	57 149	1 667.6	19 600	5 171	4	254
平山区	716 400	104 686	810	920	878	6	350
溪湖区	113 688	41 999	4 357	3 696	3 030	1	29
明山区	362 580	30 039	2 636		2 445	4	900
南芬区	22 184	9 550	412	4 000	3 083		
本溪县	247 890	14 365	1 340		1 196	3	195
桓仁县	211 402	49 299	634		330	9	524
振安区	88 723.7	9 723.6	8 991	6 250	4 627	2	130
宽甸县	320 017	11 727	3 100	4 500	3 000	4	460
东港市	568 282	1 106	36 002	4 800	8 200	7	375
凤城市	396 748	5 433	6 136	4 000	3 699	3	176
太和区	99 803.3	81 591.7	5 337		3 540	1	48
黑山县	336 127.1	12 812	272	2 150	2 009	2	141
义县	161 441.9	8 942	2 011	370	370	1	50
凌海市	314 397.3	100 441.5	1 757	25 000	2 788	3	465
北镇市	282 735	104 285	600		2 010	2	230
鲅鱼圈区	514 327	118 470	41 269	64 766	20 100	4	517

附录7续表23

县(市)区名称	社会消费品零售总额(万元)	限额以上批发零售贸易业商品销售总额(万元)	出口总额(万美元)	当年合同外资金额(万美元)	当年实际使用外资金额(万美元)	星级饭店个数(个)	星级饭店客房总数(间)
老边区	94 290	21 476	5 577		3 239		
盖州市	327 689	22 828	9 147	6 550	4 060	3	305
大石桥市	579 832	138 932	42 169	12 562	10 010	5	546
海州区	404 423	32 378	440	750	750	5	805
新邱区	32 319.7	3 665.5	50	510	5 100		
太平区	52 277	172 196	1 800		2	1	97
清河门区	15 780	6 370					
细河区	97 724	355 836	1 000	132	200		
阜新县	214 248	6 743	840	3 228	1 800	2	157
彰武县	65.2	10.1	200	1 816	1 816	2	100
弓长岭区	108 722		1 360		1 487	1	72
太子河区	127 710	64 235	13 232		192		
辽阳县	305 000	5 162	4 479	780	170	1	100
灯塔市	488 643	9 330.4	2 100		1 435.5		
双台子区	400 010	155 883	4 203	20 038	2 718		
兴隆台区	732 030	362 310	6 300	2 220	2 324	10	1 021
大洼县	264 664	30 205	8 798	12 473	19 015	4	500
盘山县	98 154	126 548	4 600	9 301	2 018		
银州区	244 000	151 636.7	7 091	3 747	564	4	434
清河区	109 352	35 210.1	5 064		733	2	115
铁岭县	159 220	94 554.7	4 459	170	3 176		
西丰县	190 775	630	374	4 347.5	1 135	1	86
昌图县	360 155	31 746.5	7 742	10 000	2 000		
调兵山市	237 762	18 971.7	5 863	4 400	2 087	3	259
开原市	351 210	25 227.7	10 494	5 359	3 000	2	173
双塔区	105 422	13 639	9 123	1 130	21	1	285
龙城区	57 864	33 496					
朝阳县	107 889	19 003	1 801	850	850		
建平县	200 190	12 530	1 370	3 868	1 868	2	168
喀左县	107 194	15 401	3 000		861	2	121
北票市	290 000	38 924	600	990	990	2	181
凌源市	238 870	33 120.5	100			3	208
连山区	677 973	131 345	684		380	2	109
龙港区	276 719.3	235 745.5	8 530		946	9	920
南票区	49 518						
绥中县	309 157	14 445	2 282	23 317	2 963	2	114
建昌县	107 819	56 509				2	309
兴城市	319 217	15 901	4 640		600	12	2 600

附录7 续表24

县(市)区名称	名胜风景区文物保护区个数(个)	城镇固定资产投资完成额(万元)	城镇新增固定资产(万元)	城镇固定资产投资项目个数(个)	房地产开发投资完成额(万元)	住宅	普通中学数(所)
苏家屯区	5	2 342 925	1 990 408	560	173 765	155 413	27
东陵区	7	2 329 952	950 251	254	1 137 630	843 309	13
沈北新区	2	3 697 446	1 660 630	203	1 782 724	1 585 814	23
于洪区	3	2 321 451	1 232 018	302	1 134 858	959 085	14
辽中县		864 727	691 890	117	130 458	93 591	20
康平县	6	725 856	459 223	266	11 420	9 270	18
法库县	8	718 824	568 691	122	19 950	17 504	23
新民市	2	1 107 975	944 842	302	144 562	110 926	31
甘井子区	26	4 713 124	3 027 554	719	1 421 885	1 158 330	23
旅顺口区	91	1 608 857	327 589	264	323 016	290 423	14
金州区	37	3 754 798	2 256 794	804	595 022	505 888	23
长海县	15	156 550	125 523	102	8 816	6 726	7
瓦房店市	45	3 994 478	1 875 526	415	311 489	232 459	43
普兰店市	47	2 086 044	1 792 987	520	42 844	38 772	39
庄河市	14	2 231 585	2 080 123	529	213 256	178 815	34
千山区	2	1 046 782	671 993	233	205 743	56 261	17
台安县	5	472 101	410 069	183	73 510	65 200	18
岫岩县	23	522 188	157 380	142	91 849	75 266	26
海城市	15	2 008 407	1 976 718	442	267 227	231 212	53
顺城区	1	520 628	520 628	132	286 859	20 282	10
抚顺县	8	573 734	370 278	205			18
新宾县	6	203 250	203 250	50	17 440	14 067	19
清原县	6	550 904	332 290	139	32 749	25 861	21
平山区	3	931 551	394 931	103	33 811	19 350	11
溪湖区	2	713 595	336 662	47	121 955	100 424	9
明山区	8	309 896	302 257	89	185 531	142 571	9
南芬区	8	128 324	104 394	15	2 525	1 755	4
本溪县	12	490 063	363 403	101	87 707	63 115	13
桓仁县	59	270 126	135 742	64	33 582	21 605	16
振安区	3	344 600	184 242	114	160 720	153 980	9
宽甸县	3	603 623	503 242	201	22 896	18 675	25
东港市	7	880 639	718 373	376	59 931	44 254	30
凤城市	7	657 245	357 376	163	112 835	83 584	30
太和区	1	309 380	286 319	128	23 083	21 512	9
黑山县	2	362 486	320 777	215	8 170	5 180	34
义县	33	336 496	254 011	119	7 696	6 746	22
凌海市	36	332 204	226 244	125	30 800	27 800	30
北镇市	20	301 258	265 513	199	28 860	21 993	28
鲅鱼圈区	1	2 391 985	1 920 327	64	497 357	441 337	15

附录7 续表25

县（市）区名称	名胜风景区文物保护区个数（个）	城镇固定资产投资完成额（万元）	城镇新增固定资产（万元）	城镇固定资产投资项目个数（个）	房地产开发投资完成额（万元）	住宅	普通中学数（所）
老边区	0	382 674	117 078	19	67 344	61 074	7
盖州市	40	657 868	444 610	119	48 093	27 281	32
大石桥市	41	1 526 083	759 342	140	84 768	77 593	26
海州区		74 628	88 153	69	24 804	19 930	9
新邱区		93 537	101 984	81	9 281	1 318	4
太平区	1	125 034	113 334	62	5 725	5 423	7
清河门区		48 500	33 500	58	1 880	1 663	4
细河区		11 730	11 730	16	64 966	61 718	6
阜新县	29	449 900	358 009	280	11 695	8 233	48
彰武县	38	651 824	495 410	144	21 082	14 100	29
弓长岭区	12	193 531	48 600	31	19 551	8 880	3
太子河区	7	345 799	270 934	95	73 273	26 634	4
辽阳县	3	531 707	363 599	81	22 188	13 263	27
灯塔市	4	603 379	253 909	122	15 651	14 148	22
双台子区		200 555	84 551	48	72 179	57 743	6
兴隆台区	3	551 991	536 642	88	412 938	326 352	21
大洼县	5	1 687 970	1 125 313	357	80 873	61 390	23
盘山县	6	534 685	283 670	121	14 658	12 580	17
银州区	3	97 827	67 850	15	353 997	231 835	15
清河区	1	485 225	273 388	111	30 028	19 118	5
铁岭县	4	838 270	609 462	104	133 319	103 279	19
西丰县	2	170 032	195 473	77	4 450	1 594	21
昌图县	7	370 127	289 770	63	39 661	28 277	46
调兵山市	3	624 252	267 106	65	157 904	125 823	11
开原市	29	1 474 924	622 238	136	243 040	187 089	27
双塔区	4	287 646	281 596	57	207 974	167 763	5
龙城区		203 963	203 963	117	22 139	22 139	19
朝阳县	74	507 604	15 376	150	42 123	36 623	39
建平县	1	589 000	500 000	215	90 000	63 000	35
喀左县	12	635 717	635 717	177	41 634	34 540	9
北票市	2	715 689	604 509	421	51 105	41 996	39
凌源市	22	382 333	475 517	291	75 855	46 660	26
连山区	4	269 439	70 429	57	80 931	60 210	27
龙港区	9	358 643	16 897	27	221 296	183 213	6
南票区		25 031	25 031	13	4 015	2 789	8
绥中县	31	618 941	295 268	87	28 957	25 114	32
建昌县	1	178 110	151 877	29	19 612	14 542	25
兴城市	5	400 841	210 420	114	52 627	47 217	32

附录7续表26

县(市)区名称	小学数(所)	普通中学专任教师数(人)	小学专任教师数(人)	普通中学在校学生数(人)	小学在校学生数(人)	专业技术人员数(人)	#农业技术人员
苏家屯区	16	1 097	1 539	12 391	21 378	10 281	1 095
东陵区	14	1 125	1 053	11 831	19 785	9 254	4 168
沈北新区	22	1 501	1 331	24 484	15 732	6 418	99
于洪区	44	830	1 253	9 970	22 732	394	340
辽中县	22	1 750	2 246	18 058	26 900	810	685
康平县	89	1 113	1 729	17 866	19 652	10 473	1 234
法库县	81	1 353	1 710	17 311	29 455	6 850	1 164
新民市	15	2 063	2 677	26 744	36 756	10 396	522
甘井子区	65	1 792	2 339	23 085	52 656	5 879	537
旅顺口区	30	940	734	11 525	13 706	8 586	112
金州区	40	2 223	1 677	27 102	31 845	7 596	191
长海县	12	294	307	4 412	5 032	2 810	1 120
瓦房店市	150	3 804	3 310	43 873	40 733	30 946	1 128
普兰店市	182	2 816	3 263	33 196	39 447	32 000	1 145
庄河市	208	3 720	2 568	57 085	39 233	14 918	904
千山区	28	1 365	925	11 206	13 313	3 426	212
台安县	100	886	1 601	14 431	26 948	6 509	285
岫岩县	185	1 829	2 548	17 237	32 358	8 690	208
海城市	322	3 597	4 901	56 973	81 411	15 241	2 288
顺城区	24	620	1 097	8 898	12 638	4 750	150
抚顺县	38	540	697	7 823	8 261	2 677	215
新宾县	47	1 044	1 344	6 942	13 625	6 550	476
清原县	52	798	1 348	9 254	15 069	5 780	168
平山区	16	832	1 186	7 725	12 748	3 496	19
溪湖区	12	503	660	4 501	5 347	3 476	134
明山区	11	709	971	9 250	12 069	7 368	235
南芬区	3	195	305	2 010	2 852	1 590	40
本溪县	16	1 115	1 398	15 507	15 113	7 954	160
桓仁县	9	1 005	1 001	14 999	13 897	6 610	125
振安区	37	525	736	5 102	7 957	2 073	86
宽甸县	213	1 291	2 291	14 546	27 230	7 525	487
东港市	133	1 504	1 929	25 919	36 794	10 565	340
凤城市	143	1 780	2 113	29 625	36 300	10 600	531
太和区	37	530	772	6 183	8 910	4 412	362
黑山县	100	1 856	2 044	30 777	35 896	7 965	237
义县	114	1 294	1 892	17 922	21 570	7 860	440
凌海市	62	1 555	1 830	26 423	31 772	6 799	365
北镇市	106	1 783	1 863	26 674	28 304	7 215	620
鲅鱼圈区	32	1 487	1 083	22 526	26 337	105	45

附录7 续表27

县(市)区名称	小学数(所)	普通中学专任教师数(人)	小学专任教师数(人)	普通中学在校学生数(人)	小学在校学生数(人)	专业技术人员数(人)	#农业技术人员
老边区	11	485	718	5 628	8 784	3 320	1 085
盖州市	103	1 892	2 515	32 110	41 177	8 015	435
大石桥市	104	2 332	2 234	45 876	45 489	13 180	930
海州区	12	773	1 063	5 910	10 591	3 220	103
新邱区	10	211	262	2 018	3 046	25	
太平区	19	390	732	3 945	5 712		
清河门区	17	241	380	2 110	3 830	387	39
细河区	9	509	518	6 485	8 373	1 343	16
阜新县	161	3 634	3 918	27 629	41 938	10 815	710
彰武县	48	1 917	1 643	18 969	23 678	7 103	317
弓长岭区	4	229	400	2 117	4 153	1 623	20
太子河区	7	168	348	1 785	4 225	4 367	189
辽阳县	146	1 636	1 756	26 151	34 021	598	295
灯塔市	115	1 355	1 545	17 288	33 064	8 460	920
双台子区	12	939	650	7 697	9 291	611	32
兴隆台区	29	1 815	1 332	21 765	19 655	916	47
大洼县	26	1 595	2 680	21 876	24 617	10 394	998
盘山县	11	1 029	1 430	8 205	14 734	5 775	346
银州区	25	1 441	938	20 733	17 499	53	13
清河区	14	370	373	2 895	4 641	1 718	16
铁岭县	70	883	1 499	14 099	17 104	2 815	1 066
西丰县	56	1 040	1 216	14 518	15 729	5 060	2 193
昌图县	254	2 367	4 851	46 741	61 518	16 012	989
调兵山市	14	783	1 014	7 678	10 815	3 906	32
开原市	95	1 724	2 011	26 783	30 641	11 736	1 286
双塔区	45	187	1 378	3 064	30 007	5 451	223
龙城区	52	436	821	4 434	7 412	360	180
朝阳县	196	2 065	2 332	29 751	38 402	8 900	310
建平县	140	2 353	2 827	35 302	36 305	10 400	1 125
喀左县	22	1 095	2 298	16 981	26 089	9 087	1 800
北票市	119	2 326	2 315	32 404	31 213	11 390	445
凌源市	163	1 904	2 913	40 189	46 754	11 634	3 255
连山区	92	2 009	2 380	23 687	33 170	6 701	321
龙港区	7	1 016	676	7 877	13 014	1 147	8
南票区	9	403	821	3 463	7 946	1 093	
绥中县	173	1 825	2 098	32 500	41 147	6 074	324
建昌县	218	2 268	2 711	33 112	40 579	8 960	344
兴城市	161	1 975	2 418	28 729	35 746	7 275	315

附录7续表28

县(市)区名称	医院、卫生院数(所)	医院、卫生院床位数(床)	医院、卫生院技术人员数(人)	医生	城镇在岗职工年平均人数(人)	城镇在岗职工工资总额(万元)	农村居民人均纯收入(元)
苏家屯区	20	1 835	1 644	850	34 624	89 150	9 593
东陵区	14	675	909	442	31 713	87 122	10 808
沈北新区	19	1 184	1 133	552	67 220	190 800	9 693
于洪区	11	519	602	229	27 104	102 288	10 910
辽中县	29	1 045	1 640	920	14 229	45 592	8 155
康平县	16	910	1 153	465	13 904	37 515	6 712
法库县	22	835	566	420	12 257	41 996	7 219
新民市	34	1 943	2 965	1 016	23 243	57 957	8 116
甘井子区	26	4 396	5 180	2 270	117 585	437 272	19 172
旅顺口区	12	913	1 102	454	40 331	125 667	13 900
金州区	33	1 955	1 735	685	74 738	226 093	14 601
长海县	5	196	208	89			18 655
瓦房店市	35	3 626	4 526	2 323			9 106
普兰店市	38	2 030	1 827	1 253	37 371	111 756	9 005
庄河市	42	2 790	3 215	1 797			9 148
千山区	16	4 371	1 697	646	18 863	44 327	10 371
台安县	22	1 103	1 631	745	19 498	34 730	7 570
岫岩县	27	1 334	1 348	599	22 493	52 112	6 393
海城市	49	3 500	2 819	1 353	40 765	90 645	8 570
顺城区	10	341	484	225	40 351	113 893	8 029
抚顺县	17	561	447	195	8 917	22 394	6 465
新宾县	17	737	1 109	493	12 150	31 266	5 364
清原县	20	878	1 230	471	19 401	54 468	5 508
平山区	14	2 650	2 805	945	5 336	18 970	7 358
溪湖区	18	1 135	811	279	5 237	12 082	14 455
明山区	10	2 985	2 810	945	5 359	16 538	7 086
南芬区	4	460	450	106	1 926	5 412	7 220
本溪县	17	1 042	1 040	319	12 672	15 814	6 600
桓仁县	18	950	844	346	13 980	33 217	6 003
振安区	7	417	404	146	9 937	18 114	7 128
宽甸县	28	1 736	1 209	471	15 998	38 315	6 600
东港市	26	2 073	1 749	729	25 631	63 651	8 030
凤城市	29	2 067	1 918	836	20 757	44 460	7 040
太和区	10	804	725	270	7 292	18 308	7 220
黑山县	38	792	1 062	894	16 401	25 442	6 995
义县	21	896	833	560	12 164	21 824	4 801
凌海市	24	1 237	960	475	20 309	32 907.3	7 585
北镇市	21	985	1 020	530	14 540	23 939	7 218
鲅鱼圈区	21	2 351	2 636	1 337	40 508	85 423	9 279

附录7 续表29

县(市)区名称	医院、卫生院数(所)	医院、卫生院床位数(床)	医院、卫生院技术人员数(人)	医生	城镇在岗职工年平均人数(人)	城镇在岗职工工资总额(万元)	农村居民人均纯收入(元)
老边区	5	250	231	135	7 213	17 153	9 110.7
盖州市	36	1 625	1 489	960	16 631	34 561	6 283
大石桥市	26	3 253	3 390	1 856	23 622	65 040	9 376
海州区	19	3 316	3 623	1 621	5 562	6 860	5 383
新邱区	4	233	229	64	6 384	10 362	6 450
太平区	2	220			5 294	115 004	6 146
清河门区	7	100	167	75	2 785	4 766	4 200
细河区	8	400	263	166	2 950	6 927.3	7 465
阜新县	36	963	1 084	466	22 338	42 151.2	5 394
彰武县	29	804	1 078	398	15 505	27 995	5 172
弓长岭区	2	382	272	84	4 335	11 339	8 090
太子河区	4	92	95	56	17 304	50 182.6	8 751
辽阳县	21	1 140	1 078	615	25 302	52 887	6 819
灯塔市	19	654	575	416	15 481	30 370.3	6 931.3
双台子区	10	1 903	1 842	863	14 841	28 937	9 000
兴隆台区	18	1 786	1 965	932	65 119	184 425	8 680
大洼县	17	694	1 036	628	23 923	31 713.6	8 435
盘山县	18	767	546	200	20 138	30 516	8 443
银州区	6	300	536	292	7 218	12 605	7 581
清河区	4	170	402	93	10 652	23 428	7 515
铁岭县	22	553	983	463	13 624	26 223	7 430
西丰县	23	569	921	401	13 050	20 059.7	5 215
昌图县	38	1 477	2 170	1 122	40 006	50 298	6 012
调兵山市	3	832	1 063	445	60 007	202 677	7 565
开原市	30	1 992	1 904	861	107 323	183 292	8 190
双塔区	11	1 230	132	98	9 790	17 821	5 446
龙城区	6	280	86	42	4 322	11 044	5 443.5
朝阳县	32	1 125	980	496	22 213	82 698.5	3 975
建平县	44	1 832	1 568	784	22 368	59 162	5 122
喀左县	25	981	1 076	458	22 371	43 141	5 090.9
北票市	42	1 817	1 967	1 311	30 041	76 934	5 362
凌源市	27	2 650	1 749	804	32 316	79 461	5 231
连山区	22	835	843	725	11 241	29 748	6 295
龙港区	4	120	98	63	14 672	30 436	7 204
南票区	10	647	269	226	9 220	20 081	4 620
绥中县	26	960	1 336	1 040	15 418	285 555	5 775
建昌县	37	1 371	1 368	1 020	15 171	28 575.4	5 111
兴城市	41	1 355	1 506	558	17 106	28 962	5 462

附录7续表30

县(市)区名称	农村恩格尔系数(%)	各种社会福利收养性单位数(个)	各种社会福利收养性单位床位数(床)	参加基本养老保险的职工数(人)	参加基本医疗保险的职工数(人)	参加失业保险人数(人)	城镇居民最低生活保障人数(人)
苏家屯区	37	7	1 016	50 554	88 767	60 550	3 483
东陵区	35.4	24	1 000	50 200	96 056	62 022	5 734
沈北新区	35	6	690	42 162	67 888	51 918	3 149
于洪区	35	15	1 339	72 183	59 113	20 565	5 460
辽中县	45	19	1 648	21 271	22 617	17 484	7 315
康平县	39.6	14	1 200	19 107	20 197	14 249	5 663
法库县	38	19	1 272	24 581	31 900		5 143
新民市	33	27	1 220	14 063	49 238	24 697	10 821
甘井子区	32.3	14	774	49 759	39 692	28 075	15 322
旅顺口区	27.2	8	780	61 704	75 794	29 129	2 767
金州区	32.6	16	2 133	95 078	157 000	41 000	5 255
长海县	31.3	4	434	11 368	7 619	6 800	1 732
瓦房店市	45	35	3 759	90 000	161 766	38 562	13 771
普兰店市	36.5	17	2 010	73 000	144 707	25 313	10 183
庄河市	52.2	28	4 336	82 841	101 729	30 358	6 633
千山区	44	14	552	22 284	19 101	12 030	5 941
台安县	40.2	15	1 550	29 695	25 630	13 656	2 657
岫岩县	49.4	25	1 746	59 891	44 701	15 000	5 256
海城市	29.1	44	4 940	134 874	96 158	45 000	7 889
顺城区	24.7	21	1 800	129 753	77 451	34 005	21 811
抚顺县	44	12	665	21 428	16 244	7 461	1 860
新宾县	40.6	16	895	29 777	33 556	16 455	10 146
清原县	31.6	14	887	29 000	38 000	14 000	9 848
平山区	37	4	165	133 766	73 352	125 430	20 345
溪湖区	41	3	150	138 828	89 524	83 905	25 334
明山区	45.3	5	242	5 456	6 644	13 460	16 320
南芬区	37	1	145	48 925	23 527	30 500	2 450
本溪县	39.8	9	540	26 210	6 200	36 000	18 521
桓仁县	35.7	16	1 420	38 001	37 705	16 770	11 082
振安区	45	6	453	16 100	8 092	6 837	6 115
宽甸县	0.4	26	1 398	45 891	31 618	32 799	9 295
东港市	42.3	19	1 583	73 728	47 966	31 974	3 384
凤城市	52	33	1 418	71 370	69 004	46 500	13 054
太和区	30.1	6	320	9 400	15 061	4 785	3 912
黑山县	40.1	23	1 062	44 023	43 856	27 867	7 682
义县	37	18	1 645	29 380	31 000	11 560	6 886
凌海市	38.5	21	1 582	38 554	58 029	34 556	7 483
北镇市	32.2	18	1 500	38 107	36 801	30 117	4 321
鲅鱼圈区	38.5	3	340	85 871	79 193	28 360	5 551

附录7续表31

县(市)区名称	农村恩格尔系数(%)	各种社会福利收养性单位数(个)	各种社会福利收养性单位床位数(床)	参加基本养老保险的职工数(人)	参加基本医疗保险的职工数(人)	参加失业保险人数(人)	城镇居民最低生活保障人数(人)
老边区	40.4	7	490	28 898	38 496	15 036	2 889
盖州市	35.7	22	1 000	51 080	68 939	25 360	17 240
大石桥市	41.9	17	2 185	106 000	105 270	33 217	16 265
海州区	36	1	23	14 890	7 016	3 566	38 338
新邱区		1	12	9 147	1 782	7 052	12 710
太平区	0.5						
清河门区	40	1	28	3 012	3 468	2 500	12 092
细河区	36.3	2	230	12 893	5 109	9 600	16 447
阜新县	36.3	33	918	53 894	45 780	28 993	5 045
彰武县	40.3	23	688	19 912	24 402	19 511	2 906
弓长岭区	50	5	500	14 311	15 175	5 024	2 986
太子河区	33	1	120	15 971	1 762	5 831	3 562
辽阳县	41	16	664	60 147	56 168	21 508	11 634
灯塔市	41	15	833	66 729	72 043	13 339	4 770
双台子区	39.3	1	120	20 304	24 150	14 021	11 008
兴隆台区	35.9	1	222	54 227	197 537	51 566	3 265
大洼县	37.2	14	887	35 050	42 406	14 531	6 392
盘山县	43.4	15	1 020	75 969	31 630	5 684	3 180
银州区	30	6	755	15 348		10 345	18 332
清河区	27.5	1	180	7 018	21 980	2 312	2 336
铁岭县	36.4	4	640	20 536	40 691	16 819	3 850
西丰县	40.5	20	850	19 970	23 649	8 156	12 132
昌图县	42.8	33	1 932	71 165	69 486	24 800	17 891
调兵山市	30	3	160	37 650	40 838	22 960	6 012
开原市	36	6	2 000	38 998	141 269	32 626	9 753
双塔区	39	2	112	7 426	5 843	6 879	43 032
龙城区	33.5	15	992	5 600	8 100	6 509	13 980
朝阳县	40.9	29	2 300	34 995	40 323	15 262	5 284
建平县	39	24	1 335	40 513	50 719	24 188	11 888
喀左县	28	6	900	24 310	28 975	23 225	11 480
北票市	30	66	1 995	56 450	54 822	30 005	50 879
凌源市	36.2	25	521	40 186	143 777	48 348	19 753
连山区	32.5	14	719	31 714	13 124	863	8 334
龙港区	32.8	4	120	27 274	21 254	17 524	2 511
南票区	44	4	136	7 069	8 000	1 873	12 579
绥中县	30	22	859	36 229	39 360	17 744	7 053
建昌县	41	7	400	29 060	34 371	8 802	11 856
兴城市	45	22	1 820	35 710	48 719	20 472	12 956

附录7续表32

县(市)区名称	农村居民最低生活保障人数(人)	参加农村合作医疗的人数(人)	参加农村养老保险的人数(人)	森林面积(公顷)	年末耕地总资源(公顷)	常用耕地面积	自然保护区个数(个)
苏家屯区	4 025	202 066	10 800	12 835	41 364	41 364	1
东陵区	4 838	164 281	1 957	12 747	26 175	25 535	1
沈北新区	3 284	163 879	456	16 770	48 654	48 654	
于洪区	4 279	150 612	10 141	6 665	21 987	21 600	
辽中县	20 667	360 537		21 333	72 926	72 926	
康平县	14 727	253 136	124 851	90 667	102 807	102 807	2
法库县	16 275	366 298		66 667	136 874	136 809	1
新民市	22 422	506 684	3 228	48 729	138 777	138 777	
甘井子区		14 013	54 470	14 700	2 030	2 030	
旅顺口区	2 398	71 555	46 850	19 125	6 974	6 974	1
金州区	7 364	222 714	39 573	19 464.5	33 848	33 848	1
长海县		1 412	6 100	6 940	1 378	1 378	2
瓦房店市	18 364	582 735	10 800	131 974	84 312	82 877	6
普兰店市	16 532	547 151	2 285	101 000	130 260	130 260	4
庄河市	15 240	636 291	7 761	170 533	119 864	119 856	1
千山区	2 800	143 409		13 287	9 679	9 679	
台安县	11 020	291 660		37 333	74 921	74 738	2
岫岩县	20 714	363 389	50 152	318 333	56 618	47 258	3
海城市	20 244	812 166	57 731	97 353	98 565	88 856	3
顺城区	2 400	42 072	26	11 967	6 275	6 273	
抚顺县	8 500	144 880	5 233	141 533	31 495	31 495	1
新宾县	12 273	195 195	2 937	301 133	39 901	39 901	3
清原县	15 604	215 897	12 000	278 733	37 001	37 001	1
平山区	572	14 375	14 124	10 305	1 306	1 306	6
溪湖区	1 357	24 424	6 040	23 194	5 131	5 131	7
明山区	1 748	31 600	2 260	27 447	2 643	2 643	7
南芬区	978	25 922	300	48 080	3 857	3 857	8
本溪县	5 707	176 116	2 792	193 635	27 528	27 528	8
桓仁县	8 636	196 974	20 665	272 000	27 312	27 312	4
振安区	3 165	93 461	4 142	40 694	12 596.5	10 762.5	1
宽甸县	16 727	338 437	38 068	491 081	36 301	31 473	7
东港市	15 609	472 520	38 786	50 137	89 840	75 451	4
凤城市	12 294	380 523	21 327	286 169	62 330	54 241	6
太和区	4 096	80 395	10 265	6 010	9 729	9 729	0
黑山县	22 192	437 449	75 228	25 800	144 111	144 111	1
义县	24 293	300 836	89 656	51 353	96 108	94 645.9	2
凌海市	18 561	365 766	87 858	31 842.9	96 279.3	86 512.4	
北镇市	12 686	391 607	66 000	42 497	68 756	57 559	1
鲅鱼圈区	5 876	133 384	27 100	2 169.4	4 777	4 777	

附录7 续表33

县(市)区名称	农村居民最低生活保障人数（人）	参加农村合作医疗的人数（人）	参加农村养老保险的人数（人）	森林面积（公顷）	年末耕地总资源（公顷）	常用耕地面积	自然保护区个数（个）
老边区	3 500	89 847	10 700	1 075.8	9 485.7	9 485.7	
盖州市	33 783	500 344	58 112	198 000	40 097.6	40 097.6	1
大石桥市	19 782	425 103	91 183	54 973	62 110	62 110	1
海州区	587	21 120		49	1 361	1 353	
新邱区	590	13 876	135	3 760	3 138.8	2 034	
太平区				2 501	1 131	1 131	
清河门区	1 609	23 603	1 412	360	3 604	3 309	
细河区	851	17 962	3 573	2 872	2 173	2 173	
阜新县	38 621	571 175	202 417	190 666	235 022	212 742	2
彰武县	16 681	280 892	80 405	117 333	130 565	107 341	2
弓长岭区	1 462	23 910	467	17 089	3 414	3 098	3
太子河区	2 299	58 217	538	882.2	7 667	7 667	
辽阳县	23 394	427 381	5 655	143 752	72 283	71 887	2
灯塔市	21 524	361 039	9 332	20 751.6	70 120	70 120	1
双台子区	3 719	15 162			1 177	1 177	
兴隆台区	941	21 780	468	479	5 457	5 457	
大洼县	9 902	250 539	129 565	7 271.4	66 377	66 377	1
盘山县	6 716	212 266	106 208	8 667	55 758	55 758	
银州区	822	20 884	2 920	537	2 672	2 363	
清河区	2 400	49 224	5 300	16 015	10 912	8 836	
铁岭县	11 394	304 338	20 536	76 758	72 366	71 517	
西丰县	15 432	266 099	25 023	172 000	81 217	75 273	
昌图县	22 837	780 178	153 598	88 000	327 046	327 046	
调兵山市	3 076	56 039	7 245	3 116	14 515.3	14 515.3	
开原市	16 715	383 816	67 600	115 783.7	119 346	89 457	2
双塔区	2 234	89 154	5 016	3 943	8 030	8 030	
龙城区	4 800	114 606	510	28 400	9 976	9 976	
朝阳县	29 639	494 350	41 190	46 093	262 108	93 609	4
建平县	20 557	437 610	670	129 783	377 400	140 319	1
喀左县	16 558	314 373	12 550	84 667	63 628	54 355	2
北票市	27 213	334 538	73 436	20 000	105 246	73 333	1
凌源市	47 795	495 000	30 780	172 531	51 047	49 587	1
连山区	13 991	291 959	54 131		41 532	41 502	
龙港区	1 308	31 353	6 180	3 565.8	2 439	2 439	
南票区	5 631	72 092	21 000	18 667	7 286	7 286	
绥中县	24 278	478 693	24 000	106 333	58 976	58 771	2
建昌县	24 722	501 630	140 591	63 666.7	59 568	59 568	4
兴城市	30 083	390 729	9 337	84 899.7	79 341	52 918	1

附录 7 续表 34

县(市)区名称	自然保护区面积(公顷)	环境污染治理本年完成投资总额(万元)	工业二氧化硫排放量(吨)	工业废水排放达标率(%)	工业烟尘排放达标率(%)	城镇生活污水处理率(%)
苏家屯区	4 267	36 050	7 213	79	46	88
东陵区	260	9 000	3 676	97	99	100
沈北新区		51 873	8 808	80	97	82
于洪区		2 565	8 716	100	100	85
辽中县		265	2 100	98	95	100
康平县	84 000	3 143	9 072	100	100	20
法库县	30 356	193 400	4 250	86	81	29
新民市		3 754	35	89	90	75
甘井子区		357	35 265	89.2	92.2	81.3
旅顺口区	10 506	6 365	1 121	99.8	99.4	100
金州区	4 210	15 019	6 406	95	97	56.7
长海县	1 720	6 300	123	96	100	85
瓦房店市	204 900	23 350	4 054	99	99.9	88.4
普兰店市	23 530	1 188	3 843	99.5	100	100
庄河市	3 775	76 992	5 121	95.1	99.8	
千山区		2 480	6 036	92	69	
台安县	11 490	2 090	1 258	95	75	100
岫岩县	11 000	468	9 200	90	91	
海城市	22 100	15 396	13 427	97	98	90
顺城区		1 254	50	100	100	92
抚顺县	10 434	470	628	100	90	
新宾县	27 606	2 100	530	95	90	
清原县	18 931	2 595	3 077	83.9	74.1	
平山区	1 000	50	690	100	100	90
溪湖区	1 860	42	2 271	97.8	95	95
明山区	29 699	120	1 059	98	98	100
南芬区	2 015	4 775	2 750	99.4	94.4	70
本溪县	2 524	3 000	676	96.4	98.2	68
桓仁县	15 517	1 500	3 588	80	98	40
振安区	500	120	708	78	84	64
宽甸县	141 545	3 515	2 202	88.2	83.1	
东港市	139 100	1 290	2 900	97.2	97.2	
凤城市	66 796	5 500	4 000	82	62	
太和区		996	847	99.8	100	100
黑山县	6 867	2 000	4 261	29.2	39.8	
义县	5 921		1 900	100	100	
凌海市		3 200	850	100	100	
北镇市	14 000	12 653	1 331	70.6	88.9	50
鲅鱼圈区		980	7 000	91	92	95

附录7续表35

县(市)区名称	自然保护区面积(公顷)	环境污染治理本年完成投资总额(万元)	工业二氧化硫排放量(吨)	工业废水排放达标率(%)	工业烟尘排放达标率(%)	城镇生活污水处理率(%)
老边区		1 418	1 118	95.2	90.2	
盖州市	31 947	260	1 950	75	98	
大石桥市	11 926	24 248	9 237	98.7	99.9	
海州区		100	2 000	97	100	95
新邱区		90	16 010.9	100	100	
太平区						
清河门区			3 000	55	85	
细河区						
阜新县	22 243					
彰武县	28 163	7 979.5	5 733	79.9	69	79.9
弓长岭区	39 842	1 490	2 737	83	91	78
太子河区		2 396	62.4	100	100	90
辽阳县	2 100	5 600	3 500	95	95	
灯塔市	1 362	2 640	2 026.1	93.4	88	
双台子区			172	77	60	
兴隆台区		30	767	98	95	100
大洼县	87	598	917.7	100	100	
盘山县		2 059	1 247	80	90	
银州区			2 552	87	50	96
清河区		383	19 857	95.3	95.2	
铁岭县		180	2 170	100	100	
西丰县		0.6	543.1	67.5	82.9	
昌图县		1 820	784	26	11.5	
调兵山市		245	3 294	92.5	89	93
开原市	18 500	4 875.3	1 263	90.3	99.7	
双塔区		520	98	78	67	80
龙城区		5 000	1 700	89	89	85
朝阳县	37 132	1 600	1 463	74.3	83.5	
建平县	13 166	10 000	1 812	90	90	30
喀左县	28 795			85		
北票市	17 697	391	6 201	71.6	60.6	
凌源市	699.1	150	2 198.2	60.1	53.3	
连山区		5 359	2 204	98.7	99.5	99.2
龙港区		485	644	100	100	98.2
南票区		25	221	29		
绥中县	3 168		442	71	100	
建昌县	22 349	2 990	3 516.5	78.3	100	
兴城市	28 100	6 000	900	96	99.4	

附录8　2009年东北三省国民经济主要指标

指　　标	单　位	三省合计	辽　宁	吉　林	黑龙江	辽宁省相当于三省%
国民经济核算						
地区生产总值	亿元	30 779.3	15 212.5	7 278.8	8 288.0	49.4
第一产业	亿元	3 549.8	1 414.9	980.6	1 154.3	39.9
第二产业	亿元	15 368.6	7 906.3	3 541.9	3 920.4	51.4
第三产业	亿元	11 860.9	5 891.3	2 756.3	3 213.3	49.7
人均地区生产总值	元	27 833.0	35 239.0	26 595.0	21 665.0	
地区生产总值指数(1978年=100)	%		1 799.6	2 089.5	1 250.9	
第一产业	%		546.5	598.7	443.9	
第二产业	%		1 804.1	2 578.1	1 324.9	
第三产业	%		3 918.0	4 087.0	2 604.7	
人　口						
年底总人口	万人	10 822.0	4 256.0	2 740.0	3 826.0	39.3
城镇人口	万人	5 728.5	2 144.1	1 461.0	2 123.4	37.4
乡村人口	万人	5 093.5	2 111.9	1 279.0	1 702.6	41.5
自然增长率	‰	1.6	0.8	2.0	2.1	
劳动就业						
年末就业人员	万人	5 451.4	2 277.1	1 297.3	1 877.0	41.8
第一产业	万人	2 078.0	697.5	568.8	811.7	33.6
第二产业	万人	1 267.5	619.2	261.8	386.5	48.9
第三产业	万人	2 105.8	960.4	466.7	678.7	45.6
职工人数	万人		572.1	257.9		
职工平均工资	元	83 869.0	31 104.0	26 230.0	26 535.0	
城镇登记失业人数	万人	96.5	41.6	23.5	31.4	
城镇登记失业率	%	4.7	5.7	4.0	4.3	
投　资						
全社会固定资产投资总额	亿元	24 580.9	12 292.6	7 259.5	5 028.8	50.0
#房地产开发	亿元	3 961.2	2 640.6	756.7	563.9	66.7
#国有经济	亿元	6 841.6	2 845.6	1 927.1	2 068.9	41.6
集体经济	亿元	629.1	480.7	100.5	47.9	76.4
个体经济	亿元	4 711.1	4 108.3	212.2	390.6	87.2
财　政						
财政收入	亿元	7 031.9	4 615.2	977.2	1 439.5	65.6
#地方财政一般预算收入	亿元	2 719.9	1 591.2	487.1	641.6	58.5
财政支出	亿元	6 039.3	2 682.4	1 479.2	1 877.7	44.4
物价(上年=100)						
商品零售价格指数	%	99.3	99.8	99.3	98.9	
居民消费价格指数	%	100.1	100.0	100.1	100.2	
人民生活						
城镇居民人均可支配收入	元	14 111.2	15 761.4	14 006.3	12 566.0	
农村居民家庭人均纯收入	元	5 477.0	5 958.0	5 265.9	5 207.0	
城市人均住宅建筑面积	平方米	26.4	26.6	28.1	24.6	
农村人均住房面积	平方米	24.1	27.0	22.8	22.5	
城市居民的恩格尔系数	%	35.5	38.0	33.3	35.3	
农村居民的恩格尔系数	%	34.4	36.7	35.1	31.4	

附录8续表

指　　标	单　位	三省合计	辽　宁	吉　林	黑龙江	辽宁省相当于三省%
农　业						
播种面积	千公顷	10 529.4	4 064.7	5 077.6	1 387.1	38.6
粮食产量	万吨	8 404.0	1 591.0	2 460.0	4 353.0	18.9
工业规模以上工业企业主要指标						
工业增加值增长速度	%			16.8	12.1	
利润总额	亿元	2 794.6	1 382.0	540.0	872.6	49.5
#国有及国有控股	亿元	1 111.2	177.9	245.6	687.7	16.0
税金总额	亿元	2 569.9	1 343.3	623.0	603.6	52.3
#国有及国有控股	亿元	1 615.4	726.2	425.2	464.0	45.0
工业产品销售率	%	83.8	97.8	96.8	56.9	
#国有及国有控股	%	98.1	98.8	96.6	98.8	
原煤产量	亿吨	19 774.4	6 624.2	4 401.5	8 748.7	33.5
原油产量	万吨	5 640.6	1 000.0	639.9	4 000.7	17.7
发电量	亿千瓦小时	2 419.6	1 162.5	538.2	718.9	48.0
钢产量	万吨	6 144.2	4 783.2	856.0	505.0	77.8
水泥产量	万吨	11 568.6	4 704.8	4 265.8	2 598.0	40.7
汽车产量	万辆	202.4	50.8	123.2	28.4	25.1
交　通						
公路里程	万公里	34.1	10.1	8.8	15.1	29.6
#高速公路	公里	5 086.6	2 833.0	1 035.0	1 218.6	55.7
邮　电						
邮电业务总量	亿元	2 178.4	948.5	532.6	697.3	43.5
本地固定电话用户数	万户	2 980.6	1 529.1	581.3	870.2	51.3
移动电话用户数	万户	6 446.4	2 882.1	1 574.2	1 990.1	44.7
互联网用户数	万户	853.7	535.4		318.3	62.7
国内贸易						
社会消费品零售总额	亿元	12 171.7	5 812.6	2 957.3	3 401.8	47.8
进出口						
进出口总额	亿美元	908.9	629.2	117.5	162.2	69.2
出口总额	亿美元	466.5	334.4	31.3	100.8	71.7
进口总额	亿美元	442.4	294.8	86.2	61.5	66.6
利用外资						
实际利用外商直接投资	亿美元	189.4	154.4	11.4	23.6	81.5
旅　游						
入境旅游人数	万人	503.8	293.2	68.1	142.5	58.2
国际旅游收入	亿美元	27.4	18.6	2.4	6.4	67.8
国内旅游人数	亿人次	4.0	2.4	0.5	1.1	59.6
国内旅游总花费	亿元	3 268.9	2 098.8	564.1	606.0	64.2
金　融						
金融机构各项存款余额	亿元	42 099.4	22 758.6	8 318.0	11 022.8	54.1
#居民储蓄存款余额	亿元	23 075.4	12 030.9	4 614.4	6 430.1	52.1
金融机构各项贷款余额	亿元	27 772.6	15 549.6	6 234.7	5 988.3	56.0